제3판

CRIMINAL LAW LECTURE

형법강의
총론

정성근·정준섭

박영사

제3판 머리말

　제2판이 출간된지도 벌써 3년여의 시간이 흘렀다. 그간 형법은 물론 특정 범죄가중처벌법이나 성폭력특례법 등 형사특별법에서도 여러 차례 개정이 있었다. 특히 2021년 12월 시행된 개정 형법은 기존의 한자어로 된 조문을 우리말로 순화하는 한글화 방향으로 이루어졌는데, 이는 국민들로 하여금 보다 쉽게 형법을 이해할 수 있도록 개정한 것으로서 매우 바람직한 방향의 변화라고 볼 수 있다. 이와 함께 민법상의 친권자 징계권 조항(제915조)의 삭제와 같이 형법의 적용에 영향을 미치는 타 법률의 개정도 있었다. 이에 따라 친권자의 체벌행위는 더 이상 형법상 허용되는 정당행위에 해당한다고 할 수 없게 되었다. 이 또한 부모에 의한 자녀학대를 방지하기 위한 대책으로서 아이도 독립된 인격체로 존중받아야 한다는 점을 강조한 한층 진일보한 것이라 생각된다.

　아울러 그 사이에 많은 새로운 판례들도 등장하였다. 특히 양심적 병역거부 불합치결정 이후 병역거부 관련 판례가 다수 축적되었는 바, 이를 통해 병역거부의 허용여부에 관한 판단기준을 도출할 수 있을 것으로 판단된다. 또 가중적 신분범에 가담한 비신분자의 공소시효기간은 비신분자가 처벌되는 가벼운 범죄를 기준으로 산정한다는 판결도 주목할 만하다. 난해하기만 한 공범과 신분 규정의 본문과 단서와의 관계에 관한 판례의 입장에 대하여 비판적으로 바라볼 수 있는 단초가 될 수도 있을 것이기 때문이다.

　제3판에서는 이상의 점을 반영하면서 다음을 점을 유념하여 기술하였다.

　첫째, 형법의 순한글화 개정에 따라 교과서의 내용도 한글화하고자 노력하였다. 일부 조문의 한글화가 누락된 부분도 있고, 서술방법상 모든 용어를 한글화하기 어려운 부분이 있어 일부 한자어가 남아 있기는 하지만 독자들이 이해하기 쉽도록 가급적 표현을 순화하고 다듬었다. 다소 부족한 부분이 없지 않겠지만 향후 지속적으로 수정 보완해 나갈 것임을 말씀드린다.

　둘째, 최근(2022년 7월)까지 나온 대법원 판결과 헌법재판소 결정을 가급적

반영하고자 노력하였다. 최고법원에서의 법해석은 그 자체로 국민들에게 적용되는 행위규범으로서 기능하는 것이기에 판례의 중요성을 다시 말할 필요가 없을 것이다.

셋째, 각주의 활용도를 증대시켰다. 기존에 본문에서 괄호를 활용해 부연하였던 부분을 각주로 돌려 기술하였음은 물론, 새로이 각주를 추가한 부분도 여럿 존재한다. 이를 통해 보다 상세하게 부연 설명함으로써 독자들에게 이해의 폭을 넓히고자 노력하였다.

제2판의 출간 때와 마찬가지로 제3판의 출간을 준비하면서도 능력부족을 절감하고 있다. 그럼에도 다시 한번 용기를 내게 된 것은 저자에게 형법을 배워야 할 많은 학생들이 있고, 또 가친의 업적을 계속 이어가기 위해서라도 부족하지만 조금씩 보완해 나아가야 하는 것이 저자의 숙명이라고 느끼고 있기 때문이다. 교과서가 단절되지 않고 계속 이어져 갈 수 있다는 점에 감사하며, 이 모두가 독자들의 성원 덕분임을 이 자리를 빌려 감사의 말씀을 전한다.

마지막으로 제3판의 출간을 허락해주신 박영사 안종만 회장님과 안상준 대표님께 감사드린다. 또 거듭되는 수정요청에도 기꺼이 교정과 편집에 힘써주신 한두희 과장님을 비롯한 편집부 여러분, 그리고 마케팅팀 장규식 차장님을 비롯한 모든 박영사의 관계자분들께 깊은 감사의 말씀을 드린다.

2022년 8월

정 준 섭

저자도 어느덧 지천명이 되었다. 그간 저자는 대학과 대학원에서 가친께서 거쳐 가셨던 길을 따라 가면서도 가친과는 다른 길을 모색하였다. 운이 좋아 법조인의 길로 들어설 수 있었고, 가친과는 다른 형태의 삶을 영위해 나갈 수 있으리라 생각하였다.

그러던 중 우연한 기회에 대학에서 강의를 할 기회를 얻게 되었다. 당시는 로스쿨 제도의 도입으로 법학계가 매우 혼란한 시기였다. 실무계에 몸을 담고 있으면서도 학계에도 발길을 끊지 않았던 이유 때문이었을까. 다시 가친께서 평생에 걸쳐 가셨던 길로 돌아오게 되었다. 이 길이 저자에게는 이미 정해져 있던 운명이었는지도 모른다.

저자가 대학에서 강의를 시작한지도 13년의 시간이 흘렀다. 강의를 하면서 학생들이 기존 교과서의 내용과 분량에 어려움을 겪는다는 것을 직접적으로 느끼고 변화가 필요하다고 생각해 오고 있었다. 특히 사법시험으로 대변되던 종래의 법학교육이 로스쿨 체제로 변화하면서 법과대학의 법학교육 또한 변모해야만 하게 된 것도 불가피하였다. 종래 이론 중심의 깊이 있는 교과서에서 전반적인 내용을 다루면서도 판례 분량을 대폭적으로 늘리는 방향으로의 전환이 필수적인 시대가 되었다고 생각하였다.

이에 가친께 기존 교과서의 분량을 줄이면서도 법학전문대학원생은 물론 법과대학생들도 쉽게 이해할 수 있으면서 필요한 내용을 빠짐없이 정리한 새로운 교과서가 필요하지 않는지 조심스럽게 건의를 드렸고, 여기서 이 책이 태동되게 된 것이다. 이 책에는 50여개 성상을 형극의 길을 마다하지 않으시고 한 길을 걸어오신 가친의 모든 노력이 집약되어 있다. 단지 저자는 여기에 미력을 보탠 것에 불과하다.

급변하는 4차 산업혁명시대에 국민들의 법적 인식은 물론 독자들의 법지식 또한 크게 변화하고 있다. 이와 함께 법학의 내용과 판례도 급격하게 변화하고 있다. 양심적 병역거부나 낙태죄 관련 헌법재판소결정이 이를 대변하고 있다. 교과서의 내용도 이에 발맞추어 개선되어야 함은 필수적인 시대가 되었다. 이러한 현실을 반영하여 저자는 이 책에서 아래 사항을 유념하며 기술하였다.

첫째, 가친의 기존 견해를 변경하지 않는다는 원칙을 세우고 부득이 가필할 부분이 있다면 가급적 각주를 활용하여 참고형태로 기술하였다.

둘째, 그러면서도 국민의 법인식 변화와 그에 따른 법률의 개정을 반영하여 부분적으로 내용을 수정하였다. 외국에서의 집행된 형을 필요적으로 산입하도록 개정한 것(제7조)과 심신미약자에 대한 형 감경을 임의적인 것으로 개정한 것(제10조 제2항) 등이 그 예이다.

셋째, 판례의 중요도를 고려하여 최근(2019년 6월)까지의 중요판례는 가급적 책에 담으려고 노력하였다. 이론과 실무가 연결되는 지점이 법률가에 의한 법해석이고 그 산물이 바로 판례이므로 판례의 중요성은 더 말할 필요가 없다. 이 경우 정확한 이해를 돕기 위해 가급적 판례 원문을 그대로 인용하는 것을 원칙으로 하면서, 다만 부득이한 경우 최소한의 범위에서 일부를 축약하거나 문맥을 다듬었다.

제2판을 내면서 표현을 순화하고 주장논거를 보완하였으며 판례를 추가·변경하는 등 일부 내용을 수정하였다. 그 결과 초판보다 20페이지 가량 분량이 늘어나게 되었지만 전체적인 틀이 깨어지지 않도록 주의하였다. 초판과는 다소 다른 표현이 있더라도 독자들께서 너른 아량으로 이해해 주시기를 소망한다. 앞으로도 지속적으로 보완·발전시켜 더 완성도 높은 책이 될 수 있도록 노력할 것임을 약속드린다.

마지막으로 초판에 이어 제2판 출간까지 기꺼이 맡아 주신 박영사 안종만 회장님과 안상준 대표이사님께 깊이 감사드린다. 아울러 책이 완성되기까지 교정과 편집에 수고를 아끼지 않으신 한두희 대리님을 비롯한 편집부 여러분, 그리고 마케팅팀 장규식 과장님을 비롯한 박영사의 모든 분들께도 깊은 감사의 말씀을 드린다.

2019년 7월

정 준 섭

 법학전문대학원(로스쿨) 제도가 제자리를 잡아가면서 대학원의 수업방식에도 큰 변화를 가져왔다. 종래까지의 범죄론 중심의 강의에서 벗어나 문답식 수업과 사례해결식 수업방식이 증가하여 법학 실무자가 갖추어야 할 소양 중심의 수업을 선호하게 된 것이다. 이러한 변화는 판례중심의 강의가 필수적으로 요구되는 반면에 범죄이론은 사례해결에 필요한 기본개념 파악에 집중하는 경향이 두드러지고, 이에 따라 방대한 분량의 총론 교과서를 탐독하기 보다는 요점 위주로 정리하고 있는 수험서를 기본 교과서처럼 활용하는 현상까지 나타나고 있다.

 한편 법학전문대학원이 없는 일반 법과대학이나 법학전공학과 수요자는 800여 면의 방대한 총론 교과서를 읽고 소화하는 데에 엄청난 부담을 안고 있을 뿐만 아니라 실제로 대학강의도 범죄론의 중요한 부분만 요점적으로 강의하고 있을 뿐이고 나머지 대부분은 수요자의 독자적 노력에 맡겨져 있다 해도 과언이 아니다.

 지난해 숙명여자대학교 법과대학 정준섭 교수가 법학전문대학원뿐만 아니라 일반 법과대학의 법학수요자에 이르기까지 형법에 대한 부담감을 최소화하고 강의하기에도 알맞을 정도의 새로운 형태의 형법 교과서가 절실히 요구되고 있는 실정이니 필요한 판례는 최대한 소개하되 교과서 양을 획기적으로 줄이면서 이해하기 쉽고 간결한 교과서를 출간하는 것이 어떻겠느냐고 조심스럽게 간청해 왔다. 평생을 대학에 몸담아 왔던 필자도 법학전문대학원과 일반 법과대학의 이원적 제도에 알맞은 형법 교과서의 필요성을 느끼고 있던 터에 정교수의 간청에 용기를 내어 그 동안 정교수가 대학에서 강의하면서 틈틈이 작성·정리한 강의안을 토대로 형법강의 총론을 공동저술하게 되었다.

 이 교과서는 위에서 언급한 문제사항을 충실히 반영하고 정교수의 의견을 최대한 참작하여 아래와 같은 점에 유의하면서 저술하였다.

첫째, 종래의 총론 교과서보다 대폭 양을 줄이면서 범죄이론의 중요한 논점은 요점 중심으로 서술하였다. 판례법으로 형성된 영미형법의 법체계와 달리 실정법에 기반을 두지 않은 형법의 해석·적용은 별 의미가 없기 때문에 반드시 알아야 할 논점들은 빠짐없이 요약·정리하였다.

둘째, 범죄이론을 이해하는 데에 어려움이 없도록 최대한 알기 쉬운 용어로 서술하였다. 법적 사고와 규범적 사고능력만 갖추면 형법학을 처음 공부하는 분도 부담을 갖지 않도록 배려한 것이다.

셋째, 필자의 기본입장과 편견은 대부분 배제하고 통설과 다수설을 기본으로 학설을 간결하게 정리하여 논점마다 판례의 태도와 비교할 수 있도록 배려하였다.

넷째, 2016년 1월 현재까지의 개정된 형법총칙의 내용과 최근까지의 헌법재판소 결정 및 대법원의 중요판례는 최대한 교과서에 반영하였다. 최근에 와서 형법 일부개정이 여러 번 있었고 헌법재판소의 위헌결정과 헌법불합치결정도 계속 나왔기 때문에 교과서에 누락되지 않도록 세심한 주의를 기울였다.

다섯째, 문헌인용은 원로교수와 최근에 개정된 형법 교과서만 인용하여 본문의 괄호에 표기하고, 통설과 다수설은 개별문헌을 인용하지 않고 통설 또는 다수설로 표기하였다. 교과서의 양을 줄이기 위해서 많은 교과서를 모두 인용하지 못한 점 양해하시기 바란다.

끝으로 기본 교과서의 수요가 현저히 감소함에 따라 출판에 어려움을 겪고 있음에도 불구하고 기꺼이 출판해 주신 박영사 안종만 회장님과 출판에 심혈을 기울여 주신 한현민 님을 비롯한 편집부 여러분, 그리고 박세기 마케팅팀장님께 이 자리를 빌어 심심한 사의를 표한다. 총론에 이어 내년 봄학기에 맞추어 형법강의 각론이 출간되도록 최선을 다할 것을 약속드리면서 …

2016. 6.

鄭 盛 根 씀

차 례

제1장 형법의 기초이론

제1절 형법의 의의와 기본원칙

[§ 1] 형법의 개념·기능 ·· 3

  Ⅰ. 형법의 의의 ··· 3

  Ⅱ. 형법의 규범적 성격 ·· 3

    1. 행위규범과 재판규범 / 3

    2. 평가규범과 결정규범 / 4

  Ⅲ. 형법의 기능 ··· 4

    1. 질서유지기능 / 4

    2. 보호적 기능 / 4

    3. 보장적 기능 / 5

[§ 2] 죄형법정주의 ·· 6

  Ⅰ. 죄형법정주의의 의의와 현행법의 규정 ·· 6

    1. 죄형법정주의의 의의 / 6

    2. 현행법의 규정과 죄형법정주의 / 6

  Ⅱ. 죄형법정주의의 파생원칙 ··· 7

    1. 관습형법금지의 원칙 / 7

    2. 유추해석금지의 원칙 / 9

    3. 소급효금지의 원칙 / 11

4. 명확성의 원칙 / 16

5. 법의 적정성의 원칙 / 18

[§ 3] 형법이론과 형법학파 ··· 19

Ⅰ. 형법이론 ·· 19

1. 범죄이론 / 20

2. 형벌이론 / 20

Ⅱ. 형법학파 ·· 22

1. 고전학파(구파) / 22

2. 근대학파(신파) / 23

3. 학파의 타협과 통합이론의 전개 / 23

제 2 절   형법의 적용범위

[§ 4] 형법의 시간적 적용범위 ··· 25

Ⅰ. 시간적 적용범위의 의의 ··· 25

Ⅱ. 행위시법주의와 재판시법주의 ·· 25

1. 행위시법주의 / 25

2. 재판시법주의 / 26

Ⅲ. 한시법과 백지형법 ·· 29

1. 한 시 법 / 29

2. 백지형법 / 33

3. 고시의 변경 / 34

[§ 5] 형법의 장소적 적용범위 ··· 35

Ⅰ. 장소적 적용범위의 의의 ··· 35

Ⅱ. 입법형식 ·· 35

1. 속지주의 / 35

2. 속인주의 / 36

3. 보호주의 / 37

    4. 세계주의 / 37

    5. 외국 형집행의 효력 / 38

[§ 6] 형법의 인적 적용범위 ·· 39

  Ⅰ. 인적 적용범위의 의의 ··· 39

  Ⅱ. 인적 처벌배제와 소추제한 ·· 39

    1. 국내법상 소추제한·처벌배제 / 39

    2. 국제법상 면책특권·형사재판권 제한 / 39

제 2 장 범 죄 론

제 1 절 범죄론의 기초이론

[§ 7] 범죄일반론 ·· 43

  Ⅰ. 범죄의 의의·성립요건 ·· 43

    1. 범죄의 의의 / 43

    2. 범죄의 성립요건 / 44

    3. 범죄의 가벌요건과 소추요건 / 45

  Ⅱ. 범죄의 분류 ·· 47

    1. 범죄의 분류기준 / 47

    2. 실질범과 형식범 / 48

    3. 침해범과 위험범 / 49

    4. 즉시범·계속범·상태범 / 50

    5. 신 분 범 / 51

  Ⅲ. 범죄의 주체와 범죄의 객체 ·· 52

    1. 범죄의 주체 / 52

    2. 법인의 범죄능력 / 52

    3. 양벌규정과 법인의 처벌근거 / 56

4. 범죄의 객체 / 58

Ⅳ. 범죄론체계 ··· 59
1. 범죄론체계의 의의 / 59
2. 범죄론체계의 전개 / 59

제 2 절 행 위 론

[§ 8] 행위론의 기초이론과 행위론의 전개 ································ 63
Ⅰ. 행위론의 기초이론 ·· 63
1. 범죄개념의 기초로서의 행위 / 63
2. 행위의 기능 / 63
3. 행위의 체계상의 지위 / 64
Ⅱ. 행위론의 전개 ·· 65
1. 인과적 행위론 / 65
2. 목적적 행위론 / 66
3. 사회적 행위론 / 67

제 3 절 구성요건이론

[§ 9] 구성요건일반론 ·· 70
Ⅰ. 구성요건의 개념·성질 ··· 70
1. 구성요건의 의의 / 70
2. (불법)구성요건의 기능 / 71
3. 구성요건해당성 / 72
4. 구성요건과 위법성의 관계(구성요건의 성질) / 73
Ⅱ. 구성요건의 유형·구성요건요소 ·· 75
1. 구성요건의 유형 / 75
2. 구성요건요소 / 76
3. 행위반가치와 결과반가치 / 80

[§ 10] 인과관계와 객관적 귀속론 ······························· 81

Ⅰ. 인과관계의 의의와 형법 제17조 ······················· 81
1. 인과관계의 의의 / 81
2. 형법 제17조의 적용범위 / 82
3. 인과관계의 사례유형 / 82

Ⅱ. 인과관계론의 전개 ······································· 83
1. 조 건 설 / 84
2. 상당인과관계설 / 84
3. 합법칙조건설 / 86

Ⅲ. 객관적 귀속론 ··· 87
1. 객관적 귀속론의 의의 / 87
2. 객관적 귀속의 판단기준(척도) / 88

Ⅳ. 형법 제17조와 인과관계·객관적 귀속 ··················· 90

[§ 11] 고 의 론 ··· 91

Ⅰ. 고의의 의의 ··· 91

Ⅱ. 고의의 체계상의 지위 ··································· 92
1. 책임요소설 / 92
2. 구성요건요소설 / 92
3. 구성요건요소 및 책임요소설 / 93
4. 학설의 검토 / 93

Ⅲ. 고의의 구성요소 ··· 95
1. 지적 요소 / 95
2. 의적 요소 / 97

Ⅳ. 고의의 종류 ··· 98
1. 의도적 고의 / 98
2. 미필적 고의 / 99

[§ 12] 구성요건착오론 ··· 101

Ⅰ. 구성요건착오의 의의 ····································· 101

　　1. 구성요건착오이론의 의미 / 101

　　2. 구성요건착오의 의의 / 102

　Ⅱ. 구성요건착오의 태양 ·· 103

　　1. 동일 구성요건 내의 착오 / 103

　　2. 다른 구성요건 간의 착오 / 104

　Ⅲ. 구성요건착오와 고의의 성부 ·· 104

　　1. 구성요건착오에 관한 학설 / 105

　　2. 인과관계의 착오 / 112

제 4 절　 위법성이론

[§ 13] 위법성일반론 ·· 115

　Ⅰ. 위법성의 의의와 불법 ·· 115

　　1. 위법성의 의의 / 115

　　2. 위법성과 불법 / 115

　Ⅱ. 위법성의 본질 ·· 116

　　1. 형식적 위법성설과 실질적 위법성설 / 116

　　2. 객관적 위법성설과 주관적 위법성설 / 117

　Ⅲ. 위법성배제사유 ·· 118

　　1. 위법성배제사유의 의의 / 118

　　2. 형법의 규정 / 118

　　3. 위법성배제사유의 일반원리 / 118

　Ⅳ. 주관적 정당화요소 ·· 120

　　1. 주관적 정당화요소의 의의 / 120

　　2. 주관적 정당화요소의 인정여부 / 120

　　3. 주관적 정당화요소의 내용 / 121

　　4. 주관적 정당화요소 결여의 효과 / 121

[§ 14] 정당방위 ·· 122

　Ⅰ. 정당방위의 의의와 정당화근거 ·· 122

1. 정당방위의 의의 / 122
2. 정당방위의 정당화근거 / 122

Ⅱ. 정당방위의 성립요건 ·· 123
1. 현재의 부당한 침해 / 123
2. 자기 또는 타인의 법익을 방위하기 위한 행위 / 126
3. 상당한 이유 / 128

Ⅲ. 정당방위의 효과 ·· 130

Ⅳ. 과잉방위 ··· 130
1. 과잉방위의 의의 / 130
2. 과잉방위의 유형 / 131
3. 과잉방위의 효과 / 132

Ⅴ. 오상방위 ··· 132
1. 오상방위의 의의 / 132
2. 오상방위의 법적 취급 / 133

Ⅵ. 오상과잉방위 ·· 133
1. 오상과잉방위의 의의 / 133
2. 오상과잉방위의 법적 취급 / 134

[§ 15] 긴급피난 ·· 135

Ⅰ. 긴급피난의 의의와 정당화근거 ·· 135
1. 긴급피난의 의의 / 135
2. 긴급피난의 정당화근거 / 135

Ⅱ. 긴급피난의 본질 ·· 135
1. 책임배제설 / 135
2. 위법성배제설 / 136
3. 이 분 설 / 136
4. 결   어 / 137

Ⅲ. 긴급피난의 성립요건 ·· 137
1. 현재의 위난 / 137
2. 자기 또는 타인의 법익에 대한 위난을 피하기 위한 행위 / 139
3. 상당한 이유 / 140

Ⅳ. 긴급피난의 효과 ··· 142

Ⅴ. 긴급피난의 특칙 ··· 142

Ⅵ. 과잉피난·오상피난 ··· 142

    1. 과잉피난 / 142

    2. 오상피난 / 143

Ⅶ. 의무의 충돌 ··· 143

    1. 의무의 충돌의 의의 / 143

    2. 의무의 충돌의 법적 성질 / 143

    3. 의무의 충돌의 유형 / 144

    4. 의무의 충돌의 요건 / 145

    5. 의무의 충돌의 효과 / 146

[§ 16] 자구행위 ··· 147

Ⅰ. 자구행위의 의의·법적 성질 ······································ 147

    1. 자구행위의 의의 / 147

    2. 자구행위 인정이유 / 147

    3. 자구행위의 법적 성질 / 148

Ⅱ. 자구행위의 성립요건 ·· 149

    1. 법률에서 정한 절차에 따라서는 청구권을 보전할 수 없는 상태 / 149

    2. 청구권의 실행이 불가능해지거나 현저히 곤란해지는 상황을
       피하기 위한 행위 / 150

    3. 상당한 이유 / 152

Ⅲ. 자구행위의 효과 ·· 152

Ⅳ. 과잉자구행위·오상자구행위 ······································ 153

    1. 과잉자구행위 / 153

    2. 오상자구행위 / 153

[§ 17] 피해자의 승낙 ··· 153

Ⅰ. 피해자 승낙의 형법적 의미 ······································· 153

    1. 피해자 승낙의 의의 / 153

    2. 승낙과 양해 / 154

Ⅱ. 피해자의 양해 ··· 155
  1. 피해자 양해의 의의 / 155
  2. 피해자 양해의 유효요건 / 155
  3. 피해자 양해의 효과 / 155

Ⅲ. 피해자의 승낙 ··· 156
  1. 피해자 승낙의 의의 / 156
  2. 피해자 승낙의 위법성배제 근거 / 156
  3. 피해자 승낙의 유효요건 / 156
  4. 피해자 승낙의 효과 / 158

Ⅳ. 추정적 승낙 ··· 158
  1. 추정적 승낙의 의의 / 158
  2. 추정적 승낙의 위법성배제 근거 / 159
  3. 추정적 승낙의 유형 / 159
  4. 추정적 승낙의 성립요건 / 159
  5. 추정적 승낙의 효과 / 160

Ⅴ. 안락사·존엄사 ··· 160
  1. 안 락 사 / 160
  2. 존 엄 사 / 162

[§ 18] 정당행위 ··· 163

Ⅰ. 정당행위의 의의 ··· 163

Ⅱ. 정당행위의 내용 ··· 163
  1. 법령에 의한 행위 / 163
  2. 업무로 인한 행위 / 167
  3. 사회상규에 위배되지 아니하는 행위 / 169

제 5 절 책임이론

[§ 19] 책임의 기초이론 ··· 173

Ⅰ. 책임의 개념 ··· 173

1. 책임의 의의 / 173

2. 책임주의 / 174

Ⅱ. 책임의 근거 ·· 175

1. 도의적 책임론 / 175

2. 사회적 책임론 / 175

3. 인격적 책임론 / 176

4. 학설의 평가 / 176

Ⅲ. 책임이론의 발전 ·· 177

1. 심리적 책임개념 / 177

2. 규범적 책임개념 / 178

3. 예방적 책임개념 / 181

[§ 20] 책임능력 ·· 183

Ⅰ. 책임능력의 개념 ·· 183

1. 책임능력의 의의 / 183

2. 책임능력의 본질 / 183

Ⅱ. 책임능력 판단기준 ·· 184

Ⅲ. 책임무능력자 ·· 185

1. 형사미성년자 / 185

2. 심신상실자 / 186

Ⅳ. 한정책임능력자 ·· 187

1. 심신미약자 / 187

2. 청각 및 언어 장애인 / 189

[§ 21] 원인에 있어서 자유로운 행위 ·· 189

Ⅰ. 원인에 있어서 자유로운 행위와 형법의 기본원칙 ················ 189

1. 원인에 있어서 자유로운 행위의 의의 / 189

2. 형법의 기본원칙과 이론상의 문제 / 189

Ⅱ. 원인에 있어서 자유로운 행위의 가벌성의 근거 ·················· 190

1. 도구이론원용설 / 190

2. 원인설정과 실행행위의 불가분적 연관성설 / 191

3. 결   어 / 191

Ⅲ. 원인에 있어서 자유로운 행위의 고의범·과실범 ································ 192

1. 범죄론체계와 형법 제10조 제3항 / 192

2. 원인에 있어서 자유로운 행위의 유형 / 193

3. 범죄론체계에 따른 고의범·과실범 / 194

4. 형법 제10조 제3항의 요건과 효과 / 195

[§ 22] 위법성의 인식 ·· 197

Ⅰ. 위법성의 인식의 개념 ·· 197

1. 위법성의 인식의 의의 / 197

2. 위법성의 인식의 기능 / 198

3. 위법성의 인식의 내용 / 199

4. 위법성의 인식의 분리가능성원칙 / 199

5. 고의범·과실범의 규범적 요소 / 199

Ⅱ. 고의와 위법성의 인식의 관계 ·· 200

1. 고 의 설 / 200

2. 책 임 설 / 202

[§ 23] 위법성의 착오 ·· 203

Ⅰ. 위법성의 착오의 의의 ·· 203

Ⅱ. 위법성의 착오의 유형 ·· 203

1. 직접적 착오 / 203

2. 간접적 착오 / 205

Ⅲ. 위법성의 착오의 취급 ·· 206

1. 엄격고의설 / 206

2. 제한고의설 / 206

3. 책 임 설 / 206

4. 판례의 태도 / 206

5. 결   어 / 207

Ⅳ. 형법 제16조와 책임설 ··· 207

1. 형법의 규정 / 207

2. 형법 제16조의 해석 / 208

[§ 24] 위법성배제사유의 전제사실에 대한 착오 ······························· 209

Ⅰ. 위법성배제사유의 전제사실에 대한 착오의 개념 ······························· 209
   1. 전제사실에 대한 착오의 의의 / 209
   2. 전제사실의 착오의 특성 / 209

Ⅱ. 전제사실의 착오의 취급 ······························· 210
   1. 고 의 설 / 210
   2. 소극적 구성요건표지이론 / 210
   3. 구성요건착오 유추적용설 / 211
   4. 법효과전환책임설 / 212
   5. 엄격책임설 / 213
   6. 판례의 태도 / 214

[§ 25] 기대가능성이론 ······························· 215

Ⅰ. 기대가능성과 기대가능성이론 ······························· 215

Ⅱ. 기대가능성의 체계적 지위와 초법규적 책임배제사유 ······················ 215
   1. 기대가능성의 체계적 지위 / 215
   2. 초법규적 책임배제사유 / 217

Ⅲ. 기대가능성 판단기준 ······························· 219
   1. 행위자표준설 / 219
   2. 평균인표준설 / 219
   3. 국가표준설 / 220
   4. 결   어 / 220

Ⅳ. 기대가능성에 대한 착오 ······························· 221

Ⅴ. 형법의 규정과 기대불가능성 ······························· 221
   1. 형법상의 책임배제 · 책임감경 / 221
   2. 형법규정의 예시성 / 222

Ⅵ. 강요된 행위 ······························· 223
   1. 형법 제12조와 기대불가능성 / 223
   2. 강요된 행위의 요건 / 223

3. 강요된 행위의 효과 / 224

제 6 절 미수범이론

[§ 26] 범죄실현의 단계·예비죄 ··· 225

  Ⅰ. 범죄실현의 단계 ··· 225

    1. 범죄의 결심 / 225

    2. 예비·음모 / 225

    3. 미   수 / 227

    4. 기   수 / 227

    5. 범행의 종료 / 228

  Ⅱ. 예 비 죄 ··· 228

    1. 예비죄의 의의 / 228

    2. 예비죄의 법적 성질 / 228

    3. 예비죄의 성립요건 / 229

    4. 예비죄의 관련문제 / 231

[§ 27] 미수범일반론 ··· 233

  Ⅰ. 미수와 미수범의 의의 ··· 233

  Ⅱ. 미수범의 처벌근거 ·· 234

    1. 객 관 설 / 234

    2. 주 관 설 / 234

    3. 절 충 설 / 235

    4. 결   어 / 235

[§ 28] 장애미수(범) ··· 235

  Ⅰ. 장애미수(범)의 의의 ··· 235

  Ⅱ. 장애미수(범)의 성립요건 ··· 236

    1. 주관적 구성요건요소 / 236

    2. 객관적 구성요건요소 / 237

Ⅲ. 장애미수(범)의 처벌 ·· 241

[§ 29] 중지미수(범) ·· 242

Ⅰ. 중지미수(범)의 의의 ··· 242

Ⅱ. 중지미수(범)의 법적 성질 ··· 242

1. 형사정책설 / 242

2. 형벌목적설 / 242

3. 보 상 설 / 243

4. 법률설(책임감소·소멸설) / 243

5. 결 합 설 / 244

6. 결   어 / 244

Ⅲ. 중지미수(범)의 성립요건 ··· 244

1. 주관적 구성요건요소 / 244

2. 자의성(특수한 주관적 요소) / 245

3. 객관적 구성요건요소(중지행위) / 248

Ⅳ. 중지미수(범)의 처벌 ··· 250

Ⅴ. 중지미수(범)의 관련문제 ··· 251

1. 공범의 중지 / 251

2. 가중적 미수 / 251

3. 좌절미수(실패한 미수)와 중지 / 252

[§ 30] 불능미수(범) ·· 252

Ⅰ. 불능범과 불능미수(범) ··· 252

1. 불능범과 불능미수(범)의 의의 / 252

2. 형법 제27조의 성격 / 252

3. 불능미수(범)와 구별개념 / 253

Ⅱ. 불능미수(범)의 성립요건 ··· 254

1. 주관적 구성요건요소·실행의 착수·범죄의 미완성 / 254

2. 결과발생의 불가능성 / 254

3. 위 험 성 / 256

Ⅲ. 불능미수(범)의 처벌 ··· 260

제 7 절 정범과 공범의 이론

[§ 31] 정범과 공범의 기초이론 ··· 261

Ⅰ. 범죄의 참가형태 ··· 261

1. 범죄주체의 수(數)를 기준으로 한 정범·공범 / 261

2. 범죄가담형태를 기준으로 한 정범·공범 / 261

Ⅱ. 정범과 공범의 구별 ·· 262

1. 제한적 정범개념과 확장적 정범개념 / 262

2. 정범과 공범의 구별기준 / 264

[§ 32] 동시범과 필요적 공범 ··· 267

Ⅰ. 동 시 범 ·· 268

1. 동시범의 의의 / 268

2. 동시범의 요건 / 268

3. 동시범과 공동정범의 성립범위 / 269

4. 동시범의 취급 / 269

5. 상해의 동시범 / 270

Ⅱ. 필요적 공범 ·· 271

1. 필요적 공범의 의의 / 271

2. 필요적 공범의 종류 / 272

3. 공범규정의 적용여부 / 274

[§ 33] 공범의 종속성과 처벌근거 ··· 276

Ⅰ. 공범의 종속성 ·· 276

1. 공범종속성의 의미 / 276

2. 종속의 유무(실행종속) / 277

3. 종속의 정도(성립상의 종속) / 279

Ⅱ. 공범의 처벌근거 ·· 281

1. 순수야기설 / 281

2. 종속야기설 / 282

3. 혼합야기설 / 282

4. 결   어 / 283

[§ 34] 공동정범 ··· 284

Ⅰ. 공동정범의 의의 ·· 284

Ⅱ. 공동정범의 성립범위 ·· 284

1. 범죄공동설 / 285

2. 행위공동설 / 285

3. 결   어 / 286

Ⅲ. 공동정범의 성립요건 ·· 287

1. 주관적 요건(공동실행의 의사) / 287

2. 객관적 요건(공동실행행위) / 291

Ⅳ. 공동정범의 처벌 ·· 294

1. 일부실행 전부책임 / 294

2. 공동정범의 책임범위 / 294

Ⅴ. 공동정범의 관련문제 ·· 295

1. 공동정범의 미수 / 295

2. 공동정범의 착오 / 296

Ⅵ. 공모공동정범 ·· 297

1. 공모공동정범의 의의 / 297

2. 공모공동정범 긍정설 / 297

3. 공모공동정범 부정설 / 301

4. 결   어 / 301

Ⅶ. 과실의 공동정범 ·· 301

1. 과실의 공동정범의 의의 / 301

2. 판례의 태도 / 302

3. 과실의 공동정범 인정여부 / 302

4. 과실의 공동정범을 인정하는 실익 / 304

Ⅷ. 합동범의 공동정범 ·· 304

1. 합동범의 의의 / 304

2. 판례의 태도 / 305

3. 합동범의 본질과 합동범의 공동정범 / 306

[§ 35] 교 사 범 ··· 308

Ⅰ. 교사범의 의의와 처벌근거 ······································· 308

1. 교사범의 의의 / 308

2. 교사범의 처벌근거 / 308

Ⅱ. 교사범의 성립요건 ··· 309

1. 교사자의 교사행위 / 309

2. 교사범의 고의 / 311

3. 피교사자의 실행결의 / 313

4. 피교사자의 실행과 교사의 미수 / 313

5. 위법성과 책임 / 315

Ⅲ. 교사범의 처벌 ·· 316

Ⅳ. 교사범의 관련문제 ··· 316

1. 예비죄의 교사 / 316

2. 교사의 교사와 방조의 교사 / 316

3. 교사의 착오 / 317

[§ 36] 방 조 범 ··· 320

Ⅰ. 방조범의 의의와 처벌근거 ······································· 320

1. 방조범의 의의 / 320

2. 방조범의 처벌근거 / 321

Ⅱ. 방조범의 성립요건 ··· 321

1. 방조범의 고의 / 321

2. 방조자의 방조행위 / 323

3. 정범의 고의와 실행행위 / 325

Ⅲ. 방조범의 처벌 ·· 328

Ⅳ. 방조범의 관련문제 ··· 328

[§ 37] 간접정범 ··· 329

Ⅰ. 간접정범의 의의·본질 ··· 329

1. 간접정범의 의의 / 329
2. 간접정범의 본질 / 329

Ⅱ. 간접정범의 성립요건 ··· 331
1. 피이용자의 요건 / 332
2. 이용자의 이용행위 / 340
3. 결과의 발생 / 341

Ⅲ. 간접정범의 처벌 ··· 341
1. 기수범의 처벌 / 341
2. 미수범의 처벌 / 341

Ⅳ. 간접정범의 관련문제 ··· 342
1. 간접정범의 착오 / 342
2. 자수범과 간접정범 / 343

Ⅴ. 특수간접정범·교사범·방조범 ··· 346
1. 형법의 규정 / 346
2. 형법 제34조 제2항의 성질 / 346
3. 지휘·감독의 근거와 범위 / 346

[§ 38] 공범과 신분 ··· 347

Ⅰ. 신분범의 의의와 형법의 규정 ··· 347
1. 신분범의 의의 / 347
2. 형법의 규정 / 347

Ⅱ. 신분의 의의와 종류 ··· 348
1. 신분의 의의 / 348
2. 신분의 종류 / 349

Ⅲ. 형법 제33조의 해석 ··· 350
1. 본문과 단서의 관계 / 350
2. 진정신분범과 공범 / 352
3. 부진정신분범과 공범 / 354
4. 소극적 신분과 공범 / 356
5. 이중신분범과 공범 / 359

제 8 절 과실범과 결과적 가중범의 이론

[§ 39] 과 실 범 ··· 361

Ⅰ. 과실범일반론 ·· 361
  1. 과실의 의의 / 361
  2. 과실의 체계상의 지위 / 362

Ⅱ. 과실의 종류 ·· 364
  1. 인식 있는 과실과 인식 없는 과실 / 364
  2. 업무상 과실과 중과실 / 364

Ⅲ. 과실범의 성립요건 ·· 365
  1. 과실범의 구성요건해당성 / 365
  2. 과실범의 위법성과 책임 / 368

Ⅳ. 과실범의 관련문제 ·· 369
  1. 과실범의 미수 / 369
  2. 과실범의 공범 / 370
  3. 허용된 위험의 법리 / 370

Ⅴ. 신뢰의 원칙 ·· 370
  1. 신뢰의 원칙의 의의 / 370
  2. 판례의 동향 / 371
  3. 신뢰의 원칙과 허용된 위험의 법리의 관계 / 372
  4. 신뢰의 원칙과 주의의무의 관계 / 372
  5. 신뢰의 원칙의 적용요건과 한계 / 372
  6. 신뢰의 원칙과 조직적 위험업무 / 374

[§ 40] 결과적 가중범 ··· 374

Ⅰ. 결과적 가중범의 의의와 책임주의 ··· 374
  1. 결과적 가중범의 의의 / 374
  2. 결과적 가중범과 책임주의 / 375

Ⅱ. 결과적 가중범의 종류 ·· 376
  1. 진정결과적 가중범과 부진정결과적 가중범 / 376

2. 고의의 결과적 가중범과 과실의 결과적 가중범 / 378
Ⅲ. 결과적 가중범의 성립요건 ·· 379
1. 결과적 가중범의 구성요건해당성 / 379
2. 결과적 가중범의 위법성과 책임 / 381
Ⅳ. 결과적 가중범의 관련문제 ·· 382
1. 결과적 가중범의 미수 / 382
2. 결과적 가중범과 공범 / 384

제 9 절 부작위범이론

[§ 41] 부작위범일반론 ·· 385
Ⅰ. 작위(Tun)와 부작위(Unterlassung) ································· 385
1. 작위와 부작위의 의의 / 385
2. 부작위의 행위성 / 386
3. 작위와 부작위의 구별 / 386
Ⅱ. 진정부작위범과 부진정부작위범 ··· 389
1. 진정부작위범과 부진정부작위범의 의의 / 389
2. 진정부작위범과 부진정부작위범의 구별 / 390
Ⅲ. 부작위범의 공통성립요건 ·· 391
1. 일반적 행위가능성 / 391
2. 구성요건 부작위의 존재 / 391
3. 진정부작위범의 고의 / 393
4. 부작위범의 위법성과 책임 / 393

[§ 42] 부진정부작위범 ·· 394
Ⅰ. 부진정부작위범의 특별한 성립요건 ······································ 394
1. 형법의 규정 / 394
2. 부진정부작위범의 객관적 구성요건요소 / 394
3. 부진정부작위범의 주관적 구성요건요소 / 401
Ⅱ. 부작위범의 처벌과 관련문제 ··· 402

1. 부진정부작위범의 처벌 / 402

2. 부작위범의 관련문제 / 403

제10절 죄수와 범죄경합의 이론

[§ 43] 죄수와 범죄경합의 기초이론 ··· 406

Ⅰ. 죄수론과 경합론 ··· 406

Ⅱ. 죄수결정의 기준 ··· 406

1. 행위표준설 / 406

2. 법익표준설 / 407

3. 구성요건표준설 / 407

4. 의사표준설 / 407

5. 종합판단설 / 408

6. 결   어 / 408

[§ 44] 일죄(一罪) ·· 409

Ⅰ. 일죄의 의의 ··· 409

Ⅱ. 법조경합 ·· 410

1. 법조경합의 의의 / 410

2. 법조경합의 본질 / 410

3. 법조경합의 형식 / 411

4. 법조경합의 처리 / 415

Ⅲ. 포괄일죄 ·· 415

1. 포괄일죄의 의의 / 415

2. 포괄일죄의 유형 / 415

3. 포괄일죄의 법적 효과 / 422

[§ 45] 수죄(數罪) ·· 423

Ⅰ. 상상적 경합 ··· 423

1. 상상적 경합의 의의 / 423

2. 상상적 경합의 본질 / 424

3. 상상적 경합의 유형 / 424

4. 상상적 경합의 요건 / 425

5. 상상적 경합의 효과 / 428

Ⅱ. 실체적 경합(경합범) ·· 430

1. 경합범의 의의 / 430

2. 경합범의 요건 / 430

3. 경합범의 처벌 / 433

제 3 장 형사제재론

제 1 절 형 벌 론

[§ 46] 형벌일반론 ·· 437

Ⅰ. 형벌의 의의와 종류 ·· 437

1. 형벌의 의의 / 437

2. 형벌의 종류 / 438

Ⅱ. 생명형(사형) ·· 438

1. 생명형의 의의 / 438

2. 사형존폐론 / 439

Ⅲ. 자 유 형 ·· 442

1. 자유형의 의의 / 442

2. 자유형의 종류 / 442

3. 자유형 제도상의 문제 / 443

Ⅳ. 재 산 형 ·· 444

1. 벌 금 형 / 444

2. 과   료 / 446

3. 몰수·추징·폐기 / 447

Ⅴ. 명 예 형 ·· 454
  1. 명예형의 의의 / 454
  2. 명예형의 종류 / 454

[§ 47] 형의 적용 ·· 455
Ⅰ. 형적용의 단계 ·· 455
  1. 법 정 형 / 456
  2. 처 단 형 / 456
  3. 선 고 형 / 456
Ⅱ. 형의 경중 ··· 457
  1. 형의 경중의 논의실익 / 457
  2. 형의 경중의 판단기준 / 457
Ⅲ. 형의 가중·감경·면제 ·· 458
  1. 형의 가중 / 458
  2. 형의 감경 / 459
  3. 형의 면제 / 461
Ⅳ. 형의 가감례 ·· 462
  1. 형의 가중·감경의 순서 / 462
  2. 형의 가중·감경의 정도·방법 / 462
Ⅴ. 형의 양정(양형) ··· 464
  1. 양형의 의의 / 464
  2. 양형의 기준 / 464
  3. 양형의 조건 / 465
Ⅵ. 판결선고전의 구금·판결의 공시 ·· 466
  1. 판결선고전의 구금 / 466
  2. 판결의 공시 / 467

[§ 48] 누   범 ··· 467
Ⅰ. 누범일반론 ··· 467
  1. 누범의 의의 / 467
  2. 누범과 경합범 / 468

3. 누범과 상습범 / 468

4. 누범가중의 근거 / 469

5. 누범가중의 위헌성 여부 / 469

Ⅱ. 누범가중의 요건 ·· 470

1. 전범에 대한 요건 / 470

2. 후범에 대한 요건 / 471

Ⅲ. 누범의 취급 ·· 472

1. 누범의 처벌 / 472

2. 판결선고 후 누범 발각 / 472

[§ 49] 형의 유예제도 ··· 473

Ⅰ. 형의 선고유예 ·· 473

1. 선고유예의 의의 / 473

2. 선고유예의 요건 / 473

3. 선고유예와 보호관찰 / 475

4. 선고유예의 효과 / 475

5. 선고유예의 실효 / 476

Ⅱ. 형의 집행유예 ·· 476

1. 집행유예의 의의와 법적 성질 / 476

2. 집행유예의 요건 / 477

3. 집행유예와 보호관찰·사회봉사명령·수강명령 / 479

4. 집행유예의 효과 / 481

5. 집행유예의 실효와 취소 / 482

[§ 50] 형의 집행 ··· 483

Ⅰ. 형의 집행일반 ·· 483

1. 사형의 집행 / 484

2. 자유형의 집행 / 484

3. 명예형의 집행 / 484

4. 재산형의 집행 / 485

Ⅱ. 가 석 방 ·· 485

1. 가석방의 의의와 법적 성질 / 485

2. 가석방의 요건 / 486

3. 가석방기간과 보호관찰 / 487

4. 가석방의 효과 / 487

5. 가석방의 실효와 취소 / 487

[§ 51] 형의 시효·소멸·기간 ·· 488

Ⅰ. 형의 시효 ·· 488

1. 형의 시효의 의의 / 488

2. 시효의 기간 / 488

3. 시효의 효과 / 489

4. 시효의 정지·중단 / 489

Ⅱ. 형의 소멸 ·· 489

1. 형 소멸의 의의 / 489

2. 범인의 사망 / 490

3. 사   면 / 490

4. 형의 실효와 복권 / 490

Ⅲ. 형의 기간 ·· 492

1. 기간의 계산 / 492

2. 형기의 기산 / 492

제 2 절   보안처분론

[§ 52] 보안처분일반론 ·· 493

Ⅰ. 보안처분의 의의와 성질 ·· 493

1. 보안처분의 의의 / 493

2. 형벌과 보안처분의 관계 / 493

3. 보안처분의 전제조건 / 495

4. 병과주의와 대체주의 / 496

Ⅱ. 보안처분의 종류 ·· 496

1. 대인적 보안처분 / 496

2. 대물적 보안처분 / 498

[§ 53] 우리나라의 보안처분 ··· 498

Ⅰ. 치료감호법상의 보안처분 ·· 499

1. 치료감호 / 499

2. 보호관찰 / 500

3. 치료명령 / 501

Ⅱ. 보호관찰법상의 보호관찰 ·· 502

Ⅲ. 전자장치부착법상의 전자감시제도 ·· 503

1. 전자감시제도의 의의 / 503

2. 주요내용 / 504

Ⅳ. 소년법상의 보호처분 ·· 505

Ⅴ. 보안관찰법상의 보안관찰처분 ·· 506

Ⅵ. 신상정보공개제도 ·· 507

1. 신상정보공개의 의의와 성격 / 507

2. 신상정보등록·공개의 내용 / 507

Ⅶ. 디엔에이(DNA)신원확인정보이용보호법 ································· 508

찾아보기 ··· 511

참고문헌

강동욱	강의형법총론	제2판	2021	박영사
김성돈	형법총론	제7판	2021	SKKUP
김일수 · 서보학	새로쓴 형법총론	제13판	2018	박영사
김종원	목적적 행위론과 형법이론		2015	SKKUP
배종대	형법총론	제16판	2022	홍문사
손동권 · 김재윤	새로운 형법총론		2011	율곡출판사
신동운	형법총론	제13판	2021	법문사
오영근	형법총론	제6판	2021	박영사
임 웅	형법총론	제12판	2021	법문사
유기천	개정 형법학(총론강의)		2011	법문사
이재상 · 장영민 · 강동범 (이재상 외로 표시)	형법총론	제11판	2022	박영사
이형국	형법총론	제4판	2007	법문사
이형국 · 김혜경	형법총론	제6판	2021	법문사
정성근	신판 형법총론		1998	법지사
정성근 · 박광민	형법총론	전정제2판	2015	SKKUP
정영석	형법총론	제5전정판	1984	법문사
정영일	신형법총론	초판	2018	도서출판학림
차용석	형법총론강의		1988	고시연구사
황산덕	형법총론		1981	방문사
한국형사법학회편	형사법강좌 I		1981	박영사
한국형사법학회편	형사법강좌 II		1984	박영사

가정폭력범죄의 처벌 등에 관한 특례법 ⇒ 가정폭력범죄법

디엔에이신원확인정보의 이용 및 보호에 관한 법률 ⇒ 디엔에이(DNA)신원확인
 정보이용보호법

보호관찰 등에 관한 법률 ⇒ 보호관찰법

성폭력범죄의 처벌 등에 관한 특례법 ⇒ 성폭력특례법

성폭력범죄자의 성충동 약물치료에 관한 법률 ⇒ 성충동약물치료법

아동ㆍ청소년의 성보호에 관한 법률 ⇒ 아동ㆍ청소년성보호법

전자장치 부착 등에 관한 법률 ⇒ 전자장치부착법

치료감호 등에 관한 법률 ⇒ 치료감호법

특정강력범죄의 처벌에 관한 특례법 ⇒ 특정강력범죄법

특정경제범죄 가중처벌 등에 관한 법률 ⇒ 특정경제범죄법

특정범죄 가중처벌 등에 관한 법률 ⇒ 특가법

폭력행위 등 처벌에 관한 법률 ⇒ 폭처법

형의 집행 및 수용자의 처우에 관한 법률 ⇒ 형집행법

호스피스ㆍ완화의료 및 임종과정에 있는 환자의 연명의료결정에 관한 법률 ⇒
 연명의료결정법

제 1 장

형법의 기초이론

제 1 절 형법의 의의와 기본원칙

제 2 절 형법의 적용범위

제1절 형법의 의의와 기본원칙

[§ 1] 형법의 개념 · 기능

I. 형법의 의의

형법이란 범죄와 이에 대한 법적 효과로서 형벌이나 보안처분을 규정하고 있는 법규범의 총체를 말한다. 이러한 의미의 형법은 형법이라는 명칭으로 공포 · 시행되고 있는 형법전(협의의 형법)뿐만 아니라 명칭이나 형식 여하를 묻지 않고 범죄와 이에 대한 법적 효과로서 형벌이나 보안처분을 규정하고 있는 법률과 법규정을 포함한다(광의의 형법). 따라서 특별형법과 각종의 행정형법도 이 의미의 형법이다. 형법학은 광의의 형법을 연구대상으로 한다. 형법전은 총칙과 각칙으로 나뉘어져 있고, 총칙규정은 원칙적으로 광의의 형법에도 적용된다.

II. 형법의 규범적 성격

1. 행위규범과 재판규범

형법규범은 일정한 행위를 명령(부작위범의 경우) 또는 금지(작위범의 경우)함으로써 일반국민으로 하여금 행위의 준칙으로 삼도록 하는데 이러한 형법규범의 성질을 행위규범이라 한다. 또 형법은 행위규범에 위반한 자에 대하여 재판을 통한 법적 제재를 부과할 때에 법관 · 검사, 기타 사법관계자에 대하여 재판권과 형벌권 행사의 한계를 정하고 사법활동을 규제하는데 이러한 형법규범의 성질을 재판규범이라고 한다.

2. 평가규범과 결정규범

형법은 일정한 행위를 범죄로 규정하고 이에 대하여 형벌을 부과함으로써 그러한 행위가 공동체 질서에 반한다는 부정적 평가를 한다. 행위에 대한 이와 같은 부정적 평가를 하는 형법규범의 성질을 평가규범이라 한다. 평가규범은 규범준수의무가 있는 모든 시민의 규범위반적 행위에 대하여 위법성 여부를 평가한다.

또 형법은 평가규범에 의하여 부정적으로 평가되는 행위를 행위자가 의사결정하지 말도록 요구하고, 이에 반한 규범위반적 의사결정에 대하여 부정적 평가를 한다. 이와 같이 행위자의 규범위반적 의사결정에 대하여 부정적 평가를 하는 형법규범의 성질을 결정규범이라 한다. 결정규범은 개개 행위자의 규범위반적 의사결정에 대하여 책임을 평가한다.

Ⅲ. 형법의 기능

1. 질서유지기능

범죄에 대하여 형벌을 예고함으로써 국민으로 하여금 범죄를 억제하도록 하고, 이를 통해 사회질서를 유지하는 형법의 기능을 질서유지기능이라 한다. 이 기능은 일반국민에게 형벌이라는 제재를 예고함으로써 범죄적 충동을 억제시켜 범죄를 예방하려는 일반예방기능과, 범죄인에게 형벌을 부과함으로써 법질서를 존중하고 사회에 복귀할 수 있도록 촉진하는 특별예방기능으로 구체화된다.

2. 보호적 기능

형법은 범죄에 대하여는 형벌을, 범죄적 위험성이 있는 자에 대하여는 보안처분을 부과하도록 규정하여 범죄로 인하여 침해되거나 침해의 위협을 받게 될 일정한 가치·이익을 보호한다. 이를 보호적 기능이라 하고, 다음의 두 가지를 보호한다.

(1) 법익보호

법에 의하여 보호할 필요가 있는 생활이익 또는 가치를 법익이라 한다. 이와 같은 법익을 보호하기 위해서 형법은 법익을 침해하거나 침해의 위험성이 있는 행위를 범죄로 규정하고 이에 대해서 형사제제를 부과한다.

(2) 사회윤리적 행위가치보호

법익을 보호하기 위해서는 먼저 법익침해를 지향하는 행위자체를 금지하고 사회공동체에서 형성된 사회윤리적 질서에 부합하는 행위를 하도록 해야 한다. 형법은 사회공동체의 일원으로서 개인이 실천해야 할 사회윤리적 의무를 이행하도록 함으로써 사회윤리에 부합하는 행위 그 자체도 보호한다.

형법은 보호적 기능에 역행하는 법익침해행위와 반사회윤리적 행위에 대하여 부정적 평가를 함으로써 전자는 결과반가치, 후자는 행위반가치라는 불법을 구성한다. 또 형법은 다른 사회통제수단으로 법익보호가 불가능한 경우에 최후수단으로 개입한다. 이를 형법의 보충성의 원칙이라 한다.

3. 보장적 기능

형법은 범죄와 이에 대한 형사제재로서 형벌 또는 보안처분을 명시하여, 형법에 규정된 범죄가 존재하지 않는 한 어떠한 이유로도 형벌이나 보안처분을 부과하지 못하게 함으로써 국가의 형벌권남용으로부터 국민의 자유와 권리를 보장한다. 이를 보장적 기능이라 한다. 이를 통해 모든 국민은 죄를 범하지 아니하는 한 국가의 형벌권으로부터 자유가 보장되며(선량한 국민의 마그나카르타), 죄를 범한 자도 그 범죄에 규정된 형벌 이외의 부당한 처벌을 받지 아니한다(범죄인의 마그나카르타).

[§ 2] 죄형법정주의

I. 죄형법정주의의 의의와 현행법의 규정

1. 죄형법정주의의 의의

죄형법정주의란 어떠한 행위가 범죄로 되며, 범죄에 대하여 어떠한 형벌과 보안처분을 부과할 것인지를 미리 성문의 법률에 규정해 두고, 이러한 성문화된 법률이 없으면 아무리 사회적으로 비난받는 행위라도 범죄로 처벌하거나 보안처분을 부과할 수 없다는 형법의 기본원칙을 말한다.

보통 "법률 없이는 범죄 없고, 법률 없이는 형벌 없다(포이어바흐)"는 명제로 표현된다. 이를 형식적 의미의 죄형법정주의라 한다. 이 명제에 따르면 입법자는 아무런 제한없이 법률을 제정할 수 있고, 형벌법규로서의 합리성 여부와 상관없이 법률만 있으면 범죄를 인정하여 형벌권을 행사할 수 있다.

이데올로기 공산국가와 나치스 전체주의 국가는 법률의 내용 여하와 관계없이 성문화된 법률에 근거하여 처벌하면 죄형법정주의에 반하지 않는다는 점을 악용하여 악법을 만들어 형벌권을 남용하였다. 이에 대한 반성으로 제2차 세계대전 후 죄형법정주의는 그 내용을 보완하여 발전시키게 되었다. 입법자가 제정하는 법률은 인간의 존엄과 가치를 보장하는 헌법적 가치에 부합하는 법률이어야 하고, 법률의 내용도 형벌법규로서 합리성이 있고 법치국가의 원리를 실질적으로 구현할 수 있는 적정한 법률의 제정을 요구하기에 이르렀다.

현대적 의미의 죄형법정주의는 "법률 없이는 범죄도 형벌도 없다"에서 한 걸음 더 나아가 실질적으로 보장적 기능을 수행할 수 있도록 "적정한 법률 없이는 범죄 없고 적정한 법률 없이는 형벌 없다"로 발전하였다. 이를 실질적 의미의 죄형법정주의라 한다.

2. 현행법의 규정과 죄형법정주의

죄형법정주의는 1215년 영국의 대헌장(Magna Charta 제39조)에서 기원하여 1789년 프랑스 대혁명의 인권선언(제8조)과 1810년 프랑스형법(제4조)에서 성문화된 후 유럽 각국에서 헌법 또는 형법전에 죄형법정주의를 규정함으로써 형법의 기본원칙으로 확립되었다.

우리 형법은 죄형법정주의를 직접 규정하지 않았으나 헌법 제12조 제1항에서 "누구든지 법률과 적법한 절차에 의하지 아니하고는 처벌·보안처분을 받지 아니한다"고 규정하고, 제13조 제1항에서 "모든 국민은 행위시의 법률에 의하여 범죄를 구성하지 아니하는 행위로 소추되지 아니한다"고 규정한 것은 헌법상 죄형법정주의를 명문화한 것으로 볼 수 있다. 이를 근거로 형법 제1조 제1항은 "범죄의 성립과 처벌은 행위시의 법률에 따른다"고 규정하고, 형사소송법 제323조 제1항도 "형의 선고를 하는 때에는 판결이유에 법령의 적용을 명시하여야 한다"고 규정하여 죄형법정주의를 당연한 것으로 예정하고 있다.

> **판례**   국회의원 후보자인 甲이 총선을 앞두고 자신과 부인, 아들 및 딸을 자신이 출마할 지역구 내에 거주하는 동생의 주소지로 주민등록을 이전한 것은 특정 선거구에서 투표할 목적으로 주민등록에 관한 허위의 신고를 한 것(공직선거법 제247조 제1항 위반죄)에 해당한다고 기소된 사안에서, 대법원은 공직선거법 제247조 제1항 위반죄는 '투표할' 목적으로 주민등록에 관한 허위의 신고를 한 행위자만이 그 주체가 될 수 있을 뿐, 타인으로 하여금 '투표하게 할' 목적으로 그 타인의 주민등록에 관한 허위의 신고를 한 자는 그 타인과 공모하지 않는 한 그 주체가 될 수 없으나, 후보자 甲이 가족들과 공모하여 특정 선거구에서 투표할 목적으로 가족들의 주민등록에 관하여 허위의 신고를 한 것은 인정된다고 판단하여 甲에게 유죄를 선고하였다(2017도8118 판결).[1]

II. 죄형법정주의의 파생원칙

1. 관습형법금지의 원칙

(1) 의   의

범죄와 형벌은 성문의 법률에 규정되어야 하고, 관습법을 직접 형벌법규의 법원(法源)으로 하여 처벌할 수 없다는 원칙을 말하며, 성문법주의라고도 한다.

---

1) 위 판결에서 대법원은 후보자 甲 자신의 주민등록이전은 허위신고에 해당하지 않고 가족들의 주민등록이전만이 허위신고에 해당한다고 판시하였다.

관습법은 성문법과 달리 그 내용과 범위가 명확하지 않기 때문에 이에 의하여 범죄를 인정하고 처벌한다면 존재가 불명확한 법으로 처벌하는 것이 되어 범죄와 형벌을 미리 법률로써 정해야 한다는 죄형법정주의의 취지에 반하게 된다.

(2) 내 용

1) **법률주의**   관습형법금지의 원칙은 그 당연한 결론으로서 형벌법규에 대한 법률주의를 요구한다. 여기의 법률은 국회에서 제정한 형식적 의미의 법률을 의미하고, 명령·조례·규칙 등에 의하여 범죄와 형벌을 규정할 수 없다.

그러나 법률주의는 법률에 형벌만을 규정하고 형벌의 전제가 되는 구성요건의 내용을 명령에 위임하거나(백지형법), 벌칙의 제정만을 명령 등에 위임하는 것까지 금지하는 것은 아니다. 긴급한 필요가 있거나 미리 법률로써 자세히 정할 수 없는 부득이한 사정이 있는 경우에 한하여 수권법률(위임법률)이 처벌대상인 행위가 어떠한 것인지를 예측할 수 있을 정도로 구체적으로 정하고, 형벌의 종류 및 그 상한과 폭을 명확히 규정하는 것을 전제요건으로 위임입법을 허용할 수 있다(2000도1007 판결, 2002도2998 판결, 91헌가4 결정).

> **판례**   법률의 시행령은 모법인 법률의 위임없이 법률이 규정한 개인의 권리·의무에 관한 내용을 변경·보충하거나 법률에서 규정하지 아니한 새로운 내용을 규정할 수 없고, 특히 법률의 시행령이 형사처벌에 관한 사항을 규정하면서 법률의 명시적인 위임범위를 벗어나 그 처벌의 대상을 확장하는 것은 죄형법정주의의 원칙에도 어긋나는 것이므로 그러한 시행령은 위임입법의 한계를 벗어난 것으로 무효이다(2015도16014 판결).[1]

2) **유리한 관습법의 허용**   관습형법금지의 원칙은 관습법에 의하여 새로운 처벌규정을 만들어 처벌하는 것을 금지하는 것이므로 범죄성립을 부정하는 사유와 같이 범죄자에게 유리한 관습법은 금지할 이유가 없다.

3) **관습법의 간접적 법원성**   관습형법금지의 원칙은 관습법을 직접 형법

---

[1] 위 판결에서 대법원은 의료법의 명시적 위임규정 없이 병원 당직의료인의 임무위반행위에 대한 벌칙규정을 의료법시행령에 규정한 것은 위임입법의 한계를 벗어난 것으로서 무효라고 판시하였다.

의 법원으로 하여 처벌할 수 없다는 원칙일 뿐이고, 성문의 형벌법규에 내재하는 의미를 해석하는 데 있어서 관습법에 의하여 보충하는 것까지 금지하는 것은 아니다.

따라서 수리방해죄($\frac{제184}{조}$)에 있어서 수리권의 근거($\frac{67도1667}{판결}$), 배임죄($\frac{제355조}{제2항}$)에 있어서 타인의 사무를 처리하는 원인, 업무상 횡령·배임죄($\frac{제356}{조}$)에 있어서 업무의 근거, 부진정부작위범에 있어서 작위의무의 근거, 사회상규($\frac{제20}{조}$)의 범위, 음화반포죄($\frac{제243}{조}$)에 있어서 음란의 의미 등은 관습법에 의하여 보충할 수 있다.

> **판례**   농지경작자가 계속하여 20년 이상 평온·공연하게 유지(溜池)의 물을 사용하여 농지를 경작한 경우, 그 물을 사용할 권리가 있으므로 이를 침해하면 수리방해죄를 구성한다(67도1667 판결).

2. 유추해석금지의 원칙

(1) 의 의

형벌법규에 처벌대상으로 명시되지 않은 사실에 대하여 그 사실과 가장 유사한 사실을 규정한 형벌법규를 적용할 수 없다는 원칙이다. 여기의 "유추"란 관련사실에 직접 적용할 명문규정이 없는데도 그 사안과 유사한 사실을 규정한 법률을 적용하는 것이므로 유추는 법관에 의한 법창설이며 일종의 입법에 해당한다.

> **판례**   ① 형벌법규는 문언에 따라 엄격하게 해석·적용하여야 하고 피고인에게 불리하게 확장해석하거나 유추해석을 하여서는 안되지만, 문언이 가지는 가능한 의미의 범위 안에서 규정의 입법취지와 목적 등을 고려하여 문언의 논리적 의미를 분명히 밝히는 체계적 해석을 하는 것은 죄형법정주의의 원칙에 위반되지 않는다(2020도12017 판결).[1]
> ② 외국환거래법 제30조가 규정하는 몰수·추징의 대상은 범인이 해당 행위로 인하여 취득한 외국환 기타 지급수단 등을 뜻하고, 이는 범인이 외국환거래법에서 규제하는 행위로 인하여 취득한 외국환 등이 있을 때 이를 몰수하거나 추징한다는

---

1) 위 판결에서 대법원은 법정모독죄에서 정한 "법원의 재판"과 "법정"에 "헌법재판소의 재판"과 "헌법재판소 심판정"이 포함된다고 해석하는 것은 피고인에게 불리한 확장해석이나 유추해석이 아니라고 판시하였다.

취지로서, 여기서 취득이란 해당 범죄행위로 인하여 결과적으로 이를 취득한 때를 말한다고 제한적으로 해석함이 타당하다(2013도8389 판결).

(2) 내 용

유추해석에 의하여 피고인에게 불리한 새로운 범죄를 인정하거나 불리한 형벌과 보안처분을 부과하는 것은 모두 금지된다. 반면 피고인에게 이익이 되는 유추해석은 죄형법정주의 취지에 반하지 아니하므로 허용된다. 판례도 범죄성립을 배제(조각)하거나 형을 감경하는 사유는 행위자에게 유리한 것이므로 유추를 허용한다($^{96도1167 \ 전원합의체}_{판결 \ 참조}$).

(3) 확장해석과 축소해석

추상적으로 규정되어 있는 법률을 범행사실에 적용하기 위해서는 법규정의 의미내용을 구체화하는 법해석이 필요하다. 법해석에는 법규정이 추구하는 목적에 따라 목적론적 해석을 통해 어느 정도 넓게 해석(확장해석)하거나 어느 정도 좁게 해석(축소해석)할 수 있다. 확정해석과 유추해석은 일상생활에서 통상 관념적으로 사용되고 있는 "언어의 가능한 의미" 이내의 해석인가에 따라 구별되고, 이러한 확장해석과 축소해석은 허용된다.

판례   ① 성폭력특례법 제13조는 자기 또는 다른 사람의 성적 욕망을 유발하는 등의 목적으로 '전화, 우편, 컴퓨터나 그 밖에 일반적으로 통신매체라고 인식되는 수단을 이용하여' 성적 수치심 등을 일으키는 말, 글, 물건 등을 상대방에게 전달하는 행위를 처벌하고자 하는 것임이 문언상 명백하므로, 위와 같이 통신매체를 이용하지 아니한 채 '직접' 상대방에게 말, 글, 물건 등을 도달하게 하는 행위까지 포함하여 위 규정으로 처벌할 수 있다고 보는 것은 법문의 가능한 의미의 범위를 벗어난 해석으로서 실정법 이상으로 그 처벌 범위를 확대하는 것이라 하지 않을 수 없다(2015도17847 판결).
  ② 변호사법은 제31조 제1항 제3호에서 '변호사는 공무원으로서 직무상 취급하거나 취급하게 된 사건에 관하여는 그 직무를 수행할 수 없다'고 규정하면서 제113조 제5호에서 변호사법 제31조 제1항 제3호에 따른 사건을 수임한 변호사를 1년 이하의 징역 또는 1천만 원 이하의 벌금에 처하도록 규정하고 있는바, 금지규정인 변호사법 제31조 제1항 제3호가 '공무원으로서 직무상 취급하거나 취급하게 된 사건'에 관한 '직무수행'을 금지하고 있는 반면, 처벌규정인 변호사법 제113조

제5호는 '공무원으로서 직무상 취급하거나 취급하게 된 사건'을 '수임'한 행위를 처벌하고 있다. 이러한 금지규정 및 처벌규정의 문언 등을 종합적으로 고려하면, 변호사법 제113조 제5호 위반죄의 공소시효는 그 범죄행위인 '수임'행위가 종료한 때로부터 진행된다고 봄이 타당하고, 수임에 따른 '수임사무의 수행'이 종료될 때까지 공소시효가 진행되지 않는다고 해석할 수는 없다(2017도18693 판결).

③ 영유아보육법은 동법 제15조의5 제3항에 따른 안전성 확보에 필요한 조치를 하지 아니하여 영상정보를 분실·도난·유출·변조 또는 훼손당한 자를 처벌하도록 규정하고 있는데, 여기서 처벌 대상이 되는 '영상정보를 훼손당한 자'란 어린이집을 설치·운영하는 자로서 폐쇄회로 영상정보에 대한 안전성 확보에 필요한 조치를 하지 아니하여 영상정보를 훼손당한 자를 뜻하므로 영상정보를 삭제·은닉 등의 방법으로 직접 훼손하는 행위를 한 자는 비록 그가 어린이집을 설치·운영하는 자라고 하더라도 이 규정의 처벌대상이 될 수 없다. 폐쇄회로 영상정보를 직접 훼손한 어린이집 설치·운영자가 '영상정보를 훼손당한 자'에 포함된다는 해석은 문언의 가능한 범위를 벗어나는 것이다(2019도9044 판결).

[유추해석금지를 인정한 판례] ① 외국통용지폐(제207조 제3항)에 일반인이 통용되는 것이라고 오인할 가능성이 있는 지폐까지 포함시킨 경우(2003도3487 판결), ② 적법하게 발행된 백지수표의 금액, 발행일을 기입·완성하는 보충행위를 부정수표단속법이 규정한 수표발행으로 해석한 경우(2002도4464 판결), ③ 부실의 사실이 기재된 공정증서정본을 그 사정을 알지 못하는 법원직원에게 교부한 행위를 부실기재공정증서원본행사죄에 해당한다고 해석한 경우(2001도6503 판결), ④ 약사법상 약국개설자 아닌 자의 판매행위에 외국수출행위를 포함시킨 경우(2001도2479 판결), ⑤ 타인에 의하여 이미 생성된 주민등록번호를 사용한 행위를 허위주민등록번호를 생성하여 사용한 행위에 포함시킨 경우(2003도6535 판결), ⑥ 형법 제52조나 국가보안법 제16조 제1호의 "자수"를 '범행발각 전에 자수한 경우'로 한정한 경우(96도1167 전원합의체 판결), ⑦ 국회 국정감사 특별위원회가 소멸된 이후에도 '국회에서의 증언·감정 등에 관한 법률'상 위증죄(동법 제14조 제1항)로 고발하는 것이 가능하다고 해석하는 경우(2017도14749 전원합의체 판결) 등은 모두 금지되는 유추해석이다.

3. 소급효금지의 원칙

(1) 의 의

형벌법규는 시행된 이후의 행위에 대해서만 적용할 수 있고, 시행 이전의 행위에까지 소급하여 적용할 수 없다는 원칙이다. 소급효를 허용하게 되면 행위시에 범죄 아닌 행위가 사후에 범죄로 처벌되거나 행위시의 형벌법규보다 불리하게 처벌되어 국민의 법적 안정성을 해하므로 죄형법정주의에 반하게 된다.

(2) 내 용

1) **형사사후입법에 의한 소급금지**　소급효금지의 원칙은 소급입법뿐만 아니라 법관에 의한 소급적용도 금지한다. 사후입법에 의하여 새로운 범죄를 신설하거나 법개정에 의하여 범죄성립요건과 처벌범위를 확장하는 것은 모두 금지한다.[1]

> **판례**　1억원 이상의 벌금형을 선고하는 경우 노역장유치기간의 하한을 정한 형법(2014. 5. 14. 개정·시행) 제70조 제2항(노역장유치조항)의 시행 전에 행해진 피고인의 범죄행위에 대하여, 원심이 피고인을 징역 5년 6개월과 벌금 13억 1,250만원에 처하면서 형법 제70조 제1항, 제2항을 적용하여 '벌금을 납입하지 않는 경우 250만원을 1일로 환산한 기간 노역장에 유치한다'는 내용의 판결을 선고하였는데, 원심판결 선고 후 헌법재판소가 노역장유치조항(제70조 제2항)을 시행일 이후 최초로 공소제기되는 경우부터 적용하도록 한 형법 부칙(2014. 5. 14. 개정·시행) 제2조 제1항이 헌법상 형벌불소급원칙에 위반되어 위헌이라고 판단한 사안에서, 대법원은 헌법재판소의 위헌결정 선고로 위 부칙조항은 헌법재판소법 제47조 제3항 본문에 따라 효력을 상실하였으므로, 피고인에게 노역장유치조항을 적용하여 노역장유치기간을 정한 원심판결은 유지될 수 없다고 하여 원심을 파기하였다(2017도17809 판결).

2) **유리한 소급효 허용**　죄형법정주의는 국민의 자유와 권리를 실질적으로 보장하려는 데에 그 목적이 있으므로 행위자에게 불리한 소급효만 금지한다. 형법은 제1조 제2항에서 "범죄후 법률이 변경되어 그 행위가 범죄를 구성하지 아니하게 되거나 형이 구법보다 가벼워진 때에는 신법에 따른다"고 규정하고, 동조 제3항에서 "재판이 확정된 후 법률이 변경되어 그 행위가 범죄를 구성하지 아니하게 된 경우에는 형의 집행을 면제한다"고 규정하여 행위자에게 유리한 사후법의 소급효를 인정하고 있다.

---

[1] 2016년 보험사기방지특별법이 시행되기 전 범해진 보험사기 범행에 대하여 동법상의 사기죄(제8조)를 적용하여 처벌하는 것은 형벌불소급원칙에 위반된다(2021도5538 판결).

판례도 범행 후에 혼인외 출생자를 인지한 경우에 그 인지의 효력은 자의 출생시에 소급하므로($^{민법}_{제860조}$) 친족상도례 규정도 소급적용한다($^{96도1731}_{판결}$).

> **판례** 범죄 후 법률의 변경에 의하여 그 행위가 범죄를 구성하지 아니하게 된 때에는 신법을 적용하여야 하는데(형법 제1조 제2항), 2016. 12. 20. 시행된 개정 성폭력특례법 부칙 제4조는 "제43조 제4항의 개정규정은 이 법 시행 전에 등록대상 성범죄로 유죄판결이나 약식명령이 확정되어 등록대상자가 된 사람에 대해서도 적용한다"라고 규정하고 있다. 그렇다면 개정 성폭력특례법이 시행되기 전인 2015. 5. 4. ○○경찰서에 기본신상정보를 제출하였고, 이에 따라 2015. 5. 29. 최초로 신상정보 등록대상자로 등록된 피고인은 구 성폭력특례법이 아니라 개정 성폭력특례법 제43조 제4항에 따라 기본신상정보를 제출한 그 다음 해인 2016. 1. 1.부터 2016. 12. 31.까지 관할 경찰관서에 출석하거나 사진촬영에 응할 의무를 부담할 뿐, 2016. 5. 29.까지 위와 같은 의무를 이행하여야 할 의무를 부담한다고 볼 수 없으므로, 이 부분 공소사실은 개정 성폭력특례법 제50조 제3항 제3호, 제43조 제4항을 위반한 행위에 해당하지 않는다(2017도2566 판결).

3) 보안처분의 소급효 여부 보안처분에 대하여도 소급효금지의 원칙이 적용되느냐가 문제된다. 독일 형법 제2조 제6항은 "보안처분에 관하여는 법률에 특별한 규정이 없는 한 판결시의 법률에 따른다"고 규정하여 이 원칙의 적용을 배제(소급효인정)하고 있다. 이러한 명문규정이 없는 우리 형법에서는 당연히 소급효금지의 원칙을 적용해야 한다는 것이 통설이다($^{소급효인정설,}_{은 신동운 44}$).

이에 대해서 폐지된 구 사회보호법상의 보호감호처분처럼 형벌에 상응하는 강력한 형사제재에 대해서는 소급적용을 금지해야 하지만 치료감호법상의 치료감호와 보호관찰은 형벌집행에 산입되거나 피고인을 위한 합목적적 처분이기 때문에 소급적용을 허용해야 한다는 견해도 있다($^{개별적용설,}_{손동권·김재윤 3/43}$).

판례는, 형법 제62조의2에 따른 보호관찰($^{97도703}_{판결}$)과 성폭력특례법상의 신상정보공개명령($^{2011도9253, 2011}_{전도152 판결 등}$)에 대하여는 소급효금지의 원칙을 적용하지 않는다(소급효인정). 이에 대하여, 구 사회보호법상의 보호감호($^{86감도286}_{판결}$)와 가정폭력범죄법상의 사회봉사명령은 이 원칙의 적용대상이 된다고 판시($^{2008어4}_{결정}$)하였다.

한편, 전자장치부착법상의 전자장치부착기간의 연장에 대해서는 이 원칙을 적용하지 않고($^{2010도11996}_{판결}$), 동법 시행 전에 19세 미만의 사람에 대하여 특정범죄를 범한 경우에 전자장치부착기간 하한을 2배 연장하도록 한 규정(^{동법 제9조}_{제1항 단서})에 대하여는 이 원칙을 적용하고 있다(^{2013도6181}_{판결}). 대법원은 기본적으로 보안처분이 시설 내에서의 자유박탈이냐 사회 내에서의 자유제한이냐에 따라 소급적용 여부를 판단한 것으로 보인다.

　　4) 소송법의 변경과 소급효　형사소송법상의 규정에 대하여는 원칙적으로 소급효금지의 원칙이 적용되지 않는다. 다만 순수한 절차규정이 아니라 범죄의 가벌성과 관련된 규정인 경우(친고죄를 비친고죄로 변경하는 경우와 시효완성 후 공소시효를 연장하는 진정소급효의 경우)에는 적용된다는 것이 다수설이다. 이에 대해서, ① 이러한 경우에도 적용되지 않는다는 견해(^{전면적 소급효긍정설,}_{임웅 28 이하, 신동운 47})와, ② 절차법에도 전면적으로 소급효금지의 원칙이 적용된다는 견해(^{전면적 소급효부정설,}_{오영근 35})도 있다.

　　생각건대, 친고죄를 비친고죄로 변경하는 경우와 시효완성 후 공소시효를 연장하는 경우는 개인의 신뢰보호와 국민의 법적 안정성에 중요한 영향을 미치는 것이므로 소급효금지의 원칙을 적용하는 것이 타당하다.

　　반면, 공소시효 유효기간 중에 시효기간을 연장하거나 시효진행을 정지시키는 것(부진정소급효)은 소급효금지의 원칙에 위배되지 않는다고 해야 한다. 이는 개인의 신뢰보호보다 시효연장으로 인한 공익이 더 우선된다고 볼 수 있기 때문이다.

　　헌법재판소와 대법원은, 진정소급입법은 소급효금지의 원칙이 적용되어 원칙적으로 허용되지 않으나, 신뢰보호의 요청에 우선하는 심히 중대한 공익상의 사유가 소급입법을 정당화하는 경우에 한하여 예외적으로 허용될 수 있는 반면, 부진정소급입법의 경우에는 소급효금지의 원칙이 적용되지 않는다(^{97헌바76 결정, 98헌바50 결정,}_{96도3376 전원합의체 판결})고 하여 부진정소급효를 전면적으로 인정하고 있다.

> **판례**　　① 공소시효가 완성되지 않은 범죄에 대하여 사후에 공소시효를 소급적으로 정지하는 이른바 부진정소급효의 법률규정은 이미 성립한 범죄에 대하여 소추가 가능한 상태에서 그 소추기간을 연장하는 것에 지나지 아니하므로, 공소시효에 의하여 보호받는 범죄혐의자의 이익을 침해하는 정도는 상대적으로 미약하다. 따라서 5·18특별법이 적용대상으로 삼는 헌정질서파괴범죄를 처벌하기 위한 공익의 중대성과 그 범죄혐의자들에 대하여 보호해야 할 법적 이익을 교량할 때 5·18특별법 제2조는 그 정당성이 인정된…다. 그러나 공소시효가 이미 완성한 다음에

소급적으로 공소시효를 정지시키는 이른바 진정소급효를 갖는 법률규정은 … 형사소추권이 소멸함으로써 이미 법적·사회적 안정성을 부여받아 국가의 형벌권 행사로부터 자유로워진 범죄혐의자에 대하여 실체적인 죄형의 규정을 소급적으로 신설하여 처벌하는 것과 실질적으로 동일한 결과를 초래하게 된다. 이는 행위시의 법률에 의하지 아니하고는 처벌받지 아니한다는 헌법상의 원칙에 위배되는 것이다. 결국 공소시효에 관한 것이라 하더라도 공소시효가 이미 완성된 경우에 다시 소추할 수 있도록 공소시효를 소급하여 정지하는 내용의 법률은 그 정당성이 인정될 수 없…다(96도3376 전원합의체 판결).

② '아동학대범죄의 처벌 등에 관한 특례법(2014. 1. 28. 제정, 2014. 9. 29. 시행)' 제2조 제4호 타목은 아동복지법상 '아동의 신체에 손상을 주거나 신체의 건강 및 발달을 해치는 신체적 학대행위'를 아동학대범죄의 하나로 규정하고, 동법 제34조 제1항에서 "아동학대범죄의 공소시효는 … 피해아동이 성년에 달한 날부터 진행한다"라고 규정하면서 부칙에서 소급적용에 관한 명시적인 경과규정을 두고 있지는 아니하나, 위 규정은 완성되지 아니한 공소시효의 진행을 일정한 요건 아래에서 장래를 향하여 정지시키는 것으로서, 시행일 당시 범죄행위가 종료되었으나 아직 공소시효가 완성되지 아니한 아동학대범죄에 대하여도 적용된다(2016도7273 판결. 같은 취지 2020도3694 판결).

2007년 형사소송법 개정으로 공소시효기간이 연장되었으나(제249조), 개정 형사소송법 부칙 제3조에 의하여 공소시효에 관하여는 개정전의 법이 적용되므로 형사소송법 개정에 따른 공소시효연장문제는 부진정소급입법에 해당하는 경우라 하더라도 공소시효가 연장되지 않는다.

한편, 성폭력특례법 제21조 및 아동·청소년성보호법 제20조에 따른 공소시효 정지규정(제1항)과 DNA증거 확보시 공소시효 10년 연장규정(제2항)은 동법 시행 당시 공소시효가 완성되지 아니한 경우(부진정소급효)에는 적용된다.

2015년 개정 형사소송법은 살인의 죄로 사형에 해당하는 죄(종범은 제외)에 대하여는 공소시효를 적용하지 않도록 개정되었고(제253조의2), 동법 부칙 제2조에 의하여 개정법 시행당시 공소시효가 완성되지 않은 경우에는 개정법을 적용한다.

5) 사후 변경판례의 소급적용   행위 당시의 판례에 따르면 처벌대상이 될 수 없는 행위가 사후적으로 변경된 판례에 따라 가벌행위가 되는 경우에도 소급효금지의 원칙이 적용되느냐가 논의된다.

(a) 소급긍정설 판례의 변경으로 가벌행위가 되어도 소급효금지원칙에 반하지 않는다는 견해이다($^{강동욱}_{18}$). 소급처벌이 금지되는 것은 "법률"에 한하고 "법률의 적용"에 불과한 판례는 이 원칙이 적용되지 않는다는 것이 그 이유이다. 대법원 전원합의체 판결($^{95도2870}_{판결}$)의 다수의견이다. 이 견해의 주장자 다수는 판례의 변경으로 처벌을 받게 될 피고인은 위법성의 착오($^{제16}_{조}$)로 취급한다($^{이재상 외 2/21, 임웅 31, 김일수·}_{서보학 46, 손동권·김재윤 3/40}$).

(b) 소급부정설 판례 그 자체는 성문법이 아니지만 유권적 해석에 의하여 법의 내용이 확정되고 사실상 구속력을 가지고 있으며, 국민도 이를 신뢰하고 생활하고 있으므로 법적 안정성을 위해서 소급효금지의 원칙을 적용해야 한다는 견해이다($^{정성근 64, 이형국 35,}_{배종대 12/41, 신동운 51}$). 위 대법원 판결의 소수의견도 소급적용은 법적 안정성과 예측가능성을 보장하기 위해 소급입법금지의 원칙을 선언한 헌법정신에 상용될 수 없다고 하고 소급을 부정하고 있다.

(c) 결 어 위법성의 착오는 법원이 종전의 판례를 변경하는 것과 관계없이 변경 전 판례를 신뢰하는 데 착오가 있는 경우에 형법 제16조를 적용하는 것이므로 아무런 착오도 없는 선량한 판례 신뢰자를 위법성의 착오자로 취급할 수 없다. 법에 충실한 선량한 시민의 법적 안정성을 위해서 소급효금지원칙을 적용하는 견해(소급부정설)가 타당하다. 그리고 변경된 사후판례의 소급적용금지는 변경 전의 판례를 신뢰한 자에 대해서 사후에 변경된 판례의 소급적용을 금지하는 것이므로 이 금지가 판례 자체의 변경까지 금지하는 것은 아니다.

4. 명확성의 원칙

(1) 의 의

명확성의 원칙이란 형벌법규의 구성요건 내용과 법적 효과(형벌)는 일반국민이 사전에 예측할 수 있도록 명확하게 규정되어야 한다는 원칙을 말한다. 형벌법규의 내용이 추상적이거나 불명확할 때에는 법관의 자의가 개입되어 유추해석과 확장해석의 위험이 많기 때문에 국민의 자유와 권리보장을 위해 요구되는 원칙이다.

(2) 내 용

형벌법규의 명확성은 구성요건 자체의 명확성과 법적 효과인 형사제재의 명확성도 요구한다.

1) 구성요건의 명확성　구성요건의 내용은 국민으로 하여금 금지된 행위가 어떤 것인지를 예측할 수 있도록 구체적으로 명백하게 정형화해야 하며, 법관이 자의적으로 확장할 수 없는 개념을 사용해야 한다. 예컨대 "공공의 질서 또는 민주적 기본질서에 반하는 행위", "선량한 풍속 및 사회질서에 반하는 행위(97도2231 전원합의체 판결)" 등과 같이 국민이 구체적으로 어떤 행위가 여기에 해당하는 범죄인지 알 수 없는 구성요건은 명확성의 원칙에 반한다.

다만 구성요건의 불법유형성과 범죄개별화기능 때문에 순수한 기술적 요소만으로 상세하게 구성요건을 기술하는 것은 입법기술상 불가능하므로 어느 정도의 포괄적 내지 가치개념(규범적 구성요건요소)으로 규정하는 것은 불가피하다. 대체로 건전한 상식과 통상적인 법감정을 가진 사회일반인이 금지된 행위가 무엇인지를 예측할 수 있고 법적 확실성을 해하지 않는 것이면 명확성의 원칙에 반하지 않는다고 해야 한다.

판례는 포괄적 내지 가치개념을 사용하였더라도 처벌법규의 입법목적이나 그 전체적인 내용·구조 등을 살펴보아 사물변별능력을 갖춘 일반인의 이해와 판단으로 그 구성요건에 해당하는 행위유형을 정형화하거나 한정할 합리적 해석기준을 찾을 수 있다면 명확성의 원칙에 위배되지 않는다(2003도2414 판결)고 판시하였다.

> **판례**　'응급의료에 관한 법률'(2012. 5. 14. 개정) 제12조는 '누구든지 응급의료종사자의 응급환자에 대한 진료를 폭행, 협박, 위계, 위력, 그 밖의 방법으로 방해하여서는 아니된다'고 규정하면서 … 제12조를 위반하여 응급의료를 방해하거나 의료용시설 등을 파괴·손상 또는 점거한 사람에 대하여 5년 이하의 징역 또는 5천만원 이하의 벌금에 처하도록 규정하고 있다(2015. 1. 28. 개정 동법 제60조 제1항 제1호). … 응급의료 … 방해행위의 유형을 법률에 일일이 구체적이고 확정적으로 미리 열거하는 것은 입법기술상 불가능하거나 현저히 곤란하므로, 입법자는 '그 밖의 방법'이라는 일반적인 개념을 사용하여 … 방해행위의 대상을 넓게 규정하며 그 해석의 판단지침이 될 만한 구체적인 예시로 폭행, 협박, 위계, 위력을 나열하고 있다. … '그 밖의 방법'이 규율하고 있는 대상은 '폭행', '협박', '위력', '위계'에 준하는 것으로 응급의료종사자에게 유·무형의 방법으로 영향력을 행사하여 응급환자에 대한 진료에 지장을 주거나 지장을 줄 위험을 발생하게 할 만한 행위라고 봄이 타당

하다. … 동법의 입법 취지, 규정형식 및 문언의 내용을 종합하여 볼 때, 건전한 상식과 통상적인 법 감정을 가진 일반인이라면 구체적인 사건에서 어떠한 행위가 이 사건 금지조항의 '그 밖의 방법'에 의하여 규율되는지 충분히 예견할 수 있고, 이는 법관의 보충적 해석을 통하여 확정될 수 있는 개념이다(2018헌바128 결정).

2) 형사제재의 명확성   형벌과 보안처분의 범위·종류는 특정되어야 하며, 어떤 범죄에 대한 제재인가를 명백히 규정해야 한다. 따라서 절대적 부정기형은 허용되지 않는다. 다만 법정형의 범위를 두는 상대적 부정기형(소년법 제60조)과 형벌의 선택에 따른 재량을 인정하는 것은 허용된다.

절대적 부정기의 보안처분은 명확성의 원칙에 반한다는 것이 다수설이다. 폐지된 구 사회보호법상의 치료감호는 치료가 끝날 때까지 절대적 부정기처분을 규정하고 있었으나, 대체입법으로 마련된 치료감호법은 15년을 초과할 수 없도록 제한하였다(동법 제16조 제2항 제1호).

5. 법의 적정성의 원칙

(1) 적정성 원칙의 의의

적정성의 원칙이란 형벌법규는 기본적 인권을 실질적으로 보장할 수 있도록 그 내용이 합리적이고 정당해야 한다는 원칙을 말한다. 종래의 형식적 의미의 죄형법정주의에 따르면 법관의 자의로부터 국민의 자유와 권리는 보장할 수 있지만 입법자의 자의에 의한 형벌권의 확대는 방지할 수 없다. 입법자가 애당초 불법이 될 수 없는 행위를 범죄로 규정하거나 내용이 부적정한 법률을 제정하여 처벌한다면 죄형법정주의라는 미명하에 법률의 탈을 쓴 불법이 자행되어 사실상 국민의 자유와 권리가 침해되게 된다. 적정성의 원칙은 불법과 부적정한 법률로부터 국민의 기본권을 보장하려는 실질적 의미의 죄형법정주의의 당연한 요청이다. 우리나라 통설이라 해도 좋다(이 원칙 부정설은 행위론을 거부하고 행위의 한계기능을 부정하는 입장에서 주장한다. 김일수·서보학 55 이하).

(2) 적정성 원칙의 내용

1) 인간의 존엄과 가치의 보장   형벌법규는 인간의 존엄과 가치를 보장하는 헌법적 가치체계와 모순되어서는 안된다. 인간의 존엄과 가치를 부정하거나

기본권을 박탈 또는 임의로 제한하는 형벌법규는 애당초 부적정한 악법이다.

　　2) 형벌법규의 필요성 · 보충성의 원칙　　형벌법규는 필요성이 있어야 한다 (필요 없으면 형벌 없다). 형벌법규는 법익보호를 위한 수단으로만 사용해야 하며, 법익침해가 있어도 형벌부과의 필요성이 없으면 형벌권을 행사할 수 없고, 정치적 목적이나 이데올로기적 목적을 위한 수단으로 사용할 수 없다(형벌법규의 필요성의 원칙). 나아가 형벌권의 행사도 법익보호를 위해서 불가피한 최후수단으로서 최소한도에 그쳐야 한다(형벌법규의 보충성의 원칙).

　　3) 불법행위에 한정　　형벌법규의 처벌대상이 되는 행위는 불법행위에 한정되어야 하고, 불법이 될 수 없는 행위는 어떠한 이유로도 처벌할 수 없다(불법 없으면 형벌 없다). 불법 없는 행위를 처벌대상으로 하는 형벌법규는 악법이며, 이에 의한 형벌권 행사는 법의 탈을 쓴 형벌폭력이다.

　　4) 형벌의 적정성　　형벌의 정도가 적정해야 한다(적정한 형벌 아니면 형벌 없다). 형벌의 적정성 여부는 다음 세 가지를 고려하여 결정해야 한다. ① 범죄와 형벌 사이에 균형이 유지되어야 하고(균형성의 원칙), 과잉입법을 통한 과잉처벌을 해서는 안되며(비례성의 원칙), ② 잔인하거나 가혹한 형벌을 부과할 수 없고(인도주의 원칙), ③ 책임의 범위 내에서만 형벌을 부과해야 한다(책임원칙).

> **판례**　 '특정 성폭력범죄자에 대한 위치추적 전자장치 부착에 관한 법률' 제9조 제5항은 전자감시제도가 보안처분으로서 형벌과는 그 목적이나 심사대상을 달리하므로 이를 징역형의 대체수단으로 취급하여 함부로 형량을 감경하여서는 아니된다는 당연한 법리를 주의적 · 선언적으로 규정한 것에 불과한 것이어서, 위 조항이 평등의 원칙, 과잉금지의 원칙, 일사부재리의 원칙 등에 위배된다고 볼 수 없다(2009도1947 등 판결).

[§ 3] 형법이론과 형법학파

Ⅰ. 형법이론

　　형법학의 연구대상은 범죄와 형벌 및 보안처분이다. 범죄란 무엇이고, 처벌하는 이유가 무엇이며, 그 요건을 어떻게 구성해야 하고, 형벌과 보안처분을 부과하는 정당성의 근거가 무엇이냐에 대한 물음의 해답은 형법학 연구의 출발점인 동시에 도착점이다. 이 물음에 대한 해답은 그 시대의 시대사조와 각자의 세계관·가치관에 따라 차이가 있다.

1. 범죄이론

범죄를 범한 자에 대하여 형벌을 부과하는 것이므로 형벌평가의 대상은 범죄이다. 범죄는 행위자의 주관적 의사와 행위에 의하여 야기된 결과의 복합체이다.

(1) 객관주의

객관적으로 외부에 나타난 행위의 결과를 형벌평가의 대상으로 하여 그 결과에 상응하는 형벌의 종류와 경중을 결정하는 이론이다. 이 이론은 인간이 스스로 자기의사를 결정할 수 있다는 자유의사를 기반으로 하고 있다.

(2) 주관주의

범죄는 소질과 환경의 영향으로 결정된 반사회적 위험성이 행위에 의하여 외부로 징표된 것이므로, 이 반사회적 위험성을 형벌평가의 대상으로 하여 그 위험성에 상응하는 형벌의 종류와 경중을 결정하는 이론이다. 이 이론은 자유의사를 부정하고 행위자의 잘못 결정된 반사회적 성격을 범죄론의 기반으로 하고 있다.

(3) 오늘날의 경향

오늘날의 범죄관은 이 두 이론의 기반을 통합하여 소질과 환경의 영향을 받으면서 스스로 의사를 결정할 수 있다는 제한된 자유의사를 인정한다. 다만 오늘의 형법학은 인적 행위불법론의 영향을 받아 객관주의는 주로 결과반가치(결과불법)에, 주관주의는 주로 행위반가치(행위불법)에 각각 변형되고 있다.

2. 형벌이론

형벌의 본질 내지 정당성의 근거가 무엇이냐에 관해서 응보형주의와 목적형주의가 대립하여 왔다.

(1) 응보형주의

형벌의 본질은 범죄에 대한 정당한 응보에 있다는 이론이다. 범죄에 대한 응보는 정의의 요구이며 사회일반의 도덕적 원리이므로 범죄에 대하여 정의와 도의를 실현하기 위해서는 당연히 형벌을 부과해야 한다는 것이다. 여기의 응보는 범죄라는 악행에 상응하는 해악적 응보이고, 형벌은 응보 이외의 다른 목적이 있을 수 없다고 한다(칸트·헤겔의 절대적 응보형주의).

절대적 응보형주의는 형벌집행이 잔학해질 수 있다는 비판을 받고, 형벌의 본질은 정의실현으로서의 응보에 있지만 그 목적은 사회질서유지와 범죄예방에 있다는 상대적 응보형주의로 수정되었다.

(2) 목적형주의

형벌은 범죄를 예방하고 범죄로부터 사회방위목적을 달성하기 위한 수단이고, 이 목적 때문에 형벌의 정당성을 인정할 수 있다는 이론이다. 리스트(F. v. Liszt)에 의해서 확립된 이론이다. 목적형주의는 범죄예방의 대상을 어디에 두느냐에 따라 두 가지 이론으로 나뉜다.

1) 일반예방주의   사회일반인, 특히 잠재적 범죄인을 대상으로 범죄와 형벌을 예고하고 위하·경고하여 범죄적 충동을 억제시켜 범죄예방의 효과를 거두려는 이론이다. 이 이론을 강조하면 자연히 형벌은 엄격하고 잔학해질 수 있다. 고전학파 포이어바흐의 심리강제설에서 이론적 기초가 마련되었다.

심리강제설은 범죄를 범할 때의 쾌락·이익과 형벌을 받을 때의 불쾌감·불이익을 이성적 판단으로 비교형량하여 후자가 전자보다 크다고 판단할 경우 범죄적 충동을 억제할 수 있다는 이론이다. 18세기 후반의 계몽사상에 기반을 두고 있다. 그러나 모든 범죄자가 쾌락추구나 이해타산 때문에 범행한다고 할 수 없고, 정신결함자나 우발범죄인도 많다는 점을 간과하고 있다는 비판을 받았다.

2) 특별예방주의   범죄인을 범죄예방의 대상으로 하여 재범을 하지 않도록 개선·교화하여 사회에 복귀시키는 데에 형벌의 목적이 있다는 이론으로 근대학파의 리스트에 의해 완성되었다. 이 이론의 범죄자 재사회화 사상은 형벌의 개별화와 형벌완화의 기폭제가 되었다. 다만 재범의 위험성을 제거하기 위

해 형벌의 장기화를 가져올 위험성이 있다는 지적을 받았다.

(3) 형벌이론의 과제

국가의 임무가 문화국가적 법치국가 사상을 실현하는 데 있다면 형벌의 본질이 악행에 대한 단순한 반동이라 할 수 없고, 이러한 형벌로써 범죄를 상쇄시키는 응보사상은 액면 그대로 수용할 수 없다. 반면 범죄인에게 불이익으로 작용하는 형벌의 필요악적 성질도 완전히 부정할 수도 없다.

그리고 일반예방과 특별예방은 각각 장·단점이 있기 때문에 양자의 장점을 취합하여 행위책임의 범위 내에서 예방목적을 실현해야 한다. 오늘날의 형벌관도 형벌의 응보적 성질을 완전히 부정하지 않고 일반예방과 특별예방을 통합한 예방목적 형벌로 파악하고 있다.

Ⅱ. 형법학파

형법이론에 관한 학설의 대립은 20세기 초에 독일에서 학파의 논쟁으로 비화되기도 하였는데, 오늘의 형법학은 이러한 학파의 논쟁 중에서 서서히 형성·발전되었다고 해도 좋다.

1. 고전학파(구파)

계몽사상에 기반을 두고 18세기 후반부터 움트기 시작하여 19세기 중반 이후 20세기 초반까지 꽃피운 학파이다. 칸트·헤겔의 관념철학에서 절대적인 영향을 받았다. 이 학파의 형법이론을 요약하면 다음과 같다.

(1) 범죄론

① 외부에 나타난 행위와 결과를 대상으로 범죄를 파악하는 객관주의, ② 책임은 자유의사 있는 이성적 인간에 대한 도의적 책임론, ③ 범죄행위를 책임판단의 대상으로 하는 행위주의를 기본사상으로 한다.

(2) 형벌론

① 형벌의 본질은 응보에 있다는 응보형주의, ② 사회일반인을 대상으로

범죄예방을 하는 일반예방주의, ③ 범죄와 형벌은 균형을 유지해야 한다는 죄형균형주의, ④ 형벌과 보안처분을 엄격히 구별하는 이원주의를 주장한다.

2. 근대학파(신파)

19세기 후반 자본주의 발달이 가져온 사회변동으로 누범·소년범 등 범죄자가 격증하게 되자 고전학파의 관념적 형법이론으로서는 범죄예방이 어렵다는 반성에서 형성된 학파이다. 당시 발달한 자연과학을 활용하여 범죄인에 대한 범죄원인을 실증적으로 연구하고 범죄예방책을 강구하려는 이탈리아의 범죄인류학파에서 시작되어 독일의 리스트에 의해 체계적으로 완성되었다. 이 학파의 형법이론을 요약하면 다음과 같다.

(1) 범죄론

① 자유의사를 부정하고 행위자의 반사회적 위험성이 있는 성격이 외부에 징표된 것이 범죄라고 하는 범죄징표설, 행위자주의, ② 반사회적 위험성을 형벌부과의 대상으로 하는 주관주의, ③ 책임의 근거는 반사회적 성격에 있다는 성격책임론, 사회적 책임론 등을 주장한다.

(2) 형벌론

① 형벌을 사회방위처분으로 이해하는 사회방위주의, ② 형벌은 범죄예방과 사회방위를 하기 위한 수단이라는 목적형주의, ③ 범죄예방을 위해 범죄인에게 적합한 처우를 선택하여 교화·개선시키는 특별예방주의, 형벌의 개별화, ④ 형벌과 보안처분은 다 같은 사회방위처분이라는 일원주의 등을 주장한다.

3. 학파의 타협과 통합이론의 전개

고전학파와 근대학파의 이론은 한 때 독일에서 학파의 논쟁이라는 극심한 대립현상으로 나타났으나, 1920년대 이후부터는 점차 완화되어 두 학파가 어느 정도 타협적인 방향을 모색하였다. 근대학파의 특별예방론은 수형자의 사회복귀이념으로 수용되었고, 고전학파의 책임에 대해서는 형벌을, 근대학파의 반사회적 위험성에 대해서는 보안처분을 부과하는 것으로 수용되었으며, 특히 근대학파가 제안한 집행유예와 가석방 등 형사정책적 고려는 입법에도 반영되었다.

이러한 상황 중에 형법이론도 고전학파는 상대적 자유의사로 완화하여 객관주의와 응보형주의, 일반예방주의를 결합시키고, 근대학파는 "범죄행위에서 나타난" 위험성 있는 성격에 한정하여 주관주의와 목적형주의, 특별예방주의를 결합시키는 체제가 일반화되었다.

이러한 체제는 1930년대 나치스 전체주의 사상에 의해서 극단적인 주관주의적 의사형법과 응보형주의를 결합시키고, 근대학파의 사회방위주의와 성격책임론은 나치스 행위자 형법이론으로 변질되어 죄형법정주의를 악용하였다. 종전 후 나치스 형법이론에 대한 반동으로 죄형법정주의가 재인식되어 명확성의 원칙과 법의 적정성원칙이 강조되고, 형법이론의 주류는 객관주의와 응보형주의 및 일반예방주의와 특별예방주의를 결합한 통합이론으로 전개되고 있다.

제 2 절 형법의 적용범위

[§ 4] 형법의 시간적 적용범위

I. 시간적 적용범위의 의의

형법의 시간적 적용범위란 형법이 적용될 수 있는 시간적 한계를 의미하며, 시제형법(時際刑法)이라고도 한다. 원칙적으로 형법은 시행시부터 폐지시까지 효력을 가진다. 문제는 행위시와 재판시 사이에 형벌법규가 변경되어 범죄의 성립 여부가 달라지거나 형의 경중이 있는 경우 어느 법률을 적용할 것인가에 있다.

II. 행위시법주의와 재판시법주의

1. 행위시법주의

행위시의 법률(구법)을 적용한다는 주장을 행위시법주의라 하고, 이미 효력 상실된 법률의 추급효를 인정한다. 추급효는 법률의 효력이 상실된 후에도 유효기간 중의 위반행위를 처벌하는 효력을 인정하는 것을 말한다. 형법 제1조 제1항은 "범죄의 성립과 처벌은 행위시의 법률에 따른다"고 규정하여 행위시법주의 원칙을 선언하고 있다.

이 원칙은 사후입법에 의한 처벌뿐만 아니라 사후입법에 의한 형의 가중에도 적용되므로, 행위시에 범죄가 아닌 것을 사후입법에 의하여 범죄로 하거나 그 형을 가중하는 것은 허용되지 않는다.

2. 재판시법주의

(1) 의 의

행위시와 재판시 사이에 형벌법규가 변경된 경우에 재판시의 법률(신법)을 적용한다는 주장을 재판시법주의라 하고, 사후법의 소급효를 인정한다. 재판시의 법률을 적용하는 것이 행위자에게 유리한 결과가 된다면 재판시의 법을 적용하더라도 죄형법정주의에 위배되지 않는다. 따라서 재판시의 법률적용이 행위자에게 유리할 경우에는 행위시법주의의 예외가 인정된다. 형법 제1조 제2항에서 "범죄 후 법률이 변경되어 그 행위가 범죄를 구성하지 아니하게 되거나 형이 구법보다 가벼워진 때에는 신법에 따른다"고 규정하고, 형사소송법 제326조 제4호에서 "범죄 후의 법령개폐로 형이 폐지되었을 때"에는 "판결로써 면소의 선고를 하여야 한다"고 규정한 것은 재판시법 적용을 명문으로 인정한 것이다.

다만, 형을 종전보다 가볍게 개정하면서도 부칙에서 개정법 시행 전의 범죄에 대하여 종전의 규정을 적용하도록 규정하는 것은 허용된다($^{2011도1303}_{판결}$).

> **판례** 형법 제1조 제2항 및 제8조에 의하면 범죄 후 법률의 변경에 의하여 형이 구법보다 가벼운 때에는 원칙적으로 신법에 따라야 하지만, 신법에 경과규정을 두어 이러한 신법의 적용을 배제하는 것도 허용되는 것으로서, 형을 종전보다 가볍게 형벌법규를 개정하면서 그 부칙에서 개정된 법의 시행 전의 범죄에 대하여는 종전의 형벌법규를 적용하도록 규정한다 하여 형벌불소급의 원칙이나 신법우선의 원칙에 반한다고 할 수 없다(2011도1303 판결).

(2) 재판시법 적용요건

1) 범죄 후 법률이 변경되어 범죄를 구성하지 않게 된 경우($^{제1조 제2항}_{전단}$)

(a) **범죄 후** 여기의 "범죄 후"는 범죄의 실행행위가 종료한 이후라는 의미이다. 결과발생은 포함하지 않는다. 따라서 실행행위가 계속 중에 법률이 변경된 경우에는 신법 시행 중의 행위가 된다. 종전의 판례($^{85도740}_{판결}$)는 포괄일죄의 경우에 개정 전 부칙 제4조에 의하여 구법을 적용한다고 하였으나, 이후 신법 시행 이후의 범행이 신법의 구성요건을 충족하는 때에는 신법을 적용해야 한다고 하여 그 태도를 변경하였다($^{86도1012 전원합의체 판결,}_{같은 취지 2009도321 판결}$).

(b) **법률의 변경**   총체적 법률상태의 변경을 의미한다. 명령·백지형법의 보충규범의 변경도 포함한다. 형법 이외의 법규정이 변경되어 형법의 적용에 영향을 미칠 수 있는 경우도 포함한다. 형법의 친족상도례 규정(제328조)에 영향을 주는 민법상의 친족규정의 변경이 그 예이다.

(c) **범죄를 구성하지 아니하게 된 경우**   범죄구성요건에 해당하지 않는 경우뿐만 아니라 정당화사유, 면책사유, 형사책임연령 등의 변경으로 가벌성이 폐지된 경우도 포함한다. 나아가 가벌성이 폐지되지는 않았지만 가벌성의 전제가 행위자에게 유리하게 변경된 경우도 포함된다.

(d) **법원의 조치**   이상의 요건을 구비한 경우에는 법원은 형사소송법 제326조 제4호에 의하여 면소판결을 선고해야 하고, 공소제기 전이라면 검찰은 공소권없음을 이유로 불기소처분을 해야 한다.

반면, 공소제기된 사건의 적용법조가 헌법재판소의 위헌결정으로 소급하여 실효된 경우에는 당해 법조를 적용하여 기소한 피고사건이 범죄로 되지 아니한 때에 해당한다고 할 것(91도1617 전원합의체 판결, 같은 취지 2015도12372 판결)이므로 무죄를 선고해야 한다(91도2825 판결, 같은 취지 2010도5986 전원합의체 판결). 위헌결정의 일종인 헌법불합치결정이 선고된 경우도 마찬가지이다(2015도17936 판결).[1]

판례   ① 헌법재판소법 제47조 제4항에 따라 재심을 청구할 수 있는 '위헌으로 결정된 법률 또는 법률의 조항에 근거한 유죄의 확정판결'이란 헌법재판소의 위헌결정으로 인하여 같은 조 제3항의 규정에 의하여 소급하여 효력을 상실하는 법률 또는 법률의 조항을 적용한 유죄의 확정판결을 의미한다. 따라서 위헌으로 결정된 법률 또는 법률의 조항이 같은 조 제3항 단서에 의하여 종전의 합헌결정이 있는 날의 다음 날로 소급하여 효력을 상실하는 경우 그 합헌결정이 있는 날의 다음 날 이후에 유죄판결이 선고되어 확정되었다면, 비록 범죄행위가 그 이전에 행하여졌다 하더라도 그 판결은 위헌결정으로 인하여 소급하여 효력을 상실한 법률 또는 법률의 조항을 적용한 것으로서 '위헌으로 결정된 법률 또는 법률의 조항에 근거한 유죄의 확정판결'에 해당하므로 이에 대하여 재심을 청구할 수 있다고 보아야 한다(2015모1475 결정).

---

1) 같은 취지에서 대법원은, 법원·국회의사당 100m 이내 장소에서 집회·시위를 한 경우에 처벌하도록 규정한 구 '집회 및 시위에 관한 법률' 제23조에 대하여 헌법재판소가 헌법불합치결정을 선고(2013헌바322 결정)함에 따라 동 조항을 적용하여 기소된 사건들에 대하여 무죄판결을 선고해야 한다고 판결하였다(2019도7837 판결, 2018도10001 판결, 2017도12473 판결).

② 헌법재판소의 헌법불합치결정은 헌법과 헌법재판소법이 규정하고 있지 않은 변형된 형태이지만 법률조항에 대한 위헌결정에 해당한다. 정치자금법 제45조 제1항은 구 정치자금법(2010. 1. 25. 개정되기 전의 것) 제6조에 정하지 않은 방법으로 정치자금을 기부하는 것을 구성요건으로 삼고 있어 구 정치자금법 제6조는 정치자금법 제45조 제1항과 결합하여 형벌에 관한 법률조항을 이루게 되므로, 위 조항들에 대하여 선고된 헌법불합치결정은 형벌에 관한 법률조항에 대한 위헌결정이라고 할 것이다. 헌법재판소법 제47조 제3항 본문은 형벌에 관한 법률조항에 대하여 위헌결정이 선고된 경우 그 조항이 소급하여 효력을 상실한다고 규정하고 있으므로, 형벌에 관한 법률조항이 소급하여 효력을 상실한 경우에 당해 조항을 적용하여 공소가 제기된 피고사건은 범죄로 되지 않은 때에 해당한다. 따라서 법원은 그 피고사건에 대하여 형사소송법 제325조 전단에 따라 무죄를 선고하여야 한다(2015도17936 판결).

다만, 대법원은 동기설의 입장에서 형법 제1조 제2항에서 말하는 법률의 변경은 "법적 견해의 변경"이라고 제한적으로 해석하여, 이러한 경우에만 신법을 적용하여 면소판결을 선고할 수 있을 뿐, 단순한 "사실관계의 변경"에 해당하는 경우에는 여전히 구법을 적용하여 처벌해야 한다는 입장이다($^{2011도1303}_{판결}$).

> **판례** 형법 제1조 제2항의 규정은 형벌법령 제정의 이유가 된 법률이념의 변천에 따라 과거에 범죄로 보던 행위에 대하여 그 평가가 달라져 이를 범죄로 보고 처벌한 자체가 부당하였다거나 또는 과형이 과중하였다는 반성적 고려에서 법령을 개폐하였을 경우에 적용하여야 하고, 법률이념의 변경에 의한 것이 아닌 다른 사정의 변천에 따라 그때그때의 특수한 필요에 대처하기 위하여 법령을 개폐하는 경우에는 그에 대한 형이 폐지된 것이라고는 할 수 없다(2011도1303 판결).

2) 행위시법과 재판시법 사이에 형의 경중이 있는 경우   형이 가볍게 변경된 경우에는 형법 제1조 제2항에 따라 재판시법이 적용된다($^{2015도17907}_{판결}$). 형이 무겁게 변경되었거나 형의 경중이 없는 경우에는 형법 제1조 제1항에 따라 행위시법이 적용된다. 신·구법 사이에 중간법이 있는 경우에는 형법 제1조 제2항의 취지를 고려하여 피고인에게 가장 유리한 법률을 적용해야 한다. 판례도 같다($^{2012도7760\ 판결,\ 같은}_{취지\ 68도1324\ 판결}$).

> **판례** 범죄행위시와 재판시 사이에 여러 차례 법령이 개정되어 형의 변경이 있는 경우에는 이 점에 관한 당사자의 주장이 없더라도 형법 제1조 제2항에 의하여 직권으로 그 전부의 법령을 비교하여 그 중 가장 형이 가벼운 법령을 적용하여야 한다(2012도7760 판결).

3) 재판확정 후 법률이 변경되어 범죄를 구성하지 않게 된 경우 이 경우에는 범죄는 성립하고 유죄가 되지만, 형법 제1조 제3항에 따라 형의 집행만 면제한다. 이는 재판확정 선후에 따른 처벌의 불공평함을 해소하기 위한 것이다.

Ⅲ. 한시법과 백지형법

1. 한 시 법

(1) 한시법의 의의

한시법의 의의에 대하여, 일정한 유효기간을 명시하여 제정된 법률만을 한시법이라고 하는 견해(협의의 한시법)와, 유효기간의 유무와 상관없이 형벌법규의 내용과 목적이 일시적 사정에 대응하기 위하여 제정된 법률이면 모두 한시법이라고 하는 견해(광의의 한시법)가 나뉘어진다. 광의의 한시법에는 협의의 한시법과 폐지시기가 일정하지 않은 임시법이 포함된다.

한시법의 추급효를 인정하는 입장에서 광의의 한시법처럼 한시법의 범위를 넓게 파악할 때에는 처벌범위가 확대되어 법적 안정성을 해할 염려가 있다. 그러나 한시법의 추급효를 부정하는 입장에서는 한시법의 효력상실 이후에는 처벌할 수 없으므로 한시법의 의의를 어떻게 파악하여도 상관없다.

(2) 한시법의 효력

한시법 유효기간 중의 위반행위에 대하여, 형법이나 당해 한시법 자체에 그 유효기간 경과 후에도 처벌한다는 취지의 추급효인정규정을 둔 경우(독일 형법 제2조 제4항 참조)에는 유효기간 경과 후에도 당연히 처벌할 수 있다. 우리 형법과 한시형법처럼 추급효에 관한 명문규정이 없는 경우에도 추급효를 인정할 수 있느냐에 대해서 견해가 대립한다. 한시법의 추급효를 인정하는 주장을 한시법이론이라 한다.

1) **추급효긍정설** 추급효를 인정하는 명문규정이 없어도 한시법의 유효기간 중의 위반행위를 유효기간 경과 후에 처벌할 수 있다는 견해이다(유기천 37, 이재상 외 3/19).1)

① 한시법의 추급효를 인정하지 않는다면 법의 유효기간의 종기가 가까워짐에 따라 법의 효력상실을 예상하고 법을 위반하는 행위가 격증하여도 처벌할 수 없게 되어 법의 실효성을 유지할 수 없고, ② 행위시에 이미 처벌규정이 존재하였고, 한시법 실효 후에도 행위의 범죄성과 반윤리성은 그대로 유지되고 있으며, ③ 한시법의 효력상실은 법률의 변경에 해당하지 아니하므로 형법 제1조 제2항을 적용할 수 없고 행위시법에 의하여 처벌해야 한다는 점을 그 이유로 들고 있다.

2) **동기설** 한시법의 효력이 상실되는 동기를 분석하여 추급효 인정여부를 결정하는 견해로, 가벌성에 대한 입법자의 법률적 견해가 변경되어 한시법의 효력이 상실된 경우에는 가벌성이 소멸된 것이므로 추급효를 인정할 수 없으나, 단순한 사실관계의 변화로 법의 효력이 상실된 경우에는 가벌성은 그대로 존속하므로 추급효를 인정하여 처벌할 수 있다는 견해이다(이정원 49).

이 견해는, ① 한시법 위반행위는 행위시에 이미 처벌규정이 있었던 행위이고, 범죄 아닌 행위가 사후법에 의해 처벌되는 소급입법이 아니므로 죄형법정주의에 반하지 않으며, ② 법률변경의 동기가 사실관계의 변화 때문인가, 입법자의 법적 견해의 변경에 기인한 것인가는 입법취지와 법의 해석을 통하여 충분히 구별할 수 있다고 하여 사실관계의 변화로 법효력이 실효된 경우에 한하여 제한적으로 추급효를 인정한다.

3) **추급효부정설** 추급효를 인정하는 명문규정이 없으면 유효기간의 경과로 한시법으로서의 효력은 상실되므로 그 이후에는 처벌할 수 없다는 견해이다. 우리나라 통설이다.

① 추급효를 인정하는 명문의 규정이 없으면 법의 일반원칙에 따라 유효기간의 범위 내에서만 효력을 인정해야 하고, ② 한시법의 효력상실도 법률의 변경에 해당하므로 피고인의 이익을 위하여 형법 제1조 제2항(재판시법)을 적용해

---

1) 이재상 외 3/19는 한시법의 개념을 일시적 사실관계에 대처하기 위한 법률로 제한해야 한다는 입장에서 추급효긍정설을 취하면서, 한시법의 개념을 이처럼 제한적으로 파악할 때에는 한시법의 추급효를 인정하여도 동기설과 결론을 같이한다고 주장하고 있다.

야 하며, ③ 추급효를 인정하는 특별규정이 없음에도 효력이 상실된 법의 추급
효를 인정하여 처벌하는 것은 죄형법정주의의 취지에 반한다는 점을 그 이유로
한다.

　4) 판례의 태도　　대법원은 한시법의 효력이 상실된 법률변경의 동기를 분
석하여 추급효를 인정하는 동기설을 일관하고 있다. 즉 법률의 변경이 형벌법
규가 부당하다는 반성적 고려에서 이루어진 경우에는 법적 견해 또는 법률이념
의 변화로 법률이 변경된 것이므로 행위의 가벌성이 소멸하여 처벌할 수 없으
나, 일시적 사정이나 사실관계의 변화 때문에 법률이 변경된 경우에는 과거의
위반행위에 대한 가벌성이 존속하므로 추급효를 인정하여 처벌할 수 있다
($^{2011도17639}_{판결}$)고 한다.

> **[법률적 견해의 변경으로 가벌성을 부정한 판례]**　　① 종래 금지되었던 해직 교
> 원의 노동조합 가입이 허용되는 것으로 교원노조법을 개정한 경우(2017도15175 판
> 결), ② 간음목적 약취유인죄를 가중처벌하도록 한 구 특가법 제5조의2 제4항을 삭
> 제한 경우(2013도6660 등 판결), ③ 거짓이나 그 밖의 부정한 방법으로 "체당금을
> 지급받을 수 있도록 거짓의 보고·증명 또는 서류제출을 한 자"를 같은 방법으로
> "체당금을 지급받은 자"와 동일하게 처벌하도록 규정한 구 임금채권보장법 제28조
> 를 개정하여 징역형의 상한을 하향한 경우(2013도841 판결), ④ 위계간음죄에 관한
> 형법 제304조를 삭제한 경우(2012도14253 판결), ⑤ 구 공직선거법 제89조 제1항
> 을 개정하여 후보자 또는 예비후보자의 선거사무소에 설치되는 각 1개의 선거대책
> 기구를 처벌대상에서 제외한 경우(2012도14810 판결), ⑥ 구 정보통신망법상의 양벌
> 규정을 개정하여 법인에 대한 면책규정을 추가한 경우(2011도11264 판결), ⑦ 무단
> 이탈죄의 법정형에 징역형과 금고형 외에 벌금형을 선택적으로 추가하도록 군형법
> 제79조를 개정한 경우(2009도12930 판결), ⑧ 모든 벌칙조항의 적용에 있어서 영상
> 물등급위원회 임직원을 공무원으로 의제하도록 규정한 구 '음반·비디오물 및 게
> 임물에 관한 법률' 제48조를 뇌물관련 범죄에 한하여 의제하도록 규정한 '영화 및
> 비디오물의 진흥에 관한 법률' 제91조로 대체한 경우(2009도6443 판결), ⑨ 청소년
> 보호법 제2조 제5호를 개정하여 청소년의 숙박업소출입허용행위를 처벌대상에서
> 제외한 경우(2000도2626 판결), ⑩ 사문서위조죄 및 위조사문서행사죄의 법정형에
> 징역형 외에 벌금형을 선택적으로 추가하도록 형법 제231조 및 제234조를 개정한
> 경우(96도1158 판결), ⑪ 벌금형에 처하도록 규정되어 있던 행위를 과태료에 처하도
> 록 자동차운수사업법 제75조, 제56조 제1항을 개정한 경우(88도47 판결), ⑫ 특가
> 법 개정으로 동법의 적용대상이 되는 세금포탈금액을 금 100만원에서 금 500만원
> 으로 상향하거나(80도902 판결), 뇌물수수액을 상향한 경우(90도2485 판결)

[**사실관계의 변화에 기인한 것으로 가벌성을 인정한 판례**]　① 외국환거래법상의 자본거래신고를 하지 아니한 모든 자본거래행위를 처벌대상으로 삼던 것을 외국환거래법시행령의 개정으로 금 50억원을 초과하는 때에 한하여 처벌하는 것으로 변경한 경우(2011도17639 판결), ② "마약류 불법거래에 관한 특례법" 제9조 제2항에 따른 처벌대상을 "약물 기타 물품을 마약류로 인식하고 양도·양수하거나 이를 소지한 행위"에서 "약물이나 그 밖의 물품을 마약류라는 사실을 알면서도 양도·양수하거나 소지한 행위"로 개정함으로써 마약류에 해당하지 않는 약물 기타 물품을 마약류로 인식하고 양도·양수 또는 소지한 때를 제외한 경우(2011도7635 판결), ③ 납세의무자가 정당한 사유 없이 1회계연도에 3회 이상 체납한 때에 처벌하도록 규정한 구 조세범처벌법 제10조를 삭제한 경우(2011도1303 판결), ④ 부동산중개업법상 부동산중개업자의 중개보조원 고용인원수 제한규정이 폐지된 경우(2000도2943 판결), ⑤ 군사기밀을 누설한 후 위 군사기밀사항이 평문으로 저하되었거나 군사기밀이 해제된 경우(99도4022 판결), ⑥ 도로교통법의 변경에 따른 지정차로제도가 폐지된 경우(99도3567 판결), ⑦ 거주자가 허가 등을 받지 아니하고 휴대·출국할 수 있는 해외여행 기본경비가 외국환관리규정의 개정으로 증액된 경우(95도2858 판결)

5) 학설의 검토

(a) **추급효긍정설에 대한 비판**　① 추급효를 부정할 경우 법의 유효기간 말기에 범죄가 격증한다는 근거는 형사정책적 이유는 될 수 있으나 죄형법정주의를 원칙으로 하는 형법적 이유는 될 수 없고, ② 이미 효력상실된 법의 실효성 때문에 그 가벌성만 부활시키는 것은 불이익한 사후입법에 의하여 소급처벌하는 것과 실질에 있어서 다르지 않으며, ③ 법이 개정되거나 폐지되는 경우뿐만 아니라 법의 효력이 상실되는 경우도 법률의 변경에 해당한다고 해야 한다.

(b) **동기설에 대한 비판**　① 법률적 견해의 변경과 사실관계의 변화는 상호 관련 하에 이루어지는 것이고 양자의 구별도 상대적이므로 이를 근거로 추급효 여부를 판단하는 것은 법적 안정성을 해할 수 있고, ② 사실관계의 변화가 있는 경우 처벌규정을 두고 있는 한시법의 효력이 이미 상실되었음에도 그 가벌성만 인정하는 것은 죄형법정주의 취지에 반한다고 해야 하며, ③ 형법 제1조 제2항의 "법률의 변경"을 법률적 견해의 변경으로 축소해석하여 피고인에게 불리한 처벌을 하는 것은 이 규정의 근본취지에 부합할 수 없다.

(c) **결 어**   독일 형법은 추급효를 인정하는 일반규정을 두고 있으므로 동기설에 의하여 사실관계의 변화가 있는 경우에만 제한적으로 추급효를 인정하여 처벌범위를 축소시키고 있다. 이에 대해서 추급효를 인정하는 명문규정이 없는 우리 형법의 해석에서 추급효인정설이나 동기설을 취하게 되면, 원래 형법 제1조 제2항 전단에 의해 처벌할 수 없는 행위가 처벌되게 되어 오히려 처벌의 범위가 확대된다. 처벌의 범위를 축소시키는 독일의 동기설을 처벌확대를 위해 원용할 수는 없다고 해야 한다. 따라서 추급효는 부정함이 타당하고, 추급효를 인정하는 특별규정이 없으면 더 이상 처벌할 수 없으며, 이러한 경우 법원은 면소판결을 선고해야 할 것이다.

2. 백지형법

(1) 백지형법의 의의

형벌만 규정하고 형벌의 전제가 되는 구성요건의 전부 또는 일부를 다른 법령에 위임하고 이를 보충해야 할 부분을 공백으로 남겨둔 형벌법규를 백지형법이라 하며 공백형법이라고도 한다. 형법 제112조(중립명령위반죄)가 그 예이다. 이 경우 백지형법의 공백을 보충하는 규범을 보충규범이라 한다.

(2) 백지형법의 효력

백지형법에 있어서 기본이 되는 백지형법 자체는 그대로 두고 보충규범만 개정 또는 폐지되는 것이 형법 제1조 제2항의 법률이 변경된 경우에 해당하느냐, 나아가 추급효를 인정할 수 있느냐가 문제된다. 보충규범에 추급효를 인정하는 특별규정이 없는 경우에 문제가 된다.

1) **추급효인정설(전면처벌설)**   백지형법에 있어서 보충규범의 개정 또는 폐지는 형벌의 전제조건인 구성요건의 내용변경에 불과하고 형법 제1조 제2항의 법률이 변경된 경우에 해당하지 않으므로 행위시법을 적용하여 처벌해야 한다는 견해이다(^{황산덕}₉₄).

2) **추급효부정설(전면면소설)**   형벌법규의 변경은 구성요건과 분리하여 논할 수 없으므로 보충규범의 구성요건 내용의 변경·폐지는 법률이 변경된 경우에 해당하는 것이고, 따라서 그 효력상실 이후에는 처벌할 수 없다는 견해이다.

우리나라 통설이다.

3) **중간설**   보충규범의 개정·폐지가 구성요건 자체를 정하는 법규의 개정·폐지에 해당하는 때에는 법률이 변경된 경우에 해당하여 추급효를 인정할 수 없으나, 단순히 구성요건에 해당하는 사실의 변경에 해당하는 때에는 법률이 변경된 경우가 아니라고 하여 추급효를 인정하는 견해이다. 판례의 태도이다(88도1993 판결).

4) **결 어**   형법 제1조 제2항에서 "법률이 변경"된 경우라 할 때의 법률은 총체적 법률상태를 의미하는 것이고, 명령이나 행정처분 등 백지형법의 보충규범이 개정·폐지되면 백지형법의 구성요건 자체가 변경되는 것이므로 보충규범의 변경도 법률이 변경된 경우에 해당한다고 해야 한다. 추급효부정설이 타당하다.

3. 고시의 변경

백지형법의 보충규범이 되는 행정처분, 즉 고시가 변경된 경우도 형법 제1조 제2항의 법률이 변경된 경우에 해당하느냐가 문제된다. 이에 관해서도 긍정설과 부정설이 대립하는데, 긍정설이 다수설이며, 판례는 중간설을 취하고 있다(2000도 764 판결).

행정처분인 고시에 의하여 백지형법의 공백이 보충되어 규범이 완성되는 경우에는 그 고시는 단순한 행정처분이 아니라 입법자의 위임에 의하여 일반적·추상적으로 적용될 처벌법규의 일부를 제정하는 것으로 보아야 한다. 따라서 이러한 의미의 고시가 폐지되면 제정된 법규의 폐지와 마찬가지로 형법 제1조 제2항의 법률이 변경된 경우에 해당하여 그 효력상실 이후에는 처벌할 수 없다고 해야 한다.

[**고시의 변경 관련 판례**]   대법원은, ① 식품위생법 규정에 따른 단란주점 영업시간 제한에 관한 보건복지부 고시가 유효기간 만료로 실효되어 그 영업시간 제한이 해제된 경우(2000도764 판결), ② 식품위생법시행령 및 대구광역시 고시의 변경으로 영업시간 제한대상업종에서 일반음식점이 제외된 경우(99도3870 판결), ③ 보건복지부 고시의 변경으로 해조류 혼합가공시 청색1호 및 황색4호 색소의 사용금지가 해제된 경우(97도1764 판결), ④ 서울특별시 고시의 변경으로 운전자부당요금징수행위

를 운전자준수사항에서 삭제한 경우(86도42 판결) 등에 있어서, 이와 같은 변경은 법률이념의 변천으로 종래의 규정에 따른 처벌 자체가 부당하다는 반성적 고려에서 비롯된 것이라기보다는 당시의 특수한 필요에 대처하기 위한 정책적 조치에 따른 것이어서 폐지 전에 이미 범하여진 위반행위에 대한 가벌성은 소멸되지 않는다고 판시하였다.

[§ 5] 형법의 장소적 적용범위

Ⅰ. 장소적 적용범위의 의의

형법의 장소적 적용범위란 형법의 효력이 미치는 지역적 범위를 말한다. 형법의 장소적 적용범위를 규정한 법률을 국제형법(國際刑法)이라 하는데, 국제형법은 국제법이 아니라 국내법이다. 장소적 적용범위에 관한 입법형식으로서 속지주의, 속인주의, 보호주의, 세계주의가 있다.

Ⅱ. 입법형식

1. 속지주의

자국의 영역 내에서 발생한 모든 범죄에 대해서 범죄인의 국적 여하를 묻지 않고 자국 형법을 적용한다는 원칙이다. 자국에서 범한 죄이면 침해대상이 자국법익이건 외국법익이건 묻지 않는다. 이 원칙은 자국 국민인 범죄인의 이익을 보장하는 역할을 할 수 있고, 범죄지에서 증거수집이 용이하다는 이유로 다수 국가가 채택하고 있다. 다만 외국에서 죄를 범한 내국인과 외국에서 자국법익을 침해하는 범죄를 처벌할 수 없다는 결함이 있다.

형법 제2조는 "본법은 대한민국영역내에서 죄를 범한 내국인과 외국인에게 적용한다"고 규정하여 속지주의를 채택하고 있다. 대한민국의 영역은 영토·영해·영공을 포함하며, 영토는 "한반도와 그 부속도서"이다(헌법 제3조). 관할권이 면제(종래의 치외법권지역)되는 외국의 대사관·공사관도 영토에 포함된다. 영해 내에 있는 외국선박 안에서 일어난 범죄에 대해서도 이 원칙이 적용된다. 판례는 북한도 대한민국 영역이지만 재판권이 미치지 못하고 있을 뿐이라고 한다(^{4290형상228 판결,}_{90도1451 판결}).

영해는 기선(基線)으로부터 12해리까지의 수역이다. 다만 대한해협은 3해리까지이다. 죄를 범한 범죄지는 실행행위지·결과발생지·공동정범의 공모한 장소도 포함한다.

형법 제4조는 "본법은 대한민국영역외에 있는 대한민국의 선박 또는 항공기내에서 죄를 범한 외국인에게 적용한다"고 규정하여 기국주의(旗國主義)를 채택하고 속지주의를 확장하고 있다. 여기의 "대한민국영역외"는 공해상이건 외국이건 묻지 않는다.

2. 속인주의

모든 자국민의 범죄에 대해서는 범죄지 여하를 묻지 않고 자국의 형법을 적용한다는 원칙이다. 범죄자의 국적에 따라 형법의 효력이 미치고 국외에서 죄를 범한 자국민에까지 형법의 적용이 확대된다는 의미에서 국적주의 또는 적극적 속인주의라고도 한다. 국민은 그 소재지에 관계없이 자국법에 의한 보호를 받는다는 데에 기초하고 있다. 속인주의를 일관하면 자국에서 자국민의 법익을 침해하는 범죄를 범한 외국인을 처벌할 수 없다는 결함이 있다.

형법 제3조는 "본법은 대한민국영역외에서 죄를 범한 내국인에게 적용한다"고 규정하여 속인주의를 채택하고 속지주의를 보충하고 있다. 내국인은 범행시에 대한민국 국적을 가진 자를 말하며, 판례는 북한주민도 내국인이라고 하고 있다(^{대법원 96누1221}_{판결}). 범죄행위지의 법률상 불가벌적 행위가 되거나 우리 형법보다 가볍게 규정된 경우에도 우리 형법이 적용된다(^{2002도2518 판결 [미국에서}_{상습도박한 사건]}).

속인주의에 의해 내국인의 국외범에 대하여 자국 형법을 적용하기 위해서는 범죄지법에서도 가벌성을 규정하고 있어야 하는 원칙(쌍방가벌성의 원칙)을 "제한적 적극적 속인주의"라 하고, 우리 형법 제3조처럼 범죄지의 가벌성 여부와 상관없이 처벌하는 원칙을 "절대적 적극적 속인주의"라 한다.

3. 보호주의

범인의 국적과 범죄지 여하를 묻지 않고 자국 또는 자국민의 법익을 침해하는 범죄에 대해서 자국 형법을 적용하는 원칙이다. 자국의 국가적 법익을 보호하는 경우를 국가보호주의, 자국민의 법익을 보호하는 경우(자국민이 범죄피해자인 경우)를 국민보호주의 또는 소극적 속인주의라고 한다. 자국의 이익보장에 가장 철저한 원칙이고 속지주의와 속인주의를 보충하는 역할을 한다.

형법 제5조는 "본법은 대한민국영역외에서 다음에 기재한 죄를 범한 외국인에게 적용한다"고 규정하여, 내란의 죄, 외환의 죄, 국기에 관한 죄, 통화에 관한 죄, 유가증권 및 우표와 인지에 관한 죄, 문서에 관한 죄 중 형법 제225조 내지 제230조(공문서), 인장에 관한 죄 중 형법 제238조(공인, 公印)에 대해서 국가보호주의를 채택하고 있다.

형법 제6조는 "본법은 대한민국영역외에서 대한민국 또는 대한민국국민에 대하여 전조에 기재한 이외의 죄를 범한 외국인에게 적용한다. 단, 행위지의 법률에 의하여 범죄를 구성하지 아니하거나 소추 또는 형의 집행을 면제할 경우에는 예외로 한다"고 규정하여, 주로 국민보호주의(소극적 속인주의)를 채택하고, 행위지법상으로 가벌적인 것을 요구하는 상호주의(쌍방가벌성)를 규정하고 있다.

4. 세계주의

범죄지·행위자의 국적·침해방법 여하를 묻지 않고 모든 문명국가의 공통되는 법익을 침해하는 행위에 대하여 자국법을 적용한다는 원칙이다. 마약밀매·항공기납치·국제테러·인신매매·해적 등 인류공동의 법익을 침해하는 범죄행위를 근절하기 위하여 각국이 공동으로 노력할 것을 세계적인 과제로 한다는 문화적 사명에서 나온 것이다.

형법 제296조의2는 "제287조(미성년자의 약취·유인)부터 제292조(약취·유인·매매·이송된 사람의 수수·은닉 등)까지 및 제294조(미수범)는 대한민국 영역 밖에서 죄를 범한 외국인에게도 적용한다"고 규정하여 약취, 유인 및 인신매매의 죄에 대하여 세계주의를 채택하였다(2013년 개정시 신설). 이 외에 "국제형사재판소 관할범죄의 처벌 등에 관한 법률(2007. 12. 21. 제정)" 제3조에도 집단살해, 전쟁범죄, 인도에 반한 죄에 대한 세계주의 처벌규정이 있다.

한편, 형법 제207조 제3항(외국통화 위·변조)도 제5조와 결합하여 해석하면 세계주의를 인정한 것이라는 일부견해($^{임용}_{87}$)가 있으나, 이 죄도 대한민국 또는 대한민국 국민에 대하여 죄를 범한 경우($^{제6}_{조}$)에 한하여 우리 형법이 적용된다고 해석해야 하므로 보호주의에 의한 것으로 본다.

5. 외국 형집행의 효력

형법은 장소적 적용범위에 관하여 여러 가지 원칙을 채택하고 있으므로 외국에서 범한 범죄에 대하여 외국 형법과 우리 형법의 적용이 경합되는 경우가 생길 수 있다.

이러한 경우 형법은 "죄를 지어 외국에서 형의 전부 또는 일부가 집행된 사람에 대해서는 그 집행된 형의 전부 또는 일부를 선고하는 형에 산입한다"고 규정($^{제7}_{조}$)하여 외국에서의 형집행 효력을 제한적으로 인정하고 있다.[1] 다만 외국에서 구속되었다가 무죄판결을 선고받은 후 대한민국에서 동일사건으로 기소되어 유죄판결을 선고받은 경우에 외국에서의 미결구금일수는 형기에 산입되지 않으며($^{2017도5977}_{전원합의체\ 판결}$),[2] 국내로 송환되기 전 범죄인인도절차에 따라 외국 구치소에서 구금되어 있던 기간도 마찬가지로 국내 형기에 산입되지 않는다($^{2021도4014}_{판결}$).

---

1) 종래에는 임의적으로 형을 감면할 수 있도록 규정하고 있었으나, 이 규정에 대하여 헌법재판소가 외국에서 받은 형의 집행을 전혀 반영하지 않을 수 있도록 한 것은 과잉금지원칙에 위반된다고 하여 헌법불합치결정하였고(2013헌바129 결정), 이에 따라 2016. 12. 20. 형법 제7조가 개정되었다.

2) 위 판결에서 대법원은 "형법 제7조의 … '외국에서 형의 전부 또는 일부가 집행된 사람'이란 그 문언과 취지에 비추어 '외국 법원의 유죄판결에 의하여 자유형이나 벌금형 등 형의 전부 또는 일부가 실제로 집행된 사람'을 말한다고 해석하여야 한다. 따라서 형사사건으로 외국 법원에 기소되었다가 무죄판결을 받은 사람은, 설령 그가 무죄판결을 받기까지 상당 기간 미결구금되었더라도 이를 유죄판결에 의하여 형이 실제로 집행된 것으로 볼 수는 없으므로, '외국에서 형의 전부 또는 일부가 집행된 사람'에 해당한다고 볼 수 없…다"고 하여 외국에서의 미결구금일수는 우리 형기에 산입할 수 없다고 판시하였다.

[§ 6] 형법의 인적 적용범위

I. 인적 적용범위의 의의

형법이 어떤 사람에게 적용되느냐의 과제를 형법의 인적 적용범위라 한다. 인적 적용범위에 대해 형법은 직접 규정을 두고 있지 않다. 형법의 시간적·장소적 적용범위 내의 모든 범죄와 모든 사람에게 평등하게 적용되기 때문이다.

다만, 형법의 적용은 받지만 국내법에 의해 형사소추가 제한되거나 처벌이 배제되는 경우와, 국제법상의 면책특권으로 처벌배제나 형사재판권이 제한되는 경우가 있다.

II. 인적 처벌배제와 소추제한

1. 국내법상 소추제한·처벌배제

(1) 대통령

대통령은 내란 또는 외환의 죄를 범한 경우를 제외하고는 재직 중 형사상의 소추를 받지 아니한다(헌법 제84조). 대통령에 한하고 대통령권한대행에는 적용되지 않는다. 대통령 직위상실 후에는 재직 중의 범행에 대하여 소추할 수 있다. 대통령 재직 중에는 공소시효가 진행하지 않는다고 본다(94헌마246 결정). 또 내란·외환의 죄를 범한 경우에는 재직에 관계없이 소추할 수 있다.

(2) 국회의원

국회의원은 국회에서 직무상 행한 발언과 표결에 관하여 국회 외에서 책임을 지지 아니한다(헌법 제45조). 국회의원의 신분상실 이후에도 인정되는 인적 처벌배제 사유(면책특권)이다.

2. 국제법상 면책특권·형사재판권 제한

(1) 면책특권자

체재 중인 외국의 원수(군주·대통령)와 그 가족 및 내국인 아닌 수행원, 그리고 신임받고 체재하는 외국의 대사·공사, 그 가족과 부속원(참사관·서기관·대사관 무관 등) 및 내국인 아닌 수행직원은 우리 형사재판이 면제되어 처벌받지 않는다. 국제예양으로 인정된 면책특권이며, 이 특권은 외국 영사에 대해서는 직무행위 중에 한하여 인정된다.

(2) 외국의 군대

승인받고 주둔하는 외국군대의 구성원과 군무원에 대하여는 협정에 의하여 형사재판권이 배제될 수 있다. 한·미간에 체결된 "대한민국에서 합중국 군대의 지위에 관한 협정(SOFA)" 제22조에 따르면, 공무집행 중의 미군범죄에 대하여는 우리 형사재판권이 배제된다. 그러나 공무집행과 관계없이 행한 범죄와 미군 가족에 대하여는 우리나라가 형사재판권을 행사할 수 있다.

제 2 장

범 죄 론

제 1 절 범죄론의 기초이론

제 2 절 행 위 론

제 3 절 구성요건이론

제 4 절 위법성이론

제 5 절 책임이론

제 6 절 미수범이론

제 7 절 정범과 공범의 이론

제 8 절 과실범과 결과적 가중범의 이론

제 9 절 부작위범이론

제10절 죄수와 범죄경합의 이론

제1절 범죄론의 기초이론

[§ 7] 범죄일반론

Ⅰ. 범죄의 의의·성립요건

1. 범죄의 의의

형법은 범죄와 이에 대한 법적 효과로서 형벌 및 보안처분을 규정하고 있는 법규범이므로 형법학은 범죄개념을 정립하고 그 분석에서 출발해야 한다. 즉 범죄란 어떤 행위를 의미하며, 그러한 범죄가 성립하기 위해서 공통적으로 필요·충분한 요건이 무엇인지를 밝혀야 한다. 이 문제를 연구하는 일반이론을 범죄이론(범죄론)이라 한다.

(1) 범죄의 실질적 의의

어떤 실체를 가진 행위를 처벌할 것인가, 즉 처벌할 필요가 있는 그 실체가 무엇인가를 밝혀 범죄의 의의를 설명하는 것으로, 범죄란 법익을 침해하는 반사회적 행위라고 하거나 형벌을 부과할 필요가 있는 불법행위 또는 중대한 사회유해적 법익침해행위라고 정의한다. 표현이 다를 뿐 같은 내용이다.

실질적 의의는 법관이 이러한 실체가 있는 범죄를 어떤 방법으로 정확하고 신중하게 인정하도록 할 것이냐에 대하여는 구체적 내용을 제시하지 못한다.

(2) 범죄의 형식적 의의

일정한 행위를 처벌하기 위해서 갖추어야 할 법적 요건이 무엇인가를 밝혀 범죄의 의의를 설명하는 것으로, 범죄란 구성요건에 해당하는 위법하고 유책한 행위라고 정의한다.

형식적 의의는 범죄의 실질내용이 없으므로 어떤 실체를 가진 행위를 구성요건에 해당하는 위법·유책행위라 할 것인가에 대하여는 아무런 내용을 제시하지 못한다.

(3) 실질적 의의와 형식적 의의의 관계

범죄의 실질적 의의는 처벌할 필요가 있는 실체와 내용을 제시하고 그 한계를 제공함으로써 입법자의 자의적인 범죄설정을 억제한다. 반면 범죄의 형식적 의의는 범죄의 법적 요건을 분석하고 이를 체계화함으로써 처벌할 필요가 있는 범죄가 실제로 존재하였는가를 확인하고 명확한 범죄상을 마련하도록 한다. 그러나 이렇게 마련된 형식적 의미의 범죄상은 실체와 내용이 없는 범죄일 뿐이다. 범죄는 아무런 내용도 없는 관념적 산물이 아니라 사회존재현상이므로 그 내용과 실체를 밝히고 법적 요건을 파악해야 한다.

즉, 구성요건해당성·위법성 등 법적 요건을 심사할 때에는 법익침해의 유무·정도와 반사회적 유해행위의 반가치성을 전제로 하여 판단해야 하며, 처벌할 필요가 있는 법익침해와 반사회적 유해행위의 반가치성을 확인하기 위해서는 구성요건해당성·위법성이라는 법적 요건의 분석과 종합된 체계적 인식이 필요하다. 이와 같이 실질적 의의의 범죄개념과 형식적 의의의 범죄개념은 전혀 별개가 아니라 범죄를 파악함에 있어 상호보완적인 기능을 하고 있음을 알 수 있다.

2. 범죄의 성립요건

범죄의 형식적 의의에 따르면 범죄는 구성요건에 해당하는 위법·유책한 행위이다. 구성요건해당성·위법성·책임을 구비한 경우에 범죄로 평가된다. 이 세 가지를 범죄의 성립요건이라 한다.

(1) 구성요건해당성

형벌법규에서 금지 또는 명령하고 있는 행위가 어떤 것인가를 추상적·유형적으로 규정하고 있는 불법행위의 유형을 구성요건이라 하고, 구체적인 행위사실이 구성요건에 합치될 때 구성요건에 해당한다고 하며, 구성요건에 해당한다는 판단(성질)을 구성요건해당성이라 한다.

(2) 위법성

구성요건에 해당하는 행위가 전체 법질서에서 허용되지 아니한다는 부정적 가치판단(성질)을 위법성이라 한다. 형법은 위법성에 대하여 적극적인 규정을 두지 않고 소극적으로 위법성이 배제(조각)되는 위법성배제사유(위법성조각사유)를 규정하고 있다.

(3) 책 임

구성요건에 해당하고 위법성이 있는 행위를 한 자에 대한 비난가능성을 책임이라 한다. 비난가능성이란 법규범이 요구하는 규범합치적인 의사결정을 하고 이에 따라 규범합치적인 행위를 할 수 있었음에도 이를 하지 아니한 데에 대한 부정적 가치판단을 말한다. 책임은 모든 처벌의 전제가 되고 형벌을 정당화시킨다. 형법은 책임에 대하여도 적극적인 규정을 두지 않고, 책임이 배제 또는 제한되는 책임무능력자·한정책임능력자와 특수한 책임배제사유(책임조각사유)를 규정하고 있다.

3. 범죄의 가벌요건과 소추요건

(1) 범죄의 가벌요건

일단 성립된 범죄를 처벌하기 위해서 필요한 요건을 가벌요건(처벌요건)이라 한다. 특수한 범죄에 있어서는 범죄가 성립하여도 처벌하는 데에 필요한 조건이 구비되지 않으면 형벌권을 행사할 수 없다. 두 가지 종류가 있다.

1) 객관적 가벌요건   범죄 그 자체는 성립하지만 이에 대하여 형벌권을 행사하기 위해서 갖추어야 할 외부적·객관적 사실을 객관적 가벌요건이라 한다. 사전수뢰죄에 있어서 "공무원 또는 중재인이 된 때"(^{제129조}_{제2항}), 사기파산죄에 있어서 "파산선고가 확정된 때"("^{채무자 회생 및 파산에}_{관한 법률}" 제650조), 사기회생죄에 있어서 "채무자에 대한 회생절차개시 또는 간이회생절차개시결정이 확정된 경우"(^{동법}_{제643조})에 형벌권을 행사할 수 있다.

객관적 가벌요건은 예컨대 사기파산죄의 경우 파산선고 확정없이 처벌하면 채권자나 그 밖의 사람의 이익을 해할 우려가 있다는 정책적 이유에서 처벌을 일정한 조건성취에 의존시키고 있는 것이고, 행위·행위자에 대한 규범적 평가나 범죄성립과는 무관한 요건이다.

2) 인적 처벌배제사유   범죄 그 자체는 성립하지만 행위자의 특별한 신분관계로 인하여 형벌권이 발생하지 않게 되는 사유를 인적 처벌배제사유(처벌조각사유) 또는 일신적 형벌배제사유(형벌조각사유)라 한다. 친족상도례에 있어서의 직계혈족·배우자·동거친족·동거가족 또는 그 배우자라는 신분(제328조/제1항)이 대표적인 처벌배제사유이고, 국회의원의 면책특권이나 국제법상 면책특권을 가진 외국원수·외교관이라는 신분도 여기에 해당한다.

법은 가정에 간섭하지 않는다는 사상에 따라 친족 사이의 일정한 범죄행위에 대해서는 국가가 형벌로 처벌하는 것보다 가정 내의 자율에 일임하는 것이 가정의 평화와 가족정의(情誼)를 유지할 수 있다는 정책적 배려 내지 인정(人情)의 자연성에 근거를 두고 처벌을 배제한 것이다.

(2) 소추요건

범죄의 성립요건과 가벌요건까지 구비한 행위에 대하여 형사소송법상 소추를 하기 위해 필요한 소송조건을 소추요건이라 한다. 공소제기의 유효조건이다.

범죄성립요건이 결여된 때에는 무죄판결, 가벌요건이 결여된 때에는 형면제판결을 해야 하지만, 소추요건이 결여된 때에는 공소기각판결이라는 형식재판을 해야 한다. 소추요건을 구비해야 하는 범죄에는 친고죄와 반의사불벌죄가 있다.

1) 친고죄의 고소   피해자 또는 일정한 고소권자의 고소가 있어야 공소를 제기할 수 있는 범죄를 친고죄라 한다. 고소를 조건으로 하여 공소제기가 가능하다는 의미에서 정지조건부 범죄라고 한다.

친고죄를 인정하는 이유는, ① 범죄를 소추해서 사실을 일반인에게 알리는 것이 도리어 피해자에게 이중의 불이익을 가져올 우려가 있고(비밀침해죄), ② 피해가 비교적 경미하여 피해자의 의사를 무시해 가면서까지 공소를 제기할 필요가 없으며(사자명예훼손죄·모욕죄), ③ 범인과 피해자의 특별한 인적 관계를 고려할 필요가 있기 때문이다(친족상도례의 적용을 받는 재산범죄).

친고죄 중 친족상도례의 적용을 받는 재산죄와 같이 범인과 피해자 사이에 친족관계가 있기 때문에 친고죄로 규정(제328조 제2항)한 범죄를 상대적 친고죄라 하고, 그 이외의 모든 친고죄를 절대적 친고죄라 한다. 절대적 친고죄는 고소할 때에 범인을 지정할 필요가 없고, 공범 중 그 1인 또는 수인에 대한 고소 또는 고소취소는 다른 공범자에 대하여도 효력이 있으나(고소불가분의 원칙), 상대적 친고죄는 범인을 지정하여 고소하지 않으면 친족 아닌 다른 공범자를 고소하더라도 그 고소의 효력은 친족인 공범자에게 미치지 않는다.

  2) **반의사불벌죄의 피해자의사표시**   피해자의 명시한 의사에 반해서 공소를 제기할 수 없는 범죄를 반의사불벌죄라 한다. 반의사불벌죄는 원칙적으로 공소를 제기할 수 있으나 피해자가 처벌을 원하지 않는다는 의사를 표시하거나 종전의 처벌의사표시를 철회한 때에는 공소제기가 부적법하게 되어 처벌할 수 없게 된다는 의미에서 해제조건부 범죄라 한다. 협박죄, 폭행죄, 명예훼손죄, 과실치상죄가 이러한 범죄이다.

  3) **특별법상의 고발**   고발은 원칙적으로 소추요건이 아니라 단순한 수사의 단서에 불과하다. 예외적으로 행정법상 그 법 위반행위에 대해서 행정관청의 고발이 소추요건으로 되어 있는 경우가 있다. 조세범처벌법위반(동법 제21조), 관세법위반(동법 제284조 제1항), 물가안정에관한법률위반(동법 제31조), 공정거래법위반("독점규제 및 공정거래에 관한 법률" 제71조 제1항)은 사건의 대량성과 기술적·전문적 특수성을 고려하여 행정관청 기관장의 고발이 있어야 공소를 제기할 수 있다. 또 '국회에서의 증언·감정 등에 관한 법률'상 위증·허위감정죄(동법 제14조 제1항)도 국회 본회의 또는 위원회의 고발이 소추요건으로 되어 있는 범죄이다.

II. 범죄의 분류

1. 범죄의 분류기준

형법상 범죄는 여러 가지 관점에 따라 그 유형을 분류할 수 있다. 총론과 각론상으로 의미 있는 분류는 다음과 같다.

총론상으로는 범죄자의 외부적 행태에 따라 작위범과 부작위범으로, 행위자의 내심의 상태에 따라 고의범과 과실범(결과적 가중범)으로 크게 분류할 수 있다. 각론상으로는 일정한 결과발생을 요하느냐에 따라 실질범과 형식범으로, 보호법익에 대한 보호의 정도에 따라 침해범과 위험범으로, 실행행위와 법익침해상태의 시간적 계속성 유무에 따라 즉시범·계속범·상태범으로 분류할 수 있고, 그 외 특수한 범죄로서 신분범, 자수범 등이 있다. 총론상의 단독범죄의 기본유형을 표로 표시하면 다음과 같다.

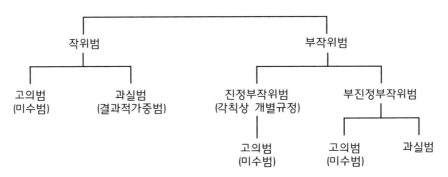

[총론상 단독범의 기본형태]

2. 실질범과 형식범

(1) 실질범

구성요건의 내용이 결과의 발생을 요구하고 있는 범죄를 실질범 또는 결과범이라 한다. 실질범은 결과가 발생해야 기수가 된다. 살인죄가 성립하려면 사람의 사망이라는 결과가 발생해야 하므로 실질범이다. 상해죄, 손괴죄, 과실치사죄, 강도죄, 결과적 가중범 등 다수의 범죄가 실질범에 해당한다.

실질범(결과범)은 실행행위와 결과 사이에 인과관계가 인정되어야 범죄의 기수가 된다.

(2) 형식범

구성요건이 예정하고 있는 행위가 있으면 기수가 되고 결과발생을 필요로 하지 않는 범죄를 말한다. 거동범이라고도 한다. 위증죄, 폭행죄, 퇴거불응죄, 무고죄 등이 이에 속한다. 추상적 위험범의 대부분이 거동범이다.

3. 침해범과 위험범

구성요건 내용이 법익침해까지 요하는가, 법익침해의 위험만으로 충분한가 라는 법익보호의 정도에 따른 구별이다.

침해범과 위험범은 법익이라는 가치적 관점에서 구별하는 것임에 대해서 실질범과 형식범은 사실적 관점(외계에서의 상태의 변화라는 측면)에서 구별한 것이다.

(1) 침해범

구성요건 내용이 법익침해가 있을 것을 요하는 범죄를 말한다. 예컨대 살인죄는 사람의 생명이라는 법익의 침해(사망)가 있을 것을 요하는 범죄이다. 이외에 상해죄, 절도죄, 강도죄 등 다수의 범죄가 이에 속한다.

(2) 위험범

구성요건 내용이 보호법익에 대한 침해의 위험만 있으면 성립하는 범죄를 말한다. 침해범인가 위험범인가의 구별은 구성요건의 해석을 통하여 법익보호의 정도를 판단하여 구별해야 한다. 침해범 이외에 위험범을 인정하는 이유는 법익침해가 없어도 법익침해의 위험만으로도 그 행위를 처벌할 필요가 있는 범죄가 있기 때문이다.

위험범은 구성요건이 실현되기 위해서 필요로 하는 위험의 정도에 따라서 구체적 위험범과 추상적 위험범으로 구분된다.

1) **구체적 위험범**　법익침해의 구체적 위험, 즉 현실적으로 위험이 발생할 것을 요건으로 하는 범죄이다. 일반적으로 구성요건 내용에 특히 위험이 현출될 것을 요한다는 취지가 명시되어 있는 경우가 많다. 구체적 위험범은 법익침해의 위험이 구체적으로 나타난 때에 한하여 가벌행위가 되며, 위험발생은 구성요건요소이고 고의의 인식대상이 된다.

예컨대, "공공의 위험발생"을 요구하는 자기소유건조물등방화죄(제166조 제2항), 일반물건방화죄(제167조), 자기소유건조물등과 일반물건에 대한 실화죄(제170조 제2항), 가스등 공급·사용방해죄(제173조 제1항), 자기소유건조물등일수죄(제179조 제2항), 과실일수죄(제181조) 등이 대표적인 구체적 위험범이다.

2) 추상적 위험범　법익침해에 대한 일반적(추상적) 위험이 있으면 성립하는 범죄이다. 여기의 추상적 위험은 실행행위에 전형적으로 담겨 있는 위험을 의미하고, 실행행위만 있으면 일반적 위험이 인정된다. 추상적 위험범은 위험의 현출을 구성요건에 명시할 필요가 없으므로 법익침해의 위험은 구성요건요소가 아니며, 단지 규정의 존재이유 내지 입법이유에 지나지 않고, 법관은 위험이 현실적으로 발생하였는지의 여부를 심사할 필요가 없으며, 행위자가 위험에 대한 고의를 가질 필요도 없다.

구체적 위험범에 해당하는 방화죄 이외의 모든 방화죄, 위증죄, 무고죄, 명예훼손죄, 신용훼손죄, 업무방해죄, 국가보안법상의 잠입탈출죄, 찬양·고무죄, 불고지죄 등이 추상적 위험범이다.[1]

4. 즉시범·계속범·상태범

법익침해가 있은 후에도 범죄행위가 계속되어야 하는가에 따른 구별이다.

(1) 즉시범

범죄행위에 의하여 일정한 법익의 침해 또는 침해의 위험이 발생하면 범죄도 완성(기수)되고 범죄행위도 종료하는 범죄이다. 원칙적으로 범죄의 기수와 범행의 종료가 일치한다. 살인죄, 상해죄, 방화죄 등 대부분의 범죄가 즉시범이다.

(2) 계속범

범죄가 기수로 되기 위해서는 범죄행위가 시간적으로 계속되어야 하고, 기수가 된 후에도 법익침해의 계속과 함께 범죄행위도 계속되는 범죄이다. 즉 범죄의 기수와 범행의 종료는 분리되고, 범죄행위의 계속과 위법(법익침해)상태의 계속이 일치하는 범죄라 할 수 있다. 체포·감금죄, 약취·유인죄, 주거침입죄

---

1) 낙태죄에 대하여는 침해범으로 보는 견해(이재상·장영민·강동범, 형법각론, 2021, 5/21)도 있으나 통설은 추상적 위험범으로 본다. 판례도 "낙태죄는 태아를 자연분만기에 앞서서 인위적으로 모체 밖으로 배출하거나 모체 안에서 살해함으로써 성립하고, 그 결과 태아가 사망하였는지 여부는 낙태죄의 성립에 영향이 없…다"고 판시(2003도2780 판결)하여 추상적 위험범설의 입장이다. 이와 관련하여 헌법재판소는 낙태죄의 유형 중 일부의 자기낙태죄(제269조 제1항)와 의사에 의한 업무상동의낙태죄(제270조 제1항)에 대하여 2019. 4. 11. 헌법불합치결정(2017헌바127 결정)을 선고하였으나, 입법개선 기간 내에 법 개정이 이루어지지 아니하여 위 조항은 소급하여 그 효력이 상실되었다.

등이 계속범이다.

(3) 상태범

범죄행위에 의하여 법익침해가 있으면 범죄는 완성되고 동시에 행위도 종료하지만, 범죄완성 이후에도 법익침해의 위법상태는 계속되는 범죄이다. 즉 범죄의 기수와 범행의 종료는 일치하나 범행의 종료 이후에도 위법상태가 계속되는 범죄이다.

상태범에 있어서는 범죄완성 후 계속되는 법익침해의 상태는 새로운 법익침해가 없는 한 별도로 다른 범죄를 구성하지 않는다. 상태범에 있어서 범죄완성 이후에 계속되는 위법상태는 이미 사전적 행위에 대한 위법평가에서 포괄적으로 평가된 것이므로 이 범위 내에서 다시 다른 범죄가 성립하지 않는다. 이를 불가벌적 사후행위라 한다. 절도범이 절취한 재물을 소비·처분하더라도 그 실행행위(절취행위)의 범위를 초과한 새로운 법익침해를 하지 않는 한 별도로 손괴죄, 횡령죄 등 범죄가 성립하지 않는 것이 그 예이다. 절도죄, 횡령죄, 유아에 대한 약취죄 등이 상태범이다.

5. 신 분 범

구성요건상으로 행위(범죄)주체에 일정한 신분이 있어야 하는 범죄이다. 여기의 신분이란 행위자가 일신상 구비하고 있는 특별한 성질·지위(관계)·상태를 말한다. 신분범에는 두 가지가 있다.

(1) 진정신분범

일정한 신분이 있는 자만 그 행위(범죄)의 주체가 될 수 있는 신분범이다. 진정신분범에 가담한 비신분자는 제33조 본문에 의해서만 공범이 성립할 수 있다. 위증죄($^{제152조}_{제1항}$), 수뢰죄($^{제129조}_{이하}$), 횡령죄($^{제355조}_{제1항}$), 배임죄($^{제355조}_{제2항}$) 등이 이에 해당한다.

(2) 부진정신분범

신분 없는 자도 범죄를 범할 수 있으나 신분 있는 자가 그 행위(범죄)를 한 때에는 형이 가중되거나 감경되는 신분범이다. 존속살해죄($^{제250조}_{제2항}$)는 형이 가중된 부진정신분범이고, 영아살해죄($^{제251}_{조}$)는 형이 감경된 부진정신분범이다.

한편, 업무상 횡령·배임죄($^{제356}_{조}$), 존속유기죄($^{제271조}_{제2항}$), 존속학대죄($^{제273조}_{제2항}$)는 이중신분범에 해당한다.

Ⅲ. 범죄의 주체와 범죄의 객체

1. 범죄의 주체

형법은 "··· 한 자" 또는 "··· 한 사람"을 범죄의 주체로 명시하고, 이에 대하여 형벌을 예고하고 있다. "··· 한 자(사람)"에는 공범자도 포함된다.

인격의 주체인 사람에는 자연인과 법인이 있다. 자연인이 범죄의 주체가 된다는 데에는 이견이 없으나 법인도 범죄의 주체가 될 수 있느냐에 대하여는 논란이 있다. 법인의 범죄능력 또는 법인의 형사책임의 문제로 논의되고 있다.

법인격 없는 단체는 범죄의 주체가 될 수 없고, 단체에 참가한 자연인의 범죄가 된다($^{96도524}_{판결}$). 다만 노동조합인 단체와 정당은 벌금형으로 처벌할 수 있다 ($^{\text{"노동조합 및 노동관계조정법" 제94조}}_{\text{및 공직선거법 제256조 제4항 참조}}$).

2. 법인의 범죄능력

법인의 범죄능력을 인정할 수 있느냐의 문제는 법인처벌규정 유무와 관계없이 논의되어 왔으나 최근 형사입법에서 법인을 처벌하는 규정(양벌규정)이 증가하면서 법인의 범죄능력에 대한 논쟁이 심화되고 있다.

원래 독일·프랑스를 비롯한 대륙법계 국가들은 윤리적 책임관에 기반을 둔 형법관을 기초로 하고 있으므로 윤리적 인격자로 볼 수 없는 법인의 범죄능력과 책임능력을 부정하여 왔다. 그러나 최근에 와서 독일은 질서위반법에서 법인의 위법행위에 대해서 질서위반금이라는 제재를 부과하고 몰수·추징도 인정하고 있다. 나아가 프랑스 신형법(1994년 시행)은 법인의 기관이 법인을 위하여 범한 범죄에 대하여 형사책임을 규정하고 법인에 부과할 특별형벌(법인해산·활동금지·영업소폐쇄·몰수 등)까지 명시하여 법인의 형사책임을 일반화하고 있다.

(1) 범죄능력 인부에 관한 학설의 대립

법인은 범죄의 주체가 될 수 없고 범죄능력도 인정할 수 없다는 부정설이 우리나라의 다수설이다. 판례도 "형법 제355조 제2항의 배임죄에 있어서 타인의 사무를 처리할 의무의 주체가 법인이 되는 경우라도 법인은 다만 사법상의 의무주체가 될 뿐 범죄능력이 없는 것이며, … 법인이 처리할 의무를 지는 타인의 사무에 관하여는 법인이 배임죄의 주체가 될 수 없고, 그 법인을 대표하여 사무를 처리하는 자연인인 대표기관이 바로 타인의 사무를 처리하는 자, 즉 배임죄의 주체가 되는 것"이라고 판시(82도2595 전원합의체 판결)하여 부정설을 취하고 있다.

이에 대해서, 법인도 범죄의 주체가 될 수 있고 범죄능력을 인정할 수 있다는 긍정설도 유력하고, 절충적 견해로서 일반적으로는 법인의 범죄능력은 부정하나 행정형법의 영역이나 법인처벌규정이 있는 경우에는 법인의 범죄능력을 인정하는 부분적 긍정설(임웅 106, 신동운 132)도 있다. 부분적 긍정설은 행정형법이 윤리적 요소가 약하고 행정목적 실현이라는 합목적성과 기술적 요소가 강하다는 이유로 수정된 형사책임을 인정할 수 있다고 한다.

> **판례** 자연인이 법인의 기관으로서 범죄행위를 한 경우에도 행위자인 자연인이 그 범죄행위에 대한 형사책임을 지는 것이고, 다만 법률이 그 목적을 달성하기 위하여 특별히 규정하고 있는 경우에만 그 행위자를 벌하는 외에 법률효과가 귀속되는 법인에 대하여도 벌금형을 과할 수 있는 것인 만큼, … 법인이 설립되기 이전의 행위에 대하여는 법인에게 어떠한 선임감독상의 과실이 있다고 할 수 없으므로, 특별한 근거규정이 없는 한 법인이 설립되기 이전에 자연인이 한 행위에 대하여 양벌규정을 적용하여 법인을 처벌할 수는 없다(2015도10388 판결).

(2) 학설의 검토

부분적 긍정설은 일반적으로는 법인의 범죄능력을 부정하면서 양벌규정에 의하여 법인을 처벌할 수 있는 경우에 한하여 법인의 범죄능력 내지 형사책임을 인정한 것이므로 학설의 출발은 부정설에 기반을 두고 있다. 부정설과 긍정설이 대립하는 핵심 논점을 중심으로 학설을 검토하면 다음과 같다.

1) 법인의 행위능력   부정설에 따르면 법인은 자연인과 같은 의사와 육체가 없는 무형적 존재이므로 애당초 행위능력을 인정할 수 없다는 사고에서 출발하여 법인의 범죄능력을 부정한다. 그러나 행위"능력"의 유무는 자연상태의 행위의 존재 여부가 아니라 법적 평가에 의해서 결정되는 문제이므로 이것을

자연인의 자연상태의 행위와 대비(對比)할 것은 아니다. 오늘날 법인은 그 구성원을 초월한 인격적 존재로서 사회적으로 실재한다는 것은 의문의 여지가 없다.

법인은 자연인과 같은 정신과 육체를 가진 유기적 총체는 아니지만, 이에 상응하는 조직과 기관을 가진 유기적 조직체로 구성되어 있으므로 자연인과 동일한 법인격을 인정한 것이며, 인격체인 이상 법인의 기관이 조직체에 합치되는 의사를 결정하고 그 의사를 집행한 때에는 언제나 법인의 활동으로 평가되는 것이 사회일반의 경험적 사실이다. 이러한 평가는 이미 사법과 일반 공법분야에서도 인정하고 있으므로 형법에서만 부정할 이유가 없다. 최근 헌법재판소는 양벌규정상의 법인 대표자의 범죄행위는 법인 자신의 행위라고 하여($\binom{2009헌가25}{등\ 결정}$) 법인의 행위능력을 인정하고 있다.

2) **법인의 책임부담능력**　　부정설은 형사책임의 윤리적 성질을 강조하여 윤리적 인간이 아닌 법인은 책임부담능력이 없으므로 범죄능력도 없다고 한다. 이를 일관하면 법인은 형사책임을 부담할 수 없다고 해야 한다. 그럼에도 불구하고 법인처벌규정이 있는 때에는 법인의 형사책임(수형능력) 또는 무과실책임을 인정하고 있다. 그러나 책임부담능력이 없는 법인에게 형사책임을 인정하는 것은 논리모순일 뿐만 아니라 행위능력도 없다고 하면서 법인에 대해서 무과실책임까지 부담시키는 것은 행위책임원칙에 정면으로 배치된다.

형법상의 책임은 윤리적 책임이 아니라 법적 책임이므로 법적 책임의 주체를 자연인에 한정할 이유가 없으며, 법인의 반사회적 불법활동에 대해서는 법적 책임을 부담시킬 수 있다고 함이 타당하다. 윤리적 책임과 윤리적 인간상이 법인의 법적 책임까지 부정하는 근거가 될 수는 없다. 위 헌법재판소의 결정도 법인의 행위책임을 인정한다.

3) **법인의 목적**　　부정설은 적법한 목적수행을 위해서만 법인이 존재할 수 있으므로 법인의 불법행위는 애당초 생각할 수 없고, 범죄능력도 인정할 수 없다고 한다. 불법을 목적으로 하는 법인이 존재할 수 없다는 데에 이견이 있을 수 없고, 법에서도 불법을 목적으로 하는 법인은 애당초 인정하지도 않는다($\binom{민법\ 제34조}{참조}$).

그러나 법에서 불법목적의 법인을 인정하지 않는다는 것과 적법한 목적으로 합법적으로 성립된 법인이 목적 수행과정에서 불법행위를 할 수 있느냐의 문제는 구별해야 한다. 전자는 법인성립의 문제임에 반해 후자는 이미 성립된 법인의 불법행위능력의 문제이다. 부정설은 이 두 가지를 혼동하여 법인의 불법행위능력을 부정하고 있다. 사법영역에서 인정하고 있는 법인의 불법행위능력을 형법에서만 부정해야 할 이유가 없고, 법인의 행위능력을 인정할 수 있다면 불법행위능력도 당연히 인정할 수 있다고 해야 한다.

4) 이중처벌금지의 원칙   법인기관의 불법행위에 대해서 법인의 구성원뿐만 아니라 법인까지 처벌하면 이중처벌금지원칙에 반한다는 것이 부정설의 논거이다. 이에 따르면, 양벌규정에 의하여 처벌되고 있는 법인은 모두 이중처벌금지에 반한 처벌이라 해야 할 것이다. 그러나 양벌규정이 이 원칙에 반한다는 주장은 찾기 어렵다.

이중처벌금지는 행위자의 범죄성립을 인정한 다음에 어느 범위에서 누구를 처벌할 것인가에 관한 법률효과의 문제이므로 이 원칙에 반한다는 이유로 이미 성립된 행위자의 범죄까지 부정해야 할 근거는 될 수 없다. 그리고 이중처벌금지의 원칙은 동일한 자연인, 동일한 법인을 거듭 처벌할 수 없다는 원칙이므로 자연인과 법인을 각각 따로 처벌하는 것까지 이중처벌금지의 원칙에 반한다고 할 수도 없다.

5) 형벌체계와 수형능력   부정설의 가장 중요한 실질적 근거는 현행 형벌체계의 중심이 되는 자유형(징역형·금고형)과 생명형(사형)을 법인에게 부과할 수 없다는 데에 있다. 형벌사적으로 형벌체계가 자연인을 염두에 둔 것임은 부인할 수 없다. 그러나 형벌체계를 근거로 범죄능력까지 부정하는 것은 설득력이 없다. 형법은 범죄가 성립함을 전제로 하여 불법과 책임의 범위 내에서 형벌을 부과하는 것이고, 부과할 수 있는 형벌을 먼저 예정한 다음 이에 맞추어 범죄를 인정하는 것은 아니다.

법인에게 부과할 형벌이 부적당하기 때문에 범죄능력까지 부정하는 것은 본말이 전도된 주장이 아닐 수 없다. 오히려 법인의 범죄능력을 인정하게 되면 법인에게 부과할 수 있는 형사제재도 마련할 수 있다. 생명형은 그 존재의 말살이고, 자유형은 활동의 자유를 제한하는 것이므로 여기에 상응하는 법적 제재로서 법인해산, 면허박탈, 영업정지 등 형사제재를 고려할 수 있다.

종래까지 법인의 형사책임을 부정하던 프랑스도 신형법에서 이미 이러한 제재를 특별형벌로 규정하고 있다. 이러한 제재를 형벌로 부과할 때에는 행정처분으로 부과하는 경우보다 그 효과가 월등히 크다. 그리고 현행 형벌 중 벌금형은 법인에게 가장 적합한 형벌이고, 벌금의 상한을 한정하지 아니하므로(^{제45조}_{참조}) 법인의 불법행위를 예방하는 데에도 효과적인 형벌이다. 벌금형을 법인에게 부과할 때에만 형벌이 아니라고 할 수 없다.

6) 결 어   형법은 범죄주체를 "… 한 자" 또는 "… 한 사람"이라고 규정하고 있을 뿐, "자연인"이라고 규정하고 있지 않다. 따라서 법인격이 인정되는 "법인"도 "… 한 자(사람)"가 될 수 있다. 법인에 대한 처벌규정을 두고 있는 현행법제에서 우회적·예외적으로 법인의 수형능력을 인정할 것이 아니라 직접적으로 법인의 범죄능력을 인정하는 것이 범죄주체와 수형주체의 일치원칙에 부합하고 책임주의에 충실할 뿐만 아니라 형법의 기본원칙을 존중하는 해석이 될 것이다.

환경범죄를 비롯한 각종 행정형벌법규 위반에 대하여 법인처벌의 필요성이 현저히 증가하고 있는 현실에 비추어 이에 대한 실효성 있는 규제를 하기 위해서라도 법인의 범죄능력을 인정하고 형사제재를 정비할 필요가 있다. 다만 법인은 자연인과 다른 존재구조를 갖고 있기 때문에 법인의 범죄가 자연인의 범죄구조와 항상 같을 수 없다. 법인조직체의 활동으로 인정할 수 있는 재산범죄, 신용업무범죄, 기업범죄, 환경범죄, 마약·위조범죄, 조직범죄 등을 중심으로 법인의 범죄능력을 인정하고 형법의 기본원칙에 부합하는 적합한 제재수단을 마련해야 할 것이다.

3. 양벌규정과 법인의 처벌근거

(1) 양벌규정의 의의

양벌규정은 원칙적으로 그 법규정의 수명자가 누구인가에 관계없이 직접 위반행위를 한 종업원을 처벌하는 외에 그가 소속되어 있는 법인 또는 사용자까지 처벌하는 규정을 말한다. 양벌규정 중에는 법인 또는 사용자의 고의·과실 책임이나 공범책임을 인정하여 그 처벌근거를 어느 정도 명백히 한 규정도 있으나, 처벌근거가 없는 양벌규정도 많다. 처벌근거가 없는 양벌규정에서 종업원 외에 법인 또는 사용자를 처벌하는 근거가 무엇이냐가 문제된다.

(2) 법인처벌의 근거

1) 무과실책임설 　종업원의 위반행위에 대하여 행정단속목적을 위해 책임원칙에 대한 예외로서 법인이 무과실책임을 부담한다는 견해($\frac{배종대}{50/37}$)로 법인에게 전가책임을 인정한다.

그러나 책임 없는 형벌부과는 책임원칙에 정면으로 배치되며, 법인의 행위능력을 부정하는 입장에서 행위도 없는 전가책임을 인정하므로 일종의 연좌제이고, 행위책임원칙에도 위배된다.

2) 과실책임설 　종업원에 대한 감독상의 주의의무에 위반한 과실 때문에 법인이 과실책임을 부담한다는 견해($\frac{이재상\ 외\ 7/20,}{정영일\ 63,\ 김성돈\ 176}$)이다.

그러나 법인기관의 지시가 있거나 법인기관이 알고 있는 경우도 법인의 과실책임을 인정하므로 과실을 의제하는 것이 되며, 법인의 행위능력을 부인하는 입장에서 양벌규정에 한하여 행위책임을 인정하는 근거가 불명확하다.

3) 부작위(감독)책임설 　업무활동의 지배관리자인 법인 또는 사용자는 항상 종업원의 위험발생과 결과발생의 원인을 방지해야 할 보증인지위에 있으므로 관리·감독해야 할 법인 자신의 작위의무위반 때문에 책임을 부담한다는 견해($\frac{정성근·박광민\ 114,\ 임웅\ 110,\ 김일수·서보학}{91은\ 법인의\ 직접행위책임을\ 인정한다}$)로 독일(질서위반법상의 법인제재)의 다수설이고 독일 판례의 태도이다.

종업원에 대한 선임·관리·감독 모두에 대해서 법인과 사용자의 자기책임을 인정할 수 있을 뿐만 아니라, 고의책임도 인정할 수 있으므로 이 설이 타당하다고 본다.

4) 판례의 태도 　처벌근거가 없는 양벌규정에 대한 대법원의 태도는 일정하지 않다. 무과실책임설에 따른 판결($\frac{82도1439}{판결}$)과 과실책임설에 따른 판결($\frac{87도1213}{판결}$)도 있고, 어느 설에 따른 것인지 불분명한 판결($\frac{81도2545}{판결}$)도 있다. 최근에 대법원은 아래의 헌법재판소 위헌결정 이후 법인이 종업원의 위반행위에 대해서 상당한 주의 또는 관리감독의무를 게을리한 때에 한하여 양벌조항이 적용된다고 판시($\frac{2009도5824}{판결}$)하였는데, 이 판결이 과실책임을 인정한 것인지, 부작위책임을 인정한 것인지는 명백하지 않다.

> **판례**　영업주가 고용한 종업원이 그 업무와 관련하여 무면허의료행위를 한 경우에, 종업원의 범죄행위가 있으면 자동적으로 영업주도 처벌하도록 규정하고 있다. 이것은 아무런 비난받을 만한 행위를 한 바 없는 자에 대해, 다른 사람의 범죄행위를 이유로 처벌하는 것으로서 형벌에 관한 책임주의에 반하는 것이라 하지 않을 수 없다. 이 사건 법률조항("보건범죄단속에 관한 특별조치법" 제6조)은 다른 사람의 범죄에 대해 그 책임 유무를 묻지 않고 형벌을 부과함으로써 형사법의 기본원리인 책임주의에 반하므로 결국 법치국가의 원리와 헌법 제10조의 취지에 위반하여 헌법에 위반된다. 종업원이 영업주의 업무에 관하여 범죄를 저지른 경우라 할지라도 영업주로서는 그 종업원에 대한 선임감독상의 주의의무 등을 다하여 영업주에게 아무런 잘못을 인정할 수 없는 경우에도 이 사건 법률조항을 들어 그 영업주를 처벌하는 것은 범죄의 발생에 대해 아무런 책임 없는 자에게 형벌을 부과하는 것이어서 책임원칙에 위반된다(2005헌가10 결정).

한편 헌법재판소는 선임 · 감독상의 과실도 없는 자를 양벌규정으로 처벌하는 것은 책임주의에 반한다고 하고($^{99헌바73}_{결정}$), 법인 대표자의 고의위반행위인가 과실위반행위인가에 따라 법인 자신의 고의책임 또는 과실책임을 인정하였다($^{2009헌가25}_{등\ 결정}$).

4. 범죄의 객체

범죄의 객체란 구성요건요소로 규정되어 있는 행위의 대상을 말하며 행위객체라고도 한다. 물질적 · 외형적 존재로서 감각적으로 지각할 수 있는 존재이다. 예컨대 살인죄의 객체는 "사람"이고, 절도죄의 객체는 "타인의 재물"이다.

범죄의 객체는 구성요건이 보호하는 가치적 · 관념적 개념인 보호객체(보호법익)와 구별해야 한다. 예컨대 살인죄의 보호객체는 사람의 생명이고, 절도죄의 보호객체는 재산권(소유권)이다.

범죄의 객체는 원칙적으로 개개의 구성요건에 규정되어 있다. 그러나 범죄의 객체는 모든 범죄에 반드시 존재하는 것은 아니고 범죄객체가 없는 범죄도 있다. 퇴거불응죄, 공연음란죄, 위증죄, 무고죄, 명예훼손죄, 소요죄, 도주죄, 다중불해산죄, 도박죄 등이 그 예이다. 마이어(M. E. Mayer)는 범죄의 객체가 없는 범죄를 자동사적 결과범이라고 하였다.

IV. 범죄론체계

1. 범죄론체계의 의의

모든 범죄의 성립에 공통되는 필요 충분한 조건을 몇 가지로 구분하여 그 조건들 상호간에 논리적 모순이 없는 범죄개념을 형성하려는 과제를 범죄론의 체계라 한다. 독일의 벨링(Beling)이 구성요건·위법성·책임의 3단계 체계를 정립한 이후 거의 1세기 동안 그 각각의 구체적 내용과 내부구조를 어떻게 파악할 것이냐에 관해서 논쟁이 계속되어 왔다. 범죄론체계마다 그 내부에서 이견도 있지만, 주된 이론을 중심으로 지금까지 전개되어 온 범죄론체계를 요약하면 다음과 같다.

2. 범죄론체계의 전개

(1) 고전적 범죄론체계

19세기 말에서 20세기 초에 자연과학적 실증주의를 형법에 반영하여 벨링과 리스트에 의해서 완성된 3단계 범죄체계로, 범죄의 모든 객관적 요소는 구성요건과 위법성에, 모든 주관적 요소와 주관적 사실은 책임에 귀속시킨다.

행위는 순수한 물리적 동작으로 파악하여, 작위는 유의적 동작에 의한 외계의 변동야기이고, 부작위는 유의적 의사에 의한 운동신경의 억지라 한다. 이를 자연주의적 인과적 행위론이라 한다.

구성요건은 이러한 행위의 외부적 표지를 기술한 범죄유형의 윤곽 또는 범죄의 주관적·객관적 요소를 지시하는 지도형상이고, 객관적·기술적·몰가치적 요소만 구성요건요소가 되며, 위법성의 인식근거(불과 연기의 관계)가 된다고 하였다.

위법성의 본질은 규범의 명령·금지에 대한 위반이 위법이라는 형식적 위법성설을 전개하고, 구성요건에 의하여 위법성이 추정된다고 하였다.

책임은 행위자의 내심에 있는 심리적 사실(고의·과실) 그 자체라고 하여 심리적 책임론을 주장하고, 고의(사실의 인식)와 과실은 책임의 두 가지 종류라 하였다. 그 결과 형법상의 착오는 모두 책임단계에서 고의부정문제로 검토한다.

(2) 신고전적 범죄론체계

3단계 범죄체계를 유지하면서 신칸트학파의 규범주의적 사고를 기반으로 모든 범죄요소를 규범적 가치개념으로 수정한 범죄체계이다.

행위는 어떤 의사에 의한 인간의 행태로서, 작위는 외계의 변동을 가져오는 적극적 행태이고, 부작위는 기대되는 일정한 행위를 하지 않는 소극적 행태라고 하여 부작위도 작위와 함께 행위개념에 포섭하는 목적론적 인과적 행위개념을 정립하였다.

구성요건은 단지 객관적·기술적·몰가치적인 것이 아니라 규범적 요소와 주관적 사실도 구성요건요소가 된다고 하고, 이에 따라 구성요건은 위법성의 존재근거(인식근거설도 있다)이고, 행위가 구성요건에 해당하면 원칙적으로 위법행위가 된다고 하였다.

위법성의 본질은 법익침해 내지 법익침해의 위태화에 있다고 하여 실질적 위법성설을 일반화하고, 목적범·경향범·표현범의 내심의 의욕까지 위법성 내지 불법의 요소가 된다고 하였다.

책임은 반규범적 의사결정에 대한 비난가능성이고, 위법성의 인식은 고의의 규범적 요소(고의설)이며, 이 고의와 과실은 책임조건, 기대(불)가능성은 초법규적 책임배제사유라 하여 규범적 책임론을 확립하였다. 그리하여 형법상의 착오는 모두 책임단계에서 고의부정문제로 검토한다.

(3) 목적적 범죄론체계

형법은 존재의 기본구조에 제약을 받아야 한다는 존재론적 철학사상을 기반으로, 범죄요소를 가치개념으로 파악한 신고전적 범죄론 체계의 규범주의적 사고를 배척하고, 전통적 범죄체계의 중요 내용을 대부분 바꾸어 놓은 3단계 범죄체계이다. 존재론적 행위구조에서 출발하여 불법의 주관화와 책임의 규범화(탈주관화)를 이루었다는 데에 공적이 있다.

행위는 주관적 목적에 의해서 인과과정을 지배·조종하는 목적추구활동의 수행이고, 고의행위·과실행위 모두 목적적 행위라고 한다. 그 결과 고의(사실의 인식)와 과실은 책임요소가 아니라 구성요건요소가 되며(과실은 구성요건요소 및 책임요소가 된다는 견해도 있다), 구성요건단계에서 고의범과 과실범을 구별하고,

구성요건착오는 구성요건단계에서 고의부정의 문제로, 위법성의 착오는 책임단계에서 책임배제·책임감경의 문제로 검토한다.

구성요건은 위법성의 인식근거이며, 위법성과 불법을 구별하여 인적 행위불법이 모든 범죄의 불법을 구성한다고 하여 행위불법 일원론을 전개하였다.

책임은 반규범적 의사결정에 대한 비난가능성이고, 이를 평가할 수 있는 규범적 요소만 책임요소가 된다고 하여 순수 규범적 책임론을 확립하였다. 그리하여 심리적 사실인 고의와 분리된 위법성의 인식과 기대(불)가능성만 책임요소로 인정하고 책임설을 창시하였다.

(4) 합일태적 범죄론체계

목적적 범죄론체계가 이루어 놓은 기본 범죄이론은 많은 부분을 수용하면서 신고전적 범죄론체계의 책임관을 합일한 3단계 범죄체계이다. 다만, 소극적 구성요건표지이론은 불법과 책임의 2단계 범죄론체계를 주장한다.

행위는 인간의사에 의하여 지배되거나 지배가능한 사회적으로 중요한 행태이고, 사회적 중요성에 기초하여 과실·부작위까지 포함한 모든 범죄행태를 행위에 포섭할 수 있는 사회적 행위론을 완성하였다.

불법구성요건 개념을 일반화하여 행위불법(행위반가치)과 결과불법(결과반가치)의 이원적 불법개념을 확립하고, 고의와 과실은 구성요건요소로서의 고의(사실인식)·과실과 책임요소로서의 고의(심정반가치)·과실로 분배하여 고의의 이중지위를 인정한다. 책임고의와 책임과실은 책임형식이고, 위법성의 인식은 책임고의와 독립된 책임요소라 하여 책임설을 지지하였다. 기대(불)가능성은 책임배제사유로 보는 것이 일반적이지만, 구성요건 또는 불법의 보정원리라는 주장도 있다. 착오론은 목적적 범죄론체계 그대로 따르지만, 위법성배제사유의 전제사실에 대한 착오에 대해서는 제한책임설을 주장하는 견해가 많다.

[범죄론의 체계 정리표]

구 분	행 위	구성요건 고의·과실	위법성	책 임	책임 고의·과실	기타 책임요소
고전적 범죄론체계	(자연주의적) 인과적 행위론		형식적 위법성설	심리적 책임론 (심리사실 총체)	책임의 종류 고의(사실인식) 과실	
신고전적 범죄론체계	(목적론적) 인과적 행위론		실질적 위법성설 (법익침해설)	규범적 책임론 (비난가능성)	책임조건 고의(사실인식+ 위법성의 인식) 과실	기대(불)가능성
목적적 범죄론체계	목적적 행위론	고의 (사실인식), 과실	인적 행위불법론	순수 규범적 책임론 (비난가능성)	다만, 주관적 과실 인정견해 있음	위법성의 인식 기대(불)가능성
합일태적 범죄론체계	사회적 행위론	고의 (사실인식), 과실	행위불법 결과불법 (이원론)	규범적 책임론 (비난가능성)	책임형식 고의(심정반가치) 과실	위법성의 인식 기대(불)가능성

제2절 행위론

[§ 8] 행위론의 기초이론과 행위론의 전개

I. 행위론의 기초이론

1. 범죄개념의 기초로서의 행위

"범죄는 구성요건에 해당하는 위법·유책한 행위"이므로 범죄개념의 기초는 행위이다. 형법은 범죄를 구성하지 않는 행위(제1조제2항)는 물론, 범죄성립이 부정되는 행위(제9조 내지 제12조, 제20조 내지 제24조)도 행위라고 지칭하여 형법적 평가의 대상이 되는 것은 모두 행위라고 명시하고 있다. 그러나 이러한 행위의 의의와 구체적 내용이 무엇이냐에 대해서는 아무런 언급이 없다.

행위론의 과제는 행위의 범죄론상의 기능이 무엇이며, 이를 기초로 행위개념에 어떠한 의의와 내용을 부여할 것인가라는 기능적 행위개념을 정립하는 데 있다.

2. 행위의 기능

(1) 기본(근본)요소로서의 기능

형법적 평가의 대상이 되는 모든 행태는 행위에 부가된 것으로서 이를 단일한 행위개념에 포섭할 수 있는 행위의 기능이다. 이 기능은 형법상 의미를 가질 수 있는 모든 종류의 인간의 행태, 즉 고의·과실·작위·부작위·기수·미수 등을 모두 단일한 행위에 고의행위·과실행위·부작위행위·미수행위 등으로 포섭하는 것이므로 행위는 범죄론의 체계상위개념으로서의 지위를 갖는다.

(2) 결합요소로서의 기능

형법적 판단을 구성요건해당성·위법성·책임·형벌(가벌성)의 체계적 순서로 연결시키는 행위의 기능이다. 이 기능에 의하여 일정한 행위는 구성요건에 해당하는 실행행위가 되고, 그 중에서 일정한 행위만이 위법행위가 되며, 다시 그 중에서 책임 있는 행위, 가벌적 행위가 선별되면서, 행위가 형법적 판단대상을 불법·책임·가벌성의 순서로 결합시킨다. 이 기능을 행위개념의 체계적 지위라 한다.

(3) 한계요소로서의 기능

형법적으로 의미 있는 행위와 형법적으로 무의미한 비행위(非行爲)를 선별하여 불법판단의 대상이 될 수 없는 비행위는 애당초 형법적 평가대상에서 제외시키는 행위의 기능이다. 이 기능에 의하면, 자연현상, 사회현상, 인간의 반사운동, 단순한 사상, 절대적 강제 하의 행태 등 비행위는 애당초 범죄개념의 범위 밖으로 배제되며, 구성요건해당성이라는 형법적 평가의 대상이 될 수 있는 최소한도의 행위만 형법상의 행위로 인정한다. 이 기능은 법관이 형벌법규를 해석·적용할 때에는 물론이고, 입법에 있어서도 입법자를 구속하는 의미를 갖는다. 이를 가리켜 행위의 존재구속성이라 한다.

3. 행위의 체계상의 지위

(1) 전 구성요건행위설(일반적 행위론)

구성요건에 선행하는 행위(Handlung)의 존재를 확정하고 이를 기초로 구성요건해당성·위법성·책임의 범죄요소를 판단하는 입장이다. 이 견해에 의하면 범죄론체계는 행위에서 출발하여 구성요건·위법성·책임이 된다. 우리나라 통설이라 할 수 있다.

구성요건해당성 판단 이전에 행위의 존재를 인정하지 않으면 구성요건해당성 판단의 대상이 무한정하게 되므로 이를 한정할 필요가 있고, 범죄에 대한 형법적 판단을 하기 이전에 어떤 행태가 형법상의 행위가 될 수 있는가를 심사할 수 있을 때에 행위의 독자적 의의와 기능을 인정할 수 있다고 한다.

(2) 구성요건행위설(행위론의 거부)

구성요건요소로서의 행위(실행행위, Tat)만 형법상의 행위로 파악하고, 구성요건 이전의 전 구성요건행위를 인정하지 않는 입장이다(김일수·서보학 78.
오영근 77은 행위론무용론). 이 견해에 의하면 범죄론체계는 구성요건·위법성·책임이 되며, 범죄론의 출발은 구성요건이 된다.

형법에서 범죄를 판단할 때에는 구성요건을 토대로 하여 이루어지는 것이므로 구성요건 이전에 행위를 논의하는 것은 무의미하다고 한다.

(3) 결   어

범죄성립요건이라는 측면에서 본다면 전 구성요건행위개념은 중요한 의미를 갖지 않는다. 그러나 행위론의 거부에 따르면 구성요건해당성 판단의 대상은 무한정한 사상(事象)이 된다.

특히 행위의 한계요소로서의 기능을 수행하기 위해서는 구성요건해당성 판단 이전에 어떤 행태가 형법적으로 의미가 있는 행위가 되느냐를 예상하고 형법적 평가의 대상을 한정할 때 입법자의 자의성과 해석자의 주관성을 배제할 수 있다. 행위는 입법자가 개개 구성요건을 설정할 때 이를 지도·구속하는 의미를 갖는 것이므로 전 구성요건행위개념을 인정해야 한다.

Ⅱ. 행위론의 전개

1. 인과적 행위론

(1) 의   의

행위를 어떤 의사에 의하여 외부세계에 변동을 야기시키는 인과과정으로 파악하여, 행위란 어떤 의사에 기인한 신체동작 또는 태도라고 한다.

"어떤 의사(유의성)"와 외계의 변동인 "신체동작·태도(유체성)"를 행위의 요소로 하고, 어떤 의사는 단지 신체동작을 야기시키는 인과적 원인이 될 뿐이고, 그 의사의 내용인 고의·과실은 책임의 요소가 된다는 데에 특색이 있다.

(2) 비 판

인과적 행위론은, ① 의사의 내용인 고의를 행위에서 배제하므로 범죄의 대부분을 이루는 고의행위의 본질을 파악하기 어렵고, 특히 미수행위는 고의를 알지 않고는 그 형법적 의미를 파악할 수가 없다. 예컨대 사람을 살해할 의사로 쏜 총에 산짐승이 맞아 죽은 경우에 행위자의 고의를 알지 못하면 그 행위가 살인미수행위인지 단순한 수렵행위인지 판단할 수 없다. ② 인과과정은 무한하기 때문에 이에 철저하면, 예컨대 살인범을 출산한 사실까지도 행위에 포함해야 하므로 불법행위의 한계를 정하기 어렵고, 행위의 한계기능을 수행할 수 없다. ③ 유의성이 없는 인식 없는 과실과 유체성이 없는 부작위는 행위라고 하기 곤란하므로 행위의 기본요소로서의 기능도 수행하기 어렵다.

2. 목적적 행위론

(1) 의 의

행위자의 주관적 목적성이 행위의 본질적 요소이고, 목적달성을 위해 필요한 수단을 선택하여 그 선택된 수단을 목표에 지향하여 계획적으로 지배·조종하는 목적활동의 수행이 형법상의 행위라고 한다.

이 행위론에 의하면, 고의는 구성요건 결과실현을 지향한 목적적 행위의사이고 그 고의의 내용을 알아야 행위가 어느 구성요건에 해당하는지를 판별할 수 있으므로 목적적 행위의사인 고의는 구성요건요소가 되며, 과실은 구성요건 결과 이외의 사실을 지향한 목적적 행위의 부주의한 행위수행이므로 과실도 목적적 행위라고 한다.

(2) 비 판

① 구성요건요소를 인식하는 고의를 목적적 행위의사라고 하면 고의는 목적성과 같은 것이 되어 목적성의 의미·내용도 구성요건이라는 법적 개념에 의하여 결정될 수밖에 없으므로 애당초 가치중립적인 전 구성요건행위개념은 정립할 수 없다.

② 목적성과 고의를 동일시할 때에는 고의의 작위범과 같은 전형적인 목적모형(目的模型)만 행위로 파악하게 되어, 과실 특히 인식 없는 과실과 부작위는

애당초 목적적 행위가 될 수 없고, 인간의 모든 활동이 목적모형에 따라 이루어지는 것도 아니다.

③ 과실과 부작위를 행위에 포섭할 수 없다면 행위의 기본요소로서의 기능을 수행할 수 없고, 부작위를 행위에서 제외하면 부작위범은 행위 아닌 범죄가되므로 행위의 한계요소로서의 기능도 수행할 수 없다.

목적적 행위론에서는 과실을 구성요건결과 이외의 사실을 지향한 목적적행위의 부주의한 행위수행이라 한다. 그러나 "구성요건결과 이외의 사실"은형법적으로 무의미하므로 이를 지향한 목적적 행위는 법적 평가의 대상이 될수 없다. 또 목적적 행위의 "부주의한 행위수행"은 과실범의 불법(위법성)의 내용이 되는 것이고 부주의한 과실행위가 목적적 구조를 갖는 것은 아니다.

이 이론의 부작위는 목적적 활동의 가능성만 있는 잠재적 목적적 행위이고,목적실현의사와 인과적 조종이 없으므로 존재론적으로 보면 행위가 아니라고한다(행위인정 견해도 있음). 다만 작위와 부작위는 "목적적 행동력 있는 인간의행태(Verhalten)"라는 점에서 공통되는 것이므로 행태를 상위개념으로 하여 작위와 부작위를 포섭한다. 그러나 행태에 포섭된 작위와 부작위의 존재구조가바뀌는 것은 아니므로 a(행위)와 non a(비행위)의 관계는 해소할 수 없고, 잠재적 목적적 행위는 목적적 행위의 형용모순이라 해야 한다.

3. 사회적 행위론

(1) 의 의

인과적 행위론과 목적적 행위론의 난점을 구제·비판하는 데서 출발하여,일반적 행위론의 세 가지 행위기능을 수행하면서 과실범·부작위범·망각범에까지 통일적으로 타당한 행위개념을 정립하기 위해 주장된 이론이다. 즉 목적성이 있는 고의행위는 물론, 충동적 행위와 같은 목적성 없는 고의행위와과실행위, 부작위 등 모든 행태를 행위개념에 포섭하기 위해서 사회생활에 부정적인 효과를 미치는 "사회적 중요성"을 행위의 핵심요소로 인정하여, "인간의사에 의하여 지배되거나 지배가능한 사회적으로 중요성이 있는 인간의 행태"가 행위라고 한다. "사회적 중요성"과 "의사에 의한 지배가능성"을 행위의요소로 파악한다는 데에 특색이 있고, 현재 우리나라의 지배적 학설이다.

[**인격적 행위론**]   행위란 인격의 객관화(발현)로서 의사에 의하여 지배가능
한 인과적 결과를 수반하는 중요성 있는 행상이라고 한다. 행위를 인격의 객
관화라고 할 경우, 그 의미·내용이 구체적으로 불명확하고, 인간의 행위 중
인격의 객관화로 볼 수 없는 것은 없으므로 행위개념에서는 무의미한 수식어
에 불과하다. 이 이론은 행위의 사회적 중요성을 인격의 객관화(발현)로 대체한
것에 불과하므로 사회적 행위론의 범주에 속한다고 해야 한다.

(2) 사회적 행위론의 평가

사회적 행위론은, ① 심리적·정신적 현상인 사실적 요소와 사회적 중요성
이라는 의미적 요소를 포함한 존재론적 행위개념을 정립하여, 전 구성요건적
행위의 독자적 의의(행위의 존재구속성)를 인정하고, ② 사회에 부정적인 효과를
미치는 사회적 중요성을 행위의 본질적 요소로 파악하여 이를 기반으로 목적성
있는 고의행위, 목적성 없는 과실행위와 부작위·과실부작위 등 모든 인간의 행
태를 행위개념에 포섭하였으며, ③ 외부에 나타난 인간의 행태 중에서 사회적
중요성이 있는 것으로서 자기의사로 지배하거나 지배가능성이 있는 행태만 형
법상의 행위로 인정하고, 지배가능성조차 없는 행태는 애당초 행위개념에서 제
외하였고, ④ 일반적 행위론의 세 가지 행위기능을 수행할 수 있는 기능적 행위
개념을 확립하였다는 점에서 가장 타당한 견해라고 본다.

사회적 행위론에 대해서, ① 사회적 중요성 개념이 모호하며, ② 사회적 중
요성을 행위개념에 포함시키면 행위는 법적 평가개념이 되어 전 구성요건적
행위(가치중립적 행위)가 될 수 없으므로 행위의 결합요소기능을 수행할 수 없
고, ③ 사회적 중요성이 있으면 법인활동, 절대적 폭력에 의한 동작, 단순한
반작용도 행위가 되어 행위의 한계기능을 수행할 수 없다는 비판이 있다.

그러나 사회적 중요성은 인간생활의 다양한 행태 중에서 사회공동생활에
부정적 효과를 미치는 행태를 의미하므로 그 개념이 모호하다 할 수 없다. 사
회적 중요성 판단은 법 이전의 사회적 의미성 판단이고, 법적 판단은 사회적
의미성이 있다고 판단된 행위에 대한 규범적 판단이므로 ②의 비판은 판단의
의미를 혼동한 데서 나온 것이고, 판단이라 해서 모두 법적 판단을 의미하는
것이 아니다. 사회적 중요성은 사회에 부정적인 효과를 미치는 행태를 의미하
고 그것도 의사에 의하여 지배가능한 행태만 형법상 의미 있는 행위로 파악하

므로 법인의 정상적인 활동, 절대적 폭력에 의한 동작, 단순한 반작용 등은 에너지 활동은 있으나 형법적으로 무의미한 사상(事象)일 뿐이고, 애당초 사회적 중요성이 있는 행위가 될 수 없다. 이러한 사회현상 때문에 행위의 한계기능을 수행할 수 없다는 ③의 비판은 사회적 행위론을 제대로 이해하지 못한 데서 나온 비판이라 본다.

제3절 구성요건이론

[§ 9] 구성요건일반론

Ⅰ. 구성요건의 개념 · 성질

1. 구성요건의 의의

구성요건 개념은 구성요건 이론의 발전과정을 거치면서 많은 변화를 가져왔고 현재도 구성요건 개념에 어떤 요소와 의미를 포함시키느냐는 학자에 따라 차이가 있으므로 단일한 구성요건 개념은 정립할 수 없다.

(1) 협의의 구성요건(불법구성요건)

형벌을 부과하기 위한 근거로서 형벌법규에서 금지 또는 명령하고 있는 불법한 행위가 어떤 것인가를 일반적 · 추상적으로 규정하고 있는 불법행위의 유형을 협의의 구성요건이라 한다. 금지 또는 명령하는 행위내용을 금지의 실질이라 하므로 구성요건은 금지의 실질을 기술한 것이다. 협의의 구성요건은 금지 · 명령하고 있는 행위의 불법내용을 근거지우는 모든 표지를 포괄하고 있으므로 불법구성요건이라고 한다. 형법각칙의 구성요건은 대부분 이 의미의 구성요건이고, 강학상 구성요건이라고 하면 이 의미의 구성요건을 말한다.

소극적 구성요건표지이론에서 주장하는 총체적 불법구성요건은 불법을 근거지우는 불법구성요건뿐만 아니라 불법을 배제하는 정당화사유(위법성배제사유)와 작위 · 부작위의 불문의 표지 및 해석에 의해서 구성요건요소를 보충하는 불법의 표지까지 포함하는 구성요건 개념이므로 협의의 구성요건과 구별해야 한다.

(2) 광의의 구성요건(범죄구성요건)

불법을 근거지우는 불법구성요건뿐만 아니라 형벌의 가중·감경요건, 객관적 가벌요건, 특별한 책임표지도 포함한 구성요건이다. 불법은 물론, 특별한 책임표지와 가벌요건까지 포함한다는 의미에서 범죄구성요건이라 한다. 여기의 특별한 책임표지에는 "특히 참작할 동기"(영아살해죄·영아유기죄)와 같은 심정표지와, "분만중 또는 분만직후"(영아살해죄)와 같은 행위사정 등이 포함된다.

(3) 최광의의 구성요건

불법구성요건을 포함하여 형법각칙에 규정된 가벌성의 전제조건을 총괄한 범죄구성요건뿐만 아니라 형법총칙에 들어 있는 가벌성의 필수요건인 위법성, 책임 그 밖의 모든 처벌배제·감면사유와 죄형법정주의, 책임주의까지 포함한 의미의 구성요건을 의미한다. 장애미수의 임의적 감경, 중지미수의 필요적 감면, 국회의원 또는 외국원수 등 외교관에 대한 면책특권, 대통령의 재직 중 형사소추 제한 등도 이 구성요건에 포함된다. 죄형법정주의, 책임원칙 등 총칙상의 모든 보장적 원칙을 포괄하고 있다는 의미에서 보장적 구성요건이라 한다.

2. (불법)구성요건의 기능

(1) 선별기능

형법적 가벌대상이 될 수 없는 행위와 가벌대상이 될 수 있는 형법적 불법을 가려주는 기능이다. 처벌대상이 될 수 있는 불법과 애당초 처벌대상도 될 수 없는 행위를 식별하게 하여 법관의 자의를 방지할 수 있다는 의미에서 죄형법정주의기능이라 한다.

(2) 지시기능

국민에게 어떤 행태가 법익을 침해하는 당벌적(처벌할 필요가 있는) 행위가 되는지를 알려주는 기능으로 정향(定向)기능이라고도 한다. 이 기능에서 구성요건고의의 위법경고(위법환기)기능이 도출될 수 있다.

[고의의 위법경고기능]　자신의 행위가 구성요건에 해당한다는 사실을 알고 있으면(고의가 있으면) 행위가 위법하다는 사실은 알지 못하고 있어도 그 행위가 위법할 수 있다는 것을 인지하도록 자극하는 고의의 기능을 고의의 위법경고기능이라 한다.

(3) 징표기능

불법구성요건을 실현하는 행위가 있으면 그 행위는 원칙적으로 위법하거나 일단 위법하다는 것을 추단시켜 주는 기능이다. 위법지시 또는 위법추정기능이라 할 수 있다. 위법성배제사유가 있으면 행위의 위법성은 확정적으로 부정되므로 정당화 여부에 대한 잠정적 판단을 하는 기능이다.

(4) 개별화기능

모든 범죄는 그 불법의 내용이 다르므로 불법에 차이가 있는 다른 범죄의 구성요건과 구별시켜 주는 기능이다. 분류기능이라고도 한다. 이 기능을 강조할 경우 주관적 구성요건요소와 규범적 구성요건요소를 폭넓게 인정할 수 있다.

(5) 고의규제기능

구성요건의 객관적 요소를 명시함으로써 고의의 인식대상을 한정·규제하는 기능이다. 과실은 구성요건의 객관적 요소에 대한 인식가능성이 있으므로 구성요건은 과실의 내용도 간접적으로 규제한다.

3. 구성요건해당성

범죄성립의 제1요건은 구성요건해당성이고, 구성요건 그 자체가 아니다. 사실적·구체적 행위가 형벌법규에 기술되어 있는 구성요건에 합치되었을 때 그 사실적·구체적 행위는 구성요건에 해당한다고 하고, 사실적·구체적 행위가 구성요건에 해당하는 성질(판단)을 구성요건해당성이라 한다.

구성요건해당성 판단은 가치와 관련된 사실판단이고, 추상적·유형적 기준에 의한 판단이다. 구성요건에 해당하는 행위가 있으면 구성요건을 완전히 충족하지 못한 때라도 미수범은 성립할 수 있고, 더 나아가 구성요건을 완전히 충족하면 기수가 된다.

4. 구성요건과 위법성의 관계(구성요건의 성질)

(1) 위법징표설(인식근거설)

구성요건은 위법성·책임과는 독립된 범죄성립요소이지만 어떤 형태의 행위가 위법으로 되는가를 확인하는 근거가 되므로 구성요건은 위법성의 인식근거가 되며 위법성을 징표한다(연기와 불의 관계)는 이론이다.

이에 따르면 일정한 행위가 구성요건에 해당하면 위법하다는 추정을 받고 그 추정을 깨뜨리는 위법성배제사유가 있으면 위법하지 않은 행위로 확정된다.

(2) 불법유형설(존재근거설)

구성요건과 위법성은 체계상 독립된 범죄성립요소이지만 구성요건은 범죄로서 처벌할 필요가 있는 법익침해(또는 위태화) 행위를 유형적으로 기술한 것이므로 구성요건은 위법행위의 유형(Sauer) 또는 불법행위의 유형(Mezger)이며, 위법성의 존재근거가 된다는 이론이다.

이에 따르면 행위가 구성요건에 해당하면 원칙적으로 위법행위가 되며, 예외적으로 위법성배제사유가 있는 경우에 한하여 처음부터 정당화된다. 우리나라 통설이라 할 수 있다.

(3) 소극적 구성요건표지이론

구성요건과 위법성은 체계상 독립된 범죄성립요소가 아니라 구성요건은 모든 위법성(불법)의 표지와 위법성배제사유까지 총괄하고 있는 것이므로 위법성배제사유가 있으면 애당초 구성요건해당성이 배제된다는 이론이다(심재우, 구성요건의 본질 86, 문채규, 소극적 구성요건표지 이론을 위한 변명 92).

이에 따르면 위법성배제사유는 구성요건해당성을 부정하는 소극적 구성요건표지가 되므로 행위가 구성요건에 해당하기 위해서는 적극적 구성요건표지(객관적 구성요건요소)를 실현할 뿐만 아니라 소극적 구성요건표지인 위법성배제사유가 존재하지 않아야 한다. 이 의미의 구성요건은 모든 위법성의 표지와 정당화사유까지 총괄하고 있으므로 구성요건은 문자 그대로 총체적 불법구성요건이 되며, 범죄체계는 불법과 책임의 2단계로 구성한다.

여기의 총체적 불법구성요건은 갈라스(Gallas)가 말하는 총체적 구성요건과 구별해야 한다. 갈라스는 당벌적인 행위를 유형화한 위법·유책한 범죄유형이 구성요건이고, 불법구성요건과 책임구성요건을 포함한 총체적 구성요건이라 한다.

(4) 학설의 평가

1) 위법징표설의 검토　위법징표설과 불법유형설은 모두 구성요건과 위법성을 구별하고 위법성배제사유가 있으면 구성요건에 해당하는 행위의 위법성이 부정된다는 점에서 결론이 같다. 양자의 차이는 위법성배제사유가 있는 경우 위법징표설은 추정되었던 위법성이 사후적으로 배제된다고 하는 데 대해서, 불법유형설은 애당초 위법하지 않다(원칙과 예외의 관계)고 하는 데에 있다.

구성요건은 금지의 실질이고, 위법성은 그 실질의 금지이므로 양자는 개념적으로 구별된다. 그러나 불법유형인 구성요건은, ① 행위반가치와 결과반가치를 포괄하고 있는 불법구성요건이고, ② 이 구성요건은, 예컨대 사람을 살해한 자(금지의 실질)에 대해서 법적 제재를 규정함으로써 사람을 살해하지 말라는 금지(실질의 금지)까지 포함하고 있으며, ③ 형법의 제1차적 규제대상은 법익침해라는 결과가 아니라 법익침해를 지향한 반가치행위이며, 이를 구성요건이 금지하고 있으므로 구성요건은 불법행위의 유형이라 해야 한다.

2) 소극적 구성요건표지이론의 검토　① 위법성배제사유가 구성요건해당성을 부정하는 소극적 구성요건요소라고 한다면, 애당초 가벌심사의 대상도 될 수 없는 비행위와 가벌심사의 대상이 될 수 있는 행위를 가려주는 구성요건의 범죄선별기능을 인정할 수 없다. 예컨대 모기 한마리를 죽이는 비행위와 정당방위로 사람을 살해하는 행위는 모두 불법구성요건에 해당하지 아니하므로 양자의 법적 차이를 인정할 수 없다. ② 이 이론은 일정한 행위를 금지하는 금지규범위반과 일정한 행위를 허용하는 위법성배제사유를 함께 혼합하여 같은 심사차원에서 한편으로는 금지하면서 다른 한편으로는 그 금지를 허용한다는 논리모순에 빠져있다. ③ 이 이론에 의하면, 위법성배제사유가 존재하지 않을 때에만 불법구성요건에 해당할 수 있으므로 위법성배제사유의 부존재까지 인식해야 (불법)고의를 인정할 수 있다. 그러나 고의는 존재하는 구성요건요소를 인식

하는 것이므로 구성요건요소와 무관한 부존재한 사실은 그 인식의 대상이 될 수 없다.

Ⅱ. 구성요건의 유형 · 구성요건요소

1. 구성요건의 유형

1) **기본적 구성요건**　형법각칙에서 규정하고 있는 서로 유사한 행태의 구성요건 중에서 가장 본질적이고, 공통되는 요소를 포함하고 있는 구성요건이다. 보통살인죄는 존속살해죄 · 영아살해죄의 기본적 구성요건이고, 단순절도죄는 야간주거침입절도죄 · 특수절도죄의 기본적 구성요건이다.

2) **파생적 구성요건**　기본적 구성요건과 공통되는 요소를 포함하고 있으나 불법과 책임의 내용차이로 형이 가중 또는 감경되어 있는 구성요건이다. 존속살해죄, 영아살해죄, 촉탁 · 승낙살인죄는 보통살인죄의 파생적 구성요건이다.

3) **수정 구성요건(확장된 구성요건)**　형법각칙에 구성요건이 기술되어 있지 않고 형법총칙에 규정을 둠으로써 가벌성이 확장된 구성요건이다. 예비 · 음모죄, 미수범, 공동정범, 간접정범, 교사범, 방조범의 구성요건이 그 예이다.

　　[봉쇄적 구성요건과 개방적 구성요건]　봉쇄적 구성요건은 살인죄와 같이 금지의 실질을 남김없이 규정하고 있기 때문에 구성요건 자체에서 위법성이 도출되는 구성요건이고, 개방적 구성요건은 구성요건요소의 일부만 기술되어 있고, 나머지 부분은 법관의 보충을 필요로 하는 구성요건이다. 개방적 구성요건은 구성요건 자체에서 위법성이 도출되지 않고 다른 법률이나 관습법에 의해서 위법성이 도출되므로 법관의 판단에 의하여 불법을 결정하게 된다. 그 예로서 과실범에 있어서의 주의의무위반의 판단, 부진정부작위범에 있어서의 보증인지위의 유무판단을 들고 있다.

　　그러나 구성요건이 불법유형(불법구성요건)이라 한다면 구성요건은 불법의 내용을 모두 포괄하고 있으므로 개방적일 수 없다. 개방적 구성요건을 인정하면 구성요건의 정형성을 부정해야 한다. 과실범의 주의의무위반(제14조)과 부작위범의 작위의무위반(제18조)은 총칙에 기술되어 있는 구성요건의 위법요소들이다. 법관에 의한 구성요건의 보충은 가치판단이나 다른 요소에 의해 구성요건요소를 밝혀 줄 뿐이고 새로운 것을 만들어 낼 수 없다. 구성요건은 폐쇄적(봉쇄적)이어야 한다.

2. 구성요건요소

구성요건요소는 구성요건의 내용을 구성하는 요소(표지)들이다. 구성요건요소는 형법각칙에 규정된 범죄종류에 따라 개별구성요건에 다르게 기술되어 있으므로 그 내용을 개별적·구체적으로 파악하는 것은 형법각론의 임무에 속한다. 다만, 형법총론의 임무가 모든 범죄의 공통되는 요소와 문제를 논의하는 것이므로 각칙상 각각 다른 구성요건요소의 공통되는 요소를 종합하여 유형적으로 분류할 필요가 있다. 예컨대 살인죄의 "살해", 상해죄의 "상해", 절도죄의 "절취" 등 각 범죄의 실행행위를 종합하여 유형화하면 "행위"가 된다.

(1) 구성요건의 객관적 요소(객관적 구성요건요소)

구성요건의 객관적 요소란 외계에 나타난 현상으로서 행위자의 의사·목적·심정 등 주관적 요소와 독립하여 외부적으로 그 존재를 인식할 수 있는 것을 말한다. 구체적 내용은 범죄의 종류마다 다르지만 그 공통되는 요소를 유형화하면 다음과 같다.

1) 행 위   객관적 요소의 중심이 되는 것은 행위이다. 형법각칙의 구성요건은 그 구체적인 행태는 다르지만 모두 동사의 형식으로 행위를 규정하고 있다. 예컨대 살인죄에 있어서는 "살해", 상해죄에 있어서는 "상해", 절도죄에 있어서는 "절취" 등이 그 죄의 행위이다.

2) 결 과   결과범(실질범)에 있어서의 행위의 결과이다. 결과의 대부분은 행위 속에 포함되어 있고 구성요건에 기술되지 않은 것이 많다. 예컨대 살인죄에 있어서의 "사망", 절도죄에 있어서의 "점유의 이전"이라는 결과는 살해·절취의 행위 속에 포함되어 있다. 또 행위와 결과가 모두 기술되어 있는 범죄도 있다. 예컨대 방화죄에 있어서의 "불을 놓아"와 "불태운", 일수죄에 있어서의 "물을 넘겨"와 "침해(浸害)", 명예훼손죄에 있어서의 "사실의 적시"와 "훼손" 등은 각각 전자가 행위이고 후자는 결과이다.

3) 인과관계   결과범에 있어서는 행위와 결과 사이에 인과관계가 있어야 한다. 인과관계 자체는 구성요건에 기술되어 있지 않으나 행위와 그 인과관계는 객관적으로 존재하는 것이므로 기술되지 아니한 객관적 구성요건요소가 된다.

4) 범죄의 주체   범죄의 주체가 일정한 인적 범위로 한정되어 있는 구성요건(신분범)의 경우에는 그 범죄의 주체는 객관적 요소이다. 수뢰죄에 있어서의 "공무원 또는 중재인", 도주죄에 있어서의 "체포·구금된 자" 등은 구성요건에 기술되어 있는 객관적 요소이지만, 존속살해죄에 있어서의 "직계비속"은 구성요건에 기술되어 있지 않고 내용적으로 주체가 한정되어 있는 객관적 요소이다.

5) 행위의 객체   형법각칙에 규정되어 있는 행위의 대상(사람 또는 물체)을 말한다. 살인죄에 있어서의 "사람", 절도죄에 있어서의 "타인의 재물", 통화위조죄에 있어서의 "화폐·지폐·은행권" 등이 그 예이다. 일반적으로 행위객체는 구성요건에 기술되어 있으나 행위객체가 없는 범죄도 있다(예: 공연음란죄·도박죄·도주죄 등).

6) 행위상황   구성요건에 따라서는 행위시에 특정한 상황이 있을 것을 요구하는 범죄가 있다. 예컨대 진화방해죄는 "화재에 있어서"라는 상황에서 진화방해를 해야 범죄가 성립한다. 공연음란죄는 "공연히", 야간주거침입절도죄는 "야간에", 법정 또는 국회회의장모욕죄는 "법정이나 국회회의장 또는 그 부근에서"라는 행위상황이 요구되는 범죄이다.

(2) 구성요건의 주관적 요소(주관적 구성요건요소)

행위자의 내심에 존재하는 심리적 현상에 해당하는 요소를 말한다. 일반적으로 고의범의 고의와 과실범의 과실은 총칙상의 주관적 구성요건요소이고, 각칙상의 범죄 중 특별히 요구되는 주관적 구성요건요소는 목적범에 있어서의 "목적", 경향범에 있어서의 "내심의 경향", 표현범에 있어서의 "내심의 상태" 등이 있다. 각칙상의 범죄가 특별히 요구하는 주관적 구성요건요소를 특별한 주관적 불법요소라 한다. 그 밖에도 재물영득죄에 있어서의 "불법영득의사"도 각칙상의 주관적 구성요건요소가 된다.

(3) 구성요건의 기술적 요소(기술적 구성요건요소)

사람의 오관(五官: 눈·코·귀·혀·피부)의 작용으로 그 내용을 감지·확인할

수 있는 물적 대상물을 말한다. 예컨대 살인죄에 있어서의 "사람"·"살해", 상해
죄에 있어서의 "사람의 신체"·"상해", 방화죄에 있어서의 "불"·"건조물" 등 모
든 범죄는 기술적 요소를 규정하고 있다.

(4) 구성요건의 규범적 요소(규범적 구성요건요소)

언어의 기술(記述), 오관의 감지만으로 그 내용의 의미를 알 수 없고, 문화
적·규범적 가치척도에 의하여 보완적인 가치판단이 있어야 그 내용을 확정할
수 있는 요소를 말한다. 예컨대 소요죄에 있어서의 "다중"·"폭행·협박", 방화
죄에 있어서의 "공공의 위험발생", 수뢰죄에 있어서의 "공무원"·"뇌물", 공연음
란죄에 있어서의 "음란", 명예훼손죄에 있어서의 "명예"·"훼손", 업무방해죄에
있어서의 "업무"·"방해", 기타 "직계존속", "배우자", "유가증권", "재물의 타인
성" 등이 여기에 해당한다.

(5) 특별한 주관적 불법요소

불법의 내용을 구성하는 행위자의 주관적 의욕(고의)을 주관적 불법요소라
한다. 고의는 모든 고의범의 일반적·주관적 불법요소가 된다. 과실의 객관적
주의의무위반은 불법요소이지만 "주관적" 불법요소는 아니다. 특수한 범죄에
한하여 행위의 불법을 인정하기 위해서는 고의 이외에 고의를 초과하는 행위자
내심의 의욕을 특별히 요구하는 범죄가 있는데 이 내심의 의욕을 특별한 주관
적 불법요소라 한다. 구성요건의 객관적 요소를 인식하는 고의를 넘어선 순수
한 내심적 심리상태이므로 "초과내심적 경향" 또는 "외부적 행위의 의미 있는
의욕"이라 한다. 특별한 주관적 불법요소는 다음의 세 종류가 있다.

1) **목적범**　외부적 행위가 고의 이외의 다른 목적실현의 수단으로 의욕된
범죄를 목적범이라 한다. 고의 외에 목적이라는 주관적 심리상태가 더 요구되
는 범죄유형이다. 목적범의 목적은 고의를 초과하는 초과내심적 경향을 지닌
범죄의 대표적 구성요건요소이다. 사문서위조죄($^{제231}_{조}$)를 예를 들면, 이 죄의 구
성요건고의는 사문서를 위조한다는 사실을 인식·인용하는 것이고, 초과내심적
경향인 목적은 (위조한 사문서를) 행사할 목적이다. 목적은 일정한 외부적 행위와
관련성을 가진 구성요건요소이며 불법의 내용을 구성한다는 점에서, 외부적 자

극으로 유발되는 충동 내지 본능에 불과한 내심의 동기와 구별해야 한다. 목적 범에 있어서의 목적의 정도는 확정적으로 인식해야 한다(통설). 판례는 미필적 인식으로 족하다고 하고 있다(⁹⁰도2033 전원합의체 판결).

목적범은 목적의 내용에 따라 단절된 결과범과 불완전한 두 행위범으로, 목적의 성질에 따라 진정목적범과 부진정목적범으로 구분된다.

(a) **단절된 결과범**   구성요건실행행위 자체 또는 그 부수현상으로 목적이 실현되고 목적실현을 위하여 다른 행위를 할 필요가 없는 목적범이다. 내란죄 의 "국헌을 문란하게 할 목적", 출판물에 의한 명예훼손죄의 "사람을 비방할 목적" 등이 그 예이다.

(b) **불완전한 두 행위범**   구성요건실행행위만으로 목적을 실현할 수 없고 새로운 목적실현 행위가 있어야 그 목적을 실현할 수 있는 목적범이다. 각종 위조죄의 "행사할 목적(진정문서로 사용해야 목적실현)", 영리목적약취·유인죄의 "영 리의 목적", 무고죄의 "형사처분 또는 징계처분을 받게 할 목적(공무원이 형사·징 계처분을 해야 목적실현)"이 그 예이다.

(c) **진정목적범**   목적의 존재가 그 범죄의 불법을 구성하는 목적범이다. 각종 위조죄의 "행사할 목적" 등 대부분의 목적범이 여기에 해당한다.

(d) **부진정목적범**   목적의 존재가 불법을 가중하는 사유가 되는 목적범이 다. 내란목적살인죄의 "국헌을 문란하게 할 목적", 영리목적약취·유인죄의 "영 리의 목적", 모해위증죄의 "모해할 목적"이 여기에 해당한다.

2) 경향범   외부적 행위가 행위자의 일정한 내심의 경향(의욕)을 실현하는 범죄이다. ① 성적 수치심을 유발하는 육욕목적의 성범죄(공연음란죄, 음화판매· 공연전시죄 등), ② 내심의 의욕이 보호법익에 대한 특별한 위험을 일으키는 학 대죄, 가혹행위죄, 간첩죄와 이용한다는 의욕이 있어야 하는 준사기죄, 부당이 득죄, ③ 행위자의 내심의 의욕이 반복성·계속성·직업성을 띨 정도로 강화된 상습도박죄, 음행매개죄 등이 경향범이다.

3) 표현범   외부적 행위가 내심으로 알고 있는 지식과 모순된 의사를 표 현한 것이거나 법이 요구하는 표현을 태만하는 범죄이다. 위증죄는 전자에, 국 가보안법상의 불고지죄(동법 제10조)는 후자에 해당한다.

표현범은 모욕죄·협박죄와 같은 표시범과 구별해야 한다. 표시범은 사상

(思想)의 외부적 표시 자체가 범죄로 되고, 표시한다는 주관적 의사는 외부적 행위의 단순한 의욕(고의)일 뿐이고 고의를 초과하는 초과내심적 경향이 아니다.

3. 행위반가치와 결과반가치

(1) 행위반가치와 결과반가치의 의의

1) 행위반가치(행위불법)　　행위반가치란 행위자의 법익침해를 지향한 행위의 의도·목적 등 주관적 요소와, 이를 실현하는 행위태양의 전체적 양상이 사회윤리적으로 상당성을 일탈한 데 대한 부정적 평가, 즉 행위의 반윤리성에 대한 부정적 판단을 말한다.

2) 결과반가치(결과불법)　　결과반가치란 행위에 의하여 야기된 법익침해 또는 법익침해의 위태화라는 객관적 사태가 가치에 반한다는 부정적 평가, 즉 법익침해적 사실에 대한 부정적 판단을 말한다.

3) 행위반가치와 결과반가치의 평가　　결과반가치를 배제하고 행위반가치만으로 불법을 인정할 때에는 기수와 미수를 동일하게 취급해야 하고, 결과범도 위험범으로 취급해야 하며, 결과발생도 없는 과실행위까지 불법을 인정해야 하는 불합리가 생긴다. 또 형법이 사회윤리적 행위가치만 보호한다면 형법이 윤리화되어 형법의 보장적 기능을 저해할 위험이 있다.

반면, 결과반가치만으로 불법을 인정할 때에는 사회윤리적으로 타당한 행위로 법익침해가 야기된 우연한 사고까지도 형법적 불법을 인정해야 하므로 불법의 개념이 확대될 수밖에 없고, 법익침해(사망이라는 결과)가 동일한 살인죄·상해치사죄·과실치사죄의 처벌상의 차이를 설명할 수 없으며, 사기죄·공갈죄와 같이 일정한 행위태양(기망하여 이익취득, 공갈하여 이익취득)으로 결과발생을 요구하는 행위의존적 결과범의 불법은 애당초 설명할 수 없다.

(2) 행위반가치 · 결과반가치 이원론

형법은 법익침해를 지향한 반가치행위를 금지하므로 1차적 금지대상은 법익침해를 지향하는 반가치행위이다. 따라서 형법적 불법은 우선 행위반가치에 있다. 한편, 형법은 궁극적으로 법익보호를 위해서 반가치행위를 금지하는 것이므로 법익침해사실에 대한 반가치를 불법에서 배제할 수 없다. 단순한 윤리위반을 형법적 평가대상에서 제외하여 형법의 윤리화를 방지하기 위해서도 결과반가치는 불법의 내용이 되어야 하며, 행위반가치와 결과반가치 모두 불법의 내용이 될 때, 우연적 사고로 인한 법익침해를 불법에서 배제하고 불법의 범위를 제한할 수 있다.

따라서 행위반가치와 결과반가치는 어느 하나의 선택의 문제가 아니라 양자 모두 대등하게 불법을 구성한다는 이원적 불법이 되어야 한다(통설). 그리고 형법의 보호적 기능은 범죄유형에 따라 달라질 수 없으므로 반가치의 정도와 내용에는 차이가 있을 수 있어도 이원적 불법은 모든 가벌적 범죄(기수의 결과범·거동범·미수범·과실범·공범 등)의 불법이 되어야 한다.

(3) 행위반가치와 결과반가치의 내용

1) 행위반가치의 내용　통설은 대체로 행위의 태양(범행의 종류, 수단, 방법, 행위사정 등), 특별한 주관적 불법요소(목적, 내심의 경향, 내심의 상태), 일반적 불법요소(고의, 객관적 과실), 객관적 행위자적 요소(공무원범죄에 있어서의 공무원인 신분 등)를 행위반가치의 내용으로 본다.

2) 결과반가치의 내용　일반적으로 야기된 법익침해(침해범의 침해결과, 구체적 위험범의 위험발생)와 법익침해의 위태화(미수범과 위험범의 법익위태화)를 결과반가치의 내용으로 파악한다. 거동범은 침해행위 자체가 행위객체 내지 법익에 대한 침해결과를 내포하고 있다.

[§ 10] 인과관계와 객관적 귀속론

Ⅰ. 인과관계의 의의와 형법 제17조

1. 인과관계의 의의

결과의 발생을 요하는 결과범(실질범)에 있어서는 그 행위로 인하여 결과가 발생하였다는 연관관계가 있어야 그 행위를 행위자의 불법행위로 인정할 수 있다. 이와 같이 행위와 발생결과 사이의 연관관계를 인과관계라고 한다. 형법상

인과관계를 논의하는 실익은, 고의의 결과범에 있어서는 인과관계가 인정되지 않으면 기수범의 책임을 부담시킬 수 없다는 데 있다(과실의 미수는 불가벌).

2. 형법 제17조의 적용범위

형법 제17조는 "어떤 행위라도 죄의 요소되는 위험발생에 연결되지 아니한 때에는 그 결과로 인하여 벌하지 아니한다"고 규정하고 있다. 여기의 "어떤 행위"와 "위험발생에 연결"은 인과관계가 있어야 한다는 것을 명시하고, 인과관계가 인정되지 않으면 그 결과에 대한 죄책을 부담시킬 수 없도록 하여, 개별 구성요건에 기술되지 아니한 구성요건요소를 요구하고 있다.

인과관계는 행위와 결과발생 사이의 연관관계이므로 결과발생이 구성요건 요소로 되어 있는 모든 결과범에 대해서 인과관계가 요구된다. 결과는 침해범의 법익침해결과뿐만 아니라 구체적 위험범의 위험발생도 포함한다. 따라서 과실범·결과적 가중범·부진정부작위범도 인과관계가 있어야 한다. 반면 위험발생을 요구하지 않는 추상적 위험범과 결과발생과 관계없이 범죄가 성립하는 형식범(거동범)에 있어서는 인과관계가 문제되지 않는다. 다만, 추상적 위험범 중에서 예외적으로 결과발생이 구성요건에 명시되어 있는 경우(예: 현주건조물방화죄에 있어서의 "불태운", 현주건조물일수죄에 있어서의 "침해")에는 행위와 인과관계가 있어야 한다.

3. 인과관계의 사례유형

1) **기본적 인과관계**   다른 행위의 개입없이 의도한 행위만으로 직접 구성요건 결과를 발생시킨 경우이다. 예컨대 甲이 단독으로 치사량의 독약을 복용하도록 하여 A를 살해한 경우이다.

2) **이중적(택일적) 인과관계**   단독으로 동일한 결과를 발생시킬 수 있는 여러 개의 조건이 결합하여 결과가 발생한 경우이다. 예컨대 甲과 乙이 각각 치사량의 독약을 복용하도록 하여 A를 살해한 경우이다.

3) **누적적(중첩적) 인과관계**   단독으로 동일한 결과를 발생시킬 수 없는 여러 개의 조건이 공동작용하여 결과가 발생한 경우이다. 예컨대 甲과 乙이 각각 치사량 반분(半分)의 독약을 복용하도록 하여 A를 살해한 경우이다.

4) 가정적 인과관계   다른 조건에 의하여 결과가 발생하였으나 그 조건이 없었다고 하더라도 현실로 작용하지 아니한 가정된 조건에 의하여 같은 결과가 발생할 개연성이 있었던 경우이다. 예컨대 A가 승용차를 타기 직전에 甲이 사살하였으나, 그 승용차에는 이미 乙이 시한폭발장치를 해 두었기 때문에 甲의 사살행위가 없었더라도 A가 곧 사망하였으리라 예상되는 경우이다.

(a) 추월적 인과관계   가정적 인과관계의 유형 중 다른 원인의 개입으로 결과발생이 앞당겨진 경우이다. 예컨대 甲이 치사량의 독약을 A에게 복용시켰으나 약효가 나타나기 전에 乙이 A를 사살한 경우이다.

(b) 경합적 인과관계   가정적 인과관계의 유형 중 어느 행위에 의하더라도 결과가 동시에 발생한 경우이다. 예컨대 甲이 A를 살해하는 시점에 乙이 장치한 시한폭탄도 동시에 폭발하여 같은 결과가 발생한 경우이다.

5) 단절적 인과관계   단독으로 결과를 발생시킬 수 있는 조건이 진행하는 도중에 다른 독립된 행위가 개입하여 그 결과를 발생시키고 이미 진행하던 인과관계를 단절시킨 경우이다. 예컨대 치명적인 독약을 복용하도록 하였으나 아직 사망하기 이전에 타인이 사살하여 인과관계가 단절된 경우, 결과를 발생시킨 행위는 추월적 인과관계, 선행하던 행위는 단절적 인과관계가 된다.

6) 비유형적 인과관계   단독으로 결과발생이 가능한 조건에 의하여 인과과정이 진행하던 중 예상할 수 없는 다른 원인이 개입하여 양자의 결합으로 결과가 발생한 경우이다. 예컨대 甲이 A에게 권총을 발사하여 상처를 입었으나 A에게 혈우병이 있거나, 병원으로 후송 도중 교통사고가 발생하거나, 의사의 치료 잘못으로 A가 사망한 경우이다.

Ⅱ. 인과관계론의 전개

형법 제17조는 "어떤 행위"와 "위험발생에 연결" 및 "죄의 요소되는 위험발생에 연결"이 있어야 한다고 하여 두 가지의 연결을 요구하고 있다. 그러나 이 두 가지 연결의 의미가 무엇이며, 연결되는 연관관계의 유무를 어떻게 판단할 것이냐에 대해서는 전적으로 학설에 위임하고 있다.

1. 조 건 설

(1) 의 의

만일 그 행위가 없었다면 결과도 발생하지 않았을 것이라고 인정되는 경우에, 그 행위와 결과 사이의 인과관계를 인정하는 이론이다. 그 행위(A)가 없었다면 결과(B)도 없었다고 인정되면 A가 B를 절대적으로 제약하는 것이기 때문에 이러한 판단형식을 절대적 제약공식(conditio sine qua non Formel)이라 한다. 조건설에 따르면 결과발생과 논리적 조건관계가 있는 모든 행위가 결과발생에 대해서 동등한 원인이 되므로 등가설이라고도 한다.

(2) 평 가

조건설은, ① 인과관계의 유무를 직접 논증하는 것이 아니라 인과관계가 존재한다는 것을 전제해 놓고 만일 그 행위(A)가 없었다면 결과(B)도 발생하지 않았을 것이라는 가정적 사고과정을 거쳐서 인과관계가 없는 경우를 제거하는 절차(가설적 제거절차)를 통해 인과관계가 인정되는 경우를 도출하고 있으므로 논리상 순환논법에 빠져 있다. 등가설에 철저하면, ② 예컨대 권총으로 사람을 살해한 경우에, 살인범의 출산이나 권총제작이 없었다는 가정적 제거절차를 거치면 살해행위도 없었다고 해야 하므로 살인범을 출산한 부모나 권총의 제작자에까지도 인과관계를 인정하게 되어 인과관계의 인정범위가 무한대로 확대된다. 절대적 제약공식에 따르면, ③ 이중적 인과관계와 경합적 인과관계의 경우 현실적으로 작용한 조건에 대하여 인과관계를 부정해야 하므로 사리에도 맞지 않으며, 부작위의 인과관계에 대해서는 이 공식을 애당초 적용할 수 없다.

2. 상당인과관계설

(1) 의 의

"일상적 생활경험칙"에 비추어 결과발생에 대하여 상당성이 있다고 인정되는 조건만 행위와 결과 사이에 인과관계가 있다는 이론이다. 여기의 상당성은 객관적 개연성(매우 높은 가능성)의 의미로 파악한다(^{성시탁, 형사법} 강좌 I, 194). 이 이론은 조건적 인과관계가 있다는 것을 전제로 하여 상당성 범위 내에서 행위와 발생결과 사이의 인과관계와 그 결과를 행위자의 작품으로 인정하는 결과귀속을 동시에 인정하는 데에 특색이 있다. 상당인과관계설은 상당성 판단의 기준을 어디에 두느냐에 따라 다시 견해가 나뉜다.

　　1) 주관적 상당인과관계설　　행위 당시에 행위자가 인식하였거나 인식할 수 있었던 사정을 대상으로 결과발생의 상당성을 판단하는 견해이다.

　　2) 객관적 상당인과관계설　　행위 당시에 존재한 모든 객관적 사정과 행위 후에 알게 된 모든 객관적 사정을 기초로 결과발생의 상당성을 판단하는 견해이다($^{배종대}_{51/40}$).

　　3) 절충적 상당인과관계설　　행위 당시에 통찰력 있는 일반인이라면 인식할 수 있었던 사정과, 일반인이 인식할 수 없었던 사정도 행위자가 특별히 인식하고 있는 사정을 대상으로 결과발생의 상당성을 판단하는 견해이다. 종래의 통설이며, 판례의 기본입장이다($^{2021도3394\ 판결,}_{2002도4315\ 판결}$).

　(2) 평　가
　　① 상당성의 의미가 개연성이라 한다면 비유형적 인과관계의 경우는 애당초 개연성이 없으므로 모두 인과관계가 없다고 할 뿐, 인과관계 유무에 대한 해석상의 기준을 제시할 수 없고, 가정적 인과관계와 단절적 인과관계는 개연성이 있는 경우이므로 인과관계를 인정해야 한다는 불합리가 생긴다. ② 상당인과관계설은 자연과학적으로 확인되는 인과관계의 사실확인문제와, 확인된 인과관계를 전제로 실제로 발생된 결과가 행위자의 작품이라고 형법적으로 평가하는 결과귀속문제를 구별하지 않고 상당성 속에 양자를 혼합하여 인과관계의 사실확인도 없이 상당성이 없는 경우에는 결과귀속뿐만 아니라 조건적 인과관계까지 부정한다. ③ 주관적 상당인과관계설은 객관적인 사실판단을 해야 하는 인과관계 확인문제를 행위자의 주관적 인식을 대상으로 판단하므로 인과관계의 본질에 맞지 않고, ④ 객관적 상당인과관계설은 행위자와 일반인이 전혀 알지 못하는 사정까지 상당성 판단의 대상으로 삼고 있으므로 상당인과관계설의 본래 취지에 반한다. ⑤ 절충적 상당인과관계설은 일반인은 인식할 수 없었고 행위자만 인식하고 있는 경우에는 행위자의 주관적 인식만으로 인과관계를 확인하는 주관적 상당인과관계설에 귀착할 뿐만 아니라, 예컨대 A에게 혈우병이 있

음을 알고 있는 甲이 이를 알지 못하는 乙을 교사하여 A를 상해한 경우 공범인 甲에게만 인과관계를 인정해야 하므로 정범과 공범의 인과관계 유무가 달라진다는 비판을 받는다.

[중요설] 자연과학적 관점에서 확인되는 인과관계 문제와 법적 평가인 결과귀속의 문제를 구별하여, 인과관계 유무는 조건설에 의하여 확정하지만 조건적 인과관계는 형법적으로 중요한 것이 아니므로 이와는 별도로 조건관계가 있는 인과사상이 개개 구성요건의 의미와 입법목적에 합치되는 중요성이 인정될 때 행위자에게 결과가 귀속된다는 이론이다.

이 이론이 존재하는 인과관계의 사실확인문제와 결과귀속이라는 형법적 가치평가문제를 엄격히 구별한 점은 높이 평가해야 한다. 그러나 결과귀속에 있어서 막연히 구성요건의 의미와 입법목적에 합치되는 중요성만 강조하고 있을 뿐, 결과귀속의 구체적 판단기준이 없으므로 일반적인 귀속론이 되지 못하고 말았다. 이 이론은 객관적 귀속론에 이론적 기초를 제공하고 이에 흡수되었다.

3. 합법칙조건설

(1) 의 의

절대적 제약공식 대신 일상적인 경험법칙이나 자연과학적 인과법칙을 사용하여 인과관계를 확정하는 수정조건설이다. 이에 따르면 행위로 인하여 그러한 결과가 발생한다는 것이 일상적인 경험법칙이나 자연과학적 인과법칙에 부합될 수 있는 경우에만 조건관계를 인정하고 그 행위는 결과에 대하여 인과관계가 있다고 한다.

합법칙조건설은 먼저 전문지식에 의하여 이미 확립된 경험법칙이나 자연과학적 인과법칙의 존재를 확인한 다음, 실제로 진행된 행위와 결과사이의 전개과정이 이미 확립된 경험법칙이나 자연과학적 인과법칙에 부합될 수 있느냐를 심사하여 이에 부합(합법칙)될 경우에 인과관계를 인정한다. 합법칙조건설을 구체적 사례에 적용하면 다음과 같다.

① 비유형적 인과관계도 결과에 대한 모든 조건은 동가치이므로 인과관계는 인정되지만 선행사실의 결과귀속만 부정한다. ② 이중적 인과관계, 누적적

인과관계, 추월적 인과관계, 경합적 인과관계의 각 행위는 합법칙성이 있으므로 인과관계를 인정할 수 있다. 다만 누적적 인과관계의 경우는 결과귀속이 부정되어 행위자 모두 미수책임만 부담한다. ③ 단절적 인과관계에서도 사전행위의 인과관계는 부정되지만 후에 개입한 행위는 합법칙성이 있으므로 인과관계가 인정된다. ④ 부작위의 인과관계는 작위로 나아갔다면 결과를 방지할 수 있었다는 합법칙성이 인정되면 인과관계를 인정할 수 있다.

(2) 평 가

합법칙조건설은 모든 인과관계 사례에 대하여 인과관계 유무를 확정할 수 있는 장점이 있다. 반면에 행위와 결과를 연결시켜 주는 합법칙성의 구체적 내용이 없으므로 법관의 주관적 확신이나 자의에 의하여 판단되어질 가능성이 있다. 또 우리가 경험하지 못한 사안에는 일상적인 경험법칙도 불명확하므로 이에 따라 합법칙성을 인정할 때에는 인과관계 인정범위가 확대될 위험이 있다. 따라서 인과관계 확정에는 합법칙조건설이 타당하지만, 발생결과를 행위자에게 귀속시키는 범위를 제한하는 별도의 규범적 판단이 필요하다. 다음의 객관적 귀속론은 결과귀속의 범위를 제한하기 위한 이론이다. 현재의 다수설이다.

Ⅲ. 객관적 귀속론

1. 객관적 귀속론의 의의

객관적 귀속론은 행위와 결과 사이에 사실상 존재하고 있는 인과관계를 전제로 하여, 그 결과를 행위자의 작품으로 귀속시키기 위한 이론이다. 이에 따르면 행위자의 행위가 법적으로 허용될 수 없는 위험을 발생시키고, 또 그 위험이 구성요건결과에로 실현되었을 경우에만 발생된 결과를 행위자에게 귀속시킬 수 있다고 한다. 따라서 객관적 귀속론은 인과관계의 존재를 확인하는 것이 아니라 이미 존재하고 있는 인과관계를 전제로 하여 발생결과를 행위자의 작품으로 귀속시킬 수 있느냐를 규범적으로 평가하는 이론이다.

규범적 평가에서 결과귀속이 인정되면 구성요건이 충족되어 결과범의 기수가 되지만, 객관적 귀속이 부정되면 고의범의 경우 미수범이 성립할 수 있으나 과실범의 경우에는 범죄성립이 부정된다. 결과귀속의 전제가 되는 인과관계의 존재는 보통 합법칙조건설에 의해서 확인한다.

2. 객관적 귀속의 판단기준(척도)

객관적 귀속판단은 행위와 결과사이의 인과관계가 확인된 것에 대하여 형법적으로 형벌부과에 적합한 행위자의 작품인가를 평가하는 것인데, 그 판단기준은 다음과 같다.

1) 허용되지 않은 위험의 존재   허용되지 않은 위험원칙이 객관적 귀속의 전제요건이다. 허용된 위험에 대하여는 애당초 객관적 귀속의 문제가 발생하지 않는다. 결과발생의 원인된 행위가 허용되지 않은 위험을 창출하거나 위험을 강화시킨 경우에만 그 결과를 행위자에게 귀속시킬 수 있다. 위험창출·위험강화가 있어도 허용된 위험의 범위 내에 있는 때에는 객관적 귀속이 부정된다.

(a) **위험창출**   결과발생에 대해 현실적으로 위험을 창출해야 한다. 고의범의 위험창출은 실행의 착수에 상응하는 불법의 실현이 있으면 족하고, 과실범은 사회생활상 요구되는 객관적 주의의무위반이 있으면 위험창출을 인정할 수 있다.

(b) **위험강화**   일정한 의무위반적 행위가 새로운 위험을 창출하지 않았으나 이미 발생한 위험을 강화시킨 경우에도 객관적 귀속이 인정되며, 위험감소를 가져온 경우에는 객관적 귀속이 부정된다. 예컨대 비행기가 엔진고장으로 추락하는 순간에 비행기에 장치되어 있던 시한폭탄이 폭발하여 승객이 사망한 경우에는 위험강화로 객관적 귀속이 인정되지만, 화재현장에서 달리 구출할 방법이 없어 아이를 구명보에 싸서 창밖으로 던져 상해를 입게 한 경우에는 위험감소로 객관적 귀속이 부정된다.

2) 위험의 구체적 실현   행위자가 창출·강화시킨 위험은 결과에로 사실상 실현된 때 객관적 귀속을 인정할 수 있다. 위험창출이 있어도 구체적 결과에로 실현되지 않은 때에는 미수범의 문제가 된다. 다음의 두 가지를 고려해야 한다.

(a) **객관적 예견가능성**   객관적 예견가능성(지배가능성)이란 어떤 행위로 인한 결과발생이 일반인의 경험적 범위 내에 있는 것을 말한다.

구체적으로 실현한 결과는 행위자가 객관적으로 예견가능하고 지배가능한 경우에만 객관적 귀속이 가능하다. 예컨대 벼락을 맞아 사망할 것을 바라고 들판에 다녀오라고 했던 바, 우연히도 들판에서 벼락을 맞아 사망한 경우, 혈우병 사례와 같은 비유형적 인과관계의 경우, 제3자의 고의행위가 개입한 경우에는 예견(지배)가능성이 없으므로 객관적 귀속이 부정된다.

(b) **적법한 대체행위**   고의범의 경우, 행위자가 금지된 행위로서 결과발생을 야기하였으나 달리 적법행위를 하였더라도 결과발생이 확실시되는 경우에는 객관적 귀속이 부정된다. 과실범의 경우, 주의의무위반으로 발생한 결과는 주의의무를 다하였더라도 같은 결과가 발생할 것이 확실시되는 경우에는 객관적 귀속이 부정된다(의무위반관련성).

3) **규범의 보호목적**   결과발생의 방지가 입법자가 예정하고 있는 당해규범의 법익보호의 범위 내에 포함되는 것을 규범의 보호목적이라고 한다. 객관적 귀속은 규범의 보호목적 범위 내에서만 가능하고, 허용되지 않은 위험창출이나 위험실현이 있어도 그 실현행위가 당해 구성요건이 직접 금지하는 행위가 아닌 때에는 객관적 귀속이 부정된다. 예컨대 무면허운전자의 교통사고가 음주운전 때문에 발생한 경우, 그 사고는 무면허운전죄가 직접 금지하는 운전미숙 때문에 발생한 것이 아니므로 사고와 무면허운전은 객관적 귀속이 부정된다. 운전자에게는 특가법상 위험운전치사상죄($^{동법\ 제5조의11}_{제1항}$)와 도로교통법상 무면허운전죄($^{동법\ 제152조}_{제1호,\ 제43조}$)가 성립한다. 규범의 보호목적은 주로 과실범에 대한 결과귀속을 배제하기 위하여 사용되며, 고의행위에 있어서는 원칙적으로 적용되지 않는다.

다만, 고의적인 자손(自損)·자상(自傷)행위가 불가벌인 경우에는 이에 관여한 자도 불가벌이 되고, 위험결과의 방지의무를 전적으로 타인이 책임져야 할 경우에는 그 위험결과를 행위자에게 귀속시킬 수 없다. 강간 피해자가 수치심으로 자살한 경우는 고의의 자손행위 개입으로 인하여 사망에 대한 원인제공자의 객관적 귀속은 부정된다. 과실행위에 있어서는 객관적 주의의무를 다한 때에는 결과발생이 있어도 규범의 보호영역 밖에서 이루어진 것이므로 객관적 귀속이 부정된다.

　　[위험결과의 방지의무가 전적으로 타인이 책임져야 할 사안]　　甲은 야간에 뒤쪽 조명이 고장난 화물차를 운전하고 가다가 경찰에 적발되어 경찰들이 화물차를 일단 정지시키고, 뒤에서 오는 다른 차량들을 보호하기 위해 빨간 손전등을 차도위에 세워놓았다. 경찰은 甲에게 일단 다음 주유소까지 차를 운전하고 갈 것을 지시하였다. 순찰차가 뒤따라가면서 화물차를 보호하려고 하였다. 그런데 甲이 출발하기 직전 경찰관 한명이 손전등을 도로에서 취거하였고, 뒤이어 달려온 다른 화물차에 의하여 추돌하는 사고가 발생하여 추돌한 화물차의 조수석에 타고 있던 피해자가 사망하였다.

　　이 사건에 대하여 독일 연방최고재판소는 甲에게 과실치사죄를 인정하였다. 그러나 경찰이 일단 교통의 안전을 떠맡은 이상 그 이후 甲은 경찰의 지시에 따라야 할 의무만 있을 뿐 운전자로서 일반적인 주의의무는 없다고 해야 하므로 사고의 결과를 甲에게 귀속시킬 수 없다고 해야 한다.

Ⅳ. 형법 제17조와 인과관계 · 객관적 귀속

　　결과범에 있어서 발생된 결과를 행위자에게 귀속시키기 위해서는 두 단계 심사를 거쳐야 한다. 먼저 행위와 결과사이에 인과관계의 존재를 확인한 다음, 발생된 결과를 행위자의 작품이라고 평가할 수 있는 결과귀속이 인정되어야 한다.

　　형법 제17조는, ① "어떤 행위"와 "위험발생에 연결"은 인과관계가 있어야 한다는 것을 명시하고 있다. 인과관계의 유무를 확인함에 있어 절대적 제약공식을 사용할 수 없고, 상당성이라는 규범적 평가도 타당하지 아니하므로 합법칙조건관계가 있는 인과관계로 확정해야 한다.

　　② "죄의 요소되는 위험발생에 연결되지 아니한 때"란 구성요건적으로 중요성이 있는 객관적 귀속이 인정되지 아니한 때라는 의미로서 허용되지 아니한 위험이 구성요건결과에로 실현되지 아니한 때라고 해석할 수 있다.

　　③ "그 결과로 인하여 벌하지 아니한다"란 인과관계와 객관적 귀속이 결여된 때에는 애당초 귀속의 가능성조차 없기 때문에 처벌하지 아니한다고 해석해야 한다. 다만, 고의범인 경우 구체적 사안에 따라 미수범은 성립할 수 있을 것이다.

[§ 11] 고 의 론

I. 고의의 의의

고의는 보통 구성요건요소(구성요건표지)를 인식하고 이를 실현하는 의사라고 한다. 형법 제13조(고의)는 "죄의 성립요소인 사실을 인식하지 못한 행위는 벌하지 아니한다. 다만, 법률에 특별한 규정이 있는 경우에는 예외로 한다"고 규정하여 죄의 성립요소인 사실을 인식하는 것이 고의라고 하고 있다.

죄의 성립요소인 사실은 구성요건의 객관적 요소이고, 이를 간단히 범죄사실이라 하므로 고의는 범죄사실을 인식하는 것이다. 형법 제13조는 인식만을 규정하고 있으나, 이는 적어도 인식은 있어야 한다는 의미로 해석해야 하고, 실현의사를 배제하는 것은 아니다. 그래서 고의를 범죄사실을 인식하고 이를 실현하는 의사라고 정의하기도 한다.

판례도 고의는 인식뿐만 아니라 실현의사가 있어야 한다는 태도를 일관하여 "미필적 고의가 있었다고 하려면 범죄사실의 발생가능성에 대한 인식이 있음은 물론, 나아가 범죄사실이 발생할 위험을 용인하는 내심의 의사가 있어야" 한다고 판시($^{2004도74}_{판결\,등}$)하였다.

[인식설과 의사설]　　종래 고의의 본질에 관하여 인식설과 의사설이 대립하고 있었다. 인식설은 구성요건사실에 대한 인식만 있으면 고의를 인정하는데 반하여, 의사설은 구성요건사실에 대한 인식과 구성요건사실을 실현하는 의사가 있어야 고의를 인정하였다. 인식설에 의하면 인식 있는 과실도 고의에 포함되어 고의의 범위가 부당하게 확대되고, 의사설에 의하면 미필적 고의를 고의라 할 수 없게 되어 고의의 범위가 부당하게 축소되는 결함이 있었다.

의사는 인식을 떠나서는 아무런 의미를 가질 수 없고 그 내용도 확정할 수 없으며, 인식하고 실행한 경우에 실현의사를 수반하지 않을 수 없다. 그리하여 두 학설은 고의의 일면만을 강조한다는 것이 밝혀지면서 고의는 지적 요소로서의 인식과 의적 요소로서의 실현의사가 결합된 의미통일체로서 구성요건요소를 인식하고 실현하는 의사라고 정의하게 되었다.

II. 고의의 체계상의 지위

고의는 행위론의 발전과 결부되어 범죄론체계(구성요건 · 위법성 · 책임)에서 어디에 위치시키느냐가 논의되어 왔다. 세 가지 견해가 대립하고 있는데, 각 견해의 내부에서도 여러가지 이견들이 주장되고 있다.

1. 책임요소설

고의는 책임요소가 된다는 견해로, 인과적 행위론에 기반을 둔 고전적 범죄론체계에서 주장되어 왔다. 인과적 행위론에 따르면 행위의 요소가 되는 것은 어떤 의사(유의성)와 신체의 동작 · 태도(유체성)뿐이고, 어떤 의사의 내용이 되는 고의와 과실은 책임요소가 된다고 한다(정영석 176). 여기의 책임요소인 고의는 구성요건사실의 인식과 위법성의 인식(그 가능성)을 포함한 의미의 고의(고의설. 이 고의는 심정반가치를 징표한다)로 파악하기 때문에 이 설의 고의는 이중지위설이나 구성요건요소설의 고의(행위의사인 사실의 인식)와 고의개념이 다르다는 점을 유의해야 한다.

2. 구성요건요소설

고의는 책임요소가 아니라 구성요건요소라는 견해로, 목적적 행위론에 기반을 둔 목적적 범죄론체계에서 주장되었으나 사회적 행위론에서 주장되기도 한다.

행위를 목적추구활동으로 파악하는 목적적 행위론에 따르면 행위의 목적성인 고의는 행위의 본질적 요소가 되며, 이러한 행위는 고의범의 구성요건에 해당하는 실행행위가 되므로 고의는 체계상 구성요건요소가 된다고 한다(황산덕 104).

또 사회적 행위론 중에도 행위의사인 고의를 알아야 행위가 어느 구성요건에 해당하는지를 결정할 수 있으므로 고의는 구성요건요소가 된다는 견해도 있다(정성근 220. 같은 취지 김성돈 232).

목적성인 고의도 행위의사로서의 고의이고 행위의사는 순수한 심리적 사실이므로 사실의 인식인 심리적 사실과 규범적 요소인 위법성의 인식을 함께 포함하고 있는 책임요소설의 고의와 내용을 달리한다.

3. 구성요건요소 및 책임요소설

고의는 구성요건요소임과 동시에 책임요소가 된다는 견해로, 주로 사회적 행위론에 기반을 둔 합일태적 범죄론체계에서 주장한다. 이 이론은 고의를 두 가지 측면으로 나누어, 행위의사(심리적 사실)로서의 고의는 구성요건고의이지만 심정반가치(규범적 요소)로서의 고의는 책임고의가 된다고 하여 고의의 이중지위를 인정한다. 즉, 행위의사인 고의의 내용을 알아야 행위가 어느 구성요건에 해당하는가를 확정할 수 있으므로 이 고의는 구성요건고의가 되고, 법질서에 반한 법배반적 심정이 있어야 책임비난을 할 수 있다는 이유로 심정반가치인 고의는 책임고의가 된다는 것이다. 이중지위설에 의하면 구성요건고의가 확정되면 책임고의는 추정되므로 특별한 사정(위법성배제사유의 전제사실의 착오)이 없으면 책임고의가 확정되어 더 이상 책임고의 유무를 심사할 필요가 없다.

4. 학설의 검토

(1) 책임요소설에 대한 비판

책임요소설은, ① 책임단계에 와서 비로소 고의·과실의 유무를 판단하므로 구성요건해당성과 위법성단계에서는 그 판단의 대상이 무한정하여 형법적 판단의 대상을 한정할 수 없고, 고의범과 과실범은 구성요건해당성과 위법성단계까지는 구별이 불가능하여 살해·상해치사·과실치사를 동일하게 취급할 수밖에 없다. ② 결과발생이 없는 미수범은 행위자가 무엇을 지향하고 있느냐에 따라 그 행위의 법적·사회적 의미를 결정할 수 있으므로 구성요건해당성 단계에서 고의를 인정하지 않으면 애당초 미수행위의 형법적 의미를 파악할 수 없다. 예컨대 사냥꾼이 쏜 총에 맞아 사람이 다치게 된 경우, 그것이 수렵행위인지 살인미수행위인지는 고의를 알아야 구별할 수 있다.

(2) 구성요건요소 및 책임요소설에 대한 비판

고의의 이중지위설은 구성요건고의를 인정하므로 책임요소설의 결함은 시정할 수 있다. 그러나 이중지위설에 의하면, ① 구성요건고의는 있으나 책임고의가 부정될 경우 체계논리상 중대한 모순이 생긴다. 즉 구성요건고의로 불법을 실행한 고의불법행위가 책임단계에 와서 책임고의가 부정될 경우 과실범을 인정하거나 과실형벌을 부과하므로 고의불법행위가 과실범으로 의제될 수밖에 없고, 고의불법행위에 대해서 과실형벌을 부과하는 것도 죄형법정주의 취지에 반한다. 이중지위설에 따르더라도 ② 위법성의 인식이 있으면 고의책임을 인정할 수 있고, 위법성의 인식이 불가능하면 책임고의 유무와 상관없이 책임이 배제되므로 책임고의는 책임에서 적극적인 의미를 갖지 못하는 형식개념에 지나지 않는다. ③ 책임고의에서 심정반가치가 징표된다면, 위법성의 인식이 본래부터 가지고 있는 규범적 성격(심정반가치)은 어떻게 취급하는지, 책임고의와 관계가 명백하지 않다. 위법성의 인식에서 징표되는 심정반가치와 구별이 곤란할 것이고, 위법성의 인식의 심정반가치를 부정한다면 위법성의 인식이 책임요소가 되는 이유를 설명할 수 없다.

(3) 구성요건요소설에 대한 비판과 반론

고의를 책임에서 배제하면 책임은 판단자의 머릿속에 있는 관계개념이 되어 책임의 내용이 공허해지며, 불법단계에서는 고의가 불법평가의 대상인 동시에 불법요소가 되므로 책임단계에서도 마찬가지로 책임평가의 대상이 되는 고의는 책임의 요소도 되어야 불법과 책임의 구조를 동일하게 맞출 수 있다는 비판이 있다.

그러나 ① 심정반가치는 본래부터 법질서 요구에 반한 동기결정을 억제하는 위법성의 인식에서 징표되는 것이므로 위법성의 인식이라는 심정반가치가 책임요소로 되어 있는 한 책임이 공허하다고 할 수 없고, 위법성의 인식(인식가능성) 때문에 책임비난이 가능하므로 책임은 비난가능성이라는 실체개념이고 판단자 머릿속에서 만들어 내는 관계개념이라 할 수 없다("위법성의 인식" 참조). ② 고의는 행위반가치의 내용을 구성하는 주관적 불법요소이므로 고의는 불법평가의 대상이 되는 동시에 불법요소가 되지만, 본래부터 순수한 심리적 사실인 고의는 책임평가의 대상이 될 뿐이고 책임평가를 할 수 없으므로 고의는 책임요소가 될 수 없고, 불법과 책임의 구조도 반드시 일치해야 할 이유도 없다. ③ 고의불법행위에 대한 책임비난은 규범적 요소인 위법성의 인식이 있느냐 위법성이 인식이 불가능한 것이냐에 따라서 결정되므로 책임고의를 인정해야 할 적극적 의미는 없다.

결론적으로 평가의 객체(평가받는 것)와 객체의 평가(평가하는 것)를 엄격히 구별하여, 심리적 사실(행위의사)인 고의는 평가의 객체로서 구성요건요소가 될 뿐이고, 책임을 평가하는 책임요소가 될 수 없다는 구성요건요소설이 타당하다고 본다.

Ⅲ. 고의의 구성요소

고의는 객관적 구성요건요소를 인식하고 실현하는 의사이므로 구성요건요소에 대한 인식(지적 요소)과 구성요건사실을 실현하는 의사(의적 요소)로 구성된다. 다만 소극적 구성요건표지이론의 고의개념은 구성요건요소인 사실에 대한 인식·의사뿐만 아니라 위법성배제(조각)사유의 부존재까지 인식해야 하는 "불법고의"를 의미하므로 고의의 개념과 그 구성요소도 차이가 생긴다.

1. 지적 요소

지적 요소란 객관적 구성요건요소인 사실(범죄사실)에 대한 인식을 말한다. 고의·목적·동기 등 주관적 요소는 고의의 인식대상이 아니다. 그리고 구성요건에 기술된 객관적 사실이라도 불법이나 책임과 관련이 없는 가벌성·가벌요건·인적 처벌배제사유·소추요건 등은 구성요건요소가 아니므로 고의의 인식대상이 아니다. 또 위법성의 인식도 고의의 인식대상이 아니라 독립된 책임요소이다(책임설).

(1) 인식의 대상
고의의 인식대상이 되는 객관적 구성요건요소는 다음과 같다.

1) **행위주체**　행위주체가 사람이라는 사실은 자명한 사실이고 당연히 행위의 전제가 되므로 이를 명확하게 인식하지 않아도 인식한 것이 된다. 이러한 인식을 당연사고적 수반인식이라 한다. 이에 대해서 신분범의 신분(예: 공무원·재물보관자 등)은 인식해야 한다.

2) **행위객체**　행위객체가 구성요건에 기술되어 있는 것이면 인식해야 한

다(예: 살인죄의 "사람", 절도죄의 "타인의 재물" 등). 피해자를 인식해야 하는 범죄도 있다(예: 미성년자의제강간죄의 "13세 또는 16세 미만의 사람").

3) **행위·결과**   행위태양과 결과범의 "사망"·"상해" 등 행위결과는 인식·예견하고 있어야 한다. 행위결과는 대부분 행위에 포함되어 있다(예: 살해행위는 사망포함).

4) **행위상황**   법문에 기술되어 있는 행위상황은 인식해야 한다(예: 명예훼손죄의 "공연히", 야간주거침입절도죄의 "야간에", 진화방해죄의 "화재에 있어서", 전시공수계약불이행죄의 "전쟁, 천재 기타 사변에 있어서", 법정·국회회의장모욕죄의 "법정이나 국회회의장 또는 그 부근에서").

5) **인과관계**   법문에 기술되지 않은 구성요건요소이지만 객관적으로 존재하는 사실이므로 그 본질적 부분은 인식·예견해야 한다. 그러나 규범적 평가를 하는 객관적 귀속은 인식대상이 될 수 없다.

6) **형의 가중·감경사정**   형의 가중·감경사정도 구성요건에 기술된 것은 인식해야 한다(예: 존속살해죄의 "자기 또는 배우자의 직계존속", 촉탁·승낙살인죄의 "촉탁 또는 승낙").

7) **결과적 가중범**   기본구성요건의 객관적 요소는 인식해야 한다. 다만 무거운 결과에 대한 고의 있는 결과적 가중범은 무거운 결과발생에 대한 인식·예견도 있어야 한다.

(2) 인   식

인식은 객관적 구성요건요소를 지적으로 의식·파악하는 것이다. 반드시 확정적 인식일 필요가 없다. 과거와 현재의 사실은 오관의 작용으로 감지하고 있으면 족하지만 장래의 사실은 실현가능성을 예견하고 있어야 한다.

1) **물체의 인식과 의미의 인식**   인식하는 방법에는 두 가지가 있다. "물체의 인식(감각적 인식)"은 외계에 존재하는 사실을 있는 그대로 감각적으로 인식하는 것이고, "의미의 인식"은 존재사실에 대한 감각적 인식으로 부족하고 그 의미·내용까지 인식하는 것이다. 예컨대 음란문서의 경우, 문서 자체의 존재를 감각적으로 인식하면 물체의 인식이고, 음란문서의 문장이 지니고 있는 문학적인 의미·내용까지 인식하면 의미의 인식이다. 의미의 인식은 사회일반인이 이

해할 정도의 소박한 문외한으로서의 인식이 있으면 족하다.

기술적 구성요건요소는 물체의 인식만 있으면 동시에 의미의 인식도 하게 된다. 예컨대 살인죄의 객체인 육체를 가진 사람(물체)을 인식하면 동시에 생명 있는 사람(의미)도 인식한 것이 된다. 이에 대해서 규범적 구성요건요소는 물체의 인식이 있어도 의미의 인식이 없는 것이 일반적이다(예: 음란문서·명예·업무·뇌물·유가증권 등).

2) 현재적 인식과 수반인식　　고의의 원칙적인 인식의 형태는 현재적(顯在的) 인식이다. 객관적 구성요건요소를 나타난 그대로 명확하게 알고 있는 것을 현재적 인식이라 한다. 반드시 심사숙고하거나 뚜렷한 성찰까지 할 필요는 없다.

고의의 예외적인 인식의 형태는 수반(隨伴)인식이다. 객관적 사정을 명확하게 인식하고 있는 것은 아니지만 명확하게 인식하고 있는 다른 의식의 내용 속에서 암암리에 알고 있기 때문에 특별한 노력 없이도 그 사정의 존재를 즉시 현재적 인식으로 재생시킬 수 있는 형태의 인식으로 당연사고적 수반인식이라고도 한다. 절도죄의 "재물의 타인성", 존속살해죄의 "직계비속", 뇌물수수죄의 "공무원이라는 신분" 등은 수반인식으로 충분하다. 예컨대 뇌물을 받은 공무원은 뇌물을 받을 때 자신이 공무원이라는 신분을 명확하게 인식하고 있지 않았어도 수반인식이 있는 고의가 인정된다.

2. 의적 요소

의적 요소란 구성요건결과를 실현하려는 의사(의욕)를 말한다. 실현의사는 "구성요건결과실현을 지향하는 의사"라야 하고, 구성요건결과실현과 관계없는 단순한 의사·희망·소원·행위동기 등은 고의와 관계없다. 실현의사는 항상 인식을 전제로 논의되므로 인식이 없으면 실현의사도 생각할 수 없다. 그리고 실현의사는 구성요건이 실현될 장래적 사태에 대해서 생기는 것이고 과거와 현재적 사태는 인식 또는 예견으로 족하다(어느 정도의 실현의사가 있어야 하느냐에 대해서는 "미필적 고의" 참조).

Ⅳ. 고의의 종류

1. 의도적 고의

구성요건결과발생을 확실하게 의욕하였거나 확실히 예견하고 있는 고의를 의도적 고의 또는 확정적 고의라 한다. 결과발생에 대한 확신 내지 확실한 예견이 있으면 족하고, 결과발생을 희망하였는가는 문제되지 않는다. 보통의 고의는 모두 의도적 고의에 해당한다. 택일적 고의와 개괄적 고의도 의도적 고의이다.

1) **택일적 고의**   행위객체가 두 개중 어느 하나의 택일관계에 있기 때문에 결과발생은 확정적이지만 어느 객체가 될 것인지가 확정되지 않은 고의이다. 예컨대 甲과 乙 중 누가 살해되어도 상관없다고 생각하고 총을 발사한 경우이다.

2) **개괄적 고의**   행위객체가 다수이기 때문에 결과발생은 확정적이지만 구체적으로 어느 객체에 결과가 발생할 것인지가 확정되지 않은 고의이다. 예컨대 군중을 향하여 총을 발사하거나 수류탄을 투척하는 경우이다.

택일적 고의의 취급에 관하여, ① 현실적으로 결과가 발생한 범죄의 기수와 발생하지 않은 미수의 상상적 경합으로 처리하는 견해(다수설), ② 현실적으로 발생된 범죄의 고의범으로 처벌하되 결과가 발생하지 않은 범죄가 무거운 때에는 미수범도 인정하여 상상적 경합으로 처리하는 견해(이재상 외 12/27), ③ 결과발생이 있는 기수죄만 인정하고, 모두 미수에 그쳤으면 각 미수죄의 상상적 경합을 인정하는 견해(김성돈 258)가 대립하고 있다. 택일관계에 있는 객체 어느 것에 대하여도 고의를 인정하는 것이므로 ①견해가 타당하다.

3) **소위 베버의 개괄적 고의**   최초의 고의행위에 의하여 결과가 발생하지 않았으나 결과가 발생한 것으로 믿고 제2의 다른 고의행위를 한 결과 비로소 최초의 고의가 실현된 경우를 소위 "베버(Weber)의 개괄적 고의"라 한다. 예컨대 살해의 고의로 목을 졸라 피해자가 실신상태에 빠지자 사망한 것으로 오인하고 증거를 인멸할 의사로 피해자를 강물에 던져버렸는데 비로소 익사한 경우이다. 판례는 이러한 개괄적 고의를 인정한다.

> **판례**   피해자가 피고인들의 살해의 의도로 행한 구타행위에 의하여 직접 사망한 것이 아니라 죄적을 인멸할 목적으로 행한 매장행위에 의하여 사망하게 되었다 하더라도 전과정을 개괄적으로 보면 피해자의 살해라는 처음에 예견된 사실이 결국은 실현된 것으로서 피고인들은 살인죄의 죄책을 면할 수 없다(88도650 판결).

베버의 개괄적 고의의 경우 제2의 고의행위는 최초의 고의행위와 다른 것임에도 최초의 고의를 인정하면 고의를 의제하는 것이 되므로 이러한 경우는 후술하는 인과관계의 착오로 해결하는 것이 타당하다고 본다.

2. 미필적 고의

(1) 의 의

결과발생 자체는 확실하게 인식하지 못했으나 그 발생가능성을 부정하지 않고 행위한 경우의 고의를 미필적 고의라고 한다.

(미필적) 고의와 (인식 있는) 과실을 구분하기 위하여 던진 돌에 맞아 어린아이가 상해를 입은 경우를 예로 들어 본다면, 돌을 던지고자 할 당시 던질 방향에 어린아이가 있다는 사실을 알지 못한 채 돌을 던져 상해를 입혔다면 인식 없는 과실이 된다. 만일 돌을 어린아이에게 맞추어 상해를 가할 의사가 있었다면 이는 의도적(확정적) 고의가 된다. 돌을 던지고자 할 당시 던지려는 방향에 어린아이가 있다는 사실을 알고 있었던 경우에도 어린아이를 피해 던지려고 하였으나 잘못하여 어린아이를 맞추어 상해를 입힌 경우에는 인식 있는 과실이 되지만, 어린아이가 맞아도 상관없다고 생각하고 돌을 던진 결과 어린아이가 상해를 입게 된 경우에는 미필적 고의가 된다.

(2) 미필적 고의와 인식 있는 과실의 구별

미필적 고의와 인식 있는 과실은 모두 결과발생의 가능성을 인식하고 있다는 점에서 차이가 없으나 양자의 형법적 취급에 있어서는 현저한 차이가 있다. 두 가지의 구별에 관해서는 고의의 본질에 대한 인식설(표상설)과 의사설(희망설)의 논쟁의 연장선상에서 다양한 주장들이 있으나 현재 우리나라에서 주장되는 학설을 중심으로 설명하기로 한다.

1) **개연성설**　결과발생에 대하여 개연성(고도의 가능성)이 있다고 인식한 때에는 미필적 고의이고, 단순한 가능성 정도의 인식이 있는 때에는 인식 있는 과실이라는 견해이다.

그러나 ① 고의와 과실은 질적으로 다른 것이므로 결과발생의 개연성과 가능성이라는 양적 차이만으로 양자를 구별할 수는 없다. ② 고의 일반에 대해서는 결과발생의 가능성을 인식하면 족한 것임에도 불구하고 미필적 고의에 한하여 고도의 가능성을 요구하는 근거가 불명하고, 개연성과 단순한 가능성을 구별할 명확한 기준도 없다. ③ 예컨대, 회복의 가능성이 희박한 중환자에 대하여 수술성공을 기원하면서 집도한 의사는 고의범이 되고, 상대가 기망에 빠지지 않을 것이라 믿고 농담삼아 거짓말을 하였음에도 의외로 거액을 편취한 때에는 인식 있는 과실로 불가벌이 되어 불합리한 결론에 이른다.

2) **인용설**　결과발생의 가능성을 인식하면서 그 실현을 부인하지 않고 내심으로 용인(받아들임)한 때에는 미필적 고의이고, 결과발생의 가능성은 인식하였으나 이를 내심으로 거부하거나 결과발생을 부인한 때에는 인식 있는 과실이 된다는 견해이다. 인용은 결과발생을 적극적으로 원하지는 않지만 결과가 발생해도 할 수 없다고 받아들이는 긍정적 태도이다. 종래의 다수설이며 판례의 일관된 태도이다($^{2003도7507\ 판결,}_{85도660\ 판결\ 등}$).

> 판례　범죄구성요건의 주관적 요소로서 미필적 고의라 함은 범죄사실의 발생가능성을 불확실한 것으로 표상하면서 이를 용인하고 있는 경우를 말하고, 미필적 고의가 있었다고 하려면 범죄사실의 발생가능성에 대한 인식이 있음은 물론 나아가 범죄사실이 발생할 위험을 용인하는 내심의 의사가 있어야 한다(2004도74 판결).

인용설에 대해서, 구성요건고의는 단지 행위방향을 지향하는 심리현상일 뿐인데도 불구하고 여기에 인용이라는 정서적·심정적(감정적) 요소를 포함시키는 것은 심정반가치인 책임고의와 혼동하고 있다는 비판이 제기된다.

그러나 ① 정서적·심정적 심리상태는 행위를 조정하는 것이 아니라 행위자의 부수적 감정에 불과하므로 고의의 본질적 요소가 될 수 없고, ② 인용은 의적 요소를 확인하는 표지일 뿐이고 의욕·의도·감수·묵인의 태도에도 정서적·심정적 요소가 포함되어 있으므로 감수설에서 정서적·심정적 요소를 이유로 인용설을 비판하는 것은 자설을 비판하는 것과 같다.

3) **감수설(묵인설)**   결과발생의 가능성을 인식하면서 그 실현을 감수(달게 받아들임)하는 의사가 있거나 그 실현을 묵인(슬며시 승인)하고 이를 받아들이는 결의가 있으면 미필적 고의이고, 감수의사가 없거나 결과가 발생하지 않는다고 신뢰한 때에는 인식 있는 과실이 된다는 견해이다(^{이재상 외 12/26, 김일수·서보학 131 이하,}
^{손동권·김재윤 9/57, 강동욱 83}).

감수설은 감수의사에 대해서 결과실현을 긍정하는 정서적 태도 또는 결과실현을 묵인하고 불명확한 상태를 견디기로 결의하였다(심정적 태도)고 하고 있으므로 결국 이 견해도 정서적·심정적 요소를 포함하고 있다. 그렇다면 인용과 감수의사는 그 내용에 있어 차이가 없고 실제로 양자의 구별도 곤란하다. 정서적·심정적 측면에서 보면 단지 "받아들이는" 인용보다 "달게 받아들이는" 감수가 더 적극적이라 할 수 있고, 이러한 심리상태는 고의의 본질적 요소도 아니다.

4) **결 어**   고의와 과실의 질적 차이는 의적 태도의 유무에 있다. 개연성설은 의적 요소로 고의와 과실을 구별하는 것이 아니므로 이 견해를 지지할 수 없다. 정서적·심정적 심리현상은 행위자의 부수적 감정에 불과할 뿐 고의의 본질적 요소가 될 수 없다면 이와 같은 심리현상이 고의인정 여부에 영향을 미칠 수 없다. 그리고 결과발생에 대한 양해로부터 최종결단에 이르기까지의 과정에서 인용·감수·묵인 등의 심리상태로 나타나는 행위자의 의적 태도를 서로 명확하게 구별할 수도 없을 뿐만 아니라, 그 심리상태 모두에 정서적·심정적 태도가 포함되어 있으므로 학설과 판례가 경험적으로 인정하여 온 인용설을 부정할 이유가 없다고 본다.

[§ 12] 구성요건착오론

Ⅰ. 구성요건착오의 의의

1. 구성요건착오이론의 의미

고의의 기수책임을 부담시키기 위해서는 행위자가 객관적 구성요건요소를 인식하고, 그 행위로 인하여 야기될 결과발생을 예견하고 있어야 하며, 그 예견한 결과는 실제로 발생한 범죄사실과 일치해야 한다. 만일 행위자가 인식·예견한 구성요건사실과 발생사실이 일치하지 않으면 구성요건착오가 있는 것이고, 발생사실에 대한 고의가 부정된다.

그런데 행위자가 인식·예견한 사실과 발생사실 사이에 조금이라도 불일치가 있는 경우에 모두 고의가 부정된다면 실제로 고의범으로 처벌되는 경우는 거의 없을 것이다. 여기에 행위자가 인식·예견한 사실과 발생사실 사이에 어느 정도의 불일치가 있어도 발생사실에 대한 고의를 인정할 수 있느냐가 문제된다.

구성요건착오가 있으면 원칙적으로 발생사실에 대한 고의가 부정되지만, 일정한 범위 내에서 인식·예견한 사실과 발생한 사실 사이의 부합을 인정하여 발생사실에 대한 "고의를 인정하려는 이론"이 "착오이론"이다. 따라서 착오이론은 고의를 인정하려는 이론이고, 고의를 인정할 것이냐 아니냐의 택일이론이 아니다. 그래서 착오이론을 고의와 사실의 부합 또는 이면에서 본 고의론이라 한다.

2. 구성요건착오의 의의

구성요건착오(사실의 착오)란 행위자가 인식·예견한 범죄사실과 현실적으로 발생한 범죄사실이 일치하지 아니한 것을 말한다. 여기의 범죄사실은 객관적 구성요건요소인 사실, 즉 고의의 인식대상이 되는 사실이고, 고의의 인식대상이 아닌 형벌의 종류·가벌성·처벌조건·소추요건·책임능력·범행동기에 관한 착오는 구성요건착오가 아니며, 고의의 성립과 무관하다.

객관적 구성요건요소인 사실은 행위주체, 객체, 행위, 결과, 인과관계, 행위상황, 형의 가중·감경사정(이 사정은 행위객체이다)이므로 이러한 요소에 대한 착오가 구성요건착오이고, 그 중에서 고의성립여부가 문제되는 것은 객체, 행위(결과), 인과관계의 착오에 한정되며, 나머지 착오는 발생사실에 대하여 모두 고의가 부정된다.

[구성요건착오와 구별유형] 구성요건착오는 인식사실과 발생사실 모두 구성요건에 해당하는 범죄사실인 경우에만 논의되는 착오이므로 다음의 경우는 구성요건착오가 아니다.

① 인식사실은 범죄사실이지만 발생사실은 범죄사실이 아닌 경우, 예컨대 사람을 살해할 의사로 산토끼를 사람으로 생각하고 엽총을 발사한 경우이다. 고의는 존재하지만 결과발생이 불가능한 경우이므로 행위의 위험성 유무에 따라 불능범 또는 불능미수범이 된다.

② 인식사실은 범죄사실이 아니지만 발생사실이 범죄사실인 경우, 예컨대 자기물건이라 믿고 남의 물건을 가져온 경우이다. 범죄사실의 인식이 없으므로 고의가 존재하지 않고, 발생사실에 과실이 있으면 과실범이 성립할 뿐이다. 위의 예에서는 절도의 과실범처벌규정이 없으므로 불가벌이 된다.

II. 구성요건착오의 태양

구성요건착오의 태양은, ① 착오가 있는 사실의 구성요건이 같은가 다른가에 따라 동일구성요건 내의 착오와 다른 구성요건 간의 착오로 분류하는 방법과, ② 구성요건요소를 기준으로 객체의 착오, 방법의 착오, 인과관계의 착오로 분류하는 방법이 있는데, 어느 방법을 택해도 분류내용은 같다. 즉 ①의 분류방법에도 그 내용은 객체의 착오, 방법의 착오, 인과관계의 착오가 있고, ②의 분류방법에도 그 내용은 동일구성요건 내의 착오와 다른 구성요건 간의 착오가 있다.

1. 동일 구성요건 내의 착오

행위자가 인식한 범죄사실(구성요건요소)과 발생한 범죄사실(구성요건요소)의 내용이 구체적으로 일치하지 않지만 두 범죄사실이 동일한 구성요건에 속하는 경우의 착오(구체적 사실의 착오)를 말한다. 세 가지가 있다.

1) **객체의 착오** 행위자가 인식한 객체에 대해 결과가 발생했지만 결과가 발생된 객체는 원래 행위자가 의도했던 객체가 아닌 경우, 즉 객체의 동일성에 대하여 착오한 경우이다. 예컨대 甲이라고 생각하고 사살하였으나 실제로는 乙이었던 경우이다.

2) 방법의 착오　　행위자가 선택한 수단·방법이 잘못되어 의도하지 아니한 다른 객체에 결과가 발생한 경우를 말한다(타격의 착오). 예컨대 甲을 향해 총을 발사했으나 옆에 있던 乙에게 명중하여 乙이 사망한 경우이다.

3) 인과관계의 착오　　행위자가 인식·예견한 범죄사실과 발생한 범죄사실이 법적으로 일치하지만 행위자가 예견하지 못한 인과과정을 거쳐 결과가 발생한 경우를 말한다. 이 착오는 동일구성요건 내의 착오에서만 논의된다. 예컨대 익사시킬 고의로 강물에 빠뜨렸으나 다리의 교각에 부딪혀 두개골 골절로 사망한 경우이다.

2. 다른 구성요건 간의 착오

행위자가 인식·예견한 범죄사실과 발생한 범죄사실이 서로 다른 구성요건에 해당하는 착오(추상적 사실의 착오)를 말한다. 여기에도 객체의 착오와 방법의 착오가 있다.

1) 가벼운 범죄사실을 인식하고 무거운 범죄결과가 발생한 경우　　인식한 범죄사실보다 무거운 범죄결과가 발생한 경우이다. 예컨대 甲의 개(犬)라고 믿고 손괴의사로 개집을 향해 돌을 던졌는데, 개집에서 놀고 있던 甲이 맞아 부상을 입은 경우(객체의 착오), 손괴의 의사로 개를 향해 돌을 던졌는데, 그 옆에 있던 甲에게 명중하여 상처를 입힌 경우(방법의 착오), 점유이탈물이라고 믿고 영득하였으나 아직 타인의 점유 하에 있는 재물인 경우(객체의 착오) 등이다.

2) 무거운 범죄사실을 인식하고 가벼운 범죄결과가 발생한 경우　　인식한 범죄사실보다 가벼운 범죄결과가 발생한 경우이다. 예컨대 甲이라 생각하고 상해의사로 돌을 던져 개에게 상처를 입힌 경우(객체의 착오), 살해의사로 甲에게 총을 발사하여 옆에 있던 甲의 개에게 명중한 경우(방법의 착오)이다.

Ⅲ. 구성요건착오와 고의의 성부

형법은 구성요건착오에 관한 해결지침으로 제15조 제1항에 "특별히 무거운 죄가 되는 사실을 인식하지 못한 행위는 무거운 죄로 벌하지 아니한다"고 규정하고 있다. 이 규정은 다른 구성요건 간의 착오 중 가벼운 범죄사실을 인식하고 무거운 범죄결과가 발생한 경우에 한하여 무거운 죄에 대한 고의범으로 처벌할 수 없다는 소극적인 제한을 하고 있을 뿐이고, 구체적으로 어떤 범죄로 처벌해야 하느냐에 대하여 아무런 지시를 하지 않고 있을 뿐만 아니라 무거운 범죄사실을 인식하고 가벼운 범죄결과가 발생한 경우에 어떻게 처벌할 것이냐에 대하여도 전혀 언급이 없다. 그래서 구성요건착오가 있는 경우에는 형법 제15조 제1항의 제한을 전제로 학설에서 해결할 수밖에 없다.

[**형법 제15조 제1항의 해석론**]   이 규정은 가벼운 범죄사실을 인식하고 무거운 범죄결과가 발생한 모든 경우에 적용된다는 견해(다수설)와, "특별히"라는 문언을 중시하여 기본적 구성요건과 파생적 구성요건의 관계 또는 죄질이 동일한 구성요건 사이의 착오가 있는 경우에 한하여 적용된다는 견해(김일수·서보학 145, 김성돈 253 이하)로 나뉜다.

그러나 "특별히"라는 문언이 반드시 기본적·파생적 관계나 죄질이 동일한 범죄를 의미한다고 제한적으로 해석해야 할 이유가 없다. 무거운 범죄를 특별히 강조하기 위한 의미로 해석하면 족하다고 본다.

1. 구성요건착오에 관한 학설

(1) 구체적 부합설

행위자가 인식·예견한 범죄사실과 현실로 발생한 범죄사실이 구체적으로 부합하는 경우에 발생사실에 대한 고의를 인정하고, 구체적으로 부합하지 않으면 인식사실의 미수와 발생사실의 과실을 인정하여 두 죄의 상상적 경합으로 처리하는 견해이다(이형국·김혜경 185, 김일수·서보학 152, 배종대 54/26, 김성돈 244, 강동욱 88). 구체적 부합의 의미를 특정된 객체에 대한 "동가치"가 있을 때에 한하여 고의를 인정하는 데에 특색이 있다. 구체적 부합설은 착오태양에 따라 다음과 같이 해결한다.

1) 동일구성요건 내의 착오

(a) **객체의 착오**   동일구성요건 내의 객체의 착오는 행위자가 인식한 객체와 현실로 발생한 객체가 동가치이므로 구체적 부합을 인정하여 발생사실의 고의를 인정한다. 예컨대 甲이라고 생각하고 살해하고 보니 乙이었던 경우에 乙에 대한 살인죄가 성립한다.

(b) **방법의 착오**   동일구성요건 내의 방법의 착오는 행위자가 인식한 객체

와 발생한 객체는 동가치가 아니므로 발생사실에 대한 고의를 인정하지 않는다. 예컨대 甲을 향해 쏜 총알이 옆에 있던 乙에게 명중하여 乙이 사망한 경우 甲에 대한 살인미수죄와 乙에 대한 과실치사죄를 인정하고 두 죄의 상상적 경합으로 처리한다.

　　2) 다른 구성요건 간의 착오　　다른 구성요건 간의 착오는 행위자가 인식한 범죄사실과 현실로 발생한 범죄사실의 구성요건이 다르므로 구체적 부합을 인정할 수 없고, 가벼운 범죄사실을 인식하고 무거운 범죄결과가 발생하였건 무거운 범죄사실을 인식하고 가벼운 범죄결과가 발생하였건 모두 인식사실의 미수와 발생사실의 과실을 인정하여 두 죄의 상상적 경합으로 처리한다.

　　(2) 법정적 부합설
　　법정적 부합설이란 행위자가 인식한 범죄사실과 발생한 범죄사실이 법정적(구성요건적) 사실의 범위 내에서 부합하면 객체의 착오이건 방법의 착오이건 모두 발생결과에 대하여 고의를 인정하고, 부합하지 않으면 인식사실의 미수와 발생사실의 과실을 인정하여 두 죄의 상상적 경합으로 처리하는 견해이다. 종래의 통설이고, 판례가 일관하고 있는 태도이다.

　　법정적 사실의 범위를 구성요건이 동일한 범위로 한정하는 구성요건부합설과 구성요건상으로 죄질이 동일한 범위까지 확대하는 죄질부합설로 나뉘어진다.
　　1) **구성요건부합설**　　동일구성요건 내의 착오인 경우에는 인식한 범죄사실과 발생한 범죄사실의 구성요건이 같은 경우이므로 발생결과에 대하여 고의를 인정한다(신동운 235). 예컨대 甲으로 오인하고 乙을 살해한 경우(객체의 착오)나 甲을 향해 쏜 총알이 乙에게 명중하여 乙이 사망한 경우(방법의 착오)는 모두 인식사실과 발생사실이 동일한 살인죄의 구성요건에 해당하므로 乙에 대한 살인죄가 성립한다.

　　다른 구성요건 사이의 착오인 경우에는 인식한 범죄사실과 발생한 범죄사실의 구성요건이 다르므로 인식사실의 미수와 발생사실의 과실을 인정하고 두 죄의 상상적 경합으로 처리한다.

　　[두 고의범설]　　구성요건부합설 중에는 기본적 구성요건과 파생적 구성요건의 관계와 같이 두 구성요건 사이에 중합이 있는 경우에는 행위자는 동일한

구성요건적 평가를 받는 사실을 인식한 것이므로 발생사실의 기수·미수에 관계없이 모두 고의를 인정하는 견해가 있다. 예컨대 존속살해의 의사로 보통살인의 결과가 발생한 경우에는 사람을 살해한다는 사실이 중합하므로 존속살해죄 미수범과 보통살인죄 기수범의 상상적 경합을 인정한다($\frac{김일수·서보학}{146}$).

그러나 하나의 존속살해 고의만 있음에도 두 개의 고의범을 인정하면 고의 없는 결과에 대하여 고의범을 인정하는 불합리점이 있고, 반대의 경우 보통살인의 고의로 존속을 살해하면 살인미수죄와 과실치사죄가 성립하는 것과 비교하면 형평에 맞지 않고, 인식사실이 무거운 때(예컨대 존속인 경우)에만 두 고의범을 인정하는 이유가 불분명할 뿐만 아니라 구성요건부합설의 논리일관성도 없다고 본다.

2) **죄질부합설**　인식한 범죄사실과 발생한 범죄사실의 구성요건이 같은 경우는 물론이고, 구성요건이 서로 다른 경우에도 "죄질이 부합"하는 범위 내에서 발생한 결과에 대한 고의를 인정하고, 죄질이 부합하지 않는 경우에는 인식사실의 미수와 발생결과에 대한 과실을 인정하여 두 죄의 상상적 경합으로 처리하는 견해이다($\frac{유기천 242, 황산덕 118 이하,}{정성근 240, 이재상 외 13/17, 임웅 192}$). 기본적으로 구성요건부합설과 같으나 다른 구성요건 사이에도 죄질이 같은 경우가 있으므로 구성요건부합설보다 발생사실의 고의를 인정하는 범위가 다소 넓어진다. 죄질부합이란 피해법익이 같고 행위태양이 같거나 유사한 경우를 말한다.

죄질부합설에 따르면 동일구성요건 내의 착오는 죄질이 일치하므로 구성요건부합설과 같이 객체의 착오든 방법의 착오든 모두 발생한 결과에 대하여 고의를 인정한다. 다른 구성요건 간의 착오 중에서 기본적 구성요건과 파생적 구성요건 사이는, 예컨대 보통살인의 고의로 존속을 살해한 경우에는 사람을 살해한다는 죄질이 부합하므로 보통살인죄를 인정한다. 또 절도의 고의로 점유이탈물을 횡령한 경우에는 재물의 점유이전으로 영득한다는 죄질이 부합하므로 점유이탈물횡령죄를 인정한다. 죄질이 부합하지 않는 대부분은 인식사실의 미수, 발생사실의 과실을 인정하고 상상적 경합으로 처리한다.

[**추상적 부합설**]　행위자가 범죄를 범할 의사가 있었고 그 의사에 의하여 범죄결과가 발생한 이상, 객체의 착오, 방법의 착오 모두 인식한 범죄와 발생한 범죄의 가벌성이 (추상적으로) 부합하는 범위 내에서 가벼운 죄의 고의를 인

정하고, 인식사실보다 발생사실이 무거운 죄에 해당하는 경우에는 형법 제15조 제1항의 제한으로 무거운 죄로 처벌할 수 없다는 견해이다.

이 견해에 따르면 동일구성요건 내의 착오는 법정적 부합설과 같다. 다른 구성요건 간의 착오는, ① 가벼운 죄를 인식하고 무거운 죄의 결과가 발생하면 가벌성이 부합하는 가벼운 죄의 고의와 무거운 죄의 과실을 인정하여 두 죄의 상상적 경합으로 처리하고, ② 무거운 죄를 인식하고 가벼운 죄의 결과가 발생한 경우는 무거운 죄의 미수와 가벌성이 부합하는 가벼운 죄의 고의범이 성립하지만 무거운 죄의 고의는 가벼운 죄의 고의를 흡수하므로 두 죄의 경합은 생기지 않고 양자를 합일하여(하나로 합쳐) 무거운 죄의 미수범으로 처벌한다. 다만, 무거운 죄의 미수가 불가벌일 경우에만 가벼운 죄의 기수범으로 처벌한다.

이 이론은 발생하지 않은 가벼운 죄를 인정하거나 고의 없는 고의범을 인정하게 되므로 우리 형법에 맞지 않는다. 현재 우리나라 주장자도 없고 소멸된 이론이다.

(3) 판례의 태도

판례는 법정적 부합설의 입장이다. 다만, 구성요건부합설의 입장인지, 죄질부합설의 입장인지는 불분명하다. 판례에 나타난 사례는 모두 동일구성요건 내의 착오에 대한 것이다(75도727 판결, 83도2813 판결 등).

> **판례** ① 피고인이 먼저 피해자 甲을 향하여 살의를 갖고 소나무 몽둥이(길이 85cm 직경 9cm)를 양손에 집어들고 힘껏 후려친 가격으로 피를 흘리며 마당에 고꾸라진 甲과 甲의 등에 업힌 피해자 乙의 머리부분을 위 몽둥이로 내리쳐 乙을 현장에서 두개골절 및 뇌좌상으로 사망케 한 소위를 살인죄로 의율한 원심조처는 정당하며 소위 타격의 착오가 있는 경우라 할지라도 행위자의 살인의 범의성립에 방해가 되지 아니한다(83도2813 판결).
> ② 살해할 목적으로 총을 발사한 이상 그것이 목적하지 아니한 다른 사람에게 명중되어 사망의 결과가 발생하였다 하더라도 살의를 저각하지 않는 것이라 할 것이니 피고인이 甲을 살해할 목적으로 발사한 총탄이 이를 제지하려고 피고인 앞으로 뛰어들던 乙에게 명중되어 乙이 사망한 경우에 乙에 대한 살인죄가 성립한다(75도727 판결).
> ③ 피고인이 甲과 甲의 처 乙을 살해할 의사로 농약 1포를 숭늉그릇에 투입하여 甲의 식당에 놓아둠으로써 그 정을 알지 못한 甲의 장녀 丙이 이를 마시게 되어

丙을 사망케 하였다면, 피고인이 丙을 살해할 의사가 없었다 하더라도 피고인은 사람을 살해할 의사로서 이와 같은 행위를 하였고, 그 행위에 의하여 살해라는 결과가 발생한 이상 피고인의 행위와 살해라는 결과와의 사이에는 인과관계가 있다 할 것이므로 丙에 대하여 살인죄가 성립한다(68도884 판결).

[구성요건착오 정리표]

※ 인과관계 착오 제외

구 분		동일구성요건 내의 착오		다른 구성요건 간의 착오	
		객체의 착오	방법의 착오	객체의 착오	방법의 착오
구체적 부합설		발생사실 고의기수죄	인식사실 미수죄 + 발생사실 과실범	인식사실 미수죄 + 발생사실 과실범	
법정적 부합설	구성요건 부합설	발생사실 고의 기수죄		인식사실 미수죄 + 발생사실 과실범	
	죄질 부합설	발생사실 고의 기수죄		〈원 칙〉 인식사실 미수죄 + 발생사실 과실범 〈죄질부합의 경우〉 죄질부합하는 가벼운 죄의 고의기수죄	

(4) 학설의 검토

1) **구체적 부합설의 검토**　동일구성요건 내의 착오 중 객체의 착오의 경우에는 구체적 부합을 인정하면서 방법의 착오의 경우에는 구체적 부합을 부정하는 이유가 명백하지 않다.

구체적 부합설은 구체적 부합의 의미를 행위자가 "특정한 객체"의 "동가치"가 있는 경우로 한정하여 객체의 착오에 대해서만 발생결과에 대한 고의를 인정하고 있다. 그러나 예컨대 특정한 甲이라 믿고 乙을 살해한 경우(객체의 착오) 乙은 특정한 甲이 아니므로 乙에 대한 고의(살인죄)를 인정하려면 물체로서의 객체가 동가치가 되어야 하는데 그렇게 되면 객체의 착오뿐만 아니라 방법의 착오까지 고의를 인정해야 한다(甲이든 乙이든 사람이라는 물체는 동일하기 때문이다). 그리고 甲이라 믿고 乙을 살해한 때에는 살인죄를 인정하면서 가령 乙이 직계존속인 때에는 살인미수죄의 형(살인미수와 과실치사의 상상적 경합)으로 처벌하는 것도 법적 관념에 맞지 않는다(乙은 특정한 객체는 아니지만 사람이라는 물체는 甲과 동가치이다).

구체적 부합설에 따르면, ① 객체의 착오인지 방법의 착오인지 불분명한 다음의 한계사례의 경우, 예컨대 전화 다이얼을 잘못 돌려 타인에게 모욕한 경우, 우편집배원이 타인에게 협박편지를 배달한 경우, 甲을 살해할 의사로 甲의 차량에 폭탄을 설치하였으나 우연히 乙이 甲의 자동차 시동을 걸다가 폭발한 경우에 어느 착오로 취급하느냐에 따라 고의인정 여부가 달라진다. 또 ② 사자명예훼손의 고의로 허위사실적시명예훼손의 결과가 발생한 경우 처벌할 수 없는 부당한 결과가 초래된다. 예컨대 생존자를 사자로 오인하고 허위의 사실을 적시하여 명예를 훼손한 경우에, 구체적 부합설과 구성요건부합설에 따르면 사자명예훼손미수와 과실허위사실적시명예훼손에 해당하고 두 죄의 상상적 경합이 될 것이나, 사자명예훼손미수죄와 과실허위사실적시명예훼손죄의 구성요건이 존재하지 아니하므로 결국 불가벌이 된다.

2) 법정적 부합설의 검토　　법정적 부합설에 대해서는 방법의 착오의 경우에 고의 없는 발생결과에 대하여 고의가 있다고 평가하여 고의를 일종의 규범적 평가개념으로 취급하고 처벌을 확장시킨다는 비판이 있다(배종대 54/21).

그러나 ① 착오이론에서 발생결과에 대한 고의 인정여부를 논할 때에는 고의라는 심리적 사실의 존재를 확인하는 것이 아니다. 착오이론은 발생사실에 "부합하는 고의" 인정 여부를 법적·규범적 평가에 의해서 판단하는 것이므로 위 비판은 이를 혼동하고 있다.

② 법정적 부합설은 고의의 실체가 없는 것에 대하여 고의가 있다고 평가하는 것이 아니라 구성요건이라는 법정적 사실을 기초로 구성요건에 한정된 범위 내의 고의가 있다고 평가하는 것이므로 이에 대한 비판도 타당하지 않다.

고의는 구성요건이라는 유형성을 인식대상으로 하므로 구성요건의 유형성에 부합하면 고의를 인정하는 법정적 부합설이 타당하다. 다만 구성요건부합설에 따르면, 예컨대 甲이라 믿고 乙을 살해한 때에는 살인죄를 인정하는 반면, 가령 乙이 존속이면 형이 더 무거운 존속살해의 결과가 발생하였음에도 살인미수죄의 형(살인미수죄와 과실치사죄의 상상적 경합)으로 처벌하게 되는바, 이러한 결론은 법적 관념에 맞지 않는다. 구성요건은 법기술적 산물이고 일반인이 이를 정확하게 인식하고 행위하는 것이 아니므로 법익침해의 태양에서 구성요건적으로 다소간 차이가 있어도 피해법익이 같고 행위태양이 유사한 범위 내에서 고의를 인정하는 죄질부합설이 타당하다. 죄질은 형의 경중을 결정하는 기준 (제50조 제3항)도 되므로 불명확한 개념이 아니다.

[예상외의 병발사례]

예상외의 병발사례는 방법의 착오에서 논의되며, 세 개 또는 그 이상의 법익에 대한 병발사례도 예상할 수 있다.[1] 병발사례의 기본유형은 다음과 같다.

(a) 甲을 향하여 쏜 총알이 甲의 신체를 관통하고 옆에 있던 乙에게도 명중하여 甲과 乙이 모두 사망한 경우

(b) 甲을 향하여 쏜 총알이 甲의 신체를 관통하여 甲을 살해하고 옆에 있던 乙에게 부상을 입힌 경우

(c) 甲을 향하여 쏜 총알이 甲에게 부상을 입히고 옆에 있던 乙에게 명중하여 乙이 사망한 경우

1) 구체적 부합설에 의한 해결

(a)사례의 경우 甲에 대한 살인죄와 乙에 대한 과실치사죄의 상상적 경합,

(b)사례의 경우 甲에 대한 살인죄와 乙에 대한 과실치상죄의 상상적 경합,

(c)사례의 경우 甲에 대한 살인미수죄와 乙에 대한 과실치사죄의 상상적 경합으로 처리한다.

2) 법정적 부합설에 의한 해결

(a)사례의 경우 ① 2개의 살인죄의 성립을 인정하고 양자는 포괄일죄 내지 상상적 경합이 된다는 견해와, ② 甲에 대한 살인죄와 乙에 대한 과실치사죄의 상상적 경합이 된다는 견해가 있으나, 행위자가 본래 의도한 고의가 실현된 경우에는 구성요건착오이론을 적용할 필요가 없으므로 ②설에 따른 해결이 타당하다.

(b)사례의 경우 ① 甲에 대한 살인죄와 乙에 대한 살인미수죄의 상상적 경합이 된다는 견해(두 고의범설)와, ② 甲에 대한 살인죄와 乙에 대한 과실치상죄의 상상적 경합이 된다는 견해가 대립한다.

①설에 따르면 고의 없는 결과에 대한 고의범을 인정하므로 책임원칙의 취지에 반한다. 甲을 살해할 의사로 甲을 살해한 것이므로 착오이론을 적용할 필요 없이 당연히 甲에 대한 살인죄를 인정할 수 있다. 다만, 乙에 대한 상해는 고의 없는 과잉 결과이므로 과실범을 인정하는 것으로 족하다. 따라서 ②설이 타당하다.

(c)사례의 경우 ① 甲에 대한 살인미수죄와 乙에 대한 살인죄의 상상적 경합이 된다는 견해(두 고의범설)와, ② 乙에 대한 살인죄를 인정하고 甲에 대한 살인미수

---

1) 3개 이상의 결과가 발생한 병발사례의 경우에는 첫 번째와 두 번째 결과에 대하여만 고의의 성부를 검토하고, 병발한 나머지 결과는 모두 과실범으로 취급하여 상상적 경합으로 처리한다.

혹은 상해의 점은 살인죄에 흡수된다는 견해가 대립한다.

①설에 따르면 하나의 고의만 있는 자에게 두 고의범을 인정하므로 책임원칙의 취지에 반한다. 따라서 乙의 사망은 피해법익이 같고 행위태양이 유사한 점을 고려하여 (죄질부합설의 취지에 따라) 乙에 대한 살인죄의 기수를 인정하고 甲의 상해 부분은 형이 더 무거운 乙의 살인죄에 흡수된다고 해석하는 것이 타당하다.

2. 인과관계의 착오

(1) 의 의

인과관계의 착오란 행위자가 인식·예견한 범죄사실과 발생한 범죄사실이 법적으로는 일치하지만 행위자가 예견하지 못한 인과과정을 거쳐 결과가 발생한 경우를 말한다. 인과관계의 상세한 진행과정은 예견불가능한 것이므로 인과과정의 본질적 부분에 착오가 있는 경우에만 구성요건착오가 된다.

인과관계의 착오태양은 세 가지가 있다. ① 행위의 작용방법에 대해 착오가 생긴 경우로서, 예컨대 익사시킬 의사로 다리 위에서 밀어 강물에 빠뜨렸는데 다리교각에 부딪혀 두개골파열로 사망한 경우, 살해의사로 총을 발사하여 빗나간 총알이 땅속에 묻혀있던 폭발물에 명중하여 그 폭발로 사망한 경우이다. ② 예상보다 빠르게 결과가 발생한 경우로서 격투 후 살해하려고 하였는데 격투 중에 사망한 경우이다. ③ 소위 베버의 개괄적 고의사례로서, 최초의 고의행위에 의하여 결과가 발생하지 않았으나 결과가 발생한 것으로 오인하고 제2의 다른 고의행위를 한 결과 최초의 고의가 실현된 경우이다. 예컨대 살해의 고의로 목을 졸라 피해자가 실신상태에 빠지자 사망한 것으로 오인하고 증거를 인멸할 의사로 피해자를 강물에 던져버렸더니 비로소 익사한 경우이다.

인과관계의 착오는 동일구성요건 내의 착오에 한하여 논의되며, 인과관계의 착오가 있으면 발생사실에 대한 고의는 부정되지 않으나 미수범인가 기수범인가가 문제된다.

(2) 인과관계착오의 취급

1) 상당인과관계설　　행위자가 예견한 인과과정과 현실적으로 진행한 인과과정이 상당인과관계 범위 내에 있으면 본질적 부분의 착오가 아니므로 고의

기수범을 인정하고, 상당인과관계 범위를 초과한 경우에만 미수범이 된다고
한다.

　　그러나 인과관계의 유무 및 범위는 고의론·착오이론 이전에 확정해야 할
문제이므로 인과관계의 유무·범위와 고의인정을 위한 착오이론의 문제는 구별
해야 한다.

　　2) 예견가능성설　　행위자가 예견한 인과과정과 현실적으로 진행한 인과
과정이 일상 생활경험칙에 비추어 예견가능한 범위 내에 있고, 다른 행위의 개
입이 없는 경우에는 그 착오는 본질적 부분의 착오가 아니므로 고의기수범이
성립하고, 생활경험칙상 예견불가능한 착오인 때에만 본질적 착오가 되어 미수
범이 성립한다고 한다. 위의 예에서 ①의 빗나간 총알에 의한 폭발물 폭발사례
만 본질적 착오가 된다.

　　행위규범은 생활경험칙상 예견가능한 행태를 규제대상으로 하고, 예견불가
능한 것은 규제대상이 될 수 없으므로 예견가능성설이 타당하다.

(3) 소위 베버의 개괄적 고의의 취급

　　1) 개괄고의설　　제1행위의 개괄적 고의를 인정하여 제1행위에 대한 고의
기수범을 인정하는 견해이다. 또 전후 두 개의 고의행위를 독자성이 없는 제1
동작과 제2동작으로 취급하고 이를 묶어서 형법상 하나의 행위로 평가하는 전
체행위설($\frac{일§}{200}$)도 결과적으로 같은 주장이다(소위 베버의 개괄적 고의에 대해서는 "고
의의 종류" 참조).

　　그러나 제1의 고의행위와 제2의 고의행위는 다른 것이므로 이에 대해 개괄
적 고의를 인정하면 고의가 의제된다는 문제가 생긴다. 전체행위설과 같이 두
개의 동작을 묶어서 하나의 행위가 된다면 애당초 개괄적 고의문제는 생길 수
없고, 두 개의 고의행위가 전후관계에 있다고 해서 행위의 독자성이 부정되는
이유도 알 수 없다.

　　2) 객관적 귀속설　　베버의 개괄적 고의 사례는 고의의 문제가 아니라 객
관적 귀속의 문제라는 견해이다($\frac{김일수·서보학}{157}$). 인과관계와 인과과정을 분리하여 인
과관계는 고의의 인식대상이지만 인과과정은 고의의 인식대상이 될 수 없고 객
관적 귀속의 문제라는 것이다.

그러나 인과과정은 인과관계의 불가분적 구성부분이므로 이를 분리하여 인과관계는 고의 이전에 인과관계론에서 확정하고, 인과과정만 착오론에 와서 인과과정의 착오로 취급할 수 없다. 착오이론은 객관적 귀속이 인정된 다음에 논의되는 것이고, 객관적 귀속이 부정되는 경우에는 애당초 인과관계 착오문제도 생기지 않는다.

[미수와 과실의 경합범설]   전체 행위과정을 두 개의 독립된 부분행위로 구분하여 고의 있는 제1행위의 미수범과 고의 없는 제2행위의 과실범을 인정하고 양자의 경합범이 된다는 견해이다(오영근 164, 김성돈 252).

그러나 고의는 인과관계가 진행되는 동안에 존재하면 되므로 제2행위를 분리하여 생각해야 할 이유가 없고, 자신의 행위로 객관적 귀속이 가능한 결과가 발생했음에도 미수범으로 처벌하는 것은 부당하다.

3) 인과관계착오설   제2행위에 대해 생활경험칙상 예견가능한 범위 내에서 제1행위의 고의범으로 처벌하고, 예견불가능한 때에는 본질적 부분의 착오로서 제1행위의 미수범과 제2행위의 과실범을 인정하는 견해이다. 다수설이다.

베버의 개괄적 고의를 인과관계착오로 취급할 때에는 예견가능한 범위에서 제1행위의 고의범을 인정하는 것이 타당하다고 본다.

4) 판례의 태도   대법원은 "전 과정을 개괄적으로 보면 처음에 예견된 사실이 결국은 실현된 것으로 … 살인죄의 죄책을 면할 수 없다"고 판시(88도650 판결)하여 개괄고의설을 취하고 있다.

제4절 위법성이론

[§ 13] 위법성일반론

Ⅰ. 위법성의 의의와 불법

1. 위법성의 의의

위법성이란 규범과의 관계에서 전체 법질서에 배치되는 성질을 말하며, 행위가 전체 법질서에서 허용되지 않는다는 부정적 판단이다. 형법은 위법성에 대한 적극적 규정을 두지 않고, 소극적으로 위법성이 배제되는 경우만을 규정하고 있다. 따라서 실제로 범죄성립요건을 심사할 때에는 구성요건에 해당하는 행위가 위법성배제사유로 인하여 정당화되는가의 여부에 따라 판단한다.

2. 위법성과 불법

위법성은 행위가 전체 법질서에서 허용되지 않는다는 부정적 판단이므로 행위와 전체 법질서 사이의 관계개념이고, 법질서와 배치된다는 성질판단이다. 이에 대해서 불법은 전체 법질서와 배치된다고 평가된 실체이고 위법하다는 부정적 평가를 받은 반가치 자체를 의미하는 실체개념이다. 보통 불법은 위법하다고 평가된 행위 자체라고 표현한다.

위법성은 행위와 법질서 사이의 관계개념이므로 항상 단일하고 동일한 평가(위법이냐 아니냐의 둘 중 하나)를 할 뿐, 개개 행위에 대한 개별적 위법성이나 질과 양이 다른 상대적 위법성이란 있을 수 없다. 이에 대해서 불법은 부정적 평가를 받은 반가치 자체이므로 불법은 개개 행위에 따라 질과 양의 정도가 다르다. 예컨대 살인행위와 상해행위, 고의행위와 과실행위, 기수와 미수는 모두 동일한 위법행위이지만, 그 행위의 불법은 후자보다 전자가 크고, 형벌도 전자가 무겁게 예정되어 있다. 따라서 불법은 항상 특수적이며, 개별적이다.

Ⅱ. 위법성의 본질

위법성의 본질에 관해서는 두 가지 관점에서 견해가 대립하여 왔다. 하나는 위법성 평가기준을 어디에 둘 것이냐의 문제로서 형식적 위법성설과 실질적 위법성설의 대립이고, 다른 하나는 형법규범의 구조와 기능에 관한 문제로서 위법성 평가방법에 관한 객관적 위법성설과 주관적 위법성설의 대립이다.

1. 형식적 위법성설과 실질적 위법성설

1) **형식적 위법성설**   법규범이 요구하고 있는 명령 또는 금지에 대한 위반이 있으면 위법성을 인정하는 견해이다. 이 견해는 위법성 평가의 기준을 명령·금지규범 그 자체에 두고, 명령·금지규범에 위반하기만 하면 위법성을 인정하므로 무엇이 위법성을 구성하는지 위법성의 구체적 내용이 없으며, 명령·금지규범이 존재하지 않으면 애당초 위법성도 확정할 수 없다. 따라서 이 견해는 위법성 판단의 기준으로서 아무런 역할도 하지 못한다.

2) **실질적 위법성설**   위법성의 평가기준을 명령·금지규범이 아니라 위법성을 구성하는 실질적 내용에서 찾는 견해이다. 두 가지 견해가 있다.

위법성의 실질에 대해서, ① 사회생활 중에서 역사적으로 형성된 사회윤리질서위반이라는 견해와, ② 법익에 대한 침해 내지 법익침해의 위태화라는 견해로 나뉘어진다. 전자를 규범위반설, 후자를 법익침해설이라 한다. 신고전적 범죄론체계에서 법익침해설은 지배적인 자리를 지켜왔다.

3) **실질적 위법성설에 대한 평가**   규범위반설은 사회윤리질서에 반한 행위에 대하여 위법성을 평가하므로 이를 강조하면 법익침해(내지 그 위태화)가 없는 반윤리적 행위도 위법행위로 평가될 수 있고, 가벌성의 범위가 확대될 우려가 있다. 반면 법익침해설은 사회윤리적으로 타당한 행위를 하였음에도 법익침해의 결과가 발생한 우연적 사고까지 위법성을 인정할 수 있다는 결함이 있다.

형법규범의 제1차적 규율대상은 법익침해를 지향한 인간의 규범위반행위이므로 사회윤리질서에 반한 행위자체를 위법성 평가대상에서 제외할 이유가 없다. 한편, 형법의 궁극적 목적은 법익보호에 있으므로 법익침해사실도 당연히 위법성의 실질내용이 되어야 한다.

형법의 보호적 기능은 법익보호와 사회윤리적 행위가치보호에 있으므로 위법성의 실질도 규범위반설과 법익침해설 모두에서 찾아야 한다. 다만, 불법구성요건의 불법개념이 일반화되면서 규범위반설은 행위반가치(행위불법)론으로, 법익침해설은 결과반가치(결과불법)론으로 사실상 해소되고 있다.

2. 객관적 위법성설과 주관적 위법성설

1) 객관적 위법성설 객관적으로 존재하는 평가규범 위반이 위법이라는 견해이다. 법은 결정규범(의사결정규범)의 기능을 하기 이전에 평가규범의 기능을 한다는 법규범의 구조분석에서 출발하여 평가규범은 행위의 반가치 여부를 판단하는 기준이라고 한다. 이에 따르면 책임 없는 위법성도 존재할 수 있고, 책임무능력자의 위법한 침해에 대하여도 정당방위가 가능하다.

2) 주관적 위법성설 규범의 명령·금지를 이해하고 이를 준수할 능력이 있는 자의 결정규범 위반이 위법이라는 견해이다. 규범의 요구에 따라 규범합치적 의사결정을 할 수 있는 자에 대해서만 법적 평가가 가능하다는 데에 근거를 두고 있다. 이에 따르면 결정규범을 준수할 능력이 없는 책임무능력자는 애당초 위법행위를 할 수 없으며, 책임무능력자의 침해행위에 대해서는 정당방위를 할 수 없고 긴급피난만 가능하다.

3) 학설의 평가 주관적 위법성설은 결정규범에 반하는 귀책가능성까지 위법성 평가의 대상으로 하고 있으므로 위법성평가와 책임평가를 혼동하고 있다는 비판을 받고 소멸되고 말았다. 형법규범은 평가규범인 동시에 결정규범이므로 결정규범만을 강조하여 위법 내지 불법을 인정할 수는 없다.

객관적 위법성설이 평가규범위반은 위법성, 결정규범위반은 책임이라 하여 양자의 체계상의 성질을 구별한 자체는 타당하다. 객관적 위법성설의 본래의 취지는 위법성 평가는 객관적 사실에 대한 객관적 평가일 뿐이고, 일체의 주관적·심리적 사실은 책임요소가 된다고 파악하는 데 있었다. 그러나 불법의 주관화(주관적 불법요소)와 책임의 객관화(타행위가능성)가 일반화되면서 객관적 위법성설은 위법성 평가방법을 객관적으로 하면 족하고, 위법성 평가대상은 주관적 · 객관적 사실을 구별할 필요가 없게 되었다.

Ⅲ. 위법성배제사유

1. 위법성배제사유의 의의

구성요건에 해당하는 행위에 대하여 행위의 위법성을 부정하는 특별한 사정을 위법성배제사유(위법성조각사유) 또는 정당화사유라고 한다. 구성요건은 불법유형이므로 행위가 구성요건에 해당하면 원칙적으로 위법행위가 된다(구성요건의 **불법유형설**). 다만, 법질서는 행위가 구성요건에 해당하더라도 예외적으로 특별사정이 있으면 그 행위를 허용하는 방안을 마련하고 있는데, 이 특별사정이 위법성배제사유이다. 다만 소극적 구성요건표지이론에 따르면 위법성배제사유가 있을 때에는 구성요건해당성이 부정된다.

2. 형법의 규정

형법은 위법 내지 위법성에 관한 적극적인 규정을 두지 아니하고, 소극적으로 위법성을 배제(조각)하는 사유만 명시하고 있다. 이 규정을 허용규범이라 한다.

형법총칙은 정당행위($^{제20}_{조}$), 정당방위($^{제21조}_{제1항}$), 긴급피난($^{제22조}_{제1항}$), 자구행위($^{제23조}_{제1항}$), 피해자의 승낙($^{제24}_{조}$)을 위법성배제사유로 규정하고 있으나 허용규정은 여기에 한정되는 것은 아니다. 형법각칙상의 명예훼손죄에 있어서의 허용규정($^{제310}_{조}$)도 위법성이 배제되는 사유이다. 그리고 형법 제20조 후단은 "기타 사회상규에 위배되지 아니하는 행위"라는 포괄적인 위법성배제사유를 규정하고 있다.

3. 위법성배제사유의 일반원리

어떤 사정이 위법성배제사유가 되느냐를 판단하는 해석상의 기준이 되는 원칙을 위법성배제사유의 일반원리라 한다. 이 원리의 내용이 무엇이냐에 대해서는 다양한 학설들이 주장되어 왔다.

① 목적설은 국가적으로 승인된 정당한 목적달성을 위한 상당한 수단이, ② 사회상당성설은 사회윤리적 질서에 합치되는 사회적 상당성이, ③ 법익형량설은 충돌하는 법익사이에 가치가 같거나 높은 법익을 보호하는 것이, ④ 우월적 이익설은 법익가치뿐만 아니라 법익침해의 위험성 정도와 법익보호의 필요성 정도 등 법익보호에 필요한 모든 사정을 고려하여 본질적으로 우월성이 인정되는 것이 각각 위법성배제사유의 일반원리라고 한다.

그러나 위법성배제사유는 개별사유마다 특수성이 있고 내용상으로 차이가 있으므로 이를 단일한 획일적 기준으로 판단할 경우에는 개개 사유의 특수성을 밝힐 수 없고, 내용의 추상성을 면할 수 없다. 그래서 개별사유의 특수성에 따라 위의 학설 중 어느 하나 또는 두 개를 중시하면서 다른 학설도 함께 고려하는 개별화설이 주장되었다. 현재의 다수설이다.

1) 우리 형법상의 일반원리　　우리 형법상의 위법성배제사유의 일반원리는 형법 제20조 후단의 "사회상규에 위배되지 아니하는 행위"이다. 그 구체적 내용은 개개의 위법성배제사유의 특수성에 따라 차이가 있다. 일반적으로 말한다면, ① 정당한 목적을 위한 수단의 상당성(목적설), ② 보호필요성이 있는 법익의 우월성(우월적 이익설), ③ 개인의 자기결정권(자율의 원리), ④ 법익보존의 유일성(보충의 원칙), ⑤ 긴급성 등을 종합적으로 고려하여 법질서 정신이나 사회윤리에 비추어 용인될 수 있으면 사회상규에 위배되지 않는다고 본다.

2) 판례의 태도　　대법원은, ① 동기·목적의 정당성, ② 행위수단·방법의 상당성, ③ 보호법익과 침해법익의 균형성, ④ 긴급성, ⑤ 달리 법익보존의 방법이 없다는 보충성의 다섯 가지를 사회상규에 위배되지 않는 요건으로 하여 ($^{2017도15226}_{판결}$) 형법 제20조의 정당행위 여부를 판단하고($^{86도1547}_{판결}$), 피해자의 승낙($^{85도1892}_{판결}$)은 물론, 정당방위·긴급피난 등의 상당한 이유도 사회통념상 허용될 정도라고 판시($^{84도242}_{판결}$)하고 있으므로, 대법원은 사실상 사회상규성을 모든 위법성배제사유의 상위기준으로 인정한 것이라 할 수 있다.

IV. 주관적 정당화요소

1. 주관적 정당화요소의 의의

위법성배제사유의 객관적 전제상황(예: 불법한 침해)을 정당화사정이라 하고, 이를 제거하려는(정당화를 지향한) 주관적 의사를 주관적 정당화요소라 한다. 위법성배제사유를 인정하기 위한 행위자의 주관적 의사(방위의사·피난의사 등), 또는 위법성배제사유의 주관적 요건이다.

2. 주관적 정당화요소의 인정여부

위법성배제사유의 요건으로서, 객관적 전제상황(정당화사정) 외에 주관적 정당화요소가 필요한가에 관하여 견해가 대립한다.

1) **불요설** 결과불법 일원론의 입장에서 위법성배제사유의 객관적 전제상황만 갖추고 있으면 이에 대응한 행위의 위법성이 부정되므로 주관적 정당화요소는 필요하지 않다는 견해이다($\frac{차용석}{596}$).

2) **필요설** 주로 불법이원론의 입장에서 위법성배제사유의 객관적 전제상황뿐만 아니라 주관적 정당화요소가 있는 경우에 한하여 행위의 위법성을 부정할 수 있다고 하여, 주관적 정당화요소가 필요하다는 견해이다. 통설이며 판례의 입장이다($\frac{96도3376\ 전원합의체\ 판결,}{80도306\ 판결\ 등}$).

> **판례** 정당행위가 성립하기 위하여는 건전한 사회통념에 비추어 그 행위의 동기나 목적이 정당하여야 하고, 정당방위·과잉방위나 긴급피난·과잉피난이 성립하기 위하여는 방위의사 또는 피난의사가 있어야 한다. 피고인들이 계엄군의 시위진압행위를 이용하여 국헌문란의 목적을 달성하려고 한 행위는 그 행위의 동기나 목적이 정당하다고 볼 수 없고, 또한 피고인들에게 방위의사나 피난의사가 있다고 볼 수도 없어 정당행위, 정당방위·과잉방위, 긴급피난·과잉피난에 해당한다고 할 수는 없다(96도3376 전원합의체 판결).

3) **결 어** 불법은 결과반가치(결과불법)와 행위반가치(행위불법)가 있을 때 완전한 불법을 인정할 수 있으므로 그 어느 하나가 탈락하면 불법도 부정된다. 주관적 정당화요소는 주관적 불법요소인 고의를 상쇄하여 행위반가치를 탈락

(또는 감소)시키므로 주관적 정당화요소가 필요하다고 해야 한다.

3. 주관적 정당화요소의 내용

주관적 정당화요소가 필요하다고 할 때 정당화를 지향한다는 인식으로 족한가 정당화지향의 의사(의욕)까지 있어야 하는가에 대하여 견해가 대립하고 있다. 주관적 정당화요소는 주관적 불법요소인 고의를 상쇄시키는 대응관계에 있으므로 인식과 의사가 있어야 한다. 다만 인식은 의사를 수반하므로 이러한 논쟁은 별의미가 없다. 문제는 주관적 정당화요소가 정당화 목적 또는 동기라야 하느냐에 있다. 목적·동기의 정당성까지 요구할 때에는 긴급행위의 대부분이 위법행위가 되어 정당화될 여지가 없으므로 이를 요구할 필요는 없다고 본다.

4. 주관적 정당화요소 결여의 효과

주관적 정당화요소 불요설에 따르면 위법성배제사유의 객관적 전제상황(정당화사정)이 존재하면 위법성이 배제되어 범죄성립이 부정된다. 반면 필요설에 따르면 객관적 전제상황 외에 주관적 정당화요소도 존재해야 위법성이 배제되므로 주관적 정당화요소가 결여된 때에는 고의범이 성립한다. 다만 고의범의 취급에 대해서는 견해가 대립한다.

1) **기수범설**   위법성배제사유의 객관적 전제상황이 존재하더라도 주관적 정당화요소가 없으면 인식한 고의의 기수범이 성립한다는 견해이다(이재상 외 16/28, 배종대 57/15). 구성요건결과가 발생한 이상 결과반가치를 부정할 수 없고, 고의를 실행한 행위반가치도 있으므로 기수범의 불법을 인정해야 하며, 만일 이러한 경우 미수범을 인정하게 되면 침해행위가 과실이거나 미수에 그친 경우에 과실범의 미수 또는 미수범의 미수가 되어 처벌이 불가능하게 된다는 점을 이유로 들고 있다.

2) **불능미수(범)규정 유추적용설**   주관적 정당화요소가 결여되면 행위반가치는 있으나 상대방의 불법침해(정당화사정)에 상응하는 만큼 법익침해가 부정(감소)되어 기수범의 결과반가치가 상쇄되고 미수범의 불법정도 밖에 없으므로 불능미수(범)의 규정을 유추적용하여 불능미수(범)와 같이 취급해야 한다는 견해이다. 우리나라 다수설이다.

3) **결 어**   정당화사정(불법한 침해)이 존재할 때에는 법질서는 불법에 양

보할 수 없으므로 그 불법에 상응하는 만큼 결과반가치가 상쇄되어 기수범의 불법을 인정할 수 없다. 그리고 과실범에는 위법성을 배제시키는 주관적 정당화요소가 필요없거나 과실미수는 불가벌이므로 우연적 방위, 우연적 피난행위가 과실인 경우에는 완전히 위법성이 배제되어 애당초 과실범의 미수란 있을 수가 없다. 미수범의 미수도 존재할 수 없으므로 이 경우도 항상 미수범만 된다고 해야 한다. 결국 정당화사정은 존재하지만 주관적 정당화요소가 결여된 자의 행위는 행위반가치는 있으나 정당화사정의 존재로 상대방의 불법에 상응하는 기수범의 결과반가치가 상쇄되어 미수범의 불법정도 밖에 없으므로 애당초 기수범이 성립할 수 없다. 불법에서 기수범의 결과반가치 불가능성은 불능미수(범)의 결과발생 불가능성과 유사하므로 불능미수(범) 규정을 유추적용하는 견해가 타당하다.

[§ 14] 정당방위

Ⅰ. 정당방위의 의의와 정당화근거

1. 정당방위의 의의

정당방위란 "현재의 부당한 침해로부터 자기 또는 타인의 법익을 방위하기 위하여 한 상당한 행위"를 말한다(제21조 제1항). 법익에 대한 부당한 침해를 방위하기 위한 개인의 긴급행위라 할 수 있다.

2. 정당방위의 정당화근거

정당방위의 고유한 정당화근거는 아래 두 가지이고, 이에 부가하여 방위행위가 정당한 목적을 위하여 상당한 수단을 사용한 경우(목적설)에 정당화된다.

(1) 자기보호의 원리

정당방위는 긴급상황에서 타인의 위법한 침해에 대항하여 개인 스스로 자기의 법익을 보전하는 자기보호의 성질을 갖는다. 이를 개인의 권리보호 측면에서 자기보호의 원리라고 한다.

(2) 법확증의 원리

정당방위는 불법한 침해에 대하여 불법의 반가치성을 명백히 하여 정당한 법질서를 수호하는 성질을 갖는다. 정(正)은 불법에 양보할 필요가 없다는 사상에 기초하고 있다. 이를 사회권적 측면에서 법확증의 원리 또는 법질서수호의 원리라고 한다.

II. 정당방위의 성립요건

정당방위가 성립하기 위해서는, ① 현재의 부당한 침해가 있어야 하고, ② 자기 또는 타인의 법익을 방위하기 위한 행위라야 하며, ③ 상당한 이유가 있어야 한다.

1. 현재의 부당한 침해

현재의 부당한 침해는 정당방위를 할 수 있는 객관적 전제상황이다. 이 상황이 없으면 정당방위는 물론 과잉방위도 있을 수 없다.

(1) 현재의 침해

침해가 현실로 존재하고 있거나 침해행위가 긴박한 상황에 있어야 한다. 침해가 직접 임박하였거나 지금 막 시작되거나 아직 계속되고 있으면 현재성이 인정된다. 과거의 침해나 장래에 나타날 침해는 현재성이 없으므로 정당방위를 할 수 없다(^{2016도2794 판결}[도둑 뇌사 사건]). 침해의 현재성을 판단하는 시점은 방위행위시가 아니라 침해행위시이다. 범행이 종료되어 기수가 된 이후에도 그 직후에 추적 중에 있고, 재물의 피해자가 그 재물탈환의 가능성이 있는 상태이면 침해는 계속 중에 있다. 법익침해가 최종적으로 발생할 때까지 현재성은 존재한다.

1) 예상된 침해　장래의 침해를 예상하고 방위설비(전류감전장치)를 한 경우에도 침해가 급박한 현재의 시점에서 방위의 효과가 발생하면 방위행위가 된다. 다만 방위행위의 상당성이 있어야 하고 상당성 판단이 엄격할 것이다. 계속범에 있어서는 위법상태가 계속되는 동안 침해의 현재성이 있다.

2) **예방적 방위**   장래에 반복될 위험이 있는 침해에 대하여 정당방위를 인정할 수 있느냐가 문제된다. 예컨대 술만 마시면 지속적으로 구타하는 습성이 있는 남편의 가정폭력으로부터 벗어나기 위해 아내가 술에 취해 잠자는 남편을 살해한 경우이다. 침해의 현재성을 인정하는 견해(^{박상기·전지연}₁₁₂)도 있으나 부정하는 것이 타당하다. 판례는 침해의 현재성은 인정될 여지가 있지만 상당성이 결여되어 정당방위가 될 수 없다고 판시하였다(^{92도2540}_{판결 참조}).

> **판례**   의붓아버지의 강간행위에 의하여 정조를 유린당한 후 계속적으로 성관계를 강요받아 왔고, 그러한 침해행위가 그 후에도 반복하여 계속될 염려가 있었다면, 피고인들의 이 사건 범행 당시 현재의 부당한 침해상태가 있었다고 볼 여지가 없는 것은 아니나, 피고인들이 사전에 공모하여 범행을 준비하고, 피해자가 제대로 반항할 수 없는 상태에서 식칼로 피해자의 심장을 찔러 살해한다는 것은, 당시의 상황에 비추어도 사회통념상 상당성을 인정하기가 어렵다고 하지 않을 수 없고, 피고인들의 행위가 상당성을 결여한 것인 이상 정당방위행위로 평가될 수는 없다(92도2540 판결).

(2) 침 해

법익에 대한 공격 또는 위태화를 야기시키는 사람의 행위를 말한다. 사람의 행위에 의한 침해라야 하고, 형법상의 행위개념에 상응하는 행위라야 한다. 따라서 반사적 동작, 무의식거동, 절대적 강제에 의한 동작은 침해행위가 될 수 없고 이에 대하여는 긴급피난이 가능할 뿐이다. 자연현상에 의한 침해사실(재해)도 같다.

1) **대물방위**   대물방위란 인간행위 이외에 동물의 침해사실에 대한 방위를 말한다. 대물방위는 원칙적으로 부정하는 것이 타당하다. 동물이 무주물(야생동물)인 경우에는 살상하여도 애당초 구성요건해당성이 없다. 다만 수렵이 금지된 보호동물은 "야생생물 보호 및 관리에 관한 법률"과의 관계에서 긴급피난이 될 수 있다. 사람이 소유·관리하는 동물을 소유자·관리자가 고의·과실로 범행의 도구로 이용한 경우에는 소유자·관리자의 행위로 인정되므로 정당방위를 할 수 있다. 고의·과실도 없는 경우에는 긴급피난을 할 수 있다.

2) **침해방법**   고의행위·과실행위를 묻지 않는다. 작위에 의한 침해가 보통이나 부작위에 의해서도 가능하다. 부작위 침해의 경우에는 부작위행위자에

게 보증인지위(작위의무)가 있어야 한다. 퇴거불응의 경우 또는 형기만료자를 석방하지 않는 경우가 부작위 침해에 해당한다.

(3) 부 당

침해는 부당한 것이라야 한다. 여기의 부당이란 형법적 불법을 포함한 일반적 위법(객관적 위법성)을 의미하고, 위법한 침해에 대해서만 정당방위가 성립한다(不正 대 正의 관계). 정당한 행위에 대하여는 정당방위를 할 수 없다. 따라서 정당행위·정당방위·긴급피난 등 위법성이 배제되는 행위에 대하여는 긴급피난만 가능하다. 객관적으로 위법한 행위이면 구성요건해당성이 없거나 고의·과실도 없는 행위, 책임무능력자나 책임배제사유가 있는 자의 위법한 공격행위에 대하여도 정당방위를 할 수 있다. 이 경우 상당성 판단에서 제한을 받는다.

> **판례**　경찰관이 현행범인 체포의 요건을 갖추지 못하였음에도 실력으로 현행범인을 체포하려고 하였다면 적법한 공무집행이라고 할 수 없고, 현행범인 체포행위가 적법한 공무집행을 벗어나 불법하게 체포한 것으로 볼 수밖에 없다면, 현행범이 그 체포를 면하려고 반항하는 과정에서 경찰관에게 상해를 가한 것은 불법체포로 인한 신체에 대한 현재의 부당한 침해에서 벗어나기 위한 행위로서 정당방위에 해당하여 위법성이 조각된다(2011도3682 판결).

(4) 싸움과 정당방위

싸움의 경우에는 싸움 자체가 공격과 방어의 성격을 동시에 가진 것이므로 원칙적으로 정당방위가 부정된다. 다만 예상을 초과한 과격한 공격(예: 살인흉기 사용 등)이거나 일방이 싸움을 중단하였음에도 상대방이 계속 공격하는 경우에는 그 초과부분에 대해서 정당방위를 할 수 있다. 판례도 같다.

> **판례**　① 피고인과 그 피해자 사이에 상호시비가 벌어져 싸움을 하는 경우에는 그 투쟁행위는 상대방에 대하여 방어행위인 동시에 공격행위를 구성하며 그 상대방의 행위를 부당한 침해라고 하고 피고인의 행위만을 방어행위라고는 할 수 없다(83도3020 판결).
> ② 싸움을 함에 있어서 격투를 하는 자 중의 한 사람의 공격이 그 격투에서 당연히 예상을 할 수 있는 정도를 초과하여 살인의 흉기 등을 사용하여 온 경우에는 이에 대하여는 정당방위를 허용하여야 한다(68도370 판결).

③ 맞붙어 싸움을 하는 사람 사이에서는 공격행위와 방어행위가 연달아 행하여지고 방어행위가 동시에 공격행위인 양면적 성격을 띠어서 어느 한쪽 당사자의 행위만을 가려내어 방어를 위한 정당행위라거나 정당방위에 해당한다고 보기 어려운 것이 보통이다. 그러나 겉으로는 서로 싸움을 하는 것처럼 보이더라도 실제로는 한쪽 당사자가 일방적으로 위법한 공격을 가하고 상대방은 이러한 공격으로부터 자신을 보호하고 이를 벗어나기 위한 저항수단으로서 유형력을 행사한 경우에는, 그 행위가 새로운 적극적 공격이라고 평가되지 아니하는 한, 이는 사회관념상 허용될 수 있는 상당성이 있는 것으로서 위법성이 조각된다(2009도12958 판결).

2. 자기 또는 타인의 법익을 방위하기 위한 행위

(1) 자기 또는 타인의 법익

1) **법익의 범위**　　정당방위행위로 보호되는 법익은 원칙적으로 제한이 없다. 생명·신체·자유·명예·성적 자기결정의 자유·재산·주거의 안전 등 형법이 보호하는 모든 개인적 법익뿐 아니라 형벌에 의한 보호가 없어도 위법한 침해를 피해자가 수인해야 할 의무가 없는 이상 방위를 위한 법익이 된다(자기보호의 원리). 예컨대 프라이버시의 권리(예: 개인의 사생활 엿보기, 초상권, 헌법상 보장된 정치활동의 자유) 등도 법률에 제한이 없는 범위 내에서 방위할 수 있는 법익이 된다.

2) **자기 또는 타인의 법익**　　자기의 법익뿐 아니라 타인의 법익을 보전하기 위해서도 정당방위가 가능하다(2013도2168 판결). 타인법익을 보호하기 위한 정당방위를 긴급구조라 한다. 타인은 자연인·법인·법인격 없는 단체도 포함하며, 근친자이거나 자기와 특별관계가 있는 자일 필요가 없고, 면식이 없는 자도 무방하다. 이 경우 타인의 의사와 관계없이 정당방위를 할 수 있다. 다만 제3자를 위한 긴급구조에 있어서는 상당성 판단에서 자기법익에 대한 방위보다 제한될 것이다.

3) **국가적·사회적 법익에 대한 방위**　　정당방위는 원래 개인의 법익보호를 위해 인정된 것이며(자기보호원리), 법문상 타인의 법익이라는 것도 개인의 법익을 전제로 한 것이므로 국가적·사회적 법익에 대한 정당방위(국가긴급구조)는 원칙적으로 허용할 수 없다고 해야 한다. 정당방위의 대상을 국가적·사회

적 법익에까지 확대하면 정치적 목적이나 테러에 악용될 위험이 있기 때문이다. 다만 국가적·사회적 법익에 대한 침해가 동시에 개인의 법익에 대한 현재의 침해를 포함(수반)하는 경우에 한하여 정당방위를 할 수 있다(예: 방화죄·일수죄·교통방해죄 등). 또 보호주체가 국가라 할지라도 그 법익이 국가의 개별적 법익(국가 소유의 건물이나 재물에 대한 절도·손괴 등)이면 이에 대한 정당방위를 할 수 있다.

(2) 방위하기 위한 행위

1) 방위행위 급박한 침해를 사전에 방지하거나 현재 계속 중인 침해를 배제하기 위한 행위이다. 보호방어(순수한 수비적 방어)와 반격방어(직접 공격적 방어)를 포함한다(^{92도2540}_{판결}). 방위행위의 상대방은 부당한 침해자에 국한된다. 침해자 아닌 사람에 대한 불가피한 방어는 긴급피난이 될 수 있다.

2) 방위의사 현재의 부당한 침해를 인식하고 이를 방위하려는 주관적 의사를 말한다. 정당방위의 주관적 정당화요소이다. 방위의사가 있는 한 분노·증오·복수심과 같은 다른 목적·동기가 부차적으로 개재되어 있어도 방위의사가 있는 방위행위가 될 수 있다. 그러나 부부싸움 도중 망치를 들고 위협하는 남편으로부터 망치를 빼앗아 머리를 수차례 때리고, 남편이 의식을 잃고 쓰러지자 이불로 얼굴을 가린 뒤 계속해서 망치로 때려 숨지게 한 아내의 행위는 분노의 감정에 기인한 것일 뿐, 방위의사에 기인한 것이라 볼 수 없다(^{2020도12938}_{판결}).

3) 우연적 방위 방위의사 없이 법익침해의 의사로 공격하였으나 결과적으로 정당방위의 효과가 생긴 경우, 즉 주관적 정당화요소가 결여된 경우이다. 예컨대 甲이 자기를 살해하려고 총을 겨누고 있는 사실을 모르고 甲을 살해하여 결과적으로 정당방위의 효과가 생긴 경우이다. 우연적 방위도 정당방위가 될 수 있느냐가 문제된다.

(a) **방위의사 불요설** 우연적 방위는 객관적으로 방위의 효과가 있으므로 방위의사가 없어도 정당방위가 성립하고 위법성이 배제된다는 견해이다. 그러나 방위의사가 없는 우연적 방위는 행위반가치가 탈락할 수 없고, 법질서수호행위도 아니므로 정당방위가 될 수 없다고 해야 한다.

(b) **방위의사 필요설** 방위의사 없는 우연적 방위는 법질서수호행위가 아

니므로 정당방위가 될 수 없고, 고의범이 성립한다는 견해로, 통설이며 판례의 태도이다(96도3376 전원합의체 판결). 다만 고의범의 취급에 대해서는 결과가 발생한 이상 기수범이 된다는 **기수범설**과 불능미수와 같이 취급해야 한다는 **불능미수(범) 규정 유추적용설**이 대립한다. 우연적 방위의 경우 범행의 고의가 있으므로 행위반가치는 인정되지만 상대방의 불법한 침해로 인하여 기수범의 결과반가치가 상쇄(감소)되어 미수범의 결과반가치 정도만 있을 뿐이므로 불능미수(범) 규정을 유추적용해야 한다는 것이 우리나라 다수설이다.

(c) 결 어   정당방위는 위법한 침해로부터 정당한 법질서를 수호하는 데 본질이 있으므로 법질서를 수호하려는 방위의사가 있어야 정당방위가 될 수 있다. 그리고 방위의사는 주관적 정당화요소이므로 이것이 결여된 우연적 방위에 대해서는 불능미수(범) 규정을 유추적용하는 견해가 타당하다("주관적 정당화요소 결여의 효과" 참조).

3. 상당한 이유

(1) 의 의

방위행위는 상당한 이유가 있어야 한다. "상당한 이유"란 행위당시의 사정에 비추어 방위에 필요하고 사회상규에 반하지 않는 경우를 말한다. 방위행위는 원칙적으로 달리 피할 방법이 없거나(보충성의 원칙), 법익균형의 원칙에 제한받을 필요가 없다. 대체로 방위행위가 방어를 위한 적합한 수단이고, 최소한의 피해를 주며, 사회윤리에 반하지 않는 방어행위이면 상당성 있는 방위행위가 될 수 있다. 구체적으로 방위행위로 인하여 침해되는 법익의 종류와 정도, 침해방법 및 침해의 강도, 방위하려는 법익의 종류, 방위수단 등 구체적 사정을 종합적으로 고려하여 객관적으로 상당한 이유를 판단해야 한다. 판례도 같은 취지이다.

> **판례**   정당방위가 성립하려면 침해행위에 의하여 침해되는 법익의 종류, 정도, 침해의 방법, 침해행위의 완급과 방위행위에 의하여 침해될 법익의 종류, 정도 등 일체의 구체적 사정들을 참작하여 방위행위가 사회적으로 상당한 것이어야 한다 (2017도15226 판결).

(2) 정당방위의 제한

19세기 자유주의적 개인주의는 자기보호원리를 강조하여 정당방위를 폭넓게 인정하였다. 그러나 오늘날의 사회복지국가이념은 사회연대성을 확립하기 위해 사회윤리적으로 용인되는 경우에 한하여 정당방위를 허용하고 있다. 이러한 변화를 가리켜 정당방위의 역사는 정당방위 제한의 역사라고 한다.

1) 책임무능력자 또는 책임이 감소된 자의 침해 책임무능력자의 위법한 침해에 대해서도 원칙적으로 정당방위가 가능하다. 다만 어린아이 · 정신병자 · 명정자나 과실행위에 의한 침해에 대해서 방위자가 이러한 사정을 인식하고 있는 경우에는 법확증(법질서수호)의 이익이 현저히 약화되므로 방위수단을 선택하는 대신 회피해야 하고, 회피불가능하면 최소한의 보호방어를 해야 한다.

2) 긴밀한 인적관계가 있는 자의 침해 부부나 친자관계와 같이 긴밀한 인적 관계가 있는 자 사이에는 법확증의 이익이 현저히 약화되므로 정당방위가 제한된다. 따라서 중대한 법익침해가 없는 한 자기보호를 위해 필요한 범위 내에서 보호방어를 해야 한다. 예컨대 술에 취하면 습관적으로 폭력을 행사하는 남편의 폭행을 막기 위하여 잠자는 남편을 살해한 아내의 행위는 정당방위가 되지 않는다.

3) 극히 경미한 침해 정당방위는 부정(不正) 대 정(正)의 관계에서 성립하므로 경미한 법익침해에 대하여도 원칙적으로 정당방위는 가능하다. 다만 침해법익이 극히 경미하여 방위행위로 보호하고자 하는 법익과 이로 인해 침해되는 법익 간에 현저한 불균형이 있는 때에는 자기보호의 이익이 현저히 약화되고 법확증의 이익도 후퇴하기 때문에 정당방위는 제한된다. 예컨대 절름발이 농부가 과수원의 사과를 절취하는 아이들을 제지할 수 없어서 엽총으로 살해하는 것은 정당방위가 될 수 없다.

4) 도발한 침해(자초침해) 방위자의 책임 있는 사유로 침해가 도발(유발)된 경우에 구체적 상황에 따라 정당방위가 부정되거나 제한된다. 의도적 도발과 비의도적 도발을 나누어 검토해야 한다.

[도발한 침해에 대한 정당방위 제한근거] 정당방위권을 남용하는 것이라는 권리남용설이 통설이다. 이에 대해서, ① 방위의사가 결여되어 정당화될 수 없다는 방위의사부정설과, ② 방위행위는 정당화되나 이에 선행하는 도발행위가

위법하므로 전체적으로 정당화될 수 없다는 원인에 있어 위법행위설이 있다.

①설에 대하여는 객관적으로 존재하는 정당방위 상황을 인식하고 반격을 한 이상 방위의사가 없다 할 수 없고, ②설에 대하여도 도발자의 방위행위에 대하여, 한편으로 방위행위의 정당성을 인정하면서 다른 한편으로 도발행위 때문에 방위행위의 위법성을 인정한다는 논리모순에 빠져있다는 문제점이 있다.

(a) 의도적 도발 도발자가 정당방위를 구실로 상대방을 해칠 의도로 상대방의 공격행위를 유발한 경우는 정당방위의 실질적인 한계를 초월한 권리남용이 되며, 법질서수호행위도 아니므로 원칙적으로 정당방위는 허용되지 않는다. 다만 도발된 상대방이 과잉행위를 하는 경우 제한된 범위내에서 정당방위를 할 수 있으나 이 경우도 가능한 회피해야 하고, 회피불가능한 경우에는 최소한의 침해를 주는 보호방어를 해야 한다.

(b) 비의도적 도발 도발자가 정당방위를 구실로 공격할 의도는 없었으나 과실 기타 유책하게 상대방의 공격을 유발한 경우는 법확증의 원리가 현저히 약화되지만 완전히 배제되지는 않으므로 정당방위는 할 수 있다. 다만 가능한 한 보호방어를 해야 하고, 극한 상황인 경우에도 최후수단으로 최소한의 피해를 주는 방위를 해야 한다.

Ⅲ. 정당방위의 효과

정당방위의 요건을 구비한 때에는 방위행위 자체가 구성요건에 해당하여도 위법성이 배제되어 범죄가 성립하지 않는다.

Ⅳ. 과잉방위

1. 과잉방위의 의의

과잉방위란 방위의 상당성을 초과한 방위행위 즉, 방위의 상당성이 없는 방위행위를 말한다. 과잉방위가 되기 위해서는 방위자가 방위의 정도를 초과하고 있음을 인식하고 있어야 한다는 견해가 있다(차용석 611. 이 견해는 과잉여부를 인식하지 못하면 오상방위로 취급). 그러나 상당성 판단은 객관적 기준으로 판단해야 하므로 행위자가 과잉여부를 인식하였는냐는 문제되지 않는다고 해야 한다.

2. 과잉방위의 유형

(1) 질적 과잉방위와 양적 과잉방위

질적 과잉방위는 상당성 정도를 초과하여 강한 반격을 한 과잉방위이다. 예컨대 주먹으로 방위할 수 있는 것을 쇠뭉치로 강타하여 중상을 입히는 경우이다. 양적 과잉방위는 방위행위의 시간적 범위를 초과하는 과잉방위이다. 예컨대 주먹으로 침해하는 상대방을 넘어뜨려 상대방이 이미 침해를 중지하였음에도 불구하고 공포·흥분 등으로 계속 구타하는 경우이다. 이 경우 제1의 폭행은 정당방위이지만 제2의 폭행은 오상방위에 해당한다. 다만 제2의 폭행이 공포·흥분 등 심리적 긴장상태에서 제1의 폭행에 연속된 일련의 행위라고 할 수 있을 때에 한하여 과잉방위가 될 수 있다.

> **판례** 평소 흉포한 성격인데다가 술까지 몹시 취한 피해자가 심하게 행패를 부리던 끝에 모두 죽여버리겠다면서 식칼을 들고 甲에게 달려들어 찌를듯이 면전에 칼을 들이대다가 乙로부터 제지를 받자, 다시 乙의 목을 손으로 졸라 숨쉬기를 어렵게 한 위급한 상황에서 피고인이 순간적으로 乙을 구하기 위하여 피해자에게 달려들어 그의 목을 조르면서 뒤로 넘어뜨린 행위는 甲, 乙의 생명·신체에 대한 현재의 부당한 침해를 방위하기 위한 상당한 행위라 할 것이고, 나아가 위 사건당시 피해자가 피고인의 위와 같은 방위행위로 말미암아 뒤로 넘어져 피고인의 몸아래 깔려 더 이상 침해행위를 계속하는 것이 불가능하거나 또는 적어도 현저히 곤란한 상태에 빠졌음에도 피고인이 피해자의 몸위에 타고앉아 그의 목을 계속하여 졸라 누름으로써 결국 피해자로 하여금 질식하여 사망에 이르게 한 행위는 정당방위의 요건인 상당성을 결여한 행위라고 보아야 할 것이나, 극히 짧은 시간 내에 계속하여 행하여진 피고인의 위와 같은 일련의 행위는 이를 전체로서 하나의 행위로 보아야 할 것이므로, 방위의사에서 비롯된 피고인의 위와 같이 연속된 전후행위는 하나로서 형법 제21조 제2항 소정의 과잉방위에 해당한다(86도1862 판결).

(2) 고의의 과잉방위와 과실의 과잉방위

고의의 과잉방위는 과잉부분에 대한 방위자의 인식이 있는 과잉방위이고,

과실의 과잉방위는 과잉부분에 대한 방위자의 인식이 없는 과잉방위이다. 예컨 대 몽둥이로 공격하는 상대방에 대해서 몽둥이로 방위할 의사로 반격을 하였으 나 실은 공포·흥분 등으로 인하여 도끼로 반격하고 있음을 인식하지 못한 경 우가 과실의 과잉방위이다.

3. 과잉방위의 효과

과잉방위는 정당방위가 아니므로 위법성이 배제될 수 없고 원칙적으로 불 법한 가벌행위가 된다. 다만 형법은 "정황에 따라 그 형을 감경하거나 면제할 수 있"도록 규정하고(제21조 제2항), 특히 "야간이나 그 밖의 불안한 상태에서 공포를 느 끼거나 경악하거나 흥분하거나 당황하였기 때문에 그 행위를 하였을 때에는 벌 하지 아니"하도록 규정하고 있다(제21조 제3항).

과잉방위의 불가벌 또는 형감경·면제의 근거에 대하여, ① 책임감소·소멸설 (다수설), ② 불법감소·소멸설(김성돈 308), ③ 불법감소 및 책임감소·소멸설이 대립한다.

과잉방위는 현재의 부당한 침해라는 정당방위 상황이 존재하는 경우에 인 정되는 것이므로 정당방위행위와 분리·독립해서 책임만 감소·소멸한다고 할 수 없고, 현재의 부당한 침해에 대하여 법질서를 수호한다는 불법의 감소를 고 려해야 한다. 한편 과잉방위는 긴박한 특수한 심리적 상태하에서 상당성을 초 과한 것이므로 이러한 상태는 불법이 소멸한다고 할 수 없고, 책임이 감소·소 멸한다고 해야 한다. 책임감소·소멸을 기본으로 하여 불법감소도 고려하는 ③ 설이 타당하다고 본다.

V. 오상방위

1. 오상방위의 의의

오상방위란 현재의 부당한 침해가 없음에도 불구하고 부당한 침해가 있는 것으로 오신하고 반격행위로 나아간 것을 말한다. 정당방위상황에 착오가 있는 경우이다. 예컨대 야간에 찾아온 우편배달부를 강도로 오인하고 방위할 의사로 공격한 경우와 같이 "타인의 정당한(위법하지 않은) 행위"를 위법한 침해로 오인하고 방위행위를 한 경우가 오상방위이다.

2. 오상방위의 법적 취급

오상방위는 정당방위의 요건을 구비한 것이 아니므로 위법성이 배제될 수 없다. 오상방위는 위법행위이지만 정당방위의 객관적 전제상황에 대한 착오가 있는 것이므로 위법성배제사유의 전제사실에 대한 착오(허용구성요건의 착오)에 해당한다. 오상방위의 형법적 취급에 관하여 견해가 대립한다.

(1) 제한책임설

오상방위는 구성요건고의로 범행을 하였지만 불법고의가 탈락하거나(유추적용설) 책임고의가 탈락하여(법효과전환책임설) 고의범이 성립할 수 없고, 과실범 처벌규정이 있는 경우에 한하여 과실범이 성립하거나 과실형벌을 부과한다는 견해로, 우리나라 다수설이다.

제한책임설이라 할 때에는 법효과전환책임설, 유추적용설을 포함하며, 더 넓게는 소극적 구성요건표지이론도 포함하는데, 오상방위를 과실범으로 취급하는 것은 같다. 자세한 내용은 "위법성배제사유의 전제사실에 대한 착오" 참조.

(2) 엄격책임설

오상방위는 상대방에 반격한다는 구성요건고의로 불법을 실행하였으나 정당방위상황을 오인함으로써 정당방위를 한다고 생각하고 행위한 것이므로 위법성의 착오로 취급하여, 착오자의 고의는 배제되지 않으나 회피불가능한 착오이면 오인에 정당한 이유가 있으므로 책임이 배제되어 불가벌이 되고, 회피가능한 착오이면 책임이 감경된다는 견해이다. 고의불법행위에 대해서 과실범을 인정할 수 없으므로 엄격책임설이 타당하다.

VI. 오상과잉방위

1. 오상과잉방위의 의의

현재의 부당한 침해가 없음에도 불구하고 부당한 침해가 있는 것으로 오신하고 상당성을 초과하는 방위행위를 한 경우를 말한다. 오상방위가 과잉방위까지 하게 된 경우, 즉 오상방위와 과잉방위가 결합된 형태이다.

2. 오상과잉방위의 법적 취급

오상과잉방위의 법적 취급은 오상과잉방위의 법적 성질을 어떻게 파악하느냐에 따라 달라진다. 이해의 편의를 위해 표로 나타내면 다음과 같다.

[오상과잉방위의 법적 성질과 법적 취급]

	법적 성질	법적 취급
제1설 (통설)	오상방위	위법성배제사유의 전제사실에 대한 착오 ① 제한책임설 ⇒ 과실범 ② 엄격책임설 ⇒ 고의책임감경, 회피불가능착오 불가벌
제2설	① 과잉방위	상당성초과 인식 ⇒ 고의범
	② 오상방위	상당성초과 불인식 ⇒ 과실범(사실의 착오)
제3설	독립범죄유형 (과잉방위·오상방위 아님)	상당성초과 인식 ⇒ 고의범 상당성초과 불인식 ⇒ 결과적 가중범, 단, 결과적 가중범규정 없으면 전체 과실범

과잉방위와 오상방위의 본질적 차이는 현재의 부당한 침해여부에 있으므로 현재의 부당한 침해가 없음에도 방위행위를 한 것이면 오상방위가 된다. 오상과잉방위도 현재의 부당한 침해가 없는 경우이므로 오상방위의 일종으로 취급함이 타당하다.

오상과잉방위에 대하여도 형법 제21조 제2항, 제3항의 형 감면과 불가벌 규정을 적용할 수 있다는 견해가 있으나(정영일 220), 오상과잉방위를 오상방위로 취급하여 엄격책임설에 따라 처리하면, 그 착오를 회피할 수 있었느냐에 따라 책임배제·책임감경을 할 수 있으므로 오상과잉방위에 대하여 다시 형감면·불가벌 규정을 적용할 필요가 없다.

[§ 15] 긴급피난

I. 긴급피난의 의의와 정당화근거

1. 긴급피난의 의의

긴급피난이란 자기 또는 타인의 법익에 대한 현재의 위난을 피하기 위하여 그 위난을 제3자에게 전가하거나 제3자의 법익을 희생시키고 위난으로부터 모면하는 상당한 행위를 말한다. 예컨대 화재의 위험을 피하기 위하여 이웃집 시설물을 손괴하고 화재를 피하는 경우이다.

긴급피난은 현재의 위난이 반드시 위법한 것임을 요하지 않고 제3자에게 위난을 전가 또는 회피하여 제3자의 정당한 법익을 희생시키는 "정(正) 대 정(正)"의 관계에서 성립하는 데에 특색이 있다. 그리고 긴급피난은 정당한 법익상호간의 충돌로 인하여 어느 하나를 희생시킬 수밖에 없는 부득이한 긴급상황에서 개인 스스로 자기법익을 보호할 수 있도록 법적으로 인정해 주는 제도이다. 따라서 긴급피난은 현재 위난을 당한 자만 희생을 감수하도록 할 것이 아니라 다른 관련자도 사회공동체의 일원으로서 위난으로 인한 손실을 분담하도록 하여 최소한의 손실을 가져오게 한다는 "사회가치 재분배의 기능"을 하는 데에 의의가 있다.

2. 긴급피난의 정당화근거

자기법익에 대한 긴급피난은 자기보존의 원리와 우월적 이익의 원리가, 타인법익에 대한 긴급피난은 사회연대성의 원리와 우월적 이익의 원리가 각각 고유한 정당화 근거가 되며, 이에 부가하여 피난행위가 정당한 목적을 위한 상당한 수단을 사용한 경우(목적설)에 정당화된다.

II. 긴급피난의 본질

1. 책임배제설

긴급피난은 제3자의 정당한 법익을 훼손시키는 것이므로 피난행위 자체는 위법하지만 긴급상태에서 긴급피난 이외의 적법행위를 기대하기 곤란하므로 책임이 배제된다는 견해이다.

그러나 ① 타인의 법익을 위한 긴급피난의 경우 항상 그 피난행위 이외의 다른 태도를 기대할 수 없다고 할 수 없고, ② 우월적 이익을 위한 긴급피난이 언제나 위법행위가 된다는 것은 타당하지 않다. 현재 우리나라 주장자도 없다.

2. 위법성배제설

긴급피난은 우월적 이익이 있기 때문에 위법성이 배제된다는 견해이다. 즉 피난행위로 보호되는 이익이 희생되는 이익보다 본질적으로 우월한 때에는 정당화된다는 것이다. 현재의 다수설이라 할 수 있다.

그러나 ① 생명과 생명, 신체와 신체의 법익이 충돌하는 경우에는 대부분 이익형량이 불가능하므로 위법성이 배제된다고 할 수 없고, ② 동가치의 법익이 충돌한 경우에 위법성이 배제된다면 선수를 가한 자·강자·다수자에게 항상 법이 우선권을 허용하게 되어 부당하다. 망망대해에서 표류 중인 선원들이 아사(餓死)와 갈증을 면하기 위해 신음 중인 소년선원을 살해하여 그의 피와 인육을 먹고 살아난 "미뇨넷트호"사건(1884년)이 그 대표적인 예이다.

3. 이 분 설

긴급피난이 처벌되지 않는 이유를 두 가지로 구별하여, 우월적 이익의 원리가 타당한 범위 내에서는 위법성이 배제되고, 이 원리가 타당할 수 없는 법익 동가치의 이익보전이나 이익형량이 곤란한 경우에는 행위자체는 위법하지만 피난행위 이외에 달리 위난을 회피할 방법이 없으므로 책임이 배제된다는 견해이다(정성근 300, 김일수·서보학 210, 임웅 270, 신동운 321, 김성돈 311).

이 견해에 대하여는, 기대불가능성은 긴급피난의 요건인 상당한 이유에 포함될 수 없다는 비판이 있다(이재상 외 18/11, 강동욱 166). 그러나 이 경우는 달리 회피할 방법이 없다는 초법규적 책임배제사유로 책임이 배제되는 것이고 이를 상당한 이유의 요건으로 인정하는 것은 아니다.

4. 결   어

긴급피난은 우월적 이익을 보전하는 행위에 대해서 사회적 가치재분배의 기능을 하므로 보호필요성이 더 큰 우월적 이익이 있는 경우에만 위법성이 배제된다고 해야 한다. 이 원리가 타당할 수 없는 법익동가치의 법익이나 이익형량을 할 수 없는 경우에 대해서까지 위법성을 배제시키는 것은 우월적 이익원리를 포기하는 것과 차이가 없다. 이 경우의 책임배제는 긴급피난의 상당성 요건이 아니라 초법규적 책임배제사유로 책임이 배제되는 것이다.

Ⅲ. 긴급피난의 성립요건

긴급피난이 성립하기 위해서는 ① 현재의 위난이 있어야 하고, ② 자기 또는 타인의 법익에 대한 위난을 피하기 위한 행위라야 하며, ③ 상당한 이유가 있어야 한다.

1. 현재의 위난

현재의 위난은 긴급피난을 할 수 있는 객관적 전제상황이다. 이 상황이 없으면 애당초 긴급피난은 물론 과잉피난도 있을 수 없다.

(1) 현재의 위난

현재의 위난이 현실로 존재하고 있거나 위난발생이 긴박한 상태에 있는 것을 말한다. 즉시 대응조치를 취하지 않으면 위난발생이 거의 확실시될 정도로 급박한 상태이거나 위난이 아직 현존한 상태는 아니지만 더 늦어지면 위난을 피할 수 없거나 현재의 위험을 그대로 두면 손해가 증대할 위험이 있는 경우에도 현재의 위난이 될 수 있다. 따라서 침해가 임박해야 하는 정당방위의 현재성보다 그 범위가 넓다.

1) 예견된 위난   미래 예상되는 위난도 즉시 구제하지 않으면 위난을 피할 수 없는 부득이한 경우에는 현재의 위난이 될 수 있다. 그러나 급박하지 않은 과거나 미래의 위난에 대해서는 긴급피난을 할 수 없다.

2) 계속적 위난   현재의 위난은 일시적이건 계속적이건 묻지 않는다. 따라서 계속적 위난에 대해서도 긴급피난을 할 수 있다. 계속적 위난이란 위험상태가 계속 또는 반복되어 앞으로도 같은 손실이 예상되는 경우를 말한다. 예컨대 의붓아버지의 계속적인 성폭행이나 생명위협이 계속 예상되는 경우에는 계속적 위난이 될 수 있다. 다만 이 경우에는 달리 피할 방법이 없거나 균형성의 원칙이 유지되어야 한다.

3) 현재성 판단기준   위난의 현재성 여부는 피난자의 주관적 판단이 아니라 객관적 사정을 기초로 판단해야 한다. 피난자가 주관적으로 예상한 위험에 불과한 경우에는 현재의 위난이라 할 수 없다. 단순히 죽인다는 협박만으로 생명·신체에 대한 현재의 위난이 있다고 할 수 없다.

(2) 위 난

법익침해에 대한 위험이 있는 상태를 위난이라 한다. 위난은 객관적으로 존재해야 하며, 전문가의 예측을 기준으로 판단한다. 위난의 판단시기는 피난행위의 바로 앞선 시점을 기준으로 법관이 사후적으로 판단한다.

위난의 원인은 묻지 않는다. 사람의 행위, 전쟁상태, 야생동물의 공격, 천재지변, 자연재해 모두 가능하다. 동물에 의한 위난이 사람의 고의·과실에 의한 경우에는 정당방위도 가능하다. 그리고 위난은 위법하거나 부당한 것임을 요하지 않는다. 다만 피해자의 승낙이 있거나 법령에 의한 행위 기타 사회상규에 반하지 않는 행위임이 명백한 경우에는 그 본인은 긴급피난을 할 수 없다. 위법한 공격에 의한 위난에 대하여는 긴급피난은 물론 정당방위도 가능하다.

(3) 자초위난

피난자의 귀책사유로 초래된 위난을 자초위난이라 한다. 자초위난에 대하여는 긴급피난을 할 수 없다는 견해(유기천 188면)도 있으나, 위난상황에 대하여 책임이 없다는 것이 긴급피난의 요건은 아니므로 자초위난을 일률적으로 부정할 것은 아니다.

과실에 의한 자초위난의 경우(예: 부주의로 맹견의 꼬리를 밟아 맹견의 습격을 받은 경우)에는 긴급피난이 가능하다. 고의에 의한 자초위난의 경우에는 원칙적으로 긴급피난을 할 수는 없으나, 권리남용이 아니거나 예상 외의 위난이 초래된 경우(예: 자살하려고 방안에 가스를 가득 채웠으나 이후 마음이 변하여 신선한 공기를 마시려고 창문의 유리를 깬 경우)에는 긴급피난을 할 수 있다고 본다. 다만 이 경우는 상당성 판단이 엄격해진다.

> **판례** ① 피고인이 스스로 야기한 강간범행 와중에서 피해자가 피고인의 손가락을 깨물며 반항하자 물린 손가락을 비틀며 잡아 뽑다가 피해자에게 치아결손의 상해를 입힌 소위를 가리켜 법에 의하여 용인되는 피난행위라 할 수 없다(94도2781 판결).
> ② 양식장 부근에 정박중인 선박의 선장이 양식장 어민들의 선박이동 요구를 받았음에도 선박이동시 허가가 필요하고 비용이 많이 들어 이동하지 못하고 있던 사이에 태풍이 닥치게 되자 선박과 선원의 안전을 위하여 부득이 닻줄의 길이를 늘여 놓음으로써 선박이 태풍에 밀려 인근 양식장에 피해를 야기한 사안에서, 위급한 상황에서 사회통념상 가장 적절하고 필요불가결하다고 인정되는 조치를 취하였다면, 미리 선박을 이동시켜 놓아야 할 책임을 다하지 아니하여 이러한 긴급한 위난을 당하였다는 점만으로는 형법상 긴급피난의 성립에 아무런 방해가 되지 아니한다(85도221 판결).

2. 자기 또는 타인의 법익에 대한 위난을 피하기 위한 행위

(1) 자기 또는 타인의 법익

위난에 처한 자는 물론, 모든 자연인·법인·법인격 없는 단체의 법익도 포함한다. 타인은 근친자이거나 위난에 처한 자와 특별관계가 있을 필요가 없고, 면식 없는 자도 상관없다. 이 경우 타인의사와 관계없이 긴급피난을 할 수 있다. 여기의 법익도 정당방위에서의 설명과 같이 모든 개인적 법익이다.

국가적·사회적 법익을 보전하기 위한 긴급피난도 가능하다는 것이 다수설이다. 이 경우의 긴급피난을 사회적 긴급피난 또는 국가긴급피난이라 한다. 그 예로 일반대중이 마시는 정수(깨끗한 물)에 독물을 혼입하였음을 알고 정수시설을 파괴하는 경우, 또는 국가기밀을 누설하는 집회에 무단침입하여 기밀문서를 탈취하는 경우 등을 들고 있다.

그러나 긴급피난도 개인적 법익보전을 위해서 인정된 것이고, 국가권력작용이나 사회적 법익보호는 국가의 임무이므로 개인이 국가적·사회적 법익을 위해 제3자 또는 국가법익을 희생시키면서까지 긴급피난을 할 수 없다고 본다. 다만 국가적·사회적 법익에 대한 위난이 동시에 개인의 현재의 위난을 포함하는 경우에 한하여 긴급피난을 인정할 수 있을 것이다(예: 방화·일수).

(2) 피하기 위한 행위

1) 피난행위   피난행위란 긴박한 위난을 사전에 방지하거나 현재 계속 중인 위난을 회피하기 위한 일체의 행위를 말한다. 위난의 원인에 대해서 직접 반격행위를 하여 법익을 보전하는 경우는 물론, 위난과 관계없는 제3자에게 위난을 전가시키고 그 위난으로부터 모면하는 경우도 포함된다.

2) 피난의사   현재의 위난을 회피하려는 주관적 의사를 말한다. 긴급피난의 주관적 정당화요소이다. 피난의사가 있어야 한다는 것은 방위의사 필요설과 같다. 현재의 위난을 인식하지 못하고 타인의 법익을 희생시켰는데 결과적으로 피난행위의 효과가 생긴 우연적 피난은 긴급피난이 될 수 없고 인식한 고의범이 되지만 우연적 방위처럼 기수범의 결과반가치가 상쇄되어 불능미수(범)와 같이 취급하는 것이 타당하다(불능미수(범) 규정 유추적용설).

피난의사는 행위의 목적이나 동기가 될 정도로 적극적일 필요가 없다. 피난행위 이외에 달리 취할 방법이 없다는 인식을 가진 정도로 충분하다.

3. 상당한 이유

상당한 이유란 피난행위가 사회상규에 비추어 당연시 될 수 있는 경우, 즉 사회통념상 용인될 수 있는 정도를 초과하지 않았다고 인정되는 경우를 말한다. 다만 긴급피난은 제3자의 정당한 법익을 희생시키는 것이므로 상당성 판단에 있어서 다른 긴급행위보다 엄격한 해석을 요한다.

1) 보충성의 원칙   피난행위 이외에 달리 법익보존의 방법이 없는 경우, 즉 피난행위가 법익보존의 유일한 수단이어야 한다. 위난을 회피할 수 있는 다른 방법이 있는 경우에는 회피수단을 사용해야 하며, 가능한 회피수단을 선택하지 않은 경우에는 과잉피난이 될 수 있다.

2) 우월적 이익의 원칙   피난행위로 보호되는 이익이 희생되는 이익보다 본질적으로 우월한 것이라야 한다. 피난행위로 희생되는 이익이 보호하고자 하

는 이익보다 크거나 동등한 경우에는 상당성을 인정할 수 없다.

(a) **우월성 여부판단**　우월성 여부는 법익의 가치, 보호법익과 희생법익의 양과 범위, 피난행위에 의한 구조가능성 등 법익과 관련된 모든 사정을 종합적으로 비교하여 판단해야 한다. ① 재산에 대한 침해에 대하여는 침해의 양에 의하여 우월적 이익판단이 가능하고, ② 생명·신체·자유·명예 등 인격적 가치는 재산적 법익보다 우선한다. 다만, 막대한 재산상의 손해를 방지하기 위하여 경미한 신체상처를 입히는 경우는 긴급피난이 될 수 있다. ③ 생명·신체는 다른 인격적 가치보다 우월한 이익이 된다. ④ 사람의 생명은 최대한 보호되어야 하므로 생명 대 생명의 관계는 사람을 수와 관계없이 비교형량할 수 없다(동가치법익). 따라서 피난행위로 사람을 살해하면 위법성이 배제될 수 없다. ⑤ 신체법익 상호간 혹은 공공법익 상호간 등 이익형량이 불가능한 때에는 위법성이 배제되지 않고 기대가능성 여부에 따라 책임배제 여부가 문제될 뿐이다. 일반적으로 구체적 위험은 추상적 위험보다 우선한다고 할 수 있다.

(b) **위난의 개연성과 구조가능성**　법익에 대한 손해발생의 개연성이 높을수록 구조필요성이 증가한다. 예컨대 생명이 위독한 교통사고환자를 구조하기 위해 음주 중에 있던 의사가 자동차를 운전하고 사고현장에 가는 경우에 음주운전행위는 긴급피난으로 정당화된다. 또 사망할 것이 확실시되는 화재현장에 있는 어린 아이를 구명보에 싸서 창 밖으로 던진 경우 생명구조가능성이 충분히 있는 한 생사여부와 관계없이 정당화된다고 본다.

3) **수단의 적합성**　사회상규에 비추어 적합한 수단을 사용하는 것을 말한다. 위급한 중환자의 생명구조를 위해 타인의 의사에 반하여 강제로 채혈하는 행위는 정당화될 수 없다. 다만 위급한 중환자와 강제채혈을 당한 자 사이에 연대성을 요하는 특별관계(부부·친자·가족 등)가 있는 경우에는 정당화될 수 있다. 보충성원칙과 우월적 이익원칙이 인정되는 경우에도 수단의 적합성이 인정되지 않으면 정당화되지 않는다.

4) **상대적 최소피난의 원칙**　긴급피난은 정당한 타인의 법익을 훼손하는 것이므로 상대방에게 가장 경미한 손해를 주는 방법으로 피난행위를 해야 한다(사회적 가치재분배의 기능).

Ⅳ. 긴급피난의 효과

정당화적 긴급피난은 구성요건에 해당하더라도 위법성이 배제되어 범죄가 성립하지 않는다. 면책적 긴급피난은 구성요건에 해당하고 위법하지만 책임이 배제되어 범죄가 성립하지 않는다. 긴급피난행위에 대한 긴급피난은 가능하다.

Ⅴ. 긴급피난의 특칙

위난을 피하지 못할 책임이 있는 특별의무자는 원칙적으로 긴급피난을 할 수 없다(제22조 제2항). 군인, 경찰관, 소방관, 의사, 선장 등 직무수행에 있어 위난에 대처해야 할 의무 있는 자가 여기에 해당한다.

하지만 특별의무자가 절대적으로 긴급피난을 할 수 없다고 해석할 수는 없다. 특별의무자가 책임을 다한 이상 자기뿐만 아니라 타인을 위한 긴급피난도 허용된다고 해야 한다.

Ⅵ. 과잉피난·오상피난

1. 과잉피난

피난행위의 상당성을 초과한 피난행위를 말한다. 피난자의 의도적 침해가 없는 이상 상당성 정도의 초과를 인식하고 있는지 여부를 불문하고 과잉피난이 된다. 과잉피난은 긴급피난이 아니므로 위법성이 배제되지 않는다. 다만 형법은 "정황에 따라 형을 감경하거나 면제할 수 있"고(제22조 제3항), "야간이나 그 밖의 불안한 상태에서 공포를 느끼거나 경악하거나 흥분하거나 당황하였기 때문에 그 행위를 하였을 때에는 벌하지 아니"한다(제22조 제3항). 형감면·불가벌의 근거는 정당화적 긴급피난의 경우는 과잉방위에서와 같이 불법감소 및 책임감소·소멸이고, 면책적 긴급피난의 경우는 책임감소·소멸이라 본다.

2. 오상피난

현재의 위난이 없음에도 불구하고 현재의 위난이 있는 것으로 오신하고 피난행위로 나아간 경우를 오상피난이라 한다. 예컨대 이웃집 개(犬)가 자신의 진돗개를 공격한다고 오신하고 자신의 진돗개를 보호한다는 생각으로 이웃집 개를 살해한 경우(^{2014도2477}_{판결 참조})이다. 오상피난은 긴급피난이 아니므로 위법성이 배제되지 않는다. 긴급피난의 객관적 전제상황을 오신한 것이므로 위법성배제사유의 전제사실에 대한 착오에 해당한다.

제한책임설 중 유추적용설은 불법고의가 탈락하여 과실범을 인정하고, 법효과전환책임설은 책임고의가 탈락하여 과실형벌을 부과한다고 한다. 이에 대하여 엄격책임설은 위법성의 착오로 취급하여 착오가 회피불가능하면 책임배제, 회피가능성이 있으면 책임이 감경된 고의범을 인정한다("오상방위" 참조).

Ⅶ. 의무의 충돌

1. 의무의 충돌의 의의

두 개 이상의 법적 의무를 동시에 이행할 수 없는 긴급상황에서 일방의 의무이행을 위하여 다른 의무이행을 방치한 결과 방치한 의무불이행이 부작위범의 구성요건에 해당하는 경우를 의무의 충돌이라 한다. 예컨대 친권자가 익사 직전의 두 아들을 동시에 구조할 수 없는 긴급상황에서 큰 아들을 구조하는 동안 작은 아들을 구조하지 못하여 익사한 경우 친권자의 보호의무(^{민법}_{제913조})의 충돌이 생긴다.

의무의 충돌은 이행해야 할 둘 이상의 작위의무와 작위의무가 충돌하는 경우(진정의무의 충돌)에 한하고, 작위의무와 부작위의무간의 충돌이 있는 경우(부진정의무의 충돌)는 의무의 충돌이 아니다(^{부진정의무의 충돌도 포함된다는}_{견해로는 오영근 216}).

2. 의무의 충돌의 법적 성질

의무의 충돌의 법적 성질에 관해서는, ① 사회상규에 위배되지 않는 정당행위가 된다는 견해(김일수·서보학 248, 임웅 276, 오영근
217, 김성돈 576, 강동욱 152)와, ② 긴급피난의 특수한 경우라는 견해(정성근 309, 이재상 외 18/37,
배종대 73/2, 신동운 331)가 대립한다.

의무의 충돌은 법익 상호간의 충돌(긴급피난)과 구조적으로 유사하고 일방의 의무이행을 위해서 다른 의무를 방치할 수밖에 없는 긴급상황에서 생기는 것이므로 긴급피난의 특수한 경우라고 본다.

[긴급피난과의 비교]

긴급피난	의무의 충돌
현재의 위난을 요한다.	반드시 현재의 위난을 요하지 않는다.
피난행위를 하지 않을 수 있다.	대립하는 일방의 의무를 위반하는 이외의 다른 방법이 없다.
위난을 당한 자가 그 위난을 스스로 감수할 수 있다.	의무위반 대신에 불이익을 스스로 감수할 수 없다.
타인을 위한 피난행위가 가능하다.	타인을 위한 의무충돌의 법리는 존재하지 않는다.
작위에 의한 것이다.	부작위에 의한 것이다.
상대적 최소피난의 원칙이 요청된다.	상대적 최소피난원칙과 무관하다.
수단의 적격성을 요한다.	수단의 적격성문제는 논의될 여지가 없다.

3. 의무의 충돌의 유형

(1) 논리적 충돌과 실질적 충돌

1) **논리적 충돌** 법규 사이의 모순·저촉 때문에 그 법규상의 법의무가 논리적으로 충돌되는 경우이다(예: 전염병예방법에 의한 의사의 신고의무와 형법상의 비밀유지의무의 충돌). 논리적 충돌은 하나의 의무가 다른 의무를 배제하고 있으므로 다른 의무를 배제시키는 의무만 이행하면 족하고 의무의 충돌은 생기지 않는다.

2) **실질적 충돌** 행위자의 일신적 사정으로 두 가지 의무가 충돌하는 경우이다(예: 동일인이 동일시간에 두 개의 법원에 피고인과 증인으로 출석명령을 받은 경우).

(2) 해결할 수 있는 충돌과 해결할 수 없는 충돌

1) 해결할 수 있는 충돌 행위자가 적법행위 또는 위법행위를 선택할 여지가 있는 경우, 즉 충돌되는 의무 사이에 형량이 가능한 경우의 충돌이다.

2) 해결할 수 없는 충돌 행위자가 적법행위냐 위법행위냐를 선택할 여지가 없는 경우, 즉 두 의무의 형량이 불가능한 경우의 충돌이다(예: 의사가 한 개밖에 없는 인공심폐기를 두 환자 중 누구에게 부착할 것인지 선택의 여지가 없는 경우).

4. 의무의 충돌의 요건

(1) 법적 의무의 충돌

둘 또는 그 이상의 의무가 충돌해야 한다. 충돌이란 하나의 의무이행으로 다른 의무의 이행이 불가능한 경우를 말한다. 충돌하는 의무는 법적 의무임을 요한다.

작위의무의 충돌에 한한다. 작위의무와 부작위의무의 충돌은 긴급피난의 법리로 해결할 수 있고, 부작위의무 상호간의 충돌은 의무자가 모든 의무를 동시에 이행할 수 있으므로 실질적으로 의무의 충돌이 생기지 않는다.

(2) 실질적 충돌

충돌은 실질적이어야 하므로 하나의 의무를 이행한 후 다른 의무의 이행이 가능하거나 충돌하는 모든 의무의 이행이 가능한 경우 또는 단순한 법규사이의 논리적 충돌은 의무의 충돌이 아니다. 행위자의 귀책사유로 의무의 충돌이 발생한 경우에도 위법성이 배제된다는 견해(이재상 외 18/40, 김일수·서보학 250)와 타인의 법익을 침해할 의도로 의무의 충돌을 자초한 때에는 위법하다는 견해(오영근 217)가 대립하고 있으나, 의무충돌을 긴급피난과 같이 취급하는 이상 우월적 이익과 상당성이 있을 때에는 위법성이 배제된다고 본다.

(3) 동가치 이상의 의무이행

의무이행자는 동가치 또는 그 이상의 의무를 이행해야 한다. 다만 의무의 충돌에서는 의무이행의 강제성이 수반되므로 의무형량에 있어서 긴급피난처럼 본질적으로 우월할 필요가 없다.

(4) 주관적 정당화요소

의무이행자는 의무충돌의 상황을 인식하고 있어야 하며, 동가치 이상의 의무를 이행한다는 인식이 있어야 한다. 의무충돌상황의 인식은 의무의 충돌의 주관적 정당화요소가 된다.

5. 의무의 충돌의 효과

(1) 동가치 이상의 의무를 이행한 경우

높은 가치의 의무를 이행하고 낮은 가치의 의무를 방치한 때에는 위법성이 배제된다. 동가치의 의무를 이행한 때에는, ① 동가치의 의무 가운데 어느 것도 포기할 수 없으므로 어느 의무의 침해도 정당화될 수 없고 책임이 배제될 뿐이라는 견해(배종대 73/122, 강동욱 154)와, ② 법은 불가능을 강요할 수 없으므로 위법성이 배제된다는 견해(다수설)가 대립한다.

의무의 충돌에서는 충돌하는 의무는 그 의무이행이 강제되고 있으므로 이를 이행하지 않는 부작위로 나아갈 수 없다. 따라서 의무이행자가 부득이 다른 동가치의 의무를 불이행한 경우 법질서는 애당초 이러한 경우를 예상하고 허용한 것이라고 해야 한다. 결국 동가치의 의무의 충돌은 물론, 해결할 수 없는 의무의 충돌의 경우에도 위법성이 배제된다는 견해가 타당하다.

(2) 하위가치의 의무를 이행한 경우

높은 가치의 의무를 방치하고 낮은 가치의 의무를 이행한 경우 위법성은 배제될 수 없고, 행위당시의 구체적 사정을 고려하여 기대불가능성을 이유로 책임이 배제되거나 감경될 수 있다.

(3) 충돌되는 의무간의 가치의 착오

착오로 낮은 가치의 의무를 이행한 때에는 그 착오는 작위의무의 착오로서 위법성의 착오에 해당하고, 그 착오에 정당한 이유가 있으면 책임이 배제될 수 있다.

[§ 16] 자구행위

Ⅰ. 자구행위의 의의 · 법적 성질

1. 자구행위의 의의

자구행위란 청구권을 침해당한 자가 국가의 공권력에 의한 구제를 받을 여유가 없는 긴급한 상황에서 그 청구권을 보전하기 위하여 스스로 실력행사를 하는 상당한 행위를 말한다(^{2006도9418}_{판결}). 예컨대 숙박비를 지불하지 않고 도주하는 투숙객을 붙잡아 숙박비를 받아 내거나, 채무를 변제하지 않고 외국으로 이민 가는 채무자의 가방을 공항에서 **빼앗는** 행위가 자구행위이다.

형법 제23조 제1항은 자구행위에 관해서 "법률에서 정한 절차에 따라서는 청구권을 보전할 수 없는 경우에 그 청구권의 실행이 불가능해지거나 현저히 곤란해지는 상황을 피하기 위하여 한 행위는 상당한 이유가 있는 때에는 벌하지 아니한다"고 규정하고 있다.

2. 자구행위 인정이유

근세 이후 법치국가는 청구권 보전을 위한 자력구제를 원칙적으로 금지하고, 모든 권리는 공권력에 의해서만 구제할 수 있도록 제한하고 있다. 그러나 공권력에 의한 권리실현이나 구제가 불가능해지거나 현저히 곤란해지는 긴급한 사정이 있는 경우에도 자력에 의한 긴급구제 방법을 인정하지 않는다면 법이 개인에게 불가능을 강요하는 결과가 되어 오히려 정의관념에 반한다.

반면, 무제한으로 자력구제를 인정하면 실력행사가 일반화되어 폭력주의적 풍조가 조성되고, 권리보호에 있어서도 개인의 실력에 따라 차이가 생기게 되어 형평을 기할 수 없다. 그래서 형법은 청구권보전을 위한 자구행위를 인정하되 남용을 방지하기 위하여 국가공권력에 의한 구제를 기대할 수 없는 예외적 상황에서만 인정하고, 그 성립요건과 범위를 엄격하게 제한하고 있다.

3. 자구행위의 법적 성질

자구행위에 대한 명문규정이 없는 독일과 일본에서도 그 법적 성질은 초법
규적 위법성배제사유로 파악하는 데 거의 견해가 일치하고 있다.

자구행위는, ① 위법한 침해로부터 자기의 법익을 보전하는 자기보호원리
에 기초하여, ② 위법한 침해로부터 법질서를 수호하는 법확증원리와, ③ 과거
에 침해된 법질서를 회복하는 법의 자기보전원리에 근거한다. 자구행위는 이러
한 원리에 근거하여 국가공권력에 의한 청구권보전이 불가능한 예외적인 경우
에 개인에게 국가공권력을 대행시킨다는 기능을 수행하는 위법성배제사유로 파
악해야 한다.

[정당방위와 자구행위의 이동]

	정당방위	자구행위
유사점	① 국가공권력에 따른 권리구제를 기대할 수 없는 경우에 인정되는 긴급행위 ② 타인의 위법한 권리침해에 대하여 자력으로 자기의 정당한 권리를 보전하는 　不正 대 正의 관계에서 성립 ③ 상당성을 요건으로 함	
차이점	① 현재의 부당한 침해에 대한 사전적 구제행위 ② 타인을 위한 모든 개인적 법익에 대하여도 인정 ③ 상당성 판단이 엄격하지 않음	① 과거의 위법한 청구권침해에 대한 사후적 구제행위 ② 자기의 청구권에 한하여 인정 ③ 정당방위보다 상당성 판단이 엄격함

[긴급피난과 자구행위의 이동]

	긴급피난	자구행위
유사점	① 긴급한 상태에서 개인이 자력으로 권리를 보전하는 긴급행위 ② 상당성을 요건으로 함	
차이점	① 현재의 위난을 피하기 위한 사전적 보전행위 ② 正 대 正의 관계에서 성립 ③ 모든 개인적 법익에 대하여 인정 ④ 상당성 판단이 매우 엄격함 (보충성·균형성·수단의 적격성)	① 과거의 위법한 청구권침해에 대한 사후적 구제행위 ② 不正 대 正의 관계에서 성립 ③ 자기의 청구권에 한하여 인정 ④ 긴급피난보다 상당성 판단이 엄격하지 않음

다만 자구행위의 위법성배제를 넓게 인정하면 공권력에 의한 권리구제를 경시하는 폭력풍조가 생기고 사회평화질서를 해할 우려가 있으므로 이를 제한하기 위해서 국가의 공권력에 의한 구제수단을 우선적으로 사용하도록 하였다. 이를 국가강제수단우위의 원칙이라 한다.

II. 자구행위의 성립요건

자구행위가 성립하기 위해서는, ① 법률에서 정한 절차에 따라서는 청구권을 보전할 수 없는 상태가 있어야 하고, ② 청구권의 실행이 불가능해지거나 현저히 곤란해지는 상황을 피하기 위한 행위라야 하며, ③ 상당한 이유가 있어야 한다($^{제23조}_{제1항}$).

1. 법률에서 정한 절차에 따라서는 청구권을 보전할 수 없는 상태

청구권을 보전할 수 없는 상태는 자구행위를 할 수 있는 객관적 전제상황이다. 이 상태가 없으면 애당초 자구행위는 물론 과잉자구행위도 있을 수 없다.

1) **법률에서 정한 절차** 법률에서 정한 절차란 각종 권리보호제도인 민사집행법상의 가압류·가처분 등 보전처분과 경찰관리 기타 국가기관에 의한 모든 구제절차를 말한다. 반드시 재판상 절차에 한하지 않고 국가의 모든 공권력에 의한 구제절차를 포함한다.

2) **청구권** 자구행위의 보호대상은 청구권이다. "청구권"이란 개인의 작위 또는 부작위를 요구하는 사법상의 권리를 말한다. ① 채권·점유회복청구권·소유물반환청구권 등 원상회복을 목적으로 하는 청구권, ② 물권침해자에 대한 물권적 청구권, ③ 지식재산권이나 출생자인지청구권·부부간의 동거청구권·상속권 등 친족상속법상의 권리도 포함한다.

재산상의 청구권에 한한다는 견해($^{정영석 150,}_{임웅 281}$)도 있다. 그러나 자구행위는 권리보호를 위한 긴급수단이고 소송제기가 가능한 법정절차일 필요가 없으므로 보전이 가능한 청구권이면 재산상의 청구권으로 한정할 이유가 없다. 우리나라 통설이라 해도 좋다. 다만 원상회복이 불가능한 생명·신체·자유·성적 자기결정권·명예 등 인격권은 청구권이 될 수 없다.

3) 자기의 청구권   자기의 청구권에 한하고 타인의 청구권을 위한 자구행위는 허용되지 않는다. 다만 청구권자로부터 자구행위의 실행을 위임받은 자는 자구행위를 할 수 있다. 그러나 타인이 절도범행현장에서 범인을 체포하는 행위는 정당방위가 된다.

4) 위법한 침해   청구권을 보전할 수 없는 상태는 위법한 침해에 의한 것이라야 하고 적법한 타인의 행위에 대하여는 자구행위를 할 수 없다. 따라서 자구행위도 부정(不正) 대 정(正)의 관계에서 성립한다. 과거의 침해에 대해서만 자구행위를 할 수 있고, 장래의 침해위험과 현재의 침해상태에 대해서는 정당방위 또는 긴급피난이 가능하다.

절도범인을 추적하여 도품을 탈환하는 행위가 정당방위인가 자구행위인가 문제되는데, 침해의 종국적 발생이 있으면 과거의 침해가 되므로 자구행위가 된다. 그러나 절도가 기수로 된 후에도 그 직후 현장에서 추적 중에 있고 도품 탈환의 가능성이 남아 있는 상태면 침해의 종국적 발생이 있다고 할 수 없으므로 정당방위가 된다. 부작위에 의한 침해, 예컨대 퇴거요구에 불응하는 자를 강제퇴거시키는 행위는 정당방위가 된다. 다만 부작위 침해가 과거의 재산상 청구권을 보전할 수 없는 상태라면 자구행위가 될 수 있다.

5) 보전의 불능상태   자구행위는 청구권을 보전할 수 없는 긴급상태에서만 허용된다(청구권보전의 긴급성·보충성). 법률에서 정한 절차에 따라 청구권을 보전할 수 있는 상황이면 중대한 침해가 있었더라도 자구행위는 할 수 없다.

2. 청구권의 실행이 불가능해지거나 현저히 곤란해지는 상황을 피하기 위한 행위

1) 실행불가능 또는 현저한 실행곤란   자구행위는 즉시 자력으로 구제하지 않으면 청구권실행이 사실상 불가능해지거나 현저히 곤란해지는 긴급한 사정이 있어야 한다(청구권실행의 긴급성·보충성). 법률에서 정한 절차에 따라서는 청구권을 보전할 수 없는 경우라도 청구권의 실행이 불가능하거나 현저히 곤란해지는 긴급한 사정이 없으면 자구행위를 할 수 없다. 청구권보전의 긴급성·보충성과 청구권실행에 대한 긴급성·보충성이 이중으로 요구된다. 청구권에 대한 충분한 인적(보증인), 물적(저당권·근저당) 담보가 있고, 후일에 담보권실행의

가능성이 있으면 자구행위를 할 수 없다.

판례는 가옥명도소송 중 점유회복행위, 채무자의 가옥매각대금에 대한 강제추심행위($^{66도496}_{판결}$), 도주한 채무자의 재물을 임의취거하는 행위($^{84도2582\ 판결,}_{2005도8081\ 판결}$)는 자구행위에 해당하지 않는다고 하였다. 또 렌터카 고객이 차량 반환을 거부하자 렌터카 회사직원이 이를 몰래 견인해 간 경우에 절도죄가 성립한다고 판시하였다($^{2017도13329}_{판결}$).

2) 피하기 위한 행위

(a) **자구행위**   공권적 구제가 불가능한 긴급상황에서 청구권을 보전·구제하기 위하여 필요한 조치로 나아가는 경우라야 한다. 이를 자구행위라 한다. 자구행위의 수단은 사회상규에 반하지 않는 한 원칙적으로 묻지 않는다. 재물탈환·손괴·체포·감금·강요·주거침입·저항·폭행·협박 등을 생각할 수 있다.

권리행사를 위하여 갈취·편취·강취하는 행위도 자구행위가 될 수 있다는 견해($^{황산덕\ 171,}_{유기천\ 206}$)가 있다. 그러나 법률에서 정한 절차에 따라서는 청구권을 보전할 수 없는 경우가 아니라면 권리행사라 하더라도 자구행위가 성립할 수 없다고 해야 한다. 판례도 권리행사가 사회상규에 적합하였느냐의 여부에 따라 위법성을 판단한다.

> **판례**   피고인들이 비료를 매수하여 시비한 결과 딸기묘목과 사과나무묘목이 고사하자 그 비료를 생산한 회사에 손해배상을 요구하면서 사장 등을 찾아가 여러 차례에 걸쳐 그들에게 욕설을 하거나 응접탁자 등을 들었다 놓았다 하거나 현수막을 만들어 보이면서 시위를 할 듯한 태도를 보였다 하여도 묘목의 고사원인이 피고인들의 귀책사유로 인한 것이라고 단정할만한 증거가 없고, 오히려 그 원인이 비료의 시비와 밀접한 관련이 있다고 볼 수 있다면, 이러한 피고인들의 행위는 손해배상청구권에 기한 것으로서 그 방법이 사회통념상 용인된 범위를 일탈한 것이라 단정하기 어려우므로 공갈 및 공갈미수의 죄책을 인정할 수 없다(79도2565 판결).

(b) **자구의사**   자구행위는 자구행위의 객관적 전제상황을 인식하고 청구권의 실행이 불가능해지거나 현저히 곤란해지는 상황을 피하려는 의사가 있어야 한다. 이를 자구의사라 하며, 자구행위의 주관적 정당화요소가 된다.

자구의사가 없는 우연적 자구행위는 자구행위가 아니다. 우연적 자구행위도 고의범이지만 우연적 방위처럼 기수범의 결과반가치가 상쇄되어 불능미수 (범)와 같이 취급해야 할 것이다. 처음부터 권리행사를 빙자하여 타인의 권리를 침해할 목적이 있는 경우에도 자구행위가 될 수 없다.

3. 상당한 이유

자구행위는 상당한 이유가 있는 경우에 한하여 위법성이 배제된다. 청구권의 종류와 침해강도, 자구행위의 수단 등 구체적 사정을 고려하여 사회상규에 비추어 당연시 될 수 있어야 한다. 상당성판단에서 고려할 수 있는 것은 다음과 같다.

1) **보충성의 원칙**   청구권보전의 불가능상태와 청구권실행의 불가능 또는 현저한 곤란상태라는 두 가지 긴급상황에서 최후수단으로 자구행위를 해야 한다.

2) **이익형량의 원칙**   자구행위는 부정(不正) 대 정(正)의 관계에서 성립하므로 이익형량의 원칙(우월적 이익의 원리)은 긴급피난의 경우보다 완화되어 있으나, 사후적 구제수단이라는 점에서 정당방위보다는 엄격하게 요구된다.

3) **수단의 상당성**   사회상규에 비추어 용인될 수 있는 수단을 사용해야 한다. 사후구제수단인 자구행위는 이 원칙이 엄격히 요구된다. 청구권보전의 실효성이 있고, 최소한의 보전방법을 사용해야 하며, 사회윤리적으로 제약된 자구행위라야 한다.

Ⅲ. 자구행위의 효과

자구행위에 해당하면 구성요건에 해당하여도 위법성이 배제되어 범죄가 성립하지 않는다. 자구행위에 대하여는 정당방위로 대항할 수 없다. 오히려 자구행위자에게 방위행위로 나오는 상대방에 대하여 정당방위를 할 수 있다.

Ⅳ. 과잉자구행위 · 오상자구행위

1. 과잉자구행위

상당성을 초과한 과잉자구행위는 위법성이 배제되지 않으나 정황에 따라 형을 감경하거나 면제할 수 있다(제23조_{제2항}). 그러나 책임을 배제하는 제21조 제3항 (불가벌)의 규정은 준용하지 않는다.

2. 오상자구행위

청구권을 보전할 수 없는 상태가 아님에도 불구하고 이러한 상태라 오신하고 청구권보전행위로 나온 경우를 오상자구행위라 한다. 이에 대한 법적 취급은 오상방위와 같이 위법성의 착오로 취급해야 한다.

[§ 17] 피해자의 승낙

Ⅰ. 피해자 승낙의 형법적 의미

1. 피해자 승낙의 의의

피해자의 승낙이란 처분권을 가진 법익의 주체가 법익침해에 대하여 동의하는 것을 말한다. 형법 제24조는 "처분할 수 있는 자의 승낙에 의하여 그 법익을 훼손한 행위는 법률에 특별한 규정이 없는 한 벌하지 아니한다"고 규정하여 피해자의 승낙에 의한 행위는 원칙적으로 처벌하지 않는다.

범죄 중에는 피해자의 승낙이 있어도 처벌되는 범죄와 피해자의 승낙이 있으면 처벌되지 않는 범죄가 있다. 피해자의 승낙이 있는 경우에 처벌되지 않는 경우는 ① 피해자의 승낙이 없는 것(피해자의 의사에 반한 것)이 구성요건요소가 되는 경우(예: 비밀침해죄 · 주거침입죄 · 절도죄 · 횡령죄 · 강간죄 등)와, ② 피해자의 승낙이 있어도 구성요건에는 해당할 수 있는 경우(예: 폭행죄 · 상해죄 등)로 구분할 수 있다.

2. 승낙과 양해

피해자의 승낙에 의한 행위에 대해서, 위의 ①과 ②의 구별없이 위법성이 배제된다는 견해(배종대 $_{81/4}$)와 구성요건해당성이 배제된다는 견해(김일수·서보학 $_{169}$), 위의 ①은 구성요건해당성이 배제되고 ②는 위법성이 배제된다는 견해(이분설)가 대립하고 있으나, 이분설이 우리나라 통설이라 할 수 있다.

형법각칙의 구성요건 중에는 법익주체의 의사에 반하여 침해할 것을 요구하고 있는 구성요건(예: 주거침입죄, 비밀침해죄, 절도죄)이 있는가 하면, 법익주체의 의사와 무관하게 침해할 수 있는 구성요건(예: 상해죄)도 있고, 피해자의 동의가 있으면 전자는 일상생활의 일환이 되는 반면, 후자는 예외적으로 허용되는 경우이므로 양자를 구별하는 이분설이 타당하다. 독일의 게에르츠(Geerds)가 이 두 가지를 구별하여 구성요건해당성을 배제하는 동의를 양해, 위법성을 배제하는 동의를 승낙이라 한 후 이 구별 용어가 일반화되었다.

[피해자 승낙과 형법 규정] 피해자의 승낙이 있는 경우의 형법적 취급에 관하여 다음 4가지로 나누어 볼 수 있다. 첫 번째로, 피해자의 승낙이 있으면 형의 감경사유가 되는 경우이다. 예컨대 살인죄에 대한 촉탁·승낙살인죄, 부동의낙태죄에 대한 동의낙태죄 등을 들 수 있다. 두 번째로, 피해자의 승낙 유무를 묻지 않고 동일한 범죄가 성립하는 경우이다. 예컨대 미성년자의제강간죄, 피구금자간음죄 등을 들 수 있다.[1] 세 번째로, 피해자의 승낙이 없는 것이 구성요건요소가 되는 경우이다. 예컨대 비밀침해죄, 주거침입죄, 절도죄, 강간죄 등을 들 수 있다(손괴죄는 이설 있음). 네 번째로, 피해자의 승낙이 있으면 구성요건해당성은 인정되지만 위법성이 배제되는 경우이다. 형법 제24조의 피해자의 승낙에 의한 행위(상해죄 등)가 그 예이다.

---

1) 대법원은 '가정폭력범죄의 처벌 등에 관한 특례법'상 피해자보호명령이나 임시보호명령(100m 이내 접근금지 또는 전기통신을 이용한 접근금지)을 위반한 동법위반죄(동법 제63조 제1항 제2호)에 대하여 피해자가 양해·승낙했더라도 위 범죄의 구성요건해당성이 없다거나 정당행위에 해당한다고 볼 수 없다고 판시하였으므로(2021도14015 판결), 이 경우도 피해자의 승낙 여부를 불문하고 같은 범죄가 성립하는 경우에 해당한다고 할 수 있다.

II. 피해자의 양해

1. 피해자 양해의 의의

법익처분권자의 동의가 있으면 행위의 구성요건해당성이 배제되는 피해자의 의사를 양해라 한다. 양해가 되려면 훼손되는 법익의 가치보다 개인의 자기결정권이 우월하고, 피해자의 의사에 반한 행위가 불법의 내용을 구성하는 것이라야 한다.

2. 피해자 양해의 유효요건

1) 양해능력   법익을 임의로 처분할 수 있는 능력자의 양해가 있어야 한다. 양해는 현실적 양해가 있어야 하고 추정적 양해는 양해가 아니다. ① 자연적 의사능력만 있어도 양해할 수 있는 있는 경우는 양해의사가 외부에 표시될 필요가 없고 양해자의 내심에 반하지 않으면 양해가 된다(예: 강간·협박·감금·절도). 반면, ② 판단능력까지 있어야 양해가 될 수 있는 경우는 양해의사가 외부에 표시되어야 하고 행위자는 양해가 있음을 인식하고 행위해야 한다(예: 주거침입·사기·공갈 등). 사문서위조에 대한 동의도 양해에 해당한다(97도183 판결). 양해는 적어도 행위시에 있어야 하며, 사후 양해는 인식한 내용의 고의범이 성립할 수 있다.

2) 의사표시의 하자   자연적 의사능력으로 양해할 수 있는 경우는 내심의 하자가 있어도 유효한 양해가 된다. 판단능력까지 있어야 양해할 수 있는 경우는 의사표시에 하자가 있으면 유효한 양해가 될 수 없다.

3. 피해자 양해의 효과

애당초 구성요건해당성이 배제되므로 범죄 판단의 대상에서 제외된다. 행위자가 양해가 있음을 알지 못하고 행위를 한 때에는 불능미수의 문제가 되고, 양해가 있다고 착오한 때에는 구성요건착오에 해당하여 고의가 부정되고 과실범의 문제가 된다.

Ⅲ. 피해자의 승낙

1. 피해자 승낙의 의의

법익처분권자의 법익침해에 대한 동의가 있으면 일정한 요건 하에서 위법성을 배제시키는 동의를 승낙이라 한다. 승낙에 의한 행위는 법익훼손에 대한 승낙이 있어도 그 훼손행위에 대한 허용여부를 법질서의 정신이나 승인된 사회윤리에 비추어 용인될 수 있는지를 판단하여 위법성배제 여부를 확정한다.

2. 피해자 승낙의 위법성배제 근거

1) 이익흠결설   보호받을 법익을 스스로 포기하면 형법이 보호해야 할 법익이 흠결되어 위법성이 배제된다고 한다(박상기·전지연 142는 처분권설이라고 함). 이에 의하면 비도덕적 동기로 포기한 경우에도 형법의 보호적 기능을 배제해야 한다는 결함이 생긴다.

2) 사회상당성설   승낙에 의한 행위는 사회질서 전체이념에 비추어 상당성이 있으므로 위법성이 배제된다고 한다(황산덕 176, 정영일 244). 여기의 상당성은 극히 추상적인 개념이므로 다른 원리에 의해 보완해야 한다는 비판을 받는다.

3) 법률정책설   개인의 자기결정권도 법률정책상 사회적 가치로 보호할 필요가 있으므로 처분대상인 법익의 공동체이익보다 자기결정권이 우월한 경우에는 위법성이 배제된다는 것이다(정성근 332, 이형국·김혜경 236, 이재상 외 20/10, 임웅 290, 신동운 344, 강동욱 177).

법질서는 임의처분이 가능한 개인적 법익에 대해서 스스로 법익처분을 결정할 수 있는 자기결정권(자율의 원리)을 인정하고 있으므로 이 견해가 타당하다.

3. 피해자 승낙의 유효요건

① 법익을 처분할 수 있는 자의 유효한 승낙이 있어야 하고, ② 승낙에 의한 행위가 사회상규에 위배되지 않아야 하며, ③ 법률에 특별한 규정이 없어야 한다.

(1) 법익을 처분할 수 있는 자의 유효한 승낙

1) 승낙자   승낙자는 법익포기·승낙내용·행위결과 등을 이해할 수 있는 자연적 통찰력과 판단력을 가진 승낙능력자라야 한다. 의사무능력자와 책임무

능력자는 승낙자가 될 수 없으나 법에서 유효한 승낙을 할 수 있는 연령을 설정한 경우에는 승낙능력을 판단하는 기준이 될 수 있다(예: 아동혹사죄의 16세, 미성년자의제강간죄의 13세·16세). 승낙의 대리는 인정되지 않는다. 올바른 판단을 위하여 전문지식이 필요한 경우에는 승낙을 받고자 하는 측이 사전에 충분히 설명해야 할 의무가 있다(예: 의사의 치료행위).

2) **유효한 승낙** 승낙자의 자유로운 의사결정에 의한 진지한 승낙이 있어야 한다. 농담·취중·기망·착오·폭행·협박·강제에 의한 승낙은 유효한 승낙이 아니다. 방임하는 것도 승낙이 될 수 없다. 반면 법률행위의 중요부분의 착오가 아닌 단순한 동기의 착오는 유효한 승낙이 될 수 있다. 그러나 전문적인 지식이 필요한 경우에는 승낙을 얻고자 하는 측이 상대방에게 충분히 설명한 후 얻은 승낙만이 유효하다($^{김성돈}_{337}$).[1][2]

3) **승낙의 본질**

(a) **의사방향설** 피해자의 내심에 찬의(贊意)만 있으면 충분하고 반드시 승낙의사가 외부에 표시될 필요가 없다는 견해이다. 따라서 행위자는 승낙이 있음을 인식하고 행위할 필요가 없다.

(b) **외부표시설** 승낙의사가 명백하게 외부적으로 표시되어야 한다는 견해이다. 이에 따르면 행위자는 승낙이 있음을 인식하고 행위해야 한다.

(c) **의사확인설(절충설)** 외부적 표시까지는 필요하지 않으나 어떤 방법이든지 승낙이 있다는 것이 인식가능해야 하고 행위자는 승낙이 있음을 인식하고 행위해야 한다는 견해이다. 우리나라 다수설이다.

(d) **결 어** 승낙은 그 의미·내용·형식 등을 고려하여 허용여부에 대한

---

[1] 오진에 의한 자궁적출시술을 한 의사에게 업무상 과실치상죄를 인정한 92도2345 판결 참조.
[2] 대법원은 수술 30~40분 전에 보호자 등에게 수술에 대한 설명을 하고 곧바로 수술에 들어간 사안에서, "의사는 응급환자의 경우나 그 밖에 특별한 사정이 없는 한 환자에게 수술 등 인체에 위험을 가하는 의료행위를 할 경우에는 환자가 의사결정을 함에 있어 중요하다고 생각되는 사항을 구체적으로 설명하여 환자로 하여금 수술 등의 의료행위에 응할 것인지 스스로 결정할 기회를 갖도록 할 의무가 있고, 환자가 의료행위에 응할 것인지를 합리적으로 결정할 수 있도록 하기 위해서는 그 의료행위의 필요성과 위험성 등을 환자 스스로 숙고하고 필요하다면 가족 등 주변 사람과 상의하고 결정할 시간적 여유가 환자에게 주어져야 하므로 의사의 설명의무는 의료행위가 행해질 때까지 적절한 시간적 여유를 두고 이행돼야 한다. 따라서 의사가 환자에게 의사를 결정함에 충분한 시간을 주지 않고 의료행위에 관해 설명한 다음 곧바로 의료행위로 나아간다면 이는 환자가 의료행위에 응할 것인지 선택할 기회를 침해한 것으로서 의사의 설명의무가 이행되었다고 볼 수 없다"고 판시하였다(2021다265010 판결).

실질적 가치판단을 해야 하므로 승낙의 내용·형식이 사회윤리적으로 타당해야 한다. 그러기 위해서는 승낙은 명시적이든 묵시적이든 행위자가 인식할 수 있어야 하므로 의사확인설이 타당하다. 이 경우 승낙의 인식은 주관적 정당화요소가 된다.

　4) 승낙의 시기　승낙은 행위 전에 있거나 적어도 행위시에 있어야 한다. 사후승낙은 용서가 될 수 있지만 위법성을 배제시킬 수는 없다. 승낙은 자유의사에 의하여 철회할 수 있으나 철회 전의 행위에 대해서는 영향이 없다.

　5) 승낙할 수 있는 법익　승낙에 의하여 훼손되는 법익은 피해자 자신이 임의로 처분할 수 있는 개인적 법익에 한한다(예: 폭행·상해·명예훼손·업무방해 등). 생명과 국가적·사회적 법익은 승낙에 의해서 위법성을 배제할 수 없다.

(2) 행위의 사회상규성

승낙에 의한 행위는 승낙자의 승낙의사를 인식하고 자기행위가 정당화된다는 의사로 행위한 것이라야 하고, 행위 자체가 사회상규에 반하지 않아야 한다. 즉 법질서 전체의 정신이나 사회윤리에 비추어 용인될 수 있어야 한다.

4. 피해자 승낙의 효과

승낙에 의한 행위를 처벌하는 규정이 없는 경우에 한하여 그 행위는 구성요건에 해당하지만 위법성이 배제되어 범죄가 성립하지 않는다.

승낙이 없었음에도 승낙을 받은 것으로 오신하고 행위한 경우에는 위법성 배제사유의 전제사실에 대한 착오가 되고, 승낙이 있었음에도 이를 알지 못하고 행위한 경우에는 주관적 정당화요소가 결여되어 불능미수(범)와 같이 취급해야 한다("우연적 방위" 참조).

Ⅳ. 추정적 승낙

1. 추정적 승낙의 의의

피해자의 승낙은 없었지만 행위 당시의 객관적 사정을 피해자가 알았더라면 당연히 승낙했을 것으로 기대되는 경우를 추정적 승낙이라고 한다. 예컨대

부재 중인 이웃집의 화재를 소화하기 위하여 대문을 부수고 들어간 경우이다.

2. 추정적 승낙의 위법성배제 근거

위법성배제 근거에 관해서, 사회상규에 위배되지 않는다는 정당행위설(김일수·서보학 227, 강동욱 184), 피해자의 승낙과 성질이 동일하다는 피해자승낙설(배종대 82/8, 신동운 359), 긴급피난과 피해자 승낙의 중간에 속하는 독자적 위법성배제사유라는 견해(다수설) 등이 주장된다.

형법 제20조는 위법성배제사유를 판단하는 실정법상의 기준으로 "사회상규에 위배되지 않는 행위"를 마련하고 있으므로 이와 별도의 배제사유를 인정할 필요는 없다. 추정적 승낙은 합리적 사리에 부합하는 것이므로 사회상규에 위배되지 않는 정당행위라고 하는 것이 타당하다.

3. 추정적 승낙의 유형

1) 피해자의 이익으로 추정되는 경우   피해자의 높은 가치의 이익을 구조하는 경우이다. 예컨대 환자의 승낙을 받고 수술하던 중 마취상태에 있는 환자의 승낙 없이 부득이 필요한 다른 부분에까지 수술을 확대하거나, 휴가 중인 이웃집에 침입하여 고장난 수도를 수리하는 경우이다.

2) 피해자의 이익포기로 추정되는 경우   이익이 경미하거나 행위자와 신뢰관계로 이익을 포기한 것으로 추정되는 경우이다. 예컨대 가정부가 주인이 입지 않는 헌 옷을 불우이웃에게 주거나, 과일 풍년에 어린이들이 과수원에 들어가서 떨어진 과일을 주워 온 경우이다.

4. 추정적 승낙의 성립요건

(1) 처분할 수 있는 법익과 피해자의 처분능력

법익주체가 임의로 처분할 수 있는 법익이라야 한다. 추정적 승낙은 피해자가 행위내용을 알았다면 현실적 승낙이 가능한 경우라야 하므로 피해자는 법익침해와 그 결과에 대한 통찰력과 판단능력이 있어야 한다. 다만 의식 없는 중환자에 대한 의사의 수술은 그 상황에 대한 의사의 설명으로 환자의 동의를 예견할 수 있는 경우에 한하여 추정적 승낙이 인정될 수 있다.

(2) 현실적 승낙의 불가능성

행위시에 승낙을 받을 수 없는 경우라야 한다. 승낙을 거부하였거나 사전에 충분히 승낙을 받을 수 있었던 경우에는 추정적 승낙이 될 수 없다.

(3) 승낙의 추정시기 · 승낙의 기대

승낙의 추정은 적어도 행위시에 있어야 하며, 행위자는 추정적 승낙을 인식하고 있어야 한다.

피해자가 행위의 내용을 알았다면 확실히 승낙할 것으로 기대되는 경우라야 한다. 이 경우의 기대는 모든 사정을 종합하여 이성적 인간이 행위자의 입장에 있었다면 승낙을 기대할 수 있는 객관적인 개연성이 있어야 한다. 피해자의 승낙을 추정함에 있어 법익주체의 진의에 반하는지 여부가 불확실할 때에는 양심적 심사를 통하여 피해자의 가상적 진의에 합치되도록 해야 한다. 이 경우 양심적 심사는 주관적 정당화요소가 된다.

5. 추정적 승낙의 효과

추정적 승낙의 요건을 구비한 행위는 위법성이 배제되고 범죄가 성립하지 않는다. 추정적 승낙에 대해서도 구성요건해당성이 배제되는 경우가 있다는 견해도 있으나, 양해는 반드시 사전에 존재해야 하며 추정으로는 부족하다 해야 하므로 위법성이 배제된다는 견해가 타당하다.

V. 안락사 · 존엄사

1. 안 락 사

(1) 안락사의 의의

안락사라는 용어는 다양한 뜻으로 사용되기 때문에 여기서는 회복의 가망이 없고 사기(死期)가 임박한 말기환자의 승낙을 받아 편안한 죽음을 맞게 하는 의학적 조치라고 정의하기로 한다.

(2) 안락사의 유형

1) **진정안락사** 임종시의 고통을 완화 또는 제거하기 위하여 적정량의 마취약을 사용하여 사기(죽음의 시기)의 단축없이 안락하게 자연사하도록 하는 처치이다. 이 안락사는 살인죄의 구성요건에도 해당하지 않는 행위이다.

2) **적극적 안락사** 죽음에 임박한 말기환자의 승낙을 받아 생명을 단축시킴으로써 죽음에 이르는 고통을 끝나게 하는 안락사이다(예: 치사량의 몰핀을 주사하여 고통없이 사망에 이르게 하는 경우).

적극적 안락사의 허용여부에 대해서 긍정설(유기천 193 이하, 정영석 162, 강동욱 149)도 있으나 부정설이 다수설이다. 부정설은 생명을 적극적으로 단축시키는 안락사는 위법하다는 견해로 그 이유는 다음과 같다.

① 피해자의 승낙에 의한 행위가 항상 위법성이 배제되는 것은 아니고, ② 살인은 피해자의 승낙이 있어도 가벌적 행위가 되므로(제252조 제1항, 촉탁·승낙살인죄) 생명을 단축시키는 안락사도 고의살인으로 보아야 하며, ③ 치료행위는 사람의 건강을 유지·증진시키는 것이므로 생명을 단축시키는 안락사는 치료행위가 될 수 없다.

3) **간접적 안락사** 죽음에 이르는 고통을 완화하기 위하여 환자의 승낙을 받아 마취약을 사용한 결과 그 부작용으로 사기가 단축된 안락사이다. 치료형 안락사라 한다.

간접적 안락사는, ① 환자의 고통을 제거 또는 완화하기 위한 조치가 필요하다는 의학적 적응성이 있고, ② 현대 의술의 기준에 합치되는 방법으로 처치하였다는 의술의 정당성이 있으며, ③ 죽음의 시기를 앞당길 위험성이 있는 방법으로 고통을 완화시키는 데 대하여 환자의 진지한 동의가 있는 때에는 치료행위로서 위법성이 배제된다고 본다.

4) **소극적 안락사** 죽음에 이르는 고통이 오래가지 않도록 하기 위해 환자의 승낙을 받아 생명연장을 위한 적극적 조치를 취하지 않음으로써 죽음의 시기가 앞당겨진 경우이다. 부작위에 의한 안락사라 한다. 위법성이 배제된다는 것이 다수설이다.

2. 존 엄 사

존엄사는 회복의 가능성이 없는 말기환자 측의 요청에 따라 지금까지 계속해 온 생명유지치료(연명치료)를 중지하고 인간으로서의 품위를 유지하면서 죽음을 맞이하게 하는 의학적 처치이다. 존엄사는 회복불가능한 말기환자의 생명유지치료를 중단하는 것이고, 환자는 의식이 없거나 죽음에 이르는 육체적 고통이 없는 경우가 많다는 점에서 소극적 안락사와 구별된다.

생명유지치료의 중지는, ① 환자가 의식이 있었을 때 자기결정으로 요청하였거나, ② 환자의 생전의사(living will)가 있거나 환자의 의사를 추인할 수 있는 상황 하에서 근친자가 환자의 최선의 이익을 위해서 치료중지요청을 한 경우에 한하여 허용할 수 있다.

판례는 최근에 종래의 판례를 변경하여 존엄사를 허용하였고, 존엄사를 허용하는 법(연명의료결정법)도 현재 시행 중에 있다.

> **판례** 회복불가능한 사망의 단계에 이른 후에 환자가 인간으로서의 존엄과 가치 및 행복추구권에 기초하여 자기결정권을 행사하는 것으로 인정되는 경우에는 특별한 사정이 없는 한 연명치료의 중단이 허용될 수 있다. 환자가 회복불가능한 사망의 단계에 이르렀을 경우에 대비하여 미리 의료인에게 자신의 연명치료 거부 내지 중단에 관한 의사를 밝힌 경우(사전의료지시)에는 특별한 사정이 없는 한 사전의료지시에 의하여 자기결정권을 행사한 것으로 인정할 수 있다. … 환자의 사전의료지시가 없는 상태에서 회복불가능한 사망의 단계에 진입한 경우에는 환자의 평소 가치관이나 신념 등에 비추어 연명치료를 중단하는 것이 객관적으로 환자의 최선의 이익에 부합한다고 인정되어 환자에게 자기결정권을 행사할 수 있는 기회가 주어지더라도 연명치료의 중단을 선택하였을 것이라고 볼 수 있는 경우에는 그 연명치료 중단에 관한 환자의 의사를 추정할 수 있다고 인정하는 것이 합리적이고 사회상규에 부합된다. 환자의 의사를 확인할 수 있는 객관적인 자료가 있는 경우에는 반드시 이를 참고하여야 하고, … 객관적인 사정과 종합하여 환자가 현재의 신체상태에서 의학적으로 충분한 정보를 제공받는 경우 연명치료 중단을 선택하였을 것이라고 인정되는 경우라야 그 의사를 추정할 수 있…다(2009다17417 전원합의체 판결 [존엄사할머니 사건].

[§ 18] 정당행위

Ⅰ. 정당행위의 의의

사회상규에 위배되지 아니하는 행위로서 사회생활상 일반적으로 승인된 행위를 정당행위라 한다. 형법 제20조는 법령에 의한 행위, 업무로 인한 행위, 기타 사회상규에 위배되지 아니하는 행위를 정당행위로 규정하고 있다. 법령과 업무로 인한 행위는 사회상규에 위배되지 않는 행위를 예시한 것이고, 구체적으로 어떤 행위가 정당행위가 되느냐는 사회상규에 위배되느냐에 따라 판단한다.

Ⅱ. 정당행위의 내용

1. 법령에 의한 행위

법령의 근거에 의하여 권리 또는 의무로 행해지는 행위이다. 법령에 근거한 행정명령에 따른 행위도 포함한다. 법령에 의한 행위는 그 행위가 타인의 법익을 침해하여 구성요건에 해당하는 경우에도 위법성이 배제된다. 법령에 의한 행위의 대표적 예는 다음과 같다.

(1) 공무원의 직무집행행위

1) 법령에 의한 직무집행   직접 법령에 의하여 직무를 수행하는 행위이다. 예컨대 형법($\frac{제66}{조}$) 및 형집행법($\frac{제91}{조}$)에 의한 사형집행, 형사소송법($\frac{제70조, 제106조, 제109조,}{제201조, 제215조}$)에 의한 법원·검사·사법경찰관의 구속·압수·수색·검증 등 강제처분, 민사집행법($\frac{제24조}{이하}$)에 의한 강제집행 등이다. 이러한 행위가 위법성이 배제되기 위해서는, ① 법령에 규정된 요건을 갖추어야 하고, ② 법령에 규정된 절차에 따라 행해져야 하며, ③ 공무원의 직무범위 내의 행위라야 한다. 그리고 공무원의 직무집행행위는 단지 법령에 근거하고 있다는 것만으로는 부족하고 그 집행방법도 상당한 것이라야 한다. 직무집행의 범위를 일탈한 경우에는 직권남용죄 등 범죄가 성립할 수 있다.

2) 상관의 직무명령에 의한 행위   상관의 직무명령에 의하여 직무를 집행

하는 행위이다. 군사작전 중 지휘관의 명령에 따른 행위, 상관의 지휘에 따른 사법경찰관리의 행위를 예로 들 수 있다.

　이 행위가 위법성이 배제되려면, ① 부하의 신분 또는 직무를 감독할 권한이 있는 기관의 명령이라야 하고, ② 명령의 내용이 적법하고 부하의 직무에 관한 것이라야 하며, ③ 법률상 불가능한 명령이 아니라야 한다.

　상관의 위법한 명령에 대하여는 거부해야 할 의무가 있고, 위법명령에 따라 위법행위를 한 경우에는 범죄가 성립한다(96도3376 전원합의체 판결). 상관의 위법한 명령을 적법한 것으로 오신한 경우나 절대적 구속명령인 경우에는 위법성은 배제되지 않으나 책임이 배제될 수 있다(2015도9010 판결, 96도3376 전원합의체 판결 참조).

> **판례**　① 상관의 적법한 직무상 명령에 따른 행위는 정당행위로서 형법 제20조에 의하여 그 위법성이 조각된다고 할 것이나, 상관의 위법한 명령에 따라 범죄행위를 한 경우에는 상관의 명령에 따랐다고 하여 부하가 한 범죄행위의 위법성이 조각될 수는 없다. 피고인에게 직근상관의 위법한 명령에 따르지 아니하고 적법행위로 나아갈 기대가능성이 없었던 것으로 보이지도 아니한다(96도3376 전원합의체 판결).
> ② 공무원이 그 직무를 수행함에 있어 상관은 하관에 대하여 범죄행위 등 위법한 행위를 하도록 명령할 직권이 없는 것이며, 또한 하관은 소속 상관의 적법한 명령에 복종할 의무는 있으나 위와 같이 명백히 위법 내지 불법한 명령인 때에는 이는 벌써 직무상의 지시명령이라 할 수 없으므로 이에 따라야 할 의무는 없다. 상명하복 관계가 비교적 엄격한 국정원의 조직특성을 고려하더라도, 이 사건과 같이 허위의 공문서를 작성하라는 지시는 위법한 명령에 해당할 뿐만 아니라, 위와 같은 위법한 명령을 피고인이 거부할 수 없는 특별한 상황에 있었다고 보기 어려우므로, … 허위의 확인서 등 작성 범행이 강요된 행위 등으로서 적법행위에 대한 기대가능성이 없는 경우에 해당한다고 볼 수 없다(2015도9010 판결).

(2) 징계행위

　법령에 의하여 징계권을 가진 자의 징계행위도 사회상규에 위배되지 아니하면 정당행위가 된다. 학교장의 학생에 대한 징계행위(초·중등교육법 제18조), 소년원장의 원생에 대한 징계행위("보호소년 등의 처우에 관한 법률" 제15조) 등이 그 예이다.

　어느 정도의 징계행위가 허용되느냐는 행위가 행해진 구체적 사정을 기초로 교육의 목적 달성을 위하여 필요성이 있고, 그 정도가 징계수단으로서 사회상규에 반하지 않는가를 기준으로 판단해야 한다.

이와 관련하여 육체적 징계, 즉 체벌이 허용되는가가 문제된다.

1) 친권자의 체벌행위   종래까지 친권자가 자(子)를 보호 · 교양하기 위하여 필요한 징계를 할 수 있고($^{2001도6469}_{판결}$), 체벌도 상당한 방법으로 행한 때에는 허용된다고 보는데 이견이 없었다. 그러나 친권자의 징계권 규정($^{민법}_{제915조}$)이 친권자에 의한 아동학대를 정당화하는데 악용될 소지가 있다(법 개정 제안이유 참조)는 이유로 2021년 1월 민법 개정시에 삭제되었으므로 친권자의 체벌은 더 이상 허용되지 않는다고 해야 한다.

2) 교사의 체벌행위   교사의 체벌에 대하여는 징계의 한계를 일탈하지 않는 범위 내에서 허용된다는 견해가 다수설이다. 종래 판례는 상해정도에 이르지 않는 징계에 한하여 정당행위라고 보고 있다($^{75도1115}_{판결}$). 그러나 2011년 개정된 초 · 중등교육법시행령($^{제31조}_{제8항}$)은 도구 · 신체 등을 이용하여 고통을 가하는 방법을 사용하는 것을 금지하였으므로 더 이상 교사의 체벌은 허용할 수 없다고 본다. 따라서 중학교 교사가 훈육할 의도로 수행평가를 제대로 하지 않는 학생의 뒤통수를 6~7차례 때려 전치 2주의 상해를 입힌 행위는 건전한 사회통념상 훈육을 위한 적정한 방법이나 수단의 한계를 넘어서는 것으로서 정당행위에 해당하지 않는다($^{2020도10711}_{판결}$).

> **판례**   ① 교사가 욕설을 하지 아니한 학생을 구타하여 상해를 입힌 것은 교육상 학생을 훈계하기 위하여 한 일이라고 하더라도 이는 징계권의 범위를 일탈한 위법한 폭력행위가 된다(80도762 판결).
>
> ② 학생에 대한 폭행 · 욕설에 해당되는 지도행위는 학생의 잘못된 언행을 교정하려는 목적에서 나온 것이었으며 다른 교육적 수단으로는 교정이 불가능하였던 경우로서 그 방법과 정도에서 사회통념상 용인될 수 있을 만한 객관적 타당성을 갖추었던 경우에만 법령에 의한 정당행위로 볼 수 있다. 지도교사의 성격 또는 감정에서 비롯된 지도행위라든가, 낯모르는 사람들이 있는 데서 공개적으로 학생에게 체벌 · 모욕을 가하는 지도행위라든가, 위험한 물건 또는 지도교사의 신체를 이용하여 학생의 신체 중 부상의 위험성이 있는 부위를 때리거나 학생의 성별, 연령, 개인적 사정에서 견디기 어려운 모욕감을 주어 방법 · 정도가 지나치게 된 지도행위 등은 특별한 사정이 없는 한 사회통념상 객관적 타당성을 갖추었다고 보기 어렵다(2001도5380 판결).

3) 군인의 체벌행위 금지　"군인의 지위 및 복무에 관한 기본법"은 군인의 구타 · 폭언 · 가혹행위 · 집단따돌림 등 사적 제재를 금지하고 있다(동법 제26조). 따라서 상관의 체벌은 법령에 의해 금지된 행위이고 위법성이 배제될 수 없다. 판례도 감금 · 구타한 경우(84도799 판결)와 폭행을 가하여 상해를 입힌 경우(84도603 판결), 40~50분간 머리박아를 시키거나 깍지 낀 상태에서 2시간 동안 팔굽혀펴기를 50~60회 정도 하게 한 경우(2003도4151 판결)는 위법성이 배제될 수 없다고 하였다.

(3) 사인(私人)의 현행범체포행위

현행범인은 누구든지 영장없이 체포할 수 있다(형사소송법 제212조). 사인의 현행범체포행위도 법령에 의한 행위로서 정당행위가 된다. 현행범인을 체포하는 경우에 사인이 폭행 등 실력행사를 하더라도 체포나 도주저지를 위한 필요한 범위 내에서 위법성이 배제된다. 그러나 사인이 현행범체포의 범위를 일탈하여 상해를 가하거나 타인의 주거에 침입하면 위법행위가 되며, 무기를 사용할 수 없다.

(4) 노동쟁의행위

정당한 노동쟁의행위는 형법상의 업무방해죄(제314조 제1항)[1]의 구성요건에 해당하여도 위법성이 배제된다.

노동쟁의행위가 정당화되기 위해서는, ① 전체로서의 노동쟁의가 정당한 것이라야 한다. 쟁의주체는 단체교섭의 주체가 될 수 있는 자라야 하고, 단체교섭의 대상이 될 수 있는 사항에 대하여 노동조건의 개선 기타 노동자의 경제적 지위향상을 목적으로 하는 것이라야 하며, 정치적 목적이나 구속자 석방을 위한 쟁의는 허용되지 않는다. ② 전체로서의 쟁의행위가 정당하여도 개개의 쟁의행위가 법이 정한 절차에 따라야 하고 수단과 방법이 상당해야 한다. 사업장의 안전보호시설을 폐기 · 방해하거나 폭력행위, 파괴행위는 정당한 행위가 될 수 없다. 판례도 같다.

---

1) 헌법재판소는 2022. 5. 26. 재판관 4:5의 의견으로, 형법 제314조 제1항 중 '위력으로써 사람의 업무를 방해한 자' 부분이 헌법 위반되지 않는다고 결정하였다(2012헌바66 결정).

> **판례**   근로자의 쟁의행위가 형법상 정당행위가 되기 위하여는 첫째 그 주체가 단체교섭의 주체로 될 수 있는 자이어야 하고, 둘째 그 목적이 근로조건의 향상을 위한 노사간의 자치적 교섭을 조성하는 데에 있어야 하며, 셋째 사용자가 근로자의 근로조건 개선에 관한 구체적인 요구에 대하여 단체교섭을 거부하였을 때 개시하되 특별한 사정이 없는 한 조합원의 찬성결정 등 법령이 규정한 절차를 거쳐야 하고, 넷째 그 수단과 방법이 사용자의 재산권과 조화를 이루어야 함은 물론 폭력의 행사에 해당되지 아니하여야 한다는 여러 조건을 모두 구비하여야 한다(2003도687 판결).

(5) 기타 법령에 의한 행위

① "정신건강증진 및 정신질환자 복지서비스 지원에 관한 법률"상의 정신질환자에 대한 보호입원(동법제43조)과 행정입원(동법제44조)은 감금죄의 위법성이 배제되고, ② 한국마사회법상의 승마투표권발매(동법제6조)와 ③ "복권 및 복권기금법"상의 복권발행(동법제4조)도 법령에 의한 정당행위로서 위법성이 배제된다. ④ 공공의 이익을 위하여 진실한 사실을 적시한 명예훼손행위(제310조), ④ 장기이식을 위하여 뇌사자와 사망자의 장기를 적출하는 행위("장기 등 이식에 관한 법률" 제22조), ⑤ "시체 해부 및 보존 등에 관한 법률"상의 시체해부행위(동법제2조), ⑥ 연명의료결정법상의 연명의료중단등결정의 이행(즉 존엄사, 동법 제19조) 등도 법령에 의한 행위로서 위법성이 배제된다.

2. 업무로 인한 행위

업무란 사회생활상의 지위에서 계속 또는 반복할 의사로 행하는 사무를 말한다. 업무로 인한 행위가 법령에 규정되어 있는 때에는 법령에 의한 행위로서 위법성이 배제된다. 업무는 사회생활상의 지위에서 계속·반복할 의사로 행해지는 사무이면 충분하고, 반드시 경제적인 대가를 목적으로 하는 직무일 필요는 없다.

업무가 정당한 업무임을 요하는가에 대하여 업무 그 자체가 정당해야 한다는 견해도 있으나, 불법행위를 목적으로 하는 업무는 사회상규상 용인되지 않지만 행정관청의 면허나 허가 등을 받지 않은 부적법한 업무(예: 무면허의료행위) 자체는 사회적으로 용인되는 업무가 될 수 있다. 다만 면허·허가없이 행하는 영업은 처벌될 수 있다.

그러나 지역 문화재사업소장이자 역사박물관장으로 근무하던 자가 한 매장 문화재 유존 지역을 시찰하다가 매장문화재인 전돌을 발견하고도 이를 문화재청에 신고하지 않은 채 자신의 사무실로 옮긴 것은, 비록 문화재청에 신고해야 한다는 사실을 알지 못하고 지역 문화재사업소장으로서 업무를 위해 전돌을 옮긴 것이라 하더라도 정당행위에 해당하지 않는다(²⁰²¹도⁴¹⁵⁵ 판결 ['매장문화재 보호 및 조사에 관한 법률'위반죄 성립]).

(1) 치료행위

1) **치료행위의 의의** 환자의 동의를 받아 환자의 건강을 회복·유지시키기 위해 의술의 법칙에 따라 행하는 의료행위를 말한다.

2) **치료행위의 법적 성질** 법적 성질에 대해서, 치료행위는 상해죄의 구성요건에 해당하지 않는다는 견해(이재상 외 21/15), 업무로 인한 행위로서 정당행위가 된다는 견해(배종대 60/5, 강동욱 148), 피해자의 승낙 또는 추정적 승낙에 의한 행위로서 위법성이 배제된다는 견해(다수설)가 대립한다.

구성요건해당배제설에 따르면 하자 있는 환자의 동의도 유효한 것이 되어 의사의 전단적 의료행위로부터 환자를 보호할 수 없다. 또 업무로 인한 정당행위설에 따르면 통상의 의술법칙을 준수한 치료행위는 수술성공 여부와 관계없이 정당행위가 되므로 환자의 신체는 의사의 업무행위의 단순한 객체로 취급되어 환자의 자기결정권이 침해된다.

개인의 자기결정권이라는 인격적 자유는 타인의 업무활동에 의해서 침해될 수 없는 법익이고, 치료행위는 환자의 승낙을 전제로 해서만 가능하므로 치료행위는 환자의 승낙 또는 추정적 승낙에 의한 정당행위로서 위법성이 배제된다고 해야 한다.

3) **판례의 태도** 판례는 종래 업무로 인한 행위로 보아 의사의 부주의로 인한 행위도 위법성이 배제된다고 하였으나(⁷⁸도²³⁸⁸ 판결 참조), 그 후 태도를 바꾸어 의사가 환자인 피해자에게 수술의 경과 등에 대하여 충분히 설명할 의무를 이행한 후 피해자가 이에 승낙한 경우에 한하여 위법성이 배제될 수 있다고 하였다(92도2345 판결, 2009도14407 판결).

> **판례** 피해자의 병증이 자궁외 임신인지, 자궁근종인지를 판별하기 위한 정밀한 진단방법을 실시하지 아니한 채 위 피해자의 병명을 자궁근종으로 오진하고 이에 근거하여 의학에 대한 전문지식이 없는 위 피해자에게 자궁적출술의 불가피성만을 강조하였을 뿐 위와 같은 진단상의 과오가 없었다면 당연히 설명받았을 자궁외 임신에 관한 내용을 설명받지 못한 피해자로부터 수술승낙을 받은 사실을 인정할 수 있으므로 위 승낙은 피고인의 부정확 또는 불충분한 설명을 근거로 이루어진 것으로서 이 사건 수술의 위법성을 조각할 유효한 승낙이라고 볼 수 없다(92도2345 판결).

(2) 변호사 · 성직자의 업무행위

변호인이 법정에서 변론하는 경우(명예훼손죄)나 성직자가 직무상 알게 된 타인의 범죄행위를 고발하지 않는 경우(범인도피 · 은닉죄)는 업무로 인한 행위로서 위법성이 배제된다. 그러나 적극적으로 범인을 은닉하거나 도피시키는 행위는 위법하다($\frac{82도3248}{판결}$).

> **판례** 성직자의 직무상 행위가 사회상규에 반하지 아니한다 하여 그에 적법성이 부여되는 것은 그것이 성직자의 행위이기 때문이 아니라 그 직무로 인한 행위에 정당, 적법성을 인정하기 때문이다. 적극적으로 은신처를 마련하여 주고 도피자금을 제공하는 따위의 일은 이미 그 정당한 직무의 범위를 넘는 것이며 이를 가리켜 사회상규에 반하지 아니하여 위법성이 저각되는 정당행위라고 할 수 없다(82도3248 판결).

3. 사회상규에 위배되지 아니하는 행위

법령에 의한 행위 · 업무로 인한 행위는 사회상규에 위배되지 아니하는 행위를 예시한 것이므로 법령 · 업무로 인한 행위도 사회상규에 위배되면 위법행위가 된다. 사회상규에 위배되지 아니하는 행위는 모든 위법성배제사유를 판단하는 실정법상의 기준이므로 그 구체적 내용까지 실정법에 개별적으로 적시하지 않았어도 여기에 해당하는 행위는 모두 위법성이 배제된다(통설). 따라서 우리 형법상으로 사회상규 이외에 사회상당성이라는 별도의 기준으로 위법성 여부를 판단할 필요가 없다.

(1) 사회상규의 의의

사회생활상 일반적으로 인정되는 일상적 규칙 또는 사회생활상 원칙적으로 승인된 정상적인 행위규칙이라 설명하기도 하는데, 이를 종합하면 법질서 전체의 정신이나 사회윤리에 비추어 용인될 수 있는 정상적인 생활규칙이라 할 수 있다. 판례도 같다($_{2001도5380 판결 등}^{2002도5077 판결,}$).

사회상규는 포괄적 · 추상적인 성격을 가질 수밖에 없으므로 그 구체적인 내용은 개개 위법성배제사유의 특수성에 따라 개별적으로 판단해야 한다("위법성배제사유의 일반원리" 참조).

(2) 사회상규의 판단기준

판례는 "사회상규에 위배되지 아니하는 행위"라 함은 법질서 전체의 정신이나 그 배후에 놓여 있는 사회윤리 내지 사회통념에 비추어 용인될 수 있는 행위라 하고, 사회상규성의 판단기준으로, ① 행위동기와 목적이 정당해야 하고, ② 행위수단과 방법이 상당해야 하며, ③ 보호할 법익과 침해되는 법익의 균형성을 유지하고, ④ 긴급성과 보충성이 인정되어야 함을 그 요건으로 들고 있다($_{판결}^{2021도9680}$).

(3) 사회상규성이 인정되는 행위

의료법에 위배되지 않는 일반인의 간단한 치료행위, 상관행상 인정되는 과대광고, 치료유사행위(예: 성형수술) 등은 사회상규에 위배되지 않는 전형적인 행위들이다. 또 상대방의 도발행위나 폭행·강제연행을 피하기 위해 소극적으로 저항하는 경우, 징계권 없는 일반인의 연소자에 대한 징계행위가 목적과 수단에서 상당한 경우 또는 고소·고발 등 권리실행의 수단으로 행한 행위가 사회통념상 허용되는 정도나 범위를 넘지 않는 경우 등도 사회상규에 위배되지 않는다.

[사회상규 관련 판례] ① 자신(A)보다 나이가 어린 甲이 술에 취해 반말로 담배를 달라고 하면서 유도 4단이라며 행패를 부리고, 유도를 하자며 마당에서 자신(A)의 동생을 넘어뜨려 배위에 올라타고 목을 조르자 이를 제지하기 위해 빗자루로 甲의 엉덩이를 2회 때린 경우(78도2617 판결), ② 오진으로 인한 소파수술이더라도 현재의 의학이론에 크게 벗어나지 않고, 자궁외임신으로 의심하는 경우에도 진단목적으로 수술을 시행할 수도 있으며, 수술로 인한 상처가 지극히 경미한 경우(85

도2133 판결), ③ 취재요구에 응하지 않을 경우 조사한대로 보도하겠다고 고지한 것이 해악의 고지에 해당하더라도 자료를 수집하고 이를 보도하기 위한 신문기자로서의 일상적인 업무 범위 내에 속하는 것인 경우(2011도639 판결), ④ 실내 어린이 놀이터에서 놀고 있는 자신의 딸(4세)을 훼방하는 甲(2세)을 제지하자 甲이 딸을 한참 처다보다가 딸의 눈을 향해 손을 뻗는 것을 보고 손을 내밀어 이를 제지하였는데, 이로 인해 甲이 충격방지용 고무매트가 깔려 있는 바닥에 넘어져 엉덩방아를 찧은 경우(2012도11204 판결), ⑤ 함께 인터넷 게임머니 환전사업을 하던 동거녀가 헤어질 의도로 자신의 휴대전화와 사업장부, 예금통장을 몰래 가지고 친정으로 돌아가자 이를 반환해 달라는 내용의 문자를 보내고 사업을 통해 번 돈의 절반의 지급을 구하는 민사소송을 제기한 후 빨리 손해배상금을 정산할 것을 요구하면서 다소 위협적인 언사를 사용한 경우(2013도6809 판결), ⑥ 이혼소송 중 생후 30개월 된 아들을 주거지 인근 어린이집에 보내고자 전입신고를 하기 위해 아내가 남편의 인장을 위조하여 사용한 경우(2017도16367 판결), ⑦ 특정 사안에 대한 의견을 공유하는 인터넷 게시판에 '기레기'라는 댓글을 달았더라도 그 글의 내용이 객관적으로 타당성 있는 사정에 기초해 자신의 의견을 강조하거나 압축한 것으로서 당해 기사에 대한 다른 댓글들의 논조나 내용에 비추어 그 표현이 자니치게 악의적이라고 하기 어려운 경우(2017도17643 판결), ⑧ 의사가 간호조무사에게 전문적인 의학적 판단이나 기술이 요구되지 않고, 후유증이나 부작용 또한 발생가능성이 매우 낮은 물사마귀 제거시술을 지시한 경우(2019도7082 판결),[1] ⑨ 몸싸움 과정에서 소지하고 있던 휴대폰을 훔쳤다고 의심하면서 의사에 반하여 신체와 소지품을 수색하고 몸을 붙잡자 이를 벗어나기 위해 머리를 잡아당기는 정도의 유형력을 행사한 경우(2020도16556 판결)는 사회상규에 위배되지 않는다.

반면, 회사 노조위원장에 대하여 "노동탄압 압잡이 어용노조 ○○○은 퇴진하라"라는 현수막과 피켓 등을 일반인의 왕래가 잦은 도로변에 장기간 반복하여 게시한 행위는 사회상규에 위배되지 않는다고 보기 어렵다(2016도86 판결).

판례   ① 공갈죄의 수단으로서의 협박은 사람의 의사결정의 자유를 제한하거나 의사실행의 자유를 방해할 정도로 겁을 먹게 할 만한 해악을 고지하는 것을 말하고 여기에서 고지된 해악의 실현은 반드시 그 자체가 위법한 것임을 요하지 아니하며 해악의 고지가 권리실현의 수단으로 사용된 경우라고 하여도 그것이 권리행사를 빙자하여 협박을 수단으로 상대방을 겁을 먹게 하였고 권리실행의 수단 방법이 사회통념상 허용되는 정도나 범위를 넘는다면 공갈죄가 성립한다(2007도6406 판결).

---

[1] 위 판결에서 대법원은, 간호조무사에게 물사마귀 제거시술을 지시한 의사의 행위가 의료법위반 행위에 해당한다고 볼 수 없거나 사회상규에 위배되지 않는 정당행위로서 위법성이 조각된다고 판시하였다.

② '음란'이라 함은 사회통념상 일반 보통인의 성욕을 자극하여 성적 흥분을 유발하고 정상적인 성적 수치심을 해하여 성적 도의관념에 반하는 것을 말한다. … 특정 표현물을 형사처벌의 대상이 될 음란 표현물이라고 하기 위하여는 그 표현물이 단순히 성적인 흥미에 관련되어 저속하다거나 문란한 느낌을 준다는 정도만으로는 부족하다. 사회통념에 비추어 전적으로 또는 지배적으로 성적 흥미에만 호소할 뿐 하등의 문학적·예술적·사상적·과학적·의학적·교육적 가치를 지니지 아니한 것으로서, 과도하고도 노골적인 방법에 의하여 성적 부위나 행위를 적나라하게 표현·묘사함으로써, 존중·보호되어야 할 인격체로서의 인간의 존엄과 가치를 훼손·왜곡한다고 볼 정도로 평가될 수 있어야 한다. 나아가 이를 판단할 때에는 표현물 제작자의 주관적 의도가 아니라 사회 평균인의 입장에서 그 전체적인 내용을 관찰하여 건전한 사회통념에 따라 객관적이고 규범적으로 평가하여야 한다. … 음란물이 그 자체로는 하등의 문학적·예술적·사상적·과학적·의학적·교육적 가치를 지니지 아니하더라도, 앞서 본 음란성에 관한 논의의 특수한 성격 때문에, 그에 관한 논의의 형성·발전을 위해 문학적·예술적·사상적·과학적·의학적·교육적 표현 등과 결합되는 경우가 있다. 이러한 경우 음란 표현의 해악이 이와 결합된 위와 같은 표현 등을 통해 상당한 방법으로 해소되거나 다양한 의견과 사상의 경쟁메커니즘에 의해 해소될 수 있는 정도라는 등의 특별한 사정이 있다면, 이러한 결합 표현물에 의한 표현행위는 공중도덕이나 사회윤리를 훼손하는 것이 아니어서, 법질서 전체의 정신이나 그 배후에 놓여 있는 사회윤리 내지 사회통념에 비추어 용인될 수 있는 행위로서 형법 제20조에 정하여진 '사회상규에 위배되지 아니하는 행위'에 해당된다(2012도13352 판결).

제 5 절   책임이론

[§ 19] 책임의 기초이론

Ⅰ. 책임의 개념

1. 책임의 의의

형법상의 책임은 법적 책임이라는 점에서 윤리적 책임과 구별되며, 또 법적 책임 중에서도 형법 외의 법률상의 책임과 관계없는 형법 고유의 책임이다. 민사책임은 개인간에 발생한 손해배상책임임에 대해서 형사책임은 국가형벌권 행사에 대한 범죄인의 형벌부담책임이다.

종래까지 형법상의 인간상은 이성적인 윤리적 인간으로 파악하여 모든 인간은 이성을 가지고 스스로 의사결정을 하여 자기행위를 선택할 수 있다고 하고 형법상의 책임도 도의윤리적 책임이라 하여 왔다. 그러나 범행자 중에는 정신질환자 그 밖에 비정상적인 인간도 있고, 이러한 자는 의사결정능력이 없거나 감소되어 있으므로 이성적인 윤리적 인간만을 형법상의 인간으로 상정할 수 없다. 그리고 형법규범이 금지하고 있는 내용 중에는 윤리규범과 일치하는 부분도 많고 법과 윤리가 중첩되기도 하지만, 그렇다고 형법규범을 법과 윤리가 혼합된 규범이라 할 수 없다. 형법규범은 수명자 개인의 의무와 관계없이 구속력과 타당성을 갖고 있기 때문에 형법은 애당초 독립적으로 존재하는 고유규범이며 책임도 단순한 윤리책임이 아니라 형법 고유의 법적 책임이라 하게 되었다.

(1) 형법상의 책임의 의의

형법상의 책임은 행위자의 규범위반적 의사결정에 대한 "비난가능성"이다. 비난가능성이란 행위자가 자기 행위의 불법을 인식하고 이러한 인식에 기초하여 규범합치적 의사결정을 하여 달리 행위할 수 있었음에도 불구하고 이에 반한 의사결정을 한 자에 대하여 가해지는 부정적 평가를 말한다. 규범위반적 의사결정을 해서는 안된다는 결정규범위반과, 달리 행위할 수 있었다는 타행위가능성에 대한 부정적 가치판단이라 할 수 있다.

(2) 의사책임 · 행위책임

형법상의 책임은 규범위반적 의사결정 때문에 책임비난을 하는 것이므로 의사책임이라 하고, 행위자에 의해 범해진 개개 행위에 대한 책임이므로 행위책임이라 한다. 따라서 형사책임은 인격책임 · 성격책임 · 행위자책임이 아니다. 성격결함자나 상습범에 대해서 행위자의 성격을 고려하고 있어도 이에 대한 책임은 인격책임 · 성격책임 · 행위자책임이 아니다.

2. 책임주의

(1) 책임주의의 의의

책임주의 또는 책임원칙이란 책임 없으면 형벌 없고, 형벌의 양은 책임의 정도에 따라 결정해야 한다는 원칙을 말한다. 보통 "책임 없으면 형벌 없다"라는 표어로 사용되고 있다. 이러한 책임주의는 결과책임사상을 극복하고 책임의 범위 내에서 형벌을 한정함으로써 형벌권의 과도한 행사로부터 개인의 자유와 권리를 보장하는 기능을 수행하는 데 기여하여 왔다.

(2) 책임주의의 내용

1) 처벌의 전제   책임은 모든 처벌의 전제가 되므로 책임이 없으면 어떠한 이유로도 형벌을 부과할 수 없다. 즉 책임은 형벌의 근거가 되며, 형사제재를 정당화시킨다. 이를 책임의 형벌근거적 기능(형벌근거책임)이라 한다.

발생된 결과만을 이유로, 혹은 범행과 무관한 행위자의 단순한 심정이나 과거의 생활형상을 근거로 형벌을 부과할 수 없다. 형법상의 책임은 불법행위를 행한 행위자 개인에 대한 법적 비난이므로 자기책임의 원칙과 행위책임의 원칙을 기본으로 하고, 결과책임·우연책임·연대책임·단체책임·연좌책임을 인정하지 않는다.

2) **양형의 기초**   형벌은 책임의 정도에 상응해야 하며, 책임의 정도를 초과하는 형벌은 부과할 수 없다. 이를 책임의 형벌제한적 기능(형벌제한책임)이라 한다. 다만 형벌은 범죄예방적 기능을 갖고 있으므로 범죄예방의 관점에서 형벌은 책임에 상응한 정도보다 낮추어 부과할 수는 있다.

3) **책임의 전제로서의 불법**   책임은 불법을 전제로 하므로 불법의 내용과 정도는 책임의 경중에 불가분적 영향을 미친다. 따라서 불법 없는 책임을 인정할 수 없으며, 책임 없는 불법만으로 처벌할 수 없다.

II. 책임의 근거

책임을 비난가능성이라고 하면 행위자를 비난하는 근거가 무엇이냐가 문제된다. 책임주의는 인간에게 범죄행위 이외에 달리 행위할 수 있다는 타행위가능성을 전제로 하므로 책임의 근거는 곧 인간에게 스스로 의사를 결정할 수 있는 자유의사가 있느냐의 문제와 관련되어 있다.

1. 도의적 책임론

인간에게 자유의사가 있다는 이성적·윤리적 인간을 전제로, 책임의 근거는 자유의사에 있다고 하는 견해이다(비결정론). 즉 책임은 자기의 의사를 자유롭게 결정할 수 있는 자유의사를 가진 자가 법질서요구에 따른 규범합치적 의사결정을 할 수 있었음에도 불구하고 이에 반한 의사결정을 (선택)하였으므로 도의윤리적 비난을 가한다는 것이다.

2. 사회적 책임론

범죄는 자유의사가 아니라 소질과 환경에 의하여 필연적으로 결정된 행위자의 사회적 위험성이 있는 성격의 소산이므로, 책임의 근거는 사회적으로 위험한 행위자의 성격에 있다는 견해이다(결정론·성격책임론·행위자 책임론). 사회적 위험성이 있는 자에 대하여는 사회방위를 위하여 행위자의 특성에 따라 합리적인 처우를 할 필요가 있으므로 책임은 사회적 위험성이 있는 행위자가 사회방위처분(형벌 또는 보안처분)을 받아야 할 법적 지위라고 한다.

3. 인격적 책임론

도의적 책임론(이성적 인간상)과 사회적 책임론(숙명적 인간상)은 각각 일면적인 인간상만 파악한 것이라고 비판하고, 책임의 근거를 행위자의 배후에 있는 인격에서 찾는 견해이다. 즉 인간은 소질과 환경의 제약을 받으면서 그 범위 내에서 제한된 자유의사를 가지고 주체적으로 인격을 형성해 나가는 것이므로 현재 나타난 불법행위 외에도 과거에 인격이 형성되어 온 과정에서 비난할 사정이 있으면 그 잘못된 인격형성이 책임의 근거라고 한다(인격형성책임론).

4. 학설의 평가

1) **도의적 책임론의 평가**   범죄는 이성적인 인간뿐만 아니라 성격이상자도 범할 수 있으므로 소질과 환경의 영향을 배제할 수 없으며, 형법상의 책임은 도의윤리적 책임이 아니라 형법 고유의 법적 책임으로 파악해야 한다.

2) **사회적 책임론의 평가**   사회적 책임론은 소질과 환경의 영향을 받고 있는 구체적 인간상을 전제로 개개 범죄인의 특성에 맞게 범죄예방을 하고자 하는 실천적 의미를 가지고 있다.

그러나 소질과 환경에 의하여 필연적으로 결정된다는 사회적 위험성이라는 관념은 다의적이므로 판단자의 자의가 개입될 위험성이 있으며, 범죄자의 사회적 위험 있는 성격이 필연적으로 결정된다고 할 수 없다.

3) **인격적 책임론의 평가**   인격적 책임론이 형법상의 인간상을 이성적 인간이나 숙명적 인간을 전제로 하지 않고, 소질과 환경에 의해 영향을 받으면서 주체적으로 활동하는 합리적 인간상을 전제로 한다는 점은 타당하다.

그러나 ① 책임의 근거가 되는 인격형성과정은 복잡할 뿐만 아니라 잘못된 인격형성과정을 확정하는 것은 거의 불가능하고, ② 책임은 행위책임의 범위를 초과할 수 없으므로 행위자의 과거의 경력은 책임을 감경하는 데 참작될 뿐이고, 이것이 책임을 근거지울 수 없다.

4) 결 어   책임의 근거에 관한 학설대립의 밑바탕에는 인간에게 자유의사가 있느냐가 있다. 자유의사는 경험적 사실이 아니므로 그 존재는 물론 부존재도 증명할 수 없다. 다만 규범은 모든 인간에게 규범에 따라 행위할 것을 기대하고 그 준수를 명하고 있으므로 특별한 사정이 없는 한 인간은 범죄적 충동을 조절하고 규범합치적 의사를 결정할 수 있다는 것을 전제(가정)하고 있다. 실제로 인간은 동물과 달리 인과법칙을 어느 정도 선택할 수 있는 능력과 가능성을 갖고 있으므로 정상적인 보통의 인간이라면 규범합치적 의사를 결정할 수 있는 자유로운 인격적 존재라고 해야 한다.

비록 소질과 환경이 의사결정에 영향을 주고 있음은 사실이지만 이로 인하여 인간의 의사가 결정되었다고 할 수는 없다. 소질과 환경의 제약을 받는 범위 내에서 스스로 의사를 결정할 수 있는 제한된 자유의사는 인정해야 한다(상대적 자유의사론). 형법 제10조 제1항이 심신장애로 인한 사물변별능력이나 의사결정능력을 책임능력 판단의 내용으로 한 것도 소질과 환경의 제약으로 제한된 범위의 자유의사를 인정한 것이라 할 수 있다.

Ⅲ. 책임이론의 발전

책임개념은 책임의 본질과 그 내용이 무엇이냐를 논쟁하는 과정에서 발전되어 왔다. 책임의 본질에 관한 이론은 책임개념을 파악하는 근간이 된다.

1. 심리적 책임개념

(1) 심리적 책임론

1) 내 용   책임이란 발생결과에 대한 행위자의 "심리적 관계"라고 하고, 심리적 사실인 고의 또는 과실이 있으면 책임이 있고, 그 어느 것도 없으면 책임이 없다는 이론이다. 이 이론은 책임능력을 책임의 조건으로 하고, 발생결과에 대한 심리관계의 태양(態樣)인 고의(사실의 인식)와 과실을 구별하여 양자는 책임의 두 "종류"이고 그 공통된 상위개념이 책임이라는 데에 특색이 있다.

2) 평 가   ① 고의 또는 과실이 있으면 책임을 인정해야 하므로 다른 책임배제사유(불가항력적 사정, 강요된 행위)가 있을 때에 책임이 부정되는 이유를

설명할 수 없고, ② 인식 없는 과실은 구성요건요소에 대한 인식이 없으므로 발생결과에 대한 심리적 관계를 인정할 수 없으며, ③ 과실은 주의의무위반이라는 규범적 요소가 본질적 요소이고 순수한 심리적 사실인 고의와 성질이 다르기 때문에 양자에 공통되는 상위개념을 정립하는 것은 불가능하다.

(2) 수정된 심리적 책임론

1) 내 용   고의와 과실을 성질이 같은 책임의 두 종류로 인정하기 위해서 고의의 요소에 의무위반성의 인식(규범적 책임론에 와서 위법성의 인식이 됨)이라는 규범적 요소를 부가하여 고의도 과실과 같이 규범적 성질을 가진 책임의 두 "종류"로 파악하고, 이러한 고의 또는 과실이 있으면 책임이 있고 그 어느 것도 없으면 책임이 없다는 이론이다. 기본적으로는 심리적 책임론과 같다. 다만 고의의 요소에 의무위반성의 인식이라는 규범적 요소를 부가하여 책임을 심리적 사실 관계가 아니라 "비난가능성"으로 파악하였다는 점이 심리적 책임론과 다르다. 고의와 과실의 규범적 요소에 의해서 책임을 평가한다는 의미에서 힙펠류(독일의 Hippel 등이 주장한)의 규범적 책임론이라 한다.

2) 평 가   규범적 요소를 기초로 고의와 과실을 책임의 종류로 통합하고 책임의 실체를 비난가능성이라는 가치평가 개념으로 구성함으로써 심리적 책임론의 본질적 결함은 시정하였다.

그러나 이 이론도 고의 또는 과실이 있으면 책임을 인정해야 하므로 다른 책임배제사유가 있을 때에 책임이 부정되는 이유는 여전히 설명할 수 없다.

2. 규범적 책임개념

(1) 규범적 책임론

수정된 심리적 책임론의 고의의 요소인 의무위반성의 인식을 위법성의 인식으로 대체하고 고의·과실 외에 다시 기대가능성이라는 규범적 요소를 추가하여 책임의 실체를 비난가능성이라는 규범적 평가개념으로 파악하는 이론이다. 강화된 규범적 요소가 책임을 평가하므로 규범적 책임론이라 부른다.

1) 복합적 책임론   신고전적 범죄론체계의 규범적 책임론은 고의의 요소로 위법성의 인식이라는 규범적 요소를 부가하여 고의(사실의 인식 + 위법성의 인

식) 또는 과실(사실의 인식가능성 + 주의의무위반)이 없으면 책임도 없으나 고의 또는 과실이 있어도 적법행위의 기대가능성(규범적 요소)이 없으면 책임이 배제된다고 한다. 고의·과실·기대가능성 모두 규범적 요소의 복합으로 구성된 것이라 하여 복합적 책임론이라 한다. 그리고 고의 또는 과실이 있어도 기대가능성이 없으면 책임이 배제되므로 고의와 과실은 책임의 종류가 아니라 책임을 인정하는 데에 필요한 "조건"(책임조건)에 불과하고 충분조건은 아니다.

2) **신복합적 책임론**   이 이론은 고의를 행위의사로서의 고의와 심정반가치로서의 고의로 구분하고, 과실도 객관적 과실(객관적 주의의무위반)과 주관적 과실(주관적 주의의무위반)으로 분리하여 이를 구성요건 고의·과실과 책임고의·과실로 각각 분배하고, 책임고의·과실은 책임조건이 아니라 책임형식이라 하여 고의의 이중지위를 인정한다. 위법성의 인식의 규범적 성격을 인정하는 일부 견해도 있지만, 대체로 아무런 언급없이 위법성의 인식이 고의와는 독립된 책임요소가 된다고 한다. 이 이론에 따르면 책임형식인 고의 또는 과실이 있고 위법성의 인식이 있으면 원칙적으로 책임이 인정되지만 기대가능성이 없으면 책임이 배제된다. 우리나라의 다수설이다. 목적적 범죄론체계(구성요건고의·과실)와 신고전적 범죄론체계(책임고의·과실)를 결합하고 있다는 의미에서 신복합적 책임론이라 한다.

3) **순수 규범적 책임론**   타행위가능성(기대가능성)을 기초로 한 (복합적) 규범적 책임론의 규범적 성격을 보다 철저화하여 심리적 사실인 고의(사실의 인식)를 책임에서 배제하고(과실도 책임에서 배제하는 견해도 있다), 순수하게 가치평가를 할 수 있는 규범적 요소만으로 책임을 구성하는 철저한 규범적 책임론이다.

이 이론은 평가의 객체(평가받는 것)와 객체의 평가(평가하는 것)를 엄격히 구별하여 비난가능성이라는 책임은 객체를 평가(객체의 평가)할 뿐이고 책임평가의 대상이 되는 심리적 사실인 고의(사실의 인식)와 과실은 책임요소가 될 수 없다고 하고, 평가기능을 갖는 순수한 규범적 요소만으로 책임을 구성한다(주관적 과실은 책임요소가 된다는 견해도 있다). 그 결과 심리적 사실인 고의는 주관적 불법요소로서 구성요건요소가 되므로 위법성의 인식은 필연적으로 고의와 분리되어 독립된 책임의 규범적 요소가 된다(**책임설**).

이 이론의 책임의 구성요소는, ① 책임의 전제로서의 책임능력, ② 비난가능성의 지적 요소로서의 위법성의 인식, ③ 비난가능성의 의적 요소로서의 기대가능성(또는 기대불가능성)으로 파악하며, ④ 과실범의 경우 객관적 과실은 구성요건요소이지만 주관적 과실은 책임요소로 인정하기도 한다.

(2) 규범적 책임개념의 평가

1) 복합적 책임론에 대한 검토　규범적 책임론이 책임의 실체를 비난가능성이라는 가치평가개념으로 구성한 것은 타당하다. 그러나 책임이 가치평가개념이라 하면 평가의 대상이 되는 심리적 사실(고의)은 책임의 요소가 될 수 없다. 이 견해는 평가를 받는 심리적 사실(고의)과 평가를 하는 규범적 요소(위법성의 인식)를 고의의 요소로 결합하여 성질이 다른 객체의 평가와 평가의 객체를 혼합하고 있다는 비판을 받는다.

2) 신복합적 책임론에 대한 검토　① 책임고의(심정반가치 고의)는 구성요건고의가 확정되면 특별한 사정(위법성배제사유의 전제사실의 착오)이 없으면 자동적으로 확정되므로 일반의 고의범의 경우 책임고의는 책임에서 아무런 역할도 없는 형식개념에 불과하다. 심정반가치는 원래부터 위법성의 인식에서 나온 것이므로 위법성의 인식이 있으면 책임비난을 할 수 있고, 위법성의 인식이 불가능하면 책임고의 유무와 상관없이 책임이 배제되기 때문이다. ② 이중지위설에 따르면 불법단계에서 확정된 고의불법행위에 대해서 책임단계에 와서 심정반가치 고의가 부정될 경우 과실형벌을 부과하거나 과실범을 의제한다는 체계모순이 생긴다. ③ 이중지위설에서는 위법성의 인식을 책임요소로 인정하면서도 심정반가치는 위법성의 인식이 아니라 책임고의에서 징표된다는 주장이 많은데, 위법성의 인식의 규범적 성격을 제거하면 위법성의 인식은 책임을 평가할 수 없음에도 책임요소가 되는 이유를 설명할 수 없다.

3) 순수 규범적 책임론에 대한 검토　순수 규범적 책임론에 대해서는 고의의 이중지위설에서 다음과 같은 비판을 한다. ① 불법평가의 대상과 책임평가의 대상은 동일한 고의행위임에도 불구하고 불법평가에서만 고의를 불법요소로 인정하고 책임평가에서 고의를 책임에서 배제하면 불법과 책임의 범죄체계가 균형이 맞지 않으며, ② 고의를 책임에서 배제하면 책임의 내용이 공허하여 책임평가의 독자성이 상실된다는 것이다.

그러나 ① 심리적 사실인 고의는 행위반가치의 본질적 내용을 구성하므로 불법요소가 되는 것은 당연하지만, 그 고의는 책임평가의 대상이 될 뿐이고 책임을 평가할 수 없으므로 책임요소가 될 수는 없다. 이중지위설에서 주장하는 책임고의는 책임에서 적극적 역할도 없는 형식개념에 불과하며, 반법적 심정이라는 심정반가치는 고의가 아니라 본래부터 위법성의 인식에서 나온 것이고, (복합적) 규범적 책임론에서 위법성의 인식을 고의의 규범적 요소로 부가한 이유도 여기에 있다.[1] ② 불법체계와 책임체계가 일치해야 할 이유가 없으므로 불법과 책임의 체계를 맞추기 위해서 고의의 이중지위를 인정할 필요도 없다. 고의를 책임에서 배제하더라도 구성요건고의에는 위법경고기능이 있기 때문에 고의행위자에게 과실행위자보다 더 큰 책임비난을 할 수 있으므로 고의책임이 과실책임보다 무겁다는 것을 충분히 설명할 수 있다. ③ 위법성의 인식이 책임의 규범적 요소로 기능하고 있는 이상 고의가 책임에서 배제되어도 책임이 공허해질 수 없고, 위법성의 인식이 책임평가를 하고 있으므로 책임평가의 독자성도 상실될 수 없다. 체계논리상 모순 없는 순수 규범적 책임론이 이론적으로 타당하다고 본다.

3. 예방적 책임개념

타행위가능성에 기초하고 있는 규범적 책임개념은 그대로 인정하고 여기에 형벌의 예방목적을 보충하거나, 타행위가능성에 기초한 책임개념을 완전히 배제하고 적극적 일반예방의 목적만으로 책임을 구성하려는 책임개념이다.

(1) 절충적 예방적 책임론

타행위가능성에 기초한 규범적 책임개념의 책임에 형벌의 예방목적을 부가하여 예방목적은 형벌필요성을 결정하고 규범적 책임개념의 책임은 예방목적의 형벌필요성을 제한한다는 이론이다(손동권·김재윤 16/23). 또 규범적 책임개념의 책임과 형벌의 예방목적을 통합한 "벌책성"이 책임을 구성하고 규범적 책임개념의 책

---

[1] 고의의 이중지위설의 중에서도 "위법성을 인식하고서도 행위로 나아감으로써 공동체의 법질서에 대한 행위자의 '심정반가치'가 드러나게 되고 행위자에 대한 책임비난이 가해지게 된다"(임웅 341), "위법성의 인식은 책임비난의 핵심"(손동권·김재윤 18/1) 또는 "구체적 행위자가 자신의 행위가 '불법'에 해당한다는 것을 인식하거나 인식할 수 있어야만 그 구체적 행위자에게 책임비난을 가할 수 있다"(신동운 429)고 주장하고 있다.

임이 부정되는 경우에도 예방적 관점에서 형벌을 부과할 수 있다는 록신의 예방적 책임론(벌책성설)도 기본구상은 같다.

그러나 ① 형벌은 책임을 상쇄시키는 것이므로 책임과 형벌목적은 서로 대치관계로 존재할 때에만 책임이 형벌을 제한하는 기능을 수행할 수 있으므로 양자를 통합할 수 없고, ② 예방목적을 강조하면 극단적으로는 책임무능력자나 면책된 자까지도 예방적 관점에서 처벌할 수 있다는 주장도 가능하다.

(2) 적극적 일반예방론

자유의사와 타행위가능성에 기초한 규범적 책임개념은 내용 없는 형식개념에 불과하다는 이유로 완전히 배척하고, 법준수자로 하여금 법에 충실하도록 훈련시키며, 일반인이 규범을 신뢰하고 이를 유지하도록 하는 적극적 일반예방목적이 책임의 내용을 구성한다고 하고, 이러한 적극적 일반예방목적을 가진 책임이 형벌의 근거가 되며 형벌을 제한할 수 있다는 이론이다(김성돈 378 참조).

이 이론에 의하면, ① 적극적 일반예방이 법충실에의 훈련과 규범신뢰를 유지시키는 명확한 기준이 없으므로 이를 책임의 내용으로 인정할 때에는 책임은 입법자나 법관의 재량에 따라 결정할 수밖에 없고, ② 책임은 단지 적극적 일반예방의 수단에 불과하여 독자적 의미가 없는 형벌부과기구로 전락하게 된다. ③ 타행위가능성의 출발점이 되는 자유의사는 경험적 사실이 아니므로 애당초 그 존재뿐만 아니라 부존재의 증명도 불가능하다. 규범은 본질상 정상적 인간이라면 규범합치적 의사를 결정하여 행위할 수 있다는 것을 전제로 하여 규범준수를 요구하고 있으므로 경험적으로 증명할 수 없다는 이유만으로 자유의사를 책임에서 완전히 배제할 수는 없다고 해야 한다.

우리나라의 적극적 일반예방론은 위법성과 책임은 범죄성립요소가 아니라 위법성배제사유와 책임배제사유만 이미 성립된 "죄"를 면제해 주는 면죄사유라고 하는 구성요건단일범죄체계에서 주장한다(김성돈 140 이하).

[§ 20] 책임능력

Ⅰ. 책임능력의 개념

1. 책임능력의 의의

책임능력이란 사리를 판단하여 의사를 결정하고 행위를 조종·통제할 수 있는 귀책능력을 말한다. 책임을 행위자에게 귀속시키기 위해서는 행위자가 형사책임을 부담할 수 있는 책임능력이 있어야 한다. 책임능력이 없으면 애당초 책임을 부담시킬 수 없다. 따라서 책임능력은 책임판단의 전제요건이 된다.

형법은 책임능력에 관하여 적극적 규정을 두지 아니하고, 소극적으로 책임능력이 없는 자(불가벌)와 한정책임능력자로서 책임능력이 미약한 자(임의적 형감경), 청각 및 언어 장애인(필요적 형감경)을 규정하고 있다.

2. 책임능력의 본질

1) 유책행위능력설   책임능력은 법규범의 명령·금지에 따라 의사를 결정하고 자기 행위를 조종할 수 있는 능력이라는 견해이다. 이에 따르면, 책임무능력자는 애당초 유책행위능력이 없으므로 책임을 부담지울 수 없고, 한정책임능력자는 책임을 감경한다. 우리나라 통설이다.

2) 형벌적응능력설   사회적 책임론에 따르면 책임의 근거는 소질과 환경에 의하여 결정된 사회적 위험성이 있는 성격에 있다고 하므로 범죄적 성격이 이미 결정된 자에 대한 유책행위능력은 의미가 없다. 다만 사회방위를 위해 형벌을 부과함으로써 과형의 목적을 달성할 필요가 있을 뿐이므로, 책임능력이란 형벌을 받음으로써 사회에 적응할 수 있는 형벌적응능력(수형능력)이라 한다.

형벌적응능력설에 따르면 한정책임능력자도 수형능력이 있으므로 형을 감경하는 것은 무의미하다.

3) 결 어   형벌적응능력설에 의하면, ① 상습범은 형벌적응성이 없는 책임무능력자가 되는 반면, 명정자는 형벌부과시에 수형능력이 있으므로 책임능력자가 되고, ② 형벌부과로 사회방위 목적을 달성할 수 있느냐는 형벌집행단

계에서 판단해야 하므로 책임무능력자도 일단 책임 있는 범죄자로 인정하게 되는 결함이 생긴다. 이 이론은 이미 소멸된 이론이다.

책임을 비난가능성이라고 한다면 규범합치적 의사결정을 할 수 없는 자에 대해서는 비난할 수 없으므로 책임능력은 유책행위능력이라 해야 한다.

II. 책임능력 판단기준

책임능력 유무를 판단하는 기준에 대하여 세 가지 입법형식이 있다.

1) **생물학적 방법**　정신장애나 정신적 결함과 같은 비정상적인 상태가 있으면 책임능력이 없다고 하는 방법이다.

2) **심리적 방법**　행위 당시 시비변별능력이나 행위조종능력이 없는 심리상태가 있다고 판단되면 생물학적 영향에 관계없이 책임능력이 없다고 하는 방법이다.

3) **통합적 방법**　정신장애나 정신결함과 같은 비정상적인 상태는 생물학적 방법으로, 시비변별능력이나 의사결정능력의 유무는 심리적 방법으로 책임능력 유무를 판단하는 방법이다.

4) **형법의 규정**　제10조 제1항은 "심신장애로 인하여 사물을 변별할 능력이 없거나 의사를 결정할 능력이 없는 자"를 책임무능력자로 규정하고 있으므로 형법은 "심신장애"라는 생물학적 방법과 "사물변별능력·의사결정능력"이라는 심리적 방법을 혼합한 통합적 방법을 택하고 있다.

> **판례**　형법 제10조에 규정된 심신장애는 생물학적 요소로서 정신병 또는 비정상적 정신상태와 같은 정신적 장애가 있는 외에 심리학적 요소로서 이와 같은 정신적 장애로 말미암아 사물에 대한 변별능력과 그에 따른 행위통제능력이 결여되거나 감소되었음을 요하므로, 정신적 장애가 있는 자라고 하여도 범행 당시 정상적인 사물변별능력이나 행위통제능력이 있었다면 심신장애로 볼 수 없다(2018도7658 등 판결).

III. 책임무능력자

형법은 형사미성년자와 심신상실자를 책임무능력자로 규정하고 있다.

1. 형사미성년자

14세 되지 아니한 자의 행위는 벌하지 아니한다(제9조). 육체적·정신적으로 미성숙하기 때문에 책임무능력자로 취급하는 것이다. 형법은 개개인의 사실상의 능력과 관계없이 일반적·획일적으로 14세 미만자를 책임무능력자로 규정하고 있다.

14세 미만자가 그 이상의 정신능력을 가지고 있어도 책임무능력자이며, 반대로 14세 이상자가 그 미만의 정신능력을 가진 것만으로 책임능력이 부정되지 않는다. 14세 미만자인가 아닌가의 판단은 사실문제이므로 가족관계등록(호적)이 절대적 근거가 되는 것이 아니며, 증인·감정인 등의 진술도 인정자료가 될 수 있다.

소년법은 형사정책적 이유에서 19세 미만자를 특별취급하고 있다.[1]

① 법정형 장기 2년 이상의 유기형에 해당하는 죄를 범하였을 경우에는 장기와 단기를 정하여 선고해야 한다(동법 제60조 제1항, 장기 10년 이내, 단기 5년 이내).

② 죄를 범할 때 18세 미만인 소년을 사형 또는 무기형으로 처할 때에는 15년의 유기징역으로 한다(동법 제59조).[2]

③ 심리의 분리, 구속영장 제한 외에도 형벌법령에 저촉되는 행위를 할 우려가 있는 10세 이상 14세 미만의 소년, 장래 형벌법령에 저촉되는 행위를 할 우려가 있는 10세 이상의 소년, 죄를 범한 14세 이상의 소년에 대해서는 보호처분을 하도록 규정하고 있다(동법 제4조 제1항, 제32조).

④ 담배사업법 위반행위에 대해서는 형법 제9조의 적용을 배제하는 특별규정이 있다(담배사업법 제31조).

---

[1] 소년법상의 소년은 19세 미만인 자이다(동법 제2조 참조).

[2] 다만, 제18세 미만의 소년이 특정강력범죄법상의 특정강력범죄를 범한 때에는 20년의 유기징역에 처하고, 특정강력범죄를 범한 소년에 대하여 부정기형을 선고할 때에는 장기 15년, 단기 7년을 초과하지 못한다(동법 제4조 참조).

2. 심신상실자

심신장애로 인하여 사물을 변별할 능력이 없거나 의사를 결정할 능력이 없는 자의 행위는 벌하지 아니한다(제10조제1항). 이러한 상태에 있는 자를 심신상실자라 한다. 심신상실자가 되려면 행위자에게 ① 심신장애가 있고, ② 심신장애가 원인이 되어 사물변별능력이 없거나 의사결정능력이 없어야 한다.

(1) 심신장애

심신장애는 정신장애를 의미하며, 그것이 심신상실의 정도에 이르면 책임무능력자가 된다. 정신장애의 원인은 정신병(정신분열증·조울병·간질 등), 정신병질(충동장애·심한 신경쇠약), 의식장애(의식이 없거나 현저히 저하된 수면상태·명정상태·최면상태 등), 지능이 현저히 낮은 정신박약이 있다. 충동조절장애와 같은 성격결함은 정상인 중에도 자신의 충동을 억제하지 못하는 자가 있으므로 원칙적으로 심신장애에 해당하지 않는다.

판례는 생리기간 중에 심각한 충동조절장애로 절도범행을 한 경우(2002도1541판결)와, 성격결함(충동조절장애)으로 소아기호증 증상이 매우 심각하여 정신병 있는 사람과 동등하다고 평가할 수 있는 경우(2012도12689판결)에 심신장애를 인정한다.

(2) 사물변별능력·의사결정능력

심신상실이 되기 위해서는 심신장애만으로 부족하고, 심신장애로 인하여 사물변별능력이나 의사결정능력이 없어야 한다. 사물변별능력이 없으면 의사결정능력도 없지만 사물변별능력이 있어도 의사결정능력이 없는 경우가 있다.

1) **사물변별능력**　행위의 성질과 의미를 인식하고 시비선악을 판단할 수 있는 능력과, 행위의 불법을 통찰할 수 있는 능력을 포함한다. 이 능력은 기억능력과 일치하는 것은 아니다. 심리적 요인 중 지적 요소에 해당한다.

2) **의사결정능력**　사물변별능력에 따라 이성적 판단을 하고 자기 행위를 조종·통제할 수 있는 능력을 의미한다. 심리적 요인 중 의지적 요소에 해당한다.

(3) 형법적 취급

심신상실 여부에 대한 최종 판단은 법관이 법적·규범적 관점에서 독자적으로 하는 것이므로 전문가의 감정에 따르느냐는 법관의 재량에 속한다.

> **판례** 형법 제10조 제1항 및 제2항 소정의 심신장애의 유무 및 정도의 판단은 법률적 판단으로서 반드시 전문감정인의 의견에 기속되어야 하는 것은 아니고, 정신분열병의 종류 및 정도, 범행의 동기 및 원인, 범행의 경위 및 수단과 태양, 범행 전후의 피고인의 행동, 증거인멸 공작의 유무, 범행 및 그 전후의 상황에 관한 기억의 유무 및 정도, 반성의 빛 유무, 수사 및 공판정에서의 방어 및 변소의 방법과 태도, 정신병 발병전의 피고인의 성격과 그 범죄와의 관련성 유무 및 정도 등을 종합하여 법원이 독자적으로 판단할 수 있다(2007도6406 판결. 같은 취지 2012도12689 판결).

일단 심신상실자로 판단되면 다른 책임요소를 판단할 필요없이 책임이 배제되어 처벌되지 않는다. 책임이 배제되어 형벌을 부과할 수 없는 자도 보안처분의 대상은 될 수 있다. 형법 제10조 제1항의 규정에 따라 벌할 수 없는 자가 금고 이상의 형에 해당하는 죄를 범하고 치료감호시설에서 치료를 받을 필요가 있고 재범의 위험성이 있는 때에는 치료감호에 처한다(치료감호법 제2조 제1항 제1호).

IV. 한정책임능력자

형법은 심신미약자와 청각 및 언어 장애인을 한정책임능력자로 규정하고 있다.

1. 심신미약자

심신장애로 인하여 사물변별능력이나 의사결정능력이 미약한 자의 행위는 형을 감경할 수 있다(제10조 제2항).

(1) 심신장애

심신장애(정신장애)가 있어야 하고, 그 정도가 심신상실에 이르지 않아야 한다. 보통 중증이 아닌 정신박약자, 신경쇠약자, 히스테리환자, 노쇠자, 알코올중

독자, 경증의 정신병질자, 경한 충동장애자인 경우가 많다.1) 판례는 원칙적으로 충동조절장애와 같은 성격결함은 심신장애에 해당하지 않으나, 그 정도가 심각하여 정신병을 가진 사람과 동등하다고 평가할 수 있는 경우에는 심신장애에 해당한다고 판시하였다.

> **판례**   원칙적으로 충동조절장애와 같은 성격적 결함은 형의 감면사유인 심신장애에 해당하지 아니한다고 봄이 상당하지만, 그 이상으로 사물을 변별할 수 있는 능력에 장애를 가져오는 원래의 의미의 정신병이 도벽의 원인이라거나 혹은 도벽의 원인이 충동조절장애와 같은 성격적 결함이라 할지라도 그것이 매우 심각하여 원래의 의미의 정신병을 가진 사람과 동등하다고 평가할 수 있는 경우에는 그로 인한 절도범행은 심신장애로 인한 범행으로 보아야 할 것이다(2002도1541 판결. 같은 취지 2010도14512 판결).

(2) 사물변별능력 · 의사결정능력

사물변별능력이나 의사결정능력이 미약한 경우라야 한다. 심신미약의 판단도 법관이 행한다. 이 경우 전문가의 감정은 중요한 자료가 될 수 있다.

(3) 형법적 취급

심신미약자에 대하여는 형을 감경할 수 있다. 제10조 제2항의 규정에 따른 심신미약자가 금고 이상의 형에 해당하는 죄를 범하고 치료감호시설에서 치료받을 필요가 있고 재범의 위험성이 있는 때에는 치료감호에 처한다($^{치료감호법 제2조}_{제1항 제1호}$). 이 때 치료감호와 형이 병과된 때에는 치료감호를 먼저 집행하고 치료감호의 집행기간은 형기에 산입한다($^{동법}_{제18조}$). 담배사업법위반행위에 대하여는 제10조 제2항의 적용이 배제된다($^{담배사업법}_{제31조}$).

---

1) 대법원은, ① 직장 내 승진시험에서 2년 연속으로 불합격한 뒤 불안감에 시달리다가 부모와 배우자가 자신을 살해하려 한다는 망상에 빠져 모친을 살해한 경우(2021도873 판결), ② 정신분열증을 앓고 있는 정신장애 2급 장애인이 같은 마을 이장이 자신의 정신과 몸을 지배하고 자신과 성관계를 가지려 한다는 망상에 사로잡혀 있던 중 이장을 만나 따지다가 이장이 자신을 무시하자 들고 있던 둔기로 이장을 살해한 경우(2021도10787 판결)에 심신미약 상태를 인정할 수 있다고 판시하였다. 또 ③ 누군가 자신을 죽이려 한다고 생각하고, 이유 없이 옷을 벗어 성기를 노출하고 사람을 발로 차는 이상행동을 하여 정신과 전문의로부터 피해망상 등을 이유로 한 정신병 장애진단을 받은 경우라면 심신장애에 의심이 있는 때에 해당한다(2019도8531 판결)고 보았다. 반면, 희귀성 난치병을 앓고 있어 치료를 받고 있다는 사정만으로는 심신미약 상태를 인정하기 어렵다고 판시(2019도4834 판결)하였다.

2. 청각 및 언어 장애인

들거나 말하는 데 모두 장애가 있는 사람의 행위에 대해서는 형을 감경한다(^{제11조}). 이러한 장애를 가진 자를 '청각 및 언어 장애인'이라 한다. 청각기능과 발음기능 모두에 장애가 있는 자라야 한다. 장애가 선천적으로 생겼거나 후천적으로 생겼거나를 묻지 않는다. 그러나 신체적으로 장애가 있다고 하여 반드시 정신장애를 일으킨다고 할 수 없고, 정신장애가 있는 청각 및 언어 장애인에 대하여는 형법 제10조의 심신장애인으로 취급할 수 있으므로 청각 및 언어 장애인을 한정책임능력자로 취급하는 규정은 삭제함이 타당하다.

[§ 21] 원인에 있어서 자유로운 행위

Ⅰ. 원인에 있어서 자유로운 행위와 형법의 기본원칙

1. 원인에 있어서 자유로운 행위의 의의

원인에 있어서 자유로운 행위란 책임능력자가 자의로 자신을 심신장애(정신장애)상태에 빠뜨리고 이 상태에서 범죄를 실현하는 범행형태를 말한다. 예컨대 살인을 하기 위해 음주대취한 명정상태가 되어 이 상태에서 범행을 실현하는 것이다. 책임능력 있는 때의 원인설정행위와 심신장애상태에서의 결과실현행위가 결합된 범행형태이다. 자의와 관계없이 생긴 심신장애상태에서 범행을 하는 심신상실자·심신미약자의 행위와 구별된다. 원인에 있어서 자유로운 행위에 대하여 형법은 완전책임능력자의 행위로 취급($^{제10조}_{제3항}$)하여 가벌성을 인정하고 있다.

2. 형법의 기본원칙과 이론상의 문제

(1) 실행행위와 책임능력의 동시존재의 원칙

책임주의는 행위책임을 기본으로 하므로 행위와 책임능력은 동시에 존재해야 한다. 즉 실행의 착수 이후 실행행위가 종료하는 시점 사이에 책임능력이 존재하는 경우에 한하여 책임을 인정할 수 있다.

형법은 이 원칙에 따라 실행행위시에 심신상실상태가 있으면 책임을 배제하고($\frac{제10조}{제1항}$), 심신미약상태가 있으면 책임을 감경할 수 있도록 규정($\frac{제2}{항}$)하고 있다.

이 원칙에 따르면 원인에 있어서 자유로운 행위는 실행행위시에 책임능력이 없거나 한정책임능력밖에 없음에도 불구하고 완전책임능력자와 같이 취급하여 가벌성을 인정하는 근거가 무엇이냐가 문제된다.

(2) 실행행위의 정형성의 원칙

범죄의 실행행위는 해당 구성요건이 예상하고 있는 정도의 위험성이 있는 정형적 행위와 합치될 때 그 행위의 구성요건해당성을 인정할 수 있다. 구성요건의 명확성의 원칙에서 요구하는 원칙이다.

이 원칙에 따르면 책임능력 있는 때의 원인설정행위(심신장애야기행위)를 범죄의 실행행위라 할 수 있느냐가 문제된다.

(3) 형법규정과 가벌성의 근거

형법 제10조 제3항은 "위험발생을 예견하고 자의로 심신장애를 야기한 자의 행위에는 전2항의 규정을 적용하지 아니한다"고 규정함으로써 원인에 있어서 자유로운 행위를 책임능력자의 행위로 취급하여 가벌성을 인정하는 법적 근거를 마련하고 있다.

그러나 이 법규정만으로 동시존재의 원칙과 정형성의 원칙에서 제기되는 문제점에 대한 해답을 찾을 수 없다. 여기에 원인에 있어서 자유로운 행위를 처벌하는 가벌성의 이론적 근거를 마련하는 작업이 필요하다.

II. 원인에 있어서 자유로운 행위의 가벌성의 근거

1. 도구이론원용설

범죄실현을 위하여 자의로 야기한 심신장애상태를 자신의 도구로 이용하는 범행형태는 생명 있는 타인을 도구로 이용하여 범죄를 실현하는 간접정범과 법적 구조가 동일하므로 간접정범처럼 가벌행위가 된다는 견해이다(황산덕 199, 정영석 173, 김일수·서보학 271).

도구이론에 의하면 원인에 있어서 자유로운 행위의 실행의 착수시기는 간접정범과 같이 원인설정시가 되고 심신장애상태에서의 범죄실현행위는 원인설정행위의 인과과정에 불과하므로 원인설정시에 책임능력이 있으면 심신장애상태에서의 범죄실현행위에 대하여 책임비난을 할 수 있고, 동시존재의 원칙도 유지된다고 한다.

그러나 ① 원인설정행위를 실행행위라고 하면, 예컨대 살인의사로 음주대취한 후 의식불명으로 살해행위로 나아가지 못한 경우에도 살인미수죄가 되고, 이 경우 음주행위가 범죄실행행위가 되어 사리에도 맞지 않으며, ② 원인에 있어서 자유로운 행위로 한정책임능력을 야기한 때에는 자신을 도구로 이용했다고 할 수 없을 뿐만 아니라, ③ 행위자가 책임무능력 상태에 빠지는 순간부터는 더 이상 사건경과에 대한 행위지배도 상실한다고 해야 하므로 배후에서 의사지배를 하는 간접정범이론을 여기에 원용할 수 없다고 해야 한다.

2. 원인설정과 실행행위의 불가분적 연관성설

예비행위에 불과한 원인설정행위와 심신장애상태에서의 범죄실현행위는 책임능력 있는 때의 동일한 의사결정의 내용을 실현하는 불가분의 연관과정이므로 그 일련의 행위과정 전체에 대해서 책임비난과 가벌성을 인정할 수 있다는 견해이다. 현재의 통설이다.

이 견해에 의하면 심신장애상태에서의 정형적인 실행행위개시시에 실행의 착수가 있다. 범죄실행을 위한 최종 의사결정시에 책임능력이 있으면 행위과정 전체에 대하여 책임을 인정하여도 책임주의에 반하지 않는다는 점을 근거로 한다.

3. 결   어

원인에 있어서 자유로운 행위는 법을 악용하여 범행한 원인제공자를 처벌하려는 데에 취지가 있다. 애당초 범죄실현을 예견하였음에도 자의로 자신을 책임능력결함상태로 빠뜨린 자는 자신의 행위통제능력을 스스로 제한한 것이므로 이 상태를 이용하여 범죄를 실행한 자에 대하여 책임비난을 할 수 있다고 해야 한다. 따라서 원인설정행위와 실행행위의 불가분적 연관성에서 가벌성의 근거를 찾는 견해가 타당하다.

그리고 원인설정행위와 실행행위는 동일한 내용의 범죄를 실행하는 불가분의 연관과정이고, 제10조 제3항도 심신장애를 야기하는 행위가 아니라 심신장애를 "야기한 자의 행위"에 대해서 가벌성을 인정하고 있으므로 실행행위는 심신장애상태에서의 범죄실현행위라고 해야 한다.

Ⅲ. 원인에 있어서 자유로운 행위의 고의범·과실범

1. 범죄론체계와 형법 제10조 제3항

현재의 범죄론체계에 따르면 불법은 법질서위반 "행위"에 대한 부정적 판단이고, 책임은 "행위자"의 규범위반적 심정에 대한 부정적 판단이다. 고의와 과실은 불법요소이므로 불법은 고의행위·과실행위에 대하여 고의불법행위·과실불법행위로 평가한다. 책임은 고의불법행위·과실불법행위가 확정된 자에 대해서 책임유무를 판단하여 책임이 인정되면 고의범·과실범이 성립한다. 책임능력은 책임의 전제조건이므로 책임판단 이전에 먼저 책임능력 유무부터 확정해야 한다. 따라서 책임능력 유무판단은 이미 확정된 고의불법행위 또는 과실불법행위를 한 행위자의 유책행위능력 유무만 판단할 뿐이고 그 "행위"가 고의범이 되는가 과실범이 되는가를 판단하지 않는다.

형법 제10조 제3항도 위험의 발생을 예견하고 자의로 심신장애를 야기한 "자"에 대해서 책임능력을 인정하여 완전책임능력자로 취급하겠다는 규정이고, 그 행위가 고의범이 되는가 과실범이 되는가를 결정하는 근거규정이 아니다. 즉 이 규정은 위험발생의 예견과 심신장애상태 야기의 자의성이 인정되면 고의불법행위 또는 과실불법행위를 한 심신장애인을 완전책임능력자로 취급하고 있을 뿐이다. 따라서 "위험발생의 예견"과 "자의로 심신장애야기"는 원인에 있어서의 자유로운 행위의 요건이 될 뿐이고 고의 또는 과실 유무판단과 관계없다고 해야 한다.

2. 원인에 있어서 자유로운 행위의 유형

(1) 4유형론

4유형론은, ① 심신장애상태 야기행위의 인식유무에 따라 고의("의도"라 해야 함)와 과실이 있는 경우로 나누고, ② 심신장애상태에서의 범죄실행행위의 인식유무에 따라 고의와 과실이 있는 경우로 구분한 후 이를 각각 조합하여 고의(의도)와 고의의 조합, 고의(의도)와 과실의 조합, 과실과 고의의 조합, 과실과 과실의 조합 등 4유형으로 유형화한다.

이러한 유형화를 바탕으로 원인에 있어서의 자유로운 고의범과 과실범을 구별한다. 종래의 다수설은 고의(의도)와 고의의 조합만을 고의범으로 인정하고, 나머지 유형의 처리에 대하여는 견해가 나뉜다. 이해의 편의상 4유형의 조합형태를 표로 나타내면 다음과 같다.

[4유형의 고의·과실의 조합형태]

유형	심신장애 야기행위	구성요건 실행행위	조합형태	취급범죄
1유형	고의(의도)	고 의	고의(의도) + 고의	고의범
2유형	고의(의도)	과 실	고의(의도) + 과실	과실범
3유형	과 실	고 의	과실 + 고의	고의범*
4유형	과 실	과 실	과실 + 과실	과실범

※ 여기의 유형은 다수설을 기준으로 한 것임. 다만 *는 과실범으로 취급하는 견해도 많다.

4유형론은 고의·과실을 책임요소로 파악했던 신고전적 범죄론체계의 산물이다. 이에 따르면 책임능력과 고의·과실은 책임단계에 와서 그 유무를 판단하므로 제10조 제3항 해당 여부를 판단하면서 고의·과실 유무를 함께 검토하더라도 체계모순은 발생하지 않는다. 다만 원인에 있어서 자유로운 행위의 요건을 규정한 제10조 제3항을 가지고 고의(범)·과실(범)을 구별하고 있다는 데에 문제가 있다.

(2) 기타의 유형론

4유형론 이외에도 원인에 있어서 자유로운 행위의 구조를 세분한 후 8유형

(임웅$^{328}_{이하}$) 또는 12유형($^{우영근}_{275 이하}$)으로 확대하여 제10조 제3항이 고의·과실을 만들어 내는 산실처럼 활용하고 있다. 그러나 이러한 많은 유형들은 이해하기도 복잡하고 범죄론 체계상 구별의 필요성도 없다.

8유형론은 ① 심신장애야기 후 범행하겠다는 범행결의에 대한 고의·과실, ② 심신장애상태 야기의사에 대한 고의("의도"라 해야 함)·과실, ③ 심신장애상태에서의 범죄실행행위에 대한 고의·과실을 구분하여 모두 각각 조합한다.

12유형론은 ① 위험발생에 대하여 예견과 인용이 있는 경우, 예견이 있고 인용이 없는 경우, 예견가능성만 있는 경우로 세분하고, ② 심신장애야기에 대한 고의·과실, ③ 심신장애상태에서의 범죄실행행위에 대한 고의·과실을 구분하여 모두 각각 조합한다.

이상의 유형론들은 모두 합일태적 범죄론체계에서 주장하고 있다. 이 범죄론체계에 따르면 불법판단에서 이미 고의불법과 과실불법이 확정되어 있음에도 불구하고 책임능력 판단단계에 와서 제10조 제3항을 가지고 다시 고의·과실을 인정하는 기준으로 삼고 있으므로 범죄론체계와 맞지 않을 뿐만 아니라 이미 불법이 확정된 고의불법행위와 과실불법행위가 책임단계에 와서 어떻게 처리되었는지도 알 수 없다.

3. 범죄론체계에 따른 고의범·과실범

원인에 있어서 자유로운 행위가 고의범이 되는가 과실범이 되는가의 여부를 범죄론체계에 맞추어 판단하면 다음과 같다.

심신장애상태에서의 범죄실행행위에 대하여, ① 불법 여부를 판단하여 고의불법행위와 과실불법행위를 확정한다(불법단계). ② 고의불법행위자·과실불법행위자의 책임능력 유무를 판단하여 책임무능력 또는 한정책임능력을 확정한다(책임능력판단단계). ③ 책임무능력 또는 한정책임능력이 확정된 자에 대하여 위험발생의 예견과 장애상태야기에 대한 자의성이 있었는가를 판단하여 이것이 긍정되면 원인에 있어서 자유로운 행위가 되고 제10조 제3항에 따라 완전책임능력자가 된다. 이 경우 고의범·과실범 여부는 불법단계에서 이미 고의불법·과실불법이 확정되어 있으므로 고의불법행위의 경우이면 고의범, 과실불법행위의 경우이면 과실범이 된다. ④ 위험발생의 예견이 없거나 장애상태야기에 대한 자의성이 없으면, 제10조 제1항 또는 제2항이 적용되어 심신상실자 혹은 한정책임능력자의 행위가 된다.

[원인에 있어서 자유로운 행위의 고의범·과실범]

구 분	불법판단	책임능력판단	위험발생예견 자의성 유무	적용조항
고의범	심신장애상태에서의 실행행위에 대한 고의불법행위 확정	책임무능력· 한정책임능력 확정	긍 정	제10조 제3항 적용 (원인에 있어서 자유로운 행위)
			부 정	제10조 제1항 또는 제2항 적용 (심신상실자, 한정책임능력자)
과실범	심신장애상태에서의 실행행위에 대한 과실불법행위 확정	책임무능력· 한정책임능력 확정	긍 정	제10조 제3항 적용 (원인에 있어서 자유로운 행위)
			부 정	제10조 제1항 또는 제2항 적용 (심신상실자, 한정책임능력자)

이와 같은 과정을 거친다면, 원인에 있어서 자유로운 행위가 고의범이 되는가 과실범이 되는가라는 복잡한 유형을 만들 필요도 없고, 위험발생의 예견과 심신장애상태에서의 범죄실행행위 그 자체에 대한 고의·과실 여부를 또다시 판단할 필요없이 범죄론체계에 부합하는 고의범·과실범을 확정할 수 있다 (정성근·박광민 333, 김성돈 400.
손동권·김재윤 17/29는 이와 비슷한 취지).

4. 형법 제10조 제3항의 요건과 효과

형법 제10조 제3항은 원인에 있어서 자유로운 행위의 요건으로서 "위험발생 예견"과 "자의로 심신장애 야기"를 규정하고 있다.

(1) 위험발생 예견

위험발생은 구성요건결과발생을 의미한다(반대설은 김성돈
394 이하). 구성요건결과발생을 의미한다고 해서 제10조 제3항의 요건을 가지고 고의 유무를 판단할 수는 없다. 심신장애상태에서의 행위는 이미 불법판단단계에서 고의불법·과실불법이 확정되어 있으므로, 위험발생의 예견은 책임능력을 인정하는 요건일 뿐이고 고의·과실과는 무관하다. 여기의 예견은 장래의 위험발생을 예상하는 행위자의 적극적인 심리상태로 해석해야 한다. 위험발생의 예견이므로 예견가능성까지 확대해석할 필요가 없다.[1] [2]

위험발생에 대한 예견없이 단순히 명정상태에 빠진 다음 부주의로 구성요건결과를 실현한 경우, 예컨대 술에 만취한 상태에서 상해를 가하거나 음주운전으로 사고를 낸 경우에는 일반의 과실범이 성립하므로 제10조 제3항과 무관하게 책임능력 유무(책임무능력 혹은 한정책임능력) 문제로 해결하면 족하다.

(2) 자의로 심신장애 야기

1) 자 의 심신장애상태는 자의로 야기한 것이라야 한다. 여기의 "자의"의 의미에 관하여, 제10조 제3항으로 고의·과실을 구별하는 입장에서는 심신장애상태를 고의로 야기한 경우에 한한다는 견해(이재상 외 23/42, 배종대 91/20, 오영근 273)와 고의뿐만 아니라 과실로 야기한 경우도 포함한다는 견해(다수설)가 대립한다. 판례는 과실로 야기한 경우까지 포함하고 있다(92도999 판결).

그러나 고의는 죄의 성립요소인 사실을 인식하는 것이므로 죄의 성립요소도 아닌 심신장애상태를 의도적으로 야기하였다고 하여 이를 고의라고 할 수는 없다. 여기의 자의도 중지미수(제26조)의 자의와 마찬가지로 고의·과실과 관련이 없다고 해야 한다. 자의는 문자 그대로 심신장애상태 야기가 타인의 강요없이 자유로웠다는 의식상태를 의미하므로 책임능력 있는 상태에서 자유로운 의사결정으로 야기한 것이면 자의로 야기한 것이 된다.

2) 심신장애 심신장애는 심신상실과 심신미약 모두 포함한다.

(3) 효 과

원인에 있어서 자유로운 행위에 해당하면 그 행위는 책임능력자의 행위로 취급된다. 따라서 심신상실상태에서의 행위라도 책임이 배제되지 않으며, 심신미약상태에서의 행위라도 형을 감경할 수 없다.

행위자가 심신장애상태에서 실행행위를 하는 도중 발생하는 착오에 대하여, 위험발생 예견을 고의로 해석하는 경우에는 구성요건착오에 관한 일반이론

---

1) 제10조 제3항을 가지고 고의와 과실을 구별하는 4유형론, 8유형론의 대부분은 예견가능성까지 포함한다.
2) 고의와 인식 있는 과실을 포함하는 개념으로 이해해야 한다는 견해로는 강동욱 202.

이 적용되겠지만, 고의와 무관하다고 보는 한 이를 착오문제로 취급할 수 없다. 착오와 무관하게 고의범이 되고, 제10조 제3항이 적용될 뿐이다.

> **판례** ① 피고인들은 상습적으로 대마초를 흡연하는 자들로서 사건 당시에도 대마초를 흡연하여 심신이 다소 미약한 상태에 있었음은 인정되나, 이는 피고인들이 살해할 의사를 가지고 범행을 공모한 후에 대마초를 흡연하고 범행에 이른 것으로 대마초 흡연시에 이미 범행을 예견하고도 자의로 위와 같은 심신장애를 야기한 경우에 해당하므로, 형법 제10조 제3항에 의하여 심신장애로 인한 감경 등을 할 수 없다(96도857 판결).
> ② 형법 제10조 제3항은 고의에 의한 원인에 있어서의 자유로운 행위만이 아니라 과실에 의한 원인에 있어서의 자유로운 행위까지도 포함하는 것으로서 위험의 발생을 예견할 수 있었는데도 자의로 심신장애를 야기한 경우도 그 적용대상이 된다. 피고인이 음주운전을 할 의사를 가지고 음주만취한 후 운전을 결행하여 교통사고를 일으킨 사건에서 피고인은 음주시에 교통사고를 일으킬 위험성을 예견하였는데도 자의로 심신장애를 야기한 경우에 해당하므로 형법 제10조 제3항에 의하여 심신장애로 인한 감경 등을 할 수 없다(92도999 판결).[1)]

[§ 22] 위법성의 인식

Ⅰ. 위법성의 인식의 개념

1. 위법성의 인식의 의의

위법성의 인식이란 자기의 행위가 법질서에 반한다는 것을 인식하는 것을 말한다. 불법행위를 행한 책임능력자에 대하여 책임귀속을 인정하기 위해서는 먼저 위법성의 인식이 있어야 한다.

위법성의 인식은 확정적 인식은 물론 미필적 인식도 포함한다. 자기행위가 위법할지도 모른다고 생각하면서 행위로 나아가면 미필적 위법성의 인식이 있

---

1) 이 판결은 음주만취상태에서 교통사고를 내고 도주한 운전자에 대해 특가법 제5조의3을 적용하여 뺑소니(도주차량)로 처벌한 것인데, 특가법위반죄는 고의범만 처벌하는 취지에 비추어 고의범을 인정한 것이라 생각된다.

는 것이다. 또 위법성의 인식은 현재적(顯在的) 인식뿐만 아니라 명확하게 알고 있는 다른 의식 속에 암암리에 알고 있는 수반인식도 포함한다.

위법성의 인식은 고의와 구별해야 한다. 위법성의 인식은 자신의 행위가 법적으로 금지되어 있다는 금지 자체에 대한 인식임에 대해서, 고의는 금지규범의 내용이 되는 범죄(구성요건)사실을 인식하는 것이다. 즉 위법성의 인식은 규범의식인 반면, 고의는 사실의 인식·표상이다.

2. 위법성의 인식의 기능

순수 규범적 책임론에 의하면 위법성의 인식은 책임의 규범적 요소이고 인식이라는 순수한 심리적 사실이 아니다. 복합적 규범적 책임론에서는 위법성의 인식을 고의의 규범적 요소로 파악하고 있고, 고의의 이중지위설에서도 위법성의 인식을 책임의 규범적 요소로 파악하는 견해들이 많다.

위법성의 인식은 법질서에 반한다는 인식을 하게 되면 법질서 요구에 반한 의사결정을 하지 않도록 반대동기를 부여하여 그러한 의사결정을 억제하고 규범합치적 의사결정을 하도록 하는 기능을 수행한다. 규범합치적 의사결정을 해야 함에도 불구하고 규범위반적 의사결정을 한 때 그 행위자의 법적 심정이 반가치하다는 부정적 평가를 내리게 되며, 이러한 잘못된 행위자의 반법적 심정 때문에 비난가능성이라는 책임을 인정할 수 있다.

따라서 위법성의 인식은 비난가능성을 근거지우는 책임의 핵심요소이고, 여기에서 행위자의 잘못된 법적 심정인 심정반가치가 징표된다. 즉 심정반가치는 고의가 아니라 원래부터 위법성의 인식에서 징표되는 것이고, 위법성의 인식이 있는 경우에 비로소 책임비난이 가능하다.

위법성의 인식가능성이란 부주의로 법질서에 반한다는 인식을 하지 못하였으나 인식할 수 있었던 경우를 말하고, 이에 따라 규범합치적 의사결정도 가능하였음에도 불구하고 이를 하지 못한 부주의한 심정(심정반가치) 때문에 책임비난이 가해진다. 다만 위법성의 인식이 있는 경우보다 책임비난의 정도가 낮을 뿐이다. 위법성의 인식가능성은 위법성의 착오가 있는 경우, 그 착오가 회피가능한 때 책임감경으로 작용한다.

3. 위법성의 인식의 내용

위법성의 인식의 내용이 무엇이냐에 대하여, ① 법 이전의 조리나 사회윤리위반에 대한 인식이라는 판례($^{86\text{도}2673}_{\text{판결}}$), ② 전체로서의 법질서 위반에 대한 인식이라는 견해, ③ 형벌법규 위반에 대한 인식이라는 견해가 대립하고 있는데, ②설이 통설이다.

조리와 사회윤리에 반한다는 인식 때문에 형사책임을 부담하는 것은 도덕·윤리책임과 법적 책임을 혼동한 것이다. 위법성의 인식은 규범합치적 의사결정을 하도록 동기억제기능을 하는 것이므로 이러한 기능은 반드시 형벌법규에 반한다는 인식을 할 때에만 생기는 것은 아니다. 어느 법이건 국가의 강제를 받을 수 있다는 인식만 있어도 동기억제와 규범합치적 의사결정은 가능하다.

따라서 어떤 법이건 전체로서의 법질서에 반한다는 인식이 있으면 족하고, 형법법규에 반한다는 인식으로 제한할 이유가 없다.

4. 위법성의 인식의 분리가능성원칙

위법성의 인식은 금지규정까지 인식할 필요가 없지만 금지되는 행위라는 것은 인식하고 있어야 한다. 따라서 위법성의 인식은 구체적인 구성요건과 관련을 가져야 한다. 그러므로 여러 개의 구성요건을 충족한 경우에는 충족한 구성요건 모두에 대한 위법성의 인식이 있어야 하고, 일부에 대해서 위법성의 인식이 없는 경우에는 그 부분에 대해서 위법성의 인식을 인정할 수 없다. 이를 위법성의 인식의 분리가능성원칙이라 한다. 이 원칙은 동일구성요건에 여러 개의 보호법익이 있는 경우 그 일부의 법익침해에 대한 위법성의 인식이 없는 때에도 적용된다(예: 채권자가 폭행의 고의로 채무자의 재물을 강제로 빼앗는 경우). 위법성의 인식이 없는 부분은 위법성의 착오가 된다.

5. 고의범·과실범의 규범적 요소

위법성의 인식가능성은 고의범과 과실범 모두에 공통되는 책임의 규범적 요소이다. 고의범은 구성요건요소를 인식하고 있으므로 일반적으로 위법성의 인식이 있는 경우가 많다. 위법성의 인식이 없는 경우에도 구성요건고의가 있

는 이상 위법성의 인식가능성은 존재한다.[1]

과실범은 행위자가 구성요건요소를 인식하고 이를 실현하려는 의사가 없으므로 자기 행위에 대한 위법성의 인식이 있을 수 없다. 그러나 결과발생에 대하여 예견가능성이 있으면 위법성의 인식가능성은 있다고 해야 한다. 따라서 위법성의 인식가능성은 과실범을 유책하게 하는 책임의 규범적 요소가 된다.

Ⅱ. 고의와 위법성의 인식의 관계

심리적 책임론을 극복하고 규범적 책임론으로 발전하는 과정에서 위법성의 인식(내지 그 가능성)은 비난가능성을 구성하는 책임의 규범적 요소로 등장하였다. 다만, 위법성의 인식이 고의의 요소가 되느냐에 대한 논의는 이후에도 계속되어 왔다. 즉, ① 고의의 요건으로 위법성의 인식이 필요하다는 위법성의 인식필요설, ② 위법성의 인식은 필요하지 않다는 위법성의 인식불요설, ③ 위법성의 인식은 반드시 필요한 것은 아니지만 위법성의 인식가능성은 고의의 요건으로 필요하다는 위법성의 인식가능성설 등이 주장되었다.

그 후 순수 규범적 책임론이 등장하면서 위법성의 인식은 고의와 독립된 책임요소가 된다는 책임설이 지지를 받아 위법성의 인식을 고의의 요소로 파악하는 고의설과 책임설의 대립으로 귀착되었다.

1. 고 의 설

책임요소인 고의의 성립요건으로 범죄사실의 인식(구성요건요소의 인식)뿐만 아니라 위법성의 인식 또는 위법성의 인식가능성이 필요하다는 견해로서, 고의를 책임의 요소로 파악하는 입장(복합적 책임론)에서 주장된다.

고의설에는 엄격고의설과 제한고의설이 있다. 두 가지 고의설은 범죄사실의 인식에 착오가 있으면 사실의 착오, 위법성의 인식에 착오가 있으면 법률의 착오가 되어 모두 고의를 부정하는 데에 특색이 있다.

---

[1] 구성요건의 "지시기능"과 (구성요건)고의의 "위법경고기능"이 있기 때문이다.

(1) 엄격고의설

1) 엄격고의설의 의의 책임요소인 고의의 성립요건으로 범죄사실의 인식 외에도 위법성의 인식까지 있어야 한다는 견해이다(정영석). 위법성의 인식까지 하고 있는 경우에 한하여 고의를 인정하므로 범죄사실의 인식이 있어도 위법성의 인식이 없으면 고의가 부정되고, 과실범처벌규정이 있는 경우에 한하여 과실범이 성립한다.

2) 엄격고의설에 대한 비판 ① 범죄사실을 인식하는 심리적 사실(고의: 평가의 객체)과 규범적 요소인 위법성의 인식(객체의 평가)은 서로 성질이 다르고 대응관계에 있는 것이므로 이를 함께 고의의 요소로 결합시킬 수 없다. ② 위법성의 인식이 결여되거나 마비되는 경우가 대부분인 상습범·확신범·격정범 등의 경우에는 고의를 인정할 수 없고, 이러한 범죄는 대부분 과실범처벌규정도 없으므로 처벌이 불가능한 반면, 도덕·윤리의식이 강한 사람이나 법률가는 위법성을 인식하고 있는 것이 보통이므로 이들은 대부분 고의범으로 처벌되어 형사정책적으로 불합리하다.

(2) 제한고의설

1) 제한고의설의 의의 책임요소인 고의의 성립요건으로 범죄사실의 인식과 위법성의 인식가능성만 있으면 충분하고, 위법성의 인식은 반드시 요하지 않는다는 견해이다(유기천).

제한고의설에 따르면 위법성의 인식이 없으면 바로 고의가 부정되지 않고 위법성의 인식가능성이 없는 경우에 한하여 고의가 부정되며, 과실범처벌규정이 있는 경우에 한하여 과실범이 성립한다.

2) 제한고의설에 대한 비판 ① 위법성의 인식가능성도 규범적 요소(객체의 평가)이므로 이와 성질을 달리하는 심리적 사실(고의: 평가의 객체)과 결합하여 고의의 요소로 파악하고 있다는 점에서 엄격고의설에 대한 비판이 그대로 타당하다. ② 위법성의 인식가능성이 있는 경우란 주의하면 인식할 수 있는 경우, 즉 과실(이를 "법과실"이라 한다)이 있는 경우를 의미하므로 본질적으로 고의와 성질이 다른 과실적 요소를 고의의 내용으로 파악한다는 비판을 받는다.

[기타의 제한고의설]   ① 법배반성설   고의의 성립요건으로 범죄사실의 인식과 법배반적(법적대적) 태도가 있으면 위법성의 인식이 없어도 고의에 준해서 고의범으로 처벌한다는 견해이다. 이 견해는 고의 아닌 것을 고의로 의제한다는 비판을 받는다.

② 법과실준고의설   고의의 성립요건으로 범죄사실의 인식이 있고, 위법성의 인식을 하지 못한 데 대하여 과실(법과실)이 있으면 고의에 준하여 고의범으로 처벌한다는 견해이다. 이 견해도 고의가 아닌 것을 고의로 취급하여 고의를 의제하며, 책임구조에서 법과실만 고의로 취급해야 하는 이유도 명백하지 않다는 비판을 받는다. 현재 이상의 학설들은 이미 소멸되었다.

2. 책 임 설

(1) 책임설의 의의

위법성의 인식은 고의와 독립된 책임요소라는 견해이다. 현재의 통설이다. 책임설에 의하면, 위법성의 인식이 없으면 위법성의 착오가 되고, 그 착오가 회피불가능한 때에는 고의가 부정되는 것이 아니라 책임이 배제되며, 회피가능한 경우에는 위법성의 인식가능성이 있으므로 책임이 감경된다고 한다.

(2) 책임설의 평가

책임설은 엄격고의설과 같은 형사정책적 결함이 생길 수 없고, 범죄사실의 인식 내지 그 실현의사 유무로 고의와 과실의 구조적 차이를 인정하여 과실적 요소를 고의의 내용으로 인정하지 아니하므로 고의설과 같은 결함이 없다. 그리고 객체의 평가와 평가의 객체를 구별하여 위법성의 인식은 책임평가의 기능을 하며, 심리적 사실인 고의는 책임평가의 대상에 불과하다는 순수 규범적 책임론의 입장에서는 책임설이 타당하다 하지 않을 수 없다.

오늘날 고의설은 책임설로부터 성질이 다른 평가의 객체와 객체의 평가를 구별하지 않고 양자를 결합시키고 있다는 비판을 받고 사실상 소멸되었다.

[§ 23] 위법성의 착오

Ⅰ. 위법성의 착오의 의의

위법성의 착오란 자기 행위가 법질서에 반한다는 위법성의 인식이 없는 경우를 말한다. 즉 구성요건요소는 정확히 인식하고 있으나 자기 행위가 위법하지 않다고 오신하고 위법행위를 한 경우이다.

위법성의 착오에는 위법하지 아니한 행위를 위법한 행위라고 오신하는 위법성의 적극적 착오(반전된 위법성의 착오)와, 위법한 행위를 위법하지 아니한 행위라고 오신하는 위법성의 소극적 착오가 있다. 위법성의 적극적 착오는 환각범에 해당하므로 위법성의 착오로서 형법상 논의되는 것은 소극적 착오에 한정된다.

구성요건착오는 자신의 행위가 구성요건을 실현한다는 사실을 인식하지 못한 것이고, 이 착오가 있으면 원칙적으로 고의가 부정된다. 이에 대해서 위법성의 착오는 구성요건을 실현한다는 사실은 알고 있지만 그 행위의 위법성을 인식하지 못한 경우이고, 이 착오가 있어도 고의는 부정되지 않으며 단지 책임만 배제·감경될 뿐이다(책임설).

Ⅱ. 위법성의 착오의 유형

1. 직접적 착오

자기 행위에 대하여 직접적으로 적용되는 금지규범 자체를 오해하여 행위가 허용된다고 오인한 경우를 직접적 착오라 한다. 세 가지가 있다.

(1) 법규(법률)의 부지

자기 행위를 금지하고 있는 법률이 존재한다는 것을 알지 못한 경우를 법규의 부지라 한다. 금지규범이 있다는 것을 알지 못하고 이에 위반하는 행위를 한 경우, 예컨대 형법 제163조(변사체검시방해)의 금지규정이 있다는 것을 알지 못하고 검시를 받지 않고 변사자를 화장한 경우이다.

법규의 부지가 위법성의 착오에 해당하느냐에 대해서, 판례는 일관하여 단순한 법규의 부지는 위법성의 착오에 해당하지 않는다고 판시하고 있다(2005도4592 판결 등). 대법원의 이러한 태도는 법규의 부지가 있어도 고의성립에 영향이 없도록 규정한 일본 형법(제38조 제3항)의 해석론과 그 판례에서 영향을 받은 것으로 보인다.

> **판례** 형법 제16조에서 "자기가 행한 행위가 법령에 의하여 죄가 되지 아니한 것으로 오인한 행위는 그 오인에 정당한 이유가 있는 때에 한하여 벌하지 아니한다"라고 규정하고 있는 것은 단순한 법률의 부지를 말하는 것이 아니고 일반적으로 범죄가 되는 경우이지만 자기의 특수한 경우에는 법령에 의하여 허용된 행위로서 죄가 되지 아니한다고 그릇 인식하고 그와 같이 그릇 인식함에 정당한 이유가 있는 경우에는 벌하지 않는다는 취지이다(2005도4592 판결. 같은 취지 2021도10903 판결).

위법성의 인식은 법 규정의 금지내용까지 인식할 필요가 없지만 금지규범의 존재를 알지 못하고 허용된다고 믿었던 경우와 금지규범의 존재는 알고 있으나 자기의 경우에는 허용된다고 믿었던 경우에 차이가 있는 것은 아니다. 위법성의 착오는 위법성의 인식이 없는 모든 경우를 포함하므로 법규의 부지도 위법성의 착오에 해당한다고 해야 한다. 우리나라 통설이다.

(2) 효력의 착오
금지규범은 알고 있지만 그 규범이 상위규범이나 구속력 있는 다른 규범에 반한다고 생각하거나 위헌이라고 판단하여 효력이 없다고 오인한 경우를 효력의 착오라 한다. 예컨대 진실한 사실을 적시한 명예훼손행위를 처벌하는 규정은 헌법에 위반되므로 효력이 없다고 생각하고 명예훼손행위를 한 경우이다.

(3) 포섭의 착오
금지규범의 해석을 잘못하여 자기 행위는 금지규범의 적용대상이 아니라고 오신한 경우를 포섭의 착오 또는 해석의 착오라 한다. 예컨대 이 정도의 문서는 음란문서에 해당하지 않는다고 오신하고 그 문서를 출간한 경우, 또는 국립대학교수에 대하여는 뇌물공여죄가 성립하지 않는다고 믿고 뇌물을 제공한 경우이다.

2. 간접적 착오

금지되어 있는 행위를 한다는 것은 알고 있으나 위법성배제사유에 해당하기 때문에 허용된다고 오인한 경우를 간접적 착오라 한다. 자기 행위에 직접 적용되는 금지규범의 착오가 아니라는 의미에서 간접적 착오라 한다. 여기에도 세 가지가 있다.

(1) 위법성배제사유의 존재에 대한 착오

법이 인정하지 않는 위법성배제사유가 존재한다고 오인한 착오이다. 허용규범의 착오라고도 한다. 예컨대 처(妻)가 남편에게 온 편지를 무단히 뜯어보아도 사회상규상 허용된다고 믿은 경우, 사인(私人)이 현행범 체포를 위해 타인의 주거에 침입하는 것도 허용된다고 믿은 경우, 환자의 동의가 없어도 의사는 수술할 직업상의 의무가 있다고 믿은 경우이다.

(2) 위법성배제사유의 한계에 대한 착오

위법성배제사유의 법적 한계를 오인한 착오이다. 허용한계의 착오라고도 한다. 예컨대 사인(私人)이 현행범을 체포하면 범인을 자기 집에 감금하는 것도 허용된다고 생각한 경우, 절도범을 살해하는 것도 정당방위로서 허용된다고 믿은 경우이다.

(3) 위법성배제사유의 전제사실에 대한 착오

위법성배제사유의 전제상황이 존재하지 아니함에도 그것이 존재한다고 오인한 경우이다. 허용구성요건의 착오라고도 한다. 예컨대 물건을 사러 가게에 들어오는 손님을 강도로 오인하고 정당방위의사로 상해를 입힌 경우, 전시에 전투 중인 아군을 적군으로 오인하고 사살한 경우이다.

위법성배제사유의 존재에 대한 착오와 한계에 대한 착오는 위법성의 착오로 보는 데에 이견이 없으나, 위법성배제사유의 전제사실에 대한 착오에 관하여는 견해가 대립하고 있으므로 이 착오의 취급에 대해서는 항을 바꾸어 설명한다.

Ⅲ. 위법성의 착오의 취급

위법성의 착오를 어떻게 취급할 것이냐에 대해서 고의설과 책임설이 대립한다.

1. 엄격고의설

책임요소인 고의의 성립요건으로 범죄사실의 인식과 위법성의 인식이 필요하다는 엄격고의설에 따르면 위법성의 착오가 있으면 고의가 부정되고, 다만 그 착오에 과실이 있는 경우에 한하여 과실범이 성립한다고 한다.

2. 제한고의설

책임요소인 고의의 성립요건으로 범죄사실의 인식과 적어도 위법성의 인식가능성이 필요하다는 제한고의설에 따르면 위법성의 착오가 있으면 바로 고의가 부정되는 것이 아니라 위법성의 인식가능성이 없는 경우에 한하여 고의가 부정되어 과실범이 성립한다고 한다.

3. 책 임 설

위법성의 인식은 고의와 독립된 책임요소라고 하는 책임설에 따르면 위법성의 착오가 있어도 고의는 부정되지 않으나, 다만 그 착오가 회피불가능한 착오이면 오인에 정당한 이유가 있으므로 책임만 배제되고, 회피가능한 착오이면 책임이 감경된다고 한다.

4. 판례의 태도

법률해석을 잘못하여 가압류가 없는 것으로 착오하였거나 봉인 등을 손상 또는 효력을 해할 권리가 있다고 오신한 경우에는 범의를 조각한다고 판시($^{70도1206}_{판결}$)한 점에 비추어 엄격고의설의 입장으로 이해될 수 있는 판결이 있는 반면, 자기의 행위가 법령에 의하여 죄가 되지 아니하는 것으로 오인하였다 하더라도 범의가 없었다고 할 수 없다고 판시($^{87도160 판결, 같은}_{취지 2000도2943 판결}$)한 점에서 책임설의 취지에 가까운 판결도 있다.

5. 결 어

고의설은 모두 위법성의 착오가 있으면 고의를 부정하고 과실범처벌규정이 있는 경우에 한하여 과실범이 성립한다고 한다. 그러나 형법 제16조는 위법성의 착오가 있어도 "정당한 이유"가 있는 때에 한하여 벌하지 아니할 뿐이고 과실범으로 처벌하는 것이 아니다. 따라서 고의설은 형법의 규정에 맞지 않는 주장이라 해야 한다. 이론적으로 논리일관성을 유지하고 있는 책임설에 따라 위법성의 착오를 해결해야 한다. 다만 책임설에 따르면 회피가능한 위법성의 착오에 대해서 책임을 감경해야 하지만, 형법은 책임감경규정을 두지 않고 있으므로 현행법상 정상참작감경규정(제53조)을 적극적으로 활용할 수밖에 없다.

IV. 형법 제16조와 책임설

1. 형법의 규정

제13조(고의)는 "죄의 성립요소인 사실을 인식하지 못한 행위는 벌하지 아니한다"고 하고, 제16조(법률의 착오)는 "자기의 행위가 법령에 의하여 죄가 되지 아니하는 것으로 오인한 행위는 그 오인에 정당한 이유가 있는 때에 한하여 벌하지 아니한다"라고 규정하고 있다. 제13조는 고의, 제16조는 위법성의 인식과 그 착오에 관한 규정이다. 법규정에서는 위법성의 인식과 고의를 구별하고 있으나 위법성의 인식이 고의의 성립요소가 되느냐에 대하여는 전적으로 학설에 위임되어 있다.

고의는 죄의 성립요소인 사실을 인식하는 것이고, 죄의 성립요소인 사실은 객관적 구성요건요소를 의미하므로 고의의 내용에 위법성의 인식이나 인식가능성이 포함되어 있지 않다고 해석해야 한다. 또 위법성의 착오에 관해서도 정당한 이유가 있는 때 한하여 벌하지 아니한다고 할 뿐이므로 고의가 부정된다고 해석할 이유가 없다. 고의와 관계없이 책임이 배제되어 벌하지 아니한다고 해석하는 것이 타당하다.

2. 형법 제16조의 해석

1) **법령에 의하여 죄가 되지 아니하는 것으로 오인** 자기 행위가 위법하지 않다고 오인한 것으로 위법성의 인식이 없는 위법성의 착오를 의미한다.

2) **정당한 이유** 위법성의 착오가 있는 모든 경우를 벌하지 않는 것이 아니라 정당한 이유가 있는 때에 한하여 벌하지 아니한다. 정당한 이유가 있는 때란 위법성을 인식하지 못한 착오를 회피하는 것이 불가능한 때라는 의미로서 위법성의 인식가능성조차 없는 경우라고 해석할 수 있다.

회피가능성 여부는 다음을 고려하여 판단해야 한다. 착오내용이 직업상 특별영역에 속하거나 행위의 정당화 여부에 의심이 있을 때에는 법률전문가나 관계기관에 문의·조사해야 하고, 자신의 인식능력을 총동원하여 숙고하거나 의심을 해소하기 위한 노력이 있었는가를 고려해야 한다. 변호사, 전문가, 직무상 상사의 판단이나 판례를 신뢰한 경우는 회피불가능한 경우에 해당한다. 다만, 판례는 법위반행위 중간에 일시적으로 판례에 따라 그 행위가 처벌대상이 되지 않는 것으로 해석되었던 적이 있었다 하더라도 그것만으로 자신의 행위가 처벌되지 않는 것으로 믿는 데에 정당한 이유가 있다고 할 수 없다고 판시하였다 ($^{2021도10903}_{판결}$).

3) **벌하지 아니한다** 고의가 부정되는 것이 아니라 책임이 배제되어 처벌하지 아니한다는 의미이다. 그러나 정당한 이유가 없는 경우는 회피가능한 경우이므로 책임을 부담해야 하고, 단지 양형단계에서 정상참작감경할 수 있을 뿐이다. 2011년 법무부 형법총칙 개정안($^{제24조}_{제2항}$)과 독일 형법($^{제17조}_{단서}$)은 임의적 감경규정을 두고 있다.

> **판례** 형법 제16조 … 정당한 이유는 행위자에게 자기 행위의 위법 가능성에 대해 심사숙고하거나 조회할 수 있는 계기가 있어 자신의 지적 능력을 다하여 이를 회피하기 위한 진지한 노력을 다하였더라면 스스로의 행위에 대하여 위법성을 인식할 수 있는 가능성이 있었는데도 이를 다하지 못한 결과 자기 행위의 위법성을 인식하지 못한 것인지 여부에 따라 판단하여야 한다. 이러한 위법성의 인식에 필요한 노력의 정도는 구체적인 행위정황과 행위자 개인의 인식능력 그리고 행위자가 속한 사회집단에 따라 달리 평가되어야 한다(2014도12773 판결).

[§ 24] 위법성배제사유의 전제사실에 대한 착오

I. 위법성배제사유의 전제사실에 대한 착오의 개념

1. 전제사실에 대한 착오의 의의

위법성배제사유의 전제사실에 대한 착오(이하에서 "전제사실의 착오"라 함)란 위법성배제사유의 객관적 전제상황이 실제로 존재하지 아니함에도 불구하고 이를 존재한다고 오인하고 위법성배제사유에 해당하는 행위로 나아간 경우를 말한다. 예컨대 현재의 부당한 침해가 없음에도 불구하고 부당한 침해가 있는 것으로 오인하고 방위행위로 나아간 경우이다. 전제사실에 대한 착오는 모든 위법성배제사유에서 생길 수 있다. 정당화사정의 착오 또는 허용구성요건의 착오라고도 한다. 이 착오는 그 전제사실이 실제로 존재하였다면 위법성배제사유에 해당하여 정당화되었을 것이므로 "정당화사정"의 적극적 착오에 해당(오상방위·오상피난 등)한다. 정당화사정의 소극적 착오는 우연적 방위·우연적 피난 등이다.

2. 전제사실의 착오의 특성

전제사실의 착오자는 구성요건요소(범죄사실)를 인식하고 행위한 것이므로 구성요건고의는 있다. 다만 위법성배제사유의 객관적 전제상황이 없음에도 존재한다고 오인하여 허용되는 행위를 한다고 생각한 것이므로 전제사실과 위법성의 인식에 대하여 이중의 착오가 있다는 데에 특성이 있다.

전제사실의 착오는 전제사실이라는 사실면의 착오라는 점에서 구성요건착오와 유사하다. 그러나 구성요건고의가 있고, 전제사실은 위법성배제사유의 요건인 사실이라는 점에서 구성요건착오와 구별된다.

한편, 전제사실의 착오는 구성요건고의가 있고 위법성의 인식이 없다는 점에서 위법성의 착오와 같다. 그러나 전제사실을 오인하고 이로 말미암아 자기 행위가 허용된다(위법성배제사유에 해당한다)고 믿었던 이중의 착오가 있는 것이므로 전제사실을 정확히 인식하면서 허용된다고 착오한 위법성의 착오(존재·한계의 착오)와 일치하지 않는다. 그래서 전제사실의 착오를 어떤 착오로 취급할 것이냐가 문제되는데, 궁극적으로 착오자의 고의를 부정할 수 있느냐에 귀착한다.

II. 전제사실의 착오의 취급

1. 고 의 설

(1) 고의설의 전제사실착오 취급

책임요소인 고의의 성립요건으로 범죄사실의 인식과 위법성의 인식(또는 인식가능성)이 필요하다는 고의설에 따르면, 형법상의 착오는 사실에 관한 착오이건 위법성에 관한 착오이건 모두 착오가 있는 때에는 책임요소인 고의가 부정되고 과실범처벌규정이 있는 때에 한하여 과실범이 성립한다고 한다.

(2) 고의설의 문제점

고의설에 따르면, ① 법질서 수호의사로 법질서 수호행위로 나아간 과잉방위는 고의범이 되는 데 반하여, 법질서 수호의사만 있고 법질서 수호행위가 될 수 없는 오상방위(모든 전제사실의 착오)에 대해서는 처벌규정이 있는 예외적인 경우에만 과실범을 인정하는 것은 양자의 취급이 현저하게 형평을 잃은 처벌이 될 뿐만 아니라 사리에도 맞지 않는다. 이 비판은 다음의 유추적용설과 법효과 전환책임설에 대해서도 그대로 타당하다. ② 착오자에 대해서 과실범을 인정하면 착오자의 미수를 처벌할 수 없고, 과실은 대부분 처벌규정이 없기 때문에 처벌의 필요가 있는 자까지도 처벌할 수 없다는 처벌의 유루현상이 생긴다.

2. 소극적 구성요건표지이론

(1) 소극적 구성요건표지이론의 전제사실착오 취급

위법성배제사유는 구성요건해당성을 배제한다는 소극적 구성요건표지이론에 따르면, 고의범을 처벌하기 위해서는 불법고의가 있어야 하고 불법고의가 성립하려면 구성요건 범죄사실의 인식뿐만 아니라 위법성배제사유의 부존재까지 인식해야 한다(불법고의는 범죄사실의 인식인 일반의 고의개념과 다르다). 전제사실을 착오한 자는 법질서를 수호한다(위법성배제사유에 해당한다)고 생각하고 행위한 것이므로 애당초 불법고의가 성립할 수 없고, 불법단계에서 고의범의 성립이 부정되어 과실범의 처벌규정을 전제로 과실범이 성립한다는 것이다.

(2) 소극적 구성요건표지이론의 문제점

이 이론에 따르면, ① 과잉방위(과잉피난·과잉자구행위 등)와 오상방위(모든 전제사실의 착오)는 법질서 수호의사가 있으므로 불법고의가 부정되어 모두 과실범이 되어야 하는데, 그렇게 되면 과잉방위를 고의범으로 처벌하는 형법의 규정과 배치된다. 오상방위만 과실범이 된다면 불법고의 인정여부가 처벌대상에 따라 달라지므로 논리일관성도 없다. ② 전제사실을 착오한 자에 대하여 과실범을 인정하면 착오자의 미수는 물론, 여기에 가담한 공범도 처벌할 수 없고(구성요건해당성이 없기 때문이다), 과실범처벌규정이 없는 대부분의 경우 처벌의 필요가 있는 자에 대해서까지 처벌의 유루현상이 생긴다.

3. 구성요건착오 유추적용설

(1) 유추적용설의 전제사실착오 취급

전제사실의 착오는 구성요건착오는 아니지만 구성요건착오규정을 유추적용하여 과실범처벌규정이 있는 경우에 한하여 과실범으로 처벌한다는 견해이다. 이 견해는 소극적 구성요건표지이론의 불법고의 개념을 수용하여, 전제사실을 착오한 자는 구성요건고의(범죄사실의 인식)는 있으나 불법고의가 탈락(부정)하여 고의범으로 처벌할 수 없고, 전제사실은 사실이라는 점에서 구성요건사실과 유사하므로 구성요건착오규정을 유추적용한다는 것이다(불법고의탈락설 김일수·서보학 194 이하. 행위불법탈락설은 손동권·김재윤 11/61).

(2) 유추적용설의 문제점

① 고의범을 처벌하기 위해서 불법고의가 필요하다면, 법질서 수호의사로 행한 과잉방위도 오상방위와 같이 과실범이 되어야 하므로 과잉방위를 고의범으로 처벌하는 형법규정과 배치된다. ② 전제사실을 착오한 자를 과실범으로 처벌하기 위해 불법고의를 인정한다면 범죄유형에 따라 고의개념까지 달라지고, 고의가 있는 자의 행위불법은 탈락할 수 없다고 해야 한다. ③ 이 착오자에 대해 과실범을 인정하면 착오자의 미수를 처벌할 수 없고, 여기에 가담한 공범도 처벌하기

곤란하며, 과실범처벌규정이 없는 대부분의 경우 처벌의 유루현상이 생긴다.

처벌의 유루현상이 생긴다는 비판에 대하여, 착오자에 가담한 자는 간접정범으로 처벌할 수 있다는 반론을 제기하고 있다(김일수·서보학 195). 그러나 ① 전제사실을 착오한 자는 법질서 수호의사로 스스로 행위지배를 하고 있으므로 이에 대한 간접정범은 원칙적으로 인정할 수 없고, 착오자를 이용하는 경우가 항상 간접정범이 되는 것도 아니다. ② 과실범을 교사·방조하면 간접정범이 되지만 전제사실을 착오한 자는 애당초 과실범이 아니라 착오규정의 유추적용에 의하여 사후적으로 과실범이 된 것이므로 이에 가담한 자는 간접정범이 될 수는 없다고 해야 한다.

4. 법효과전환책임설

(1) 법효과전환책임설의 전제사실착오 취급

전제사실을 착오한 자도 구성요건고의를 가지고 행위를 한 것이고 행위반가치도 있으므로 고의불법행위는 인정되지만, 착오자는 법질서에 합치되는 법에 충실한 심정으로 행위를 한 것이므로 책임고의와 고의형벌이 탈락하여 고의범으로 처벌할 수 없고, 법효과를 과실형벌로 전환하여 과실범의 형벌을 부과해야 한다는 견해이다(독자적 착오설). 우리나라의 다수설이고, 고의의 이중지위설에서 주장한다.

(2) 법효과전환책임설의 문제점

① 고의불법행위에 대하여 책임단계에 와서 과실형벌을 부과하기 위해서 과실범을 인정하는 것은 체계모순일 뿐만 아니라 과실범 아닌 것을 과실범으로 의제하는 것이고, ② 이 착오자를 과실범으로 취급하면 착오자의 미수범을 처벌할 수 없고, 대부분 처벌의 유루현상이 생긴다. 그리고 ③ 법질서 수호의사로 법질서 수호행위로 나아간 과잉방위는 법에 충실했음에도 고의범으로 처벌하는데 반하여, 법질서 수호의사는 있으나 법질서 수호행위가 될 수 없는 오상방위(전제사실의 착오)에 대하여는 과실범처벌규정이 있는 예외적인 경우에만 과실범을 인정하므로 양자의 처벌이 현저하게 형평에 어긋나고 사리에도 맞지 않는다. ④ 이 견해를 일관하면 일반적인 위법성의 착오의 경우도 행위자에게 법적

대적 의사가 있다 할 수 없어 과실범으로 처벌해야 하지만, 위법성의 착오자를 과실범으로 처벌하지 않는 것은 논리일관성도 없다(오영근 306 참조).

5. 엄격책임설

(1) 엄격책임설의 전제사실착오 취급

전제사실을 착오한 자의 고의불법행위는 인정되지만 전제사실을 오인함으로 인하여 위법성의 인식이 없으므로 위법성의 착오에 해당하고, 그 착오가 회피불가능한 때에는 오인에 정당한 이유가 있으므로 책임이 배제되어 불가벌이 되며, 회피가능한 때에 한하여 책임을 감경한다는 견해이다(황산덕 290, 정성근 402, 오영근 306, 김성돈 422).

(2) 엄격책임설의 평가

엄격책임설은 고의불법행위에 대해서 책임배제 또는 책임감경만 인정하므로 체계논리상 아무런 결함이 없다. 회피불가능한 착오는 범죄성립 자체를 부정하므로 법감정에도 반하지 않는다. 그리고 처벌의 필요가 있는 착오자의 공범과 미수범을 처벌할 수 있고, 회피가능한 전제사실의 착오자도 과잉방위와 형평에 맞게 고의범으로 처벌할 수 있으므로 이론적으로 타당하다.

[엄격책임설에 대한 비판과 반비판] 엄격책임설에 대해서, ① 전제사실의 착오자는 책임고의가 탈락하여 고의의 위법경고기능이 마비되어 있으므로 착오자를 고의범으로 처벌할 수 없고, ② 법질서에 충실하려는 행위자의 심정은 과실책임과 동일함에도 고의범을 인정하는 것은 법감정에 반하며, ③ 전제사실도 사실에 해당하므로 이에 대한 착오는 구성요건착오와 유사함에도 불구하고 이를 위법성의 착오로 취급하는 것은 부당하다는 비판이 있다.

그러나 ① 고의의 위법경고기능은 책임단계에 와서 역할을 하는 것이 아니라 체계순서상 구성요건고의에서 역할을 하는 것이므로 구성요건고의가 있는 자의 위법경고기능이 마비될 수 없고, 불법확정 후 책임단계에 와서의 위법경고란 사후약방문(때를 놓치고 나서 필요없는 일을 하는 것)에 불과하다(이중지위설도 구성요건의 경고기능을 인정한다. 임웅 363). ② 고의불법과 과실불법은 현저한 차이가 있으므로 고의불법이 확정된 착오자에게 과실형벌 내지 과실범을 인정하는 것은 과실을 의제하는 것이고, 형벌축소를 이유로 범죄를 의제할 수 없다. ③ 엄격책임설은 이 착오자를 모두 고의범으로 처벌하는 것이 아니라 회피불가능한 착오이면 불가벌이고, 회피가능한 경우도 감경하여 처벌할 수 있으므로 법감정에 반한다고 할 수 없다. 법감정론으로 말하면, ④ 고의불법행위에 대하여 과실범을 의제하거나 과실형벌을 부과하는 자체가 법감정에 반한다고 할 수 있고, ⑤ 비판론에 의하면 법질서 수호의사로 법질서 수호행위로 나아간 과잉방위는 법에 충실하려고 하였음에도 고의범으로 처벌하는데 반하여, 법질서 수호의사만 있고 법질서 수호행위가 될 수 없는 오상방위(전제사실의 착오)는 법에 충실하지 못하였음에도 예외적인 과실범을 인정하므로 양자의 취급이 현저하게 형평을 잃은 처벌이 되어 법감정에 반한다고 해야 한다. 그리고 ⑥ 전제사실은 죄의 성립요소인 사실($^{제13조}_{참조}$)이 아니므로 구성요건요소인 사실과 유사하다 할 수 없다. 이 착오는 구성요건고의가 있고 위법성의 인식이 없다는 점에서 오히려 위법성의 착오와 더 유사하다고 해야 한다.

6. 판례의 태도

대법원은, ① 명예훼손죄의 위법성배제사유($^{제310}_{조}$)와 관련하여, 실제로 허위인 사실을 진실한 사실로 오인한 사건에서, "그와 같이 믿는 데에 객관적인 상당한 이유가 있는 경우에는 명예훼손죄의 위법성이 없다"고 판시($^{94도3191}_{판결}$)하였는데, 형법상의 착오가 "상당한 이유가 있는 경우 위법성이 배제"되는 경우는 없으므로 대법원은 형법상의 착오와 관계없는 판단을 한 것으로 보인다. 학설은 이 착오를 대체로 전제사실의 착오로 파악하고 있다.

또, ② 평소 중대장의 지시에 따라 중대장 관사에 머물면서 집안일을 도와주던 당번병이 야간에 중대장 부인의 지시로 관사를 1시간 정도 이탈하여 군형법상 무단이탈죄($^{동법}_{제79조}$)로 기소된 사건에서, "당번병으로서의 그 임무범위 내에 속하는 일로 오인한 행위로서 그 오인에 정당한 이유가 있으므로 위법성이 없다"고 판시($^{86도1406}_{판결}$)하여 위 판례와 마찬가지로 형법상의 착오와 관계없는 판단을 하고 있다. 이에 대하여도 학설은 전제사실의 착오로 파악한다.

그러나 ①의 착오는 전제사실의 착오임이 명백하지만, ②의 착오는 전제사실의 착오라고 할 수 없다. 전제사실의 착오가 되려면 그 전제사실이 실제로 존재하였다면 위법성이 배제될 수 있었어야 한다. 즉 착오한 중대장 부인의 지시가 실제로 정당한 상관의 명령에 해당하여 위법성이 배제될 수 있었어야 한다.

이 사례에서 당번병의 관사이탈은 중대장의 명령이 아니라 중대장 부인의 지시에 따른 행위라는 점에서 애당초 위법성이 배제(즉, 정당화)될 수 없는 경우이므로, 그 행위는 당번병의 임무범위 내의 정당한 업무행위가 될 여지가 없고, 단지 당번병으로서의 임무범위 내에 속한다고 오인함으로써 정당행위가 된다고 생각하고 한 것이므로 위법성배제사유의 존재에 대한 착오라고 해야 한다.

[§ 25] 기대가능성이론

Ⅰ. 기대가능성과 기대가능성이론

기대가능성이란 행위 당시의 구체적 사정에 비추어 규범의 요구에 따라 적법행위로 나아갈 것을 기대할 수 있는 타행위가능성을 말한다. 이에 대하여 기대가능성이론이란 행위 당시의 특수사정으로 적법행위를 기대할 수 없는 경우에는 "책임이 배제된다는 이론"을 말한다.

기대가능성이론은 규범의 요구에 따라 규범합치적 의사결정을 하여 불법행위를 피해야 하고, 또 피할 수 있었음에도 불구하고 불법행위를 한 행위자에 대하여 가해지는 비난가능성을 책임이라고 이해하는 규범적 책임론의 핵심적 요소로 이해되고 있다.

Ⅱ. 기대가능성의 체계적 지위와 초법규적 책임배제사유

1. 기대가능성의 체계적 지위

기대가능성이라는 책임요소와 다른 책임요소인 고의·과실과의 관계를 어떻게 파악할 것이냐에 대하여 견해가 대립한다.

(1) 고의·과실의 구성요소설

기대가능성을 책임요소인 고의 또는 과실의 구성요소로 파악하여 기대가능성이 없으면 고의 또는 과실이 부정되어 책임이 배제된다는 견해이다. 기대가능성이론의 초기에 주장된 이론이다.

그러나 ① 고의 자체는 심리적 사실로서 내부적·정신적 현상임에 반하여, 기대가능성은 이러한 심리적 사실에 영향을 주는 외부적 사정에 의하여 객관적 가치평가를 하는 규범적 요소이므로 양자는 성질이 다르며, ② 이처럼 성질이 다른 기대가능성을 고의의 요소로 인정하면 평가의 객체 속에 객체의 평가를 포함시키는 모순이 생기므로 타당하지 않다고 해야 한다.

(2) 독립된 책임요소설

기대가능성은 책임능력, 고의·과실과 함께 병존하는 독립된 책임요소라는 견해이다(이형국·김혜경 299, 임웅 367, 손동권·김재윤 19/5, 오영근 282). 책임을 비난가능성이라고 한다면 비난가능성의 본질적 요소는 기대가능성이므로 기대가능성은 책임판단의 독자적 요소가 된다는 것이다.

그러나 ① 기대가능성이론은 적법행위를 기대할 수 없는 경우에 책임을 배제시킨다는 이론이고, 기대가능성이 있는 경우에 적극적으로 책임을 긍정하기 위한 이론이 아니며, ② 정상적인 사정에서는 항상 기대가능성이 있으므로 구체적 책임평가에서는 적법행위의 기대가 불가능한 특수사정이 있느냐가 문제될 뿐이다. 따라서 기대가능성은 책임의 요소이지만 적극적으로 책임을 긍정하기 위한 독립된 초법규적 책임요소는 아니라고 해야 한다.

(3) 소극적 책임요소설

기대가능성이 없는 경우에 책임이 배제된다는 견해이다. 기대가능성은 책임의 요소이지만 적극적으로 책임을 긍정하기 위한 요소로 기능하는 것이 아니라 기대가능성이 없는 경우에 소극적으로 책임을 배제시키는 기능을 한다는 것이다. 현재의 다수설이다.

(4) 결 어

고의를 구성요건요소로 파악하는 순수 규범적 책임론에서는 기대가능성은 애당초 고의·과실과 무관한 책임요소이다. 규범은 규범수명자가 규범을 준수할 것이라는 전제하에 그 준수를 기대하고 있으므로 책임평가에서는 규범준수가 불가능한 사정이 있었느냐가 문제될 뿐이다. 특히 초법규적 사정인 기대가능성은 적극적으로 책임을 인정하는 요소로 작용할 수 없다. 정상적인 사정에서는 항상 기대가능성이 있다고 해야 하므로 기대가능성이 없는 경우 책임이 배제된다는 소극적 책임요소설이 타당하다고 해야 한다(기대가능성이론).

2. 초법규적 책임배제사유

형법은 적법행위의 기대가 불가능한 경우로서, 강요된 행위($^{제12}_{조}$), 야간이나 그 밖의 불안한 상태에서의 과잉방위($^{제21조}_{제3항}$) · 과잉피난($^{제22조}_{제3항}$), 친족간의 범인은닉($^{제151조}_{제2항}$) · 증거인멸($^{제155조}_{제4항}$) 등에 대하여 책임을 배제시키는 규정을 두고 있다. 이러한 명문의 규정이 없는 경우에도 기대불가능성을 이유로 초법규적 책임배제를 인정할 수 있느냐에 대하여 견해가 대립한다.

(1) 부정설

초법규적 책임배제사유를 인정할 수 없다는 견해이다($^{배종대}_{101/1}$). 기대불가능성이라는 추상적 표지만으로 책임을 배제시키면 책임판단에서 법관의 자의가 개입하거나 형법의 적용을 약화시킬 위험성이 있다는 점을 이유로 한다. 부정설의 입장에서 기대불가능성은 책임배제 여부를 판단하기 위한 사정이 아니라 법관이 구체적 행위정황을 고려하여 불법과 책임의 범위를 제한하는 규제원리(보정원리)에 지나지 않는다고 주장하는 견해($^{박상기 · 전지연}_{176 \ 이하}$)도 있다.

그러나 부작위범 · 과실범뿐만 아니라 고의범의 경우도 행위자의 이행가능성이 있는 경우에만 책임을 부담할 수 있으므로 기대가능성은 이 모두를 평가한다고 해야 하고 제한적인 규제원리로 볼 수 없다.

(2) 제한적 긍정설

과실범과 부작위범에 대해서는 초법규적 책임배제사유를 인정할 수 있지만, 고의작위범에 있어서는 실정법에 규정이 있거나 부득이한 예외적인 경우에 초법규적 책임배제사유를 인정해야 한다는 견해이다($^{이형국 · 김혜경 \ 303, \ 김일수 ·}_{서보학 \ 291, \ 신동운 \ 472 \ 이하}$). 모든 고의범에 제한없이 인정하면 사람에 따라 상대적으로 책임을 인정하게 되어 법적용의 불균형을 초래하며, 형법의 일반예방작용을 약화시킨다는 점을 이유로 한다.

(3) 긍정설

기대불가능성을 초법규적 책임배제사유로 인정해야 한다는 견해이다. 형법에 규정이 없는 사정으로 적법행위가 기대불가능한 경우가 있고, 이러한 기대불가능한 사정을 모두 법에 규정한다는 것은 입법기술상 불가능할 뿐만 아니라 적법행위의 기대불가능성 여부가 고의행위·과실행위 또는 부작위에 따라 달라질 수는 없다는 점을 이유로 한다. 우리나라 다수설이다.

(4) 판례의 태도

대법원은 기대불가능성을 초법규적 책임배제사유로 인정한다. 즉 형법에 규정된 책임배제사유에 해당하지 않더라도 적법행위의 기대가 "보통의 경우 도저히 불가능한 경우"나 "사회통념상 기대가능성이 없다고 하는 것이 상당한 경우"에는 책임배제를 인정하고 있다.

> **판례** ① 기업이 불황이라는 사유만으로 사용자가 근로자에 대한 임금이나 퇴직금을 체불하는 것은 허용되지 아니하지만, 모든 성의와 노력을 다했어도 임금이나 퇴직금의 체불이나 미불을 방지할 수 없었다는 것이 사회통념상 긍정할 정도가 되어 사용자에게 더 이상의 적법행위를 기대할 수 없거나 불가피한 사정이었음이 인정되는 경우에는 그러한 사유는 근로기준법이나 '근로자퇴직급여 보장법'에서 정하는 임금 및 퇴직금 등의 기일 내 지급의무 위반죄의 책임조각사유로 된다(2014도12753 판결).
> ② 입학시험에 응시한 수험생으로서, 우연한 기회에 미리 출제될 시험문제를 알게 되어 그에 대한 답을 암기하였을 경우, 암기한 답을 그 입학시험 답안지에 기재하여서는 아니된다는 것을 그 일반 수험자에게 기대한다는 것은 보통의 경우 도저히 불가능하다. 피고인의 본건 행위를 무죄라고 판단하였음은 정당하다(65도1164 판결).

(5) 결 어

적법행위를 기대할 수 없는 경우는 형법에 규정이 없는 사정에서도 생길 수 있다. 이러한 기대불가능한 모든 사정을 책임배제사유로 입법화하는 것은 불가능하다. 따라서 형법에 예시규정이 없다 하여도 기대불가능한 개별적인 사정을 고려해서 실질적인 책임배제사유를 이론적으로 마련할 필요가 있다.

법은 일반인이 준수가능한 것에 대해서만 그 준수를 요구하고 있으므로 규범준수불가능한 사정이 있을 때에는 고의범 · 과실범 · 부작위범 구별없이 책임을 배제시킬 수 있어야 한다. 다만 기대불가능성을 초법규적 책임배제사유로 인정할 경우에 그 적용의 지나친 확대를 제한하기 위해 기대불가능성 판단요건을 엄격히 한정할 필요가 있다(임웅, 370
이하).

즉, ① 기대불가능의 원인이 되는 특수사정을 객관적으로 확정할 수 있어야 하고, ② 사회일반의 평균인이 행위자의 입장에 있었더라도 달리 행위할 수 없다는 것을 경험칙으로 증명할 수 있어야 하며, ③ 행위자가 그러한 특수사정과 달리 피할 방법이 없다는 것을 인식하고, ④ 최후수단으로 행한 것인 때에 한하여 책임배제사유를 인정해야 한다.

Ⅲ. 기대가능성 판단기준

1. 행위자표준설

행위 당시 행위자의 개인적 능력을 기준으로 적법행위의 기대가능성 여부를 판단하는 견해이다(배종대
102/5). 행위자가 불가능한 것에 대해서는 책임비난을 할 수 없다는 것이 그 이유이다.

이 이론에 따르면, ① 행위자가 행위 당시 도저히 적법행위를 기대할 수 없었다고 주장하여 책임이 배제될 경우가 확대될 수 있고, ② 확신범은 항상 기대가능성이 없으므로 대부분 책임이 배제되어 처벌할 수 없게 된다는 비판이 제기된다.

2. 평균인표준설

사회일반의 평균인이 행위자의 처지에 있었다면 적법행위의 기대가능성이 있었는가의 여부에 따라 판단하는 견해이다. 규범은 사회일반인이 준수할 수 있다는 것을 예상하고 그 준수를 요구하고 있으며, 초법규적 책임배제사유의 확대를 제한하기 위해서는 평균인을 기준으로 해야 한다는 것이 그 이유이다. 우리나라 통설이라 해도 좋다.

이에 대해서는, ① 평균인이란 관념 그 자체가 불명확하므로 이를 기초로
한 기대가능성 유무판단도 모호해질 수 있고, ② 행위자에 대한 책임비난에 대
하여 행위자 아닌 평균인을 그 판단기준으로 사용하는 것은 부당하다는 비판이
있다.

3. 국가표준설

적법행위를 기대하고 있는 국가가 법질서 내지 현실을 지배하는 국가이념
에 따라 기대가능성 유무를 판단해야 한다는 견해이다. 기대가능성 판단은 법
질서와 법률에 의한 일반적 판단이라는 것이 그 이유이다.

그러나 국가는 국민에게 법질서준수를 기대하고 있으므로 기대불가능성으
로 책임이 배제되는 경우는 거의 없을 것이므로 기대가능성 이론을 사실상 부
정하는 것과 같다. 현재 소멸된 이론이다.

4. 결   어

적법행위를 기대하고 있는 자는 국가이지만 국가는 국가이념이 아니라 일
반인이면 적법행위를 할 수 있었느냐에 따라 기대가능성 여부를 판단해야 하
고, 형법규범은 사회일반인이 준수할 수 있는 규범 위반에 대해서 가벌성을 인
정하고 있으므로 평균인표준설이 타당하다.

평균인이라는 개념도 보통의 사회일반인이라는 사회적 유형개념이므로 반
드시 불명확한 개념이라고 할 수 없다. 특히 초법규적 책임배제사유의 범위를
한정하여 그 확대를 제한한다는 의미에서도 평균인표준설이 타당하다고 본다.
판례도 **평균인표준설**을 취하고 있다(2018도9828 판결, 2004도2965 전원합의체 판결).

> **판례**   피고인이 담배제조업에 따른 허가를 받지 않은 채 고농도 니코틴 용액
> 을 이용하여 전자장치를 이용해 흡입할 수 있는 '니코틴이 포함된 용액'을 만드는
> 방법으로 담배를 제조하여 담배사업법위반으로 기소된 사안에서, 대법원은 담배사
> 업법령상 담배제조업 허가제 및 허가기준을 둔 취지에 비추어 보면, 비록 전자담
> 배제조업에 관한 허가기준이 마련되어 있지 않으나, 정부는 전자담배제조업의 허
> 가와 관련하여 담배 제조기술의 연구·개발 및 국민 건강보호를 위한 품질관리 등
> 에 관한 적정한 기준을 마련함에 있어 정책적 판단 재량이 존재하고, 궐련담배제

조업에 관한 허가기준은 이미 마련되어 있는 상황에서 담배제조업 관련 법령의 허가기준을 준수하거나 허가기준이 새롭게 마련될 때까지 법 준수를 요구하는 것이, 사회적 평균인의 입장에서도 불가능하거나 현저히 곤란한 것을 요구하여 죄형법정주의 원칙에 위반된다거나 기대가능성이 없는 행위를 처벌하는 것이어서 위법하다고 보기 어렵다고 판시하였다(2018도9828 판결).

Ⅳ. 기대가능성에 대한 착오

기대불가능한 사정이 없음에도 불구하고 그것이 있다고 오인한 경우를 기대가능성의 착오라 한다. 이 착오에 관해서 구성요건착오설, 위법성의 착오 유추적용설, 특별한 종류의 착오로 위법성의 착오와 같이 취급하는 견해 등이 있다.

생각건대, 형법상의 착오는 구성요건착오와 위법성의 착오 이외에는 별도로 존재하지 아니하므로 특별한 제3의 착오를 인정할 이유가 없다. 기대가능성과 위법성의 인식은 각각 독립된 책임요소이지만 양자 모두 책임의 규범적 요소이므로 위법성의 착오규정을 유추적용하여 그 오인에 정당한 이유가 있는 때(회피불가능한 때)에는 기대가능성이 없는 경우와 마찬가지로 책임이 배제되고, 정당한 이유가 없는 때(회피가능한 때)에는 책임이 감경된다고 함이 타당하다.

Ⅴ. 형법의 규정과 기대불가능성

1. 형법상의 책임배제 · 책임감경

형법은 기대가능성 유무에 대하여 적극적인 규정을 두지 않고, 소극적으로 기대가능성이 없거나 감소되는 것을 이유로 책임이 배제되거나 감경되는 경우를 규정하고 있다.

1) **책임배제**　강요된 행위, 과잉방위 · 과잉피난의 특수한 경우, 친족간 범인은닉 · 증거인멸 등이 있다. 범인 자신의 도피 · 증거인멸에 대해서는 직접 불가벌성을 규정하고 있지 않으나 범인 자신이 도피하거나 자기의 형사피고사

건에 관한 증거인멸을 하지 않을 것을 기대할 수 없음은 당연하므로 이 역시 기대가능성이 없는 경우라 해야 한다.

2) 책임감경　과잉방위·과잉피난·과잉자구행위는 불법감소도 있으나 주로 책임감소이다. 이외에 위조통화취득후 지정행사죄는 위조통화행사죄보다, 단순도주죄는 도주원조죄보다 형이 가벼운 이유도 기대가능성이 감소하여 책임이 감소된 것이라 할 수 있다.

2. 형법규정의 예시성

기대가능성이 없거나 기대곤란성으로 인하여 책임이 감소·소멸되는 경우는 형법에 규정이 없는 특수상황에서 생기는 경우가 일반적이다. 따라서 형법의 규정은 예시에 불과하다고 해야 한다. 이외에 초법규적 책임배제사유가 될 수 있는 것은, ① 절대적 구속력을 가진 위법한 명령에 따른 행위, ② 생명·신체 이외의 자유·성적 자기결정의 자유·재산에 대하여 방어할 방법이 없는 협박에 의하여 강요된 행위, ③ 가치가 낮은 의무를 이행한 의무의 충돌의 경우, ④ 비교형량이 불가능한 긴급피난 등을 들 수 있다.

종교적·양심적 갈등상황에서 법률에 반한 행위를 하는 양심범에 대해서도 기대가능성이 없는 책임배제사유를 인정할 것인가가 문제된다. 행위자가 규범과의 충돌을 알고 있었고, 적법행위의 기대가능성도 있으므로 책임배제는 인정될 수 없고, 단지 양형에서 고려하면 족하다고 본다. 이와 관련하여 대법원은 최근 양심적 병역거부 사건에서 진정한 양심에 따른 병역거부는 병역법 제88조 제1항의 입영에 응하지 아니할 정당한 사유에 해당하며(2016도10912 전원합의체 판결),[1] 이는 단순한 비폭력·반전주의 신념과 신앙을 이유로 현역 입영을 거부한 경우는 물론(2020도17564 판결), 예비군법에 따른 예비군훈련을 거부한 경우도 마찬가지라고 판시하였다(2020도3439 판결).

그러나 여호와의 증인 신도 종교활동 중단 후 입영대상자로서 입영을 연기하던 중 헌법재판소에서 양심적 병역거부를 인정하는 결정이 선고되자 종교활동을 재개한 경우(2020도8055 판결), 여호와의 증인 신도 종교활동을 하는 자가 모욕,

---

[1] 대법원은 위 판결에서 '정당한 사유'에 해당하는 기준과 이에 대한 입증책임의 소재도 함께 제시하였다. 즉 양심적 병역거부라는 신념이 깊고 확고하며 진실해야 하며, 이에 관하여는 검사가 입증해야 한다고 판시하였다.

절도, 몰래카메라 촬영 및 촬영물 업로드 등의 범죄를 범하여 유죄판결을 선고받은 전과가 있을 뿐만 아니라 입영거부 이후 여호와의 증인 신도에서 제명처분을 받은 사실이 있는 경우(²⁰¹⁹도¹⁸⁸⁵⁷판결), 현역 입영대상자로서 여러차례 입영을 연기하여 왔으며, 기소전까지 병역거부에 대한 신념을 외부로 표출하는 등의 활동을 한 사실이 전혀 없다가 기소되자 비로소 양심적 병역거부를 주장한 경우(²⁰¹⁹도¹²⁹⁴⁸판결)에는 종교적 신념이 깊거나 확고하다 할 수 없어 진정한 양심에 따른 병역거부로 볼 수 없다고 판시하였다.

VI. 강요된 행위

1. 형법 제12조와 기대불가능성

형법 제12조는 "저항할 수 없는 폭력이나 자기 또는 친족의 생명·신체에 대한 위해를 방어할 방법이 없는 협박에 의하여 강요된 행위는 벌하지 아니한다"고 규정하여 적법행위의 기대불가능성으로 책임이 배제되는 경우를 예시하고 있다. 강요된 행위는 긴급피난과 유사한 성격을 갖고 있으나 현재의 위난과 상당성을 요건으로 하지 아니하므로 성질상 긴급피난과 구별된다.

2. 강요된 행위의 요건

(1) 강제상태

행위자는 저항할 수 없는 폭력이나 자기 또는 친족의 생명·신체에 대한 위해를 방어할 방법이 없는 협박에 의하여 강압된 상태에 있어야 한다.

1) **저항할 수 없는 폭력**   폭력이란 상대방의 저항을 억압하기 위하여 행사되는 유형력을 말하고, 그 강도에 따라 절대적 폭력과 강제적 폭력의 두 가지가 있다.

(a) **절대적 폭력**   육체적으로 행위를 할 수 없도록 완전히 억압하는 폭력(의사 없는 도구로 이용하는 것)을 의미한다. 예컨대 손목을 잡힌 채 끌려가는 경우이다. 이러한 거동은 형법상의 행위라고 할 수 없으므로 강요된 행위의 폭력개념에서 제외된다. 이 경우는 강요자의 직접행위에 해당한다.

(b) **강제적 폭력**   피강요자의 의사결정에 작용하여 강요된 사실을 행하게

하는 심리적 폭력을 의미한다. 강요된 행위의 폭력에 해당한다. 폭력사용의 수단에는 제한이 없으며, 감금·마취제사용·맹견사주도 무방하다.

2) 자기 또는 친족의 생명·신체에 대한 위해를 방어할 방법이 없는 협박

(a) **협 박** 사람에게 공포심을 일으킬 만한 해악의 고지를 의미한다(^{2011도10451}_{판결}). 협박을 실현할 의사가 없거나 실현이 불가능하여도 그 협박이 진지하다는 사실을 상대방이 인식할 수 있으면 협박이 될 수 있다. 방어할 방법이 없는 협박이라야 한다.

(b) **자기 또는 친족의 생명·신체에 대한 위해** 협박의 내용은 자기 또는 친족의 생명·신체에 대한 것임을 요한다. 자유·재산·명예·비밀에 대한 위해는 초법규적 책임배제사유가 될 수 있다.

위해는 자기 또는 친족에 대한 것임을 요한다. 사실혼의 부부, 인지 전의 혼인외의 자에 대한 강요는 초법규적 책임배제사유가 된다(김성돈 433, 임웅 378, 강동욱 226은 강요된 행위에 해당한다는 입장이다). 행위 당시 친족관계가 있어야 하고, 위해는 긴박한 현재의 것임을 요하지 않는다.

(c) **방어방법 없는 협박** 위해를 저지할 수 없거나, 강요에 굴복하는 방법 이외에 달리 회피방법이 없어야 한다. 친족에 대한 위해는 친족 자신은 방어방법이 있어도 피협박자에게는 방어방법이 없는 위해가 될 수 있다.

(2) 강요된 행위

의사결정이나 의사활동의 자유가 침해된 강제상태에서 강요자가 요구하는 행위를 하는 것을 말한다. 강요된 행위가 되려면, ① 피강요자는 강요된 상태에서 이를 인식하고 행위해야 하고, ② 피강요자의 행위는 구성요건에 해당하는 위법한 행위라야 하며, ③ 강요자의 폭행·협박과 강요된 행위 사이에 인과관계가 있어야 한다. 인과관계가 없는 때에는 피강요자의 책임이 배제되지 않고 강요자와 공범관계가 성립할 수 있다.

3. 강요된 행위의 효과

적법행위의 기대가능성이 없기 때문에 책임이 배제되어 벌하지 아니한다. 강요자는 형법상 강요죄(^{제324조}_{제1항}) 외에도 피강요자가 범한 죄의 간접정범이 성립한다.

제6절 미수범이론

[§ 26] 범죄실현의 단계 · 예비죄

Ⅰ. 범죄실현의 단계

형법이 예정하고 있는 원칙적인 범죄는 고의의 기수범이다. 고의범은 범죄 의사를 실현함으로써 성립한다. 범죄의사를 실현하기 위해서는 그 의사가 외부에 표시되고 일정한 단계를 거치는 것이 보통이다. 이러한 단계를 범죄실현의 단계라 한다. 범죄실현의 단계는 범죄의 결심, 예비 · 음모, 미수, 기수, 범행의 종료 순서로 진행된다.

모든 고의적 범죄가 이와 같은 범죄실현단계를 거치는 것은 아니다. 예비 · 음모 단계를 거치지 않고 바로 실행하는 경우도 있고, 범죄의 성질상 실행에 들어가면 바로 기수가 되는 범죄(거동범)도 있다.

1. 범죄의 결심

범죄를 실현하려는 의사를 내심에서 확정하는 것을 범죄의 결심이라 한다. 범죄의 결심은 그것이 외부에 표시되지 않는 한 형법적 평가의 대상이 될 수 없다. 다만 범죄결심을 외부에 표시하는 자체가 불법구성요건의 내용이 되어 있는 범죄도 있다. 모욕죄 · 협박죄가 그 예이다. 이러한 범죄를 표시범이라 한다.

2. 예비 · 음모

예비란 결심한 범죄의사를 실현하기 위한 인적 · 물적 준비행위로서 아직 실행의 착수에 이르지 아니한 행위를 말한다. 예컨대 살인을 위해 독약이나 흉기를 구입하는 행위, 범행장소를 미리 답사하는 행위 등이다. 단순한 범죄계획, 내심의 준비는 예비가 아니다. 범죄의사를 일기장에 적어둔 것만으로 예비가 되지 않는다.

> 헌법재판소는 관세법 제269조의 밀수출행위에 관한 관세법위반죄를 범할 목적으로 예비한 자를 그 범죄의 정범 또는 본죄에 준하여 처벌하도록 한 특가법 제6조 제7항(중 관세법 제271조 제3항 가운데 제269조 제2항 부분)에 대하여, 예비행위는 기수와 그 행위태양은 물론 법익침해가능성과 위험성 및 불법성과 책임의 정도가 다르므로 예비행위를 본죄에 준하여 처벌하도록 한 것은 책임과 형벌 사이의 비례성의 원칙 및 형벌체계의 균형성에 반하여 위헌이라고 결정하였다(2016헌가13 결정).

> 음모란 2인 이상이 일정한 범죄를 실현하기 위하여 모의·합의하는 심리적 준비를 말한다. 단순히 범죄결심을 상호간에 표시·전달하는 것이 아니라 특정 범죄를 실현하기 위한 모의·합의라야 한다.

판례 음모는 실행의 착수 이전에 2인 이상의 자 사이에 성립한 범죄실행의 합의로서 … 어떤 범죄를 실행하기로 막연하게 합의한 경우나 특정한 범죄와 관련하여 단순히 의견을 교환한 경우까지 모두 범죄실행의 합의가 있는 것으로 보아 음모죄가 성립한다고 한다면 음모죄의 성립범위가 과도하게 확대되어 국민의 기본권인 사상과 표현의 자유가 위축되거나 그 본질이 침해되는 등 죄형법정주의 원칙이 형해화될 우려가 있으므로, 음모죄의 성립범위도 이러한 확대해석의 위험성을 고려하여 엄격하게 제한하여야 한다. … 내란음모가 성립하였다고 하기 위해서는 개별 범죄행위에 관한 세부적인 합의가 있을 필요는 없으나, 공격의 대상과 목표가 설정되어 있고, 그 밖의 실행계획에 있어서 주요 사항의 윤곽을 공통적으로 인식할 정도의 합의가 있어야 한다. 나아가 합의는 실행행위로 나아간다는 확정적인 의미를 가진 것이어야 하고, … 내란음모죄에 해당하는 합의가 있다고 하기 위해서는 단순히 내란에 관한 범죄결심을 외부에 표시·전달하는 것만으로는 부족하고 객관적으로 내란범죄의 실행을 위한 합의라는 것이 명백히 인정되고, 그러한 합의에 실질적인 위험성이 인정되어야 한다. 그리고 내란음모가 실질적 위험성이 있는지 여부는 합의 내용으로 된 폭력행위의 유형, 내용의 구체성, 계획된 실행시기와의 근접성, 합의 당사자의 수와 합의 당사자들 사이의 관계, 합의의 강도, 합의 당시의 사회정세, 합의를 사전에 준비하였는지 여부, 합의의 후속 조치가 있었는지 여부 등을 종합적으로 고려하여 판단하여야 한다(2014도10978 전원합의체 판결).

음모와 예비는 실행의 착수 이전단계의 범죄준비행위인 점에서 차이가 없다. 그러나 예비는 한 사람의 단독행위로서도 가능하지만 음모는 반드시 2인 이상의 가담이 있어야 한다는 점에서 차이가 있고, 예비만 처벌하고 음모는 처벌하지 않는 특별법의 규정(관세법 제271조 제3항 제274조 제3항)도 있으므로 음모와 예비는 구별해야 한다.

구별기준에 관해서는, ① 음모는 예비행위의 하나의 태양이라는 견해, ② 음모는 예비행위에 선행하는 범죄발전의 단계라는 견해, ③ 음모는 심리적 준비행위이고 예비는 그 이외의 준비행위 또는 물적 준비행의로서 시간적 전후관계가 없다는 견해(강동욱 259)가 대립한다.

음모가 있고 예비도 있는 범죄의 실현단계는 음모를 한 다음에 예비행위를 하게 되며, 음모에만 그치고 예비행위로 나아가지 않으면 음모죄로 처벌하는 점에 비추어 음모는 예비행위에 선행하는 범죄발전단계라는 ②설이 타당하다고 본다. 판례는 음모에는 해당하지만 예비에는 이르지 아니한 경우를 인정하여 같은 취지이다(86도437 판결).1)

3. 미　수

범죄의 실행에 착수하여 행위를 종료하지 못하였거나 결과가 발생하지 아니한 경우를 미수라 한다. 미수는 실행행위의 착수 이후의 개념이며, 형법각칙에 처벌규정이 있는 경우에 한하여 가벌미수가 되고, 가벌미수를 미수범이라 한다.

4. 기　수

실행에 착수한 행위가 구성요건 내용을 충족한 경우를 기수라 한다. 범행의 형식적 완성단계에 해당한다. 범행의 형식적 완성단계는 범행의 실질적 종료인 범행의 종료와 구별된다. 범행의 기수시기는 형법각칙에 규정된 개개의 범죄구성요건에 따라 다르다.

---

1) 밀항예비행위만 처벌하고 밀항음모행위는 처벌하지 않았던 종래의 밀항단속법에 따라 대법원은 위 판결에서, 밀항하기 위해 도항비로 금원을 지급하기로 약속한 후 밀항을 포기한 경우는 밀항 음모에만 해당할 뿐, 밀항예비에는 이르지 아니하였다고 판시하였으나, 2013. 5. 22. 밀항단속법이 개정되어 밀항음모행위도 처벌하는 것으로 변경되었다(동법 제3조 제3항).

5. 범행의 종료

범죄가 기수로 된 후 보호법익에 대한 침해가 실질적으로 끝난 경우를 범행의 종료라 한다. 보통은 기수와 동시에 범행의 종료가 되지만 그렇지 않은 경우도 많다(예: 계속범). 재물절취는 취득이 있으면 기수가 되지만 재물소유자의 지배권을 배제하였을 때에 종료된다. 범행이 종료되기 전까지는 정당방위가 가능하고, 공범이 성립할 수 있다. 공소시효의 기산점도 기수시가 아니라 범행종료시이다.

II. 예 비 죄

1. 예비죄의 의의

형법 제28조는 "범죄의 음모 또는 예비행위가 실행의 착수에 이르지 아니한 때에는 법률에 특별한 규정이 없는 한 벌하지 아니한다"고 규정하여 원칙적으로 예비·음모는 벌하지 않는다. 법익이 중대한 범죄유형에 한하여 예외적으로 실행행위 이전의 예비·음모를 처벌하고 있다. 실행에 나아가기 전에 중대한 법익침해를 미연에 방지하려는 입법자의 의도를 반영한 것이다.

2. 예비죄의 법적 성질

(1) 기본범죄와의 관계

1) **범죄발현형태설**　예비죄는 독립범죄유형이 아니라 기본범죄의 발현형태이고 기본범죄의 수정형식이라 한다. 우리나라의 통설이라 해도 좋다.

2) **독립범죄설**　예비죄는 독립된 구성요건을 실현하는 독립범죄라 한다. 예비죄의 규정이 "…의 죄를 범할 목적으로 예비…한 자는 …에 처한다"라는 형식으로 규정하여 독자적 불법유형을 갖추고 있다는 것이다($\binom{\text{김일수·서보학 407,}}{\text{배종대 121/5}}$).

3) **판례의 태도**　대법원은, 예비죄는 독립구성요건에 해당하는 범죄가 아니라 기본범죄 전단계의 행위, 즉 발현형태를 처벌하는 것이라 판시하고 있다($\binom{75\text{도}1549}{\text{판결}}$).

> **판례**   형법 제28조에 의하면 범죄의 음모 또는 예비행위가 실행의 착수에 이르지 아니한 때에는 법률에 특별한 규정이 없는 한 벌하지 아니한다고 규정하여 예비죄의 처벌이 가져올 범죄의 구성요건을 부당하게 유추 내지 확장해석하는 것을 금지하고 있기 때문에 형법각칙의 예비죄를 처단하는 규정을 바로 독립된 구성요건 개념에 포함시킬 수는 없다고 하는 것이 죄형법정주의의 원칙에도 합당하는 해석이라 할 것이다(75도1549 판결).

　4) 결　어　　"…의 죄를 범할 목적으로 예비…한 자"라는 규정형식은 기본범죄를 실현하려는 목적이고, 예비의 행위태양을 명시하지 않고 있으므로 범죄발현을 명시한 것이라 해야 하며, 미수범도 기본범죄의 수정형식에 불과하다고 하는 이상 그 이전의 단계인 예비죄를 독립범죄라 할 수 없다. 행위태양이 무정형·무한정한 예비죄의 성립범위를 제한하기 위해서도 예비죄의 고의를 기본범죄의 고의로 한정할 필요가 있으므로 기본범죄의 발현형태설이 타당하다.

(2) 예비행위의 실행행위성

　예비는 실행의 착수 이전의 무정형한 것이므로 실행행위 관념을 인정할 수 없다는 부정설도 있다(임웅 394, 신동운 587, 오영근 355). 그러나 예비죄의 수정구성요건이 있는 이상 그 구성요건적 행위를 부정할 수 없으므로 "예비죄라는 범죄의 실행행위"는 인정해야 한다. 기본범죄의 실행행위와 구별된다. 우리나라의 다수설이다.

3. 예비죄의 성립요건

(1) 주관적 요건

　예비죄는 기본이 되는 구성요건을 실행하기 위한 준비행위이므로 고의가 있어야 한다. 따라서 과실에 의한 예비죄 또는 과실범의 예비죄는 존재할 수 없다. 예비죄의 고의내용에 대해서 견해가 대립한다.

　1) 실행고의설　　예비죄의 고의는 기본적 구성요건을 실현하려는 기본범죄의 고의라고 한다(정성근 483, 이형국·김혜경 321, 박상기·전지연 211).

　2) 예비고의설　　예비죄의 고의는 준비행위 그 자체를 인식하는 고의라고 한다. 현재의 다수설이다. 이에 따르면 예비죄는 일종의 목적범이 되고, 예비 자체에 대한 고의 이외에 기본범죄를 범할 목적이 있어야 하므로 기본범죄에

대한 인식은 목적의 내용이 된다.

3) 결 어   예비죄의 실행행위성을 인정하더라도 그것은 어디까지나 기본범죄를 실행하기 위한 준비행위이며, 기본범죄를 범할 목적은 곧 기본범죄를 실현할 의도이므로 예비죄의 고의는 기본적 구성요건을 실현하려는 고의라고 본다. 이렇게 해석하면 예비죄에 있어서의 목적은 고의의 내용이 된다.

(2) 객관적 요건

1) 범죄실현을 위한 외부적 준비행위   기본범죄를 실현하기 위한 외부적 준비가 있어야 하고, 실행의 착수에 이르지 않아야 한다. 단순한 계획·내심의 준비는 예비가 아니다. 예비는 물적 형태의 준비행위가 보통이지만, 알리바이 조작을 위한 대인접촉이나 장물처분자 확보를 위한 인적 예비도 가능하다. 기도된 교사도 음모 또는 예비에 준해서 처벌한다($\binom{\text{제31조 제2항·}}{\text{제3항 참조}}$). 예비행위는 자기 스스로 또는 타인과 공동으로 준비하는 자기예비에 한하고, 타인의 범죄실행을 준비하는 타인예비는 예비죄가 될 수 없다. 판례도 타인예비에 해당하는 예비죄의 방조범(종범) 성립을 부정하고 있다($\binom{\text{75도1549}}{\text{판결 참조}}$).

2) 실행의 착수에 이르지 않는 준비행위   실행의 착수로 나아가면 미수·기수죄만 성립한다. 예비죄의 규정은 미수·기수 규정에 대한 보충관계에 있고, 예비·음모는 불가벌적 사전행위가 된다. 중지미수죄로 형이 면제되는 경우에도 별도로 예비죄로 처벌할 수 없다. 예비행위에서 직접 결과가 발생한 경우에는 실행의 착수가 없으므로 기수범이 될 수 없고, 단지 과실범이 문제될 뿐이다 (예: 총을 손질한 후 사살하려 하였으나 손질하던 중 실수로 발사된 총알에 의하여 피해자가 사망한 경우에는 살인예비죄와 과실치사죄의 경합범이 성립한다).

(3) 처벌규정의 존재

예비행위는 모두 처벌하는 것이 아니라 특별히 처벌규정이 있는 예외적인 경우에만 처벌한다($\binom{\text{제28}}{\text{조}}$). 예비죄를 처벌한다는 취지와 그 형을 함께 규정하고 있을 때 한하여 처벌한다($\binom{\text{제255조}}{\text{참조}}$).

내란·외환·폭발물사용·폭발물파열·가스등방류·방화·통화위조 등의 예비죄는 실행의 착수 이전에 자수하면 그 형을 감경 또는 면제한다($\binom{\text{제90조 제1항 단서,}}{\text{제101조 제1항 단서,}}$ $\genfrac{}{}{0pt}{}{\text{제120조 제1항 단서,}}{\text{제175조 단서, 제213조 단서}}$).

4. 예비죄의 관련문제

(1) 예비죄의 중지

1) 예비죄 중지의 의의   기본범죄의 실행행위로 나아가기 전에 예비행위 자체를 자의로 중지하거나 실행의 착수를 포기한 경우를 예비죄의 중지라 한다. 형법은 예비죄 중 일부(내란 · 외환 · 폭발물사용 · 폭발물파열 · 가스등방류 · 방화 · 통화위조 등)에 한하여 자수자에 대한 필요적 감경 · 면제를 인정하고, 예비죄 일반에 대하여는 법정형을 감면하지 않는다. 이는 실행에 착수한 후 자의로 중지하면 필요적 감경 · 면제를 하는 중지미수(범)와 비교하여 균형을 잃은 것이 아니냐의 문제가 생긴다.

2) 중지미수규정 유추적용 여부

(a) **유추적용부정설**   중지미수는 실행의 착수 이후의 개념이므로 실행의 착수 이전의 예비행위에 대하여는 중지미수(범)의 규정을 유추적용할 수 없다고 한다($^{신동운\ 546\ 이하,}_{김성돈\ 492}$). 예비죄는 일종의 거동범이고 예비행위가 있으면 예비죄가 성립하므로 중지미수의 관념을 생각할 수 없다는 것을 이유로 한다. 부정설 중에는 예비행위자가 자수 정도에 이른 경우에만 예비죄의 필요적 감면규정($^{제90조\ 제1항}_{단서}$)을 유추적용하여 형의 불균형을 시정해야 한다는 견해($^{김일수 \cdot 서보학}_{411}$)도 있다.

(b) **유추적용긍정설**   예비행위를 중지하는 것은 결국 실행의 착수를 그만두는 것이 되므로 실행의 착수 이후의 실행단계에서 중지미수를 인정하는 경우보다 더욱 참작할 이유가 크기 때문에 중지미수(범)의 규정을 유추적용해야 한다는 견해이다. 모든 예비중지에 대해 중지미수(범) 규정을 유추적용해야 한다는 견해($^{임웅\ 399,\ 오영근\ 340}_{정영일\ 348,\ 강동욱\ 266}$)도 있으나, 예비죄의 형이 중지미수(범)의 형과 균형을 잃는 범위 내에서만 유추적용한다는 견해가 다수설이다.

(c) **판례의 태도**   대법원은, 형법상 중지라는 개념은 실행의 착수를 전제로 하는 개념이므로 실행의 착수에도 이르지 않은 예비의 경우에는 중지라는 관념 자체를 인정할 수 없다고 한다($^{99도424}_{판결}$).

> **판례** 중지범은 범죄의 실행에 착수한 후 자의로 그 행위를 중지한 때를 말하는 것이고 실행의 착수가 있기 전인 예비음모의 행위를 처벌하는 경우에 있어서 중지범의 관념은 이를 인정할 수 없다(99도424 판결).

(d) **결 어**   실행의 착수 이후의 행위를 중지하면 형을 감경·면제까지 할 수 있는 반면, 실행의 착수에도 나아가지 않은 예비행위중지를 법정형으로 처단하면 형의 불균형이 생길 수 있다. 이러한 불균형을 해소하기 위해서 예비죄의 형이 중지미수(범)의 형과 균형을 잃는 범위 내에서 유추적용하는 것이 타당하다.

(2) 예비죄의 공범

예비죄에 대하여 공동정범·교사범·방조범이 성립할 수 있느냐가 논의된다. 다만 형법은 예비죄의 교사에 해당하는 기도된 교사($^{제31조\ 제2항,}_{제3항}$)를 처벌하는 특별규정이 있으므로 예비죄의 공범은 주로 공동정범과 방조범의 문제로 다루어진다.

1) 예비죄의 공동정범   ① 예비죄는 기본범죄의 수정형태이고 예비죄 자체의 실행행위도 인정할 수 있으므로 2인 이상이 예비행위에 가담하면 예비죄의 공동정범이 된다는 긍정설(통설)과, ② 기본적 구성요건 이외에는 실행행위 관념을 생각할 수 없고 예비죄는 기본범죄의 발현행태에 지나지 않으므로 예비죄의 공동정범을 인정할 수 없다는 부정설이 대립한다. 부정설은 이 경우 기본범죄에 대한 음모죄가 성립한다고 한다($^{임웅}_{397}$).

판례는, 정범이 실행의 착수에 이르지 아니한 예비의 단계에 그친 경우에는 이에 가공한다 하더라도 예비의 공동정범이 되는 경우를 제외하고는 방조범으로 처벌할 수 없다($^{79도552}_{판결}$)고 하여 예비죄의 공동정범을 긍정하고 있다.

예비죄의 실행행위성을 인정할 때에는 예비죄의 공동정범을 인정하는 것이 논리적이고, 예비죄의 공동정범은 공동자가 함께 예비행위를 실행하는 것이므로 단독으로 예비행위를 하는 것과 불법에서 차이도 없다. 예비죄의 공동정범을 인정하는 긍정설이 타당하다.

2) 예비죄의 방조범   긍정설에 따르면 예비죄도 예비행위의 실행행위가

있으므로 이에 대한 방조범도 성립할 수 있고, 예비죄의 방조범을 부정하면 정범만 예비죄로 처벌하고 그 공범은 처벌대상에서 제외되므로 예비죄의 방조범을 긍정해야 한다(유기천303)는 것이다. 판례는 예비죄의 방조범을 부정한다.

> **판례** 정범이 실행의 착수에 이르지 아니한 예비의 단계에 그친 경우에는 이에 가공한다 하더라도 예비의 공동정범이 되는 때를 제외하고는 종범으로 처벌할 수 없다(79도552 판결).

예비죄의 방조범은 예비죄의 공동정범의 경우와 구별해야 한다. 예비행위 그 자체가 무정형·무한정하고 그 불법도 미미하여 예외적으로 처벌하는 것임에도 불법이 거의 없는 예비죄의 방조범까지 처벌하는 것은 행위의 위험성이 없는 행위를 처벌하는 것과 다르지 않다. 기도된 방조규정을 두지 않은 형법의 취지에 비추어 예비죄의 방조범은 부정해야 한다. 현재의 통설이다.

[§ 27] 미수범일반론

Ⅰ. 미수와 미수범의 의의

범죄의 실행에 착수하여 행위를 종료하지 못하였거나 종료하였어도 결과가 발생하지 아니한 경우를 미수라 하고, 이러한 미수가 가벌적인 경우를 미수범이라 한다. 형법은 장애미수·중지미수·불능미수의 세 가지 종류의 미수범을 규정하고 있는데, 정확히 장애미수범·중지미수범·불능미수범이라 해야 한다.

장애미수(범)는 행위자의 의사에 반하여 우연적 사정으로 범죄를 완성하지 못했으나 위험성이 있는 미수범이고, 협의의 미수(범)라 한다. 중지미수(범)는 행위자가 자의로 범죄실행을 중지하거나 결과발생을 방지한 미수범이고, 미수범 중에서 가장 관대하게 처벌한다. 불능미수(범)는 행위자의 의사에 반하여 범죄를 완성하지 못했으나 애당초 범죄의 결과발생이 불가능하고 위험성만 있는 미수범이다. 세 종류의 미수를 광의의 미수(범)라 한다.

Ⅱ. 미수범의 처벌근거

미수범의 불법은 무엇이며, 결과발생이 없는 미수(범)를 처벌하는 근거가 무엇이냐에 대하여 견해가 대립하고 있다.

1. 객 관 설

미수범 처벌근거는 구성요건이 보호하고 있는 법익에 대한 직접적 위험성(결과반가치)에 있다는 견해이다. 범죄실현의사인 고의는 예비·미수·기수의 모든 범행단계에서 동일하므로 예비와 미수의 한계는 물론 미수범의 처벌근거도 구성요건결과실현에 근접한 위험성에 있다는 것이다.

이에 의하면 결과발생의 위험성만 있는 미수범의 불법은 결과발생이 있는 기수범의 결과불법과 차이가 있으므로 예외적으로 처벌하며, 처벌하는 경우에도 형을 감경해야 한다고 한다. 그러나 형법이 필요적 감경이 아니라 임의적 감경을 하는 이유를 설명하기 곤란하고, 행위반가치(행위불법)를 전혀 고려하지 않는다는 결함이 있다. 원래 객관주의 범죄이론에서 주장되었으나, 현재 우리나라 주장자는 없다.

2. 주 관 설

미수범 처벌근거는 행위에 의하여 외부에 나타난 법적대적 의사에 있다는 견해이다. 미수범은 실행에 착수하여 법적대적 의사가 외부에 나타난 이상 사회일반의 법적 평온상태가 침해되므로 보호법익에 대한 직접적 위험이 없는 미수도 처벌대상이 된다는 것이다.

그러나 이 견해에 따르면, ① 미수범처벌이 예외적이고 임의적 감경을 하는 이유를 설명하기 어렵고, ② 장애미수(범)와 불능미수(범)의 처벌의 차이도 인정할 수 없으며, ③ 결과반가치를 고려하지 않는다는 비판이 제기된다. 주관설은 원래 범죄징표설에서 주장되었으나 근래에 와서는 일부 인적 행위불법론자를 제외하고는 주장자가 없다.

3. 절 충 설

행위자의 법적대적 의사에 중점을 두면서 객관적 기준에 의하여 미수범의 가벌성 범위를 제한하는 견해이다. 즉 미수범의 처벌근거는 법적대적 의사에 있지만, 그 가벌성은 범죄의사가 외부에 표현됨으로써 법질서 효력에 대한 일반인의 신뢰와 법적 안정성을 침해하였기 때문에 처벌된다는 것이다. 우리나라 통설이다.

법적대적 의사의 표현이라는 행위불법과 법질서 효력에 대한 일반인의 신뢰와 법적 안정성을 침해한다는 결과불법이 미수범의 불법을 구성한다는 것이다. 결과불법의 정도의 차이로 미수범은 결과발생이 있는 기수범보다 형을 감경할 수 있게 된다.

4. 결   어

모든 가벌적 행위는 결과반가치와 행위반가치가 있는 때에 불법을 인정해야 한다(이원적 불법론). 미수범에 있어서는 현실적인 법익침해나 결과발생이 없다. 그러나 미수범도 법익침해를 지향한 행위로 인하여 법질서 효력에 대한 신뢰와 법적 안정성을 해한다는 결과가 있으므로 이 결과가 미수범의 결과불법이 되며, 법적대적 의사로 법익침해를 지향한 행위불법도 있으므로 가벌행위로 평가될 수 있다. 미수범의 처벌근거는 기수범의 결과불법과 정도의 차이는 있지만 이원적 불법으로 설명하는 절충설이 타당하다.

[§ 28] 장애미수(범)

Ⅰ. 장애미수(범)의 의의

고의로 범죄실행에 착수하였으나 자기 의사에 반하여 실현가능한 범죄를 완성시키지 못한 경우를 장애미수라 하고, 장애미수가 가벌적인 때 장애미수범이 된다. 즉 장애미수범은 장애미수가 가벌적 행위에 해당하는 범죄유형이다.

형법 제25조가 "범죄의 실행에 착수하여 행위를 종료하지 못하였거나 결과가 발생하지 아니한 때"라고 규정한 것은 이를 말하며, 모든 가벌미수범의 성립요건이 된다.

II. 장애미수(범)의 성립요건

장애미수(범)는 주관적 구성요건요소로서 고의가 있어야 하고, 객관적 구성요건요소로서 실행에 착수가 있어야 하며, 범죄가 완성되지 않아야 한다. 모든 미수범의 구성요건은 형법총칙에 규정된 수정구성요건이므로 미수범의 구성요건 그 자체만으로 독립하여 가벌행위가 될 수 없고, 항상 각칙상의 개개의 구성요건과 결합해서만 가벌적 미수로 존재한다. 예컨대 "살인의 미수범", "절도의 미수범"의 형식으로 존재한다(개념적 종속성).

1. 주관적 구성요건요소

(1) 고 의

형법 제25조는 미수범의 고의를 명시하지 않았으나 과실범의 미수는 불가벌이므로 모든 미수범은 고의가 있어야 한다. 미수범의 고의도 기수범과 마찬가지로 기본적 구성요건의 객관적 요소에 대한 인식과 그 실현의사이다.

미수범의 고의는 기수의 고의가 있어야 하고, 애당초 미수에 그치겠다는 미수의 고의는 미수범의 고의가 아니며 불가벌이다. 과실범은 범죄실현의사가 없으므로 과실의 미수란 있을 수 없다. 미수범의 고의도 미수범의 행위반가치의 내용을 구성하는 주관적 불법요소가 된다.

(2) 특수한 주관적 불법요소

특수한 주관적 불법요소가 요구되는 범죄는 이를 갖추어야 미수범이 성립한다. 목적범의 목적, 경향범의 내심의 경향, 표현범의 내심의 상태, 영득죄의 불법영득의사 등이 특수한 주관적 불법요소이다.

2. 객관적 구성요건요소

범죄의 실행에 착수해야 하고 범죄가 완성되지 않아야 한다.

(1) 실행의 착수

모든 미수범은 범죄의 실행에 착수해야 한다. 범죄의 실행은 구성요건에 해당하는 실행행위를 말하며, 실행행위는 실행의 착수로 개시된다. 실행의 착수가 없으면 실행행위는 존재하지 않고, 예비·음모가 문제될 뿐이다. 구체적으로 어느 시점에서 실행의 착수가 있다고 할 것이냐에 대해서는 학설이 나뉜다.

1) **객관설**　구성요건의 내용을 실행하는 객관적·외부적 행위를 기준으로 실행의 착수를 정하는 견해이다. 객관주의 범죄이론의 전통적인 입장이다. 두 가지가 있다.

(a) **형식적 객관설**　구성요건에 해당하는 정형적인 행위를 개시한 때에 실행의 착수가 있다고 한다. 예컨대 절도죄는 금고문을 열 때가 아니라 직접 손으로 재물을 잡은 때, 살인죄는 권총의 방아쇠를 당길 시점에 실행의 착수가 있다는 것이다.

그러나 ① 범죄의 실행행위는 천태만상이며 구성요건의 정형성과 관계없는 실행도 많기 때문에 구체적으로 어떤 행위가 구성요건에 해당하는 정형적 행위가 되는지 명백하지 않고, ② 예컨대 공모한 후 망을 보는 행위는 실행의 정형성이 없으므로 가벌성의 범위를 지나치게 제한하며, ③ 공동정범·간접정범·격리범의 실행의 착수도 인정하기 곤란하다. 현재 우리나라 주장자도 없다.

(b) **실질적 객관설**　보호법익에 대한 직접적 위험이나 법익침해에 대한 제1의 행위가 있는 때에 실행의 착수가 있다고 한다.

그러나 ① 법익에 대한 "직접적 위험 또는 법익침해의 제1행위"를 구체적으로 판단하는 기준이 애매하고, ② 이러한 실질적 내용은 행위자의 범죄의사나 범행계획을 고려하지 않고 외부적 사정만으로 판단하는 것은 불가능하며, ③ 추상적 위험범의 실행의 착수를 설명하기 곤란하다.

2) **주관설**　범죄의사가 수행적 행위에 의하여 확정적으로 나타난 때에 실행의 착수를 인정한다(정영석₂₁₉). 판례가 간첩죄의 실행의 착수시기를 국내에 잠입

한 때로 보는 것($^{84도1381}_{판결}$)은 주관설의 입장이라 할 수 있다.

그러나 범죄의사의 수행성, 수행의 확실성 등은 행위자의 입장에서 판단해야 하므로 실행행위의 정형성을 고려할 수 없고, 실행행위의 정형성을 떠나서 범죄의사의 수행성, 수행의 확실성 등을 논증할 수도 없다.

3) **절충설(주관적 객관설)**   범죄의사와 보호법익에 대한 위험성을 고려하여 실행의 착수를 인정한다. 행위자의 전체적 범행계획에 비추어 범죄의사가 보호법익을 직접 위태롭게 할 만한 행위 속에 명백히 나타난 때 실행의 착수가 있다고 한다. 우리나라의 통설이며, 독일 형법 제22조는 이 견해를 명문화하고 있다.

4) **판례의 태도**   대법원은 실행의 착수에 관해서 법익침해에 대한 밀접한 행위가 있으면 실행의 착수가 있다고 하고(밀접행위설), 금품을 절취하려고 양복 호주머니 겉을 더듬었을 때($^{84도2524}_{판결}$), 살해의사로 낫을 들고 피해자의 방으로 들어오려고 하였을 때($^{85도2773}_{판결}$) 실행의 착수가 있다고 하였다. 또 주거침입죄에 있어서는 주거침입의사로 출입문이 열려있으면 안으로 들어가기 위해 출입문을 당겨보는 행위는 주거의 사실상의 평온을 침해할 객관적인 위험성이 있는 행위라고 판시하였는데, 이러한 밀접행위는 모두 실질적 객관설에 따른 것으로 보인다.

[실행의 착수를 인정한 판례]   ① 피고인이 야간에 소지하고 있던 손전등과 박스포장용 노끈을 이용하여 도로에 주차된 차량의 문을 열고 그 안에 들어있는 현금 등을 절취할 것을 마음먹고 차량의 문이 잠겨 있는지 확인하기 위해 양손으로 운전석 문의 손잡이를 잡고 열려고 하던 행위는 차량 내에 있는 재물에 대한 피해자의 사실상의 지배를 침해하는 데에 밀접한 행위가 개시된 것으로 보아 절도죄의 실행에 착수한 것으로 봄이 상당하다(2009도5595 판결).
② 야간에 타인의 재물을 절취할 목적으로 사람의 주거에 침입한 경우에는 주거에 침입한 단계에서 이미 형법 제330조에서 규정한 야간주거침입절도죄라는 범죄행위의 실행에 착수한 것이다. 출입문이 열려 있으면 안으로 들어가겠다는 의사 아래 출입문을 당겨보는 행위는 바로 주거의 사실상의 평온을 침해할 객관적인 위험성을 포함하는 행위를 한 것으로 볼 수 있어 그것으로 주서침입의 실행에 착수가 있었고, 단지 그 출입문이 잠겨 있었다는 외부적 장애요소로 인하여 뜻을 이루지 못한 데 불과하다 할 것이다(2006도2824 판결).
③ 절도죄의 실행의 착수시기는 재물에 대한 타인의 사실상의 지배를 침해하는

데 밀접한 행위가 개시된 때라 할 것인바, 피고인이 피해자 소유 자동차안에 들어 있는 밍크코트를 발견하고 이를 절취할 생각으로 공범이 위 차 옆에서 망을 보고 피고인은 위 차 오른쪽 앞문을 열려고 앞문 손잡이를 잡아당기다가 피해자에게 발각된 이 사건에 있어서 위 행위는 절도의 실행에 착수하였다고 봄이 상당하다(86도2256 판결).

> **[실행의 착수를 부정한 판례]** 필로폰을 매수하려는 자에게서 필로폰을 구해 달라는 부탁과 함께 돈을 지급받았다고 하더라도, 당시 필로폰을 소지 또는 입수한 상태에 있었거나 그것이 가능하였다는 등 매매행위에 근접·밀착한 상태에서 대금을 지급받은 것이 아니라 단순히 필로폰을 구해 달라는 부탁과 함께 대금 명목으로 돈을 지급받은 것에 불과한 경우에는 필로폰 매매행위의 실행의 착수에 이른 것이라고 볼 수 없다(2014도16920 판결).

5) 결 어　미수범의 처벌근거가 법질서 효력에 대한 신뢰와 법적 안정성을 침해하고 법익침해를 지향하고 있는 행위자의 법적대적 의사에 있다면, 실행의 착수시기도 이를 전제로 결정해야 한다. 절충설은 법익침해를 지향하고 있는 범죄의사와 법익침해의 직접적 위험성이 있는 행위까지 고려하여 실질적 관점에서 실행의 착수시기를 판단하므로 타당하다고 본다.

　절충설에 따라 실행의 착수시기를 인정하기 위해서는, ① 구성요건이 예정하고 있는 행위의 개시나 보호법익에 대한 직접 위험이 있는 행위의 개시가 있어야 하고, ② 법익에 대한 직접적 위험성이 있는 행위는 범죄의사의 표현으로 인정할 수 있어야 한다.

6) 개별범죄유형의 실행의 착수시기

(a) **간접정범**　이용자의 이용행위가 있는 때 실행의 착수가 있다는 것이 우리나라 다수설이다. 이용자의 이용행위는 보호법익을 직접 위태롭게 하는 범죄의사의 표현이므로 원칙적으로 이용행위시에 실행의 착수가 있다. 다만 피이용자가 악의의 도구인 때에는 의사지배(행위지배)가 있다고 할 수 없으므로 피이용자의 실행행위시에 실행의 착수가 있다고 본다.

(b) **공동정범**　공동자 전체의 행위를 기준으로 실행의 착수를 인정하는 견해(전체행위설)가 다수설이다. 이에 따르면 공동자 중 한 사람이 공동의 범행계

획에 따라 실행에 나아가면 다른 공동자가 구체적인 실행에 나아가지 아니하여
도 모든 공동정범의 실행의 착수를 인정한다.

그러나 공동정범은 기능적 행위지배가 있어야 하므로 공동자 각자의 기능
적 역할분담에 따른 행위의 개시가 있는 때에 공동자의 실행의 착수를 인정함
이 타당하다(개별행위설).

(c) **격리범**   실행행위와 결과발생이 시간적·장소적으로 간격이 있는 범죄
(격시범·격지범)를 말한다. 예컨대 독이 들어 있는 케이크를 생일선물로 우송하
여 사람을 살해하는 경우이다.

격리범에 대해서 실질적 객관설에 의하면 결과발생에 근접·밀접한 행위를
한 때(케이크가 배달된 때 또는 식탁에 놓인 때)에 실행의 착수가 있고, 주관설에 의
하면 원인행위를 설정할 때(우체국에 배송을 위탁한 때)에 실행의 착수가 있다고
할 것이다. 절충설에 의하면 범죄의사가 직접적으로 법익침해의 위험성이 있는
행위로 나타나는 원인설정행위가 종료한 때(우체국에 배송위탁이 끝난 때)에 실행
의 착수를 인정한다.

(d) **결합범**   결합범의 실행의 착수에 관하여는 결합된 행위의 어느 하나가
개시되면 결합범 전체의 실행의 착수를 인정한다. 예컨대 강도죄는 강도의사로
폭행을 개시한 때, 야간주거침입절도죄는 야간에 주거에 침입한 때 실행의 착
수가 있다. 판례도 야간에 주거침입한 때 야간주거침입절도죄의 실행의 착수를
인정한다. 그러나 주거침입강간죄에 있어서는 주거침입 후 강간죄의 실행행위
로 나아간 때에 실행의 착수를 인정한다(2020도17796 판결).

판례   ① 형법은 제329조에서 절도죄를 규정하고 곧바로 제330조에서 야간주거
침입절도죄를 규정하고 있을 뿐, 야간절도죄에 관하여는 처벌규정을 별도로 두고
있지 아니하다. 이러한 형법 제330조의 규정형식과 그 구성요건의 문언에 비추어
보면, 형법은 야간에 이루어지는 주거침입행위의 위험성에 주목하여 그러한 행위
를 수반한 절도를 야간주거침입절도죄로 중하게 처벌하고 있는 것으로 보아야 한
다. 따라서 주거침입이 주간에 이루어진 경우에는 야간주거침입절도죄가 성립하지
않는다고 해석함이 상당하나. 만일 주간에 주거에 침입하여 야간에 재물을 절취한
경우에도 야간주거침입절도죄의 성립을 인정한다면, 행위자가 주간에 주거에 침입
하여 절도의 실행에는 착수하지 않은 상태에서 발각된 경우 야간에 절취할 의사였
다고 하면 야간주거침입절도의 미수죄가 되고 주간절도를 계획하였다고 하면 주거

침입죄만 인정된다는 결론에 이르는데, 결국 행위자의 주장에 따라 범죄의 성립이
좌우되는 불합리한 결과를 초래하게 된다(2011도300 등 판결).
　② 주거침입강제추행죄 및 주거침입강간죄 등은 사람의 주거 등을 침입한 자가
피해자를 간음, 강제추행 등 성폭력을 행사한 경우에 성립하는 것으로서, 주거침입
죄를 범한 후에 사람을 강간하는 등의 행위를 하여야 하는 일종의 신분범이고, 선
후가 바뀌어 강간죄 등을 범한 자가 그 피해자의 주거에 침입한 경우에는 이에 해
당하지 않고 강간죄 등과 주거침입죄 등의 실체적 경합범이 된다. 그 실행의 착수
시기는 주거침입 행위 후 강간죄 등의 실행행위에 나아간 때이다(2020도17796 판결).

(2) 범죄의 미완성

범죄의 실행에 착수하여 범죄가 완성되지 않아야 한다. 행위자의 의사에
반한 의외의 장애로 인하여 범죄가 완성되지 않아야 한다. 결과가 발생한 때에
도 행위와 결과사이에 인과관계가 부정되면 미수가 된다.

장애미수는 실행행위의 종료유무에 따라 강학상 착수미수(미종료미수)와 실
행미수(종료미수)로 구별한다. 착수미수는 실행에 착수하였으나 실행행위 그 자
체를 종료하지 못한 경우이고, 실행미수는 실행행위는 종료하였으나 결과가 발
생하지 아니한 경우이다. 양자의 구별실익은 중지미수(범) 성립요건의 차이에
있다.

Ⅲ. 장애미수(범)의 처벌

장애미수가 가벌행위로 되기 위해서는 미수범의 구성요건을 충족할 뿐만
아니라 위법성과 책임이 인정되어야 한다. 미수범의 위법성과 책임은 기수범의
그것과 같다. 다만 불법에서 결과반가치의 정도가 다를 뿐이다.

미수범은 형법각칙에 처벌규정이 있는 경우에만 처벌한다(제29조). (장애)미수
범의 형은 기수범의 형보다 감경할 수 있다(제25조 제2항). 감경할 수 있는 형은 주형(主
刑)에 한한다. 벌금형이 병과된 때에는 벌금형도 감경할 수 있다.

[§ 29] 중지미수(범)

Ⅰ. 중지미수(범)의 의의

범죄의 실행에 착수하여 범죄가 완성되기 전에 자의로 실행행위를 중지하거나 그 행위로 인한 결과발생을 방지한 경우의 가벌미수를 말한다. 자의에 의하여 미수가 되었다는 의미에서 임의미수라고도 한다.

형법 제26조는 "범인이 실행에 착수한 행위를 자의로 중지하거나 그 행위로 인한 결과의 발생을 자의로 방지한 경우에는 형을 감경하거나 면제한다"고 규정하여 미수범 중에서 가장 관대한 처벌을 하고 있다.

Ⅱ. 중지미수(범)의 법적 성질

1. 형사정책설

범죄를 미연에 예방한다는 형사정책적 이유에서 형을 필요적으로 감경·면제한다는 견해이다(신동운 524 이하). 범행중지자를 처벌하지 않거나 관대하게 처벌하게 되면 범행에 착수하여 미수단계에 있는 범인에게 실행중지나 결과발생을 방지하기 위한 충동을 주게 되어 정상인으로 "되돌아 올 수 있는 황금다리"를 만들어 준 것이라 한다(황금다리이론).

그러나 형사정책적 효과는 중지미수가 처벌되지 않거나 특히 관대하게 처벌된다는 사실이 일반인에게 알려있지 않은 때에는 범죄방지를 위한 충동의 효과를 기대할 수 없고, 정책적 효과는 중지미수를 불가벌로 하는 법제(독일 형법 제24조)에서는 그 실효성이 있으나 감경과 면제의 두 단계로 나누어 취급하는 우리 형법에서는 그 본래의 효과를 크게 기대하기 어려우며, 면제와 감경을 구별하는 기준도 없다는 비판이 있다.

2. 형벌목적설

자의로 범행을 중지한 자에 대해서는 형벌의 예방목적상 처벌의 필요성이 감소 또는 소멸한다는 견해이다(손동권·김재윤 24/10). 독일 판례의 입장이다. 행위자가 자의로 범행중지를 결심하고 중지하면 행위자의 반사회적 위험성이나 재범의 위험성이 사후적으로 현저히 감소하므로 일반예방이나 특별예방의 목적상 형벌을 부과할 필요가 없거나 감경해야 한다는 것이다.

그러나 중지가 우연한 외적 사정에 의하여 생기는 경우에는 행위자의 범죄의사가 강화되어 위험성이 감소되지 않을 수 있고, 다른 기회를 모색하기 위해 범행을 중지한 경우에는 반사회적 위험성은 그대로 존속한다는 비판이 있다.

3. 보 상 설

중지에 의하여 법적대적 의사를 포기하고 법의 세계로 돌아오면 행위자의 규범의식과 일반인의 법질서에 대한 신뢰가 회복되므로 이에 대한 중지의 노력을 보상하여 형을 감경하거나 면제한다는 견해이다(정성근 508, 이형국·김혜경 346, 이재상 외 28/13). 공적설이라고도 한다.

보상설에 대해서는 (후술하는) 결합설에서 중지의 노력·공적은 이미 발생시킨 불법을 상쇄시킬 수 없다는 비판이 있다. 그러나 형사정책설과 위법감소나 책임감소를 결합한 결합설도 이미 존재하는 불법 자체를 상쇄시킬 수 없으므로 이 비판은 자설을 포기한 것과 같다. 보상설도 형사정책적 효과와 책임감소도 함께 고려하여 보상여부를 판단한다.

4. 법률설(책임감소·소멸설)

책임감소·소멸설은 중지미수의 경우 자의에 의한 중지 때문에 행위자에 대한 비난가능성이 감소 또는 소멸되어 형을 감경하거나 면제한다는 견해이다(정영석 224, 김종원 278, 김성돈 467).

그러나 ① 중지로 인하여 책임이 감경될 수는 있으나 이미 존재한 책임을 사후적으로 소급하여 소멸시킬 수는 없고, ② 책임이 소멸한다면 책임이 배제되어 범죄성립이 부정됨에도 불구하고 유죄판결의 일종인 형면제판결을 하는 이유를 설명할 수 없다. 위법감소·소멸설도 있으나 이미 존재한 위법은 감소·소멸될 수 없다고 해야 한다. 우리나라 주장자도 없다.

5. 결 합 설

형사정책설과 법률설을 결합하여 형면제는 형사정책설에 의하여, 형감경은 책임감소에 의하여 설명하는 견해이다(황산덕232). 형사정책설과 위법감소 · 책임감소설을 결합한 견해(오영근326)와 형벌목적설과 책임감소설을 결합한 견해(김일수 · 서보학397, 강동욱 242)도 있다.

결합설에 대하여는 이미 존재하는 위법은 사후적으로 감소할 수 없고, 감경과 면제를 구별하는 구체적인 기준이 없으므로 형사정책설의 결함은 그대로 남아 있다는 비판이 제기된다.

6. 결   어

중지로 인하여 법적대적 의사를 포기하고 법의 세계로 돌아온 자는 책임이 감소하거나 처벌의 필요성이 감소 · 소멸되는 경우가 있음을 부정할 수 없다. 동시에 범죄의 미연방지라는 형사정책적 효과도 전적으로 배제할 수는 없다. 그리고 형감경과 면제를 각각 다른 기준으로 설명할 때에는 구별기준이 없으므로 통일적으로 설명하는 것이 합리적이다. 보상설은 보상의 구체적 내용으로 책임감소, 형벌목적 및 형사정책적 효과를 모두 고려하여 중지의 노력에 따라 감경과 면제를 조정 · 평가할 수 있으므로 보상설이 타당하다고 본다.

Ⅲ. 중지미수(범)의 성립요건

중지미수(범)는 미수범의 일종이므로 가벌적 행위가 되기 위해서는 중지미수(범)의 수정구성요건을 충족하는 외에 위법성과 책임을 구비해야 한다. 중지미수(범)의 수정구성요건은 고의에 의한 범죄의 실행의 착수가 있고, 이를 자의로 중지하거나 결과발생을 자의로 방지한 때 충족된다(실행의 착수는 "장애미수(범)" 참조).

1. 주관적 구성요건요소

주관적 불법요소인 고의가 있어야 하고, 특수한 주관적 불법요소가 요구되

는 범죄는 이를 갖추어야 한다. 이에 대해서는 장애미수(범)에서 설명한 바와
같다.

2. 자의성(특수한 주관적 요소)

중지미수(범)가 되려면 실행에 착수한 행위를 자의로 중지하거나 결과발생
을 자의로 방지해야 한다. 자의성은 범행의 시도가 가능한 경우에만 인정되고,
애당초 범행의 계속적 수행이 불가능하면 '중지'라 할 수 없으므로 자의성이 없
는 장애미수(범)가 된다. "자의"란 자기 스스로 결정한 내심의 결의를 말한다. 어
떤 경우에 자의가 있다고 할 수 있느냐에 대해서도 다양한 견해가 주장된다.

(1) 객관설

외부적 장애 이외의 사정으로 범죄를 완성하지 못한 경우에 자의가 있다고
하고, 외부적 장애로 범죄를 완성하지 못하면 장애미수(범), 내부적(내심적) 동기
에 의하여 범죄를 완성하지 못하면 중지미수(범)라 한다.

그러나 구체적인 경우 외부적 장애에 의한 것인지 심리적 동기에 의한 것
인지 구별하기 어렵고, 외부적 사정의 영향 여부를 판단하기에 따라 중지미수
(범)의 성립범위가 달라질 수 있다는 비판이 있다.

(2) 주관설

범죄의사를 포기하거나 동정 · 후회 · 양심의 가책 등 윤리적 동기로 범죄를
완성하지 못한 경우에 자의가 있다고 하고, 윤리적 동기로 범죄를 완성하지 못
하면 중지미수(범), 그 외의 사정으로 범죄를 완성하지 못하면 장애미수(범)라 한다.

그러나 윤리성 자체가 명확한 개념이 아니고, 자의의 범위를 지나치게 제
한하여 범죄 미연방지라는 정책적 효과를 등한시한다는 비판이 있다.

(3) 절충설

사회일반의 통념상 범죄수행에 장애가 될 만한 사정이 없이 중지한 경우에
는 자의가 있는 중지미수(범)이고, 사회일반의 통념상 범죄수행에 장애가 될 만
한 사정으로 범죄를 완성하지 못한 경우에는 장애미수(범)라는 견해이다. 우리
나라 다수설이다(유기천 261, 김종원 284, 이형국 · 김혜경 349,
이재상 외 28/19, 손동권 · 김재윤 24/14).

사회일반의 통념상 범죄수행의 장애인가 아닌가를 판단하는 기준이 일정하지 아니하므로 판단자의 주관에 따라 달라질 수 있다는 비판이 있다.

(4) 프랑크 공식

범죄를 완성시킬 수 있지만 원하지 않기 때문에 중지한 경우에는 자의가 있는 중지미수(범)이고, 범죄를 완성시키려 했으나 완성시킬 수 없기 때문에 중지한 경우에는 장애미수(범)라는 견해이다(황산덕 234, 정영석 228, 임웅 407. 신동운 529는 심리적 절충설이라 한다).

자의 그 자체는 내심적 심리상태이므로 이를 기초로 구분한 것은 타당하다. 그러나 달리 선택할 여지가 없어 마지못해 중지한 경우에도 자의성을 인정해야 하므로 자의성의 인정범위가 확대된다는 비판을 받는다.

(5) 동기설

중지자의 자율적 동기에 의한 범행중지는 자의성 있는 중지미수(범)이고, 타율적 동기에서 범행을 계속하지 못하고 중지하면 장애미수(범)가 된다는 견해이다(김성돈 473). 이에 따르면 범죄발각의 두려움·공포심·안면이 있는 피해자 등 외부적 사정이 있어도 자발적 의사로 중지하면 중지미수(범)가 되는 반면, 범행의 유리한 기회를 잡기 위한 범행연기, 기대했던 금액이 지나치게 근소한 데 실망한 나머지 중지하거나 피해자가 생리 중이어서 강간을 그만 둔 경우에는 장애미수(범)가 된다.

그러나 중지의 심리적 동기가 자율이냐 타율이냐를 구별하는 것이 어렵다는 비판이 제기된다.

(6) 규범설

범행을 중지하게 된 동기가 형감면의 특전을 받을 만한 가치가 있는가를 규범적으로 평가하여 자의성을 판단하는 견해이다. 이 견해에서는 이성적 판단에 따라 중지하면 자의성이 없는 장애미수(범)이고, 비이성적 이유로 중지하면 자의성이 있는 중지미수(범)라고 한다(박상기·전지연 223). 범행기회 연기, 공포심으로 범행포기, 근소한 재물에 실망하여 중지하면 자의성이 부정되고, 막연한 두려움, 피해자의 설득이나 연민으로 중지하면 자의성을 인정한다.

자의성 판단에 대한 구체적 기준이 없고, 자의성을 지나치게 엄격하게 판단하여 중지미수(범)의 성립범위를 축소시킨다는 비판이 있다.

(7) 판례의 태도

대법원은 일반사회통념상 범죄수행에 장애가 되느냐의 여부에 따라 중지미수(범)를 판단하는 절충설을 일관하고 있다.

[자의성을 인정한 판례]　피고인은 피해자를 강간하려고 하다가 피해자가 다음 번에 만나 친해지면 응해 주겠다는 취지의 간곡한 부탁으로 인하여 그 목적을 이루지 못했다는 것이며, 그 후 피고인은 피해자를 자신의 차에 태워 집에까지 데려다 준 사실이 인정되는바, 위 사실에 의하면 피고인은 자의로 피해자에 대한 강간행위를 중지한 것이고 피해자가 다음에 만나 친해지면 응해 주겠다는 취지의 간곡한 부탁은 사회통념상 범죄실행에 대한 장애라고 여겨지지는 아니하므로 이 사건 피고인의 행위는 중지미수에 해당한다고 할 것이다(93도1851 판결).

[자의성을 부정한 판례]　① 피고인이 공소외 甲에게 위조한 주식인수계약서와 통장사본을 보여주면서 50억 원의 투자를 받았다고 말하며 자금의 대여를 요청하였고, 이에 甲과 함께 50억 원의 입금 여부를 확인하기 위해 은행에 가던 중 은행 입구에서 차용을 포기하고 돌아간 것이라면, 이는 피고인이 범행이 발각될 것이 두려워 범행을 중지한 것으로서, 일반사회통념상 범죄를 완수함에 장애가 되는 사정에 해당한다고 보아야 할 것이므로, 이를 자의에 의한 중지미수라고는 볼 수 없다(2011도10539 판결).

② 피고인이 피해자를 살해하려고 목과 가슴부위를 칼로 수회 찔렀으나 피해자의 가슴부위에서 많은 피가 흘러나오는 것을 발견하고 겁을 먹고 그만 두는 바람에 미수에 그친 것이라면, 이는 일반사회통념상 범죄를 완수함에 장애가 되는 사정에 해당한다고 보아야 할 것이므로 자의에 의한 중지미수라고 볼 수 없다(99도640 판결).

③ 피고인이 장롱 안에 있는 옷가지에 불을 놓아 건물을 소훼하려 하였으나 불길이 치솟는 것을 보고 겁이 나서 물을 부어 불을 끈 것이라면, 치솟는 불길에 놀라거나 자신의 신체안전에 대한 위해 또는 범행발각시의 처벌 등에 두려움을 느끼는 것은 일반사회통념상 범죄를 완수함에 장애가 되는 사정에 해당한다고 보아야 할 것이므로 자의에 의한 중지미수라고는 볼 수 없다(97도957 판결).

④ 항거불능의 상태에 있는 피해자의 양손을 묶고 강간하려고 하였으나 잠자던 피해자의 어린 딸이 깨어 우는 바람에 도주하였고, 또 다른 피해자를 협박하여 강간하려고 하였으나 피해자가 시장에 간 남편이 곧 돌아온다고 하면서 임신 중이라고 말하자 도주하였다면 자의로 강간행위를 중지하였다고 볼 수는 없다(93도347 판결).

(8) 결 어

자의 그 자체는 행위자의 내심적 심리상태이므로 자의는 내심적 심리상태를 자기 스스로 결정한 것이라야 한다. 한편 중지한 자의 형감면에 관한 보상여부는 전적으로 규범적 평가에 의하여 결정해야 한다. 따라서 형감면이라는 보상을 받을 만한 자율적 심리상태가 있는 때 자의가 있는 중지미수(범)라고 해야한다. 즉 행위자의 내심적 심리상태를 자율과 타율로 구별하는 동기설과 보상에 대한 형감면을 규범적으로 평가하는 규범설의 취지를 함께 고려하여 판단하는 것이 타당하다(정성근·박광민 407,).

3. 객관적 구성요건요소(중지행위)

중지미수(범)도 미수범이므로 실행에 착수하여 범죄가 완성되지 않아야 한다. 이에 관해서는 장애미수(범)에서 설명한 바와 같다. 중지미수(범)에 고유한 구성요건요소는 중지행위이다.

중지행위란 실행에 착수한 범행의 완성을 저지시키는 것을 말한다. 착수중지와 실행중지(실행방지)가 있다.

(1) 착수중지

실행에 착수한 행위를 실행종료 전에 자의로 그만두는 것을 착수중지(미종료중지미수)라 한다. 작위범의 경우는 실행행위를 더 이상 계속하지 않는 부작위에 의해서, 부작위범의 경우는 요구된 보증의무를 이행함으로써 중지행위가 완성된다.

착수중지와 실행중지의 구별기준은 실행행위의 종료시이다. 언제 실행행위가 종료되는가에 대하여 견해가 대립한다.

1) 주관설(범행계획설)　행위자가 계획한 마지막 행위가 끝난 시점에 실행행위가 종료한다고 한다(^{신동운}₅₃₃). 예컨대 2발을 쏘아 사살하려고 한 경우 제2탄까지 발사해야 실행행위가 종료된다. 이 경우 제1탄을 발사하여 중상을 입혔으나 의사의 도움으로 생명이 구조되면 아직 실행행위가 끝나지 않았으므로 제2탄을 발사하지 아니하면 착수중지가 되어 불합리하다.

2) 수정주관설　실행행위를 중지하는 시점에서 범죄완성을 위한 행위가

종료하였다고 믿고 있으면 실행중지이고, 아직 종료하지 않았다고 믿고 있으면 착수중지가 된다고 한다(^{이형국·김혜경 351, 이재상 외 28/31,}_{손동권·김재윤 24/25, 독일 판례}). 2발로 사살할 계획이었으나 1발 발사시에 종료하였다고 믿었으면 제1탄이 명중하지 아니하여도 실행행위는 종료하므로 제2탄의 발사를 스스로 중지하여도 장애미수(범)가 된다.

　　3) **절충설**　　행위자의 범행계획과 행위 당시 객관적 사정을 모두 고려하여 법익침해의 위험성이 있는 행위가 종료되었다고 인정되면 실행행위가 종료한다는 것이다. 위 예에서 수정주관설과 결론이 같으나 실행의 착수에 관한 절충설에 따르면 이 견해가 타당하다. 우리나라 다수설이다.

　　(2) 실행중지

　　실행에 착수한 행위는 종료하였으나 행위로 인한 결과발생을 자의로 방지하는 것을 실행중지(종료중지미수)라 한다. 결과발생을 방지하였다고 하기 위해서는 결과발생 방지를 위한 적극적 행위가 있고(적극성), 실제로 결과발생이 방지되어야 하며(현실성), 양자 사이에 인과관계가 있어야 한다.

　　1) **적극성**　　결과발생 방지는 인과적 진행을 의식적으로 중단시키는 적극적 행위가 있어야 한다. 소극적 방치로는 불가능하다. 결과발생 방지를 위한 적극성의 인정요건은 다음과 같다.

　　(a) **상당성**　　결과발생을 방지하는 데 객관적으로 상당한 것이라야 한다. 예컨대 독약을 복용시킨 자는 약효를 소멸시킬 해독제를 복용시켜야 한다.

　　(b) **방지의사**　　결과발생을 방지하려는 주관적 의사가 있어야 한다. 방지의사가 있어도 우연적 사정으로 결과발생이 방지된 때에는 실행중지가 될 수 없다.

　　(c) **행위의 진지성**　　결과발생 방지는 진지한 노력에 의한 것이라야 한다. 실행행위와 결과발생 사이의 인과관계를 스스로 차단한 것으로 볼 수 있어야 한다. 예컨대 방화 후 "불이야" 고함을 치고 소화하는 이웃 사람에게 잘 부탁한다고 말하고 달아난 때에는 소화되었다 하더라도 진지한 노력에 의한 결과발생 방지라고 할 수 없고 장애미수(범)가 된다.

　　(d) **직접성**　　원칙적으로 행위자 자신이 방지해야 한다. 그러나 행위자의 진지한 주도 하에 행해지거나 제3자에 의한 결과발생 방지가 스스로 방지한 것과 동일시 할 수 있는 정도의 노력이 있으면 타인의 도움을 받거나 타인과 합세하여

도 무방하다. 독약을 복용시킨 후 고통받는 피해자를 보고 급히 병원으로 데리고 가서 의사의 도움으로 살려낸 것이면 진지한 노력에 의한 방지행위가 된다.

2) 현실성   방지행위로 결과발생이 방지되어야 한다. 방지를 위한 진지한 노력이 있어도 결과가 발생하면 기수범이 성립한다. 이 경우에는 정상을 참작하여 감경할 수 있다. 결과발생 방지가 되려면 결과 전부의 발생을 방지해야 한다. 예컨대 여러 곳에 방화한 경우는 그 모두를 소화해야 한다.

(a) **불능미수의 중지**   결과발생이 애당초 불가능한 경우에도 결과발생을 방지하기 위한 진지한 노력이 있으면 중지미수(범) 규정을 (유추)적용할 수 있느냐가 문제된다. 예컨대 설탕을 독약으로 오인하고 복용시킨 후 해독제를 먹인 경우에도 중지미수(범)를 인정할 수 있느냐이다. 착수중지의 경우는 중지미수 규정을 적용하는 데 반론이 없다.

부정설은 행위자의 방지행위로 결과발생이 방지된 것이 아니며, 불능미수(범)의 경우도 형감경과 형면제를 할 수 있다는 이유로 중지미수(범) 규정의 적용을 부정한다(정영석 215,\김성돈 479).

그러나 불능미수(범)의 형은 임의적 감면이고, 중지미수(범)의 형은 필요적 감면이므로, 부정설에 의하면 동일한 중지노력자에 대하여 결과발생의 위험이 없는 경우가 있는 경우보다 더 무겁게 취급되는 불합리한 결과가 되며, 중지한 자에 대한 보상은 모든 중지자에게 동일해야 하므로 예외적으로 중지미수(범) 규정을 (유추)적용함이 타당하다. 우리나라 통설이다. 독일 형법 제24조 제1항도 긍정설의 취지(불가벌)로 규정하고 있다.

(b) **인과관계**   진지한 노력에 의한 방지행위가 있는 이상 실행행위와 인과관계가 없는 사유로 결과가 발생한 때에도 중지미수(범)가 된다. 예컨대 살해의 사로 중상을 입힌 후 후회하고 피해자를 병원에 입원시켰는데, 병원에 화재가 발생하여 피해자가 사망한 경우도 중지미수(범)가 된다.

Ⅳ. 중지미수(범)의 처벌

위법성과 책임이 인정되면 미수범처벌규정이 있는 경우에 한하여 처벌할 수 있다. 중지미수(범)의 형은 감경 또는 면제한다.

V. 중지미수(범)의 관련문제

1. 공범의 중지

(1) 공동정범과 중지
공동정범자 중 1인이 자의로 중지하는 것만으로 중지미수(범)가 되지 않는다. 공동자 전원의 실행을 중지시키거나 모든 결과발생을 방지한 경우에 중지미수(범)가 된다. 이 경우 다른 공동정범자는 장애미수(범)가 된다.

(2) 협의의 공범과 중지
정범이 자의로 중지·방지한 경우 자의로 중지·방지한 정범만 중지미수(범)가 되고, 협의의 공범은 장애미수(범)의 공범이 된다. 협의의 공범이 정범의 실행행위를 중지 또는 결과발생을 방지한 경우에는 협의의 공범만 중지미수(범)의 공범이 되고, 정범은 장애미수(범)가 된다.

2. 가중적 미수

중지미수(범)의 행위가 이미 다른 가벼운 죄의 기수를 포함하고 있는 경우를 가중적 미수라 한다. 예컨대 살인의 중지행위가 이미 상해의 기수로 되어 있는 경우이다.

① 무거운 죄와 가벼운 죄가 법조경합관계에 있는 경우는 무거운 죄의 중지미수(범)로 처벌하면 충분하고 가벼운 죄는 따로 벌하지 않는다(불가벌적 수반행위). 위의 예의 경우 살인죄의 중지미수로 처벌된다. ② 중지한 죄와 발생한 가벼운 죄가 상상적 경합관계에 있는 경우에는 항상 발생된 기수죄의 형으로 처벌한다. 예컨대 공무집행방해 고의로 공무집행 중의 공무원을 상해하려다 상해는 중지하였으나 공무집행방해죄가 기수로 된 경우에 중지한 상해죄(7년 이하의 징역)는 감경(3년 6월 이하의 징역) 또는 면제되므로 이 감경·면제된 상해죄와 공무집행방해죄(5년 이하의 징역)를 상상적 경합으로 처리하면 무거운 공무집행방해죄의 형으로 처벌하게 된다. 우리나라 다수설이다. 이에 대해서 상해죄와 공무집행방해죄의 상상적 경합을 인정하여 상해죄를 선택한 후 중지미수에 의한 형감면을 해야 한다는 반대설이 있다(신동운 543, 오영근 336).

3. 좌절미수(실패한 미수)와 중지

좌절미수란 행위자가 의도한 범행의 계속이 무의미하거나 범죄실현이 불가능하여 범행을 포기하고 실패한 미수를 말한다. 애당초 중지미수(범)의 성립이 불가능한 미수이다. 좌절미수는 범행을 포기하는 중지행위는 있으나 애당초 중지미수(범)가 될 수 없는 미수이고, 불가능한 결과발생을 가능하다고 믿었던 불능미수(범)와 상반된 경우이므로 장애미수(범)로 처리해야 할 것이다(김성돈/478).

[§ 30] 불능미수(범)

Ⅰ. 불능범과 불능미수(범)

1. 불능범과 불능미수(범)의 의의

불능범이란 범죄의사로 외관상 실행행위라고 볼 수 있는 행위를 하였으나, 행위의 성질상 결과발생이 불가능하고 위험성도 없기 때문에 불가벌이 되는 행위를 말한다. 불능미수(범)란 범죄의사로 실행에 착수하였으나 행위의 수단 또는 대상의 성질상 애당초 결과발생은 불가능하지만 위험성이 있기 때문에 미수범으로 처벌되는 가벌미수를 말한다.

2. 형법 제27조의 성격

형법 제27조는 "실행의 수단 또는 대상의 착오로 인하여 결과의 발생이 불가능하더라도 위험성이 있는 때에는 처벌한다. 단, 형을 감경 또는 면제할 수 있다"고 규정하여 불능미수(범)의 가벌성을 명시하고 있다. 종래까지 제27조는 위험성 유무로 일반미수범과 불능범을 구별하는 규정으로 파악하는 것이 통설이었다. 그러나 제27조는 결과발생이 불가능하더라도 "위험성이 있는 때" 처벌하기 위한 가벌미수를 규정한 것이므로 결과발생이 가능한 일반적인 미수범뿐만 아니라 결과발생이 불가능하고 위험성도 없는 불능범과도 구별해야 한다.

따라서 형법은 결과발생이 가능하지만 현실적으로 결과가 발생하지 않은 일반의 가능미수(범)와 별도로 결과발생은 불가능하지만 위험성이 있는 불(가)능미수(범)를 규정한 것이라고 해야 한다. 판례도 형법 제27조는 장애미수(범)와 구별되는 불능미수(범)를 규정한 것이라고 판시하고 있다.

> **판례** 형법은 범죄의 실행에 착수하여 결과가 발생하지 아니한 경우의 미수와 실행수단의 착오로 인하여 결과발생이 불가능하더라도 위험성이 있는 경우의 미수와는 구별하여 처벌하고 있으므로 농약의 치사량을 좀 더 심리한 다음 위의 어느 경우에 해당하는지를 가렸어야 할 것임에도 불구하고 이를 심리하지 아니한 채 살인미수의 죄책을 인정하였음은 장애미수와 불능미수에 관한 법리를 오해하였거나 심리를 다하지 아니함으로써 판결에 영향을 미친 위법을 범하였다 할 것이다(83도2967 판결).[1]

3. 불능미수(범)와 구별개념

(1) 환각범

구성요건 자체가 존재하지 않거나 사실상 허용되어 있는 행위를 금지된 가벌행위라고 오인하고 행위하는 것을 말한다. 예컨대 동성연애도 범죄가 된다고 생각하고 그 행위를 하는 경우이다. 이 경우는 애당초 가벌대상이 될 수 없다. 환각범은 허용된 행위를 금지된 가벌행위라고 오인한 것이므로 반전된 위법성의 착오에 해당한다.

(2) 사실의 흠결(구성요건 흠결)

결과와 인과관계를 제외한 객관적 구성요건요소(주체·객체·행위태양·행위상황)를 구비하고 있지 않음에도 불구하고 이를 구비한 것으로 오신하고 범행으로 나아가는 것을 사실의 흠결이라 하며, 사실의 흠결은 불가벌적 불능범이 된다는 이론을 "사실의 흠결이론"이라 한다. 형법 제27조는 객체·수단의 흠결이 있어도 위험성이 있으면 가벌미수로 규정하고 있으므로 위험성 유무로 가벌적 불능미수(범)와 불가벌적 불능범으로 구별하는 것이 우리 형법의 취지에

---

[1] 남편을 살해하기 위해 배춧국 그릇에 치사량에 현저히 미달하는 농약을 타서 먹게 하여 미수에 그친 사안이다.

부합한다. 따라서 사실의 흠결이론은 우리 형법상 아무런 의미가 없는 것이라
해야 한다.

> **[불능미수(범)의 가벌성 근거]** 불능미수(범)의 고의는 기수의 고의와 같이
> 주관적 불법요소이므로 행위불법을 구성하고, 법질서에 대한 일반인 신뢰와
> 법적 안정성을 해하는 미수범의 결과불법도 있다. 다만 불능미수(범)의 결과불
> 법은 장애미수(범)의 결과불법에 비하여 결과발생이 애당초 불가능하다는 점
> 에서 결과불법이 약화되어 그 형을 감경 또는 면제할 수 있게 된다.

Ⅱ. 불능미수(범)의 성립요건

불능미수(범)가 성립하기 위해서는, ① 고의로 실행에 착수해야 하고, ② 수
단 또는 대상의 착오로 인하여 결과발생이 불가능해야 하며, ③ 위험성이 있어
야 한다. 불능미수(범)의 수정구성요건을 설명하면 다음과 같다.

1. 주관적 구성요건요소 · 실행의 착수 · 범죄의 미완성

불능미수(범)도 미수범이므로 고의로 실행에 착수하여 결과가 발생하지 않
아야 한다(고의, 실행의 착수, 범죄의 미완성은 "장애미수(범)" 참조).

2. 결과발생의 불가능성

불능미수(범)는 실행의 수단 또는 대상의 착오로 인하여 결과발생이 불가능
해야 한다. 결과발생의 불가능은 사실적 · 자연적 개념이며 그 판단은 결과가
발생하지 않은 이후의 제반사정을 고려하여 사후판단을 한다. 애당초 결과발생
이 불가능했다는 점에서 장애미수(범)와 구별된다.

다만, 행위자는 결과발생이 가능하다고 믿었던 것이므로 일종의 착오에 해
당한다. 이 착오는 행위자가 인식한 수단과 대상으로는 애당초 결과발생이 불
가능함에도 행위자가 가능하다고 오신한 것이므로 행위자가 인식한 범죄의 결
과발생 가능성이 있는 구성요건착오와 다르다.

불능미수(범)는 발생할 수 없는 구성요건결과가 발생한다고 오인한 적극적

착오임에 반하여 구성요건착오는 발생할 수 있는 구성요건결과를 의도한대로 발생시키지 못한 소극적 착오이므로 불능미수(범)를 반전된 구성요건착오라 한다.

(1) 수단의 착오

행위자가 선택한 수단·방법으로 애당초 결과발생이 불가능함에도 결과발생이 가능하다고 오신한 수단의 불가능성을 말한다. 예컨대 총알이 들어 있다고 오인하고 총알이 없는 총으로 사람을 살해하려 하거나 치사량 미달의 독약으로 사람을 살해하려고 복용시킨 경우이다.

수단의 착오는 불가능한 수단 그 자체에 착오가 있는 것이므로 가능한 수단을 사용하였으나 행위자의 예상과는 다르게 결과가 발생하는 구성요건착오의 방법의 착오와는 구별된다.

(2) 대상의 착오

행위자가 인식한 객체에 대해서는 애당초 범죄의 결과가 발생할 수 없는 것임에도 결과발생이 가능하다고 오신한 객체의 불가능성을 말한다. 결과발생이 가능한 구성요건착오의 객체의 착오와 구별된다.

객체의 불가능성은 사실상 불가능한 경우(예: 사체에 대한 살해행위)도 있고, 법률상 불가능한 경우(예: 소유자의 승낙이 있는 재물의 절취·손괴)도 있다.

(3) 주체의 착오

형법 제27조는 주체의 착오에 대해서 언급이 없다. 주체의 착오란 신분 없는 자가 신분 있는 것으로 오인하고 신분범에 해당하는 범죄를 실행하는 경우를 말한다. 예컨대 공무원 임용이 무효임을 알지 못한 자가 공무원이라 믿고 뇌물을 수수한 경우이다.

주체의 착오도 불능미수(범)가 될 수 있느냐에 대하여 이를 긍정하는 견해(이형국 256 이하, 박상기·전지연 236)도 있다. 그러나 형법은 결과발생이 불가능한 경우에 항상 미수범으로 처벌하는 것이 아니라 위험성이 있는 때에만 가벌미수로서 처벌하고 있고 (독일 형법 제23조 제3항은 결과발생의 가능성 여부를 불문하고 처벌하며, "위험성"도 요구하지 않는다), 처벌하는 경우에도 실행의 수단이나 대상의 착오가 있는 때로 제한하고 있으며, 신분범에 있어서는 비신분자의 행위는 미수범으로서의 행위 반가치도 부정된다고 해야 하므로 주체의 착오는 불능미수(범)가 될 수 없다고 해야 한다. 우리나라 통설이다. 이 착오는 환각범의 일종으로서 애당초 구성요 건해당성도 없다고 본다.

3. 위 험 성

(1) 위험성의 형법적 의미

형법 제27조는 결과발생이 불가능하여도 위험성이 있으면 처벌한다고 규정하여 위험성 유무로 가벌적 불능미수(범)와 불가벌적 불능범을 구별하고 있다. 애당초 결과발생이 불가능하면 위험성도 없다고 해야 함에도 특별히 위험성을 요구하고 있으므로 여기의 위험성은 결과발생의 가능성과의 관계에서 그 의미가 무엇이냐에 관하여 논의가 있다.

1) **일반적 위험성설** 형법 제27조의 위험성을 사실상의 결과발생가능성 내지 결과발생의 개연성으로 이해하는 견해로, 여기의 위험성은 미수범 일반의 처벌근거로 논의되는 일반적 위험성(사실상의 결과발생가능성의 사후판단)과 동일한 의미라고 한다. 종래의 다수설이며, 판례의 태도이다.

> **판례** 불능범은 범죄행위의 성질상 결과발생의 위험이 절대로 불능한 경우를 말하는 것으로서 피고인이 향정신성의약품인 메스암페타민 속칭 "히로뽕" 제조를 위해 원료약품을 교반하여 "히로뽕" 제조를 시도하였으나 약품배합 미숙으로 완제품을 제조하지 못하여 미수에 그쳤다는 것이라면, 피고인의 위 소위는 그 성질상 결과발생의 위험성이 있다고 할 것이므로 이를 습관성의약품제조미수범으로 처단한 조치는 옳다(85도206 판결).

2) **평가상의 위험성설** 형법 제27조의 위험성을 "사실상의 결과발생가능성"과 구별하여 행위 당시의 시점에서 결과발생이 가능하다고 평가된 "평가상의 결과발생가능성"으로 해석하는 견해(김종원 291, 이재상 외 29/9, 김성돈 458, 강동욱 254)이다. 즉 여기의 위험성은 미수범 일반의 처벌근거로 논의되는 일반적 위험성이 아니라 행위 당시의 사전적 시점에서 평가하여 행위자가 인식하였던 그대로였다면 장래에 결과발생이 가능하다고 판단되는 평가상의 위험성을 의미한다는 것이다.

3) **결 어**　형법 제27조의 "수단 또는 대상의 착오로 인하여 결과발생이 불가능하더라도 위험성이 있는 때에는 처벌한다"는 문언을 보면, 착오로 인하여 "결과발생이 불가능하더라도"를 전제로 한 다음 여기에 더하여 다시 "위험성"을 요구하고 있다. 즉 착오로 인한 "결과발생불가능"과 "위험성"은 각각 별개의 요건으로 규정한 것이라 해야 한다. 전자는 미수범 일반의 처벌근거로 논의되는 위험성(사실상의 결과발생가능성)이 없는 경우로서 사후적 사실판단이고, 후자는 그것과 구별되는 위험성(평가상의 결과발생가능성)으로서 사전적 규범적 판단이다.

형법 제27조(불능범)는 그 표제와 같이 원래 착오로 인하여 결과발생이 불가능한 불능범을 처벌하려고 한 것이었으나, 입법과정에서 불능범에 대한 가벌성의 확대를 제한하기 위해 위험성을 특별히 추가한 것이므로 제27조의 위험성은 독자적 의미를 가진 것이라는 평가상의 위험성설이 타당하다.

(2) 위험성 판단기준

1) **구체적 위험설**　행위 당시 행위자가 인식한 사정과 일반인이 인식할 수 있었던 사정을 기초로 하여 일반 경험칙에 따라 사후판단을 하여 구체적으로 위험성이 인정되면 가벌미수가 되고, 위험성이 없으면 불능범이 된다는 견해이다. 종래의 다수설이다.

　예컨대 제3자가 몰래 탄환을 빼내어버린 총기에 탄환이 들어 있다고 오인하고 발사한 경우와 치사량 미달의 독약으로 살해하려 한 경우에는 구체적 위험이 있으므로 가벌미수가 되지만, 사자(死者)에 대한 살해행위는 일반인이라면 죽은 자임을 알고 있는 경우에는 구체적 위험이 없으므로 불능범이 된다.

이 견해는 행위자가 인식한 사정과 일반인이 인식가능한 사정이 다른 경우 어느 사정을 기초로 위험성을 판단할지 명백하지 않다는 문제점이 있다. 이 경우 일반인이 인식할 수 있었던 사정만 기초로 사후판단을 한다면 평가상의 위험성은 애당초 인정할 수 없고, 행위자가 특별히 알고 있는 사정만 고려한다면 아래의 추상적 위험설에 귀착한다.

2) **추상적 위험설**　행위자가 행위시에 인식한 실현계획을 위험판단의 기초(대상)로 하여 일반인의 지식·경험칙에 비추어 그러한 계획이 현실적으로 결과발생에 대한 위험성이 있다고 인정되면 불능미수(범)이고, 위험성이 없다고

인정되면 불능범이라는 견해이다. 현재의 다수설이라 할 수 있다.

추상적 위험설에 대해서 종래 행위자가 경솔하게 잘못 안 경우에 이를 기초로 위험성을 판단하므로 부당하다는 비판이 제기되었다. 그러나 현재의 추상적 위험설은 일반인의 지식·경험칙에 따라 판단하므로 객관성을 유지할 수 있다. 판례는 종래까지 구객관설을 취해 왔으나 최근에는 추상적 위험설을 취하고 있다.

> **판례** ① 불능범의 판단 기준으로서 위험성 판단은 피고인이 행위 당시에 인식한 사정을 놓고 이것이 객관적으로 일반인의 판단으로 보아 결과발생의 가능성이 있느냐를 따져야 하고, 한편 민사소송법상 소송비용의 청구는 소송비용액 확정절차에 의하도록 규정하고 있으므로, 위 절차에 의하지 아니하고 손해배상금청구의 소 등으로 소송비용의 지급을 구하는 것은 소의 이익이 없는 부적법한 소로서 허용될 수 없다. 따라서 소송비용을 편취할 의사로 소송비용의 지급을 구하는 손해배상청구의 소를 제기하였다고 하더라도 이는 객관적으로 소송비용의 청구방법에 관한 법률적 지식을 가진 일반인의 판단으로 보아 결과발생의 가능성이 없어 위험성이 인정되지 않는다고 할 것이다(2005도8105 판결).
> ② 피고인이 피해자가 심신상실 또는 항거불능의 상태에 있다고 인식하고 그러한 상태를 이용하여 간음할 의사로 피해자를 간음하였으나 피해자가 실제로는 심신상실 또는 항거불능의 상태에 있지 않은 경우에는, 실행의 수단 또는 대상의 착오로 인하여 준강간죄에서 규정하고 있는 구성요건적 결과의 발생이 처음부터 불가능하였고 실제로 그러한 결과가 발생하였다고 할 수 없다. 피고인이 준강간의 실행에 착수하였으나 범죄가 기수에 이르지 못하였으므로 준강간죄의 미수범이 성립한다. 피고인이 행위 당시에 인식한 사정을 놓고 일반인이 객관적으로 판단하여 보았을 때 준강간의 결과가 발생할 위험성이 있었으므로 준강간죄의 불능미수가 성립한다(2018도16002 전원합의체 판결).

3) 인상설   행위자의 법적대적 의사의 실행이 일반인의 법적 안정감이나 법적 평온상태를 교란시키는 법동요적 인상으로 나타난 때 위험성이 있는 가벌미수가 된다는 견해이다(이형국·김혜경367).

그러나 법적 평온상태 교란을 판단하는 기준이 없으므로 위험성 판단이 자의적으로 행해질 우려가 있고, 법동요적 인상도 미수범 일반의 위험성의 내용은 설명할 수 있지만 불능미수의 평가상의 위험성 판단기준은 될 수 없다고 해야 한다.

[**기타의 학설**]   ① 구객관설(절대적 불능·상대적 불능설)   결과발생이 개념적
으로 불가능한 절대적 불능과 결과발생이 특수한 경우만 불가능한 상대적 불
능으로 구별하여, 상대적 불능만 위험성이 있는 가벌미수가 된다고 하는 견해
이다(종래 73도354
판결의 입장).

그러나 이 견해는 결과발생의 가능성을 판단함에 있어 일체의 구체적 사정
을 고려하지 않기 때문에 판단기준에 따라 절대적 불능 또는 상대적 불능이
된다는 비판을 받았다. 예컨대 사망자를 생존자라 믿고 발포한 경우, 생존자
를 기준으로 하면 상대적 불능이 되고, 사망자를 기준으로 하면 절대적 불능
이 된다. 방탄복을 입은 자를 사살하려 한 경우, 방탄복을 입은 자를 기준으로
하면 절대적 불능이 되고, 방탄복을 입지 않은 일반사람을 기준으로 하면 상
대적 불능이 된다.

② 주관설   범죄실현의사를 직접 표현하는 행위가 있으면 그 자체로 법질
서는 위태롭게 되므로 결과발생에 대한 객관적 위험성 여부를 불문하고 가벌
미수가 된다는 견해이다.

그러나 이 견해는 행위자의 범죄의사만으로 위험성을 판단하므로 위험성
판단의 객관성을 유지할 수 없고, 위험성 판단에서 행위자 개인적 사정 이외
의 요소를 고려하지 않으므로 가벌미수의 범위가 지나치게 확대된다는 비판
을 받았다.

③ 법질서위험설   행위시에 행위자가 인식했던 주관적 사정을 위험판단의
대상으로 하여 일반인의 입장에서 결과발생에 대한 위험성이 있는가를 판단하
는 견해로, 추상적 위험설의 일종이다. 행위자가 행위 당시에 예상한대로의 사
정이 그대로 존재하였다면 일반인의 판단에서 결과발생의 위험성이 있다고 인
정되면 법질서 효력에 대한 위험성이 인정되므로 가벌미수가 된다고 한다(정영석
238).

이 견해는 행위자가 경솔하게 잘못 안 경우에도 행위자가 인식한 사정만 기
초로 위험성을 판단하므로 위험성 판단의 객관성이 없다. 이상의 학설들은 소
멸된 이론이다.

4) **결   어**   불능미수(범)의 위험성이 사실상의 결과발생가능성이 아니라
평가상의 결과발생가능성이라고 한다면 위험성 판단도 평가상의 위험성을 판단
하는 기준이라야 한다. 평가상의 위험성은 일반인인 객관적 관찰자의 입장에서
행위 당시를 기준으로 사전판단을 해야 하므로 행위 당시의 행위자의 인식을

대상으로 객관적 관찰자가 사전판단을 하는 추상적 위험설이 타당하다고 해야 한다.

추상적 위험설에 따라 위험성을 판단하면, ① 설탕을 독약으로 오인하고 복용하게 한 경우, ② 치사량 미달의 독약을 복용하게 한 경우, ③ 빈 호주머니에 돈지갑이 있는 줄 알고 손을 집어넣는 경우, ④ 탄환이 있는 줄 알고 빈 총을 발사하는 경우, ⑤ 사체를 생존자로 오인하고 살해하려 한 경우는 사실상 결과발생이 불가능하지만 위험성이 있으므로 불능미수(범)가 된다.

이에 대해서, ① 설탕도 다량 복용하게 하면 살인력이 있다고 생각하고 복용하게 한 경우, ② 물을 많이 먹이면 방광이 터저 죽는다고 믿고 과음하게 한 경우, ③ 미신범의 경우는 애당초 결과발생가능성과 위험성 모두 없으므로 불가벌의 불능범이 된다.

판례는 ① 피해자의 잠바 주머니에 손을 넣어 금품을 절취하려 하였다면 실제로는 주머니 속에 금품이 들어있지 않았더라도 절도라는 결과발생의 위험성을 내포한 행위로서 절도미수에 해당하고(86도2090 등 판결), ② 피해자가 반항이 불가능할 정도의 만취상태인줄 알고 간음했다면 실제로는 피해자가 그 정도로 술에 취해있지는 않았더라도 준간강죄의 불능미수범이 된다(2018도16002 전원합의체 판결)고 판시하였다.

Ⅲ. 불능미수(범)의 처벌

결과발생이 불가능하여도 위험성이 있으면 불능미수가 되고, 위법성과 책임을 배제하는 사유가 없으면 범죄가 성립한다. 다만, 그 형을 감경 또는 면제할 수 있다. 불능미수(범)도 미수범의 일종이므로 형법각칙에 미수범을 처벌하는 규정이 있는 경우에만 처벌할 수 있다.

제7절 정범과 공범의 이론

[§ 31] 정범과 공범의 기초이론

Ⅰ. 범죄의 참가형태

1. 범죄주체의 수(數)를 기준으로 한 정범·공범

범죄는 범죄참가자의 수(數)를 기준으로 그 참가자가 1인이면 단독정범(단독범), 다수인이면 광의의 공범으로 나눌 수 있다. 형법각칙이 예정하고 있는 원칙적인 범죄는 단독정범이고 총칙상의 단독정범은 간접정범과 동시범이 있다. 광의의 공범은 다시 공동정범과 협의의 공범(교사범·방조범)으로 구분한다.

공동정범은 단독범에 대해서는 공범이라 할 수 있으나, 여기의 공범은 다수인이 범죄실행에 참가하고 있다는 의미이므로 정범에 대립하는 협의의 공범과는 다르다. 공동정범은 다수의 정범이 공동하여 범죄를 실행하는 정범의 공동이며, 그 본질은 정범이다.

2. 범죄가담형태를 기준으로 한 정범·공범

범죄는 범죄참가자의 가담형태를 기준으로 정범과 공범으로 나눌 수 있다. 정범은 행위자 자신이 직접 실행하는가 타인을 이용하여 간접적으로 실행하는가에 따라 직접정범과 간접정범으로 구분된다. 외형상 다수인이 범죄를 실행하고 있지만 그 다수인이 공동하여 실행하는 것이 아니라 단독정범이 우연히 병존하여 각자 범죄를 실현하는 동시(정)범도 단독의 직접정범이다.

정범에 대립하는 공범은 교사범과 방조범이 있다. 이를 협의의 공범이라 한다. 협의의 공범과 공동정범은 1인이 실행할 수 있는 범죄를 다수인이 참가하여 실행한다는 의미에서 임의적 공범이라 한다.

이에 대해서 범죄의 성질상 애당초 다수인이 범죄실행에 참가해야만 범죄를 실현할 수 있고 단독으로 범죄 자체를 실현할 수 없는 범죄를 강학상 필요적 공범이라 부른다. 필요적 공범은 특별유형의 범죄를 각칙에 개별적으로 규정하고 있는 정범의 형태이고, 다수인이 범행에 참가하고 있다는 의미에서 강학상 필요적 공범이라 할 뿐이고, 공범이라 할 때에는 임의적 공범을 말한다.

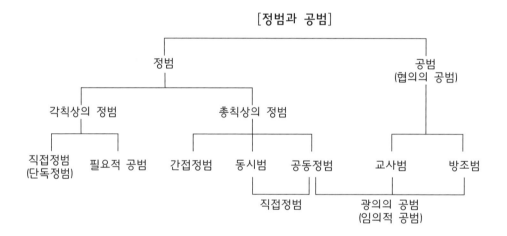

[정범과 공범]

II. 정범과 공범의 구별

통설적 견해에 따르면 공범(협의의 공범)은 정범에 대립되는 개념이고 범죄의 기본형태는 정범이므로 정범의 개념과 내용이 밝혀지면 자연적으로 공범의 개념도 밝혀진다고 이해하여 정범개념의 표지가 무엇이냐를 먼저 논의하고 있다. 정범과 공범의 구별에서는 항상 정범개념의 우위성이 요구된다.

1. 제한적 정범개념과 확장적 정범개념

(1) 제한적 정범개념

모든 가벌적 범죄는 형법각칙에 규정되어 있으므로 형법각칙상의 기본적 구성요건에 해당하는 정형적 행위를 스스로 실행한 자만 정범으로 가벌행위가 되고, 그 이외의 행위로 결과발생에 조건을 준 자는 원칙적으로 가벌행위가 아니라고 한다. 기본적 구성요건을 직접 실행한 자만 정범이라고 제한하므로 제한적 정범개념이라 한다.

제한적 정범개념에 따르면 형법각칙에서 예정하지 않은 교사범과 방조범(종범)은 원래 가벌적 행위가 아니지만 형법총칙에 그 가벌성을 인정하는 특별규정을 두었기 때문에 비로소 가벌행위가 된다고 한다. 따라서 총칙상의 공범처벌규정은 형벌확장사유이고 수정구성요건이 된다.

(2) 확장적 정범개념

인과관계론의 조건설을 기초로 구성요건결과발생에 대하여 조건을 준 자는 실행행위의 유무를 묻지 않고 모두 정범이라 한다. 이에 따르면 교사범·방조범도 결과발생에 조건을 준 자이므로 원래 정범으로 처벌해야 하지만 총칙상의 공범규정에 의하여 형벌을 제한하고 있으므로 형벌이 제한된 경우에만 실정법상의 공범이고, 이 공범을 제외한 나머지가 정범이라 한다. 그 결과 공범규정에 의하여 형벌이 제한되어 있는 총칙상의 공범규정은 형벌축소사유가 된다.

(3) 학설의 평가

확장적 정범개념은 ① 정범개념을 범죄참가 형태에 따라 정립하지 아니하고 결과발생에 대하여 조건을 주기만 하면 모두 정범이라 하므로 정범의 범위가 확대될 수밖에 없고, ② 실정법상의 공범을 제외한 나머지를 정범이라 하므로 정범·공범 개념이 순환논법에 빠져 있을 뿐만 아니라 정범개념의 우위성 원칙에도 반한다. 확장적 정범개념은 단일정범체계에서만 주장할 수 있는 이론이다.

제한적 정범개념이 구성요건이론을 기반으로 실행행위의 정형성을 인정하고 수정구성요건 개념을 도입한 공적은 높이 평가되고 있다. 범죄는 구성요건을 떠나서는 생각할 수 없으므로 정범개념도 제한적 정범개념을 기반으로 파악해야 한다. 다만 이 개념에 따르면 정형적 실행행위 이외에 전체로서 구성요건 실현에 기여하는 공동정범과, 타인을 조종·장악하여 범행을 하는 간접정범의 정범성을 인정하기 곤란하므로 정범과 공범의 구별은 다른 기준으로 정립해야 한다.

2. 정범과 공범의 구별기준

[**주관설**]　인과관계론의 조건설에 따르면 결과발생에 기여한 모든 조건은 동가치이므로 결과발생에 조건을 제공하는 정범과 공범은 구별할 수 없다. 그래서 조건설의 지지자는 행위자의 주관적 의사를 기준으로 정범과 공범을 구별하였다. 두 가지가 있다.

(a) **의사설**　자기 범죄를 실현하려는 정범자 의사를 가지고 행위한 자는 정범이고, 타인 범죄에 가담할 공범자 의사를 가지고 행위한 자는 공범이라 한다.

그러나 ① 정범자 의사 · 공범자 의사는 논리적으로 정범 · 공범의 개념을 전제로 하므로 정범과 공범 개념은 순환논법에 불과하고, ② 예컨대 미혼모의 부탁을 받고 신생아를 목욕조에서 익사시킨 간호사는 자기의 죄를 범할 의사가 없다고 해서 공범(방조범)으로 취급할 수는 없으며, ③ 청부살인처럼 타인의 범죄를 수행한다는 의사를 가지고 실행한 때에는 항상 공범이 성립하여 정범 없는 공범만 성립하므로 부당하다.

(b) **이익설**　자기의 이익이나 목적을 위하여 범죄를 실행하면 정범, 타인의 이익이나 목적을 위하여 범죄를 실행하면 공범이라 한다.

그러나 ① 범죄실행이 자기이익을 위한 것인지 타인이익을 위한 것인지 반드시 명백한 것이 아니며, ② 단독으로 범죄를 실행한 때에도 타인의 이익을 위한 경우에는 항상 방조범이 성립하므로 촉탁에 의한 살인과 제3자를 위한 사기 · 공갈 · 배임은 모두 공범(방조범)이라 할 수밖에 없다. 우리나라에서 주관설의 주장자는 없다.

(1) 형식적 객관설

기본적 구성요건에 해당하는 정형적인 실행행위를 직접 실행한 자는 정범이고 그 이외의 행위로 가담한 자는 공범이라 한다. 제한적 정범개념에서 주장한 종래까지의 지배적 견해이다.

그러나 ① 구성요건의 정형적 행위 이외의 구성요건사실을 실현하는 데 필요한 모든 행위는 실행행위에서 제외하여 정범의 성립범위를 지나치게 제한하므로 분업적으로 역할분담하는 공동정범과 생명 있는 타인을 도구로 이용하는 간접정범의 정범성을 설명하기 곤란하고, ② 이 견해를 관철하면 집단범이나 내란죄의 우두머리 · 두목 등은 현장에서 직접 실행행위를 하지 않는 한 정범이 될 수 없으므로 내란죄의 우두머리를 무겁게 처벌하는 이유도 설명할 수 없다.

[실질적 객관설] 인과관계의 원인설을 기초로 결과발생에 직접 원인을 주었는가 단순한 조건을 주었는가라는 행위가담의 위험성 정도에 따라 정범과 공범을 구별하는 견해이다. 두 가지가 있다.

(a) **필연설** 결과발생에 필요불가결한 원인을 준 자는 정범, 그 이외의 단순한 조건을 준 자는 공범이라고 한다.

그러나 ① 자연과학적 인과관계개념은 법적 가치판단인 정범·공범개념에 그대로 적용할 수 없고, ② 이 견해에 따르면 교사범도 언제나 정범으로 보아야 하므로 간접정범과 교사범을 구별할 수 없으며, ③ 인과관계가 문제되지 않는 거동범은 정범과 공범을 구별할 수도 없다.

(b) **동시설** 실행행위시에 공동으로 작용한 자는 결과발생에 원인을 준 정범, 실행행위 이전이나 그 후에 가담한 자는 단순한 조건을 준 공범이라고 한다.

그러나 범죄실행행위시에 방조만 한 자도 정범으로 보아야 하고, 간접정범은 애당초 정범이 될 수 없다. 이 학설들은 인관관계론의 원인설과 함께 소멸된 이론이다.

(2) 목적적 행위지배설

목적적 행위론에서 행위지배설(범행지배설)과 결부시켜 주장한 이론이다. 이 이론에 따르면, 범죄실행의 목적을 가지고 그 의사실현에 적합한 수단·방법을 사용하여 실제로 지배가능한 외부적 행위를 하는 목적적 행위지배가 있으면 정범이고, 목적적 행위지배 없이 정범의 행위지배를 지원하거나 범죄의사를 자극하는 자는 공범이라 한다(황산덕/251).

그러나 ① 정도의 차이는 있지만 교사범도 목적적 행위지배가 있을 수 있으므로 반드시 목적적 행위지배 유무로 정범과 공범이 구별되는 것은 아니며, ② 목적 없는 고의 있는 도구(악의의 도구)를 이용하여 범죄를 실행하는 간접정범은 목적·고의는 있으나 이를 실행하는 사실상의 실행행위가 없음에도 정범이 되는 데 반하여, 고의를 가지고 사실상 행위지배를 하는 악의의 피이용자는 단순한 도구라고 해야 하므로 불합리하다. 이 학설은 다음의 록신의 행위지배설이 지지를 받으면서 점차 주장자가 감소하고 있다.

(3) 유형별 행위지배설

행위자가 범죄실행에 기여한 작용에 따라 행위지배를 유형별로 파악하는 록신(Roxin)의 행위지배설이다(목적적 행위지배설과 구별하기 위해서 유형별 행위지배설이라 하였다). 행위지배(범행지배)란 직접 또는 우월적 지위에서 범죄행위의 진행상황을 조종·장악하여 그 진행과정을 지배하는 것을 말한다.

행위자가 금지된 행위와 그 결과에 대해서 이러한 지배를 할 수 있는 범죄를 지배범죄라 하고, 지배범죄의 범행에 대해서 이러한 행위지배를 하고 있는 중심인물이 정범이고, 행위지배 없이 타인의 범행을 유발·촉진 또는 원조하여 그 범행에 가담하면 그 관여형태에 따라 교사범 또는 방조범이 된다고 한다. 이 견해는 행위지배 형태를 다음과 같이 유형화한다.

1) **실행지배**   사태의 진행을 조종·장악하여 스스로 구성요건 내용을 직접 실현하는 행위지배를 실행지배라 하고, 직접의 단독정범의 정범성 표지가 된다. 실행지배는 단독정범의 표지이지만 공동정범도, 예컨대 甲과 乙이 A와 B를 각각 분담하여 살해하는 경우에는 甲과 乙에게 각각 실행지배가 인정될 수 있다.

2) **의사지배**   우월적 지위에 있는 자가 조종의사에 의하여 강요나 착오에 빠진 자 또는 사정을 알지 못하는 자를 조종·장악하여 자신의 범행계획에 따라 범행을 실현하게 하는 행위지배를 의사지배라 하고, 간접정범의 정범성 표지가 된다.

3) **기능적 행위지배**   공동의 범행결의에 따라 분업적 협력에 의하여 역할 분담하면서 전체 범행계획 실현에 불가결한 행위기여를 하는 행위지배를 기능적 행위지배라 하고, 공동정범의 정범성 표지가 된다.

4) **행위지배의 예외**   범죄구성요건이 범죄주체를 특별히 제한하고 있는 의무범·신분범·자수범에 대해서는 행위지배설이 그대로 적용되지 않는다.

① 진정신분범은 행위지배 여부와 관계없이 일정한 신분을 가진 자가 정범이 된다. ② 구성요건에 앞서 존재하는 특별의무(형법외적 의무)를 가진 자만 그 범죄의 정범이 될 수 있는 의무범도 작위 또는 부작위로 의무를 위반하면 정범이 된다. 횡령죄·배임죄·유기죄·위증죄·공무원범죄·부진정부작위범 등이 의무범에 해당한다. ③ 자수범은 자수(自手)적으로 구성요건을 실행한 경우에만 정범이 되며, 행위지배와 행위기여는 정범성 판단의 적극적 기준이 되지 않는

다. 피구금자간음죄 · 직무유기죄 등이 자수범의 예이다.

(4) 결 어

범죄는 행위자의 주관적인 의사와 객관적인 외부적 행태 및 그 결과사실의 복합체이므로 정범과 공범의 구별도 범행의사와 범행가담의 태양을 고려하여 목적론적으로 결정해야 한다.

지배범죄는 범죄실행의 범행형태가 다양하므로 범죄실행에 기여하는 작용에 따라 유형별로 구별하는 록신의 행위지배설이 타당하다고 본다. 현재 우리나라의 통설이다. 최근 판례 중에도 공동정범에 대해 기능적 행위지배를 원용하는 판시가 증가추세에 있다.

대법원이 "공동정범의 본질은 분업적 역할분담에 의한 기능적 행위지배에 있으므로 공동정범은 공동의사에 의한 기능적 행위지배가 있음에 반해 종범은 그 행위지배가 없는 점에서 양자가 구별된다"고 판시(^{88도1247 판결})한 이래로, "공동정범이 성립하기 위하여는 주관적 요건으로서 공동가공의 의사와 객관적 요건으로서 공동의사에 기한 기능적 행위지배를 통한 범죄의 실행사실이 필요하다"는 판시(^{2012도3676 판결, 2008도1274 판결, 2002도7477 판결 등})가 증가하고 있다.

> **판례**   형법 제30조의 공동정범은 2인 이상이 공동하여 죄를 범하는 것으로서, 공동정범이 성립하기 위하여는 주관적 요건으로서 공동가공의 의사와 객관적 요건으로서 공동의사에 기한 기능적 행위지배를 통한 범죄의 실행사실이 필요하고, 공동가공의 의사는 타인의 범행을 인식하면서도 이를 제지하지 아니하고 용인하는 것만으로는 부족하고 공동의 의사로 특정한 범죄행위를 하기 위하여 일체가 되어 서로 다른 사람의 행위를 이용하여 자기의 의사를 실행에 옮기는 것을 내용으로 하는 것이어야 한다(2012도3676 판결. 같은 취지 2018도7658 판결).

[§ 32] 동시범과 필요적 공범

정범에는 직접정범 · 간접정범 · 공동정범 · 동시범 · 필요적 공범 등이 있고, 공동정범을 제외하면 모두 단독정범이다. 이 중에서 단독의 직접정범과 필요적 공범의 개별범죄는 각칙의 구성요건 해석문제에 속한다. 다만 필요적 공범일반은 총칙상의 공범규정 적용문제가 있으므로 총론에서 다룬다.

Ⅰ. 동 시 범

1. 동시범의 의의

2인 이상의 정범이 의사연락 없이 동일객체에 대해서 동시 또는 근접한 전후관계에서 각자 범죄를 실행하는 단독범의 범행형태이다. 외관상 공동정범과 유사하나 의사연락이 없으므로 단독범이 병존·경합한 경우이다(독립행위의 경합). 동시정범 또는 다수정범이라고도 한다.

2. 동시범의 요건

형법 제19조는 "동시 또는 이시의 독립행위가 경합한 경우에 그 결과발생의 원인된 행위가 판명되지 아니한 때에는 각 행위를 미수범으로 처벌한다"고 규정하고 있다. 그 성립요건은 다음과 같다.

① 2인 이상의 실행행위가 있어야 한다. 법문에 명시하지 않았으나 당연한 요건이다. 실행행위가 없거나 분명하지 않으면 동시범으로 취급할 수 없다. 판례도 같은 취지이다($^{84도488}_{판결}$).

② 행위자 사이에는 의사연락이 없어야 한다. 의사연락이 있는 경우에는 공동정범이 성립하고 동시범이 되지 않는다. 다만 범죄공동설(고의공동설)에 따를 경우에는 각자의 고의가 다르면 의사연락이 있어도 동시범이 된다.

③ 행위객체는 동일해야 한다. 행위객체만 동일하면 족하고 반드시 각자의 행위가 구성요건적으로 일치할 필요가 없다. 따라서 살인과 상해의 동시범도 가능하다. 행위객체는 사실상 동일함을 요하지 않고 구성요건상 동일하면 충분하다. 예컨대 甲과 乙이 각자 A와 B 중 아무나 맞아도 좋다고 생각하여 총을 쏘았는데 그 중 A에게만 명중한 경우도 동시범이 된다.

④ 행위의 장소와 시간이 반드시 같을 필요도 없다. 실행의 착수와 종료, 결과발생이 동시일 필요가 없고, 시간적으로 전후관계가 있는 경우는 물론 다른 시기에도 가능하다. 동시 또는 이시에 병렬적인 행위가 존재하면 충분하다. 그러나 1인의 행위가 종료하기 이전에 의사연락이 되어 공동실행을 하는 승계

적 공동정범은 동시범이 아니라 공동정범이다.

⑤ 결과발생의 원인행위가 명백한 동시범과 원인행위가 불분명한 동시범이 있다. 형법 제19조의 독립행위의 경합은 원인행위가 판명되지 아니한 동시범에 대하여 특별취급을 규정하고 있으므로 동시범이라도 원인된 행위가 판명된 때에는 형법 제19조를 적용하지 않는다.

3. 동시범과 공동정범의 성립범위

동시범의 본질은 2인 이상의 범행이 의사연락 없이 동시 또는 근접한 전후관계에서 행해진다는 점에 있다. 따라서 동시범과 관련하여 중요한 것은 의사연락의 유무 내지 의사의 내용이다.

상호간에 의사연락이 있는 공동정범에 있어서의 공동의사는 수인일죄(數人一罪)의 공동에 한정되는가, 수인수죄(數人數罪)의 공동도 가능한가에 따라 동시범의 성립범위도 달라진다.

1) **범죄공동설**   범죄공동설(고의공동설)은 2인 이상이 공동하여 특정된 범죄를 실현하는 고의공동이 있는 때에 공동정범을 인정하므로(수인일죄), 동일한 고의공동이 없는 다수의 고의범 상호간, 과실범 상호간, 고의범과 과실범 상호간에는 동시범이 된다.

2) **행위공동설**   행위공동설은 2인 이상이 각자 자기의 실행행위를 공동한다는 의사가 있으면 충분하고 반드시 동일한 범행결과를 공동으로 한다는 고의공동이 아니라도 공동정범을 인정하므로(수인수죄), 다수의 고의범 상호간은 물론, 과실범 상호간이나 고의범과 과실범 상호간의 공동정범도 인정할 수 있다. 따라서 동시범의 성립범위는 범죄공동설의 경우보다 상대적으로 좁게 되어 실행행위를 공동한다는 의사가 없는 경우로 한정된다.

4. 동시범의 취급

1) **원인행위가 판명된 동시범**   결과발생의 원인행위가 판명된 동시범은 각각 자기행위의 결과에 대해서만 독립하여 정범의 책임을 부담한다.

2) **원인행위가 불명한 동시범**   결과발생의 원인행위가 판명되지 않은 동시범은 개별책임원칙에 따라 각자를 미수범으로 처벌한다. 형법 제19조는 이

경우를 입법적으로 해결하고 있다. 이 경우에도 기수책임을 묻는다면 결과책임을 인정하는 것이 되어 "의심스러울 때에는 피고인의 이익으로" 해야 하는 원칙에 반하기 때문이다.

5. 상해의 동시범

(1) 의 의

상해의 동시범은 그 원인된 행위가 판명되지 아니한 때에도 "공동정범의 예"에 의하여 처벌한다(제263조). 상해의 결과는 일상생활에서 빈번하게 발생하며 그 결과 또한 중대하므로 이에 대한 일반예방적 효과를 마련할 필요가 있고, 상해결과가 누구의 행위로 발생한 것인지 입증하기 곤란한 경우가 많기 때문에 이를 구제하기 위하여 정책적으로 제19조의 예외를 인정한 것이다.

한편, 이 규정은 책임주의원칙에 대한 중대한 예외로서 일종의 혐의형과 같은 결과책임을 인정한 시대착오적 규정이고, 법치국가원칙에 어긋나는 의심스러운 입법이라는 비판도 있다(배종대126/7). 헌법재판소는 이 규정에 대하여 합헌결정을 하였다(2017헌가10 결정[4:5 합헌]).

이 규정의 법적 성질에 관하여, ① 입증의 곤란을 구제하기 위하여 공동정범 아닌 것을 공동정범으로 의제한다는 공동정범의제설, ② 피고인에게 자기 행위로 상해의 결과가 발생하지 않았다는 것을 증명하도록 거증책임을 부담시킨 것이라는 거증책임전환설, ③ 공동정범의제설과 거증책임전환설을 결합한 이원설이 있으나 거증책임전환설이 다수설이고, 판례는 공동정범의제설에 따른 것으로 보인다(형법강의각론, "상해의 동시범" 참조).

> **판례** 상해죄에 있어서의 동시범은 두 사람 이상이 가해행위를 하여 상해의 결과를 가져온 경우에 그 상해가 어느 사람의 가해행위로 말미암은 것인지 분명치 않다면 가해자 모두를 공동정범으로 보자는 것이므로 가해행위를 한 것 자체가 분명하지 않은 사람에 대하여 동시범으로 다스릴 수 없다(84도488 판결).

이 규정은 거증책임전환설이나 공동정범의제설 어느 하나만으로 합리적인 설명이 불가능하므로 이원설이 타당하다고 본다(황산덕 182, 정영석 223, 정성근 93).

(2) 적용범위

형법 제263조는 "상해의 결과"가 발생한 경우에 인정되는 제19조의 예외규정이다. 따라서 예외적으로 인정되는 범위는 가능한 제한적으로 인정함이 마땅하다. 입법취지와 규정 내용에 비추어 반드시 상해의 고의행위에 한정할 필요가 없으므로 폭행치상죄와 과실치상죄에도 적용된다. 판례도 같다.

폭행치사죄와 상해치사죄에 대하여는 긍정설과 부정설이 대립하는데 판례는 폭행치사($^{2000도2466}_{판결}$)와 상해치사($^{80도3321}_{판결}$)는 물론 상해와 폭행이 경합하여 사망결과가 발생한 경우에도 적용하고 있다. 그러나 보호법익을 달리하는 강도치상죄나 강간치상죄($^{84도372}_{판결}$)에는 적용되지 않는다.

> **판례** ① 시간적 차이가 있는 독립된 상해행위나 폭행행위가 경합하여 사망의 결과가 일어나고 그 사망의 원인된 행위가 판명되지 않은 경우에는 공동정범의 예에 의하여 처벌할 것이므로, 2시간 남짓한 시간적 간격을 두고 피고인이 두 번째의 가해행위를 한 후, 피해자가 사망하였고 그 사망의 원인을 알 수 없다고 보아 피고인을 폭행치사죄의 동시범으로 처벌한 원심판단은 옳다(2000도2466 판결).
> ② 형법 제19조와 같은 법 제263조의 규정취지를 새겨 보면 본건의 경우와 같은 이시의 상해의 독립행위가 경합하여 사망의 결과가 일어난 경우에도 그 원인된 행위가 판명되지 아니한 때에는 공동정범의 예에 의하여야 한다고 해석하여야 할 것이니 이와 같은 견해에서 피고인의 소위에 대하여 형법 제263조의 동시범으로 의율처단한 원심의 조치는 정당하…다(80도3321 판결).[1]

II. 필요적 공범

1. 필요적 공범의 의의

범죄의 성질상 2인 이상이 범죄실행행위에 관여해야만 범죄를 실현할 수 있고 단독으로는 범죄 자체를 실현할 수 없는 범죄유형을 말한다. 필요적 공범

---

1) 이 판결은 공동피고인 甲이 술취한 피해자를 주먹으로 어깨를 1회 때리고 쇠스랑 자루로 머리를 2회 강타하고 가슴을 1회 밀어 땅에 넘어뜨렸고, 그 후 3시간 가량 지나서 피고인이 피해자의 멱살을 잡아 평상에 앉혀놓고 피해자의 얼굴을 2회 때리고 손으로 가슴을 밀어 땅에 넘어뜨린 다음 나일론 슬리퍼로 피해자의 얼굴을 수회 때렸는데 피해자가 6일 후에 뇌출혈로 사망한 사안이다.

은 형법각칙에 개별적으로 규정하고 있는 특별유형의 범죄를 실행하는 정범이고 필요적 공범이라는 범죄구성요건이 있는 것은 아니다. 특별유형의 범죄들을 총칭하여 강학상 필요적 공범이라 부르고 있을 뿐이다.

2. 필요적 공범의 종류

(1) 집단범(다중범 또는 군집범)

다수 행위자가 동일목표를 향하여 같은 방향의 공동행위를 할 것을 요구하는 범죄유형을 집단범이라 한다. 여기에는 소요죄($^{제115}_{조}$)와 같이 범행에 참가하는 다수인에게 동일한 법정형이 예정되어 있는 집단범과, 내란죄($^{제87}_{조}$) · 반국가단체구성죄($^{국가보안법}_{제3조}$)와 같이 참가자의 지위 · 역할 · 행위관여의 형태에 따라 법정형을 단계적으로 차이를 두는 집단범이 있다.

(2) 대향범(대립범)

2인 이상이 상호 대립방향의 행위를 통하여 동일목표를 실현하는 범죄유형을 대향범(협의의 필요적 공범)이라 한다.

① 대립방향에 있는 행위자 쌍방의 법정형이 같은 범죄로서 아동혹사죄($^{제274}_{조}$), 인신매매죄($^{제289}_{조}$), 도박죄($^{제246}_{조}$) 등이 있고, ② 대향자 쌍방에 대한 법정형이 다른 범죄로서 뇌물죄에 있어서의 수뢰죄($^{제129}_{조}$)와 뇌물공여죄($^{제133}_{조}$), 배임수 · 증재죄에 있어서의 배임수재죄와 배임증재죄($^{제357}_{조}$) 등이 있으며, ③ 대향자 중 일방만 처벌하고 타방은 처벌규정이 없는 범죄(소위 편면적 대향범)로서 음화 · 음란문서판매죄($^{제243}_{조}$), 범인은닉죄($^{제151}_{조}$) 등이 있다. 대향자 중 처벌되지 않는 자를 불가벌적 필요적 공범이라 한다.

(3) 합동범의 필요적 공범 인정여부

2인 이상이 합동하여 범죄를 실현하는 범행형태들을 총칭하여 강학상 합동범이라고 한다. 합동범도 형법각칙에 개별적으로 규정하고 있는 특별유형의 범죄를 실행하는 정범이고 합동범이라는 범죄구성요건이 있는 것은 아니다. 합동범을 필요적 공범이라고 할 수 있느냐에 대해서 견해가 대립한다.

1) 필요적 공범설　합동범은 각칙상의 구성요건이 2인 이상의 행위주체를 예정하고 있고, 합동과 공동의 의미를 구별하여 특별유형으로 규정하고 있으므

로 필요적 공범이라는 견해이다(임웅 442, 신동운
772, 김성돈 591).

2) **부진정필요적 공범설** 합동범은 1인의 행위로서도 범죄가 성립하지만 2인 이상이 합동하면 형이 특별히 가중되는 부진정필요적 공범이라는 견해이다 (배종대 127/5, 손동권·
김재윤 27/4).

3) **공동정범의 특수형태설** 합동범에 해당하는 범죄는 1인의 행위로서도 범할 수 있지만 2인 이상이 합동하여 범할 때에는 행위의 위험성이 크기 때문에 불법이 가중되어 특별히 형을 가중한 공동정범의 특수형태에 불과하고 필요적 공범은 아니라는 견해이다(다수설).

4) **결 어**   ① 합동범에 해당하는 범죄들은 1인의 행위로서도 범할 수 있으므로 "범죄의 성질상" 2인 이상이 관여해야 범죄 자체가 성립하는 필요적 공범과 다르다. 합동과 공동은 범행의 행위태양일 뿐이고 이것이 범죄의 성질(필요적 공범)을 결정하는 요소도 아니다.

② 합동범에 해당하는 범죄는 2인 이상이 합동하여 실행하면 단독으로 실행한 경우보다 불법이 가중된다는 의미에서 특수라는 용어를 첨가한 범죄들이므로 2인 이상이 관여하는 범죄라고 모두 필요적 공범이 되는 것은 아니며, 이를 부진정필요적 공범이라고 할 필요도 없다. 부진정필요적 공범을 인정할 때에는 형법상의 특수범죄(특수공무집행방해·특수폭행·특수주거침입·특수손괴죄 등)는 모두 필요적 공범이 될 수 있다는 개념의 혼동이 초래될 것이다. 합동범은 필요적 공범이 아니라 공동정범의 특수형태를 독립 범죄유형으로 규정한 것이라 해야 한다. 아래 판례도 같은 취지이다.

> 판례   성폭력특례법 제4조 제3항, 제1항의 '2인 이상이 합동하여 형법 제299조의 죄를 범한 경우'에 해당하려면, 피고인들이 공모하여 실행행위를 분담하였음이 인정되어야 하는데, 범죄의 공동가공의사가 암묵리에 서로 상통하고 범의 내용에 대하여 포괄적 또는 개별적인 의사연락이나 인식이 있었다면 공모관계가 성립하고, 시간적으로나 장소적으로 협동관계에 있었다면 실행행위를 분담한 것으로 인정된다(2016도4618 판결).

3. 공범규정의 적용여부

필요적 공범에 대해서 총칙상의 공범규정($^{제30조}_{이하}$)을 적용할 수 있느냐가 문제된다.

(1) 필요적 공범 상호간

필요적 공범 중 집단범은 그 범죄에 관여하는 행위태양이 구성요건에 명시되어 있고 이에 따른 각 관여자의 형벌이 한정되어 있으며, 대향범도 다수인의 협력으로 범죄가 성립하도록 예정되어 있고 형벌도 형법각칙에 별도규정을 두고 있으므로 각 관여자 상호간에는 임의적 공범에 적용되는 총칙상의 공범규정을 적용할 여지가 없다는 것이 통설·판례($^{대향범의 경우,}_{2012도4842 판결}$)의 태도이다.

이에 대하여 대향범 중 음화·음란문서판매죄와 같이 매도자 일방만 처벌하는 경우, 매수인이 적극적으로 교사·방조하여 매수한 때에는 교사범·방조범이 성립한다는 견해($^{김일수·서보학 482, 배종대}_{127/10, 김성돈 593}$)도 있다.

그러나 입법자가 대향범의 일방을 처벌하지 않도록 규정한 것은 그 행위를 불문에 붙인다는 취지이므로 정범으로 처벌할 수 없는 자를 공범으로 처벌하는 것은 타당하지 않다. 아래 판례도 같은 취지이다.

> **판례** 2인 이상의 서로 대향된 행위의 존재를 필요로 하는 대향범에 대하여는 공범에 관한 형법총칙 규정이 적용될 수 없다. 구 의료법(2007. 7. 27. 개정되기 전의 것) 제17조 제1항 본문은 의료업에 종사하고 직접 진찰한 의사가 아니면 처방전을 작성하여 환자 등에게 교부하지 못한다고 규정하면서 제89조에서는 위 조항 본문을 위반한 자를 처벌하고 있을 뿐, 작성된 처방전을 교부받은 상대방을 처벌하는 규정이 따로 없는 점에 비추어, 작성된 처방전을 교부받은 자에 대하여는 공범에 관한 형법총칙 규정이 적용될 수 없다고 봄이 상당하다(2011도6287 판결).

(2) 필요적 공범의 외부적 가담

1) 집단범의 경우   내란죄의 구성요건은 상당한 범위의 교사·방조행위를 세분하여 내란죄로 규정하고 있고, 가벌적 행위의 관여형태와 이에 대한 형벌도 한정하고 있으므로 교사범·방조범의 규정을 적용할 수 없다는 견해도 있다($^{김일수·서보학 481,}_{배종대 127/9}$).

그러나 내란죄와 같은 중요한 범죄에 대해서 정보나 무기를 제공하거나 다른 사람의 가담을 권유하는 등 집단 밖에서 교사·방조하는 행위를 처벌대상에서 제외할 이유가 없으므로 교사범·방조범의 규정을 적용할 수 있다고 본다. 우리나라 다수설이다.

또 관여형태와 형벌을 한정하지 않는 소요죄도 집단적 행동에 관여한 자만 처벌하는 필요적 공범이므로 집단 밖에서 관여한 자에 대하여 교사범·방조범 규정을 적용해야 할 것이다. 다만 집단 구성원이 아닌 자에 대해서는 공동정범은 인정할 수 없다고 본다(^{배종대 127/9는 공동정범 성립 긍정설}).

2) 대향범의 경우   쌍방 모두 처벌되는 경우에는 외부에서 각 대향자에 관여하는 행위에 대해 공동정범·교사범·방조범이 성립한다. 우리나라 통설이다.

대향범이 신분범인 경우에는 신분 없는 외부인도 제33조 본문에 의하여 공동정범·교사범·방조범이 성립한다. 일방만이 처벌되는 경우에 처벌되는 자에 대한 교사·방조행위도 공범으로 처벌된다.

그러나 처벌규정이 없는 자에게 관여한 행위는 공범이 성립할 수 없다고 해야 한다. 대향범 내부가담자의 행위가 구성요건에 해당할 수 없으면 공범종속성의 원칙상 이에 대한 공범은 애당초 불가능하기 때문이다.

> **판례**   매도, 매수와 같이 2인 이상의 서로 대향된 행위의 존재를 필요로 하는 관계에 있어서는 공범이나 방조범에 관한 형법총칙 규정의 적용이 있을 수 없고, 따라서 매도인에게 따로 처벌규정이 없는 이상 매도인의 매도행위는 그와 대향적 행위의 존재를 필요로 하는 상대방의 매수범행에 대하여 공범이나 방조범관계가 성립되지 아니한다(2001도5158 판결. 같은 취지 2007도6712 판결, 2004도3994 판결).

[§ 33] 공범의 종속성과 처벌근거

Ⅰ. 공범의 종속성

1. 공범종속성의 의미

정범과 공범의 관계에 관하여 공범은 주범(主犯)인 정범에 종속하여 성립하느냐 아니면 정범과 독립하여 성립하느냐의 과제가 공범이론을 전개하는 출발점이다. 공범과 종속성의 의미 내용은 여러 가지 뜻으로 사용되므로 공범이론의 과제를 검토하기 전에 공범과 종속성의 의미 내용부터 정리할 필요가 있다.

(a) **공범의 의미**　　여기의 공범은 협의의 공범, 즉 교사범과 방조범(종범)을 의미한다. 공동정범의 종속성까지 주장하는 견해도 있었으나 공동정범은 정범의 공동이므로 공동하는 정범 상호간에 종속관계가 있을 수 없다.

(b) **개념적 종속성**　　교사범·방조범은 항상 정범의 범죄와 개념적으로 결합하여 존재하는 것이므로 정범의 범죄와 결합되지 않는 교사범·방조범이란 실제로 존재할 수 없다. 예컨대 살인의 교사범, 절도의 방조범과 같이 살인 또는 절도의 정범행위를 논리적·개념적으로 결합해서만 존재할 수 있다. 이러한 의미의 종속을 논리적 종속성 또는 개념적 종속성이라 한다. 개념적 종속성은 공범뿐만 아니라 미수범·간접정범·공동정범 등 모든 수정구성요건의 범죄에 그대로 타당하다(예: 강도의 미수범, 절도의 간접정범, 살인의 공동정범 등으로 존재한다).

(c) **신분의 종속성 여부**　　사람의 특별한 일신적 성질을 특정지우는 신분은 신분자 개인이 "일신상" 구비하는 것이므로 신분은 애당초 종속적 성질을 가질 수 없다. 형법 제33조 본문은 비신분자에 대한 "연대작용"을 인정한 것일 뿐, 신분의 종속성을 규정한 것이 아니다.

(d) **공범종속성 개념의 상대성**　　공범이 정범에 종속하느냐 독립하느냐의 여부는 정범의 행위가 구비해야 할 범죄성립요건, 즉 구성요건해당성·위법성·책임 중 어느 단계의 요건을 기준으로 종속 여부를 판단할 것이냐에 따라 상대적으로 결정된다. 정범의 구성요건해당성·위법성·책임 있는 행위에 종속하여 공범이 성립한다는 극단종속형식에 따르면 제한종속의 경우는 종속될 수 없고 독립적이다. 또 정범의 구성요건해당성·위법성이 있는 행위에 종속하여 공범이 성립한다는 제한종속형식에 따르면 정범의 구성요건에 해당하는

실행행위에 종속하여 공범이 성립하는 최소종속의 경우는 종속될 수 없고 독립적이다. 따라서 공범의 종속성을 확정하기 위해서는 종속의 유무와 정도라는 두 번의 종속성 심사를 거쳐서 확정해야 한다.

이를 위해 먼저 4가지 종속형식 모두가 종속할 수 있는 정범의 구성요건에 해당하는 실행행위를 기준으로 하여 여기에 종속하여 "공범의 실행행위"를 인정하는 종속의 유무를 확정하고, 다음으로 정범의 세 가지 범죄성립요건 중에서 어느 단계의 범죄성립요건에 종속해야 "공범의 가벌적 범죄가 성립"하는지를 심사하는 종속의 정도를 확정해야 한다.

2. 종속의 유무(실행종속)

(1) 공범종속성설

1) **공범종속성설의 의의**   공범은 정범의 범죄실행행위와 범죄성립요건에 종속하여 성립한다는 견해이다. 공범이 정범에 종속하기 위해서는 먼저 공범은 정범의 실행행위에 종속해야 한다. 이를 실행종속이라 한다.

이에 따르면 공범의 교사행위·방조행위는 공범의 실행행위가 될 수 없고, 정범의 실행행위가 있는 때에 비로소 이에 종속하여 공범의 실행행위를 인정할 수 있다. 따라서 교사행위·방조행위 그 자체는 예비단계에 불과하고, 기도된 교사(효과없는 교사·실패한 교사)는 교사의 미수가 될 수 없으며, 정범인 피교사자·피방조자의 범죄실행이 미수에 그친 경우에 한하여 교사·방조의 미수가 된다.

2) **공범종속성설의 근거**   실정법의 공범규정을 근거로 공범종속성설의 타당성을 주장한다. ① 교사범·방조범에 관한 형법의 규정이 "타인을 교사하여 죄를 범하게 한 자"(제31조제1항), "타인의 범죄를 방조한 자"(제32조제1항)라고 하여 타인의 범죄실행을 전제로 하고 있고, ② 교사행위·방조행위 자체는 구성요건실행행위가 아니므로 공범은 정범의 범죄실행행위와 범죄성에 종속해서만 공범의 실행행위와 범죄성을 인정할 수 있다고 한다.

(2) 공범독립성설

1) **공범독립성설의 의의**   공범은 정범의 실행행위나 범죄성립요건과 관계없이 독립하여 공범의 실행행위와 범죄성립을 인정하는 견해이다. 이에 따르면 공범의 교사행위·방조행위 그 자체가 교사범·방조범의 실행행위가 되며, 정범

의 행위가 미수에 그친 경우뿐만 아니라 기도된 교사도 당연히 교사의 미수가 된다.

2) **공범독립성설의 근거**　다음의 두 가지 측면에서 공범독립성설을 주장한다. 먼저 이론적 측면에서, 타인(정범)의 범죄 때문에 공범의 범죄성을 인정하면 자기책임원칙에 반할 뿐만 아니라 공범고유의 범죄성까지 부정한다. 다음으로 실정법의 측면에서, ① 범죄가 될 수 없는 자살을 교사·방조한 자를 자살교사·방조죄($^{제252조}_{제2항}$)로 처벌하고, ② 실행행위도 없는 효과 없는 교사 및 실패한 교사($^{제31조 \ 제2항,}_{제3항}$)와 친족관계로 처벌되지 않는 친족간의 재산범죄($^{제328}_{조}$)에 가담한 비신분자의 가벌성까지 인정한 것은 공범독립성설에 근거한 규정이라 한다.

(3) 공범종속성설의 타당성

① 정범의 불법에 공범이 가담한 때에는 공범 자신의 행위불법이 인정되므로 공범종속성설에도 공범고유범성을 부정하지 않는다. ② 정범의 실행행위와 불법에 종속하여 공범의 실행행위와 범죄성을 인정하더라도 자기책임원칙에 반하지 않는다. ③ 자살교사·방조죄는 교사·방조자가 스스로 야기한 불법 때문에 독립된 범죄로 처벌하는 것이고 종속성·독립성과 관련이 없는 범죄이다. ④ 기도된 교사에 대해서 형법은 미수범으로 처벌하지 않고 음모 또는 예비에 준하여 처벌하고 있으므로 이 처벌규정이 독립성설에 근거한 것이라고 할 수는 없다. 공범종속성설에 따르면 실행행위도 없는 실패한 교사와 효과 없는 교사는 애당초 미수범이 될 수 없고, 음모 또는 예비단계의 행위에 불과하므로 이 처벌규정은 오히려 종속성설에 근거한 것이라고 해야 한다. 특히 처벌규정도 없는 소위 기도된 방조까지 방조의 미수로 취급하는 독립성설은 가벌성을 확대한다는 비판을 면할 수 없다. ⑤ 친족간의 재산범죄에 가담한 공범이 처벌되는 것도 종속성·독립성과 아무런 관련이 없다. 처벌되지 않는 친족(정범)도 범죄는 성립하지만 형벌만 면제하는 것이므로 친족의 신분이 없는 공범의 범죄성과 가벌성을 인정하는 것은 당연한 것이다. 따라서 교사범·방조범의 규정은 정범의 범죄실행을 전제하고 있으므로 공범종속성설이 타당하다고 해야 한다. 통설이며, 판례의 태도이다.

> 판례 정범의 성립은 교사범, 방조범의 구성요건의 일부를 형성하고 교사범, 방조범이 성립함에는 먼저 정범의 범죄행위가 인정되는 것이 그 전제요건이 되는 것은 공범의 종속성에 연유하는 당연한 귀결이다(81도2422 판결).

3. 종속의 정도(성립상의 종속)

정범의 실행행위에 종속하여 공범의 실행행위가 인정되어도 공범의 가벌적 범죄가 성립하기 위해서는 다시 정범의 범죄성립요건에 종속해야 한다. 이를 성립상의 종속이라 한다. 정범의 범죄성립요건 중 어느 단계의 성립요건에 종속해야 공범의 가벌적 범죄가 성립하느냐에 대해서 마이어(M. E. Mayer)는 네 가지의 종속형식을 구분하였는데 오늘날에도 그대로 통용된다.

(1) 종속형식

1) **최소종속형식** 정범의 구성요건에 해당하는 실행행위에 종속하여 가벌적 공범이 성립한다는 종속형식이다. 이 형식에 따르면 정범의 행위가 구성요건에만 해당하면 그 행위가 정당행위인 경우에도 공범이 성립한다. 여기의 정범은 주된 범행자를 말한다.

2) **제한종속형식** 정범의 구성요건에 해당하는 위법한 행위에 종속하여 가벌적 공범이 성립한다는 종속형식이다. 이 형식에 따르면 정범의 불법한 행위에 종속하면 족하고 반드시 정범의 책임있는 범죄까지 성립할 필요는 없다.

3) **극단종속형식** 정범의 구성요건에 해당하고 위법·유책한 행위에 종속하여 가벌적 공범이 성립한다는 종속형식이다. 이 형식에 따르면 정범이 범죄성립요건을 완전히 구비한 경우에만 이에 종속하여 공범이 성립한다.

4) **최극단종속형식** 정범의 행위가 구성요건에 해당하는 위법·유책한 행위일 뿐만 아니라 형의 가중·감경사유 및 가벌요건에까지 종속하여 가벌적 공범이 성립한다는 종속형식이다. 이 형식에 따르면 정범의 형이 가중·감경되거나 인적 처벌배제사유로 형이 면제되는 경우에는 공범도 형이 가중·감경 또는 면제된다.

(2) 형법규정과 종속의 정도

1) **최소종속형식 검토**　　최소종속형식은 다른 종속형식에 비해 공범의 성립범위가 가장 넓으며, 정범(주된 범행자)의 정당행위에 가담하는 경우에도 공범이 성립한다.

그러나 ① 타인의 정당행위에 가담한 자는 원칙적으로 범죄성을 인정할 수 없고, 예외적으로 정당행위를 이용하는 자에게 의사지배가 있는 경우에 한하여 간접정범이 성립한다고 해야 하며(제34조 제1항), ② 공범은 교사행위 또는 방조행위로 정범의 불법을 야기 또는 원조하는 행위불법은 스스로 행할 수 있으나 정범의 결과불법 없이는 공범의 결과불법을 근거지울 수 없다.

2) **극단종속형식과 최극단종속형식 검토**　　극단종속형식 · 최극단종속형식은 정범의 책임에 종속하여 공범이 성립하므로 책임의 연대성을 인정한다.

그러나 책임의 연대성은 자기책임원칙에 정면으로 배치된다. 특히 최극단종속형식은 정범의 가벌성에까지 종속하므로 공범고유범성에도 반한다. 뿐만 아니라 인적 처벌배제사유로 형이 면제되는 재산범죄에 가담한 공범의 형을 면제시키면 형면제를 할 수 없도록 규정한 형법 제328조 제3항에도 배치된다.

3) **제한종속형식의 타당성**　　형법이 교사범과 방조범에 규정하고 있는 "죄", "범죄"를 반드시 범죄성립요건을 완전히 구비한 범죄로 보아야 할 필요가 없다. 광의의 범죄, 즉 구성요건에 해당하는 불법행위라고 해석할 수 있으며, 공범의 입장에서는 타인의 불법행위를 야기 · 원조하여 불법한 범죄행위를 실행하였다고 할 수 있다. 공범은 정범의 책임과 관계없이 정범의 불법을 야기 · 촉진 또는 원조하였기 때문에 처벌된다고 할 때에 개인책임원칙에 부합한 공범고유범성도 인정할 수 있다.

공범은 공범의 고의로 교사 · 방조하는 행위불법을 스스로 실현할 수 있지만 결과불법은 정범의 결과불법에 종속하지 않는 한 근거지울 수 없다. 따라서 정범의 결과불법에 종속하면서 개인책임원칙에 부합하는 제한종속형식이 타당하다고 해야 한다. 우리나라 통설이다. 판례는 공범종속성을 인정하고 있지만, 종속의 정도에 대해서는 명백하기 밝힌 바가 없다.

II. 공범의 처벌근거

공범은 형법의 공범처벌규정에 근거해서 처벌한다. 하지만 모든 가벌적 범죄는 불법 없이 처벌할 수 없으므로 공범의 불법이 무엇이냐가 문제된다. 공범의 처벌근거는 공범의 불법을 밝히는 작업이다.

[**종래의 견해**] (a) **책임가담설** 공범은 정범을 범행에 끌어들여 정범으로 하여금 유책한 범죄를 범하게 하고 형벌을 받게 하였기 때문에 처벌된다는 견해이다. 이 견해는 정범의 책임에 종속하여 공범의 책임과 가벌성을 인정하므로 자기책임원칙에 반한다는 비판을 받았다. 독일 형법이 제한종속형식을 채택한 후 소멸되고 말았다.

(b) **불법가담설** 공범은 정범으로 하여금 불법행위를 하게 하여 법적 평화를 침해하였기 때문에 처벌된다는 견해이다. 이 견해는 교사범의 처벌근거는 설명할 수 있으나 방조범의 처벌근거를 설명할 수 없고, 공범의 처벌근거를 정범의 불법에서 그대로 도출하고 있을 뿐, 공범 자체의 처벌근거를 직접 밝히지 못하고 있으며, 함정수사(미수의 교사)의 불가벌성을 설명하기 곤란하다는 비판을 받았다. 현재 주장자도 없다.

1. 순수야기설

공범은 정범의 불법과 독립하여 공범 스스로 불법을 야기하였기 때문에 처벌된다는 견해로서 다음 두 가지가 있다.

① 공범은 타인의 범죄행위에 가담하여 법익존중을 요구하는 공범구성요건을 침해하고 (결과)불법을 야기한 것이므로 공범 고유의 (결과)불법이 인정된다는 견해로, 미수에 그치게 할 의사로 교사하는 미수의 교사는 법익존중요구를 침해한 것이 없으므로 불가벌이라 한다(Schmidhäuser). ② 공범은 정범으로 하여금 사회적으로 참을 수 없는 행위로 결의를 환기시키거나 이를 관철하도록 원조하여 정범의 불법을 야기시키는 인적 행위불법 때문에 처벌된다는 견해로, 미수의 교사는 불가벌이 된다(Welzel). ①설은 결과불법을, ②설은 인적 행위불법을 공범불법으로 본다는 점이 다를 뿐, 모두 공범 독자적으로 불법을 실현한다는 순수야기설이다.

그러나 모든 가벌적 행위의 불법은 결과불법과 행위불법이 있어야 하므로 어느 하나의 불법만으로 공범의 불법을 인정할 수는 없다. 공범의 종속성과 제한종속형식에 따르면 공범의 불법은 정범과 완전히 독립하여 논의할 수 없으므로 순수야기설은 공범종속성설과 부합하지 않는다. 우리나라의 주장자도 없다.

2. 종속야기설

공범은 정범의 법익침해를 야기 또는 촉진하거나 원조하였기 때문에 처벌되며, 공범의 불법근거와 정도는 정범의 불법에 종속하고, 책임에서는 공범 스스로 유책행위를 한다는 견해이다. 이 이론의 정범의 불법은 결과불법뿐이고 여기에 종속되는 공범도 결과불법만으로 처벌된다. 우리나라 다수설이다. 제한종속형식과 이론적으로 부합하며, 순수야기설의 결함을 보완하고 있다는 점에서 수정야기설이라고도 한다. 이에 따르면, 기도된 교사는 불가벌, 결과발생에 대한 고의가 없는 미수의 교사는 가벌행위가 된다.

그러나 ① 공범이 정범의 결과불법에만 종속하여 행위불법 없는 공범불법을 인정하는 것은 이원적 불법론에서는 타당성을 인정할 수 없다. ② 미수의 교사의 불가벌성을 설명할 수 없고, 불가벌적 필요적 공범의 불가벌성도 설명하기 곤란하다.

3. 혼합야기설

순수야기설(공범불법독립)과 종속야기설(공범불법종속)의 획일적인 불법의 근거를 지양하고, 불법의 일부는 정범에 종속하지만 다른 일부는 공범 자신이 독자적으로 실행한다는 견해이다. 두 가지 견해가 있다.

(1) 결과불법종속 · 독립설(종속적 법익침해설)

공범은 정범에 종속하여 성립하므로 정범행위의 (결과)불법에 종속하면서 공범 독자적으로 법익을 침해한다는 견해이다. 즉 공범은 정범의 범죄실행행위에 가공함으로써 정범을 통해 간접적으로 법익을 침해하여 자신의 (결과)불법을 실현하였기 때문에 처벌된다는 것이다(김일수 · 서보학 476 이하, 손동권 · 김재윤 30/28).

이에 따르면 기도된 교사는 교사자와 피교사자 모두 법익침해를 야기한 것이 없으므로 그 가벌성을 설명하기 곤란하고, 결과불법만으로 공범의 불법을 인정하는 것은 종속야기설과 큰 차이가 없다.

(2) 행위불법독립 · 결과불법종속설(이원적 불법론)

공범은 법익침해라는 결과불법을 직접 실현할 수 없으므로 정범의 결과불법에 종속하지만 공범도 공범의 고의로서 교사 · 방조행위를 하여 정범으로 하여금 범죄실행에 나아가게 하거나 범죄실행을 촉진 · 원조하였으므로 행위불법은 공범 독자적으로 실현한다는 견해이다. 제한종속형식과 결부시키면서 공범의 이원적 불법을 근거지우는 견해이다(정성근 555, 임웅 456 이하, 김성돈 617, 강동욱 281).

이에 따르면 기도된 교사는 교사자의 행위불법이 인정되어 음모 또는 예비에 준해서 처벌가능하고, 미수의 교사는 교사자의 행위불법이 없으므로 불가벌이 된다.

4. 결   어

슈미트호이저의 순수야기설, 종속야기설, 혼합야기설 중 결과불법종속 · 독립설은 모두 결과불법 일원론의 입장이고, 벨첼의 순수야기설은 행위불법 일원론의 입장이다. 그러나 범죄의 본질은 법익침해와 의무위반성이며, 형법의 보호적 기능도 법익과 사회윤리적 행위가치를 보호하고 있으므로 형법적 불법은 행위불법과 결과불법으로 구성된다고 해야 한다(이원적 불법론). 범죄의 본질과 형법의 보호적 기능은 공범이라고 해서 예외가 될 수는 없다. 따라서 공범의 불법은 이원적 불법으로 구성해야 한다.

혼합야기설 중 결과불법종속 · 독립설은 정범을 통한 간접적 법익침해가 공범의 독자적인 결과불법이라고 하고 있으나, "간접적"이라는 것은 결국 직접 결과불법을 실현할 수 없다는 것이고, 이는 곧 공범이 정범에 종속하여 결과불법이 인정된다는 것을 의미한다고 본다.

공범은 정범에 종속하고 종속의 정도는 제한종속형식이 타당하다면 스스로 법익을 침해할 수 없는 공범의 결과불법은 정범의 결과불법에 종속하는 것은 당연하다. 그리고 공범은 결과발생에 대한 정범의 고의와 교사 · 방조의 고의를 가지고 교사 · 방조행위를 하여 정범으로 하여금 구성요건실행행위를 야기·촉진·원조한 것이므로 행위불법은 공범 스스로 실현하는 공범고유범이라고 해야 한다. 결국 행위불법은 공범 스스로 실현하지만 법익침해라는 결과불법은 구성요건을 실행하는 정범만 가능하므로 공범은 정범의 결과불법에 종속한다(행위불법독립·결과불법종속설).

[§ 34] 공동정범

Ⅰ. 공동정범의 의의

2인 이상이 공동하여 범죄를 실행하는 범죄유형을 공동정범이라 한다. 공동정범에 관하여 형법 제30조는 "2인 이상이 공동하여 죄를 범한 때에는 각자를 그 죄의 정범으로 처벌한다"고 규정하고 있다.

공동정범은 정범의 공동이므로 행위지배가 정범성의 표지가 된다. 여기의 행위지배는 2인 이상이 분업적 협력에 의하여 전체 범행계획을 실현함에 있어서 불가결한 행위기여를 하는 기능적 행위지배를 의미한다. 스스로 범행의 진행을 조종·장악하는 실행지배적 직접정범이나 우월적 지위에서 조종의사에 의하여 타인을 이용하는 의사지배적 간접정범과 행위지배의 형태를 달리한다.

또 공동정범은 1인이 실현가능한 구성요건을 다수인이 참가하여 실현하는 임의적 공범이라는 점에서, 애당초 다수인이 있어야만 범죄를 실현할 수 있는 필요적 공범과 성질이 다르며, 행위지배 없이 단순히 타인의 범죄에 가담하는 교사범·방조범과도 구별된다.

Ⅱ. 공동정범의 성립범위

공동정범은 2인 이상이 공동하여 죄를 범한다고 할 때, 그 공동은 수인일죄의 공동에 한하는가 수인수죄의 공동도 가능한가에 대하여 범죄공동설과 행위공동설이 대립한다. 공동정범의 성립범위와 동시범과의 한계에 관한 학설대립이라 할 수 있다.

1. 범죄공동설

범죄공동설은 하나의 고의범, 즉 수인일죄의 공동에 한하여 공동정범이 성립한다는 견해이다. 특정된 동일한 고의범을 예정하고 이를 공동으로 실행한다는 의미에서 고의공동설이라고도 한다.

그러나 형법 제30조의 "공동하여 죄를 범한 때"라 할 경우의 죄를 반드시 특정된 동일한 고의범으로 한정해야 할 근거가 없으므로 고의공동설은 공동정범의 성립범위를 지나치게 제한한다는 비판을 받는다. 예컨대, 甲과 乙이 공동하여 乙의 직계존속을 살해한 때에는 각자의 고의가 다르므로 바로 공동정범관계를 인정할 수 없으며, 다만 제33조 단서에 의해서 존속살해죄의 공동정범을 인정하거나(^{4294형상284 판결. 97도2609}
^{판결도 같은 취지}), 보통살인죄와 존속살해죄의 동시범을 인정해야 할 것이다. 이 경우 만일 乙의 직계존속도 아니라면 甲·乙 누구에 의하여 살해되어도 공동정범 관계를 인정하는 것과 비교하여 공동정범의 성립범위가 지나치게 제한된다.

> **[부분적 범죄공동설]**   공동하는 다수인의 죄가 각각 다른 경우에도 그 각각의 죄가 구성요건적으로 중첩하는 범위 내에서 하나의 공동정범을 인정하고, 책임은 각자가 실행한 범위 내에서 부담한다는 견해이다(^{정영석 245}
^{이하}).
>
> 예컨대, 甲은 상해의 의사로, 乙은 살인의 의사로 공동하여 A를 살해한 경우, 살인의사 중에는 상해의사가 포함되어 있고, 실행행위에서도 상해라는 점에서 중첩되므로 상해죄의 공동정범이 성립하고, 누구에 의하여 A가 살해되었는지 불문하고 甲은 A의 사망을 예견할 수 있는 범위내에서 상해치사죄의 책임을 부담하게 되나, 乙은 자기의 행위로 A가 사망한 경우에는 살인죄의 죄책을, 甲의 행위로 사망한 경우에는 살인미수죄의 책임을 부담한다. 고의공동설의 지나친 엄격성을 시정하여 고의가 다른 수인일죄의 공동정범관계를 인정한 견해이지만 이미 소멸된 이론이다.

2. 행위공동설

행위공동설은 2인 이상이 각자 (실행)행위를 공동하여 범죄를 실행하는 것이 공동정범이라는 견해이다. 여기의 공동실행행위는 특정된 동일한 고의행위임을 요하지 아니하므로 실행행위를 공동하는 것이면 같은 구성요건을 실행하는 수인일죄뿐만 아니라 각자 다른 구성요건을 실행하는 수인수죄의 공동정범도 인정한다. 따라서 행위공동설은 범죄공동설의 수인일죄를 포함하여 수인수죄의 공동정범까지 넓게 인정한다는 특색이 있다. 예컨대, 甲은 폭행의 의사로, 乙은 상해의 의사로, 丙은 살인의 의사로 각자의 구성요건실행행위를 공동하여 丙의 행위로 살해된 경우에도 공동실행으로 예견가능한 범위 내에서 甲의 폭행죄(또는 폭행치사죄), 乙의 상해죄(또는 상해치사죄), 丙의 살인죄의 공동정범이 성립한다. 이 경우 범죄공동설(고의공동설)에 의하면 甲·乙·丙은 동시범이 된다.

종래의 행위공동설은 공동하는 행위가 구성요건행위일 필요가 없고 전 구성요건행위이면 족하다고 하여 사실적 행위를 공동한다는 의미로 파악하였으나 (사실공동설), 오늘날의 행위공동설은 "실행행위"를 공동한다는 의미로 파악한다 (실행행위공동설. 김종원 367, 정성근 561).

3. 결 어

공동정범은 특정한 범죄를 예정하고 이를 공동으로 실행하는 경우가 많다. 그렇다고 해서 공동정범의 모두가 특정된 고의공동이라고 단정할 필요가 없다. 형법 제30조는 "공동하여 죄를 범한 때"라고 규정하고 있을 뿐이고 특정된 범죄를 공동할 것을 요구하고 있지 않다. 특정범죄를 공동하는 경우뿐만 아니라 각자 자기 범죄의 실행행위(과실행위도 과실범의 실행행위이다)를 공동하는 경우에도 공동정범이라 해야 한다. 판례는 초기에 범죄공동설을 취하였으나 이후 행위공동설로 변경하여 현재까지 일관하고 있다.

> **판례** 형법 제30조에 "공동하여 죄를 범한 때"의 "죄"는 고의범이고 과실범이고를 불문한다고 해석하여야 할 것이고 따라서 공동정범의 주관적 요건인 공동의 의사도 고의를 공동으로 가질 의사임을 필요로 하지 않고 고의행위이고 과실행위이고 간에 그 행위를 공동으로 할 의사이면 족하다고 해석하여야 할 것이므로 2인 이상이 어떠한 과실행위를 서로의 의사연락 아래 하여 범죄되는 결과를 발생케 한 것이라면 여기에 과실범의 공동정범이 성립되는 것이다(4294형상598 판결. 같은 취지 62도57 판결).

Ⅲ. 공동정범의 성립요건

공동정범은 수정구성요건이므로 각칙상의 개개 범죄와 개념적으로 결합해서만 존재한다(개념적 종속). 공동정범의 고유한 구성요건은 공동실행의 의사와 공동실행행위가 있어야 충족된다.

1. 주관적 요건(공동실행의 의사)

(1) 공동실행의 의사

공동자 사이에 함께 범행을 한다는 주관적 의사가 있어야 한다. 공동가공의 의사, 의사의 연락 또는 공동범행의 의사라고 한다.

공동실행의 의사는 분업적으로 역할분담하는 공동자를 일치시키는 근거가 되며, 기능적 행위지배의 전제요건이 된다. 판례는 공동의 의사로 특정한 범죄행위를 하기 위하여 다른 사람의 행위를 이용하여 자기의 의사를 실행에 옮기는 것을 공동실행의 의사라고 하고 있다(2018도7658 등 판결).

> **판례** 형법 제30조의 공동정범은 2인 이상이 공동하여 죄를 범하는 것으로서, 공동정범이 성립하기 위하여는 주관적 요건인 공동가공의 의사와 객관적 요건인 공동의사에 의한 기능적 행위지배를 통한 범죄의 실행사실이 필요하다. 여기서 공동가공의 의사는 타인의 범행을 인식하면서도 이를 제지하지 아니하고 용인하는 것만으로는 부족하고, 공동의 의사로 특정한 범죄행위를 하기 위하여 일체가 되어 서로 다른 사람의 행위를 이용하여 자기의 의사를 실행에 옮기는 것을 내용으로 하여야 한다(2018도7658 등 판결).

1) **공동실행의사의 형태** 반드시 의사의 표시·교환이나 합의 또는 모의가 있어야 하는 것은 아니며, 의식적·의욕적 공동실행의 의사가 아니라도 무방하다. 암묵적으로 상통하는 것은 물론 묵시적으로 양해가 있거나(93도2305 판결), 다른 공동자의 범죄실행에 함께 작용하고 있음을 인식하고 있으면 충분하고, 공동자 상호간에 면식이 있거나 다른 공동자의 행위내용을 미리 알고 있을 필요도 없다.

공동실행의사는 공동자 상호간에 직접 형성하였건 순차로 다른 사람을 통하여 간접적으로 형성하였건 묻지 않으나 공동자 상호간에 존재해야 하고 ($\binom{2011도9721}{판결}$), 일방에게만 공동의사가 있는 소위 편면적 공동정범은 공동정범이 아니다. 판례도 편면적 공동정범을 부인하고 있다.

> **판례** ① 2인 이상이 범죄에 공동가공하는 공범관계에 있어서 공모는 법률상 어떤 정형을 요구하는 것이 아니고 2인 이상이 공모하여 범죄에 공동가공하여 범죄를 실현하려는 의사의 결합만 있으면 되는 것으로서, 비록 전체의 모의과정이 없다고 하더라도 수인 사이에 순차적으로 또는 암묵적으로 상통하여 그 의사의 결합이 이루어지면 공모관계가 성립한다(2011도9721 판결).
> ② 공동정범은 행위자 상호간에 범죄행위를 공동으로 한다는 공동가공의 의사를 가지고 범죄를 공동실행하는 경우에 성립하는 것으로서, 여기에서의 공동가공의 의사는 공동행위자 상호간에 있어야 하며 행위자 일방의 가공의사만으로는 공동정범 관계가 성립할 수 없다(84도2118 판결).

2) **공동실행의사의 범위**　공동실행의 의사는 공동자 각자가 범죄의 결과발생까지 공동으로 인식하고 있어야 하느냐에 대하여 견해가 대립한다.

범죄공동설에 따르면 특정범죄를 공동으로 할 의사가 필요하므로 범죄결과의 발생까지 공동으로 인식하고 있어야 한다. 이에 대해서 행위공동설에 따르면 구성요건 "실행행위"를 공동하려는 의사만 있으면 충분하므로 반드시 결과발생을 공동으로 할 의사(고의)일 필요가 없다. 따라서 과실범의 공동정범과 결과적 가중범의 공동정범도 인정할 수 있다("과실의 공동정범" 참조). 판례도 과실의 공동정범을 인정한다($\binom{97도1740\ 판결}{[성수대교\ 붕괴사건]}$).

범죄공동설에 따르면, 고의의 범위를 초과하여 발생한 결과에 대하여는 다른 공동자의 예견가능성이 없는 한 이를 성립시킨 자만이 책임을 부담한다. 공동실행의 의사를 벗어난 과잉행위의 결과에 대해서는 과잉행위를 한 자의 단독범이 성립한다. 과실범에 대하여는 공동정범을 부정하고, 과실동시범이 성립한다.

(2) **공동실행의사의 성립시기**

공동실행의 의사가 형성되는 시기는 공동실행 이전이건 실행행위시이건 실행행위 도중이건 묻지 않는다. 공동실행의 의사가 형성되는 시기에 따라 공동실행 이전에 형성되는 예모공동정범, 실행행위시에 우연히 형성되는 우연적 공동정범, 실행행위 일부를 종료한 후 나머지 실행행위 계속 중에 형성되는 승계적 공동정범이 있다.

　　1) 예모공동정범　　공동실행의 의사가 공동실행행위 이전에 형성되고, 이 의사에 따라 미리 계획한 공동실행행위를 협력·분담하는 공동정범을 말한다. 공동실행의사가 실행행위 이전에 있는 경우는 대부분 공동모의에 의해서 형성되므로 이 의미의 공동정범을 정확히 정의하면 "2인 이상이 공동모의하여 죄를 범한 자", 즉 공모(에 의한)공동정범이 된다. 판례가 인정하는 공모공동정범과 구별하기 위하여 강학상 예모공동정범이라 한다.

　　공동정범을 공동실행 이전의 공동모의 유무로 분류한다면 공모 있는 공동정범(예모공동정범)과 공모 없는 공동정범(우연적·승계적 공동정범)으로 구별할 수 있다. 이 경우 공동실행의 의사를 공모와 같은 의미로 해석하면 공동정범은 모두 공모 있는 예모공동정범이라 해야 하므로 공모 없는 공동정범과 구별이 불가능해 진다. 따라서 여기서 공모는 공동실행의 의사와 같은 의미라 할 수 없고 공동모의로 해석해야 한다.

　　2) 승계적 공동정범　　승계적 공동정범이란 선행자가 범죄실행을 개시하여 아직 완전히 종료하기 전에 후행자가 의사연락 하에 그 범죄의 완성에 개입하는 공동범행형태를 말한다. 이 경우 후에 가담한 자를 선행자와 공동정범이라 할 수 있느냐, 할 수 있다면 후에 가담한 자가 가담 이전의 선행자의 행위부분에 대하여 책임을 부담하느냐가 문제된다.

　　(a) 승계적 공동정범 인정여부

　　(aa) 부정설　　처음부터 범죄를 공동한다는 의사없이 후에 가담한 자는 공동정범이 될 수 없다는 견해이다. 공동실행의사는 실행행위 이전이나 실행착수시에 있어야 한다는 점을 이유로 한다. 이와 달리 가담한 이후의 공동정범은 인정하면서 "승계적" 공동정범은 부정하는 견해도 있다(유기천 290 이하, 김일수·서보학 451, 신동운 618 이하).

　　(bb) 긍정설　　승계적 공동정범의 성립을 긍정하는 견해이다. 공동실행의사는 반드시 공동실행행위 이전 또는 실행의 착수시에 있을 것을 요하지 않는다는 점을 이유로 한다. 우리나라 다수설이다.

　　(cc) 판례의 태도　　대법원은 "승계적" 공동정범이라는 용어를 직접 사용하

지 않지만 연속된 히로뽕 제조행위 도중에 가담한 자에 대해서 가담 이후의 공동정범을 인정한다(판결 82도884).

(dd) 결 어　공동실행의 의사는 범죄행위가 종료되지 않는 한 그 성립시기에 아무런 제한이 없다. 범행도중에 가담한 자도 선행자의 범행을 양해하고 나머지 실행행위를 분담하면 승계적 공동정범이 된다고 해야 한다(긍정설). 예컨대 甲이 A를 살해하기 위해서 흉기로 가슴을 찔렀으나 아직 죽지 않은 상태에서 乙이 甲과 의사연락하에 A를 목졸라 살해하였다면 乙은 살인죄의 공동정범이 된다.

(b) 승계적 공동정범의 책임범위　승계적 공동정범의 문제는 공동정범의 인정 여부가 아니라 후에 가담한 자가 가담 이전의 선행자의 행위에 대해서까지 공동정범의 책임을 부담하느냐에 있다. 이 점에 대해서도 견해가 대립한다.

(aa) 제한인정설　가담 이후의 행위에 대해서만 공동정범의 책임을 부담한다는 견해이다. 현재의 다수설이다. 선행자의 실행부분에 대해서 인과관계와 행위지배를 인정할 수 없고, 사후 추인이나 소급을 인정할 수 없다는 것을 근거로 한다.

(bb) 전부인정설　전체 행위에 대하여 공동정범의 책임을 부담한다는 견해이다. 종래의 다수설이다. 후행자가 선행자의 실행부분을 인식하고 의사연락하에 함께 실행에 참가하면 공동정범의 주관적·객관적 요건을 모두 충족한다는 것을 근거로 한다.

(cc) 결 어　후에 가담한 자는 선행자의 실행부분에 대해서 공동실행의사가 있었다고 할 수 없고, 협력·분담하는 기능적 행위지배와 인과관계도 인정할 수 없다. 특히 결합범·포괄일죄·과형상의 일죄의 경우 후에 가담한 자에게 가담전의 부분에 대해서까지 책임을 부담시키는 것은 개인책임원칙에도 반한다. 후행자가 가담한 이후에만 공동정범의 책임을 부담한다고 해야 한다. 다만 계속범처럼 실행자의 행위가 분리불가능한 경우에는 후에 가담한 자도 계속범의 책임을 부담하므로 결국 계속범 전체에 대한 공동정범이 성립하는 것과 차이가 없다.

판례는 제한인정설을 취하고 있으나 결합범의 실행도중 방조범으로 가담한 경우에는 전체범죄의 방조범이 된다고 하였다.

판례 ① 연속된 히로뽕 제조행위 도중에 공동정범으로 범행에 가담한 자는 비록 그가 그 범행에 가담할 때에 이미 이루어진 종전의 범행을 알았다 하더라도 그 가담 이후의 범행에 대하여만 공동정범으로 책임을 지는 것이라고 할 것이니, 비록 공범의 히로뽕 제조행위 전체가 포괄하여 하나의 죄가 된다 할지라도 피고인에게 그 가담 이전의 제조행위에 대하여까지 유죄를 인정할 수는 없다(82도884 판결. 같은 취지 97도163 판결 및 2007도6336 판결).

② 특가법 제5조의2 제2항 제1호 소정의 죄는 형법 제287조의 미성년자 약취유인행위와 약취 또는 유인한 미성년자의 부모 기타 그 미성년자의 안전을 염려하는 자의 우려를 이용하여 재물이나 재산상의 이익을 취득하거나 이를 요구하는 행위가 결합된 단순일죄의 범죄라고 봄이 상당하므로 비록 타인이 미성년자를 약취, 유인한 행위에는 가담한 바 없다 하더라도 사후에 그 사실을 알면서 약취, 유인한 미성년자의 부모 기타 그 미성년자의 안전을 염려하는 자의 우려를 이용하여 재물이나 재산상의 이익을 취득하거나 요구하는 타인의 행위에 가담하여 이를 방조한 때에는 단순히 재물 등 요구행위의 종범이 되는 데 그치는 것이 아니라 결합범인 위 특가법 제5조의2 제2항 제1호 위반죄의 종범으로 의율함이 상당하다(82도2024 판결).

2. 객관적 요건(공동실행행위)

(1) 공동실행행위

1) **기능적 행위지배** 객관적 요건으로 공동실행행위가 있어야 한다. 공동실행행위는 공동자 상호간에 역할을 분담하여 분업적 협력으로 공동작업을 하는 것이다. 역할분담하는 공동자는 전체 범행계획을 실현하는 데에 필요불가결한 행위기여가 있어야 한다. 이러한 공동실행의 형태를 기능적 행위지배라 한다.

(a) **분업적 협력** 역할분담은 분업적 협력으로 행해져야 한다. 반드시 동일한 행위를 분담할 필요가 없고, 시간적 전후관계에서 분담할 수도 있다. 분업적 협력은 분담행위가 단독으로 구성요건에 해당할 수 없더라도 전체범행을 실현하는 데 필요불가결한 행위기여이거나 범죄실현의 일부분이 된다면 이로써 충분하다. 예컨대 의사연락을 한 다음 다른 공모자가 도피할 수 있도록 자동차를 대기하거나 망을 보아주는 것 또는 장물의 운반·처분을 담당하는 것도 분업적 협력이 된다.

(b) **현장 밖의 역할분담** 범죄수행에 필수적인 역할을 분담한 이상 반드시 공동자 모두가 범죄현장에 함께 있을 필요가 없다. 현장에서 작업하는 공동자를 무선으로 조종하거나 휴대폰으로 지시하는 것도 역할분담이 된다. 범죄계획을 수립하고 실행자를 지휘·조종하는 배후주모자는 범행현장에 나타나지 않아도 공동정범이 된다.

판례는 폭력단체의 우두머리가 현장에 모습을 드러낸 채 "전부 죽여라"고 고함을 친 경우와 공모 후 망보는 행위에 대하여 공동정범을 인정한다.

> **판례** ① 부하들이 흉기를 들고 싸움을 하고 있는 도중에 폭력단체의 두목급 수괴의 지위에 있는 피고인이 현장에 모습을 나타내고 더욱이 부하들이 흉기를 소지하고 있어 살상의 결과를 초래할 것을 예견하면서도 전부 죽이라는 고함을 친 것은 부하들의 행위에 큰 영향을 미치는 것으로서 피고인은 이로써 위 싸움에 가세한 것이라고 보지 아니할 수 없고, 나아가 부하들이 칼, 야구방망이 등으로 위 피해자들을 난타, 난자하여 사망케 한 것이라면, 피고인은 살인죄의 공동정범으로서의 죄책을 면할 수 없다(87도1240 판결).
> ② 피고인이 공동피고인 甲·乙과 함께 강도범행을 저지른 후 피해자의 신고를 막기 위하여 甲·乙이 묶여있는 피해자를 옆방으로 끌고 가 강간범행을 할 때에 피고인이 자녀들을 감시하고 있었다면 공범자들(甲·乙)의 강도강간범죄에 공동가공한 것이라 하겠으므로 비록 피고인이 직접 강간행위를 하지 않았다 하더라도 강도강간의 공동죄책을 면할 수 없다(85도2411 판결).

2) **공동실행행위의 방법** 공동실행행위는 부작위로도 가능하다. 행위공동설에 따르면 고의행위·과실행위를 불문한다. 고의와 과실행위 사이 또는 과실행위 상호간에도 공동정범이 성립할 수 있다. 주의의무위반에 대한 상호양해와 과실행위에 대한 공동의 행위기여가 있으면 과실의 공동정범을 인정할 수 있다. 결과적 가중범에 있어서는 기본범죄의 범행계획과 공동실행이 있고 무거운 결과에 대한 공동의 과실이 있거나 예견가능성이 있으면 결과적 가중범의 공동정범이 된다.

(2) 공동정범에서의 이탈

1) **실행착수 전의 이탈** 공모자 중 한 사람이 다른 공모자의 실행행위가 있기 이전에 공모관계에서 이탈한 때에는 그 이후의 다른 공모자의 행위에 대

하여 공동정범의 책임을 부담하지 않는다. 판례의 기본적 태도이다.

> **판례** 소위 공모공동정범에 있어서는 범죄행위를 공모한 이상 그 후 그 실행행위에 직접 가담하지 아니하더라도 다른 특별한 사정이 없는 한 다른 공모자의 분담실행행위에 대하여 공동정범의 죄책을 면할 수 없다. 그러나 공모자 중의 어떤 사람이 다른 공모자가 실행행위에 이르기 전에 그 공모관계에서 이탈한 때에는 그 이후의 다른 공모자의 행위에 관하여 공동정범으로서의 책임은 지지 않는다고 할 것이고 그 이탈의 표시는 반드시 명시임을 요하지 않는다(85도2371 판결).

그러나 이 경우 이탈자가 다른 공모자의 범죄실행에 직접 영향을 미치고 있는 때에는 그 영향력을 제거하기 위한 진지한 노력이 있는 때에 한하여 공동정범의 책임을 부담하지 않는다고 해야 한다. 최근의 수정된 판례의 태도도 같다.

> **판례** 공모공동정범에서 공모자 중의 1인이 다른 공모자가 실행행위에 이르기 전에 그 공모관계에서 이탈한 때에는 그 이후의 다른 공모자의 행위에 관하여는 공동정범으로서의 책임은 지지 않는다. 그렇지만 공모관계에서의 이탈은 공모자가 공모에 의하여 담당한 기능적 행위지배를 해소하는 것이 필요하므로 공모자가 공모에 주도적으로 참여하여 다른 공모자의 실행에 영향을 미친 때에는 범행을 저지하기 위하여 적극적으로 노력하는 등 실행에 미친 영향력을 제거하지 아니하는 한 공모관계에서 이탈하였다고 할 수 없다(2014도14843 판결).

2) 실행착수 후(종료 전)의 이탈 공동실행의 의사로 실행에 착수한 후 실행의 분담과정에서 이탈한 경우에는 이탈자도 공동정범이 된다. 판례도 실행의 착수 이후의 이탈에 대하여 공동정범이 성립한다고 하였다.

> **판례** 범죄의 실행을 공모하였다면 다른 공모자가 이미 실행행위에 착수한 이후에는 그 공모관계에서 이탈하였다고 하더라도 공동정범의 책임을 면할 수 없는 것이므로 설사 피고인이 공동피고인 甲·乙과 합동하여 피해자의 집밖에서 금품을 강취할 것을 공모하고 피고인은 집밖에서 망을 보기로 하였으나, 공동피고인들(甲·乙)이 피해자의 집에 침입한 후 담배생각이 나서 담배를 사기 위하여 망을 보지 않았다고 하더라도 피고인은 강도상해죄의 죄책을 면할 수가 없다(83도2941 판결. 같은 취지의 포괄일죄에 관한 2001도513 판결).

3) 실행종료 후의 이탈   공동실행행위를 종료한 후 공동자 중 일부가 공동범행계획에서 이탈하여 그의 의사로 따로 범행을 한 경우는 이탈자의 단독범행이 된다. 예컨대 甲과 乙이 공동으로 A를 살해하려고 하였으나 미수에 그친 후 乙과 관계없이 甲이 단독으로 A를 살해한 때에는 살인미수에 대해서만 공동정범이 성립하고, 살인기수는 甲의 단독범행이 된다.

(3) 공동정범의 인과관계

공동정범의 각 가담자는 의사연락의 범위 내에서 전부책임을 부담하므로 각 가담자의 부분행위와 결과 사이의 인과관계를 개별적으로 검토할 필요가 없다. 결과발생이 다른 가담자의 행위로 야기된 것이라도 공동자 모두에게 인과관계가 인정된다. 결과발생이 공동가담자 중 누구의 행위에 의한 것인지가 판명되지 않은 경우에도 공동가담자 전체행위를 종합하여 결과발생의 원인제공이라 인정되면 인과관계가 인정된다. 이 경우의 인과관계를 "부가적 인과관계"라 한다.

Ⅳ. 공동정범의 처벌

1. 일부실행 전부책임

공동정범의 분담행위가 수정구성요건을 충족하여도 위법성과 책임이 인정되어야 가벌적 범죄가 된다. 공동정범은 반드시 공동자 모두가 구성요건 실행행위를 완성시킬 필요가 없고, 기능적 역할분담이 있으면 각자를 공동의사의 범위 내에서 정범으로 처벌한다. 이를 "일부실행·전부책임의 법리"라 한다. 다만 동일한 법정형의 범위 내에서 각자의 책임에 따라 양형은 달라질 수 있다.

2. 공동정범의 책임범위

공동정범은 공동의사의 범위 내에서만 책임을 부담한다. 따라서 공동의사의 범위를 초과한 때에는 원칙적으로 그 초과부분은 단독정범으로서 실행한 자만 책임을 부담한다. 이에 대해서 판례는 강도의 공동정범 가운데 한 사람이 상해를 가하면 다른 공동자도 예견가능성이 있는 한 강도상해죄의 죄책을 면할 수 없고(^{83도3162}_{판결}), 절도의 공동정범 중에 1인이 준강도(상해)행위를 하면 다른 공동자도 예견가능성이 있는 한 준강도(상해)죄의 죄책을 면할 수 없다(^{88도2291}_{판결})고 판시하고 있다.

> **판례**   ① 수인이 합동하여 강도를 한 경우 범인 중의 1인이 강취하는 과정에서 간수자를 강타하여 사망케 한 경우에는 나머지 범인도 이를 예기하지 못한 것으로 볼 수 없는 경우에는 강도살인죄의 죄책을 면할 수 없다(83도3162 판결).
> ② 피고인이 공동피고인과 공모하여 타인의 재물을 절취하려다 미수에 그친 이상 공동피고인이 체포를 면탈하려고 경찰관에게 상해를 가할 때 피고인이 비록 거기에는 가담하지 아니하였다 하더라도 공동피고인의 행위를 예견하지 못한 것으로 볼 수 없는 한 준강도상해의 죄책을 면할 수 없다(88도2291 판결).

그러나 공동정범은 공동의사의 범위를 초과하여 성립할 수는 없으므로 초과부분에 대하여 공동정범이 성립하기 위해서는 다른 공동자에게 적어도 미필적 고의가 존재해야 한다. 초과부분에 대하여 결과를 예견할 수 있었을 때에는 결과적 가중범의 죄책을 부담할 뿐이라고 해야 한다.

V. 공동정범의 관련문제

1. 공동정범의 미수

공동정범의 실행의 착수시기에 관하여 견해가 대립한다.

1) **전체행위설**   전체행위를 기준으로 공동자 중 어느 한 사람이 실행에 나아가면 다른 공동자가 아직 실행에 나아가지 아니한 때에도 모든 공동정범의 실행의 착수를 인정하는 견해이다. 우리나라 다수설이다.

2) **개별행위설**   공동자 각자가 예비단계를 지나 기능적 역할분담에 따른 행위를 개시한 때에 실행의 착수가 있다는 견해이다(_{정성근·박광민 560,}
_{김일수·서보학 455 이하}).

3) **결 어**   공동정범은 기능적 행위지배가 있는 때에 성립하므로 미수범의 공동정범도 각자의 기능적 역할분담에 따른 행위를 개시한 때에 실행의 착수를 인정하는 개별행위설이 타당하다고 본다. 따라서 모의에만 참가하고 아직

실행에 착수하지 못한 자는 참가형태에 따라 협의의 공범 또는 예비·음모죄로 처벌해야 한다.

공동정범은 일부실행이 있어도 의사연락의 범위 내에서 결과 전부에 대하여 기수의 책임을 부담하므로 분담자 중 한 사람의 미수는 기수책임에 영향이 없다. 따라서 모든 공동행위자가 미수로 된 때에만 공동정범의 미수가 된다. 이때 공동자 중 한 사람이 다른 모든 공동자의 범행을 중지시킨 때에는 중지시킨 자만 중지미수범이 되고 다른 공동자는 장애미수범이 된다.

2. 공동정범의 착오

공동정범의 착오란 실행자가 공동의사의 내용과 다른 것을 실행하여 공동자 상호간에 범죄의 내용이 일치하지 않는 경우를 말한다. 이러한 공동정범의 착오에 대하여는 구성요건착오의 이론이 그대로 적용된다. 죄질부합설(법정적 부합설)에 따른 결론은 다음과 같다.

(1) 동일구성요건 내의 착오(구체적 사실의 착오)

공동자의 착오가 동일구성요건 내의 착오인 때에는 고의가 부정되지 않는다. 예컨대 甲과 乙이 각자 A와 B를 살해하기로 공모하고 甲은 A를 살해하는 데 실패하였으나 乙은 C를 B로 오인하고 C를 살해한 경우, 甲과 乙은 모두 A에 대한 살인미수죄, C에 대한 살인기수죄의 공동정범이 된다.

(2) 다른 구성요건 간의 착오(추상적 사실의 착오)

① 공동자의 인식사실과 발생사실의 죄질이 전혀 다른 구성요건인 경우(질적 초과)에는 공동정범이 성립하지 않는다. 다만 공동실행하기로 한 부분에 한하여 예비·음모죄의 책임을 질 수 있다. 예컨대 甲과 乙이 재물을 절취하기로 공모하고, 甲이 집밖에서 망을 보는 동안 乙이 A를 강간한 경우에는 甲은 乙의 강간범행에 대하여 책임을 지지 않는다. 이 경우 절도죄의 예비·음모는 처벌하지 아니하므로 甲은 불가벌이다.

② 공동자의 인식사실과 발생사실이 각각 다른 구성요건에 해당하고 죄질이 같은 경우(양적 초과)에는 죄질이 부합하는 범위 내에서 공동정범이 성립한다. 예컨대 甲과 乙이 재물을 절취하기로 공모하고 甲이 집밖에서 망을 보는 동

안 乙이 집안에서 강도를 범한 경우에는 죄질이 부합하는 절도부분에 대하여 甲은 특수절도죄(합동절도)가 성립하고, 乙은 별도로 강도죄의 죄책을 부담한다.

③ 결합범의 기본범죄에 대한 공모를 한 후 다른 공모자가 별도의 고의로 무거운 결과를 발생시킨 경우, 예컨대 강도를 공모하고 다른 공모자가 강도살인을 한 경우 가담자는 무거운 결과(사망)에 대한 예견가능성 유무에 따라 특수강도죄(합동강도) 또는 강도치사죄의 공동정범이 성립하고, 무거운 결과(사망)에 고의 있는 공동자는 별도로 강도살인죄의 죄책을 부담한다.

> **판례** 결과적 가중범인 상해치사죄의 공동정범은 폭행 기타의 신체침해 행위를 공동으로 할 의사가 있으면 성립되고 결과를 공동으로 할 의사는 필요 없으며, 여러 사람이 상해의 범의로 범행 중 한 사람이 중한 상해를 가하여 피해자가 사망에 이르게 된 경우, 나머지 사람들은 사망의 결과를 예견할 수 없는 때가 아닌 한 상해치사의 죄책을 면할 수 없다(2000도745 판결).

VI. 공모공동정범

1. 공모공동정범의 의의

공모에 참가한 자 중 그 일부가 공모의 내용을 실행하면 실행행위의 분담이 없이 단지 공모에만 참여한 자를 공모공동정범이라 하고, 이러한 공모공동정범도 공동정범이 된다는 해석론을 "공모공동정범의 이론"이라 한다. 공모공동정범은 일본 판례에서 인정하기 시작하여 학계에서도 논의하게 되었는데, 우리 판례는 일관하여 이를 인정하는 데 반하여 학계에서는 부정설이 통설이다.

2. 공모공동정범 긍정설

(1) 공동의사주체설

1) 내 용 2인 이상이 일정한 범죄를 실현하려는 공동목적으로 공모를 하게 되면 일심동체가 되는 공동의사주체(단체)가 형성되고, 그 중 일부가 범죄를 실행하면 그 실행행위는 공동의사주체의 활동이 되어 직접 실행을 분담하지

않은 단순공모자도 실행자에 종속하여 공동정범이 된다는 견해이다. 판례는 이 학설을 공모공동정범의 인정근거로 자주 사용하여 왔다.

> **판례**　공모공동정범은 공동범행의 인식으로 범죄를 실행하는 것으로 공동의사 주체로서의 집단전체의 하나의 범죄행위의 실행이 있음으로 성립하고 공모자 모두 가 그 실행행위를 분담하여 이를 실행할 필요가 없고 실행행위를 분담하지 않아도 공모에 의하여 수인간에 공동의사주체가 형성되어 범죄의 실행행위가 있으면 그 실행행위를 분담하지 않았다고 하더라도 공동의사주체로서 정범의 죄책을 지게하 는 것이니 범행의 모의만 하고 실행행위는 분담하지 않아도 그 범행에 중요한 소 임을 하는 것을 간과할 수 없기 때문에 이를 공모공동정범으로서 처단하는 것이다 (82도3248 판결. 같은 취지 2004도3532 판결).

　　2) **특 색**　① 공범현상을 군중심리에 지배되는 단체범죄로 파악하여 공 동정범은 공동자 개인의 범죄가 아니라 공동의사주체라는 초개인적 단체의 범 죄로 이해하고, ② 공모에만 참가한 자는 실행자에 종속하여 공동정범이 된다 고 하여 공동정범의 종속성을 인정한다.

　　3) **비 판**　이 견해는 ① 군중 속의 개개인의 심리상태인 군중심리와 초 개인적 조직체인 단체를 혼동하여 공동정범을 단체범죄로 파악하고 있고, ② 공동의사주체인 단체의 범죄에 대해서 단순공모자 개인에게 책임을 부담시키는 것은 행위책임원칙에 반하며, ③ 공동정범의 종속성을 인정하는 것은 정범과 공범을 혼동한 것이고 정범의 본질에도 반한다.

(2) 목적적 공동행위지배설

　　1) **내 용**　단체책임을 부정하고 공모자의 공동의 목적적 행위지배가 있 는 범위 내에서 공모공동정범을 인정하는 견해이다. 즉 공동정범에 있어서의 공동실행은 실행행위 전체에 대한 공동의 목적적 행위지배가 있으면 충분하고, 실행담당자가 중지하고 싶어도 다른 공모자와의 약속 때문에 중지할 수 없다는 관계가 있으면 공모에 그친 자도 공동의 목적적 행위지배를 하는 공동정범이라 한다(같은 취지 황산덕 271).

　　2) **비 판**　① 실행담당자가 공모자와의 약속 때문에 중지할 수 없다면 공동정범은 중지미수범이 있을 수 없고, ② 합의의 약속에 구속을 받아 실행하

였다면 이는 생명 있는 도구를 이용한 간접정범이 될 가능성이 클 것이며, ③ 목적적 행위지배설 주장자 대부분도 공동실행이 필요하다고 하고 있으므로 목적적 행위지배설에 의하여 공모공동정범이 긍정되는 것도 아니다.

(3) 간접정범유사설

1) 내 용   범죄수행을 위한 의사의 합의가 있으면 실행자는 다른 합의자와의 약속 때문에 합의내용을 임의로 번복하거나 포기할 수 없고, 합의자에게 이용되고 있으므로 공모에 그친 자는 간접정범의 도구이용과 유사한 정범성이 인정되어 공동정범이 된다는 것이다. 또 공모자간에 공모가 있으면 서로 구속력이 생기므로 공모에 그친 자의 이용행위가 범죄수행을 용이하게 하면서 적극적으로 이용한 때에는 공동정범이 된다는 적극적 이용설도 간접정범유사설에 기반을 두고 있다. 이 설은 이미 소멸되었다.

2) 비 판   간접정범유사설에 대하여는, ① 역할분담하여 기능적 행위지배를 하는 공동정범은 단순히 타인의 행위를 도구로 이용하는 것이 아니므로 이를 간접정범과 유사하다는 것은 공동정범과 단독정범을 혼동하는 것이고, 공동정범을 부정하는 것과 같다. ② 실제로 합의가 있다고 해서 실행자가 반드시 도구처럼 이용되는 것도 아니며, ③ 실행자가 합의내용을 번복·포기할 수 없다면 공동정범은 중지미수범도 있을 수 없으므로 이 경우는 간접정범이 될 가능성이 크다.

(4) 확장된 기능적 행위지배설

1) 내 용   집단범죄의 두목이나 배후세력을 정범으로 처벌할 필요가 있고, 각자가 전체 범행계획을 실현하는 데에 불가결한 요건을 실현하는 것이면 공동실행행위를 인정할 수 있으므로, ① 다른 공모자를 지휘·통제·감독하거나 실행담당자를 정신적·물질적으로 조종하여 지배하는 배후거물("지배적 공모공동정범"이라 한다)은 물론, ② 대등한 입장에서 서로 영향을 미쳐 공동의사를 형성한 후 그 일부가 실행을 담당하는 경우에도 실행분담이 없는 자("분담형 공모공동정범"이라 한다)를 공모공동정범으로 처벌할 수 있다는 견해이다(이재상외 33/43).

2) 비 판   ① 집단범죄의 배후세력이 범죄목적의 단체인 경우에는 범죄단체조직죄(제114조)로 처벌할 수 있고, 단체가 아니라도 특수교사죄(제34조제2항)로 가중처벌할 수 있으므로 집단범죄의 배후세력 처벌 때문에 공모공동정범을 인정해야

할 필요가 없다. ② 실행담당자를 물질적·정신적으로 조종·지배하는 배후거물은 당연히 기능적 행위지배를 하는 공동정범이 되므로 이를 특별히 (지배적) 공모공동정범이라 할 이유가 없고, 이 주장은 공모공동정범을 부정하는 것과 같다. ③ 상호 대등한 입장에서 공동의사를 형성하는 데에 영향을 미친 것만으로 역할분담한 기능적 행위지배가 있다고 할 수 없으므로 이 경우는 (분담형) 공모공동정범이 아니라 교사범에 해당한다고 해야 한다.

(5) 판례의 동향

종래부터 판례는 공모만 있으면 범행의 기여정도는 묻지 않고 공모공동정범을 인정하는 태도를 유지하여, 공동모의·의사연락 또는 공동가공의 의사가 있으면 공모를 인정하여 왔다. 근래의 판례도 모의과정이 없어도 순차적 또는 암묵적으로 상통하여 의사결합이 이루어지면 공모관계가 성립하고, 이러한 모의가 이루어진 이상 실행행위에 직접 관여하지 아니한 자도 공동정범의 책임을 진다는 논지를 유지하고 있다(2004도482 판결, 2001도606 판결, 2001도4947 판결 등).

다만, 판례는 공모자 중 실행을 직접 분담하지 아니한 자의 공모공동정범을 인정하면서도 공모에 그친 자가 전체 범죄에서 차지하는 지위나 역할, 범죄경과에 대한 지배 내지 장악력 등을 종합하여 범죄에 대한 본질적 기여를 통한 기능적 행위지배가 인정되는 경우에 공모공동정범을 인정하려는 다소 제한적인 태도를 보이고 있다(2009도2994 판결. 2010도11631 판결은 기능적 행위지배를 인정할 수 없어서 공모공동정범을 부인한 사안).

> **판례** ① 공모자 중 구성요건에 해당하는 행위 일부를 직접 분담하여 실행하지 않은 사람도 전체 범죄에서 그가 차지하는 지위, 역할이나 범죄 경과에 대한 지배나 장악력 등을 종합해 볼 때, 단순한 공모자에 그치는 것이 아니라 범죄에 대한 본질적 기여를 통한 기능적 행위지배가 존재하는 것으로 인정되는 경우 이른바 공모공동정범으로서의 죄책을 질 수 있다(2016도15470 판결).
> ② '청소년게임제공업 등을 영위하고자 하는 자'라 함은 청소년게임제공업 등을 영위함으로 인한 권리의무의 귀속주체가 되는 자(이하 '영업자')를 의미하므로, 영업활동에 지배적으로 관여하지 아니한 채 단순히 영업자의 직원으로 일하거나 영업을 위하여 보조한 경우, 또는 영업자에게 영업장소 등을 임대하고 그 사용대가를 받은 경우 등에는 게임법 제45조 위반에 대한 본질적인 기여를 통한 기능적 행위지배를 인정하기 어려워, 이들을 방조범으로 처벌할 수 있는지는 별론으로 하고 공동정범으로 처벌할 수는 없다(2010도11631 판결).

3. 공모공동정범 부정설

실행의 분담이 있는 공동정범만 인정하여 공모공동정범을 부인하고, 기능적 행위지배에 해당하는 실행의 분담이 없는 공모자는 관여형태에 따라 교사범 또는 방조범이 된다는 견해이다. 우리나라 통설이다.

이 견해는, ① 공모공동정범을 인정하면 공동정범의 성립범위가 확대되어 행위책임원칙에 반할 뿐만 아니라, ② 공모 또는 의사합의가 있다고 해서 모두 공모공동정범을 인정하면 공동정범과 교사범·방조범을 구별하고 있는 형법의 체계와 맞지 않으며, ③ 집단배후세력은 범죄단체조직죄($\frac{제114}{조}$)로 처벌하거나 특수교사·방조($\frac{제34조}{제2항}$)죄로 가중된 형(교사의 경우) 또는 정범의 형(방조의 경우)으로 처벌할 수 있고, 단순교사범($\frac{제31조}{제1항}$)으로 처벌하더라도 정범과 동일한 형으로 처벌할 수 있으므로 공모공동정범이론을 주장할 필요가 없다고 한다.

4. 결   어

공모공동정범은 정범·공범의 구별에 관한 종래의 형식적 객관설이 지나치게 정범의 성립범위를 제한함으로써 집단범의 배후자를 무겁게 처벌할 수 없다는 배후자중벌론(幕後重罰論) 때문에 일본 실무에서 창안된 것이다.

그러나 공모공동정범을 인정한다고 하여도 정범과 교사범의 법정형은 차이가 없으므로 배후자가 무겁게 처벌되는 것도 아니고 실익도 없다. 오히려 공모공동정범을 부정하면 배후거물은 형법 제34조 제2항에 의하여 특수교사범으로 가중처벌할 수 있다. 공동실행의 의사와 기능적 행위지배가 있으면 공동자 모두가 반드시 범죄현장에 직접 참가하지 않아도 공동정범으로 처벌할 수 있으므로 공모공동정범을 인정할 필요도 없다.

VII. 과실의 공동정범

1. 과실의 공동정범의 의의

2인 이상이 일정한 행위를 공동하면서 공동의 과실로 인하여 과실범의 구성요건결과를 발생시킨 경우에 공동정범으로 취급하는 것을 과실의 공동정범이라 한다. 예컨대 두 사람의 인부가 함께 언덕에서 바위돌을 굴려내리다가 부주의로 통행인을 다치게 한 경우이다.

2. 판례의 태도

판례는 초기의 부정적인 태도를 바꾸어 행위공동설의 입장에서 과실행위를 의사연락 하에 행하여 범죄되는 결과를 발생시킨 것이면 과실의 공동정범이 성립된다고 판시($^{4294형상598}_{판결}$)한 이후 일관하여 긍정설을 취하고 있다.

> 판례 성수대교와 같은 교량이 그 수명을 유지하기 위하여는 건설업자의 완벽한 시공, 감독공무원들의 철저한 제작시공상의 감독 및 유지·관리를 담당하고 있는 공무원들의 철저한 유지·관리라는 조건이 합치되어야 하는 것이므로 피고인들에게는 트러스 제작상, 시공 및 감독의 과실이 인정되고, 감독공무원들의 감독상의 과실이 합쳐져서 이 사건 (성수대교 붕괴) 사고의 한 원인이 되었으며, 한편 피고인들은 이 사건 성수대교를 안전하게 건축되도록 한다는 공동의 목표와 의사연락이 있었다고 보아야 할 것이므로, 피고인들 사이에는 이 사건 업무상과실치사상등죄에 대하여 형법 제30조 소정의 공동정범의 관계가 성립된다(97도1740 판결 [성수대교 붕괴사건]).

3. 과실의 공동정범 인정여부

(1) 부정설

과실의 공동정범을 부정하고 과실동시범으로 취급하면 충분하다는 견해로서 그 이유는 다양하다.

1) **범죄공동설** 공동정범은 특정한 범죄를 공동으로 하는 고의공동이라 하므로 과실의 공동정범은 물론 고의범과 과실범의 공동정범도 부정한다.

그러나 특정된 고의만 공동해야 공동정범이 성립한다는 형법의 근거는 없으며, 공동정범의 성립범위를 지나치게 제한한다("범죄공동설" 참조).

2) **기능적 행위지배설** 공동의 범행결의에 근거한 공동의 역할분담이 있을 때 기능적 행위지배가 인정되므로 이것이 불가능한 과실범의 경우는 과실동시범이 될 뿐이라는 견해이다. 우리나라 다수설이다.

그러나 기능적 행위지배설에서도 과실의 공동정범을 인정하는 견해가 있으므로 이 설이 반드시 과실의 공동정범을 부정한다고 할 수 없다. 이 견해를 관철하면 과실의 공동정범뿐만 아니라 범행결의에 의한 행위지배가 없는 과실단독범의 정범성도 부정해야 할 것이다.

[기타의 부정설] ⓐ 공동의사주체설　범죄를 실현하려는 공모가 있으면 공동의사주체가 형성되고, 그 주체가 공동의 범죄를 실현한다는 공동의사주체설에 따르면 범죄실현의 공모가 없는 과실의 공동정범은 인정될 수 없다. 그러나 이 학설 자체가 부정되고 있으므로 이 학설에서 과실의 공동정범을 부정하는 것은 의미가 없다.

ⓑ 목적적 행위지배설　주의의무위반이라는 과실행위 자체는 목적적 행위지배가 불가능하므로 과실의 공동정범을 인정할 수 없다고 한다. 목적적 행위지배설은 애당초 고의범을 예정하고 있으므로 과실의 공동정범뿐만 아니라 과실범 자체의 정범성도 인정하기 어렵다.

(2) 긍정설

1) 행위공동설　수인수죄의 공동정범을 인정하는 행위공동설은 의사연락하에 실행행위를 공동으로 하면 공동정범이 성립하고, 반드시 고의를 공동으로 할 필요가 없다고 하므로 과실의 공동정범을 인정한다(정영일 369 이하). 판례도 행위공동설의 입장에서 과실의 공동정범을 인정한다(4294형상598 판결; 79도1249 판결 등). 그러나 이 견해는 과실의 공동정범 성립요건에 대한 구체적 내용이 없다는 문제가 있다.

2) 기능적 행위지배설　고의범에 필요한 고의공동의사는 없지만 주의의무위반의 공동과 과실행위에 대한 기능적 행위지배 또는 기능적 역할분담이 있으면 과실의 공동정범이 성립한다는 견해이다(김일수·서보학 460 이하, 문채규 법치국가와 형법 375. 이재상 외 33/32의 주의의무의 공동과 구성요건실현행위의 공동도 같은 취지). 이에 대하여는 기능적 행위지배설은 고의범에만 타당하고 공모가 있을 수 없는 과실범의 공동정범을 인정하는 것은 책임주의에 반한다는 비판이 있다.

그러나 고의범에 타당한 기능적 행위지배를 가지고 과실의 공동지배를 비판할 이유가 없다. 과실범도 지배범죄라고 할 때에는 주의의무위반이라는 과실행위지배도 가능하고, 이를 기능적으로 분담할 수 있다. 그리고 공동정범이 반드시 공모가 있어야 할 이유가 없으므로 과실의 공동정범을 인정한다고 해서 책임주의에 반할 수 없으며 책임주의와 직접관련성도 없다.

(3) 결 어

과실범도 공동자 상호간에 주의의무에 대한 상호 양해와 그 위반에 대한 예견은 가능하다. 그리고 과실범의 본질상 범죄의 실현계획이 있을 수 없으므로 고의범을 기준으로 한 행위지배는 있을 수 없다. 하지만 과실행위(주의의무위반)에 대한 공동의 행위기여는 가능하므로 과실행위에 대한 역할분담과 공동의 행위기여는 할 수 있다.

따라서 주의의무에 대한 상호 양해와 그 위반을 예견하고 과실행위에 대한 공동의 행위기여(기능적 공동과실)로 허용되지 않은 위험을 창출하고 그 위험이 결과에로 실현된 때에는 과실의 공동정범이 성립한다고 본다.

> 기능적 행위지배설의 제창자인 록신(Roxin)도 과실의 공동정범 부정설은 과실에 존재할 수 없는 공동목적을 분업적으로 실행한다는 고의공동정범의 기준에 따른 것이기 때문에 확정적으로 고정화된 이론이 아니라 하고, 독일 형법 제25조 제2항(공동정범)은 공동실행만 요구하고 반드시 고의성을 요구하는 것은 아니므로 "다수인이 공동으로 창출한 허용되지 않은 위험이 결과에로 실현된 때"에는 과실의 공동정범이 성립한다고 한다. 1990년대 이후 독일에서 과실의 공동정범을 인정하는 주장이 증가하고 있다(Roxin, Otto, Lampe, Schumann 등).

4. 과실의 공동정범을 인정하는 실익

형법은 과실범의 미수를 처벌하지 아니하므로 공동과실로 인한 결과발생을 과실동시범으로 해결할 때에는 그 원인된 행위가 판명되지 않을 경우 불가벌이 될 여지가 있다(제19조 참조). 이러한 경우 과실의 공동정범을 인정하여 "일부실행 전부책임의 법리"를 적용한다면, 과실공동행위자 중 누구에 의하여 결과가 발생한 것인지 묻지 않고 모두 과실정범으로 처벌할 수 있다.

VIII. 합동범의 공동정범

1. 합동범의 의의

2인 이상이 합동하여 범죄를 실현하는 범죄형태를 "강학상" 합동범이라 한다. 합동범이라는 죄명을 가진 범죄구성요건이 존재하는 것이 아니라 합동을 요구하는 개별범죄들을 총칭하여 강학상 합동범이라 하고 있다. 합동범에 해당하는 범죄는 모두 단독으로 범할 수 있는 범죄이고, 이를 2인 이상이 합동하여 실행할 때에는 단독으로 실행할 때보다 범죄실행의 위험성이 크기 때문에 불법이 가중되어 특수범죄라 하여 그 형을 가중하고 있다. 합동범에 대해서도 공동정범이 성립할 수 있느냐가 논의되고 있다.

형법전에 있는 합동범은 특수절도죄 · 특수강도죄 · 특수도주죄이고, "성폭력특례법" 제4조(특수강간 · 특수강제추행 · 특수준강간 · 특수준강제추행)에도 합동범이 있다.

2. 판례의 태도

판례는 강취한 현금카드로 인출한 금원을 분배하기로 공모한 후 한 사람이 피해자를 붙잡고 감시하는 동안 다른 공모자들이 편의점에 가서 현금자동지급기에서 합동하여 현금을 인출한 사안에서 아래와 같이 판시하면서 현장에 없는 공모자에게 합동범의 공동정범 성립을 긍정하였다.[1]

> **판례** 3인 이상의 범인이 합동절도의 범행을 공모한 후 적어도 2인 이상의 범인이 범행 현장에서 시간적, 장소적으로 협동관계를 이루어 절도의 실행행위를 분담하여 절도범행을 한 경우에는 공모에는 참여하였으나 현장에서 절도의 실행행위를 직접 분담하지 아니한 다른 범인에 대하여도 그가 현장에서 절도범행을 실행한 위 2인 이상의 범인의 행위를 자기 의사의 수단으로 하여 합동절도의 범행을 하였다고 평가할 수 있는 정범성의 표지를 갖추고 있다고 보여지는 한 합동절도의 공동정범의 성립을 부정할 이유가 없다(98도321 전원합의체 판결 [삐끼주점 사건]).

---

[1] 컴퓨터 등 사용사기죄(제347조의2)는 순수한 이득죄에 해당하므로 불법취득한 타인의 신용카드를 이용하여 현금자동지급기에서 현금을 인출하는 행위는 컴퓨터 등 사용사기죄에 해당하지 않는다. 판례도 "절취한 타인의 신용카드로 현금자동지급기에서 현금을 인출하는 행위가 재물에 관한 범죄임이 분명한 이상 이를 위 컴퓨터등사용사기죄로 처벌할 수는 없다" 판시(2003도1178 판결)하여 같은 입장이다. 따라서 위 행위는 현금자동지급기 관리자의 점유를 침해하는 절도죄로 의율할 수밖에 없다.

3. 합동범의 본질과 합동범의 공동정범

(1) 공모공동정범설

합동범에 한하여 공모공동정범을 인정하는 공모공동정범설에 따르면 합동범에 가담한 공모자는 현장에서 실행분담을 하지 않아도 당연히 공모공동정범인 합동범이 성립하므로 합동범의 공동정범이란 존재할 수 없다.

그러나 합동과 공모는 다른 개념이므로 이를 같은 의미로 해석하여 합동자를 공모공동정범으로 취급할 수는 없으며, 공동정범보다 법정형이 무거운 합동범을 공동정범으로 인정하는 것은 형법규정에도 반한다. 현재 소멸된 이론이다.

(2) 가중적 공동정범설

합동범은 본질상 공동정범이지만 집단범에 대한 대책으로 특별히 형을 가중한 것이라는 가중적 공동정범설에 따르면, 범행현장이 아니라도 공동정범의 요건만 구비하면 모두 합동범이 되므로 합동범의 공동정범을 인정할 필요가 없다. 이 설에 따르면 합동과 공동을 같은 의미로 파악해야 하므로 이를 구별하고 있는 형법의 취지를 설명하기 어렵다.

(3) 현장(성)설

합동범은 범행현장에서 시간적·장소적으로 협동이 필요하다는 현장(성)설은 합동의 의미와 성질을 어떻게 파악하느냐에 따라 합동범의 공동정범 인정여부에 대해서 견해가 나뉘어진다.

1) 필요적 공범설　　합동범은 2인 이상의 행위주체를 예정하고 있고 합동과 공동의 의미도 구별하여 특별유형으로 규정한 것이므로 합동범은 필요적 공범에 해당하고, 필요적 공범은 내부자 사이는 물론 외부가담자에 대해서도 공동정범 규정을 적용할 수 없으므로 합동범의 공동정범도 인정할 수 없다는 것이 일반적이지만 긍정하는 견해(김성돈656)도 있다.

합동범에 해당하는 범죄들은 모두 단독으로 실현할 수 있는 범죄이므로 성질상 반드시 2인 이상이 있어야 범죄 자체가 성립할 수 있는 필요적 공범이 아니다("필요적 공범" 참조). 따라서 필요적 공범설을 근거로 합동범의 공동정범 성립여부를 논하는 것은 타당하지 않다.

2) 현장적 공동정범설   합동범은 범행현장에서 기능적으로 역할분담하는 공동정범의 형태이므로 범행현장 밖에서 배후거물이나 두목처럼 기능적 행위지배를 인정할만한 정범성의 요건을 구비한 자는 합동범의 공동정범이 된다고 한다(^{김일수·서보학 468 이하, 손동권·}_{김재윤 29/60 같은 취지}).

그러나 이 견해는 합동범인 현장적 공동정범에 대하여 또 다른 공동정범의 가담을 인정하여 "(현장적) 공동정범의 공동정범"이라는 수긍하기 어려운 정범이론을 전개하고 있다. 예컨대 합동범인 특수절도에 공동정범으로 가담하면 특수절도의 공동정범이 아니라 바로 특수절도가 된다고 해야 한다.

(4) 결 어

합동범은 공동정범의 주관적·객관적 요건을 갖추고 있으므로 본질상 공동정범이고 합동으로 인하여 불법이 가중된 특수형태의 공동정범이다(^{강동욱 297, 299는 합동범을} _{공동정범의 특수형태로} ^{파악하면서 합동범의}_{공동정범 성립을 긍정한다}). 합동은 2인 이상이 함께 협동하는 것이고, 합동하기 위해서는 함께 현장에 있어야 하므로 현장(성)설이 타당하다.[1] 다만 현장의 의미를 같은 시간, 같은 장소로 엄격하게 제한할 필요는 없다. 전체 범행진행과정이 시간적·장소적으로 협동관계가 있고 분담행위를 기능적으로 지배하고 있다면 합동범의 공동정범이 아니라 바로 현장에서 협동하는 합동범(위의 예에서 특수절도의 공동정범이 아니라 바로 특수절도)이 성립한다고 해야 한다. 합동범의 공동정범을 부정하는 것이 우리나라 통설이다.

---

1) 본 서의 견해를 가중적 공동정범설의 입장으로 파악하면서(신동운 769 각주 2) 참조), 가중적 공동정범설이 합동범의 공동정범을 긍정한다고 언급하는 문헌(신동운 772)이 있으나 이는 본 서의 주장을 오해한 것이다. 이 견해는 "현장설의 입장에서는 합동범을 필요적 공범으로 보아 외부자가 합동범에 공동정범으로 관여하는 것을 인정하지 않는다"고 언급(신동운 772)한 것으로 보아 합동범을 필요적 공범이 아닌 공동정범의 특수한 형태로 보는 본 서의 입장을 가중적 공동정범설로 이해한 것으로 보인다. 그러나 본 서는 합동범의 요건으로 관여자의 현장집합성을 요구하고 있다는 점에서 가중적 공동정범설이 아니라 현장(성)설의 입장이다. 반드시 합동범을 필요적 공범으로 보아야만 현장(성)설을 주장할 수 있는 것은 아니다(김성돈 656 및 강동욱 298도 같은 취지). 합동범을 공동정범의 특수한 형태로 보더라도(신동운 768도 합동범을 공동정범의 특수한 형태라고 하고 있다) 현장에 있는 자만이 합동범이 된다면 현장성을 필수적인 요소로 요구하고 있다는 점에서 현장(성)설에 해당한다고 보아야 하기 때문이다. 나아가 가중적 공동정범설에서 합동범의 공동정범을 인정한다는 주장(신동운 772)도 타당하지 않다. 가중적 공동정범설은 관여자가 공동정범 관계에 있기만 하면 모두 합동범이 된다는 견해이므로 '외부자'라는 관념이 존재하지 않기 때문이다. 범행현장에서의 집합 여부를 불문하고 관여자들이 공동정범으로서의 주관적·객관적 요건을 갖추기만 하면 모두 합동범 그 자체가 되므로 합동범의 공동정범이 성립할 여지가 전혀 없다고 해야 한다.

[§ 35] 교 사 범

Ⅰ. 교사범의 의의와 처벌근거

1. 교사범의 의의

교사범이란 타인으로 하여금 범죄실행의 결의를 하게 하여 범죄를 실행시킨 자를 말한다. 형법 제31조 제1항은 "타인을 교사하여 죄를 범하게 한 자는 죄를 실행한 자와 동일한 형으로 처벌한다"고 규정하고 있는데, 여기의 "죄를 범하게 한 자"란 피교사자에게 범죄결의를 하게 하여 불법한 범죄(광의의 범죄)를 범하게 한 자를 의미한다.

> 독일 형법 제26조는 "고의로 타인으로 하여금 고의적인 위법행위를 수행하도록 결의시킨 자는 교사범으로서 정범과 동일하게 처벌한다"고 규정하여, 교사범은 위법행위를 교사한 자라고 하고 있다.

교사범은 타인을 교사하여 불법한 범죄행위를 하게 한 것이므로 행위지배를 하지 않는다는 점에서 행위지배를 하는 공동정범 및 간접정범과 구별된다. 또 교사범은 타인에게 범죄실행의 결의를 하게 하는 것이므로 이미 범죄실행의 결의를 한 자에 대해서 그 실행을 유형적·무형적으로 원조하는 방조범(종범)과 구별된다.

> 형법각칙에 교사에 해당하는 행위를 특별구성요건으로 규정하고 있는 음행매개죄(제242조)의 "간음하게 하는 행위"와 자살교사죄(제252조제2항)의 "자살을 교사하는 행위"도 넓은 의미에서는 교사행위라 할 수 있으나, 이들은 독립된 범죄이고 총칙상의 공범이 아니므로 형법 제31조의 규정은 적용되지 않는다.

2. 교사범의 처벌근거

교사범은 정범에 종속하여 성립하는 공범이지만 교사범 고유의 범죄성을 가지고 있다. 교사범은 교사의 고의와 교사행위로 인한 행위불법을 스스로 행하고, 정범에 종속하여 결과불법이 인정되기 때문에 가벌성을 인정할 수 있다.

II. 교사범의 성립요건

교사범의 (수정)구성요건은, ① 교사의 고의를 가지고 교사행위를 하고, ② 교사에 의하여 피교사자가 범죄실행을 결의해야 하며, ③ 이 결의에 의하여 피교사자가 범죄를 실행해야 한다.

1. 교사자의 교사행위

(1) 교사행위의 의의

교사행위란 타인으로 하여금 범죄실행의 결의를 생기게 하는 것을 말한다. 교사 자체는 범죄실행의 결의를 생기게 하면 족하고 피교사자가 범행실행으로 나아가도록까지 할 필요는 없다. 이미 범죄결의를 한 자에 대한 동일범죄의 교사는 무형적 방법에 의한 방조 혹은 실패한 교사가 될 수 있고, 이미 범행결의를 한 자에 대하여 가중구성요건의 실행을 교사한 때에는 범행 전체에 대한 교사가 되며, 가벼운 죄를 교사한 때에는 위험감소로 객관적 귀속이 부정되어 교사가 될 수 없고 방조가 가능할 뿐이다.

(2) 특정범죄의 교사

교사는 타인에게 특정한 구체적 범죄실행을 결의시켜야 한다. 따라서 막연히 범죄를 범하라, 절도를 범하라 하는 것만으로는 교사라 할 수 없다. 또 교사는 범죄실행의 결의를 생기게 하면 족하고 더 나아가서 일시·장소·방법 등 범행계획을 자세하게 지시할 필요가 없다. 판례에 따르면 단순히 "밥값을 구하여 오라"고 말한 것은 절도범행을 교사한 것이라 할 수 없다($^{84도418}_{판결}$)고 한 반면, 절도범행경험이 있는 자에게 드라이버를 사주면서 "열심히 일을 하라"고 한 경우 절도죄의 교사가 된다($^{91도542}_{판결}$)고 판시하고 있다.

> **판례** 피고인이 甲·乙·丙이 절취하여 온 장물을 상습으로 19회에 걸쳐 시가의 3분의 1 내지 4분의 1 가격으로 매수하여 오다가 丙이 구속된 후, 甲과 乙에게 드라이버 1개를 사주면서, "도망다니려면 돈도 필요 할테니 열심히 일을 하라"고 말하였다면 이는 종전에 丙과 같이 하던 절도범행을 계속해서 하면 그 장물을 매수하여 주겠다는 취지로서 절도교사에 해당한다(91도542 판결).

(3) 교사의 방법

교사는 타인으로 하여금 범죄실행의 결의를 생기게 할 의사로 범죄실행의 결의가 생길 수 있는 상당한 행위를 해야 한다. 교사의 수단·방법에는 제한이 없다. 명령·협박·위협·기망·유도·이익제공 등 여러 가지 방법이 가능하다. 다만 명령·협박·위협 등이 구속력을 가질 정도이면 간접정범이 성립할 수 있다. 명시적·묵시적, 직접적·암시적 방법에 의한 교사도 가능하다. 예컨대 출산을 조건으로 영아살해를 교사하는 경우와 같이 조건부 교사도 가능하다.

(4) 교사의 상대방

피교사자는 특정되어 있어야 한다. 특정되어 있으면 피교사자가 누구인지 알 필요가 없으며 다수인이라도 상관없다. 불특정인에 대한 교사는 선동이 문제될 뿐이다. 피교사자는 책임능력자임을 요하느냐에 대해서, 극단종속형식에 따를 때에는 책임능력자라야 하지만, 제한종속형식·최소종속형식에 따를 때에는 피교사자가 책임능력자일 필요가 없다.

자기의 지휘·감독을 받는 자를 교사한 때에는 특수한 교사($^{제34조}_{제2항}$)가 되며, 어린아이나 중증의 정신병자를 이용한 때에는 간접정범이 된다. 6세인 딸에게 은행 지점장실에 들어가 수표다발을 들고 나오게 한 모친은 절도의 간접정범이 되지만, 이 경우 13세의 학생을 이용한 경우라면 교사범이 될 수 있다.

(5) 공동교사

2인 이상이 공동으로 교사하는 것을 공동교사라 한다. 甲과 乙이 공동하여 丙을 교사하는 것이 그 예이다.

(6) 부작위에 의한 교사와 과실에 의한 교사

부작위에 의한 교사가 가능한가에 대하여 긍정설($^{오영근}_{400}$)도 있으나, 부작위 자체는 피교사자에 대해서 아무런 물리적 영향을 주지 못할 뿐만 아니라 심리적 작용도 불가능하므로 부정설이 타당하다. 우리나라 통설이다.

과실에 의한 교사를 인정할 수 있느냐에 대하여도 긍정설이 있었으나 소멸되었다. 교사는 타인으로 하여금 범죄실행의 결의를 생기게 하는 것이므로 과실에 의한 교사를 인정하는 것은 교사 그 본래의 관념과 부합될 수 없다. 교사는 고의에 한한다고 해야 한다.

과실범에 대한 고의의 교사는 간접정범이 성립하고, 과실범에 대한 과실의 교사는 과실의 경합(과실동시범)이 된다. 예컨대 의사가 부주의로 독약을 복용약으로 오인하고 간호사에게 교부하여 환자에게 복용시킨 경우에는 의사와 간호사에게 과실동시범이 성립한다.

2. 교사범의 고의

(1) 이중의 고의

교사자는 고의가 있어야 한다. 교사자의 고의를 인정하려면 피교사자에게 범죄실행의 결의를 생기게 할 의사가 있고, 다시 정범을 통하여 구성요건결과가 실현된다는 인식 · 예견이 있어야 한다. 범죄실행의 결의를 생기게 할 의사는 교사의 고의이고, 정범에 의하여 구성요건결과가 실현된다는 인식 · 예견은 정범의 고의이다. 범죄실행의 결의를 생기게 할 의사는 피교사자가 실행하게 될 범죄결과의 인식 없이는 불가능하고, 교사자의 고의에 정범의 고의가 포함된다고 할 경우에 교사범 고유의 범죄성도 인정할 수 있다. 따라서 교사자의 고의는 교사의 고의와 정범의 고의, 즉 이중의 고의가 있어야 한다.

구성요건결과발생에 대한 인식은 미필적 인식으로 족하다. 목적범의 경우에는 교사자에게 목적이 있어야 하고, 신분범에 있어서는 정범의 신분에 대한 인식도 있어야 한다.

1) 고의의 특정　교사자의 고의는 특정되어야 한다. 즉 피교사자가 실행할 특정 범죄에 대한 고의가 있어야 한다. 범행일시 · 장소, 실행방법은 고의내용이 아니다.

2) 기수의 고의　교사자의 고의는 피교사자를 통해서 구성요건결과를 실현하려는 기수의 고의가 있어야 한다. 단순히 미수의 고의를 가진 자에게는 교사범이 성립할 수 없다.

(2) 미수의 교사

피교사자의 행위가 미수에 그치게 할 의사로 교사하는 경우를 미수의 교사라 한다. 예컨대 텅빈 금고인 줄 알면서 피교사자에게 그 금고에서 현금을 절취하라고 교사하는 경우이다.

미수의 교사에 있어서 피교사자는 범죄실현이 가능하다고 생각하고 실행에 착수한 것이므로 미수범처벌규정이 있으면 미수범(위 예의 경우는 불능미수범)이 성립한다. 문제는 교사자도 교사의 미수로 처벌할 수 있느냐이다.

교사자의 고의는 피교사자에게 범죄실행의 결의를 생기게 할 의사(교사의 고의)로 충분하다는 견해에 따르면 미수의 교사도 가벌행위가 된다. 그러나 피교사자에게 범죄실행의 결의를 생기게 할 의사와 정범을 통하여 구성요건결과가 실현된다는 인식(이중의 고의)이 필요하다고 할 때에는 미수의 교사는 불가벌이 된다. 구성요건결과실현을 예정하지 않는 고의는 있을 수 없으므로 미수의 교사는 불가벌이라 해야 한다(통설).

1) 미수의 교사의 기수유발   피교사자가 미수에 그칠 것이라 믿고 교사하였으나 예상과 달리 기수가 된 경우에 그 취급이 문제된다. 범죄실행의 결의를 생기게 할 의사로 충분하다고 할 때에는 공범의 착오문제로 처리하고 형법 제15조 제1항을 적용하여 미수의 교사범을 인정한다.

그러나 구성요건결과에 대한 인식까지 필요하다고 할 때에는 기수의 고의가 없으므로 교사자의 고의는 부정되지만 위험성은 있으므로 결과발생에 대하여 과실이 있는 경우에는 과실범이 성립한다(^{정성근 586, 이형국·김혜경 434, 이재상 외 34/14, 김일수·서보학 485.} _{이하. 방조범설은 박상기·전지연 297, 배종대 141/8, 강동욱 331}).

2) 함정교사   소송법상으로 함정수사라고 한다.

[실체법상 함정교사와 소송법상 함정수사]   실체법상으로는 함정교사를 한 자를 교사범으로 처벌할 수 있느냐가 문제임에 대해서, 소송법상으로는 함정에 빠져 실행행위로 나아간 피교사자를 처벌할 수 있느냐의 문제로 다루어진다. 이에 대하여는 가벌설과 불가벌설이 대립한다.

범죄의사가 있는 자에게 범행기회를 제공하여 범행에 나아간 범인을 현행범으로 체포하는 기회제공형 수사는 위법한 수사가 아니다(^{93도2535 판결,}_{2007도1903 판결}). 이에 대하여 범죄의사가 없는 자에게 수사기관이 범의를 유발시키고 실행의 착수가 있으면 체포하는 범의유발형 수사는 소송법상 위법한 함정수사이지만 형법상으로 미수의 교사에 해당하고, 이 때 교사자는 결과실현에 대한 고의가 없으므로 불가벌이다. 우리나라 통설이다. 이 두 가지 경우 피교사자는 고의를 가지고 실행에 착수한 것이므로 원칙적으로 미수범이 성립한다. 다만 범의유발형 함정수사는 국가가 범죄자를 만드는 것이고 수사의 염결성을 해치는 것이므로 피교사자에게 공소기각판결을 선고해야 할 것이다(2005도1247 판결/2016도14772 판결).

> **판례** 범의를 가진 자에 대하여 단순히 범행의 기회를 제공하거나 범행을 용이하게 하는 것에 불과한 수사방법이 경우에 따라 허용될 수 있음은 별론으로 하고, 본래 범의를 가지지 아니한 자에 대하여 수사기관이 사술이나 계략 등을 써서 범의를 유발케 하여 범죄인을 검거하는 함정수사는 위법함을 면할 수 없고, 이러한 함정수사에 기한 공소제기는 그 절차가 법률의 규정에 위반하여 무효인 때에 해당한다고 볼 것이다. 형사소송법 제327조 제2호에 규정된 공소제기의 절차가 법률의 규정에 위반하여 무효인 때에 해당한다는 이유로 공소기각 판결을 선고한 원심의 사실인정과 판단은 정당하다(2005도1247 판결).

3) **편면적 교사**　피교사자가 교사받고 있다는 사실을 전혀 알지 못한 경우의 교사를 편면적 교사라 한다. 종래 편면적 교사를 교사범으로 인정하는 견해도 있었으나 교사의 관념상 편면적 교사는 부정해야 한다. 통설은 편면적 방조범은 인정하고 있으나 편면적 교사범과 편면적 공동정범은 부정한다.

3. 피교사자의 실행결의

피교사자는 교사에 의하여 비로소 범죄실행의 결의가 생겨야 한다. 교사 이전에 이미 범행결의를 가지고 있는 때에는 그 결의를 강화시켰다는 의미에서 방조범이 되거나 실패한 교사가 될 뿐이고 교사범은 성립하지 않는다. 교사가 있었으나 피교사자가 범죄실행의 결의를 하지 아니한 경우에는 실패한 교사가 되고, 음모 또는 예비에 준하여 처벌한다(제31조 제3항).

4. 피교사자의 실행과 교사의 미수

(1) 피교사자의 실행행위

피교사자는 교사에 의하여 범죄실행을 결의하였을 뿐만 아니라 그 결의를 실행에 옮겨야 교사범이 성립한다. 공범종속성설의 당연한 결론이다. 피교사자가 범죄실행의 결의를 가졌어도 실행행위로 나아가지 아니한 때에는 효과 없는 교사로서 교사자와 피교사자 모두 음모 또는 예비에 준하여 처벌한다(제31조제2항). 또 피교사자가 범죄실행을 결의하여 실행행위를 하였어도 교사행위와 범죄실행 사이에 인과관계가 없으면 교사자는 음모 또는 예비에 준하여 처벌한다.

피교사자의 범죄실행은 반드시 교사가 유일한 원인일 필요가 없다. 예컨대 범죄습벽이 주된 원인이 되어 범행결의를 하고 실행한 경우에도 교사와 합쳐서 실행한 것이면 교사범이 성립한다(91도542판결).

> **판례** 교사범이 성립하기 위하여는 범행의 일시, 장소, 방법 등의 세부적인 사항까지를 특정하여 교사할 필요는 없는 것이고, 정범으로 하여금 일정한 범죄의 실행을 결의할 정도에 이르게 하면 교사범이 성립된다. 교사범의 교사가 정범이 죄를 범한 유일한 조건일 필요는 없으므로, 교사행위에 의하여 정범이 실행을 결의하게 된 이상 비록 정범에게 범죄의 습벽이 있어 그 습벽과 함께 교사행위가 원인이 되어 정범이 범죄를 실행한 경우에도 교사범의 성립에 영향이 없다(91도542 판결).

(2) 교사의 미수

광의로 교사의 미수라 할 때에는 협의의 교사의 미수와 기도된 교사를 포함한다는 것이 다수설이다. 이러한 용어법은 공범독립성설에서 사용할 수 있지만 공범종속성설에서는 협의의 교사의 미수만 교사의 미수이고, 기도된 교사는 교사의 미수가 아니라고 해야 한다.

1) 협의의 교사의 미수   피교사자가 실행에 착수하였으나 미수에 그친 경우 교사자도 미수가 되는데, 이를 협의의 교사의 미수라 한다. 미수범처벌규정이 있으면 교사자도 미수죄의 교사범으로 처벌한다. 공범독립성설에서도 이러한 교사의 미수를 인정하는 데에 이견이 없다.

정범이 장애미수이고 그 장애가 교사자에게 의외의 사실인 경우에는 교사자도 장애미수의 교사범이 된다. 정범이 자의로 중지한 경우에는 정범은 중지미수범, 교사범은 장애미수의 교사범이 된다. 정범 실행행위의 결과발생 방지가 교사자의 자의로 인한 경우에는 정범은 장애미수범, 교사범은 중지미수의 교사범이 된다.

2) 기도된 교사   실패한 교사와 효과 없는 교사를 합하여 기도된 교사라 한다. ① 실패한 교사란 교사를 하였으나 피교사자가 이에 응하지 않았거나 교

사 이전에 이미 범죄실행을 결의하고 있는 경우를 말하며, 후자는 교사의 의사로 방조의 결과가 생긴 경우에 해당한다. ② 효과 없는 교사란 피교사자가 범죄실행을 승낙만 하고 실행에 착수하지 아니하거나 실행에 착수하였으나 불가벌적 미수에 그친 경우를 말한다.

(a) **교사의 미수 여부**　　기도된 교사도 교사의 미수로 처벌할 수 있느냐에 대해서, 공범독립성설에서는 교사행위 그 자체가 교사자의 실행행위가 되므로 교사의 미수가 된다고 한다. 이에 반해 공범종속성설에 따르면 피교사자의 실행행위가 있어야 교사자의 실행행위를 인정할 수 있으므로 단지 기도된 교사일 뿐이고 교사의 미수로 처벌할 수 없다고 한다.

(b) **형법의 규정**　　형법은 실패한 교사에 대해서는 교사자를, 효과 없는 교사에 대해서는 교사자와 피교사자를 음모 또는 예비에 준하여 처벌하도록 규정하고 있다(^{제31조 제2항,}_{제3항}). 이 조항에 대해서 독립성설에 근거를 둔 규정이라는 견해도 있고, 종속성설의 당연한 귀결이라는 견해(^{황산덕 280,}_{정성근 589})도 있으며, 독립성설과 종속성설을 절충한 규정이라는 견해(다수설)도 있다.

생각건대, 교사범은 교사하여 죄를 범하게 한 경우에 성립하고, 실행의 착수를 기준으로 미수와 예비를 구별하므로 음모 또는 예비에 준하여 처벌되는 경우를 미수범으로 처벌하는 교사의 미수와 동일시할 수는 없다. 특히 교사에 한하여 기도된 교사를 인정하고, 소위 기도된 방조는 불가벌이며, 기도된 교사를 처벌하는 경우에도 예비·음모를 처벌하는 규정이 있는 경우에 한하므로 이를 독립성설의 근거라 할 수 없다. 종속성설에 의하면 기도된 교사는 실행의 착수도 없는 그 이전의 예비·음모단계일 뿐이므로 음모 또는 예비에 준하여 처벌하는 것은 공범종속성설의 당연한 귀결이고 이를 독립성설과 종속성설의 절충규정이라 할 필요도 없다.

5. 위법성과 책임

교사범의 (수정)구성요건을 충족하여도 그것이 가벌적인 교사범이 성립하기 위해서는 그 교사행위가 위법하고 책임 있는 행위가 되어야 한다. 위법성배제사유가 없으면 위법성이 확정된다. 다만 행위불법은 교사행위에서 인정되지만 결과불법은 정범에 종속한다. 책임배제사유가 없으면 책임도 인정된다.

Ⅲ. 교사범의 처벌

교사범은 정범과 동일한 형으로 처벌한다(제31조제1항). 동일한 형으로 처벌한다는 것은 정범이 행한 죄의 법정형과 동일하다는 의미이고 선고형까지 같아야 하는 것은 아니다. 교사범을 처벌하기 위해서 정범의 처벌이 전제가 되는 것은 아니다. 따라서 정범이 책임이 배제되거나 가벌요건을 결하여 처벌대상에서 제외되더라도 교사범 처벌은 가능하다(제한종속형식). 자기의 지휘ㆍ감독을 받는 자를 교사한 때에는 특수한 교사가 되고 정범의 형의 1/2까지 가중한다(제34조제2항).

Ⅳ. 교사범의 관련문제

1. 예비죄의 교사

기수의 고의 없이 예비에 그치게 할 의사로 교사한 때에는 불가벌이지만, 기수의 고의로 교사하였으나 정범의 행위가 예비에 그친 때에는 효과 없는 교사에 해당한다.

2. 교사의 교사와 방조의 교사

(1) 간접교사

교사자를 교사하는 범죄가담 형태로, 교사자와 정범자 사이에 또다른 중간 교사자가 개입하고 있는 경우에 그 중간 교사자를 교사하는 것을 간접교사라 한다. 예컨대 甲이 乙에게 A의 살해를 교사하고 乙은 다시 丙을 교사하여 丙이 A를 살해한 경우, 또는 甲이 乙에게 丙으로 하여금 A를 살해하도록 교사한 경우이다. 이 경우 乙은 교사범으로서 가벌행위가 되는 데에 의문이 없으나 甲의 가벌성에 대하여 논의가 있다.

1) 부정설　정범의 실행행위를 교사한 자만 교사범으로 가벌행위가 되고, 교사행위를 교사하는 간접교사는 불가벌이라고 한다(황산덕 283, 정영석 261.).

2) 긍정설　교사의 방법에 제한이 없고, 피교사자도 반드시 정범임을 요하지 않으며, 간접교사자와 직접교사자 사이의 실질적 차이도 없으므로 간접교사

도 교사범이 된다고 한다(현재의 통설). 판례도 간접교사의 교사범을 인정한다.

> **판례** 　피고인이 의사가 아니기 때문에 진단서를 작성할 수 있는 지위에 있지 아니하고, 또한 피고인이 의사인 乙을 직접이건 간접이건 면담한 사실이 없다 하더라도 피고인으로부터 교사를 받은 甲이 피고인이 교사한대로 의사 乙과 공모하여 허위진단서를 작성하였다면 형법 제33조에 의하여 피고인은 허위진단서작성의 교사죄의 죄책을 면할 길 없다 할 것이다(66도1586 판결. 같은 취지 73도3104 판결).

　　3) 결 어 　교사의 방법에 제한이 없고, 정범의 범죄실행을 야기시키는 데 직접교사와 간접교사에 실질적인 차이도 없으므로 간접교사와 직접교사 및 정범의 실행행위 사이에 연쇄적인 인과관계가 있으면 교사범이 성립한다고 본다.

(2) 연쇄교사

　　교사자와 피교사자 사이에 순차적으로 계속되는 여러 사람의 중간 교사자가 개입된 경우를 연쇄교사라 하는데, 연쇄교사도 간접교사에 해당한다. 최초의 교사자가 연쇄교사를 인식·인용하지 않는 한 피교사자가 특정되었다고 할 수 없으므로 교사범이 성립하지 않는다는 견해(오영근 400 이하)도 있다.

　　그러나 연쇄교사의 경우에도 교사자는 최초의 교사행위를 할 때 피교사자를 지정한 이상 피교사자는 특정된 것이라 해야 한다. 최초의 교사자와 정범 사이에 몇 사람이 개입되었느냐에 상관없이 교사행위로 인한 실행행위가 있다고 인정되는 이상 교사범이 성립한다. 중간 개입자의 수나 이름을 알지 못해도 상관없고, 선의의 중간 교사자가 개입하여도 무방하다. 우리나라 통설이다.

(3) 방조의 교사

　　방조범을 교사한 경우, 예컨대 甲의 범죄실행에 대해 방조의사가 없는 乙을 교사하여 방조행위로 나아가게 한 경우는 실질적으로 甲의 범죄실행을 방조한 것이므로 교사자는 방조범이 된다. 현재의 통설이다(불가벌설은 황산덕 287).

3. 교사의 착오

　　교사의 착오에 대해서도 원칙적으로 단독범의 착오이론이 적용된다. 법정적 부합설(다수설·판례)에 따라 이를 해결하면 다음과 같다.

(1) 정범의 실행행위에 대한 착오

교사자의 교사내용과 피교사자의 범행사실이 일치하지 않는 경우이다.

1) 동일구성요건 내의 착오   교사자의 교사내용과 피교사자의 범행내용이 구체적으로 일치하지 아니하여도 양자가 동일한 구성요건 범위 내에 있는 경우에는 범행의 일시·장소·방법이 다르더라도 교사자의 고의는 부정되지 않는다. 예컨대, ① A집의 금품을 절취하라고 교사하였는데 B집의 상품을 절취한 경우, ② A집에 방화하라고 교사하였는데 A집을 연소시킬 의사로 B집에 방화하여 이를 불태웠으나, A집을 불태우지 못한 경우에도 각각 절도죄 또는 방화죄의 교사범이 성립한다.

> 피교사자의 동일구성요건 내의 방법의 착오는 교사자에 대해서도 방법의 착오가 된다. 피교사자의 객체의 착오는 교사자에 대해서는 방법의 착오가 된다는 견해(김일수·서보학 488 이하, 오영근 407)와 객체의 착오가 된다는 견해(배종대 142/4, 신동운 686, 손동권· 김재윤 31/32, 김성돈 694)가 대립한다. 객체의 착오가 된다면 교사자의 고의는 부정되지 않는다. 방법의 착오가 된다면, 구체적 부합설을 취할 때에는 교사자의 고의는 부정된다. 이 경우 피교사자는 실행한 범죄의 기수범이 성립하지만 교사자는 피교사자가 의도했던 범죄의 미수범이 성립한다.

2) 다른 구성요건 간의 착오

(a) 교사의 내용보다 적게 실행한 경우

(aa) 양적 과소실행의 경우   교사자는 피교사자가 실행한 범위 내에서 교사의 책임을 부담한다. 다만 피교사자가 실행한 범죄보다 교사한 범죄의 예비·음모죄가 무거운 때에는 실행한 죄의 교사범과 상상적 경합이 된다. 예컨대 강도를 교사받은 피교사자가 절도를 범한 경우에는 교사자는 절도의 교사범과 강도의 예비·음모죄의 상상적 경합이 된다.

(bb) 질적 과소실행의 경우   교사한 범죄보다 죄질이 다른 가벼운 범죄를 실행한 때에는 교사자는 피교사자가 실행한 범죄에 대한 책임을 지지 않고 교사한 범죄의 음모 또는 예비에 준하여 처벌한다.

(b) **교사내용을 초과한 경우**

(aa) **질적 초과의 경우**   죄질이 전혀 다른 질적 초과의 경우, 교사자는 교사의 책임을 지지 않는다. 다만 예비·음모를 처벌하는 규정이 있는 경우에 한하여 음모 또는 예비에 준하여 처벌한다.

(bb) **양적 초과의 경우**   구성요건 또는 죄질이 같은 범죄에 대한 양적 초과의 경우에는 교사자는 초과부분에 대하여 책임을 지지 않는다. 다만 예견가능성 여부에 따라 결과적 가중범이 될 수 있다. 예컨대 절도를 교사하였는데 강도를 실행한 경우에는 절도죄의 교사범이 되고, 상해를 교사하였는데 살인을 실행한 경우에는 예견가능성 여부에 따라 상해죄의 교사범 또는 상해치사죄의 교사범이 된다. 판례도 예견가능성이 있는 경우에 결과적 가중범의 교사범을 인정한다.

> **판례** 교사자가 피교사자에 대하여 상해 또는 중상해를 교사하였는데 피교사자가 이를 넘어 살인을 실행한 경우에, 일반적으로 교사자는 상해죄 또는 중상해죄의 죄책을 지게 되는 것이지만 이 경우에 교사자에게 피해자의 사망이라는 결과에 대하여 과실 내지 예견가능성이 있는 때에는 상해치사죄의 죄책을 지울 수 있다 (2002도4089 판결).

(c) **결과적 가중범이 된 경우**   기본적 범죄를 교사하였는데 피교사자의 실행이 결과적 가중범으로 되었을 경우, 무거운 결과발생에 대하여 예견가능한 경우에 한하여 결과적 가중범의 교사범이 된다(통설). 판례도 예견가능성이 있는 경우에 결과적 가중범의 교사범을 인정한다($^{2002도4089}_{판결}$).

(2) 공범상호간의 착오

1) **교사의 의사로 방조의 결과가 생긴 경우**   이미 범죄실행의 결의를 하고 있는 자에 대해서 범죄결의를 하지 않은 것으로 오신하고 교사하였는데, 피교사자의 결의가 강화된 경우에는 이후 피교사자가 범죄실행으로 나아간 때에 교사자에게 방조범이 성립한다. 이 경우 피교사자가 실행행위로 나아가지 않은 때에는 실패한 교사가 될 뿐이다.

2) **방조의 의사로 교사의 결과가 생긴 경우**   범죄실행의 결의가 있는 것으

로 오신하고 그 결의를 강화시키려고 조언을 하였는데 피교사자가 이로 인하여 범죄실행의 결의를 하게 된 경우에도 방조범이 성립한다. 범행을 결의시킬 의사가 없는 자에게 교사범을 인정할 수 없고, 결과적으로 정범을 방조한 것과 같은 결과가 된 것으로 볼 수 있기 때문이다.

(3) 피교사자에 대한 착오

피교사자의 책임능력에 대한 인식은 교사자의 고의 내용에 포함되지 않는다. 따라서 ① 피교사자를 책임능력자로 믿고 교사하였으나 책임무능력자인 경우, ② 피교사자를 책임무능력자로 믿고 교사하였으나 책임능력자인 경우, 제한종속형식과 최소종속형식에 따르면 모두 교사범이 된다.

[§ 36] 방 조 범

Ⅰ. 방조범의 의의와 처벌근거

1. 방조범의 의의

방조범이란 정범의 범죄실행을 방조하는 공범형태를 말하며 종범이라고도 한다. 형법 제32조는 "타인의 범죄를 방조한 자는 종범으로 처벌한다"(제1항), "종범의 형은 정범의 형보다 감경한다"(제2항)고 규정하고 있다.

방조범과 교사범은 자기 스스로 범죄를 실행하지 않고 정범의 범죄실행에 가담하는 범죄유형이고, 행위지배가 없다는 점에서 같은 공범이다. 특히 조언·격려 등 정신적 방법에 의한 무형적 방조범은 그 외부적 형태가 교사범과 유사하다. 그러나 방조범은 이미 특정범죄의 실행을 결의하고 있는 자에 대하여 그 결의를 강화시키거나 그 실행을 용이하게 한다는 점에서 범죄실행의 결의를 시키는 교사범과 구별된다.

공동정범과 방조범은 행위지배 유무에 따라 구별된다. 즉 공동정범은 의사연락이 있고 기능적 행위지배를 하는 정범임에 대하여, 방조범은 반드시 의사연락을 필요로 하지 않고 행위지배가 없는 공범이다.

[정범의 실행을 방조하는 행위가 각칙상의 특별구성요건으로 규정되어 있는 죄]
도주원조죄(^{제147}_조), 아편흡식 등 장소제공죄(_{제2항}^{제201조}), 자살방조죄(_{제2항}^{제252조}), 간첩방조죄
(^{제98}_조) 등은 넓은 의미의 방조행위에 해당하지만 형법 제32조가 적용되지 않는
독립된 정범의 범죄유형이다.

2. 방조범의 처벌근거

방조범의 처벌근거에 관하여 공범독립성설과 공범종속성설이 대립하여 왔
다. 공범독립성설의 주장자가 없는 현재에는 학설사적 의미밖에 없다.

공범독립성설에 따르면 방조행위는 반사회적 성격의 징표이므로 정범과
관계없이 독자적으로 범죄를 구성한다고 하여 방조행위 그 자체를 범죄실행행
위라고 한다. 이에 대하여 공범종속성설은 방조행위 그 자체는 범죄의 실행행위
가 아니므로 그것이 범죄가 되려면 피방조자(정범)의 실행행위가 있어야 한다고
한다. 즉 방조범은 정범에 종속하여 방조범의 실행행위와 범죄성이 인정된다.

방조범도 교사범과 마찬가지로 정범에 종속하여 성립하지만 방조범의 고
의와 방조행위로 인한 행위불법을 스스로 행하고 정범의 결과불법에 종속하여
결과불법이 인정되기 때문에 가벌성을 인정할 수 있다.

II. 방조범의 성립요건

방조범의 (수정)구성요건은, ① 정범의 범죄를 방조할 방조범의 고의를 가
지고, ② 정범의 범죄실행을 방조해야 하며, ③ 정범의 실행행위가 있어야 한다.
이 외에 위법성과 책임이 있어야 가벌적 방조범이 성립한다.

1. 방조범의 고의

(1) 이중의 고의

방조범의 고의는 방조의 고의와 정범의 고의로 구성된다. 이중의 고의가
있어야 한다는 것은 교사범과 같다.

방조의 고의는 정범의 범죄실행을 방조한다는 의사이고, 정범의 고의는
정범의 행위가 구성요건을 실현하여 결과를 발생시킨다는 인식·예견이다. 방

조의 고의가 있어도 정범의 고의가 없으면 방조범의 고의를 인정할 수 없다
(²⁰⁰³도⁶⁰⁵⁶). 정범의 고의는 정범이 실현할 범죄의 본질적 요소를 인식·예견하면
족하고, 정범의 범행계획, 실행방법, 범행의 일시·장소 등을 상세하게 인식할
필요가 없으며 정범이 누구인지 알아야 하는 것도 아니다. 판례도 같다(⁷¹도⁴¹³³).
단순히 채권추심업무로만 알고 보이스피싱 피해금을 수거·취합해 조직원에게
전달하는 일을 한 때에는 사기방조죄가 성립하지 않는다(²⁰²¹도³³²⁰).

> **판례** ① 형법상 방조행위는 정범이 범행을 한다는 정을 알면서 그 실행행위
> 를 용이하게 하는 직접·간접의 행위를 말하므로, 방조범은 정범의 실행을 방조한
> 다는 이른바 방조의 고의와 정범의 행위가 구성요건에 해당하는 행위인 점에 대한
> 정범의 고의가 있어야 … 하고, 방조범에서 요구되는 정범의 고의는 정범에 의하
> 여 실현되는 범죄의 구체적 내용을 인식할 것을 요하는 것은 아니고 미필적 인식
> 이나 예견으로 족하다(2018도7658 등 판결).
> ② 형법이 방조행위를 종범으로 처벌하는 까닭은 정범의 실행을 용이하게 하는
> 점에 있으므로 그 방조행위가 정범의 실행에 대하여 간접적이거나 직접적이거나를
> 가리지 아니하고 정범이 범행을 한다는 점을 알면서 그 실행행위를 용이하게 한
> 이상 종범으로 처벌함이 마땅하며 간접적으로 정범을 방조하는 경우 방조자에 있
> 어 정범이 누구에 의하여 실행되어지는가를 확지할 필요가 없다 할 것이므로 …
> 피고인이 외국상품을 (자신이 설립한) ○○회사 명의로 위장 수입하여 수입하는 실
> 수요자의 조세를 포탈케 한 이상 그 실수요자가 실지 누구인지 그 소재나 실존유
> 무를 확정아니하였다 하여도 방조범의 성립엔 아무런 지장이 없다(76도4133 판결).

방조범은 방조의 고의가 있어야 하므로 과실에 의한 방조는 있을 수 없다.
과실에 의한 방조는 경우에 따라 과실정범이 될 뿐이다. 목적범을 방조하는 경
우에는 정범은 물론 방조자도 목적을 가지고 있어야 하며, 방조자가 정범에게
목적이 있음을 인식하고 방조한 경우에 그 목적범의 방조범이 된다.

(2) 미수의 방조

정범의 실행행위가 미수에 그치게 할 의사로 방조하는 것을 미수의 방조라
한다. 정범의 구성요건결과발생에 대한 고의가 없으므로 방조범이 아니다. 정범
의 범죄가 실현될 수 없는 수단을 제공한 경우도 같다.

2. 방조자의 방조행위

방조란 실행행위 이외의 행위로서 정신적·물질적으로 정범을 원조하고 그 실행행위를 용이하게 하는 직접·간접의 모든 행위를 말한다($^{2018도7658}_{등\ 판결}$). 정범의 실행에 대하여 불가결한 행위일 필요가 없으며 행위지배가 없어야 한다.

(1) 방조의 방법

방조의 수단·방법은 제한이 없다. 흉기대여, 범행장소 제공, 범죄에 필요한 자금제공 등 유형적·물질적 방법에 의한 유형적 방조범(거동종범)이건, 조언, 격려, 정보제공 등 무형적·정신적 방법에 의한 무형적 방조범(언어종범)이건 묻지 않는다. 절취하여 온 장물을 처분하여 주겠다고 약속하거나, 알리바이를 증명해 주겠다고 하여 범행결의를 강화시킨 경우도 (무형적) 방조에 해당한다.

대법원은, ① 자동차운전면허가 없는 사람에게 승용차를 제공하여 무면허운전을 하게 한 경우에 도로교통법위반(무면허운전)죄의 방조범이 성립하고($^{2000도1914}_{판결}$), ② 보이스피싱 피해자들로부터 받은 돈을 보이스피싱 조직에 송금하는 역할을 한 경우에 사기죄의 방조범이 성립하며($^{2020도11660}_{판결}$), ③ 저작권을 침해하여 불법유통된 영화 등을 시청할 수 있도록 인터넷 링크를 게시한 경우에 저작권법위반죄의 방조범이 성립한다($^{2017도19025}_{전원합의체\ 판결}$)고 한 반면, ④ 이미 스스로 입영기피를 결심하고 집을 나서는 사람에 대하여 이별을 안타까와 하는 뜻에서 잘되겠지 몸조심하라 하고 악수를 나눈 행위는 입영기피의 범죄의사를 강화시킨 방조행위에 해당한다고 볼 수 없다($^{82도43}_{판결}$)고 하였다.

(2) 부작위에 의한 방조

방조행위는 작위에 의한 경우가 일반적이지만 부작위에 의한 방조도 가능하다. 정범의 범죄실행을 저지해야 할 보증인지위에 있는 자가 이를 저지할 수 있었음에도 불구하고 고의로 저지하지 않고 범죄수행을 용이하도록 방치한 때에는 부작위에 의한 방조범이 성립한다. 부작위에 의한 교사를 인정하지 않는 것과 다르다. 예컨대 수위가 절도의 침입을 알면서 이를 묵인하여 절도실행을 방치한 경우가 부작위에 의한 방조이다. 판례도 같다($^{85도1906\ 판결,}_{2004도6557\ 판결}$). 대법원은 백화점의 상품관리직원이 특정매장의 가짜상품 판매를 알고도 계속 판매하도록 방치한 경우에 부작위에 의한 방조를 인정하였다($^{96도1639}_{판결}$).

> **판례** 형법상 방조행위는 정범의 실행행위를 용이하게 하는 직접, 간접의 모든 행위를 가리키는 것으로서 작위에 의한 경우뿐만 아니라 부작위에 의하여도 성립되는 것이다(96도1639 판결).

(3) 방조시기

방조행위는 시간적으로 정범의 실행행위와 동시에 있었거나 실행행위 중에 우연히 있었거나 실행행위 이전에 있었는가를 묻지 않는다. 실행행위와 동시에 있는 경우를 수반적 종범(방조범), 실행행위 중에 우연히 있는 경우를 우연적 종범(방조범), 실행행위 이전의 예비행위를 방조하고 그 후 정범이 실행에 착수한 경우를 예비적 종범(방조범), 정범이 실행행위의 일부를 종료한 후 나머지 실행행위시에 그 사정을 알면서 방조하는 경우를 승계적 종범(방조범)이라 한다. 이미 범죄일부를 실행한 자의 결의를 장려하고 흉기·도구를 대여하거나 정범의 범행실행 중에 망을 보아 주는 것이 승계적 종범(방조범)이다.

계속범에 있어서는 행위가 계속되는 동안에도 방조범이 성립할 수 있고, 정범이 기수가 된 이후에 범행이 아직 종료되기 전에도 방조범은 성립할 수 있다. 예컨대 절도범을 추격하는 자를 방해하여 도주를 도와주는 것이 여기에 해당한다.

> **판례** 진료부는 환자의 계속적인 진료에 참고로 공하여지는 진료상황부이므로 간호보조원의 무면허 진료행위가 있은 후에 이를 의사가 진료부에다 기재하는 행위는 정범의 실행행위 종료 후의 단순한 사후행위에 불과하다고 볼 수 없고 무면허 의료행위의 방조에 해당한다(82도122 판결).

그러나 정범의 범죄행위가 종료한 이후에는 방조가 되지 않는다. 범죄가 종료한 이후 범인을 은닉하고 증거를 인멸하거나 장물을 보관·알선하는 행위를 강학상 사후종범이라 하는데 이러한 행위는 각각 독립된 범죄유형이며 방조범이 아니다.

정범의 실행행위가 종료한 이후에도 결과발생 이전까지 방조가 가능하다. 예컨대 甲이 총을 발사하여 중상을 입혔으나 사망하기 전에 의사의 구조활동을 저지한 자도 살인방조가 된다.

(4) 공동방조와 편면적 방조

정범의 실행을 방조하기로 모의하고 각자가 방조하면 공동방조에 해당하는 방조범이 성립한다. 정범이 범행 중에 방조범의 방조행위를 인식하지 못한 경우를 편면적 방조라 한다. 방조범은 방조의 고의와 정범의 고의가 있으면 족하고, 방조범과 정범 사이에 의사합의를 요하는 것이 아니며 의사연락이 반드시 필요한 것도 아니므로 편면적 방조도 방조범이 된다는 것이 통설이다. 판례도 편면적 방조에 있어서 정범의 범죄행위 없이 방조범만 성립할 수 없다($^{74도509}_{판결}$)고 하여 편면적 방조를 인정하는 취지로 판시하고 있다.

> **판례**   원래 방조범은 종범으로서 정범의 존재를 전제로 하는 것이다. 즉 정범의 범죄행위 없이 방조범만이 성립될 수는 없다. 이른바 편면적 종범에 있어서도 그 이론은 같다. 피고인은 단독으로 자기 아들에 대한 징집을 면탈케 할 목적으로 사위행위를 한 것으로서 아들의 범죄행위는 아무것도 없어 피고인이 아들의 범죄행위에 가공하거나 또는 이를 방조한 것이라고 볼 수 없음이 명백하니, 피고인을 방조범으로 다스릴 수 없다(74도509 판결).

3. 정범의 고의와 실행행위

(1) 정범의 고의

정범의 실행행위는 고의로 한 것이라야 한다. 과실범을 방조하는 경우에는 간접정범이 성립한다. 방조범이 성립하기 위해서는 정범의 고의가 방조행위로 생긴 것이 아니라야 한다.

(2) 정범의 실행행위

방조범은 정범에 종속하므로 정범의 실행행위가 있어야 한다. 공범독립성설에 따르면 정범의 실행행위가 없는 경우에도 방조의 미수가 된다. 그러나 이 경우는 기도된 교사에 대응하는 소위 "기도된 방조"에 해당하지만 이를 처벌하는 규정이 없으므로 불가벌이다.

정범의 실행행위는 구성요건에 해당하는 위법행위이면 족하고 유책할 것까지 요하지는 않는다(제한종속형식). 정범의 행위는 실행의 착수가 있어야 하고, 적어도 미수단계에 이르러야 한다. 정범이 예비단계에 그치고 실행이 없는 예비죄의 방조범은 있을 수 없다("예비죄의 방조" 참조).

(3) 방조행위의 인과관계

정범의 실행행위와 방조행위 사이에 인과관계가 있어야 하느냐, 있어야 한다면 그 내용은 어떤 인과관계를 의미하느냐가 문제된다.

1) 인과관계의 필요성   종래까지 정범의 행위가 종료하기 전에 정범행위를 방조하면 족하고, 방조행위가 정범 실행행위의 원인이 될 필요가 없다는 견해도 있었다. 판례는 "형법상 방조행위는 정범이 범행을 한다는 사정을 알면서 그 실행행위를 용이하게 하는 직접·간접의 행위"라고 하고 인과관계를 직접 요구하지 않고 있다($^{86도198}_{판결}$).

그러나 인과관계가 필요없다고 하면, ① 방조의 시도만으로 방조행위가 되어 미수행위가 기수(방조범)로 될 수 있고, ② 인과관계가 없는 방조행위는 단순한 연대감의 표시에 불과하여 가벌적인 방조와 불가벌의 기도된 방조의 구별이 불가능하므로 인과관계는 필요하다고 해야 한다. 우리나라 통설이다.

문제는 인과관계의 구체적 내용이 무엇이냐에 있다. 방조행위와 정범의 실행행위 사이의 인과관계에 대해서 정범행위의 인과관계를 그대로 적용하여 상당인과관계가 있거나($^{배종대}_{146/8}$), 합법칙조건관계만 있으면($^{이형국·김혜경 447,}_{이재상 외 35/11}$) 충분하다는 견해도 있다. 그러나 정범행위의 인과관계이론으로 정신적·무형적 방조행위를 인정할 수는 없다.

2) 기회증대이론   합법칙조건관계가 있는 방조행위가 정범의 실행행위와 직접적으로 밀접한 관련성을 가지고 정범의 범죄실현에 현실적으로 범행기회를 증대시켰다고 인정할 수 있는 때에 방조행위를 인정해야 한다(다수설). 이를 기회증대이론이라 한다.

이에 따르면 정범의 구성요건결과발생을 가능하게 하거나 용이하게 하는 경우와 정범의 범행을 강화시키거나 확실하게 하는 경우는 방조행위가 되지만, 정범의 범행계획과 결과발생을 축소시키거나 위험감소가 있는 때에는 방조행위를 부정해야 한다.

(4) 방조범의 미수

정범이 실행에 착수하였으나 범죄를 완성하지 못한 때에는 정범의 행위가 가벌미수에 해당하는 경우에 한하여 방조자도 미수범의 방조범이 된다. 정범이 불능미수(범)이면 방조자도 불능미수(범)의 방조범, 정범이 불능범이면 방조자도 불가벌이 된다.

[방조범 인정판례] 대법원은, ① 인터넷 상에 소리바다 프로그램을 개발·무상제공하고 그 서버를 설치·운영하여 이용자들로 하여금 구 저작권법상 복제권의 침해행위를 할 수 있도록 한 경우(2005도872 판결), ② 의사가 입원치료를 받을 필요가 없는 환자들이 보험금 때문에 입원치료를 받으려는 사실을 알면서 입원치료를 받도록 한 후 입원확인서를 발급해 준 경우(2004도6557 판결, 사기방조), ③ 증권회사 직원들이 부정인출된 주식을 관리·운용해 준 경우(95도456 판결), ④ 명의신탁부동산을 처분하는 사정을 알면서 부동산소개업자가 매수자를 소개한 경우(87도2585 판결), ⑤ 간호보조원의 무면허 진료행위가 있은 후에 이를 의사가 진료부에다 기재한 경우(82도122 판결), ⑥ 정범이 변호사법위반행위를 하려 한다는 것을 알면서 자금능력 있는 자를 소개하고 교섭한 경우(80도2566 판결), ⑦ 자진 월북하였다가 간첩으로 남파된 자로 하여금 합법적인 신분을 가장하게 하여 그 활동을 용이하게 할 목적으로 타인의 호적등본을 해당관서 공무원으로부터 교부받아 이를 전달하여 타인의 이름으로 거주하고 있는 양 가장하게 한 경우(70도1870 판결), ⑧ 도박하는 자리에서 도금으로 사용하리라는 사정을 알면서 채무변제조로 금원을 교부한 경우(70도1218 판결), ⑨ 형제간의 우애로서 이유없이 북한에 다녀와서 숨어 있었던 사실을 알면서 징병적령계증명서를 위조·교부한 경우(62도24 판결), ⑩ 밀수출할 물품구입자금에 사용할 사정을 알면서 금원을 제공한 경우(4290형상343 판결) 등에 대해 방조범을 인정하였다.

[방조범 부정판례] 대법원은, ① 인터넷 사이트 회원들이 그 사이트 게시판에 저작권자로부터 이용허락을 받지 않은 디지털콘텐츠를 게시하여 인터넷 이용자가 이를 열람 또는 다운로드 할 수 있도록 블로그에 링크글을 게시하였음에도 당해 인터넷 관리·운영자가 이를 방치한 경우(2012도13784 판결), ② 간첩활동을 방조할 의사없이 단순히 숙식을 제공하거나 무전기를 매몰하는 행위를 도와준 경우(85도2533 판결), ③ 미성년자인지 여부와 클럽출입 여부를 출입구에서 지배인이 결정하게 되어 있는 때에 종업원이 미성년자인 손님을 출입구로 안내한 경우(84도781 판결), ④ 선장이 소속선원들로부터 각자 소지한 일화(엔화)신고를 받고도 이를 징수·보관하지 아니한 경우(77도2269 판결), ⑤ 간첩이 군사기밀을 탐지·수집하거나 하려고 한 사실을 인정할 수 없어서 간첩의 범행을 용이하게 하려 한다는 의사없이

간첩을 숨겨준 경우(75도1003 판결), ⑥ 물품수입과정에서 단지 세관원에게 "잘 부탁한다"는 말을 한 경우(71도1204 판결) 등은 방조범을 부정하였다.

Ⅲ. 방조범의 처벌

방조범의 형은 정범의 형보다 감경한다($^{제32조}_{제2항}$). 필요적 감경은 정범의 법정형보다 법률상 감경된 형으로 처단한다는 의미이고 언제나 정범의 선고형보다 가벼워야 하는 것은 아니다.

독립범죄인 간첩방조는 방조 그 자체가 간첩죄가 되므로 간첩죄로 처벌한다($^{제98조\ 제1항}_{후단}$). 관세법($^{제271조}_{제1항}$)위반죄와 특수방조($^{제34조}_{제2항}$)도 정범과 동일한 형으로 처벌한다.

Ⅳ. 방조범의 관련문제

1) **간접방조** 방조범을 다시 방조하는 간접방조에 대하여 부정설이 있으나, 방조범에 대한 방조는 정범에 대한 간접방조 내지 연쇄방조가 되므로 방조범의 성립을 인정함이 타당하다. 판례도 간접방조를 인정한다($^{76도4133}_{판결}$).

2) **교사의 방조** 교사범을 방조한 자도 정범의 실행행위에 영향을 주는 경우에 정범의 방조범이 된다(통설). 방조범을 교사한 자(방조의 교사)도 같은 취지로 정범을 방조한 방조범이 된다. 이 경우 정범은 실행에 착수해야 한다.

3) **예비죄의 방조** 정범이 범죄의 실행에 착수할 것으로 예상하고 방조행위를 하였으나 정범의 행위가 예비단계에 그친 경우는 정범의 실행행위가 없으므로 방조범이 성립할 수 없고, 기도된 방조를 처벌하는 규정을 두지 아니한 형법의 취지에 비추어 처벌대상이 아니라고 해야 한다. 따라서 예비죄의 방조범은 부정해야 한다($^{95도2551\ 판결,}_{79도2201\ 판결}$).

판례 종범은 정범의 실행행위 중에 이를 방조하는 경우뿐만 아니라 실행착수 전에 장래의 실행행위를 예상하고 이를 용이하게 하는 행위를 하여 방조한 경우에도 정범이 실행행위를 한 경우에 성립하는 것이다(95도2551 판결).

4) **방조범의 착오**　교사범의 착오와 동일하게 처리하면 족하다.

5) **공범의 경합**　방조자가 정범의 실행행위를 분담하면 공동정범이 성립하고, 교사자가 방조행위를 하면 방조행위는 교사행위에 흡수되어 교사범만 성립한다(법조경합의 보충관계).

[§ 37] 간접정범

I. 간접정범의 의의 · 본질

1. 간접정범의 의의

간접정범이란 우월적 지위에 있는 자가 타인을 생명 있는 도구로 이용하여 자신의 범죄를 실행하는 정범형태를 말한다. 자기 스스로 또는 생명 없는 도구를 사용하여 범죄를 실행하는 직접정범에 대응하는 개념이다. 예컨대 정신병자를 충동하여 방화하게 하거나, 사정을 알지 못하는 간호사에게 독이 들어 있는 주사를 놓게 하여 환자를 살해한 경우 등이다.

간접정범도 행위지배를 하는 정범이라는 점에서 직접정범 · 공동정범과 같으나, 행위지배의 형태가 의사지배이고 단독정범이라는 점에서 실행지배를 하는 직접정범과 2인 이상이 기능적 행위지배를 하는 공동정범과 구별된다.

2. 간접정범의 본질

간접정범은 타인을 이용하여 범죄를 실행한다는 점에서 교사범과 유사하며, 행위지배를 하는 단독정범이라는 점에서 직접정범과 성질을 같이하므로 간접정범은 정범과 공범의 한계선상에 놓여 있다. 특히 형법 제34조 제1항은 간접정범을 "교사 또는 방조의 예에 의하여 처벌한다"고 규정하고 있으므로 종래부터 간접정범이 정범인가 공범인가가 논의되어 왔다.

(1) 정범설

1) **도구이론**　물적 도구나 생명 없는 타인을 도구로 이용하는 직접정범과

생명 있는 타인을 도구로 이용하는 간접정범은 모두 도구를 이용하여 범죄를 실행한다는 점에서 법적 평가에 차이가 없으므로 간접정범도 정범이 된다고 한다. 판례도 책임무능력자 등을 마치 도구나 손발과 같이 이용하여 죄의 구성요소를 실행한 자라고 판시(전원합의체 판결[83도515])한 점으로 보아 도구이론에 기초하여 간접정범의 정범성을 인정한 것으로 보인다.

그러나 사람을 도구로 취급하는 합리적 근거를 제시하지 못할 뿐 아니라 피이용자인 도구의 성질을 기준으로 정범성을 인정하므로 피이용자가 도구로 이용되었느냐에 따라 이용자가 정범 혹은 공범으로 된다는 것은 불합리하다.

2) 행위지배설   우월적 지위에 있는 자가 조종의사에 의하여 피이용자를 조종·장악하여 범죄를 실행하는 간접정범과, 범행의 진행을 직접 조종·장악하여 스스로 실행하는 직접정범은 규범적으로 동일한 행위지배가 되므로 간접정범도 행위지배를 하는 정범이라고 한다.

공범과 구별되는 정범의 표지는 행위지배이며, 행위지배를 하고 있는 이용자의 이용형태를 기준으로 정범성을 판단하므로 이 견해가 타당하다. 우리나라 통설이다.

[확장적 정범론]   인과관계론의 조건설을 기초로 한 확장적 정범론에 따르면 직접적·적극적이건, 간접적·소극적이건 묻지 않고 구성요건결과발생에 대하여 조건을 준 자는 모두 정범이라 하므로 간접정범은 당연히 정범이 된다.

그러나 정범과 공범은 법적 평가개념이므로 이를 자연과학적 인과관계 유무로 확정할 수 없으며, 조건적 인과관계로 정범성 여부를 결정할 때에는 정범의 범위가 확대된다는 비판을 면하기 어렵다.

(2) 공범설

1) 제한적 정범론   구성요건의 정형적 실행행위를 직접 실행한 자만 정범이 된다고 하는 제한적 정범론에 따르면 타인을 생명 있는 도구로 이용하여 범죄를 실행하는 간접정범은 정범이 될 수 없고 공범의 일종이 된다.

그러나 정형적 실행행위 이외의 행위로 결과발생에 불가결한 기여를 하는 공동정범과 집단범 배후자의 정범성을 인정하기 곤란하므로 이 이론은 실행행위를 지나치게 제한한다는 비판을 받는다.

2) 간접정범형식의 공범설 형법의 간접정범 규정은 형식상으로는 간접정범 형식의 공범을 규정한 것이고, 실질상으로는 일종의 공범형태를 규정한 것이라고 한다($\frac{\text{차용석 형사법강좌 II.}}{702, 717}$). 또 극단종속형식을 취하는 입장에서 형법이 간접정범을 교사 또는 방조의 예에 의해서 처벌하도록 규정하고 있다는 이유로 교사범·방조범 외에 간접정범이라는 공범을 인정한 것이라는 견해($\frac{\text{신동운}}{702 \text{ 이하}}$)도 같은 취지이다.

입법론적으로는 제34조 제1항의 간접정범 규정 내용은 타당하다고 할 수 없다. 그러나 ① 간접정범이 정범인가 공범인가는 정범으로 처벌되는가 공범으로 처벌되는가에 따라 결정되는 것이 아니라 간접정범의 본질이 정범성을 갖추었느냐에 따라 결정해야 한다. ② 제34조의 표제도 간접"정범"으로 명시되어 있을 뿐만 아니라 처벌에 있어서도 교사·방조의 예에 의하여 처벌한다고 하였을 뿐이고 그것이 바로 교사범·방조범이라는 의미가 아니므로 이 규정을 이유로 정범을 공범이라 할 수 없다. ③ 간접정범을 공범이라 한다면 간접정범도 공범종속성에 의해서 성립해야 하지만 처벌되지 아니하는 자에 종속하는 공범은 생각할 수 없으며, 정범 없는 공범만 성립할 수도 없다.

[공범독립성설] 교사행위·방조행위 그 자체가 공범의 실행행위가 된다는 공범독립성설에 따르면 처벌되지 않는 자를 교사·방조하는 간접정범도 공범이며, 간접정범이라는 개념 자체를 애당초 인정할 필요가 없다고 한다. 그러나 교사행위·방조행위와 범죄실행행위는 구별해야 하며, 형법은 공범종속성설에 기반을 두고 있으므로 이 견해는 부정해야 한다.

법무부 형법총칙 개정안(2011년)은 제31조 제2항(정범)에 "어느 행위로 인하여 처벌되지 아니하는 자 또는 과실범으로 처벌되는 자를 이용하여 범죄행위의 결과를 발생하게 한 자는 정범으로 처벌한다"고 규정하여 간접정범의 정범성을 명시하고 있다.

II. 간접정범의 성립요건

형법 제34조 제1항(간접정범)은 "어느 행위로 인하여 처벌되지 아니하는 자 또는 과실범으로 처벌되는 자를 교사 또는 방조하여 범죄행위의 결과를 발생하게 한 자는 교사 또는 방조의 예에 의하여 처벌한다"고 규정하고 있다.

이 규정에서 간접정범의 (수정)구성요건은, ① 피이용자가 어느 행위로 인하여 처벌되지 아니하는 자 또는 과실범으로 처벌되는 자라야 하고, ② 이용자의 교사 또는 방조에 의하여 범죄행위의 결과를 발생시키는 이용행위가 있어야 한다.

1. 피이용자의 요건

(1) 어느 행위로 인하여 처벌되지 아니하는 자 이용

1) 구성요건해당성이 없는 행위이용

(a) 고의 또는 과실 없는 도구이용　　의사지배를 할 수 있는 전형적인 형태는 타인을 생명 있는 도구로 이용하는 것이므로 고의 또는 과실이 없는 자를 도구로 이용한 때에는 간접정범이 성립한다. 예컨대 의사가 사정을 알지 못하는 간호사로 하여금 환자에게 독약을 주사하게 한 경우, 내용을 모르는 여행객을 이용하여 마약을 국내에 반입하게 한 경우 등이다. 구성요건착오에 빠져 있는 자를 이용한 때에도 경우에 따라 간접정범이 될 수 있다. 예컨대 적대관계가 있는 사람을 현행범이라고 속이고 그를 체포하게 한 경우이다. 판례도 고의 없는 도구를 이용한 간접정범의 성립을 인정한다(2003도3945 판결, 95도1706 판결).

> **판례**　①출판물에 의한 명예훼손죄는 간접정범에 의하여 범하여질 수도 있으므로 타인을 비방할 목적으로 허위의 기사재료를 그 정을 모르는 기자에게 제공하여 신문 등에 보도되게 한 경우에도 성립할 수 있다(2000도3045 판결).
> ②피고인이 그 정을 모르는 주취운전자 음주측정처리부의 작성권자로 하여금 주취운전자 음주측정처리부의 해당란에 甲의 음주운전 사실이 아닌 乙의 음주운전 사실을 기재하도록 한 이상, 乙이 음주운전으로 인하여 처벌을 받았는지 여부와는 관계없이, 피고인은 허위공문서작성 및 동행사죄의 간접정범으로서의 죄책을 면할 수 없다(95도1706 판결).

(b) 목적 없는 고의 있는 도구이용　　목적범에 있어서 목적 있는 이용자가 목적 없는 자의 고의행위를 이용한 경우에 간접정범이 성립하느냐에 대하여 견해가 대립한다.

(aa) 긍정설   피이용자는 목적은 없으나 고의를 가지고 범행한 것이므로 이용자의 사실적인 행위지배는 인정할 수 없지만, 이용자가 구성요건이 요구하는 목적을 제공함으로써 목적 없는 자를 이용하여 자기의 목적을 실현한다는 규범적 행위지배가 인정되어 간접정범이 성립한다고 한다고 한다. 우리나라 다수설이다.

긍정설에 따르면 행사의 목적 있는 자가 목적은 없으나 고의 있는 자로 하여금 통화·문서를 위조하게 한 경우, 이용자는 통화·문서위조죄의 간접정범, 피이용자는 방조범이 성립한다($^{방조범\ 불성립설은}_{임웅\ 497}$).

(bb) 부정설   목적 없는 고의 있는 자를 강요에 의하여 조종한 경우에는 간접정범이 되지만 강요가 없는 고의 있는 행위에 대해서는 이용자의 행위지배를 인정할 수 없으므로 간접정범이 될 수 없고 교사범이 성립한다고 한다.

부정설은 위법영득의사(초과 내심적 경향)가 있는 농부가 그 사정을 알고 있는 하인으로 하여금 남의 거위를 자신의 우리 속으로 몰아넣게 한 경우, ① 농부는 절도죄의 교사범이 성립하고 영득의사가 없는 하인은 절도죄의 방조범이 된다는 견해($^{임웅\ 497.\ 다만\ 하인에게\ 방조범도}_{부정되는\ 경우가\ 많다}$)와, ② 농부의 사정을 알고 있는 하인은 절도의 직접정범이 된다는 견해($^{김일수·서보학}_{435}$)로 나뉘어진다.

(cc) 판례의 태도   대법원은 목적 없는 고의 있는 도구를 이용한 경우에 간접정범이 성립한다고 판시하였다.

> **판례**   범죄는 '어느 행위로 인하여 처벌되지 아니하는 자'를 이용하여서도 이를 실행할 수 있으므로, 내란죄의 경우 '국헌문란의 목적'을 가진 자가 그러한 목적이 없는 자를 이용하여 이를 실행할 수도 있다고 할 것이다. 피고인들은 12·12 군사반란으로 군의 지휘권을 장악한 후, 국정 전반에 영향력을 미쳐 국권을 사실상 장악하는 한편, 헌법기관인 국무총리와 국무회의의 권한을 사실상 배제하고자 하는 국헌문란의 목적을 달성하기 위하여, 비상계엄을 전국적으로 확대하는 조치를 취하도록 대통령과 국무총리를 강압하고, 병기를 휴대한 병력으로 국무회의장을 포위하고 외부와의 연락을 차단하여 국무위원들을 강압 외포시키는 등의 폭력적 불법수단을 동원하여 비상계엄의 전국확대를 의결·선포하게 하였음을 알 수 있다. 사정이 이와 같다면, 비상계엄 전국확대가 국무회의의 의결을 거쳐 대통령이 선포함으로써 외형상 적법하였다고 하더라도, 이는 피고인들에 의하여 국헌문란의 목적을 달성하기 위한 수단으로 이루어진 것이므로 내란죄의 폭동에 해당하고, 또

한 이는 피고인들에 의하여 국헌문란의 목적이 없는 대통령을 이용하여 이루어진 것이므로 피고인들이 간접정범의 방법으로 내란죄를 실행한 것으로 보아야 할 것이다(96도3376 전원합의체 판결).

(dd) 결 어   행위지배를 순수한 사실적 지배로 한정하면 이용자는 간접정범뿐만 아니라 목적의 결여로 구성요건해당성 자체가 부정되는 피이용자의 공범도 될 수 없다. 이러한 처벌의 공백을 메우기 위해서는 사실상의 행위지배 대신에 법적 우위성을 인정하는 규범적 행위지배개념을 인정하여, 피이용자에게 목적을 제공함으로써 목적 없는 자를 이용하여 자기의 목적을 실현한다는 의미의 규범적 행위지배가 있는 간접정범이 성립하고, 피이용자는 사정을 알면서 도와준 경우에 한하여 방조범이 성립한다고 본다.

이에 대해서 목적이 불법을 가중하는 부진정목적범의 목적 있는 자가 목적 없는 자를 교사한 경우는 목적 없는 피교사자도 교사받은 범죄의 정범이 성립하고 교사자는 이에 종속하여 그 교사범이 되므로 애당초 제34조 제1항을 적용할 수 없다. 예컨대 부진정목적범인 내란목적살인죄의 목적 있는 자가 목적 없는 일반인을 교사하여 살인죄를 범하게 한 경우에는 목적 없는 일반인은 살인죄의 정범, 교사자는 살인죄의 교사범이 된다. 반면, 판례는 부진정목적범인 모해위증죄의 모해할 목적은 형법 제33조 단서의 신분 때문에 형의 경중이 달라지는 경우(부진정신분범)에 해당한다고 보아 모해할 목적이 없는 자에게 모해할 목적으로 위증을 교사한 때에는 형법 제33조가 제31조에 우선 적용되어 교사자는 모해목적위증교사죄가, 피교사자는 단순위증죄가 각 성립한다고 판시($^{93도1002}_{판결}$)하여 반대 취지이다.

(c) 진정신분범의 신분 없는 고의행위 이용   진정신분범에 있어서 신분자가 신분 없는 자의 고의행위를 이용한 경우에도 간접정범을 인정할 수 있느냐에 대해서 견해가 대립한다. 고의 있는 비신분자도 신분은 없지만 고의로 불법을 실행하고 있으므로 이용자의 우월적 의사지배를 인정하기 곤란하기 때문이다.

(aa) 긍정설   신분자가 비신분자에게 신분을 제공하여 의도한 범죄의 구성요건을 실현시킨 때에는 규범적 행위지배가 인정되어 간접정범이 성립한다고 한다. 또 진정신분범은 의무범이고 의무범의 정범표지는 행위지배가 아니라 특

수한 의무위반이므로 신분범 중에서 의무범(진정신분범)의 경우에는 신분자가 신분 없는 고의 있는 도구(악의의 도구)를 이용하기만 하면 의사지배와 관계없이 의무위반 그 자체로서 간접정범이 성립한다(김일수·서보학 433,). 긍정설이 통설이다. 긍정설에 따르면 공무원이 자신의 배우자로 하여금 뇌물을 수수하게 한 경우에 공무원은 수뢰죄의 간접정범이 되고 배우자는 원칙적으로 범죄가 성립할 수 없으나 그 사정을 알고 도와준 경우에 한하여 방조범이 된다.

(bb) 부정설   비신분자의 고의행위를 이용한 자에게 의사지배를 인정할 수 없으므로 비신분자의 도구성을 부정하고 신분자는 교사범, 신분 없는 피이용자는 신분범의 신분이 결여되어 정범이 될 수 없고 방조범이 된다고 한다(임웅).

(cc) 판례의 태도   대법원은 목적 없는 자뿐만 아니라 위법성이 배제되는 자와 신분 없는 자를 이용한 간접정범을 인정한다(83도515 전원합의체 판결, 90도1912 판결).

> **판례**   ① 형법 제34조 제1항이 정하는 어느 행위로 인하여 처벌되지 아니하는 자는 시비를 판별할 능력이 없거나 강제에 의하여 의사의 자유를 억압당하고 있는 자, 구성요건적 범의가 없는 자와 목적범이거나 신분범일 때 그 목적이나 신분이 없는 자, 형법상 정당방위·정당행위·긴급피난 또는 자구행위로 인정되어 위법성이 없는 자, 등을 말하는 것으로 이와 같은 책임무능력자, 범죄사실의 인식이 없는 자, 의사의 자유를 억압당하고 있는 자, 목적범·신분범인 경우 그 목적 또는 신분이 없는 자, 위법성이 조각되는 자 등을 마치 도구나 손발과 같이 이용하여 간접으로 죄의 구성요소를 실행한 자를 간접정범으로 처벌하는 것이다(83도515 전원합의체 판결).
> ② 허위공문서작성죄의 주체는 직무상 그 문서를 작성할 권한이 있는 공무원에 한하고 작성권자를 보조하는 직무에 종사하는 공무원은 허위공문서작성죄의 주체가 되지 못하나, 보조직무에 종사하는 공무원이 허위공문서를 기안하여 허위인 정을 모르는 작성권자에게 제출하고 그로 하여금 그 내용이 진실한 것으로 오신케 하여 서명 또는 기명날인케 함으로써 공문서를 완성한 때에는 허위공문서작성죄의 간접정범이 성립된다(90도1912 판결).

(dd) 결 어   진정신분범은 의무범이고 의무범의 정범표지는 사실적인 행위지배가 아니라 규범적(사회적) 의무위반이므로 신분자는 이 의무에 위반하여 비신분자를 범행에 이용하면 간접정범이 되고, 비신분자는 그 사정을 알고 있는 경우에 방조범이 된다. 이 경우 피이용자는 이용자의 의사지배 유무와 상관

없이 공범의 성부만 문제된다. 신분자의 규범적 행위지배를 인정하는 경우에도 결론은 같다. 다만 신분자와 비신분자가 공동정범으로 참가한 때에는 제33조 본문에 의하여 공동정범이 성립한다.

(d) 자살·자상(自傷)행위 이용　구성요건해당성이 없는 자살 또는 자상을 강요하거나 기망하여 자살 또는 자상하게 한 경우에 살인죄 또는 상해죄의 간접정범이 성립한다는 것이 종래의 통설이다.

그러나 형법이 위계·위력에 의한 자살결의죄(제253조)를 규정하고 있으므로 강요·기망이 있었다고 해서 항상 간접정범이 성립한다고 할 수 없고, 의사지배에 의하여 피이용자를 조종하여 자신의 의사를 실현하였다고 할 수 있는 경우에 한하여 간접정범이 된다고 해야 한다. 판례는 자살의 의미를 이해할 능력이 없는 경우에 살인죄가 성립한다고 판시한 바 있다.

> **판례**　피고인이 7세, 3세 남짓된 어린자식들에 대하여 함께 죽자고 권유하여 물속에 따라 들어오게 하여 결국 익사하게 하였다면 비록 피해자들을 물속에 직접 밀어서 빠뜨리지는 않았다고 하더라도 자살의 의미를 이해할 능력이 없고 피고인의 말이라면 무엇이나 복종하는 어린자식들을 권유하여 익사하게 한 이상 살인죄의 범의는 있었음이 분명하고 살인죄의 법리를 오해한 위법이 없다(86도2395 판결).

2) 위법성이 없는 행위이용　피이용자의 위법성배제사유에 해당하는 행위(정당행위·정당방위·정당화적 긴급피난)를 이용하여 범죄를 실현한 경우에 원칙적으로 간접정범이 성립한다. 수사공무원을 기망하여 죄 없는 자를 감금하게 한 경우가 그 예이다. 다만 정당행위를 이용한 경우에는 이용행위 자체가 적법하면 간접정범은 성립하지 않는다.

그리고 의도적으로 정당방위상황을 야기하여 이를 알지 못하는 방위자로 하여금 방위행위로 나아가게 한 경우에는 공격자와 방위자를 모두 이용한 간접정범이 되며, 병역회피 목적으로 자상을 시도하던 자가 과다출혈로 인한 생명의 위험을 피하기 위하여 의사의 긴급피난을 이용하여 절제시술을 받은 경우도 병역법위반죄(동법 제86조)의 간접정범이 성립한다. 다만 자상의 시도 자체가 적법한 긴급피난에 해당하는 경우에는 불가벌이다.

감금죄는 간접정범의 형태로도 행하여질 수 있는 것이므로, 인신구속에 관한 직무를 행하는 자 또는 이를 보조하는 자가 피해자를 구속하기 위하여 진술조서 등을 허위로 작성한 후 이를 기록에 첨부하여 구속영장을 청구하고, 진술조서 등이 허위로 작성된 정을 모르는 검사와 영장전담판사를 기망하여 구속영장을 발부받은 후 그 영장에 의하여 피해자를 구속하였다면 형법 제124조 제1항의 직권남용죄가 성립한다(2003도3945 판결).

3) **책임 없는 행위이용**　책임무능력자 등 책임배제사유가 있는 자를 도구로 이용한 경우, 극단종속형식에 따르면 항상 간접정범이 성립하지만 제한종속형식에 따르면 간접정범 외에 교사범이 성립하는 경우도 있다.

이 경우 의사지배가 있는 간접정범 성부를 먼저 검토한 후 간접정범이 부정될 경우에 한하여 교사범의 성부를 검토해야 한다(**정범개념의 우위성**). 예컨대 5-6세 이하의 어린이나 심신상실자를 이용한 경우에는 간접정범이 성립하지만, 14세 미만자라도 통찰력과 의사결정능력이 있는 자(12-3세 정도)를 이용한 경우에는 의사지배가 인정되지 아니하므로 교사범이 성립한다고 해야 한다.

(a) **강요된 행위이용**　심리적(강제적) 폭력에 의해 강요된 자의 행위를 이용한 경우에는 의사지배가 있는 간접정범이 성립한다($^{제12}_{조}$). 그러나 절대적 폭력에 의해 강요된 행위는 형법상의 행위라 할 수 없으므로 이용자는 직접정범이 된다.

(b) **상관의 구속적 위법명령 집행**　구속적 위법명령을 집행하도록 한 상관은 그 위법행위의 간접정범이 된다. 군의 상관이 작전상의 지위를 이용하여 위법명령을 한 경우가 그 예이다. 이 경우에는 형법 제34조 제2항의 특수간접정범에 해당할 것이다. 다만 위법명령에 전적으로 구속받지 않는 경우에는 특수교사범이 된다.

(c) **기대불가능한 행위이용**　기대불가능한 초법규적 책임배제사유가 있는 자를 이용한 경우에도 의사지배가 있으면 간접정범이 성립한다. 그러나 인적 처벌배제사유가 있는 자를 이용한 경우에는 피이용자는 처벌이 배제되는 신분이 있을 뿐 의사지배를 받는 것이 아니므로 공범이 성립한다.

4) **구성요건해당성·위법성·책임 있는 행위이용**　고의 있는 정범으로 처벌되는 자를 이용한 경우에는 원칙적으로 교사범이 성립하고 간접정범은 부정

된다. 다만 예외적으로 다음의 세 가지 경우에 간접정범의 성립이 논의되고 있다.

(a) **위법성의 착오이용**　위법성의 착오에 빠진 자를 이용한 경우에 간접정범과 교사범 중 어느 죄가 성립하느냐에 대해서 다음과 같은 주장이 있다.

① 회피불가능한 위법성의 착오에 빠진 자를 이용한 경우는 간접정범, 회피가능한 위법성의 착오에 빠진 자를 이용한 경우는 교사범이 성립한다는 견해(신동운), ② 착오의 회피가능 여부를 묻지 않고 이용자가 착오상태를 야기하였거나 착오상태를 인식하고 이용한 경우는 간접정범, 인식하지 못하고 이용한 경우는 교사범이 성립한다는 견해(이재상 외 32/20, 강동욱 311), ③ 착오의 회피가능 여부를 묻지 않고 피이용자의 행위가 자유롭지 못한 상태이면 간접정범, 그렇지 않으면 교사범이 성립한다는 견해(박상기·전지연 281) 등이 있다.

간접정범은 이용자의 의사지배 유무로 판단해야 하고, 제34조 제1항은 처벌되지 아니하는 자를 이용하는 간접정범을 인정하고 있으므로 처벌되는 회피가능한 위법성의 착오자를 이용한 자는 교사범이 성립하고, 회피불가능한 위법성의 착오를 이용한 자도 의사지배가 인정되는 경우에만 간접정범이 성립한다고 본다.

(b) **위법성배제사유의 전제사실에 대한 착오이용**　이 착오를 이용한 자의 의사지배가 인정되면 간접정범이 성립한다는 것이 다수설이다. 그러나 이 착오를 위법성의 착오로 취급하는 입장에서는 회피불가능한 착오자를 이용한 경우에 한하여 의사지배가 있을 때에만 간접정범이 성립한다고 본다.

(c) **정범배후의 정범이론**　정범배후의 정범이론이란 예외적 상황에서 유책하게 행위한 고의의 정범을 배후에서 지배·조종하는 자도 간접정범이 될 수 있다는 이론이다. 이 이론은 피이용자의 범위를 제한하지 않고, "타인을 통하여 범죄를 실행한 자"를 간접정범으로 규정하고 있는 독일 형법(제25조 제1항) 해석론에서 유래한 것이다. 이 이론에서 배후자에게 간접정범의 성립이 논의되는 경우는 전술한 회피가능한 위법성의 착오와 다음의 아래의 두 가지가 있다.

(aa) **객체의 착오이용**　예컨대, 甲은 乙이 자기를 죽이기 위해 한적한 곳에 잠복해 있음을 알고, 자기와 원수지간인 A를 그곳으로 유인하여 甲으로 오인한

乙로 하여금 A를 살해하게 한 사례(소위 Dohna사례)와 같이 객체의 착오를 유도하여 이를 이용한 경우에 간접정범을 인정할 수 있느냐가 논의된다.

배후인물이 피이용자에게 객체의 착오를 일으켜 그의 범행을 유발하였으므로 배후정범이론에 의하여 간접정범이 성립한다는 견해가 있다(김일수·서보학 437, 박상기·전지연 283).

그러나 제34조 제1항은 피이용자의 범위를 "처벌되지 아니하는 자"로 한정하고 있고, Dohna사례에서 甲에 대한 乙의 살해계획 자체는 단순한 주관적 동기에 불과하고 형법적으로 무의미한 것이므로 이를 처벌되지 아니하는 자에 포함시킬 수 없으며, 이미 범행계획에 의하여 범행준비가 완료된 자에 대하여 의사지배가 있다고 할 수 없으므로 간접정범을 인정할 수 없다고 본다. 이 경우 乙은 살인죄의 직접정범, 甲은 그 방조범이 된다고 해야 한다.

(bb) 조직범죄의 하수인 이용   마피아 등 조직범죄의 수뇌부와 그의 명령에 복종하는 하수인의 관계와 같이 조직범죄의 수뇌부가 하수인을 이용하는 경우에도 간접정범이 성립하느냐에 대하여 견해가 대립한다.

① 배후정범이론에 의하여 간접정범이 된다는 견해(김일수·서보학 437 이하. 정영일 448과 손동권·김재윤 28/35는 간접정범인정이 타당하지만 우리 형법 적용상 살인방조죄로 처벌한다고 한다), ② 조직지배를 하는 수뇌부는 실행자와 같이 공동정범이 된다는 견해(Jescheck), ③ 하수인을 이용하는 형태에 따라 간접정범 또는 (특수)교사범이 성립한다는 견해(박상기·전지연 283) 등이 대립한다.

조직범죄의 하수인은 "처벌되지 아니하는 자"가 아니라 정범으로 처벌될 수 있는 자이므로 수뇌부는 간접정범이 될 수 없다고 해야 한다. 우리나라 다수설이다. 따라서 조직을 지배하는 수뇌부가 범행에 관여하는 형태에 따라 공동정범 또는 교사범이 성립한다고 본다. 대부분 기능적 행위지배가 인정되어 공동정범이 될 것이고, 교사범에 해당할 때에는 조직범죄의 막후 배후자는 특수교사로서 가중처벌될 것이다.

판례는 KAL기 폭파사건에서 항공기를 폭파한 피고인의 행위는 저항할 수 없는 상태에서의 강요된 행위가 아니라 자신의 확신에 따라 스스로 결정한 것이라 하여 폭파지령을 받은 공작조장과 함께 공동정범에 해당한다고 판시하였다(89도1670 판결).

(2) 과실범으로 처벌되는 자 이용

과실범으로 처벌되는 자를 이용한 경우, 이용자는 고의범의 간접정범이 성립한다($^{제34조\ 제1항}_{후단}$). 인식 있는 과실, 인식 없는 과실은 묻지 않는다. 또 구성요건착오자가 과실범으로 처벌되는 경우를 이용한 때에도 의사지배 유무에 따라 간접정범이 성립할 수 있다.

2. 이용자의 이용행위

(1) 교사 또는 방조

이용자는 피이용자를 범죄실현 수단으로 이용하고 있어야 한다. 형법 제34조 제1항은 이용행위에 관하여 "교사 또는 방조하여"라고 규정하고 있으나 간접정범은 의사지배가 있는 정범이므로 여기의 교사·방조는 의사지배가 없는 교사범·방조범에 있어서의 교사·방조와 그 의미를 구별해야 한다. 즉 간접정범에 있어서의 교사·방조는 사주·이용한다는 넓은 의미로 해석해야 한다. 다만 교사·방조의 방법은 이용행위에 포함되므로 의사지배가 인정되면 간접정범이 성립할 수 있다. 예컨대 상해의 고의로 설사약을 혼입한 음식물 배달자 몰래 독약을 혼입하여 배달하게 한 때에는 방조행위를 이용한 간접정범이 된다.

(2) 과실 또는 부작위에 의한 간접정범 여부

이용행위 자체가 과실행위인 경우 그 과실행위는 의사지배가 있는 이용행위가 될 수 없으므로 과실에 의한 간접정범은 부정된다. 또 도구로 이용되는 피이용자의 행위를 저지할 보증의무(작위의무)에 위반한 부작위 자체는 피이용자에 대하여 의사지배를 할 수 없으므로 간접정범 성립은 부정해야 한다.

(3) 실행의 착수

간접정범의 실행의 착수시기에 관하여 이용자의 **이용행위시설**, **피이용자행위시설**($^{신동운\ 722;}_{김성돈\ 674}$), 원칙적으로 이용행위시에 실행의 착수가 있지만 고의 있는 도구를 이용한 경우는 피이용자행위시에 실행의 착수가 있다는 **이분설**($^{김종원\ 8인\ 공저\ 284,\ 정성근}_{492.\ 배종대\ 136/24와\ 오영근}$ $^{422는\ 개별적}_{해결설이라\ 함}$)이 대립하는데, 이용자의 이용행위시에 실행의 착수가 있다는 견해가 다수설이다.

3. 결과의 발생

이용자의 이용행위에 의하여 범죄행위 결과가 발생해야 한다. 범죄행위의 결과발생이란 구성요건사실을 실현한 것을 말하고 반드시 결과범에 있어서의 결과발생만을 의미하는 것은 아니다. 결과범에 있어서의 범죄행위의 결과가 발생하지 아니한 경우에는 미수범처벌규정이 있는 경우에 한하여 미수범의 간접정범이 성립한다.

Ⅲ. 간접정범의 처벌

1. 기수범의 처벌

교사 또는 방조의 예에 의하여 처벌한다. 이용행위가 교사에 해당하는 때에는 정범과 동일한 형으로, 이용행위가 방조에 해당하는 때에는 정범의 형보다 감경하여 처벌한다.

우월적 의사지배를 받는 피이용자의 고의행위는 범죄성립요건 가운데 어느 하나를 충족하지 못한 행위이므로 범죄가 성립하지 않는다(예: 강요된 행위). 피이용자의 과실행위는 과실범으로 처벌되는 자의 행위이므로 과실범의 성립요건을 충족하였다면 과실범으로 처벌된다(^{제34조 제1항} _{참조}).

2. 미수범의 처벌

간접정범은 공범이 아니라 정범이며, 교사·방조의 예에 의하여 처벌되는 것은 범죄행위의 결과가 발생한 경우라야 하므로 간접정범의 미수도 일반 미수범 규정에 의하여 처벌해야 한다.

342 제 2 장 범 죄 론

Ⅳ. 간접정범의 관련문제

1. 간접정범의 착오

(1) 피이용자에 대한 착오

① 피이용자에게 고의 또는 책임능력이 없다(선의의 도구)고 오인하고 이용하였으나 실제로는 고의 또는 책임능력이 있었던 경우(악의의 도구)는 이용자의 인식(주관)을 기준으로 결정해야 한다는 이유로 간접정범이 성립한다는 견해가 종래의 통설이다. 그러나 고의 또는 책임능력 있는 자에 대한 이용은 의사지배를 인정하기 곤란하므로 교사범이 성립한다고 해야 한다. 현재의 통설이다.

② 피이용자에게 고의 또는 책임능력이 있다(악의의 도구)고 오인하고 교사 또는 방조하였으나 실제로 고의 또는 책임능력이 없었던 경우(선의의 도구)에도 이용자의 의사지배를 인정할 수 없으므로 교사범이 성립한다.

(2) 피이용자의 실행행위에 대한 착오

이용자가 사주한 범죄와 피이용자가 실행한 범죄가 일치하지 않는 경우이다.

1) 동일구성요건 내의 착오(구체적 사실의 착오)　　법정적 부합설에 따르면 피이용자의 객체의 착오·방법의 착오는 이용자에게도 객체의 착오·방법의 착오가 되므로 이용자는 발생사실에 대한 간접정범이 성립한다. 예컨대 甲이 정신병자 乙을 사주하여 A를 살해하게 하였으나 정신병자 乙이 B를 살해한 때에는 甲은 B에 대한 살인죄의 간접정범이 성립한다. 우리나라 다수설이다.

이에 대하여, 구체적 부합설의 입장에서 피이용자의 객체의 착오는 이용자의 방법의 착오가 된다는 견해에 따르면 위 예에서 甲은 A에 대한 살인미수죄와 B에 대한 과실치사죄의 간접정범이 된다(김일수·서보학 441,
손동권·김재윤 28/54).

2) 다른 구성요건 간의 착오(추상적 사실의 착오)　　피이용자가 사주한 범위를 초과하여 실행한 때에는 이용자는 초과부분에 대하여는 책임을 부담하지 아니하고 사주한 범위 내에서만 간접정범의 책임을 부담한다. 죄질부합설에 따라도 죄질이 부합하는 범위 내에서 간접정범의 책임을 부담한다.

다만 이용자에게 초과부분에 대하여 미필적 고의가 있거나 무거운 결과에

대해서 예견가능성이 있는 때에는 전체에 대한 간접정범 또는 결과적 가중
범의 간접정범이 성립한다.

2. 자수범과 간접정범

(1) 자수범의 의의

정범 자신이 실행행위를 직접 실행해야만 그 범죄가 성립하고, 타인을 도
구로 이용하는 간접정범의 형태로 실행할 수 없는 범죄를 자수범(自手犯)이라 한
다. 자수범은 직접의 단독정범으로만 범죄를 실행할 수 있고 자수성이 없으면
행위지배가 있어도 정범이 될 수 없다. 따라서 자수범에 해당하는 범죄는 간접
정범이나 자수적 실행이 없는 공동정범도 성립할 수 없으며, 배후의 이용자는
교사범 또는 방조범이 될 뿐이다.

(2) 자수범 인정기준

자수범을 인정할 것이냐에 대해서 종래 부정설(유기천 136, 차용석 형사법강좌 II, 717)도 있었으나 현
재 거의 소멸되고 있고, 긍정설이 통설이다. 문제는 어떤 범죄가 자수범에 해당
하느냐이다. 자수범 인정기준은 학자에 따라 차이가 있다.

1) **형식설(문언설)**   구성요건 내용상 일정한 사람의 행위만 그 범죄의 구
성요건을 충족할 수 있도록 요구하고 있는 범죄만 자수범이라 하고, 위증죄와
신분범, 진정부작위범, 성범죄가 자수범에 해당한다고 한다(오영근 426).

2) **진정·부진정자수범 구별설(이분설)**   범죄를 지배범과 의무범으로 구분
하는 록신(Roxin)은 지배범죄 중에서, ① 제3자는 구성요건 불법을 행위지배할
수 없고 오로지 행위자의 생활방식(특성)이 불법을 지배할 수 있는 상습도박죄
등 상습범 및 영리목적약취유인죄와, 법익침해는 없으나 윤리적으로 비난받을
행위이기 때문에 처벌되는 직무유기죄 등의 지배범은 진정자수범이고, ② 극도
의 일신전속적 의무이기 때문에 자수적으로만 범할 수 있는 도주죄, 위증죄, 유
기죄, 학대죄, 허위감정죄, 군형법상의 군무이탈죄(동법 제30조) 등의 의무범은 부진정
자수범이라 한다.

3) **삼분설**   ① 행위자 자신의 신체를 범행수단으로 사용해야 구성요건실
현이 가능한 준강간죄·준강제추행죄(이 두 죄는 독일 형법상의 자수범이다), 피구

금자간음죄, 군형법상의 근무기피목적상해죄($\substack{동법~제41조\\제1항}$)와, ② 반드시 신체적 실행 행위를 요구하지 않지만 행위자의 인격적 태도표현이 구성요건을 실현할 수 있는 명예훼손죄, 모욕죄 및 ③ 형법 이외의 소송법 기타 법률에서 행위자 스스로의 실행행위를 요구하는 위증죄, 군형법상의 군무이탈죄가 자수범이라 한다. 우리나라 다수설이다.

　　4) 결 어　　자수범의 본질은 범죄 자체의 성질상 행위자의 자수적 실행이 요구된다는 점에 있으므로 자수적 실행이 요구되는 범죄인가를 기준으로 범죄 자체를 제한하는 취지를 고려하여 개별적으로 판단해야 한다. 행위자의 생활방식이나 반윤리성을 기준으로 진정자수범을 인정하는 이분설은 자수적 성질에 따른 구별이 아니다. 원칙적으로 삼분설이 타당하다. 다만 두 번째 기준인 행위자 인격적 태도표현이 범죄가 되는 명예훼손죄, 모욕죄는 타인을 이용한 범죄 실현이 가능하므로 자수범이 아니다. 또 우리 형법상의 준강간죄와 준강제추행죄는 강간죄·강제추행죄와 마찬가지로 직접 실행자만 처벌하는 제한이 없으므로 자수범이 아니라고 본다(독일 형법상의 강간죄·강제추행죄는 제3자로 하여금 범하게 하는 규정이 있으나 준강간죄·준강제추행죄는 이러한 규정이 없다).

(3) 개별범죄유형과 자수범

　　1) 진정신분범과 간접정범　　진정신분범에 있어서 신분자가 비신분자를 이용하여 신분범을 범하게 한 때에는 간접정범이 되고, 비신분자는 그 사정을 알고 있는 경우에 한하여 방조범이 된다. 따라서 수뢰죄·도주죄 등 진정신분범의 대부분은 자수범이 아니다. 그러나 위증죄는 타인을 이용하여 죄를 범할 수 없으므로 자수범이다. 비신분자가 신분자를 이용하여 간접정범이 될 수 있는가에 대하여 판례는 이를 부정하고 있다($\substack{92도1342\\판결}$). 비신분자는 단독으로 진정신분범의 정범적격이 없기 때문이다.

> **판례**　　① 부정수표단속법의 목적이 부정수표 등의 발행을 단속처벌함에 있고 (제1조), 허위신고죄를 규정한 부정수표단속법 제4조가 "수표금액의 지급 또는 거래 정지처분을 면하게 할 목적"이 아니라 "수표금액의 지급 또는 거래정지처분을 면 할 목적"을 요건으로 하고 있는데 수표금액의 지급책임을 부담하는 자 또는 거래 정지처분을 당하는 자는 오로지 발행인에 국한되는 점에 비추어 볼 때 그와 같은

발행인 아닌 자는 부정수표단속법 제4조가 정한 허위신고죄의 주체가 될 수 없고, 발행인이 아닌 자는 허위신고의 고의 없는 발행인을 이용하여 간접정범의 형태로 허위신고죄를 범할 수도 없다(92도1342 판결).

② 형법 제155조 제1항에서 타인의 형사사건에 관하여 증거를 위조한다 함은 증거 자체를 위조함을 말하는 것으로서, 선서무능력자로서 범죄현장을 목격하지도 못한 사람으로 하여금 형사법정에서 범죄현장을 목격한 양 허위의 증언을 하도록 하는 것은 위 조항이 규정하는 증거위조죄를 구성하지 아니한다(97도2961 판결).

2) 허위공문서작성죄와 간접정범   종래 허위공문서작성죄($\frac{제227}{조}$)의 간접정범의 형태를 공정증서원본부실기재죄($\frac{제228}{조}$)로 규정하고 있고, 비공무원은 공무원을 이용한 간접정범 형태로 허위공문서작성죄를 범할 수 없다는 이유로 허위공문서작성죄를 형식적 자수범이라고 하는 견해($\frac{황산덕}{261}$)도 있다.

허위공문서작성죄의 특수한 간접정범 형태가 공정증서원본부실기재죄이므로 비공무원은 공무원을 이용하여 허위공문서작성죄를 범할 수 없다는 것이 타당하다. 이 경우 비공무원이 허위공문서작성죄의 간접정범이 될 수 없는 것은 허위공문서작성죄가 진정신분범이기 때문이고 범죄 자체의 자수성 때문이 아니라고 해야 한다. 다만, 판례는 예외적으로 공문서의 기안을 담당하는 공무원이 허위공문서를 기안하여 그 사정을 알지 못하는 공문서작성권한 있는 상사의 결재를 받은 경우 허위공문서작성죄의 간접정범을 인정하고($\frac{91도2837}{판결}$), 이와 공모한 비신분자도 간접정범의 공범(공동정범)이 된다고 하고 있다.

판례   공문서 작성권한이 있는 공무원의 직무를 보좌하는 자가 그 직위를 이용하여 행사할 목적으로 허위의 내용이 기재된 문서초안을 그 정을 모르는 상사에게 제출하여 결재하도록 하는 등의 방법으로 작성권한이 있는 공무원으로 하여금 허위의 공문서를 작성하게 한 경우에는 간접정범이 성립되고 이와 공모한 자 역시 그 간접정범의 공범으로서의 죄책을 면할 수 없고, 여기서 말하는 공범은 반드시 공무원의 신분이 있는 자로 한정되는 것은 아니다(91도2837 판결).

V. 특수간접정범 · 교사범 · 방조범

1. 형법의 규정

형법 제34조 제2항은 "자기의 지휘, 감독을 받는 자를 교사 또는 방조하여 전항의 결과를 발생하게 한 자는 교사인 때에는 정범에 정한 형의 장기 또는 다액에 그 2분의 1까지 가중하고, 방조인 때에는 정범의 형으로 처벌한다"고 규정하고 있다. 지휘 · 감독자가 그 지위를 이용하여 피지휘자 · 피감독자를 교사 · 방조하는 것은 더욱 비난가능성이 크기 때문에 형을 가중하기로 한 것이다. 이 규정의 성질에 대하여 견해가 대립한다.

2. 형법 제34조 제2항의 성질

이 규정은, ① 교사범 · 방조범의 특수한 경우를 규정하고 있다는 특수교사 · 방조범설(신동운), ② 간접정범의 특수한 경우를 규정하고 있다는 특수간접정범설(김일수 · 서보학), ③ 위 두 가지 모두 규정하고 있다는 결합설이 대립한다.

생각건대, 제34조 제1항의 피교사자 · 피방조자는 처벌되지 않는 자 또는 과실범으로 처벌되는 자임에 반하여, 동조 제2항은 자기의 지휘 · 감독을 받는 자이므로 양자는 다르다. 또 제1항은 간접정범이 교사 · 방조하여 범죄행위의 결과를 발생시킨 것이고, 제2항은 교사 · 방조하여 전항의 결과를 발생하게 한 것이므로 전항의 결과는 "간접정범"의 범죄결과뿐만 아니라 교사 · 방조한 범죄결과까지 포함한 것이라 해석해야 한다. 따라서 특수교사범 · 특수방조범 · 특수간접정범을 모두 포함하고 있다는 결합설이 타당하다. 우리나라 다수설이다.

3. 지휘 · 감독의 근거와 범위

지휘 · 감독의 근거는 법령 · 계약 · 사무관리에 한하지 않고, 사회관습상으로 사실상 지휘 · 감독관계가 있으면 충분하다. 군대, 특수정보요원, 지하단체, 비밀결사, 마피아, 갱단 등 조직체의 지휘 · 감독관계와 별정직 공무원, 친권자와 미성년자 사이, 회사 사장과 사원 사이, 집주인과 고용인 사이에도 지휘 · 감독관계가 생길 수 있다.

판례가 인정하고 있는 공모공동정범을 부정하면 막후배후자가 교사·방조한 경우 특수교사·특수방조 또는 특수간접정범으로 가중처벌할 수 있다. 제34조 제2항은 집단범죄에 대한 대책의 하나로서 막후배후자를 무겁게 처벌할 수 있다는 데에 존재의의가 있다.

[§ 38] 공범과 신분

Ⅰ. 신분범의 의의와 형법의 규정

1. 신분범의 의의

일정한 신분이 있는 자만 그 범죄의 주체가 되거나 신분자의 범행에 대해서 비신분자의 범행보다 법정형을 가중 또는 감경하는 범죄를 신분범이라 한다. 강학상 전자를 진정신분범, 후자를 부진정신분범이라 하고, 이 두 신분범의 신분을 적극적 신분이라 한다. 형법에서 신분범을 특별취급하는 이유는 누구나 범죄를 범할 수 있는 일반범죄와 구별하여 범죄의 주체를 제한하는 데 있다.

신분범은 신분자가 단독으로 범죄를 실행하였을 때에는 문제가 없으나 신분자와 비신분자가 공범관계가 있는 경우에 신분자와 비신분자의 형법적 취급이 문제된다.

2. 형법의 규정

형법 제33조는 "신분이 있어야 성립되는 범죄에 신분 없는 사람이 가담한 경우에는 그 신분 없는 사람에게도 제30조부터 제32조까지의 규정을 적용한다. 다만, 신분 때문에 형의 경중이 달라지는 경우에 신분이 없는 사람은 무거운 형으로 벌하지 아니한다"고 규정하여 적극적 신분이 있는 자와 그 공범의 형법적 취급에 대한 일반원칙을 명시하고 있다. 즉 본문의 신분은 비신분자인 공범에 대하여 연대작용을, 단서의 신분은 공범관계에 있는 신분자와 비신분자에 대하여 개별작용을 명시하고 있다.

　이 규정에서 신분의 구체적 내용이 무엇이며, 본문의 신분과 단서의 신분이 각각 연대작용과 개별작용을 하는 이론적 근거가 무엇이냐가 문제된다.

II. 신분의 의의와 종류

1. 신분의 의의

　신분이란 범죄의 성립이나 형의 가중·감경에 영향을 미치는 범인의 인적 표지로서, 행위자가 일신상 구비하고 있는 특별한 성질·지위(관계)·상태를 말한다. 여기의 "인적"이란 그 사람에게만 인정된다는 것을 의미한다.

(1) 신분의 내용

　① 일신적 성질이란 정신적·육체적·법적으로 사람의 본질적 표지가 되는 것을 말한다. 성별, 직계존·비속, 친족관계, 연령(14세 미만자) 등이 여기에 속한다.

　② 일신적 지위(관계)란 사람이 타인이나 국가 또는 사물에 대하여 갖는 사회적 지위·자격이나 관계를 말한다. 공무원, 중재인, 재물보관자, 사무처리자, 선서한 증인, 의사, 약사, 변호사, 사법경찰관, 면허 있는 운전자, 배우자 등이 여기에 해당한다.

　③ 일신적 상태란 일신적 성질이나 지위에 포함되지 않는 행위자의 일신상의 특별한 상태를 말한다. 상습성, 업무, 자수, 보증인지위 등이 그 예이다.

(2) 신분의 성질

　신분은 행위자 개인이 일신상 구비한 것(이를 행위자관련표지라 한다)이라야 하고, 행위와 관련된 고의, 목적, 동기, 승낙, 행위상황 등(이를 행위관련표지라 한다)은 신분이 아니다. 판례는 모해목적으로 위증한 자의 '모해할 목적'은 단서의 신분에 해당한다고 하였다($^{93도1002}_{판결}$). 또 일신적 성질의 신분은 종속성을 가질 수 없다.

> **판례**　형법 제33조 소정의 이른바 신분관계라 함은 남녀의 성별, 내·외국인의 구별, 친족관계, 공무원인 자격과 같은 관계뿐만 아니라 널리 일정한 범죄행위에 관련된 범인의 인적관계인 특수한 지위 또는 상태를 지칭하는 것인 바, 형법

제152조 제1항은 위증을 한 범인이 형사사건의 피고인 등을 '모해할 목적'을 가지고 있었는가 아니면 그러한 목적이 없었는가 하는 범인의 특수한 상태의 차이에 따라 범인에게 과할 형의 경중을 구별하고 있으므로, 이는 바로 형법 제33조 단서 소정의 "신분관계로 인하여 형의 경중이 있는 경우"에 해당한다. 모해할 목적으로 증인에게 위증을 교사한 이상, 가사 정범인 증인에게 모해의 목적이 없었다고 하더라도, 형법 제33조 단서의 규정에 의하여 피고인을 모해위증교사죄로 처단할 수 있다(93도1002 판결).

신분은 계속적 성질을 가지는 것이 일반적이지만 일신적 상태는 일시적 성격을 가진 것도 신분이 될 수 있다(다수설).

대법원은, "강도강간죄는 강도라는 신분을 가진 범인이 강간죄를 범하였을 때 성립하는 범죄이므로 강간범이 강간행위 후에 강도의 범의를 일으켜 그 부녀의 재물을 강취하는 경우에는 강도강간죄가 아니라 강도죄와 강간죄의 경합범이 성립될 수 있을 뿐이나, 강간범이 강간행위 종료 전, 즉 그 실행행위의 계속 중에 강도의 행위를 할 경우에는 이 때에 바로 강도의 신분을 취득하는 것"이라 판시($^{2010도3594}_{판결}$)하여 강도를 신분이라 하고 있고,[1] 이를 신분이라고 하는 견해($^{신동운}_{739}$)도 있다. 그러나 강도는 행위관련표지이고 행위자관련적 인적표지가 아니므로 이를 신분이라고 할 수 없다.

2. 신분의 종류

(1) 적극적 신분

일정한 신분이 있는 자만 범죄의 주체가 되거나 신분자의 형을 가중·감경하는 범죄의 신분을 적극적 신분이라 한다. 통설은 적극적 신분을 구성적 신분, 가감적 신분으로 분류하는 데 대해서, 반대설은 위법신분, 책임신분으로 분류한다. 양자는 진정신분범의 범위에서 일부 차이가 있을 뿐, 제33조를 해석하는 데 있어서는 차이가 없다. 이해의 편의상 통설에 따라 분류하기로 한다.

---

[1] 또한 대법원은 성폭력특례법상 주거침입강간죄에 관한 2009도4335 판결에서 "피고인이 피해자를 강간할 목적으로 피해자를 따라 피해자가 거주하는 아파트 내부의 공용부분에 들어온 행위는 주거침입행위이므로, 피고인이 "구 성폭력범죄의 처벌 및 피해자보호 등에 관한 법률" 제5조 제1항 소정의 주거침입범의 신분을 가지게 되었음은 분명하다"고 하여 같은 취지로 판시하였다(주거침입유사강간죄에 관한 2020도17796 판결도 같은 취지).

1) **구성적 신분**　　일정한 신분 있는 자만 그 범죄의 주체가 될 수 있는 신분을 구성적 신분이라 하고, 이러한 신분자의 범죄를 진정신분범이라 한다.

수뢰죄의 공무원, 위증죄의 선서한 증인, 횡령죄의 재물보관자, 유기죄의 보호의무자 등이 이 신분에 해당한다.

2) **가감적 신분**　　신분이 없어도 범죄는 성립하지만 신분이 있으면 신분없는 자보다 형이 가중 또는 감경되는 신분을 가감적 신분이라 하고, 이러한 신분자의 범죄를 부진정신분범이라 한다.

존속살해죄의 직계비속, 상습도박죄의 상습자, 업무상 횡령죄의 업무자, 영아살해죄의 직계존속(반대설 있음) 등의 신분이 여기에 해당한다.

(2) **소극적 신분**

일정한 신분이 있으면 범죄성립이 부정되거나 범죄는 성립하지만 처벌이 배제되는 신분을 소극적 신분이라 한다. 세 가지 종류가 있다.

1) **위법배제신분**　　일반인에게 금지되어 있는 행위를 특별히 허용하는 신분으로 면허 있는 의사, 소송사건을 위임받은 변호사, 운전면허 소지자 등의 신분이 여기에 해당한다.

2) **책임배제신분**　　일정한 신분이 있으면 책임이 배제되는 신분으로 범인은닉죄·증거인멸죄에 있어서의 친족·동거가족, 14세 미만자(연령), 심신상실자 등의 신분이 여기에 해당한다.

3) **처벌배제신분**　　일정한 신분이 있으면 범죄는 성립하지만 형벌이 면제되는 신분으로 친족상도례에 있어서의 직계혈족·배우자 등의 신분이 여기에 해당한다.

III. 형법 제33조의 해석

1. 본문과 단서의 관계

형법 제33조 본문신분과 단서신분이 각각 연대작용과 개별작용을 하는 근거가 무엇이며, 두 작용은 서로 상반된 작용이므로 본문과 단서의 규정은 서로 대립·모순된 규정이냐가 문제된다.

(1) 종속성설의 연대작용, 독립성설의 개별작용설

본문은 공범종속성설에 따른 규정이므로 공범에게 연대작용을 하고, 단서는 공범독립성설에 따른 규정이므로 정범과 공범에게 개별작용을 한다는 것이다(정영석 270, 임웅
535, 배종대 149/2).

그러나 본문이 공범종속성설에 따른 규정이라고 한다면 공동정범의 종속성도 인정할 수밖에 없는데 공동정범의 종속성은 공동정범의 본질에 반하고, 공범종속성 이론은 애당초 일신적 성질을 가진 신분범에 타당할 수도 없다. 이 견해에 따르면 본문과 단서는 서로 대립·모순되는 규정으로 볼 수밖에 없다.

(2) 본문의 공범성립, 단서의 과형개별화설

본문은 진정신분범과 부진정신분범의 공범성립에 적용되는 규정이고, 단서는 부진정신분범의 과형(형벌부과)에만 적용되는 규정이라 한다(신동운
745 이하).[1] [2] 판례의 기본태도이다(2018도10047
판결). 그리고 본문은 진정신분범·부진정신분범의 신분의 종속성을 선언한 것이고, 단서는 신분(종속성)의 효과가 미치지 않도록 과형의 개별화원칙을 선언한 것이라는 견해(김성돈
719)도 신분의 종속성을 인정하는 점이 다를 뿐, 판례와 같은 취지이다.

> **판례**   업무상배임죄는 업무상 타인의 사무를 처리하는 지위에 있는 사람이 그 임무를 위반하는 행위로써 재산상의 이익을 취득하거나 제3자로 하여금 이를 취득하게 하여 본인에게 손해를 입힌 때에 성립한다. 이는 타인의 사무를 처리하는 지위라는 점에서 보면 단순배임죄에 대한 가중규정으로서 신분관계로 형의 경중이 있는 경우라고 할 것이다. 따라서 그와 같은 업무상의 임무라는 신분관계가 없는 자가 그러한 신분관계 있는 자와 공모하여 업무상배임죄를 저질렀다면, 그러한 신분관계가 없는 공범에 대하여는 형법 제33조 단서에 따라 단순배임죄에서 정한 형으로 처단하여야 한다. 이 경우에는 신분관계 없는 공범에게도 같은 조 본문에 따라 일단 신분범인 업무상배임죄가 성립하고 다만 과형에서만 무거운 형이 아닌 단순배임죄의 법정형이 적용된다(2018도10047 판결).

---

[1] 오영근 438 이하는 제33조 본문은 신분의 연대성을 인정한 규정으로, 단서는 가중적 신분범에 가공한 경우에는 책임개별화를, 감경적 신분범에 가공한 경우에는 신분의 연대성을 각각 인정한 규정으로 이해한다.

[2] 이 견해를 취하는 신동운 746은 일반사면의 범위나 공소시효의 계산 등에서 논의의 실익이 있다고 주장하고 있으나, 판례는 가중적 신분범에 가담한 비신분자의 범죄의 공소시효 기간은 비신분자가 처벌되는 가벼운 범죄의 법정형을 기준으로 산정해야 한다는 입장을 취하고 있다(2019도12284 판결).

그러나 단서는 신분 때문에 형의 경중이 달라지는 경우이고, 신분이 있어야 범죄가 성립되는 경우가 아니므로 본문규정을 부진정신분범에까지 확대적용할 수 없고, 이 견해에 따르면 부진정신분범에 가담한 비신분자의 죄명에 맞지 않는 형벌부과가 되어 죄명이 갖는 법적·사회적 평가를 부정해야 한다. 그리고 신분의 종속성을 인정한다면 공동정범의 종속성도 인정할 수밖에 없는데 이러한 해석은 공동정범의 본질에도 반하며, "인적"표지인 일신적 성질을 가진 신분은 애당초 종속적 성질을 가질 수 없다고 해야 한다.

(3) 위법 연대작용, 책임 개별작용설

위법에 관련된 본문의 신분은 공범에게 연대작용을 하고, 책임에 관련된 단서의 신분은 정범과 공범에게 개별작용을 한다는 견해이다(정성근 ^{619}).

위법은 연대작용을, 책임은 개별작용을 한다는 취지는 제한종속형식에서 이미 확립된 원칙이고, 본문의 연대작용과 단서의 개별작용의 이론적 근거도 이 원칙에 기초해서 설명할 수 있으며, 본문과 단서의 관계도 제한종속형식의 취지에 부합하는 모순없는 규정으로 해석할 수 있다. 형법 제33조는 어디까지나 본문의 연대작용과 단서의 개별작용만 인정하고 있을 뿐이고, 제33조가 공범종속성설이나 공범독립성설에 따른 규정이 아니며, 신분의 종속성 또는 책임개별화원칙을 규정한 것은 더더욱 아니다.

2. 진정신분범과 공범

(1) 본문의 적용범위

제33조 본문은 신분이 있어야 성립되는 진정신분범에 가담한 비신분자에게도 "제30조부터 제32조까지의 규정을 적용"하도록 하고 있으므로 여기에 가담한 공동정범·교사범·방조범의 성립과 과형에 대하여 적용된다. 본문은 진정신분범·부진정신분범의 공범성립에 적용된다는 견해와 판례가 있으나 타당하지 않다는 것은 앞에서 설명한 바와 같다.

(2) 비신분자가 신분자의 범행에 가담한 경우

진정신분범에 가담한 비신분자는 그 가담형태에 따라 공동정범·교사범·방조범이 성립하고 그 성립된 범죄의 형으로 처벌한다.

1) **공동정범**   비신분자는 진정신분범의 정범적격이 없으므로 예외적으로 공동정범이 될 수 있도록 한 특별규정으로 파악하는 견해(이형국·김혜경 457, 이재상 외 36/11, 손동권·김재윤 33/15)도 있으나 다수설은 당연한 규정으로 본다.

신분범에 대해서는 공범종속성이론이 타당할 수 없고, 정범이 될 수 없는 자는 공범도 될 수 없으므로 예외적 특별규정설을 일관하면 공동정범뿐만 아니라 진정신분범에 가담한 교사범·방조범의 성립도 예외적 규정이라고 해야 할 것이다. 형법은 신분범의 주체를 제한하기 위해서 비신분자는 단독으로 진정신분범의 주체가 될 수 없도록 하여 정범적격을 부정한 것이고, 신분자와 비신분자가 공동하여 진정신분범을 범하는 공동정범까지 제한해야 할 근거는 없다. 제33조 본문은 진정신분범에 가담한 비신분자의 공동정범 성립을 명시하여 "연대작용"을 인정하고 있으므로 이 규정을 예외규정이라 해야 할 이유가 없다.

2) **교사범·방조범**   비신분자가 신분자를 교사·방조하여 진정신분범을 범하게 한 때에는 비신분자도 그 죄의 교사범·방조범이 성립한다. (진정)신분범에 대해서는 공범종속성설을 적용할 수 없으므로 형법은 본문의 연대작용을 인정하여 비신분자인 공범을 처벌하기로 한 것이다. 판례도 같은 입장이다(83도1458 판결).

> **판례**   건축물조사 및 가옥대장 정리업무를 담당하는 지방행정공무원을 교사하여 무허가 건축물을 허가받은 건축물인 것처럼 가옥대장 등에 등재케 하여 허위공문서를 작성케 한 피고인을 허위공문서작성죄의 교사범으로 의율 처단한 조치는 정당하다(83도1458 판결).

3) **간접정범**   형법 제33조 본문에 의하여 적용되는 규정은 공동정범(제30조), 교사범(제31조), 방조범(제32조)이고, 비신분자는 단독으로 진정신분범의 정범이 될 수 없으므로 간접정범(제31조 제1항)에 대해서는 본문을 적용할 수 없다. 우리나라 통설이다. 본문은 비신분자가 진정신분범의 공동정범(공범)이 될 수 있다는 것을 규정한 것이고, 단독정범을 인정한 것은 아니다(간접정범은 공범의 일종이라는 신동운 753은 본문적용설).

(3) 신분자가 비신분자에 가담한 경우

신분자가 비신분자의 공범으로 가담한 경우에도 본문을 적용할 수 있느냐가 문제된다. 예컨대 공무원이 비공무원을 교사하여 뇌물을 수수한 경우, 공무원을 수뢰죄의 교사범으로 처벌할 수 있느냐이다. 공무원이 비공무원과 공동정범 관계가 있으면 본문이 적용되어 공동정범이 되므로 신분자가 교사 · 방조한 경우만 문제된다.

　1) **본문적용설**　　신분자가 비신분자에게 가담한 경우에도 신분이 있어야 성립되는 범죄에 가담한 것이라 하여 본문을 적용하고, 신분자는 신분범의 교사범, 비신분자는 그 방조범이 된다고 한다. 공범독립성설에서 주장한 견해이다.

　2) **본문적용부정설**　　본문은 신분이 정범에게 있는 경우에만 적용되는 규정이며, 정범을 전제로 하지 않는 교사범 · 방조범은 생각할 수 없으므로 본문을 적용할 수 없다는 견해이다. 우리나라 통설이다.

　이 견해에 따르면 신분자가 비신분자에 가담하는 경우는 제33조의 적용대상이 아니므로 공범(종속성) 일반이론에 따라 해결한다. 즉 신분자는 신분 없는 고의 있는 도구를 이용한 간접정범이 성립하고, 피이용자는 원칙적으로 범죄성립이 부정되지만 그 사정을 알고 있는 경우에 한하여 방조범이 성립한다(간접정범의 "신분 없는 고의행위이용" 참조).

　3) **결　어**　　신분자가 비신분자에 가공한 경우에 본문을 적용하면 정범 없는 공범만 성립하며, 본문의 신분은 구성요건요소이고 비신분자의 단독행위는 구성요건에 해당할 수 없으므로 이를 교사한 신분자는 교사범이 성립할 수 없고 간접정범이 성립할 수 있을 뿐이다. 따라서 본문은 신분이 정범에게 있는 경우에만 적용된다고 해야 한다.

3. 부진정신분범과 공범

(1) 단서의 적용범위

　제33조 단서는 "신분 때문에 형의 경중이 달라지는" 부진정신분범에 "신분이 없는 사람"이 가담한 경우에 "무거운 형으로 벌하지 아니한다"고만 규정하였으므로 이 규정은 여기에 가담한 공동정범 · 교사범 · 방조범의 성립과 과형(형벌부과)에 적용된다는 것은 진정신분범의 경우와 같다(다수설). 이에 반하여 단서는 부진정신분범에 가담한 공범의 과형에 대해서만 적용되고, 부진정신분범의 공범의 성립에 대해서는 본문이 적용된다는 견해도 있으나, 이 견해가 타당하지 않다는 것은 앞에서 검토한 바와 같다.

(2) 비신분자가 신분자의 범행에 가담한 경우

비신분자는 신분자의 범행에 공동정범 · 교사범 · 방조범으로 가담할 수 있다는 점에 대해서는 견해가 일치한다. 문제는 단서의 개별작용은 죄명과 과형을 모두 개별화하느냐 과형만 개별화하느냐이다.

1) 죄명과 과형의 개별화   단서의 개별작용은 정범과 공범의 과형뿐만 아니라 죄명까지도 개별화된다는 것이 다수설이다(종래까지 통설). 예컨대 甲과 乙이 공동하여 甲의 직계존속을 살해한 경우, 甲은 존속살해죄, 乙은 보통살인죄가 성립하며(행위공동설에 따르면 두 죄의 공동정범 성립), 각자의 죄에 정한 형으로 처벌한다.

이에 대해서 본문은 진정신분범과 부진정신분범의 공범의 성립에 적용되고, 단서는 부진정신분범의 과형에만 적용된다는 견해와 판례에 따르면, 위의 예의 경우 甲과 乙은 존속살해죄의 공동정범이 성립하고 과형에서만 甲은 존속살해죄의 형으로, 乙은 보통살인죄의 형으로 처벌한다. 존속살해죄가 성립하였음에도 보통살인죄의 형을 부과하여 죄명에 부합될 수 없는 형벌로 처벌한다는 결함이 생긴다. 단서의 개별작용은 비신분자를 개별취급하여 무거운 형으로 벌하지 않는다는 취지이므로 다수설이 타당하다. 다만 무거운 형으로 벌하지 않는다는 의미에 대하여는 견해가 대립한다.

2) "무거운 형으로 벌하지 아니한다"의 의미   신분자는 신분범의 형으로, 비신분자는 통상범죄의 형(가중 · 감경되지 않은 범죄의 형)으로 처벌한다(**통상범죄설**). 예컨대 乙이 甲을 교사하여 甲의 영아를 살해하게 한 경우, 甲은 영아살해죄로 처벌하고 乙은 통상범죄인 보통살인죄의 교사범이 성립하고 보통살인죄의 형으로 처벌한다. 우리나라 다수설이다.

이에 대해서 신분자는 신분범의 형으로, 비신분자는 항상 가벼운 죄의 감경된 형으로 처벌한다는 **감경형설**이 있다(^{황산덕 291, 오영근}_{441, 김성돈 722}). 이 견해는 가중적 신분범(예: 존속살해죄) 있어서는 비신분자는 신분자의 형보다 가벼운 죄의 형으로 처벌되므로 문제가 없으나, 감경적 신분범(예: 영아살해죄)에 가담한 비신분자의 처벌에서는 항상 가벼운 죄의 형으로 처벌한다는 점에서 다수설과 차이가 있다.

그러나 단서의 개별작용은 죄명과 과형을 모두 개별화하므로 비신분자를 항상 가벼운 죄의 형으로 처벌한다고 할 수 없다. 법무부의 형법총칙 개정안

($^{제35조}_{제2항}$)도 통상범죄설을 명문화하였다.

(3) 신분자가 비신분자의 범행에 가담한 경우

신분이 정범·공범의 누구에게 있건 묻지 않고 단서를 적용하여 죄명과 과형이 모두 개별화된다(단서적용설). 단서는 "신분 때문에 형의 경중이 달라지는 경우"라고 하고 있으므로 신분이 정범·공범 누구에게 있건 묻지 않는다. 우리나라 통설이며, 판례의 입장이다. 예컨대 甲이 乙을 교사하여 甲의 직계존속을 살해한 경우에 甲은 존속살해죄의 교사범, 乙은 통상범죄인 보통살인죄가 성립하고 각각 그 죄에 정한 형으로 처벌한다.

이에 대해서 신분이 공범에게 있는 경우에는 단서를 적용할 수 없고, 공범종속성의 일반원칙에 따라 신분자도 비신분자의 범죄에 종속하여 통상범죄의 공범이 성립한다는 견해도 있다($^{황산덕}_{292}$).

> **판례**   신분관계로 인하여 형의 경중이 있는 경우에 신분이 있는 자가 신분이 없는 자를 교사하여 죄를 범하게 한 때에는 형법 제33조 단서가 제31조 제1항에 우선하여 적용됨으로써 신분이 있는 교사범이 신분이 없는 정범보다 중하게 처벌된다(93도1002 판결).

4. 소극적 신분과 공범

일정한 신분 있는 자의 행위에 대해서 범죄성립을 부정하거나 처벌을 배제하는 신분을 소극적 신분이라 한다. 형법 제33조는 적극적 신분에 적용되는 규정이므로 소극적 신분과 여기에 가담하는 공범에 대해서는 신분개념과 공범의 종속성 일반이론에 따라 이론적으로 해결해야 한다. 우리나라 통설이다.

소극적 신분에 대해서도 제33조를 적용해야 한다는 견해($^{오영근}_{444}$)도 있다. 그러나 범죄성립이 부정되거나 처벌이 배제되는 신분은 애당초 신분관계로 성립되는 범죄나 처벌되는 범죄로 취급할 수 없다($^{김성돈 725, 이하도}_{같은 취지}$).

(1) 위법배제신분과 공범

1) 비신분자가 위법배제신분자에 가담한 경우   신분자와 비신분자 모두 범죄가 성립하지 않는다. 비신분자는 신분자의 정당행위에 관여한 것이므로 공범

종속이 될 수 없고, 범죄성립이 부정된다(제한종속설). 다만 비신분자가 허용된 범위를 초과하여 위법행위를 한 경우에는 초과부분에 대해서만 범죄가 성립한다. 예컨대 의사 아닌 자가 허용된 범위를 초과하여 의사와 함께 의료행위를 한 때에는 의사는 위법성이 배제되지만 의사 아닌 자는 의료법위반죄로 처벌된다.

　　2) 위법배제신분자가 비신분자에 가담한 경우　　신분자와 비신분자 모두 범죄가 성립한다. 신분자는 단독으로 그 법익을 침해할 수는 없으나 비신분자의 법익침해에 가담한 때에는 비신분자의 불법에 종속하여 그 죄의 공동정범·교사범·방조범이 성립한다. 예컨대 의사가 제3자의 무면허의료행위에 공범으로 가담한 경우, 그 가담형태에 따라 의료법위반죄의 공동정범·교사범·방조범이 된다.

　　판례는, 의료인 아닌 자의 무면허의료행위에 가담한 치과의사에게는 의료법위반죄 공동정범이 성립하지만($^{86도749}_{판결}$), 변호사 아닌 자의 법률사무소 개설·운영에 가담한 변호사는 변호사법위반죄의 공범에 해당하지 않고($^{2004도3994}_{판결}$), 세무사 사무직원이 직무상 보관하고 있던 임대사업자 등의 인적사항 등을 교부받은 일반인에게는 세무사법상 직무상 비밀누설죄의 공동정범이 성립하지 않는다($^{2007도6712}_{판결}$)고 하였다.

> **판례**　　① 치과의사가 환자의 대량유치를 위해 같은 치과병원에 치과기공사로 근무하였던 甲과 乙에게 내원환자들에 대한 진료행위를 하도록 지시하였고, 이에 따라 甲과 乙이 각각 단독으로 진료행위를 한 경우, 치과의사에게는 무면허의료행위의 교사범이 성립한다(86도749 판결).
> 　　② 의료인일지라도 의료인 아닌 자의 의료행위에 공모하여 가공하면 의료법 제25조 제1항이 규정하는 무면허의료행위의 공동정범으로서의 책임을 부담한다(85도448 판결).
> 　　③ 의료인이 비의료인의 의료기관 개설행위에 공모하여 가공하면 의료법 제87조 제1항 제2호, 제33조 제2항 위반죄의 공동정범에 해당한다(2017도378 판결).
> 　　④ 변호사 아닌 자가 변호사를 고용하여 법률사무소를 개설 운영하는 행위에 있어서는 변호사 아닌 자는 변호사를 고용하고 변호사는 변호사 아닌 자에게 고용된다는 서로 대향적인 행위의 존재가 반드시 필요하고, 변호사가 변호사 아닌 자에게 고용되어 법률사무소의 개설 운영에 관여하는 행위를 처벌하는 규정이 없는 이상 변호사를 변호사 아닌 자의 공범으로서 처벌할 수는 없다(2004도3994 판결 [불가벌적 필요적 공범]).

(2) 책임배제신분과 공범

1) 비신분자가 책임배제신분자에 가담한 경우 　신분자는 책임이 배제되어 범죄성립이 부정되지만 비신분자는 신분자의 불법에 종속하여 교사범·방조범이 성립한다(통설). 다만 책임배제신분자를 교사·방조한 비신분자에게 의사지배가 인정되면 간접정범이 성립할 수 있다. 예컨대 제3자가 甲을 교사하여 살인범인 甲의 아들을 은닉하게 한 때에는 甲은 책임이 배제되어 불가벌이 되지만 제3자는 범인은닉죄의 교사범이 성립한다. 이 경우 강제 또는 의사지배가 인정된다면 제3자는 간접정범이 된다.

2) 책임배제신분자가 비신분자에 가담한 경우 　비신분자에게는 범죄가 성립한다는 점에 이견이 없으나, 신분자의 경우에는 형사미성년자라면 당연히 책임이 배제되지만 성년자인 때에는 공범이 성립한다는 견해(김성돈 728,
강동욱 350)와 이 경우도 책임이 배제된다는 견해가 대립한다. 그러나 책임이 배제되어 정범이 될 수 없는 자에게 공범성립을 긍정하여 책임을 부담시키는 것은 타당하지 않으므로 신분자의 책임이 배제된다고 해야 한다(통설). 예컨대 책임배제신분자 甲이 제3자 乙을 교사하여 살인범인 甲의 아들을 은닉하게 한 때에 乙은 범인은닉죄로 처벌되지만 甲은 책임이 배제되어 불가벌이다.

> **판례** 　범인이 자신을 위하여 타인으로 하여금 허위의 자백을 하게 하여 범인도피죄를 범하게 하는 행위는 방어권의 남용으로 범인도피교사죄에 해당하는바,[1] 이 경우 그 타인이 형법 제151조 제2항에 의하여 처벌을 받지 아니하는 친족, 호주 또는 동거가족에 해당한다 하여 달리 볼 것은 아니다(2005도3707 판결).

(3) 처벌배제신분과 공범

1) 비신분자가 처벌배제신분자에 가담한 경우 　비신분자가 형이 면제되는

---

1) 다만, 대법원은 실형을 선고받고 복역하던 甲이 형집행정지결정을 받아 석방된 후 형집행정지연장신청을 하였으나 받아들여지지 않자 연인인 乙에게 휴대폰과 은신처를 제공해 달라고 부탁하였고, 이를 받아들인 乙이 자신(乙)의 아들 명의의 휴대폰을 甲에게 건네주고, 한달여 간 자신(乙)의 어머니 집에서 거주할 수 있도록 해 주어 乙이 범인도피죄로 처벌된 사안에서, 甲의 행위가 방어권을 남용한 것으로 볼 수 있을 정도에 해당한다고 보기 어려워 甲에게는 범인도피교사죄가 성립하지 않는다고 판시(2021도5430 판결)하여, 방어권의 남용 여부를 기준으로 범인도피교사죄의 성부를 판단하고 있다.

처벌배제신분자(친족상도례의 근친족)의 범행에 가담한 경우에는 신분자·비신분자 모두 범죄가 성립하고, 신분자에 대해서만 형이 면제된다.

예컨대, 甲과 乙이 합동하여 甲의 아버지 집에서 절도범행을 한 경우 甲과 乙은 특수절도죄가 성립하고 乙만 처벌되며 甲은 그 형이 면제된다.

2) 처벌배제신분자가 비신분자에 가담한 경우

(a) **신분자처벌설**   처벌배제신분자는 단독으로 실행한 때에는 형벌이 면제되지만 타인을 교사·방조한 때에는 새로운 범인을 창조한 것이므로 신분자도 비신분자의 공범으로 처벌된다고 한다(김성돈729). 예컨대, 형이 면제되는 처벌배제신분자 甲이 친구인 乙을 교사하여 甲의 아버지 집에서 절도하라고 교사한 경우 甲은 절도교사범, 乙은 절도죄가 성립하고 각각 그 죄의 형으로 처벌한다.

(b) **신분자처벌배제설**   비신분자만 실행한 범죄로 처벌하고 처벌배제신분자는 항상 처벌이 면제된다고 한다. 우리나라 통설이다. 위의 예에서 甲은 절도교사범이 성립하지만 형이 면제되고, 乙은 절도죄로 처벌된다.

(c) **결   어**   친족상도례의 신분이 없는 자만 처벌하도록 규정한 형법 제328조 제3항과 책임의 개별화를 인정하는 제한종속형식의 취지에 비추어 신분자는 직접·간접의 단독실행을 묻지 않고 형이 면제된다고 해야 한다.

5. 이중신분범과 공범

1) **이중신분범의 의의**   하나의 구성요건에 2개의 신분이 요구되는 신분범을 이중신분범이라 한다. 예컨대 업무상 횡령죄(업무상 배임죄)는 업무자라는 신분과 재물보관자(타인사무처리자)라는 신분이 요구되는 이중신분범이다.

2) **이중신분범의 죄책**   이중신분자는 횡령죄라는 진정신분범에 업무자라는 가중신분이 부가되어 있으므로 제33조 단서가 적용되어 부진정신분범인 업무상 횡령죄가 성립한다.

3) **비신분자의 죄책**   이중신분범에 가담한 비신분자는 본문의 진정신분범과 단서의 부진정신분범의 두 개의 신분범에 가담한 것이 된다. 이 경우 비신분자는 진정신분범의 공범이 성립하느냐 부진정신분범의 공범이 성립하느냐가 문제된다.

제33조 단서는 (죄명과 과형의) 개별작용을 한다는 다수설에 따르면 비신분

자는 부진정신분범의 공범이 성립할 수 없고 진정신분범의 공범만 성립한다. 예컨대 일반인 甲이 은행원 乙·丙과 은행예금고객이 맡긴 예금을 빼돌리기로 공모하고, 乙·丙이 빼돌린 예금을 甲·乙·丙이 분배한 경우, 甲은 단순횡령죄의 공동정범, 乙·丙은 업무상 횡령죄의 공동정범이 성립하고 각자 그 죄에 정한 형으로 처단한다.

   4) 판례의 태도   판례는 본문의 적용을 단서의 공범성립에까지 확장하고 있으므로 위 예에서 甲·乙·丙 모두 업무상 횡령죄가 성립하고, 단지 甲의 과형에서만 단서를 적용하여 단순횡령죄의 형으로 처벌한다(97도2609 판결. 같은 취지 86도1517 판결, 87도1901 판결, 99도883 판결 등).

> **판례**   상호신용금고법 제39조 제1항 제2호 위반죄는 상호신용금고의 영업에 관한 사항을 위임받은 자의 배임행위에 대한 형법상 (업무상)배임죄의 가중규정이므로 형법 제355조 제2항의 배임죄와의 관계에서는 신분관계로 인하여 형의 경중이 있는 경우라 할 것이다. 이러한 신분관계가 없는 자가 신분자와 공모하여 위 상호신용금고법위반죄를 범하였다면 비신분자에 대하여는 형법 제33조 단서에 의하여 형법 제355조 제2항에 따라 처단해야 할 것인바, 그러한 경우에는 비신분자에게도 일단 업무상배임으로 인한 상호신용금고법 제39조 제1항 제2호 위반죄가 성립한 다음 형법 제33조 단서에 의하여 중한 형이 아닌 형법 제355조 제2항에 정한 형으로 처벌되는 것으로 보아야 할 것이다(97도2609 판결).

제8절 과실범과 결과적 가중범의 이론

[§ 39] 과 실 범

I. 과실범일반론

1. 과실의 의의

과실이란 정상적으로 기울여야 할 주의를 게을리하여 죄의 성립요소인 사실을 인식하지 못한 것을 말한다. 정상적인 주의를 게을리하였다함은 사회생활상 요구되는 주의의무에 위반된 것을 의미하고 죄의 성립요소인 사실은 범죄사실(구성요건표지)을 말하므로 과실은 사회생활상 요구되는 주의의무에 위반하여 범죄사실을 인식하지 못한 것이다.

형법 제14조는 "정상적으로 기울여야 할 주의를 게을리하여 죄의 성립요소인 사실을 인식하지 못한 행위는 법률에 특별한 규정이 있는 경우에만 처벌한다"고 규정하여 과실행위는 예외적으로 처벌하고 있다. 형법 제14조의 문언에 따르면 인식 없는 과실만 규정한 것으로 보이나 죄의 성립요소인 사실을 인식하였어도 그로 인한 결과가 발생하지 아니한다고 부주의로 신뢰하였거나 결과발생을 부인한 인식 있는 과실도 과실에 해당한다. 인식 없는 과실도 인식이 없다고 해서 항상 과실이 되는 것이 아니라 인식이 없어도 주의하면 인식할 수 있는 경우, 즉 인식가능성이 있는 경우에 과실이 인정된다.

과실로 인하여 구성요건결과가 발생한 경우에 처벌되는 범죄를 과실범이라 한다. 과실범은 항상 처벌되는 것이 아니라 법률에 특별한 규정이 있는 경우에 한하여 예외적으로 처벌된다.

2. 과실의 체계상의 지위

(1) 책임요소설

과실은 고의와 함께 책임의 주관적·심리적 요소로서 책임조건이라 한다(신고전적 범죄론체계). 이에 따르면 과실범의 구성요건요소는 결과발생과 인과관계뿐이므로 법익침해결과와 인과관계만 확정되면 과실범의 불법(구성요건해당성과 위법성)을 인정하고, 책임단계에 와서 고의가 부정될 경우에 비로소 과실 유무를 판단한다(인과적 불법론).

그러나 결과발생과 인과관계만으로 과실불법을 인정할 때에는 과실도 없는 우연적·불가항력적 사고까지 과실범의 불법을 인정할 수밖에 없고, 법익침해의 결과가 동일한 고의범(예: 살인죄의 사망)과 과실범(예: 과실치사죄의 사망)의 불법의 차이를 설명할 수 없다.

(2) 구성요건요소설

과실은 과실범의 구성요건요소이고 과실범의 행위반가치를 구성하는 불법요소가 된다고 한다. 즉 과실의 본질은 법익침해라는 결과반가치가 아니라 행위수행방법이 사회생활상 요구되는 주의의무에 위반하였다는 행위반가치에 있으므로 과실은 구성요건요소가 된다는 것이다(목적적 범죄론체계).

그러나 과실을 구성요건요소로 파악하면 과실범의 책임(주의의무 준수가능성)을 평가하는 실체가 없어지므로 행위자가 주의의무를 준수할 가능성 유무와 관계없이 과실책임을 인정할 수밖에 없다는 결함이 있다.

위법성과 책임은 범죄성립요소가 아니라는 구성요건단일범죄체계를 취하는 입장(김성돈 140 이하)에서 행위자가 개인적으로 준수할 수 있는 주관적 주의의무만 주의의무의 개념요소이고 주관적 주의의무는 구성요건요소가 된다고 주장하는 견해(김성돈 521)가 있다.[1] 이 견해에 대하여는, 불법은 사회일반인의 규범위반에 대한 부정적 평가이므로 행위자 개인의 주관적 주의의무위반은 과실범의 불법을 근거지울 수 없고, 개인의 주의의무 준수가능성에 따라 불법을 평가하면 불법평가의 객관성을 유지할 수 없다는 비판이 제기된다.

---

1) 이 견해는 객관적 주의의무가 인정되더라도 행위자의 지식이나 경험, 신체조건 등이 열등하여 주관적 예견가능성이 부정되는 경우에는 과실범의 구성요건해당성이 부정된다고 하고 있다(김성돈 521).

(3) 구성요건 · 책임요소설

과실은 과실범의 구성요건요소인 동시에 책임요소가 된다는 견해이다. 주의의무를 객관적 주의의무와 주관적 주의의무로 나누어 사회생활상 요구되는 객관적 주의의무는 구성요건요소이고 그 주의의무위반은 과실범의 행위반가치를 구성하는 불법요소가 되며, 행위자가 개인적 능력으로 준수가능한 주관적 주의의무는 과실범의 책임요소가 된다는 견해로, 우리나라 통설이다(합일태적 범죄론체계. 목적적 범죄론체계에서는 김종원, 과실범 형사법 강좌 I, 336). 객관적 규범위반은 불법에, 행위자 개인의 규범준수가능성은 책임에 귀속시킴으로써 과실범의 불법과 책임을 체계상 구별한 것이다.

(4) 판례의 태도

대법원은 과실의 내용을 지적 요소와 규범적 요소로 구별하여, 지적 요소인 범죄사실의 불인식 · 인식가능성과 규범적 요소인 주의의무위반 모두 비난가능성의 구성요소로 파악하므로 책임요소설의 입장이다.

> **판례**   과실범에 있어서는 비난가능성의 지적 요소란 결과발생의 가능성에 대한 인식으로서 인식 있는 과실에는 이와 같은 인식이 있고 인식 없는 과실에는 이에 대한 인식 자체도 없는 경우이나, 전자에 있어서 책임이 발생함은 물론 후자에 있어서도 그 결과발생을 인식하지 못하였다는 데에 대한 부주의, 즉 규범적 실재로서의 과실책임이 있다(83도3007 판결).

(5) 결 어

① 무과실행위는 애당초 과실범의 구성요건에 해당할 수 없으므로 과실의 유무는 책임단계에 와서 판단할 것이 아니라 구성요건단계에서 확정해야 한다. ② 불법은 사회일반인의 규범위반에 대한 부정적 평가이므로 과실범의 불법도 사회생활상 요구되는 객관적 주의의무위반으로 확정해야 한다. ③ 행위자가 준수불가능한 주의의무는 요구할 수 없으므로 불법단계에서 객관적 주의의무위반이 인정되어도 행위자 개인적으로 그 객관적 주의의무의 준수가 불가능하다면 책임비난을 할 수 없다. 따라서 객관적 주의의무는 과실범의 구성요건요소이지만 이에 대한 책임비난을 평가하는 주관적 주의의무는 과실범의 책임요소가 된다고 함이 타당하다.

II. 과실의 종류

1. 인식 있는 과실과 인식 없는 과실

결과발생의 가능성을 예견하고 있었느냐에 따른 구분이다. 인식 있는 과실은 결과발생의 가능성은 예견하였으나 결과가 발생하지 않는다고 신뢰하였거나 결과발생을 부인한 경우이고, 인식 없는 과실은 결과발생의 가능성조차 예견하지 못하고 결과가 발생한 경우(전형적인 과실)이다.

인식 있는 과실과 인식 없는 과실은 불법과 책임에서 차이가 없고 과실인정의 구조도 동일하므로 구별의 실익은 없다. 다만 미필적 고의와 구별하기 위해서 인식 있는 과실의 내용을 확정할 필요가 있다.

2. 업무상 과실과 중과실

형법의 처벌규정을 전제로 한 구분이다. 업무상 과실과 중과실은 서로 대응하는 개념이 아니며, 형법에서는 동일하게 취급한다.

업무상 과실은 보통의 과실에 대응하는 것으로 일정한 업무에 종사하는 자가 그 업무상 준수해야 할 주의의무에 위반한 경우이고, 업무자는 일반인에 비하여 결과발생에 대한 예견가능성이 크기 때문에 책임이 가중된 것으로 본다. 업무자에게 일반인보다 고도의 주의의무가 부과되어 있다는 견해도 있으나 주의의무 자체는 일반인의 그것과 차이가 없다(객관설).

중과실은 경과실에 대하여 사용되는 개념으로 주의의무위반의 정도가 큰 경우이다. 조금만 주의하였더라면 주의의무를 다할 수 있었음에도 불구하고 이를 태만한 경우(경솔한 과실)가 중과실이다. 판례도 같은 입장이다(88도643 판결, 88도855 판결, 4292형상761 판결 등).

> **판례** 피고인이 아주 작은 주의만 기울였더라면, 화재가 발생할 것을 예견하여 회피할 수 있었음에도 불구하고, 부주의로 이를 예견하지 못하고 스폰지와 솜 등을 쉽게 넘어질 수 있는 상태로 쌓아둔 채 방치하였기 때문에 화재가 발생한 것으로 판단이 되어야만, 피고인의 "중대한 과실"로 인하여 화재가 발생한 것으로 볼 수 있다(88도643 판결).

III. 과실범의 성립요건

1. 과실범의 구성요건해당성

과실범은 고의가 부정되는 경우에 논의되는 결과범이다. 과실범의 불법도 고의범과 마찬가지로 행위반가치와 결과반가치로 구성된다(이원적 불법론).

과실범의 행위반가치는 부주의로 인한 범죄사실의 불인식 내지 인식가능성과 객관적 주의의무위반에서, 결과반가치는 구성요건결과발생과 그 결과에 대한 인과관계에서 각각 인정된다.

(1) 범죄사실의 인식가능성

과실범은 범죄사실을 인식하지 못하였으나 그 인식의 가능성이 있는 경우와 범죄사실을 인식하였지만 그 실현에 대한 인용이 없는 경우에 성립한다.

(2) 객관적 주의의무위반

1) 객관적 주의의무   객관적 주의의무란 사회생활상 일반적으로 요구되는 주의의무를 말한다. 과실의 본질적 요소는 객관적 주의의무위반에 있으므로 과실은 범죄사실의 불인식으로 인한 결과발생이 객관적 주의의무위반에 의한 것임을 요한다. 객관적 주의의무가 있다고 하기 위해서는 그 전제로서 결과발생에 대한 예견가능성이 있어야 한다. 예견가능성조차 없으면 법질서가 종래의 행위계획을 변경하도록 요구할 수 없기 때문이다.

2) 객관적 주의의무의 내용   주의의무의 내용은 결과발생의 가능성을 예견하고, 그 예견한 결과발생을 회피하기 위하여 필요한 조치를 취할 의무이다. 따라서 결과예견의무와 결과회피의무가 주의의무의 내용이 된다. 우리나라 통설이다.

3) 객관적 주의의무의 근거   주의의무가 법령에 규정되어 있는 경우가 있다. 예컨대 자동차운전자의 안전운전의무(도로교통법 제48조), 의약품판매업자의 의약품안전·유통관리에 관한 의무(약사법 제47조 제1항 제4호), 식품판매업자의 청결위생유지의무(식품위생법 제3조) 등이다.

그러나 과실범이 성립할 수 있는 모든 주의의무를 법률에 유형화하는 것은 불가능하므로 일반적인 도의·조리·관습 등 사회규범과 규칙·내규·계약 등에 따라 객관적·개별적으로 주의의무의 내용과 범위를 결정할 수밖에 없다. 따라서 법규를 준수했다는 것만으로 과실책임을 면할 수 없다.

제한속도를 준수하고 안전운전을 하는 운전자는 무단횡단하던 보행자가 중앙선 부근에 있다가 마주오던 차에 충격당하여 자기의 택시 앞으로 쓰러지는 것을 예견·회피해야 할 주의의무가 있고, 차를 주차시키고 일시 차를 떠나는 운전자는 시동열쇠를 빼야 할 주의의무가 있다. 버스 운전자는 전날밤 주차해 둔 버스를 다음날 아침에 출발하기에 앞서 차 밑에 장애물이 있는지 여부를 확인해야 할 주의의무가 있고, 어린이 통학차량 운전기사는 어린이 승·하차 여부를 모두 확인해야 하고, 동승한 보호자 역시 안전띠를 매고 있도록 하는 등 필요한 조치를 취해야 할 의무가 있다.

주의의무는 항상 일정한 범죄사실, 행위시의 상황, 행위자와의 관계에서 개별적으로 판단한다. 예컨대 숙련된 운전자와 초보운전자, 주간과 야간, 맑은 날과 비나 눈오는 날, 일반도로와 혼잡한 도로 등에서의 자동차 운행에 대한 속도조절의무는 차이가 있으므로 개별적으로 판단해야 한다.

4) 객관적 주의의무의 판단기준   주의의무를 판단하는 기준을 어디에 둘 것이냐에 대해서 신고전적 범죄론체계에서부터 견해가 나뉘어져 있다.

(a) 판단기준에 관한 학설   ① 주관설은 행위자의 주의능력을 기준으로 주의의무위반 유무를 결정해야 한다고 하고, ② 객관설은 사회일반인의 주의능력을 기준으로 주의의무위반 유무를 결정해야 한다고 하며, ③ 절충설은 주의의무의 정도는 사회일반인을 기준으로 하여 객관적으로 결정하지만 주의력의 정도는 행위자 본인의 주의능력을 기준으로 주의의무위반 유무를 판단해야 한다고 한다.

(b) 결 어   원래 주의의무는 행위자 본인을 포함하여 동일한 사정에서 행위를 하는 모든 일반인에게 동일하게 요구되는 것이고, 규범은 일반인이 준수할 수 있는 것을 전제로 하므로 일반인에게 불가능한 것은 주의의무의 내용이 될 수 없다. 특히 과실의 체계적 지위를 구성요건단계에서부터 파악할 때에는 불법단계에서 요구되는 주의의무는 사회생활상 요구되는 주의의무이므로 주의

의무 판단기준도 당연히 객관설을 취하게 된다. 우리나라 통설이다.

객관설에 의하면 사회일반인의 주의능력에 미치지 못하는 자가 개인능력을 모두 발휘하였더라도 결과가 발생하면 일단 과실범의 불법은 인정된다. 이 경우 사회일반인의 주의능력에 미치지 못하는 자는 책임과실(주관적 과실)이 탈락하여 책임이 배제될 수 있다. 반대로 행위자가 일반인 이상의 고도의 주의능력을 가진 때에는 주의의무는 그 행위자의 능력을 기준으로 판단한다. 주의의무를 이행할 수 있음에도 이를 게을리하여 결과를 야기한 경우 고도의 주의능력자에게 과실책임을 인정하는 것이 타당하기 때문이다.

(c) **판례의 태도**   판례는 과실을 책임요소로 파악하면서도 행위자 개인의 주의능력이 아니라 같은 업무와 직무에 종사하는 일반 보통인의 주의정도를 표준으로 주의의무위반 유무를 판단하는 **객관설**을 취하고 있다($^{2018도2844}_{판결}$).

> **판례**   의료과오사건에서 의사의 과실을 인정하려면 결과 발생을 예견할 수 있고 또 회피할 수 있었는데도 예견하거나 회피하지 못한 점을 인정할 수 있어야 한다. 의사의 과실이 있는지 여부는 같은 업무 또는 분야에 종사하는 평균적인 의사가 보통 갖추어야 할 통상의 주의의무를 기준으로 판단하여야 하고, 사고 당시의 일반적인 의학 수준, 의료환경과 조건, 의료행위의 특수성 등을 고려하여야 한다. 의사가 진찰·치료 등의 의료행위를 할 때는 사람의 생명·신체·건강을 관리하는 업무의 성질에 비추어 환자의 구체적 증상이나 상황에 따라 위험을 방지하기 위하여 요구되는 최선의 조치를 해야 한다. 의사에게 진단상 과실이 있는지 여부를 판단할 때는 의사가 비록 완전무결하게 임상진단을 할 수는 없을지라도 적어도 임상의학 분야에서 실천되고 있는 진단 수준의 범위에서 전문직업인으로서 요구되는 의료상의 윤리, 의학지식과 경험에 기초하여 신중히 환자를 진찰하고 정확히 진단함으로써 위험한 결과 발생을 예견하고 이를 회피하는 데에 필요한 최선의 주의의무를 다하였는지를 따져 보아야 한다. 나아가 의사는 환자에게 적절한 치료를 하거나 그러한 조치를 하기 어려운 사정이 있다면 신속히 전문적인 치료를 할 수 있는 다른 병원으로 전원시키는 등의 조치를 하여야 한다(2018도2844 판결).

(3) 결과발생 · 인과관계 · 객관적 귀속

1) **결과발생**   과실범은 결과가 발생한 경우에만 구성요건해당성을 인정할 수 있으므로 결과발생은 과실범의 구성요건요소가 되며 과실불법의 결과반가치가 된다. 과실침해범은 법익침해가 있어야 하고, 과실위험범(예: 자기소유건

조물실화, 과실일수 등)은 일정한 위험이 발생해야 한다.

　　과실범에 있어서 결과발생이 없으면 결과불법이 부정되고, 결과발생이 있어도 객관적 주의의무위반이 없으면 행위불법이 부정되어 과실범은 성립하지 않는다.

　　2) 인과관계와 객관적 귀속　　결과발생과 주의의무위반 사이에는 인과관계가 있어야 한다. 합법칙조건관계가 있으면 인과관계는 확정된다.

　　과실범의 객관적 귀속을 인정하기 위해서 다음의 요건을 구비해야 한다. ① 객관적 주의의무위반이 허용되지 않은 위험을 창출하고 그 위험의 구체적 실현이 있어야 한다. ② 과실범의 결과는 주의의무위반으로 인하여 발생할 것임을 요한다(의무위반관련성). 주의의무위반과 관계없는 사유로 결과가 발생하였거나 주의의무위반으로 결과가 발생하였지만 주의의무를 다한 때에도 같은 결과가 발생할 개연성이 있는 경우에는 객관적 귀속이 부정된다. ③ 결과는 과실범 구성요건이 금지하는 의무위반 자체에서 직접 발생한 것이라야 한다. 과실과 결과발생이 있어도 그 구성요건이 금지하는 의무위반 때문에 직접 발생한 것이 아니라면 규범의 보호목적 밖에서 야기된 것이므로 객관적 귀속이 부정된다.

2. 과실범의 위법성과 책임

(1) 과실범의 위법성

　　객관적 주의의무위반의 결과는 불법구성요건에 해당할 뿐만 아니라 원칙적으로 과실범의 위법성을 근거지운다. 다만 위법성배제사유가 있으면 정당화된다.

　　과실범의 주관적 정당화요소를 긍정하는 견해(임웅 570, 김일수·서보학 330 이하, 손동권·김재윤 20/42)와, 인식 있는 과실에 한하여 주관적 정당화요소를 긍정하는 견해(김성돈 523)가 있으나,[1] 과실범은 범죄실현의사가 없으므로 이를 상쇄시키는 주관적 정당화요소를 인정할 수 없다고 해야 한다(정성근·박광민 440, 이재상 외 14/34, 배종대 156/36, 박상기·전지연 195).

---

[1] 김성돈 523은 기본적으로 과실범의 경우에도 주관적 정당화요소가 필요하다는 전제에서 행위자가 객관적 정당화사정에 대한 인식을 하고 있으면 주관적 정당화요소가 인정되어 위법성이 배제된다고 주장한다.

과실범의 위법성배제사유로서 정당행위 · 정당방위 · 긴급피난 · 피해자의 승낙을 고려할 수 있고, 신뢰의 원칙이 적용되는 때에도 정당화될 수 있다.

(2) 과실범의 책임

과실범의 책임은 원칙적으로 고의범의 경우와 같다.

1) **책임능력**   과실범의 책임능력은 주의의무를 인식하고 이를 준수할 수 있는 정신능력이다. 이러한 능력이 없는 책임무능력자의 과실행위는 주관적 주의의무위반을 판단할 필요없이 책임이 배제된다. 책임능력은 책임비난의 전제요건이 되기 때문이다.

2) **주관적 주의의무위반**   행위자가 자신의 능력으로 준수가능한 주의의무를 주관적 주의의무(주관적 과실)라 한다. 규범은 준수불가능한 것을 요구할 수 없으므로 행위자가 자신의 개인적 능력으로 객관적 주의의무를 이행할 수 있음에도 불구하고 이에 위반한 때에만 과실책임을 인정할 수 있다. 주관적 주의의무위반 여부는 행위자 개인적인 지식 · 능력 · 경험에 따라 판단한다.

3) **위법성의 인식가능성**   과실범에 있어서는 위법성의 인식은 있을 수 없으나 그 인식의 가능성은 있어야 한다. 과실범의 위법성의 인식가능성은 객관적 주의의무위반에 대한 인식의 가능성이다. 인식 있는 과실뿐만 아니라 인식 없는 과실도 주의의무위반에 대한 인식가능성은 있다.

4) **기대불가능성**   행위자가 객관적 주의의무위반을 예견하였거나 예견할 수 있었지만 주의의무이행이 불가능한 사정 때문에 부득이 그 이행을 하지 못한 때에는 기대가능성이 없다고 해야 한다.

Ⅳ. 과실범의 관련문제

1. 과실범의 미수

과실범은 고의범처럼 결과발생을 인식 · 예견하여 이를 실행에 옮기는 과정이 없기 때문에 실행의 착수나 미수를 논의할 여지가 없다. 형법도 과실범의 미수를 처벌하지 않는다.

2. 과실범의 공범

협의의 공범에 있어서는 과실범이 성립할 수 없다는 것이 통설이다. 과실에 의한 교사·방조는 있을 수 없고, 과실범에 대한 교사·방조는 간접정범이 된다.

과실범의 공동정범을 인정할 것이냐에 관해서 부정설이 다수설이지만, 긍정할 수 있다고 본다("과실의 공동정범" 참조).

3. 허용된 위험의 법리

허용된 위험이란 그 행위의 성질상 법익침해의 위험을 항상 수반하고 있지만 사회생활상 필요불가결한 행위이므로 법적·사회적으로 허용되는 것을 말한다. 예컨대 철도·항공·해운·자동차 등의 운행, 의료행위, 대규모건설·토목공사, 원자력·가스·에너지 등의 운용, 과학기술발전을 위한 위험실험 등 고도로 산업화된 현대사회는 이상과 같은 허용된 위험 속에 살고 있다고 해도 좋다.

허용된 위험의 법리란 허용된 위험이 있는 행위로 법익침해의 결과가 발생하여도 그 행위를 금지할 수 없고, 일정한 안전조치를 하고 있는 한 그 행위는 정당화된다는 이론을 말한다. 이 법리에 대해서 위법성이 배재된다는 견해(차용석 522)와, 구성요건해당성이 배제된다는 견해(이재상 외 14/17, 임웅 560, 김일수·서보학 325, 오영근 134)가 있다. 그러나 일정한 위험방지조치를 한 허용된 위험행위는 객관적 주의의무를 이행한 것이 되므로 허용된 위험의 법리는 행위자의 주의의무위반을 부정하고 사회생활상의 정상적인 행위로 인정한 것이라 본다.[1]

V. 신뢰의 원칙

1. 신뢰의 원칙의 의의

사회적으로 필요불가결하면서도 법익침해의 위험을 수반하고 있는 업무(허용된 위험행위)의 규칙을 준수한 자는 특별한 사정이 없는 한 다른 관여자(피해자·제3자)도 그 규칙을 준수하여 적절한 행위를 할 것이라고 신뢰하고 행위하였

---

1) 비슷한 취지에서 배종대 156/18 및 박상기·전지연 188은 허용된 위험의 독자성을 인정할 수 없다고 하고 있다.

으면 족하고, 다른 관여자의 신뢰에 반하는 부적절한 행위까지 예견하여 회피
조치를 취해야 할 주의의무가 없다는 원칙이다.

　　신뢰의 원칙은, 업무의 성질상 법익침해의 위험성은 불가피하게 수반되지
만 사회생활상 필요불가결한 업무활동의 신속·원활·정확성을 보장하기 위해서
이에 관여하는 다른 사람들까지 위험방지에 협력할 것을 요구함으로써 업무자
의 주의의무를 감경 · 제한한다는 "사회적 위험의 적정한 분배"사상을 배경으로
판례에서 확립된 원칙이다.

2. 판례의 동향

　　대법원은 초기 고속도로상의 교통사고에서 신뢰의 원칙을 적용하기 시작
하여 일반도로의 차도에도 확대적용하고, 분업적 의료행위에까지 적용범위를
넓혀가고 있다.

[신뢰의 원칙 적용 사례]　　① 자동차와 자동차운전자 사이에는 비교적 넓게 적용
한다. 신호위반차량이 직진하는 차량 앞을 가로질러 좌회전하는 경우(84도1493 판
결), 비포장도로에서 상대방차량이 도로좌측으로 무작정 넘어오는 경우(92도1137 판
결), 고속도로에서 상대방차량이 중앙선을 넘어 침범하는 경우(81도2720 판결, 88도
1678 판결).

　　② 자동차와 자전거운전자 사이의 사고에도 적용한다. 자전거 출입이 금지된 도
로에서 갑자기 자전거 탄 사람이 나타난 경우(80도1446 판결), 야간조명등 없는 자
전거를 타고 무단횡단하는 경우(84도1695 판결).

　　③ 보행자 사고에 대해서는 원칙적으로 적용하지 않고 있다. 다만 고속도로를
무단횡단하는 보행자(2000도2671 판결), 자동차전용도로를 횡단하는 보행자(88도
1689 판결), 육교 바로 밑을 무단횡단하는 보행자(84도1572 판결), 적색신호 중에 횡
단보도를 횡단하는 보행자(92도2077 판결)의 경우에 이 원칙을 적용하고 있다.

　　④ 의료행위에 대한 신뢰의 원칙은 비교적 엄격하게 적용된다. 종합병원의 공동
외과수술을 시행하는 의사 상호간(또는 외과의사와 마취과의사 상호간)과 같은 수평적
관계의 분업에는 이 원칙을 적용(69도2190 판결, 같은 취지 2001도3292 판결)하지만,
수직적 관계인 의사와 간호사 사이에는 적용하지 않는다(97도2812 판결).

　　⑤ 제약회사와 약사와의 관계에서, 제약회사가 제조 · 판매한 의약품의 포장에
표시된 약사법 소정의 합격품 검인을 믿고 조제한 약사에 대해 이 원칙을 적용하
였다(74도2046 판결).

3. 신뢰의 원칙과 허용된 위험의 법리의 관계

신뢰의 원칙은 허용된 위험행위에 대하여 적용되므로 허용된 위험의 특수사례라 할 수 있다. 다만 허용된 위험의 법리는 허용된 위험행위로부터 결과가 발생한 경우에도 행위 그 자체는 항상 정당화된다고 하므로 주의의무와 관련없이도 인정할 수 있지만, 신뢰의 원칙은 위험부담의 적정한 분배에 의하여 주의의무를 제한하는 기능을 갖는 것이므로 업무자의 주의의무와 관련하여 논의된다.

4. 신뢰의 원칙과 주의의무의 관계

신뢰의 원칙이 객관적 주의의무를 제한한다고 할 때 주의의무의 내용 중 어느 것을 제한하느냐에 관하여, ① 결과예견의무를 제한한다는 견해, ② 결과회피의무를 제한한다는 견해(정성근·박광민 447, 김성돈 508), ③ 결과예견의무와 결과회피의무 모두 제한한다는 견해(이형국·김혜경 486, 이재상 외 14/20, 임웅 561)가 대립한다.

허용된 위험행위는 결과발생에 대한 예견가능성뿐만 아니라 예견도 되고 있는 행위이므로 대부분 예견의무를 이행하고 있다. 신뢰의 원칙은 결과회피의무를 제한하는 기준이라 본다.

5. 신뢰의 원칙의 적용요건과 한계

(1) 신뢰의 원칙의 적용요건

신뢰의 원칙을 도로교통에 적용하기 위한 요건은 다음과 같다.

1) 객관적 요건　① 자동차의 고속화와 원활한 교통의 필요성이 있고, ② 교통환경이 완비되어야 하며, ③ 교통교육과 교통도덕이 보급되어 있고, ④ 신뢰자가 규칙을 준수하고 있어야 한다. 구체적으로는 차량 대 차량의 사고인가, 차량 대 보행자의 사고인가를 분석하여 판단해야 한다.

2) 주관적 요건　① 신뢰가 있어야 하고, ② 신뢰의 상당성이 있는 경우에 한하여 적용할 수 있다.

(2) 신뢰의 원칙의 적용한계

신뢰의 원칙은 다른 관여자를 신뢰할 수 있는 정상적 상태(관계)를 전제로 인정되는 것이므로 타인의 적절한 행위를 신뢰하기 곤란한 특별한 사정이 있는 때에는 이 원칙의 적용이 배제된다.

1) 상대방의 규칙위반을 인식한 경우   신뢰자가 다른 관여자의 규칙위반을 이미 알고 있거나 알 수 있었을 경우에는 신뢰의 원칙을 적용할 수 없다. 다른 운전자가 음주운전하는 것을 알고 있었거나, 무모한 보행자임이 명백한 경우가 그 예이다.

2) 상대방의 규칙준수를 신뢰할 수 없는 경우   어린아이, 노인, 신체장애자, 명정자, 극도로 흥분·당황하고 있는 자와 같이 정신적·신체적·심리적 결함이나 지적 능력의 흠결로 상대방의 의무규칙 준수를 신뢰할 수 없는 사정이 있는 때에는 신뢰의 원칙은 배제된다. 또 빈번하게 교통위반행위가 발생하고 있는 장소에서도 이 원칙의 적용은 배제된다.

판례는, 자동차전용도로 상에서 시외버스 운전자가 50m 전방 우측 도로변에 피해자가 앉아 있음을 목격한 때에는 피해자가 도로에 들어올 경우에 대비하는 조치를 취할 업무상의 주의의무가 있다고 하여 신뢰의 원칙을 부정하고 있다(^{86도1676}_{판결}).

3) 스스로 규칙을 위반한 경우   스스로 규칙을 위반하여 야기된 위험을 타인이 극복할 것으로 신뢰할 수는 없다. 따라서 사고의 원인이 되는 교통규칙위반이 가해자에게 존재하는 경우에는 원칙적으로 신뢰의 원칙의 적용이 배제된다.

다만, 운전면허불휴대죄와 같이 직접 사고와 관계없는 단속상의 위반이거나 신뢰자의 규칙위반이 결과발생에 중요한 원인이 아닌 때에는 사정에 따라 신뢰의 원칙을 적용할 수 있다.

판례 같은 방향으로 달려오는 후방차량이 교통법규를 준수하여 진행할 것이라 신뢰하여 우측전방에 진행 중인 손수레를 피하기 위하여 중앙선을 약간 침범하였다 하더라도 구 도로교통법 제11조 소정의 규정을 위반한 점에 관한 책임이 있음은 별론으로 하고, 후방에서 오는 차량의 동정을 살펴 그 차량이 무모하게 추월함으로써 야기될지도 모르는 사고를 미연에 방지하여야 할 주의의무까지 있다고는 볼 수 없다(70도176 판결. 같은 취지 98도1854 판결).

6. 신뢰의 원칙과 조직적 위험업무

신뢰의 원칙은 분업적 의료행위와 같이 다수인이 일정한 목적을 달성하기 위하여 조직적인 협력으로 분담수행하는 공동작업에도 확대적용하고 있다.

수평관계에서 조직적 협력으로 외과수술을 행하는 의사는 특별한 사정이 없는 한 다른 의사가 주의의무를 다하였다고 신뢰하면 족하고, 다른 의사의 행위가 적절한지 검사결과가 정당한지를 조사·확인할 주의의무는 없다. 수술의사는 특별한 사정이 없는 한 수술 중에 간호사가 제공하는 수술도구가 정상적으로 소독되었다고 신뢰해도 좋으며, 의사의 처방전에 따른 약제사의 약조제에도 특별한 사정이 없는 한 신뢰의 원칙을 적용할 수 있다.

조직적 위험업무에까지 신뢰의 원칙을 적용하기 위해서는 각자의 분담업무가 확립되어 있고, 그 공동작업의 능률화를 위해서 신뢰를 보장해야 할 필요성이 있어야 한다. 따라서 의사와 보조자의 관계와 같이 수직관계에 따른 지휘·감독관계가 있는 경우에는 그 의무를 다하지 않는 한 신뢰의 원칙은 적용할 수 없다. 예컨대 애당초 자격·능력이 없는 보조자를 채용하였거나, 의사의 지시를 간호사가 잘못 판단하는 경우에는 의사의 주의의무위반을 인정해야 한다. 또 다수인에게 위임된 부분업무의 한계가 불분명한 경우에는 엄격한 분업과 지휘감독에 의하여 적절한 조정을 할 의무가 있다.

[§ 40] 결과적 가중범

I. 결과적 가중범의 의의와 책임주의

1. 결과적 가중범의 의의

기본범죄를 실행하여 그보다 무거운 결과가 발생한 경우에 기본범죄와 무거운 결과를 하나의 범죄로 하여 기본범죄보다 형이 가중된 범죄유형을 결과적 가중범이라 한다. 고의로 실행한 기본범죄를 기본구성요건이라 하고, 무거운 결과부분의 범죄를 결과구성요건이라 한다. 형법상의 원칙적인 결과적 가중범은 기본범죄가 고의범이고 무거운 부분의 범죄는 과실범이다. 형법 제15조 제2항도 "결과 때문에 형이 무거워지는 죄의 경우에 그 결과의 발생을 예견할 수 없었을 때에는 무거운 죄로 벌하지 아니한다"고 하여 이를 명시하고 있다.

　　결과적 가중범은 두 개의 범죄가 결합된 범죄유형이지만 고의범과 과실범의 단순한 가중적 구성요건이 아니라 독립된 불법내용을 가진 독자적 단일범죄이다.

2. 결과적 가중범과 책임주의

　　결과적 가중범은 행위로 인하여 발생된 모든 결과에 대하여 죄책을 인정하였던 결과책임사상의 유물이라 하여 책임주의에 반한다는 비판을 받았다. 현재의 우리 형법에도 결과적 가중범의 법정형이 기본범죄인 고의범과 무거운 결과인 과실범의 총합보다 무거운 결과적 가중범(예: 폭행치상죄, 상해치사죄)이 있으므로 책임주의에 반한다는 주장이 제기되기도 한다.

　　그래서 결과적 가중범의 무거운 결과인 과실을 중과실로 제한하거나, 고의의 기본범죄에 내재하는 무거운 결과발생의 위험이 기본범죄행위에서 직접 현실화된 경우에 무겁게 처벌할 수 있다는 직접성의 원칙을 적용하여 책임주의와 조화시키려고 한다(_{정성근·박광민 453, 이재상 외 15/5, 김일수·서보학 338 이하. 배종대 157/12는 행위와 결과 모두 포함}). 중과실론은 현행법상으로 입법론에 불과하므로 직접성의 원칙에 의하여 책임주의와 조화되도록 조정하는 방법이 현실적 방안이라 할 수 있다.

　　직접성의 원칙에 의하면, 결과적 가중범은 고의범과 과실범을 결합한 단순한 가중적 구성요건이 아니라 기본범죄에 포함되어 있는 전형적인 불법이 무거운 결과에로 실현된 독자적 단일범죄이다. 고의의 기본범죄에 전형적으로 포함되어 있는 잠재적 위험을 예견하고 무거운 결과발생을 방지해야 할 주의의무위반은 일반의 과실범보다 행위반가치가 더 크기 때문에 무겁게 처벌하는 것이다(_{손동권·김재윤 21/4}). 따라서 결과적 가중범은 기본범죄와 무거운 결과의 과실범의 형의 총합보다 무겁다 하여도 책임주의에 반한다고 할 수 없다.

II. 결과적 가중범의 종류

1. 진정결과적 가중범과 부진정결과적 가중범

(1) 진정결과적 가중범

고의의 기본범죄에 의하여 과실로 무거운 결과가 발생한 경우를 진정결과적 가중범이라 한다. 고의의 기본범죄와 무거운 결과의 과실범이 결합된 결과적 가중범의 기본형태이다.

진정결과적 가중범에 해당하는 범죄의 경우에는 무거운 결과에 대해 고의가 있으면 결과적 가중범이 아니라 기본범죄의 고의범과 무거운 결과의 고의범을 인정하고 두 죄의 상상적 경합을 인정하거나 기본범죄는 무거운 결과의 고의범에 흡수되는 법조경합으로 처리한다. 예컨대 사람을 상해하여 사망하게 한 경우, 사망에 대한 고의가 있으면 살인죄만 성립하고, 현주건조물일수죄를 범하여 사람을 살해한 때에는 현주건조물일수죄와 살인죄의 상상적 경합이 된다. 상해치사죄, 폭행치사상죄, 강도치사상죄, 인질치사상죄, 특수공무집행방해치사죄, 교통방해치사죄 등은 무거운 결과가 과실에 의하여 발생한 경우에만 성립하는 진정결과적 가중범이다.

(2) 부진정결과적 가중범

1) 의 의　　고의의 기본범죄에 의하여 과실로 무거운 결과가 발생한 경우뿐만 아니라 고의로 무거운 결과가 발생한 경우에도 성립하는 결과적 가중범을 부진정결과적 가중범이라 한다.

대부분의 결과적 가중범은 진정결과적 가중범이지만 부진정결과적 가중범을 인정할 필요가 있는 범죄는, 치사죄의 경우는 현주건조물방화치사죄 뿐이고, 교통방해치상죄, 특수공무집행방해치상죄, 음용수혼독치상죄, 현주건조물방화치상죄, 현주건조물일수치상죄, 폭발성물건파열치상죄 등의 치상죄가 있다. 그리고 중상해죄, 중권리행사방해죄, 중손괴죄는 무거운 결과의 독립된 범죄유형이 없으므로 일반의 결과적 가중범과 구별하여 특수형태의 결과적 가중범이라 한다.

2) 부진정결과적 가중범 인정이유　　부진정결과적 가중범을 부정할 경우

생기게 될 처벌상의 불균형을 해결하기 위한 것이다.

예컨대, 현주건조물방화치사죄(사형, 무기 또는 7년 이상의 유기징역)에서 사망이라는 무거운 결과가 과실로 발생한 경우에만 이 죄가 성립한다고 하면, 사망이라는 무거운 결과에 대하여 고의가 있는 경우에는 현주건조물방화죄(무기 또는 3년 이상의 유기징역)와 살인죄(사형, 무기 또는 5년 이상의 유기징역)의 상상적 경합이 되어 형이 더 무거운 살인죄의 형으로 처벌하게 되는데, 이렇게 되면 무거운 결과에 대하여 과실이 있는 경우(방화치사)가 고의가 있는 경우(살인)보다 더 불리하게 취급(고의 있는 경우가 유리하게 취급)되는 불균형이 생기므로 이를 해소하기 위해 부진정결과적 가중범을 인정하는 것이다. 판례도 부진정결과적 가중범을 인정한다($\binom{2021도14536}{판결 참조}$).

> **판례** ① 피고인들이 피해자들의 재물을 강취한 후 그들을 살해할 목적으로 현주건조물에 방화하여 사망에 이르게 한 경우 피고인들의 위 행위는 강도살인죄와 현주건조물방화치사죄에 모두 해당하고 그 두 죄는 상상적 경합범관계에 있다고 할 것이다(98도3416 판결).
> ② 형법 제164조 후단이 규정하는 현주건조물방화치사상죄는 그 전단이 규정하는 죄에 대한 일종의 가중처벌 규정으로서 과실이 있는 경우뿐만 아니라, 고의가 있는 경우에도 포함된다고 볼 것이므로 사람을 살해할 목적으로 현주건조물에 방화하여 사망에 이르게 한 경우에는 현주건조물방화치사죄로 의율하여야 하고 이와 더불어 살인죄와의 상상적 경합범으로 의율할 것은 아니라고 할 것이고, 다만 존속살해죄와 현주건조물방화치사죄는 상상적 경합 관계에 있으므로, 법정형이 중한 존속살해죄로 의율함이 타당하다(96도485 판결).[1]

3) **부진정결과적 가중범의 죄수** 부진정결과적 가중범을 인정한다면 무거운 결과에 대한 고의범도 별도로 인정할 것이냐에 대하여 견해가 대립한다. 예컨대 방화를 하여 사람을 살해한 경우에 현주건조물방화치사죄 외에 살인죄도 인정할 것이냐이다.

이 점에 대해서, ① 부진정결과적 가중범은 독립된 불법의 내용을 가진 독자적 범죄이므로 부진정결과적 가중범과 고의범의 상상적 경합이 된다는 견해, ②

---

[1] 이 판결은 존속살해죄 법정형이 개정되기 전의 사안에 대한 것이고, 이후 형법개정으로 존속살해죄의 법정형이 현주건조물방화치사죄의 법정형과 동일하게 변경되었으므로 현재에도 동일한 법리가 적용될 것인지는 불분명하다.

무거운 결과의 고의범이 부진정결과적 가중범의 법정형보다 무거운 경우는 상상적 경합을, 가벼운 경우는 부진정결과적 가중범만 성립한다는 견해(신동운 274 이하. 다만 오영근 150은 전자의 경우는 부진정결과적 가중범을 부인한다)가 대립한다.

　　판례는 기본적으로 부진정결과적 가중범과 무거운 결과에 대한 고의범의 상상적 경합을 인정하면서(98도3416 판결, 현주건조물방화치사죄와 강도살인죄의 상상적 경합 인정), 다만 무거운 결과에 대한 고의범에 부진정결과적 가중범의 형보다 더 무겁게 처벌하는 규정이 없는 때에는 부진정결과적 가중범만 성립한다고 판시(2008도7311 판결)하여, 형의 불균형 여부를 기준으로 상상적 경합 여부를 판단하고 있다.

> **판례**　　기본범죄를 통하여 고의로 중한 결과를 발생하게 한 경우에 가중처벌하는 부진정결과적 가중범에 있어서, 고의로 중한 결과를 발생하게 한 행위가 별도의 구성요건에 해당하고 그 고의범에 대하여 결과적 가중범에 정한 형보다 더 무겁게 처벌하는 규정이 있는 경우에는 그 고의범과 결과적 가중범이 상상적 경합관계에 있다고 보아야 할 것이지만, 위와 같이 고의범에 대하여 더 무겁게 처벌하는 규정이 없는 경우에는 결과적 가중범이 고의범에 대하여 특별관계에 있다고 해석되므로 결과적 가중범만 성립하고 이와 법조경합의 관계에 있는 고의범에 대하여는 별도로 죄를 구성한다고 볼 수 없다. 따라서 직무를 집행하는 공무원에 대하여 위험한 물건을 휴대하여 고의로 상해를 가한 경우에는 특수공무집행방해치상죄만 성립할 뿐, 이와는 별도로 폭력행위 등 처벌에 관한 법률 위반(집단·흉기 등 상해)죄를 구성한다고 볼 수 없다(2008도7311 판결).

　　무거운 결과에 대한 고의범("살인"죄)의 불법 모두가 결과적 가중범("치사"죄)에 포함될 수 없고, 무거운 결과에 대한 고의범의 법정형이 무거운가 아닌가에 따라 고의범의 성립여부가 달라질 수 없으므로 부진정결과적 가중범과 무거운 결과에 대한 고의범의 상상적 경합이 된다고 함이 타당하다. 우리나라 다수설이다.

2. 고의의 결과적 가중범과 과실의 결과적 가중범

　　기본범죄가 고의행위이냐 과실행위이냐에 따른 구분이다. 기본범죄가 고의행위인 경우를 고의의 결과적 가중범, 과실행위인 경우를 과실의 결과적 가중범이라 한다. 통설은 결과적 가중범에 있어서의 기본범죄는 고의행위로 한정하는데, 형법전에는 과실의 결과적 가중범이 없으나 "환경범죄 등의 단속 및 가중처벌에 관한 법률" 제5조에서 과실의 결과적 가중범을 규정하고 있다.

Ⅲ. 결과적 가중범의 성립요건

1. 결과적 가중범의 구성요건해당성

결과적 가중범이 구성요건에 해당하기 위해서는 ① 고의의 기본적 구성요건실행행위가 있어야 하고, ② 기본행위를 초과하는 무거운 결과가 발생해야 하며, ③ 기본행위와 무거운 결과발생 사이에 인과관계가 있고, 객관적 귀속이 가능해야 하며, ④ 무거운 결과발생에 대한 예견가능성이 있어야 한다.

(1) 고의의 기본범죄

과실의 결과적 가중범은 특별법에서 예외적으로 인정되고 있는 점에 비추어 보면 우리 형법상 결과적 가중범의 원칙적인 기본범죄는 고의범이다. 여기서 기본범죄가 기수에 이르러야 하느냐에 대해서는 형법각칙의 미수범 처벌유무에 따라 다르다.

1) 기본범죄의 미수범처벌규정이 있는 경우   강간치상죄($^{제301}_조$)·강간치사죄($^{제301조}_{의2}$)는 제297조부터 제300조(미수범)까지의 죄를 범한 자의 결과적 가중범이므로 기본범죄가 미수에 그친 경우에도 결과적 가중범이 성립한다. 구성요건이 미수범까지 포함하여 규정하고 있기 때문이다.

2) 기본범죄의 미수범처벌규정이 없는 경우   낙태치사상죄($^{제269조 제3항,}_{제270조 제3항}$), 교통방해치사상죄($^{제188}_조$)와 같이 "…의 죄를 범하여"라고 규정하여 법문에 미수범처벌규정이 없는 경우에는 기본범죄가 불가벌의 미수이면 "…의 죄를 범한" 것이 아니므로 결과적 가중범이 성립할 수 없다. 또한 기본범죄는 가벌적인 행위라야 하므로 불가벌적인 낙태미수의 경우에는 부녀에 대한 과실치상죄만 성립하고, 낙태치상죄는 성립하지 않는다고 본다.

(2) 무거운 결과발생

고의의 기본범죄보다 무거운 결과가 발생해야 한다. 무거운 결과발생은 객관적 처벌조건이 아니라 결과적 가중범의 불법을 구성한다. 무거운 결과는 생명·신체의 법익을 침해하는 침해범이 대부분이지만 중권리행사방해죄·중손괴죄와 같이 구체적 위험범도 있다.

무거운 결과는 원칙적으로 과실로 야기해야 한다. 무거운 결과에 대한 과실은 기본범죄를 실현할 때 있어야 하고, 기본범죄를 실현한 후 새로운 고의가 생겼거나 과실이 있으면 결과적 가중범이 아니라 새로운 고의범 또는 과실범이 성립한다. 부진정결과적 가중범의 경우에는 무거운 결과가 고의에 의하여 발생하는 때에도 예외적으로 인정한다.

(3) 인과관계와 객관적 귀속

1) 인과관계   결과적 가중범도 결과범이므로 기본범죄행위와 무거운 결과 사이에 인과관계가 있어야 한다. 결과적 가중범에 있어서의 인과관계도 일반 결과범의 인과관계와 같다.

2) 객관적 귀속   무거운 결과가 다른 사람이나 사고의 개입없이 기본범죄행위에 전형적으로 내재하는 위험으로부터 직접 초래되어야 무거운 결과에 대한 객관적 귀속이 인정된다(직접성의 원칙). 무거운 결과가 제3자나 피해자의 행위로 야기된 때에는 직접성이 없으므로 결과적 가중범이 성립하지 않는다. 상해를 피해 혼자 도망다니다가 추락사한 경우, 강도피해자가 강취를 모면하기 위해 급히 서둘러 도망치다가 다친 경우, 강간피해자가 자살한 경우 등에는 직접성이 없다.

이와 달리 기본범죄 자체를 피하기 위한 행위는 객관적 귀속이 인정될 수 있다. 예컨대 강간을 피하기 위하여 창밖으로 뛰어내리다가 사망한 경우 객관적 귀속을 인정할 수 있다. 판례도 이러한 경우 상당인과관계를 인정하였다.

> **판례**   피해자가 극도의 흥분을 느끼고 몹시 당황한 상태에서 자신이 끌려들어 간 위 객실이 고층에 위치하고 있다거나 밖에 베란다가 없다는 사실 등을 순간적으로 의식하지 못한 채 미리 밖을 내다보지도 않고서 그대로 위 창문을 통하여 탈출하다가 지상으로 추락하여 사망에 이른 것으로 보이는 점 등의 여러 사정을 종합하여 보면, 위와 같은 상황 하에서라면 일반 경험칙상 위 피해자가 강간을 모면하기 위하여 창문을 통하여서라도 탈출하려다가 지상에 추락하여 사망에 이르게 될 수도 있음을 충분히 예견할 수 있었다고 볼 것이므로, 피고인의 강간미수행위

> 와 피해자의 사망과의 사이에는 상당인과관계가 있다고 할 것이니, 피고인을 강간
> 치사죄로 처단한 것은 정당하다(95도425 판결).

반면, 이와 유사한 사안에서 피해자의 사상에 대한 예견가능성을 부인한
판례도 있다.

> **판례** 피해자가 피고인과 만나 함께 놀다가 큰 저항 없이 여관방에 함께 들어
> 갔으며, 피고인이 강간을 시도하면서 한 폭행 또는 협박의 정도가 강간의 수단으
> 로는 비교적 경미하였고, 피해자가 여관방 창문을 통하여 아래로 뛰어내릴 당시에
> 는 피고인이 소변을 보기 위하여 화장실에 가 있는 때이어서 피해자가 일단 급박
> 한 위해상태에서 벗어나 있었을 뿐 아니라, 무엇보다도 4층에 위치한 위 방에서
> 밖으로 뛰어내리는 경우에는 크게 다치거나 심지어는 생명을 잃는 수도 있는 것인
> 점을 아울러 본다면, 이러한 상황 아래에서 피해자가 강간을 모면하기 위하여 4층
> 에서 창문을 넘어 뛰어내리거나 또는 이로 인하여 상해를 입기까지 되리라고는 예
> 견할 수 없다고 봄이 경험칙에 부합한다 할 것이다(92도3229 판결).

무거운 결과는 기본범죄로부터 직접 발생한 것이면 족하고, 반드시 기본범
죄의 결과에 의하여 발생한 것임은 요하지 않는다.

(4) 무거운 결과발생에 대한 예견가능성

무거운 결과발생은 적어도 행위자가 예견할 수 있는 것이라야 한다(2015도6809 전원합의체 판결 [세월호 사건]). 결과에 대한 예견가능성은 결과발생에 대한 과실을 의미한다.

2. 결과적 가중범의 위법성과 책임

결과적 가중범의 위법성과 책임은 고의범과 과실범에 관한 일반원칙이 그
대로 타당하다. 즉 기본범죄의 고의행위에 위법성배제사유가 없고 무거운 결과
발생에 대한 예견가능성이 있으면 위법성이 확정된다. 이 경우 기본범죄의 고
의행위에 위법성배제사유가 있고 무거운 결과발생에 대한 과실이 있으면 과실
범만 성립할 것이고, 고의가 있으면 단독의 고의범이 성립할 것이다.

고의행위시에 행위자가 자기 행위에 대한 위법성의 인식가능성과 무거운
결과발생에 대한 주관적 주의의무위반이 있고 기대불가능성이 없으면 결과적

가중범의 책임이 인정된다.

Ⅳ. 결과적 가중범의 관련문제

1. 결과적 가중범의 미수

(1) 형법의 규정

1995년 개정형법은 인질상해·치상죄, 인질살해·치사죄에 대한 미수범처 벌규정($^{제324조}_{의5}$)을 신설하고, 강도의 죄에 대한 미수범처벌규정($^{제342}_{조}$)을 개정하여 강 도상해·치상죄, 강도살인·치사죄, 해상강도상해·치상죄, 해상강도살인·치사 죄에 대하여도 미수범처벌규정을 명문화하였으며, 성폭력특례법상의 특수강도 ·강간, 친족의 강간, 장애인 강간에 의한 상해·치상과 살인·치사의 규정에 대 해서도 미수범처벌규정($^{동법}_{제15조}$)을 두고 있다.

이상의 미수범처벌규정은 결과적 가중범과 결합범 모두에 적용되도록 규 정하고 있다. 결합범의 미수범 처벌은 당연하지만 결과적 가중범의 미수범을 인정할 수 있느냐가 문제된다.

(2) 진정결과적 가중범의 미수

진정결과적 가중범의 경우, 기본범죄는 기수이지만 무거운 결과가 발생하 지 않으면 애당초 결과적 가중범이 성립하지 않는다. 기본범죄의 기수범이 될 뿐이다. 기본범죄는 미수에 그치고 무거운 결과가 발생한 경우에 결과적 가중 범의 미수가 인정될 수 있는가가 문제되는데 학설이 대립한다.

1) **긍정설**   형법 개정으로 미수범처벌규정을 신설하였고, 기본범죄의 미 수는 기수인 경우보다 결과불법이 감소하므로 기수로 처벌할 수 없고 결과적 가중범의 미수로 처벌해야 한다는 것이다($^{임웅\ 582\ 이하,\ 배종대\ 160/8,}_{손동권·김재윤\ 21/25}$).

2) **부정설**   기본범죄가 미수에 그쳐도 무거운 결과가 발생한 이상 결과 적 가중범의 기수가 성립한다는 견해로, 미수범처벌규정은 결합범(강도상해·살 인죄 등)에 대해서만 적용된다고 한다. 우리나라 다수설이다.

3) **결 어**   긍정설에 따르면, 결합범에 대해서는 무거운 결과가 발생하면 기본범죄의 기수·미수와 관계없이 결합범 전체의 기수범을 인정하면서 결과적

가중범에 대해서만 무거운 결과의 범죄가 발생하여도 기본범죄가 미수이면 결과적 가중범 전체의 미수범이 된다고 하여 무거운 결과가 고의범(결합범)인가 과실범(결과적 가중범)인가에 따라 기본범죄의 미수에 대한 불법평가를 다르게 취급하는 이유를 설명할 수 없다.

결과적 가중범은 무거운 결과발생이 기본범죄에 누적된 범죄가 아니라 기본범죄에 내재하는 잠재적 위험성이 기본범죄 행위에 의해서 직접 현실화된 독립범죄이고, 무거운 결과발생에 대한 직접적인 위험은 기본범죄의 기수·미수와 상관없이 무거운 결과와 함께 결과적 가중범의 불법을 구성하므로 기본범죄의 미수는 결과적 가중범의 불법평가에 영향이 없다고 해야 한다. 결국 형법의 미수범처벌규정은 인질상해·인질살해죄, 강도상해·강도살인죄 등 고의의 결합범에 대해서만 적용된다고 해석함이 타당하다(결과적 가중범의 미수범 **부정설**).

4) 판례의 태도   판례도 기본범죄가 미수에 그쳐도 결과적 가중범의 기수가 된다고 하였다.

> **판례**   구 성폭력특례법(2012. 12. 18. 개정되기 전의 것) 제8조 제1항에 의하면 동법 제4조 제1항에서 정한 특수강간의 죄를 범한 자뿐만 아니라 특수강간이 미수에 그쳤다고 하더라도 그로 인하여 피해자가 상해를 입었으면 특수강간치상죄가 성립하는 것이고, 같은 법 제14조에서 정한 위 제8조 제1항에 대한 미수범처벌규정은 제8조 제1항에서 특수강간치상죄와 함께 규정된 특수강간상해죄의 미수에 그친 경우, 즉 특수강간의 죄를 범하거나 미수에 그친 자가 피해자에 대하여 상해의 고의를 가지고 피해자에게 상해를 입히려다가 미수에 그친 경우 등에 적용될 뿐, 위 제8조 제1항에서 정한 특수강간치상죄에는 적용되지 아니한다(2013도7138 판결. 같은 취지 2007도10058 판결).

(3) 부진정결과적 가중범의 미수

부진정결과적 가중범의 경우는 무거운 결과발생에 대한 고의가 있으므로 이론적으로 미수범 인정이 용이하다. 기본범죄가 기수이면 무거운 결과가 발생하지 않아도 부진정결과적 가중범의 미수범이 된다는 견해(임웅 583, 손동권·김재윤 21/27, 강동욱 112)도 있다.

이론적으로 부진정결과적 가중범의 미수범을 인정할 수 있음은 별론으로, 해석론으로서는 부진정결과적 가중범에 대한 직접적인 미수범처벌규정이 없다

384 제 2 장 범 죄 론

고 함이 타당하다. 비록 현주건조물등일수치사상죄($^{제177조}_{제2항}$)1)에 대하여 미수범처벌규정이 남아 있지만, 1995년 형법개정시 현주건조물방화치사상죄($^{제164조}_{제2항}$)의 미수범처벌규정을 삭제한 점에 비추어, 부진정결과적 가중범의 미수범은 이를 부인함이 형법개정취지라 해야 한다. 현주건조물등일수치사상죄의 미수범처벌규정은 형법 개정과정에서 삭제하지 않은 입법과정의 실수라고 해야 한다.

2. 결과적 가중범과 공범

(1) 공동정범의 경우

기본범죄의 공동정범자 모두가 무거운 결과에 대하여 과실이 있는 때에는 결과적 가중범의 공동정범이 성립한다.

과실의 공동정범을 인정할 때에는 결과적 가중범의 공동정범도 당연히 인정할 수 있다. 또 과실의 공동정범 인정 여부와 관계없이도 결과적 가중범의 공동정범은 인정해야 한다는 주장($^{손동권·김재윤}_{21/34}$)도 있다. 결과적 가중범의 공동정범을 인정할 경우에도 기본범죄의 공동정범이 무거운 결과에 대하여 주의의무를 공동으로 위반한 경우에 인정된다. 판례는 행위공동설의 입장에서 결과적 가중범의 공동정범을 인정하고 있다($^{2000도745}_{판결}$).

> **판례** 결과적 가중범인 상해치사죄의 공동정범은 폭행 기타의 신체침해 행위를 공동으로 할 의사가 있으면 성립되고 결과를 공동으로 할 의사는 필요 없으며, 여러 사람이 상해의 범의로 범행 중 한 사람이 중한 상해를 가하여 피해자가 사망에 이르게 된 경우, 나머지 사람들은 사망의 결과를 예견할 수 없는 때가 아닌 한 상해치사의 죄책을 면할 수 없다(2000도745 판결).

(2) 교사범 · 방조범의 경우

결과적 가중범에 대한 교사 · 방조도 가능하다. 결과적 가중범에 대한 교사 · 방조가 성립하기 위해서는 기본범죄에 대한 교사 · 방조 외에 교사범 · 방조범도 무거운 결과에 대한 예견가능성(과실)이 있어야 한다.

---

1) 현주건조물일수치상죄는 부진정결과적 가중범에 해당하지만, 현주건조물일수치사죄는 진정결과적 가중범에 해당한다(임웅 583도 같은 취지). 사망이라는 무거운 결과에 대하여 고의가 있는 경우와 과실이 있는 경우 사이에 형의 불균형이 발생하지 않기 때문이다.

제 9 절   부작위범이론

[§ 41] 부작위범일반론

I. 작위(Tun)와 부작위(Unterlassung)

1. 작위와 부작위의 의의

형법상 행위의 기본형태는 작위와 부작위로 나눌 수 있다. 종래 존재론적 관점에서는 물리적 신체동작을 하는 적극적 태도(운동)는 작위(作爲), 물리적 신체동작을 하지 않는 소극적 태도(정지)는 부작위(不作爲)라 한다.

예컨대, 인터넷 게임에 빠진 부모가 젖먹이 자식에게 수유를 하지 않아서 아사(餓死)한 경우, 존재론적으로 보면 게임을 한다는 점에서는 작위가 되지만, 젖을 먹이지 않는다는 점에서는 부작위가 된다. 이처럼 작위와 부작위는 보는 관점에 따라 상대적으로 구별된다. 그러나 형법상으로 게임을 하는 행위는 아무런 의미가 없다. 규범적 관점에서 보면 자식이 아사하지 않도록 젖을 먹여야 한다는 규범적 요구에 위반하여 이를 하지 않는 부작위만 의미 있는 태도(행태)가 되는 것이다.

따라서 형법상 의미 있는 작위와 부작위는 규범적 관점에서 파악해야 한다. 즉 작위는 규범이 금지하고 있는 행위를 하는 것(금지규범위반)이고, 부작위는 규범이 요구(또는 명령)하고 있는 일정한 행위를 하지 않는 것(요구 또는 명령규범위반)이다. 부작위는 아무 것도 하지 않는 무위(無爲, Nichts-Tun)가 아니라 규범이 요구 또는 명령하는 일정한 행위를 하지 않는 것을 의미한다.

2. 부작위의 행위성

1) 인과적 행위론   인과적 행위론에 따르면 행위의 요소로 유의성과 유체성(거동성)을 요구하므로 유체성이 없는 부작위는 행위로 포섭하기 곤란하다. 그래서 부작위를 행위기대라는 규범적 관점에서 파악하여 기대되는 일정한 태도를 취하지 않는 것이라 수정하였다.

그러나 유체성이 있는 작위(a)와 행위기대인 부작위(non-a)는 존재론적으로 "a"와 "non-a"의 상반관계이므로 라드부르흐(Radbruch)가 말한 바와 같이 작위와 부작위를 행위라는 하나의 상위개념에 포섭하는 것은 불가능하다. 라드부르흐가 행위론을 거부하고 구성요건에서부터 범죄론체계를 시작한 이유도 여기에 있다.

2) 목적적 행위론   목적적 행위론은 행위를 계획적으로 지배·조종하는 목적활동의 수행으로 보기 때문에 유체성과 인과과정의 지배·조종이 없는 부작위는 행위가 될 수 없다. 그래서 벨첼은 행위인 작위와 비행위인 부작위의 상반관계를 극복하기 위하여 행위 대신 행태(Verhalten)라는 상위개념을 정립하고 그 밑에 작위와 부작위를 두었다.

그러나 행태라는 상위개념을 정립한다 할지라도 그 밑에 두어진 행위와 비행위의 존재구조가 달라지는 것은 아니므로 "a"와 "non-a"의 상반관계는 해소되지 않은 채 그대로 남게 된다.

3) 사회적 행위론   사회적 행위론은 행위자의 태도가 타인에게 부정적인 효과를 미치는 사회적 중요성을 행위의 개념요소로 파악하기 때문에 요구되는 일정한 동작을 하지 않는 부작위도 타인에게 부정적인 효과를 미치는 사회적 중요성이 있는 행위가 되어 부작위의 행위성을 인정할 수 있다.

3. 작위와 부작위의 구별

존재론적 관점에서 작위와 부작위는 외적 행위현상에 의해 구별되는 경우가 많다. 일정방향의 물리적 동작이 있으면 작위, 그것이 없으면 부작위이다. 기본적으로 이 기준에 의해서 양자를 구별할 수 있다. 그러나 하나의 행위에 작위요소와 부작위요소가 동시에 포함되어 있는 경우에는 그 구별이 쉽지 않다.

(1) 과실범의 경우

과실범은 일반적으로 주의의무위반 행위(작위)가 동시에 작위의무를 다하지 않는 부작위로 평가될 수 있기 때문에 작위와 부작위의 요소가 함께 포함되어 있다. 이 경우의 부작위는 행위수행의 한 내용을 이룰 뿐이고, 법적 평가의 중점은 결과를 야기하는 적극적인 작위에 있다고 보아야 한다. 예컨대 약제사가 의사의 처방전 갱신을 요구하지 않고 독약을 투여하여 환자가 사망한 경우, 법적 평가의 중점은 부작위(의사의 처방전 갱신을 요구하지 않는 것)에 있는 것이 아니라 주의의무에 위반한 작위(독약투여)에 있으므로 작위범이라 해야 한다.

이에 대해서 행위자 스스로 의무이행이 불가능하도록 행위무능력상태에 빠지게 한 경우에는 원인행위에 작위가 있지만 요구된 행위를 하지 않았다는 부작위에 법적 평가의 중점이 있으므로 부작위로 보아야 한다. 이런 경우를 원인에 있어서 자유로운 부작위라 한다. 음주대취하여 기차차단기를 내리지 않은 건널목지기의 경우(망각범)가 그 예이다.

(2) 고의범의 경우

고의범에 있어서 작위와 부작위의 구별이 명백하지 않은 경우 그 구별기준이 문제된다. 예컨대 의사가 인공호흡기로 생명을 유지하고 있는 환자의 기계장치의 스위치를 꺼서 환자가 사망한 경우, 그 환자를 계속 치료하지 않은 것은 소극적인 부작위이지만 기계장치의 작동을 멈추게 하는 스위치 조작행위는 적극적인 작위가 된다. 이 경우 작위범인가 부작위범인가 문제된다.

1) **작위우선설**   부작위는 작위에 대하여 보충관계에 있으므로 먼저 작위를 인정할 수 있는가를 검토하고 그것이 인정되지 않을 경우에 부작위를 검토하는 견해이다(이재상 외 10/4, 배종대 161/7, 손동권·김재윤 22/10).

그러나 작위우선설은 작위와 부작위를 구별하는 적극적 기준제시를 애당초 포기하고 있고, 작위와 부작위를 보충관계로 취급해야 할 법적 근거도 없다(형법은 작위와 부작위를 동일하게 취급한다). 또 작위범부터 먼저 심사하게 되면 부작위범의 성립요건(작위의무의 존재, 동치성의 원칙 등)에 비해 상대적으로 완화되어 있는 작위범의 성립요건이 쉽게 인정될 수 있어 부당하게 처벌이 확대될 위험도 있다.

2) **중점설**   규범적 고찰과 행위의 사회적 의미를 고려하여 법적 평가의 중점이 어느 쪽에 있는가에 따라 판단하는 견해이다(정성근·박광민 469, 김일수·서보학 348, 신동운 136 이하, 정영일 111). 작위와 부작위 중 어느 것이 형법적으로 중요한 행위라고 할 수 있는가를 검토하여 작위와 부작위를 구별하는 견해라 할 수 있다.

중점설에 대해서는 법적 평가의 중점을 어디에 둘 것인가는 법적 평가의 결과에 불과하고, 평가의 중점판단은 판단자의 주관적인 사고에 의존할 수밖에 없으며, 특히 작위와 부작위의 구별을 이미 전제하고 있다는 비판이 있다.

3) **에너지 투입설**   일정한 방향으로의 에너지의 투입이 있으면 작위이고, 그러한 에너지의 투입이 없으면 부작위라는 견해이다(이형국·김혜경 504, 김성돈 551).

에너지 투입설에 대해서는 에너지의 투입이라는 자연과학적 척도만으로 작위와 부작위를 구별하게 되면 현실적으로 에너지의 투입이 있는 경우에는 항상 작위가 된다는 주장이 가능하고, 부작위 자체는 존재론적으로 판단할 수 없는 법적 평가의 문제임을 도외시한다는 지적을 받고 있다.

4) **판례의 태도**   판례는 명백한 기준을 제시한 바 없으나 에너지투입설에 가까운 판시도 있고, 작위우선설 혹은 중점설에 가까운 판시도 있다.

> **[에너지투입설에 가까운 판례]**   어떠한 범죄가 적극적 작위에 의하여 이루어질 수 있음은 물론 결과의 발생을 방지하지 아니하는 소극적 부작위에 의하여도 실현될 수 있는 경우에, 행위자가 자신의 신체적 활동이나 물리적·화학적 작용을 통하여 적극적으로 타인의 법익 상황을 악화시킴으로써 결국 그 타인의 법익을 침해하기에 이르렀다면, 이는 작위에 의한 범죄로 봄이 원칙이고, 작위에 의하여 악화된 법익 상황을 다시 되돌이키지 아니한 점에 주목하여 이를 부작위범으로 볼 것은 아니며, 나아가 악화되기 이전의 법익 상황이, 그 행위자가 과거에 행한 또다른 작위의 결과에 의하여 유지되고 있었다 하여 이와 달리 볼 이유가 없다(2002도995 판결 [보라매병원 사건]).

> **[작위우선설 혹은 중점설에 가까운 판례]**   공무원이 어떠한 위법사실을 발견하고도 그 직무상의 의무에 따른 적절한 조치를 취하지 아니하고 오히려 그 위법사실을 적극적으로 은폐할 목적으로 허위의 공문서를 작성·행사하였다면 이러한 경우에는 직무위배의 위법상태는 허위공문서작성 당시부터 그 속에 포함되는 것으로 작위범인 허위공문서작성, 동행사죄만이 성립하고 부작위범인 직무유기죄는 따로 성립하지 아니한다(92도3334 판결).

5) 결 어　　작위와 부작위가 혼재되어 있는 경우, 이에 적용될 구성요건의 해석을 떠나서 작위·부작위의 구별을 생각할 수는 없다. 특히 형법상 의미 있는 부작위는 규범적 관점에서 파악해야 하므로 작위와의 구별에서도 규범적 관점이 전제될 수밖에 없다.

작위와 부작위가 복합된 사례의 경우는 애당초 법조경합(보충관계)이 생기지 아니하므로 작위우선설은 타당하지 않다. 에너지 투입설에 따라도 판단자가 판단기준을 어디에 두느냐에 따라 결론이 달라지므로 이 기준도 불명확한 것은 마찬가지다. 작위와 부작위는 규범적 관점에서 파악해야 하므로 그 구별도 법적 판단에 의한 중점설에 의하는 것이 타당하다고 본다.

[구체적 사안]　　① 우물에 빠진 익사자를 구조하기 위하여 밧줄을 던졌다가 변심하여 밧줄을 거둬들인 경우, 의사가 치료중인 중환자에게 부착하였던 인공심폐기를 제거하는 경우 등은 법적 평가의 중점이 일단 시작한 작위의무의 이행을 계속하지 않은 부작위에 있다고 본다.

② 익사자에게 던진 밧줄을 익사자가 잡은 이후에 변심하여 밧줄을 놓아버린 경우는 상대방의 구조효과를 빼앗는 작위라고 해야 한다.

③ 제3자의 구조행위를 작위에 의하여 방해하는 경우는 법적 평가의 중점이 작위에 있으므로 작위로 평가해야 한다. 예컨대 익사자를 구조하려는 자로부터 자기 소유의 보트를 사용하지 못하게 함으로써 구조행위를 방해한 경우이다.

II. 진정부작위범과 부진정부작위범

1. 진정부작위범과 부진정부작위범의 의의

(1) 진정부작위범

부작위 자체가 범죄의 구성요건행위로 예정되어 있는 부작위범을 진정부작위범이라 한다. 부작위에 의한 부작위범이다. 예컨대 퇴거불응죄(제319조 제2항)는 "퇴거요구를 받고 응하지 아니한 자"를 처벌하도록 규정하고 있는데, 퇴거요구를 받고 퇴거하지 아니한 부작위 자체를 구성요건행위로 규정한 것이다.

형법에 규정된 진정부작위범은 퇴거불응죄 외에도 집합명령위반죄(^{제145조}_{제2항}), 다중불해산죄(^{제116}_조), 전시공수계약불이행죄(^{제117}_조), 전시군수계약불이행죄(^{제103}_조)가 있다. 경범죄처벌법 기타 형벌법규에는 더 많은 진정부작위범이 있다(예: 경범죄처벌법 제3조 제1항 제6호[도움이 필요한 사람 신고불이행] 및 제28호[공중통로안전관리소홀] 등).

(2) 부진정부작위범

작위범으로 규정되어 있는 구성요건을 부작위에 의해서 실현하는 부작위범을 부진정부작위범이라 한다. 부작위에 의한 작위범이다. 예컨대 살인죄의 구성요건은 살해한다는 작위를 예정한 작위범이지만, 이 구성요건을 젖먹이 자식을 굶어죽게 방치하는 부작위로 실현하면 부진정부작위범이 된다.

2. 진정부작위범과 부진정부작위범의 구별

진정부작위범과 부진정부작위범의 구별기준에 대해서 두 견해가 대립한다.

1) **실질설**　범죄의 성질과 내용의 실질을 검토하여 실질적 관점에서 구별하는 견해이다. 진정부작위범은 부작위 자체가 구성요건을 충족할 수 있는 거동범이고, 부진정부작위범은 부작위로 인하여 결과가 발생해야 구성요건을 충족하는 결과범이라 한다(^{박상기 형법총론}_{[제9판] 328}).

2) **형식설**　형법이 부작위범의 구성요건을 규정하고 있느냐에 따라 구별하는 견해이다. 부작위로 실현할 수 있는 범죄구성요건을 규정하고 있으면 진정부작위범이고, 작위로 실행하는 구성요건을 부작위로 실현하면 부진정부작위범이라 한다. 즉 부작위만 예정하고 있는 구성요건은 진정부작위범이고, 작위만 예정하고 있는 구성요건을 부작위로 실행하면 부진정부작위범이다. 우리나라 통설이다.

3) **판례의 태도**　판례는 일정한 기간 내에 잘못된 상태를 바로잡으라는 행정청의 지시를 이행하지 않았다는 것을 구성요건으로 하는 범죄는 진정부작위범이라 하고 있고(^{93도1731}_{판결}), 또 직무유기죄는 부진정부작위범으로서 그 직무를 수행해야 할 작위의무가 있음에도 그 직무를 버린다는 인식하에 그 작위의무를 수행하지 아니함으로써 성립한다(^{82도3065}_{판결})고 하여 직무유기죄를 부진정부작위범이라고 판시하고 있음에 비추어 형식설에 따른 것으로 보인다.

4) 결 어   부진정부작위범의 대부분이 결과범이지만 거동범에 대해서도
부진정부작위범이 성립할 수 있다(폭행죄·모욕죄·위증죄 등). 예컨대 사병이 장
교에게 욕설을 하면 작위에 의한 모욕이 되지만, 경멸의 의사로 경례를 하지 않
으면 부작위에 의한 모욕이 된다.

진정부작위범은 형법에 특별히 규정된 종류 이외에는 해석을 통해 인정될
수 없지만, 부진정부작위범은 작위의무의 요건만 구비되면 성질상 허용되는 범
위 내에서 각칙상의 작위범 구성요건을 부작위로 실현할 수 있다. 따라서 형식
설이 타당하다고 본다.

Ⅲ. 부작위범의 공통성립요건

1. 일반적 행위가능성

부작위범이 성립하기 위해서는 부작위범의 구성요건해당성 판단 이전에
일반인이 법이 요구하는 작위를 할 수 있어야 한다. 작위를 할 행위가능성조차
없으면 애당초 부작위 문제도 생길 수 없다. 예컨대 낙동강에 빠진 아들을 서울
에 있는 아버지가 구조할 행위가능성은 없으므로 애당초 부작위행위 자체가 부
정되어 형법적 판단에서 배제된다.

2. 구성요건 부작위의 존재

진정부작위범·부진정부작위범은 모두 구성요건을 실행하는 부작위가 존
재할 때에 구성요건해당성을 인정할 수 있다. 구성요건 부작위는 다음 세 가지
요건을 갖추어야 한다.

(1) 구성요건 상황

작위의무의 내용과 작위의무자의 신분을 인식시켜주는 사정을 구성요건
상황이라 한다. 구성요건 상황은 부작위의 당벌성을 근거지우는 상황이다.

진정부작위범은 작위의무의 내용과 신분이 구성요건에 명시되어 있으므로
구성요건 자체에서 구성요건 상황을 확인할 수 있다. 이에 대해서 부진정부작
위범은 작위범의 구성요건을 실현하는 것이므로 구성요건 상황은 기술되어 있

지 않고 이론적으로 해결해야 한다. 일반적으로 작위를 하지 아니함으로써 생기는 결과발생의 위험, 즉 법익침해의 위태화가 부진정부작위범의 구성요건 상황이 된다.

작위의무자의 신분이 구성요건에 명시되어 있는 경우가 있다. 진정부작위범의 예로서, 다중불해산죄의 "다중," 집합명령위반죄의 "법률에 따라 체포되거나 구금된 자"가 있고, 부진정부작위범의 예로서, 영아살해죄·영아유기죄의 "직계존속"이 있다. 이러한 범죄는 그 신분 있는 자만 그 범죄의 정범이 될 수 있다.

(2) 요구된 부작위의 존재

행위자가 규범이 요구하는 작위를 하지 아니한 때 구성요건 부작위가 성립한다. 애당초 작위의무가 없거나 규범의 요구에 반하지 않으면 구성요건 부작위도 부정된다.

부작위는 정형성이 없기 때문에 정형적 행위유형일 필요가 없으며 여러 개의 행위유형도 가능하다. 여러 개의 행위유형 중 어느 것이라도 이행하지 않으면 구성요건 부작위가 인정된다. 요구되는 작위를 하였으나 결과발생을 저지하지 못한 때에는 부진정부작위범에 한하여 과실에 의한 부작위범이 성립할 수 있다.

(3) 개별적 작위가능성

개별적 작위가능성이란 일반적 행위가능성이 있는 자가 규범이 요구하는 작위의무를 이행할 수 있는 작위의무 이행가능성을 말한다. 규범은 불가능한 것을 요구할 수 없으므로 일반적 행위가능성이 있어도 작위의무 이행이 불가능하면 작위의무위반은 부정된다.

작위의무 이행가능성 유무는 통찰력 있는 제3자의 입장에서 객관적으로 판단해야 한다. 결과방지를 위한 구조장비유무·신체조건·기술적 수단의 유무·결과방지 용이성 등 사실적 상황을 고려해야 한다. 예컨대 소화(消火)의 가능성이 있어도 처음부터 중화상을 입게 될 가능성이 있거나 수영할 줄 모르는 아버지가 익사 직전의 아들을 구조하지 못한 경우에 개별적 작위의무 이행가능성이 부정될 수 있다.

3. 진정부작위범의 고의

진정부작위범은 고의범만 처벌하고 과실행위는 불가벌이다. 진정부작위범의 고의는 구성요건 상황과 개별적 작위가능성을 인식하고 부작위로 나아간다는 의사가 있으면 고의가 인정된다(부진정부작위범의 고의는 후술함).

4. 부작위범의 위법성과 책임

(1) 위법성

부작위가 부작위범의 구성요건에 해당하고 위법성배제사유가 없으면 위법성이 확정된다. 부진정부작위범은 작위의무위반이 있으면 원칙적으로 위법성이 인정된다. 위법성배제사유는 작위범의 그것과 같다.

작위의무를 동시에 두 개 이상 이행해야 할 법적 의무가 있는 때 그 중 어느 하나를 이행하지 못한 의무의 충돌에서는 우월적 가치의 의무 또는 동가치 이상의 의무이행이 있으면 위법성이 배제된다. 작위의무 이행을 위해 제3자의 법익을 침해하는 경우에는 긴급피난 이론이 적용될 수 있다.

(2) 책 임

부작위범에 있어서의 위법성의 인식은 작위의무를 이행하지 않는 부작위가 위법하다는 인식이다. 자신의 부작위가 위법하다는 인식이 없으면 위법성의 착오에 해당한다. 다만 보증인설에 의하면 구성요건착오가 된다("작위의무의 체계상의 지위" 참조).

부진정부작위범의 경우에 작위의무의 효력범위를 좁게 해석하여 자신에게는 작위의무가 없다고 오인한 해석(포섭)의 착오와, 의무의 충돌에서 의무의 우열에 대한 착오가 있는 경우에도 위법성의 착오가 된다. 위법성의 착오는 회피불가능한 정당한 이유가 있는 경우에 책임이 배제된다. 또 작위의무 이행의 기대불가능성과 같은 책임배제사유가 있으면 책임이 배제된다.

부작위범에 있어서의 기대가능성은 작위의무와 그 이행가능성의 범위를 한정해 주는 구성요건요소가 된다는 이유로 기대불가능성은 책임배제사유가 아니라 구성요건해당성을 배제한다는 견해(기대가능성이론의 규제원리설)도 있다

(박상기·전지연).
       176

   그러나 작위의무는 사회일반인에게 요구되는 법적 의무이므로 구성요건 내
지 불법요소가 되지만 그러한 작위의무를 행위자가 행위 당시에 이행할 수 있
었느냐라는 이행가능성은 책임을 평가하는 기대가능성의 내용이므로 작위의
무의 기대불가능성은 책임배제사유라 해야 한다.

[§ 42] 부진정부작위범

Ⅰ. 부진정부작위범의 특별한 성립요건

1. 형법의 규정

   형법 제18조는 "위험의 발생을 방지할 의무가 있거나 자기의 행위로 인하
여 위험발생의 원인을 야기한 자가 그 위험발생을 방지하지 아니한 때에는 그
발생된 결과에 의하여 처벌한다"고 규정하여 부진정부작위범의 가벌성의 법적
근거를 명시하고 있다. 이 규정은 표제가 "부작위범"으로 되어 있어도 부진정부
작위범에만 적용되는 규정이고, 진정부작위범에 대해서는 적용되지 않는다
(반대견해는).
  오영근 166

2. 부진정부작위범의 객관적 구성요건요소

   부진정부작위범은 작위범의 구성요건을 부작위로 실현하는 것이므로 부작
위범의 공통되는 성립요건 외에 다시 부진정부작위범에 고유한 특별요건이 필
요하다. 부진정부작위범의 고유한 요건으로 부작위의 동치성이 요구된다. 동치
성의 내용은 다음과 같다.

(1) 부작위의 동치성

   부작위에 의하여 작위범의 구성요건을 실현하는 부진정부작위범은 부작위
가 작위에 의하여 실현한 것과 상응하다고 평가될 때 그 구성요건해당성을 인
정할 수 있다. 이를 부작위의 동치성(同置性)이라 한다. 부작위의 동치성을 인정

하기 위해서는 작위의무를 발생시키는 법적 사정인 "보증인지위"와 "실행행위의 동가치성(同價置性)"이 인정되어야 한다.

　1) 작위의무　　부작위범이 성립하기 위해서는 작위의무가 있어야 한다. 작위의무 있는 자의 부작위만 범죄가 된다.

　진정부작위범은 작위의무가 명령의 형식으로 구성요건에 예정되어 있지만 부진정부작위범은 부작위에 의하여 작위범의 구성요건을 실현하는 것이므로 작위의무를 예정하고 있지 않다. 따라서 부진정부작위범에서는 특별한 작위의무가 요구된다.

　　[작위의무의 체계상의 지위]　(a) 위법요소설　　부진정부작위범이 위법하기 위해서는 작위의무위반이 있어야 하므로 작위의무는 위법요소가 된다는 견해이다(유기천120/이하). 부진정부작위범의 구성요건은 행위자가 무엇을 해야 할 것인가를 예정하고 있지 아니하므로 그 구성요건은 위법성을 징표할 수 없고, 작위의무위반이 있는 때에 비로소 그 부작위가 위법하게 된다는 것이다.

　　그러나 작위의무를 위법요소라고 하면 작위의무 없는 자의 부작위도 구성요건해당성을 인정해야 하므로 구성요건해당성이 부당하게 확대되며, 모든 구성요건은 위법성을 징표하거나 위법행위의 유형임에도 불구하고 부진정부작위범의 구성요건에 한하여 이를 부정하는 것은 체계 일관성이 없다. 오늘날 소멸된 이론이다.

　　(b) 구성요건요소설　　부진정부작위범에 있어서의 작위의무는 구성요건요소라는 견해로, 보증인설이라고 한다(황산덕 67, 정영석 107,/김성돈 570, 강동욱 123). 피해법익과 긴밀한 관계가 있고 법익이 침해되지 않도록 법적으로 보증해야 할 지위에 있는 자를 보증인이라 하고, 보증인의 작위의무위반이 있는 때에 한하여 그 부작위는 작위범의 구성요건을 실현한 것과 동치성을 인정할 수 있다는 것이다.

　　그러나 작위의무를 구성요건요소라고 하면 작위범의 구성요건을 실현하는 부진정부작위범의 위법성을 적극적으로 인정할 수 있는 근거가 없다는 결함이 생긴다.

　　(c) 이분설　　보증인설을 수정하여 작위의무를 발생시키는 법적 사정인 보증인지위와 작위의무 그 자체를 구별하여, 후자를 특별히 보증의무라고 하고 보증의무는 위법요소이지만 보증인지위는 구성요건요소가 된다는 견해로, 수정된 보증인설이라고 한다.

　　보증인지위에 있는 자의 부작위만 구성요건에 해당하므로 위법요소설의 결

함을 시정하고, 보증의무 자체는 위법요소가 되므로 부진정부작위범의 위법성
도 근거지울 수 있다. 우리나라 통설이며 타당하다. 이에 따르면 보증인지위
는 부진정부작위범이 구성요건에 해당하기 위한 동치성의 요건이 된다.

2) **보증인지위**　구성요건이 보호하고 있는 법익이 침해되지 않도록 법적
으로 보증해야 할 특별한 인적 지위를 보증인지위라 한다. 보증인지위는 부진
정부작위범의 기술되지 아니한 규범적 구성요건요소이며, 행위자를 특정지우는
신분(진정신분범)이 된다.

　　보증인지위는 법익의 주체가 자신의 법익에 대한 침해의 위험으로부터 스
스로 대처할 능력이 없는 경우에 그 법익침해의 위험을 방지해 주어야 할 특별
한 법적 의무를 부담하고 있고, 법익침해의 위험을 지배하고 있거나 지배할 수
있는 지위에 있을 때에 인정된다.

　　3) **보증인지위와 작위의무의 발생근거**　형법 제18조는 보증인지위와 작위
의무의 내용에 대하여 위험발생방지의무와 자기 행위로 위험발생원인을 야기한
자의 선행행위에 의한 결과방지의무라는 추상적 기준을 예시하고 있다. 그러나
이 두 가지 의무의 구체적 내용과 그 발생근거에 대하여는 언급이 없으므로 학설
과 판례에 의하여 확정할 수밖에 없다.

　　(a) **형식설**　보증인지위와 작위의무의 발생근거가 되는 원인을 중심으로
법령, 법률행위(계약 · 사무관리), 선행행위(사회상규 · 신의성실 · 조리)의 세 가지
유형에 의해서 보증인지위와 작위의무가 발생한다는 견해로, 종래의 통설이다
($^{유기천\ 123\ 이하,}_{배종대\ 164/12}$). 법원설(法源說)이라고도 한다.

　　그러나 형법상의 의무를 민법상의 의무에까지 확대하여 이를 형법에 적용
하는 이유와 근거가 명백하지 않으며, 형법상의 법적 의무가 윤리화되어 보증
인지위와 작위의무의 내용 · 한계를 확정할 수 없고, 처벌의 범위가 확대된다는
비판을 받는다.

　　(b) **실질설**　보증인지위와 작위의무의 내용을 법익보호라는 실질적 기준
에 한정하여, 법익보호를 위한 보호의무와 보호법익에 대한 위험원(危險源)을 감
시 · 통제해야 할 안전의무로 제한하는 견해이다($^{이형국 · 김혜경}_{526}$). 기능설이라고도 한다.
실질설은 보증인지위와 작위의무의 내용 및 한계를 명백히 하여 작위와 부작위

의 동치성을 인정하는 데에 의미가 있으므로 형식설보다 그 내용이 명확하고 제한적이다.

그러나 보호의무와 안전의무의 발생근거를 전혀 고려하지 않고, 법익보호라는 실질적 기준만 제시하므로 그 발생근거가 불명하여 해석에 의하여 그 범위가 확대될 가능성이 있다.

(c) **결합설**   보증인지위와 작위의무의 내용에 대해서는 실질설에 의하여 한정하고, 그 발생근거에 대하여는 형식설의 범위 내로 제한하는 견해로 현재의 통설이다.

(d) **판례의 태도**   판례는 전통적으로 형식설을 취하고 있다.

> **판례**   형법이 금지하고 있는 법익침해의 결과발생을 방지할 법적인 작위의무를 지고 있는 자가 그 의무를 이행함으로써 결과발생을 쉽게 방지할 수 있었음에도 불구하고 그 결과의 발생을 용인하고 이를 방관한 채 그 의무를 이행하지 아니한 경우에, 그 부작위가 작위에 의한 법익침해와 동등한 형법적 가치가 있는 것이어서 그 범죄의 실행행위로 평가될 만한 것이라면, 작위에 의한 실행행위와 동일하게 부작위범으로 처벌할 수 있고, 여기서 작위의무는 법령, 법률행위, 선행행위로 인한 경우는 물론, 기타 신의성실의 원칙이나 사회상규 혹은 조리상 작위의무가 기대되는 경우에도 인정된다(2003도4128 판결).

(e) **결   어**   부진정부작위범의 작위의무는 법익보호를 위한 형법적 의무이며 단순한 윤리적 의무이거나 모든 법적 의무가 아니다. 작위의무는 법익보호를 위해서 의무위반자에게 형벌이라는 법적 효과를 부담시킬 필요가 있는 범위로 한정해야 하고, 조리·신의성실 등 단순한 윤리적 의무는 원칙적으로 보증인의 법적 의무가 될 수 없다고 해야 한다.

부진정부작위범에 있어서는 부작위가 작위에 상응하는 동치성이 인정되어야 하므로 보증인지위뿐만 아니라 작위의무의 근거와 내용도 법익보호에 기준을 두는 실질설에 의하여 확정해야 한다. 다만 실질설은 작위의무의 발생근거를 제시하지 못하므로 이에 대해서는 형식설을 고려하여 구체적 범위를 한정하는 결합설이 타당하다고 본다.

4) 보증인지위의 내용과 범위   보증인지위는 작위의무의 내용이 되는 보

호의무와 안전의무에서 생긴다.

(a) 보호의무에 의한 보증인지위   보증인과 법익의 주체 사이의 특별한 결합관계 · 연대관계가 있기 때문에 법익에 대한 위험으로부터 그 법익을 보호해야 할 보증인지위가 인정되는 경우로서 다음의 세 가지가 있다.

(aa) 가족적 보호관계   가족적인 혈연관계와 같이 자연적 결합관계로 인하여 상호의존적 생활관계가 있는 때에는 상호간에 상대방의 생명 · 신체 · 자유에 대한 위험을 방지해야 할 보증인지위에 있다($^{2021도15893}_{판결 참조}$).[1] 부부간 상호부양의무($^{민법}_{제826조}$), 친권자의 자녀에 대한 보호의무($^{동법}_{제913조}$), 친족간 상호부양의무($^{동법}_{제974조}$)와 같이 법률규정에 의하여 발생하는 경우도 있으나, 법률규정이 없어도 법률행위 · 사회상규에 의해서 생길 수도 있다. 예컨대 사실혼관계의 부부 사이에도 밀접한 유대와 신뢰관계가 있으면 상호간 보증인이 된다고 본다. 그러나 부부간에 범죄행위까지 저지해야 할 의무가 있는 것은 아니다.

(bb) 긴밀한 연대관계   탐험 · 등산과 같은 위험한 모험을 함께 하는 사람들 사이에도 특별한 신뢰관계가 있고, 자신에 의하여 위험공동체가 형성된 경우에는 상호간에 일정한 범위의 보증인지위가 생긴다. 해저탐험대나 등산대의 사실상 책임자는 생명 · 신체에 대한 위험으로부터 소속대원을 보호해야 할 지위에 있고, 예외적으로 참여자도 일정한 범위에서 타인의 안전을 위해 기대되는 조치를 취해야 할 보증인지위에 있을 수 있다. 또 동거인 · 약혼자 사이의 유대 · 신뢰관계가 있는 경우도 같다. 그러나 바둑동호인회, 교도소 재소자, 군생활관(내무반)의 동료군인 사이에는 보증인지위가 생기지 않는다.

(cc) 자의적 인수에 의한 보호관계   피해자의 법익보호를 사실상 자의로 인수하여 피해자와 인수인 사이에 보호 · 의존관계가 생긴 때에도 인수인에게 보증인지위가 생긴다. 위험한 등산안내 · 동굴관광안내를 자의로 맡거나, 수영지도나 의사 · 간호사가 환자진료를 맡은 때에 인수인에게 보증인지위가 생긴다.

인수관계는 반드시 계약 기타 사법상의 근거를 필요로 하는 것은 아니다. 계약이 무효 · 취소되거나 유효기간 경과 후에도 사실상 보호기능을 맡고 있으

---

1) 이 판결은 경제적으로 어려움을 겪던 중 뇌출혈로 쓰러져 치료를 받던 아버지의 병세가 깊어지자 회복가능성이 없다고 판단하고 집에 방치하여 사망에 이르게 한 아들에게 존속살해죄를 인정한 사안이다.

면 다른 구조의 가능성이 없는 한 보증인지위는 계속된다. 그러나 자의에 의한 인수가 아니거나 사법상의 의무가 있어도 현실적으로 보호를 맡아 보호활동을 개시하지 않으면 보증인지위는 생기지 않는다.

(b) 안전의무로 인한 보증인지위　불특정 또는 다수인의 법익에 대한 위험원이 있을 때 그 위험원에 대해서 직접 통제하거나 지배관계가 있는 자는 그 위험원으로부터 법익침해가 발생하지 않도록 안전조치를 취하거나 감시할 보증인지위에 있다. 위험원에 대한 안전의무는 원칙적으로 그 위험원을 통제하는 데 그친다. 세 가지가 있다.

(aa) 선행행위　자기 행위로 법익에 대한 근접하고 상당한 위험을 창출한 자는 그 법익이 침해되지 않도록 위험을 제거하거나 침해결과로 발전하지 않도록 해야 할 보증인지위에 있다. 타인에게 상해를 입힌 자는 의료조치나 생명구조의 필요조치를 해야 할 보증인지위에 있다.

[선행행위에 의한 안전의무의 요건]　① 선행행위는 법익침해에 대하여 직접적이고 상당한 위험을 야기할 수 있어야 하고, ② 선행행위는 객관적으로 의무에 위반한 위법한 것이라야 하며, ③ 의무위반은 그 법익보호를 위한 규범을 침해한 것이라야 한다.

판례는 탈진상태에 있는 피감호자 구조의무($^{82도2024}_{판결}$), 실화자의 소화조치의무($^{78도1996\ 판결}_{[이리역\ 열차폭발사건]}$), 어린 조카를 저수지에 빠뜨린 숙부의 구조의무($^{91도2951}_{판결}$) 등을 선행행위에 의한 작위의무로 인정하고 있다.

(bb) 위험원의 감시　자기의 관할·지배영역 안에 위험한 물건·시설·기계·동물 등 위험원을 점유하거나 소유한 자는 그 위험원으로부터 타인의 법익이 침해되지 않도록 안전조치를 취하거나 감시해야 할 보증인지위에 있다. 건축공사자와 그 감독자의 안전조치의무, 경찰관, 소방관, 자동차소유자와 생산기업체의 안전관리책임자, 운동시설 내의 안전시설의무자의 안전의무 등이 여기에 해당한다.

법령·계약에 의하여 생기는 경우가 많으나 사실상의 생활관계에서 생기는 경우(위험한 물건에 타인이 접근하지 못하도록 감시하는 일을 인수한 자, 위험한 맹견을 소유한 자의 안전의무 등)도 있다.

(cc) 타인의 불법행위에 대한 감시　타인을 지휘·통솔할 책임 있는 자는 그 타인의 불법행위로 다른 사람의 법익이 침해되지 않도록 감시해야 할 보증인지위가 생길 수 있다. 책임무능력자의 친권자·후견인, 학생을 지도·감독하는 교사, 부하직원을 감독하는 상관, 선원을 통솔하는 선장, 사병을 지휘하는 군지휘관, 재소자를 감독하는 교도관 등이 그 예이다.

5) 실행행위의 동가치성　부작위의 동치성이 인정되기 위해서는 보증인지위에 있다는 것만으로는 부족하고, 다시 그 부작위에 의한 범죄수행이 작위에 의한 범죄수행 내지 행위태양과 구성요건적으로 동일하다고 평가할 수 있어야 한다($^{2017도13211}_{판결 참조}$). 이를 실행행위의 동가치성이라 한다. 실행행위의 동가치성 판단은 개별 구성요건에 따라 다르다.

(a) **결과야기범**　구성요건결과만 발생하면 가벌성이 인정되는 범죄를 결과야기범(단순결과범)이라 하고, 살인죄·상해죄·손괴죄·방화죄 등 대부분의 범죄가 여기에 해당한다. 결과야기범은 결과발생만 있으면 범죄가 성립하므로 실행행위의 동가치성은 특별히 문제되지 않는다.

(b) **행위의존적 결과범**　구성요건실행행위가 일정한 방법이나 수단을 요구하는 범죄를 행위의존적 결과범이라 한다. 이러한 범죄는 결과야기뿐만 아니라 구성요건의 행위태양에까지 동가치성이 있어야 한다. 사기죄(기망에 의한 재물편취), 공갈죄(폭행·협박에 의한 재물갈취), 특수상해죄(다중의 위력을 보이거나 위험한 물건을 휴대하고 상해), 강요죄(폭행·협박으로 권리행사방해), 강제추행죄(폭행·협박으로 추행), 특수도주죄(손괴하거나 폭행·협박하고 도주) 등이 이 범죄에 해당한다.

(2) 구성요건 결과발생

부진정부작위범의 대부분은 결과범이므로 작위범과 마찬가지로 결과발생이 있어야 한다. 결과발생이 없으면 미수범이 될 뿐이다. 가중결과가 발생한 때에는 결과적 가중범의 취급례(예견가능성, 인과관계의 존재)에 따라 가중처벌한다.

(3) 인과관계·객관적 귀속

거동범의 성질을 갖는 진정부작위범에 있어서는 인과관계가 문제될 여지가 없다. 다만 진정부작위범인 퇴거불응죄에 대한 미수범처벌규정($^{제322}_{조}$) 적용문제가 있으나 퇴거불응죄에는 적용되지 않는다고 해석해야 한다.

부진정부작위범에 있어서는 발생된 결과를 행위자에게 귀속시키기 위해서 부작위와 결과 사이에 인과관계가 있어야 하며 객관적 귀속이 가능해야 한다. 이 경우 부작위가 없었다면, 즉 사회적으로 기대되는 작위의무를 이행하였다면 결과가 발생하지 아니하였을 것이라는 관계가 인정될 경우 그 부작위와 결과사이에 인과관계를 인정할 수 있다. 객관적 귀속은 작위범과 같다.

3. 부진정부작위범의 주관적 구성요건요소

(1) 부진정부작위범의 고의

부작위범에 고유한 객관적 구성요건요소(구성요건 상황과 부작위의 존재, 개별적 작위가능성, 보증인지위, 인과관계)에 대한 인식 내지 인용이 있어야 한다. 작위의무는 위법요소이므로 고의의 인식대상이 아니다. 미필적 고의로 족하다.

(2) 목적범(단절된 결과범)

각종 위조죄에 있어서의 행사할 목적, 음행매개죄·영리목적 약취유인죄에 있어서의 영리의 목적과 같이 불완전한 두 행위범은 부작위에 의하여 실현할 수 없는 행위태양이다. 이에 대해서 출판물에 의한 명예훼손죄에 있어서의 비방할 목적, 내란죄에 있어서의 국헌을 문란하게 할 목적 등 단절된 결과범은 부작위에 의한 목적실현이 가능한 행위태양이다. 이 경우의 목적은 부진정부작위범의 특수한 주관적 불법요소가 된다.

(3) 과 실

부진정부작위범의 과실은 부작위범의 보증인지위와 과실범의 객관적 주의의무위반이 결부되어 있다는 특색이 있다. 보증인지위에 있는 자가 객관적 주의의무에 위반하여 부진정부작위범의 구성요건실현에 대한 위험을 방지하지 아니한 때 과실부작위범이 성립한다.

> **판례** 법 제18조에서 말하는 부작위는 법적 기대라는 규범적 가치판단 요소에 의하여 사회적 중요성을 가지는 사람의 행태가 되어 법적 의미에서 작위와 함께 행위의 기본 형태를 이루게 되는 것이므로, 특정한 행위를 하지 아니하는 부작위가 형법적으로 부작위로서의 의미를 가지기 위해서는, 보호법익의 주체에게 해당

구성요건적 결과발생의 위험이 있는 상황에서 행위자가 구성요건의 실현을 회피하기 위하여 요구되는 행위를 현실적·물리적으로 행할 수 있었음에도 하지 아니하였다고 평가될 수 있어야 한다. … 살인죄와 같이 일반적으로 작위를 내용으로 하는 범죄를 부작위에 의하여 범하는 이른바 부진정부작위범의 경우에는 보호법익의 주체가 그 법익에 대한 침해위협에 대처할 보호능력이 없고, 부작위행위자에게 그 침해위협으로부터 법익을 보호해 주어야 할 법적 작위의무가 있을 뿐 아니라, 부작위행위자가 그러한 보호적 지위에서 법익침해를 일으키는 사태를 지배하고 있어 그 작위의무의 이행으로 결과발생을 쉽게 방지할 수 있어야 그 부작위로 인한 법익침해가 작위에 의한 법익침해와 동등한 형법적 가치가 있는 것으로서 범죄의 실행행위로 평가될 수 있다. … 부진정부작위범의 고의는 반드시 구성요건적 결과발생에 대한 목적이나 계획적인 범행 의도가 있어야 하는 것은 아니고 법익침해의 결과발생을 방지할 법적 작위의무를 가지고 있는 자가 그 의무를 이행함으로써 그 결과발생을 쉽게 방지할 수 있었음을 예견하고도 결과발생을 용인하고 이를 방관한 채 그 의무를 이행하지 아니한다는 인식을 하면 족하며, 이러한 작위의무자의 예견 또는 인식 등은 확정적인 경우는 물론 불확정적인 경우이더라도 미필적 고의로 인정될 수 있다. … 선박침몰 등과 같은 조난사고로 승객이나 다른 승무원들이 스스로 생명에 대한 위협에 대처할 수 없는 급박한 상황이 발생한 경우에는 선박의 운항을 지배하고 있는 선장이나 갑판 또는 선내에서 구체적인 구조행위를 지배하고 있는 선원들은 적극적인 구호활동을 통해 보호능력이 없는 승객이나 다른 승무원의 사망 결과를 방지하여야 할 작위의무가 있다 할 것이므로, 법익침해의 태양과 정도 등에 따라 요구되는 개별적·구체적인 구호의무를 이행함으로써 사망의 결과를 쉽게 방지할 수 있음에도 그에 이르는 사태의 핵심적 경과를 그대로 방관하여 사망의 결과를 초래하였다면, 그 부작위는 작위에 의한 살인행위와 동등한 형법적 가치를 가진다고 할 것이고, 이와 같이 작위의무를 이행하였다면 그 결과가 발생하지 않았을 것이라는 관계가 인정될 경우에는 그 작위를 하지 않은 부작위와 사망의 결과 사이에 인과관계가 있는 것으로 보아야 할 것이다(2015도6809 전원합의체 판결 [세월호 사건]).

II. 부작위범의 처벌과 관련문제

1. 부진정부작위범의 처벌

형법은 부진정부작위범의 처벌에 관하여 규정을 두지 않았다. 부진정부작위범은 작위범의 구성요건을 부작위로 실현하는 것이므로 작위범의 가벌성과 달리 취급할 필요가 없다는 취지로 이해할 수 있다.

그러나 부진정부작위범은 작위범의 경우보다 행위반가치와 책임에서 가볍다고 해야 하므로 임의적 감경으로 하는 것이 타당하다. 법무부의 형법총칙개정안 제15조는 부진정부작위범에 대해서 임의적 감경규정을 두고 있다.

2. 부작위범의 관련문제

(1) 부작위범의 착오

1) 진정부작위범에 있어서의 착오　　퇴거불응죄에 있어서 자기의 주거라고 믿고 타인의 주거에 들어갔다가 퇴거요구에 응하지 아니한 경우는 구성요건착오가 되지만 타인의 주거에 들어가는 것이 허용되어 있다고 오신한 경우는 위법성의 착오가 된다.

2) 부진정부작위범에 있어서의 착오　　작위의무의 체계상의 지위에 대한 견해에 따라 착오취급이 달라진다. ① 보증인지위와 작위의무를 구성요건요소로 보는 견해에 따르면 구성요건착오로, ② 보증인지위는 구성요건요소로, 작위의무는 위법성의 요소로 보는 견해에 따르면 보증인지위에 관한 착오는 구성요건착오, 작위의무에 관한 착오는 위법성의 착오가 된다. 이분설이 통설이다.

(2) 부작위범의 미수

과실범의 미수범은 처벌하지 아니하므로 고의 부작위범에 한하여 미수범이 문제된다.

1) 진정부작위범　　진정부작위범에 있어서는 작위의 요구가 전달된 후 최초의 작위 가능시가 실행의 착수시기라 할 수 있다. 그러나 진정부작위범은 거동범이므로 미수범의 성립을 인정하기 곤란하다.

다만, 퇴거불응죄에 있어서는 미수범처벌규정(제322조)이 있으므로 논의가 생긴다. 퇴거불응죄는 기수시기와 미수의 구별이 불가능하므로 부정하는 것이 옳다. 따라서 실행의 착수가 인정되는 순간 기수범이 성립한다고 해야 한다.

2) 부진정부작위범　　부진정부작위범은 작위범의 구성요건을 실현하는 것이므로 미수범도 성립할 수 있다. 다만 부작위범은 외부로 나타나는 동작 없이 부작위 형태로 범죄를 실현하므로 부작위에 대한 규범적 평가에 의하여 실행의 착수를 판단한다.

작위의무자는 법익침해의 직접적 위험이 현존하면 즉시 그 위험을 제거해야 할 작위로 나아가야 하므로 요구되는 작위를 지체함으로써 보호법익에 대한 직접적 위험을 야기하거나 증대시킨 시점에 실행의 착수가 있다고 본다(통설).

법익침해의 직접적인 위험야기 또는 위험증대 시점은, ① 법익침해의 위험이 이미 발생되어 있고, 행위자의 작위가 있으면 그 위험을 회피할 수 있는 경우(예: 물에 자식이 빠진 것을 본 부모나 사무소 일부에 불이 나고 있음을 본 관리자)는 위험의 존재를 인식하고 작위가능한 상태가 되었을 때이고, ② 행위자의 행위가 없으면 법익침해의 위험이 발생하는 경우(예: 유아에게 수유하지 아니하는 부모)는 작위의무가 이미 사전에 발생하고 있었으므로 위험의 존재를 인식한 시점이라고 본다.

(3) 부작위범과 공범
부작위범과 공범이 교차하는 경우는 부작위에 의한 공범과 부작위에 대한 공범이 있다.

1) 부작위에 의한 공범
(a) **부작위에 의한 교사**　　보증인이 작위의무의 불이행이라는 부작위로 정범에게 범죄실행의 의사를 생기게 한다는 것은 상상할 수 없으므로 부정해야 한다. 우리나라 통설이다.

(b) **부작위에 의한 방조**　　방조는 물리적·심리적으로도 가능하므로 범죄실행을 저지해야 할 보증인이 이를 저지하지 않고 행위수행을 용이하도록 묵인한 경우에는 부작위에 의한 방조범이 성립한다. 통설이며 판례의 입장이다(84도1906 판결, 95도2551 판결, 96도1639 판결 등).

> **판례**　　형법상 방조는 작위에 의하여 정범의 실행행위를 용이하게 하는 경우는 물론 직무상의 의무가 있는 자가 정범의 범죄행위를 인식하면서도 그것을 방지하여야 할 제반조치를 취하지 아니하는 부작위로 인하여 정범의 실행행위를 용이하게 하는 경우에도 성립된다. 피고인이 은행지점장으로서 부하직원들의 범행을 인식하면서도 그들의 배임행위를 방치한 소위에 대하여 배임죄의 방조범으로 의율처단한 조치는 정당하다(84도1906 판결).

(c) **부작위에 의한 공동정범**　부작위범도 실현의사와 지배가능한 사회적 중요성 있는 부작위행위를 할 수 있으므로 작위의무가 있는 2인 이상이 의사연락하여 공동으로 결과발생을 방지하지 않고 범죄를 실현할 수 있다는 것이 통설이다.

또 공동자 중 1인은 작위의 실행행위를 분담하고 다른 공동자는 이를 저지해야 할 작위의무를 이행하지 아니한 경우에 작위와 부작위의 공동정범도 성립할 수 있다.

2) **부작위에 대한 공범**

(a) **부작위에 대한 교사**　보증인에게 작위의무를 이행하지 아니하도록 결의시키고 부작위에 머물게 할 수 있으므로 부작위에 대한 교사도 가능하다. 우리나라 통설이다.

(b) **부작위에 대한 방조**　부작위 정범자에 대하여 정신적으로 범행을 강화시키고 이를 원조할 수 있으므로 부작위에 대한 방조도 가능하다. 우리나라 통설이다.

(c) **부작위에 대한 간접정범**　작위의무자를 강제 또는 기망하여 작위의무이행을 할 수 없도록 도구처럼 이용하면 간접정범이 된다. 정신병자를 감호하는 자가 정신병자의 위험한 행위를 고의로 방치하면 부작위 정범이 된다.

(4) 과실에 의한 부진정부작위범

진정부작위범은 과실범처벌규정이 없으므로 과실의 부작위범이 성립할 여지가 없다. 부진정부작위범은 과실범처벌규정이 있으면 과실부작위범이 성립한다.

인식 없는 과실에 의한 부진정부작위범을 망각범이라 하는데, 기대되는 행위시에 작위의무에 대한 인식이 없이 결과가 발생한 경우의 과실범이다. 예컨대 모(母)가 젖먹이 아이에게 젖을 물린 채 잠들어 버린 결과 젖먹이 아이가 질식사한 경우이다. 망각범은 의식이 있는 의사에 기인한 것은 아니지만 과실범은 성립한다.

제10절 죄수와 범죄경합의 이론

[§ 43] 죄수와 범죄경합의 기초이론

I. 죄수론과 경합론

죄수론(罪數論)은 죄가 한 개인가 여러 개인가라는 죄의 갯수를 논의하는 이론이다. 이에 대하여 경합론(競合論)은 수죄의 성립이 인정된 다음에 성립된 수죄 상호간의 경합에 대하여 어떤 방법으로 어떻게 처벌할 것인가를 논의하는 이론으로 범죄경합론이라고 한다. 경합된 수죄에 대하여 적용할 처벌원칙을 정하는 이론이라 할 수 있다. 형법은 경합론에 대한 규정(상상적 경합·실체적 경합)만 두고 있을 뿐이고, 죄수론에 대하여는 전적으로 학설에 위임하고 있다.

II. 죄수결정의 기준

죄수결정 기준에 대하여 다음과 같은 학설들이 주장되어 왔다.

1. 행위표준설

여러 개의 자연적 행위가 있어도 구성요건이 그 행위들을 법적·사회적 의미에서 단일하다고 평가한 것이면 법적으로 하나의 행위가 되고, 그 행위가 하나이면 죄도 하나이고, 행위가 여러 개이면 죄도 여러 개가 된다고 한다. 이에 따르면 하나의 행위가 여러 개의 구성요건에 해당하는 상상적 경합은 당연히 일죄가 되고, 협의의 포괄일죄와 결합범은 여러 개의 자연적 행위가 구성요건적으로 하나의 행위로 평가되어 일죄가 된다.

판례 중에 미성년자의제강간죄 또는 미성년자의제강제추행죄($^{82도2442}_{판결}$), 협박에 의한 공갈죄($^{4290형상}_{360 판결}$), 무면허운전에 의한 도로교통법위반죄($^{2001도6281}_{판결}$)에 대해서 각 구성요건행위의 수에 따라 죄수를 결정한 것이 있다.

행위표준설에 따르면 상상적 경합의 경우, 하나의 행위로 여러 개의 구성요건결과를 발생시켰음에도 하나의 범죄로 인정하는 것은 범죄의 정형을 무시한다는 비판을 받는다.

2. 법익표준설

범죄의 본질은 법익침해에 있다는 점을 기초로 침해되는 법익의 수(또는 발생결과의 수)에 따라 죄수를 결정한다. 다만 이 견해는 침해되는 법익을 두 가지로 구별하여, 생명·신체 등 법익의 주체와 불가분의 관계가 있는 일신전속적 법익을 침해하는 경우는 피해자의 수에 따라 범죄가 성립하고($^{83도524}_{판결}$), 재산·공공의 안전 등 법익의 주체와 분리할 수 있는 비전속적 법익을 침해하는 경우는 침해법익의 수에 따라 결정한다($^{70도1133}_{판결}$). 이 견해는 상상적 경합은 실질상으로 수죄이지만 소송법상 예외적으로 일죄로 취급한다고 한다.

법익표준설은 여러 개의 법익침해가 하나의 죄를 구성하는 이중법익에 대한 죄(예: 강도죄·공갈죄)를 설명할 수 없다는 비판을 받는다.

3. 구성요건표준설

구성요건을 충족하는 횟수를 기준으로 죄수를 결정하는 견해이다. 행위의 갯수를 묻지 않고, 행위사실이 구성요건을 1회 충족하면 일죄이고, 수회 충족하면 수죄가 된다고 한다. 이 견해는 상상적 경합은 실질상으로 수죄이지만, 과형상으로 일죄로 취급한다고 한다. 우리나라 다수설이다. 판례 중에도 이 견해를 기준으로 죄수를 결정한 것이 많다($^{99도3822 \ 전원합의체 \ 판결,}_{2000도782 \ 판결, \ 2000도4880 \ 판결 \ 등}$).

이 견해에 대해서, 여러 개의 행위가 하나의 구성요건을 반복적으로 충족하는 포괄일죄(접속범 등)가 일죄인가 수죄인가를 구별하기 어렵다는 비판이 있다.

4. 의사표준설

행위나 결과발생의 수에 관계없이 범죄의사가 하나이면 일죄가 되고, 범죄의사가 여러 개이면 수죄가 된다고 한다. 이 견해에 의하면 상상적 경합과 의사가 단일한 연속범은 일죄가 된다. 판례도 동일인으로부터 일정기간 같은 장소에서 여러 차례에 걸쳐 뇌물을 수수한 경우($^{98도3584}_{판결}$)와, 금융기관 임직원이 그 직무에 관하여 여러 차례 금품을 수수한 경우($^{2000도1155}_{판결}$)에 범의가 단일하다고 하여 포괄일죄를 인정한 것이 있다.

이 견해는 행위와 결과를 불법요소로 포섭하는 범죄의 유형개념을 도외시할 뿐만 아니라 범죄의사가 단일하면 여러 개의 구성요건결과가 발생한 경우에도 항상 일죄라고 하는 것은 부당하다는 비판을 받는다.

5. 종합판단설

여러 학설은 모두 결함을 갖고 있으므로 이상의 모든 기준을 종합적으로 고려하여 합목적적으로 판단해야 한다는 견해이다($^{배종대\ 167/5,\ 오영근\ 463,}_{손동권·김재윤\ 34/6}$).

그러나 종합적 고려는 어떤 기준을 어떤 방법으로 고려하여 적용할 것인지가 구체화되지 않으면 판단자의 경험적 분별력에 맡기게 된다는 문제가 있다.

6. 결   어

형법은 한 개의 행위가 "여러 개의 죄"에 해당하는 상상적 경합과, 여러 개의 행위로 '수죄(여러 개의 죄)'가 성립하는 실체적 경합을 규정하고 있다. 이 규정에서 "여러 개의 죄"라 할 때의 "죄"는 구성요건 충족을 떠나서 생각할 수 없다. 구성요건이 충족되기 위해서는 범죄의사(고의)·행위·결과 등 구성요건요소를 갖추어야 하고, 법익침해는 불법구성요건의 결과불법의 내용이 된다. 구성요건표준설은 구성요건요소의 일부만 기준으로 죄의 갯수를 결정할 것이 아니라 이 모든 요소를 함께 평가한 구성요건 충족을 기준으로 결정해야 한다. 따라서 죄수결정에 있어서는 따로 종합적으로 판단할 필요없이 이 모든 요소를 포함하는 구성요건표준설이 타당하다고 본다.

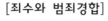

[죄수와 범죄경합]

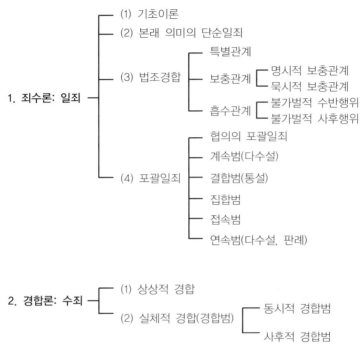

[§ 44] 일죄(一罪)

Ⅰ. 일죄의 의의

범죄의 수가 하나인 것을 일죄 또는 단순일죄라 한다. 하나의 행위가 하나의 법익을 침해하여 하나의 구성요건을 충족한 경우에는 죄수에 관한 어떠한 학설에 따라도 일죄가 된다. 이를 본래 의미의 단순일죄라 한다.

구성요건 내용이 여러 개의 행위태양을 요구하고 있는 경우에도 그 여러 개의 행위가 하나의 구성요건을 충족하면 단순일죄가 된다. 사기죄의 기망행위와 재물취득이 그 예이다. 이 경우의 여러 개의 행위는 그 전부 또는 일부가 독립해서 다른 구성요건에 해당할 수 없는 다행위범(多行爲犯)이다.

이와 구별되는 단순일죄도 있다. 각각 독립하여 범죄가 될 수 있는 여러 개의 행위가 포괄하여 하나의 동일구성요건을 충족시키는 포괄일죄와, 하나 또는 여러 개의 행위가 여러 개의 구성요건을 실현하였지만 법규 상호간의 성질 때문에 하나의 형벌법규만 적용하는 법조경합도 단순일죄이다.

II. 법조경합

1. 법조경합의 의의

하나 또는 여러 개의 행위가 외관상 여러 개의 형벌법규에 해당하지만 법규의 성질상 하나의 형벌법규(法條)만 적용하고, 다른 법조의 적용을 배제하여 일죄만 성립하는 경우를 법조경합이라 한다. 외관상 여러 개의 형벌법규에 해당할 뿐이고, 실제로는 하나의 형벌법규만 적용한다는 점에서 상상적 경합이나 실체적 경합과 구별되며, 외형상의 경합 또는 부진정 경합이라고도 한다.

법조경합은 하나의 행위가 여러 개의 형벌법규에 해당하는 경우에 한한다는 견해(임웅 626)도 있다. 그러나 법조경합은 "하나의 범죄사실"이 외관상 여러 개의 형벌법규에 해당하는 경우이고, 그 범죄사실을 구성하는 행위는 두 개인 경우(예: 불가벌적 수반행위)도 있으므로 행위의 단복과는 무관하다고 해야 한다.

2. 법조경합의 본질

법조경합이 되는 여러 개의 범죄를 모두 인정하면 동일 범죄사실에 대하여 이중평가를 하게 되므로 하나의 범죄성립만 인정하는 데에 법조경합의 본질이 있다(이중평가금지원칙). 여기의 이중평가는 여러 개의 구성요건 사이에 개념적 포섭관계가 있는 구성요건사실이나 그 불법에 대한 이중평가를 의미한다.

예컨대, 직계존속을 살해하면 존속살해죄와 보통살인죄 두 개의 구성요건을 충족하지만, 존속살해의 의미에는 보통살인도 포함되기 때문에 이에 대하여 두 개의 범죄성립을 인정하면 동일한 범죄사실에 대하여 이중평가를 하게 되므로 두 죄는 법조경합이 되어 존속살해죄 일죄만 성립한다.

3. 법조경합의 형식

법조경합의 형식으로 종래까지 특별관계 · 보충관계 · 흡수관계 · 택일관계의 네 가지를 유형화하였으나 최근에는 이 중에서 택일관계를 제외하는 것이 다수설이다.

법조경합은 하나의 범죄사실에 대하여 외관상 여러 개의 법조 적용이 가능한 경우에만 논의되는 것이므로 양립할 수 없는 법규 사이에 배타적 관계가 있는 택일관계는 애당초 이중평가가 문제되는 법조의 경합은 생기지 않는다고 해야 한다(택일관계의 예: 절도죄와 횡령죄, 고의범과 과실범).

(1) 특별관계

두 개의 형벌법규가 일반법(일반구성요건)과 특별법(특별구성요건)의 관계가 있는 경우를 특별관계라 한다. 특별구성요건은 일반구성요건의 모든 구성요건요소와 그 외의 특별한 요소까지 포함하고 있으므로 일반구성요건에 대하여 특수적으로 구성되는 관계에 있고 동일한 법익침해에 대해서만 인정된다.

특별구성요건을 실현하는 행위는 일반구성요건도 충족하지만 일반구성요건을 실현하는 행위는 특별구성요건을 충족할 수 없다. 이 경우 특별법 우선적용의 원칙에 따라 특별법만 적용하고 일반법의 적용은 배제된다($^{2012도6503}_{판결}$). 특별관계가 인정되는 대표적 예는 다음과 같다.

① 가중적 또는 감경적 구성요건과 기본적 구성요건과의 관계이다. 예컨대 존속살해죄, 영아살해죄, 촉탁 · 승낙살인죄는 보통살인죄의 특별규정이고, 업무상 횡령죄와 횡령죄, 특수절도죄와 단순절도죄, 상습도박죄와 단순도박죄는 각각 전자가 특별규정이다. 존속살해죄와 촉탁 · 승낙살인죄의 경우에는 촉탁 · 승낙살인죄가 특별규정이다. ② 결과적 가중범과 기본범죄 사이도 특별관계이다. 상해치사죄는 상해죄 · 과실치사죄에 대한 특별규정이다. ③ 특별형법상의 범죄는 협의의 형법상의 범죄에 대하여 특별법이 된다.

> **판례** ① 법조경합의 한 형태인 특별관계란 어느 구성요건이 다른 구성요건의 모든 요소를 포함하는 외에 다른 요소를 구비하여야 성립하는 경우로서, 특별관계에 있어서는 특별법의 구성요건을 충족하는 행위는 일반법의 구성요건을 충족하지

만 반대로 일반법의 구성요건을 충족하는 행위는 특별법의 구성요건을 충족하지 못한다. … 성폭력특례법 제10조 제1항 위반죄의 구성요건과 아청법 제7조 제5항, 제2항 위반죄의 구성요건을 비교하여 보면, 위 각 죄는 그 행위의 객체와 태양, 범행의 대상이 아동·청소년이라는 점에 대한 인식 요부 등에 차이가 있고, 성폭력 특례법 제10조 제1항 위반죄의 구성요건이 아청법 제7조 제5항, 제2항 위반죄의 구성요건의 모든 요소를 포함하는 외에 다른 요소를 구비하는 경우에 해당하지도 아니하므로, 전자가 후자에 대하여 특별법의 관계에 있다고 볼 수는 없다(2012도 6503 판결).

② 일반적으로 특별법이 일반법에 우선하고 신법이 구법에 우선한다는 원칙은 동일한 형식의 성문법규인 법률이 상호 모순·저촉되는 경우에 적용된다. 이때 법률이 상호 모순·저촉되는지 여부는 법률의 입법목적, 규정사항 및 적용범위 등을 종합적으로 검토하여 판단하여야 한다. … '구 공공기관의 운영에 관한 법률'(2007. 1. 19. 제정되어 2016. 3. 22. 개정되기 전까지의 것, 이하 '공공기관운영법') 제53조와 도로교통법 제129조의2(2010. 7. 23. 개정되어 신설된 조항임)는 입법목적, 입법연혁, 규정사항 및 적용범위 등을 달리하여 서로 모순·저촉되는 관계에 있다고 볼 수 없다. 따라서 공공기관운영법에 따른 준정부기관인 도로교통공단의 임직원에 대하여 도로교통법 제129조의2가 특별법 내지 신법으로 우선하여 적용되고 공공기관운영법 제53조의 적용이 배제된다고 볼 수 없다(2014도14166 판결).

(2) 보충관계

어떤 형벌법규가 다른 형벌법규의 적용이 없는 경우에 한하여 보충적으로 적용되는 관계에 있는 경우를 보충관계라 한다. 보충관계는 여러 개의 형벌법규가 같은 법익에 대해서 서로 다른 공격단계에서 보호하는 경우에 인정되며, 그 여러 개의 법규가 기본법과 보충법의 관계에 있으면 기본법이 우선적용되고 보충법의 적용은 배제된다(기본법 우선적용의 원칙). 여기에는 두 가지 유형이 있다.

1) **명시적 보충관계**　다른 형벌법규의 적용이 없는 때에 한하여 보충적으로 적용한다는 취지가 법규의 문언상 명백한 경우를 명시적 보충관계라 한다. 예컨대 일반건조물방화죄는 현주건조물방화죄·공용건조물방화죄의 보충규정이고, 일반이적죄는 외환유치죄·여적죄·모병이적죄·간첩죄의 보충규정이다.

2) **묵시적 보충관계**　구성요건 상호 의미연관성에 의한 해석을 통해서 보충관계가 인정되는 경우를 묵시적 보충관계라 한다. 통설은 불가벌적 사전행위

와 동일법익에 대한 침해방법의 경중이 있는 경우에 묵시적 보충관계를 인정한다.

(a) **불가벌적 사전행위**   행위 자체는 구성요건을 충족하는 가벌행위이지만 주된 가벌행위의 수단이나 준비행위로서 주된 행위의 일부분을 구성하기 때문에 별도로 처벌할 필요가 없는 행위를 불가벌적 사전행위라 한다. 이를 경과범죄라고도 한다. 불가벌적 사전행위도 가벌행위가 될 수 있는 행위이므로 주된 행위의 범죄성립이 부정된 때에만 처벌할 수 있는 보충관계에 있다.

불가벌적 사전행위가 법조경합이 되기 위해서는 주된 가벌행위에 이르는 일련의 행위과정이 중단없이 진행되어야 하고, 주된 사후행위의 법익침해를 지향하고 있어야 하며, 주된 행위의 불법보다 가벼워야 한다. 예비죄와 미수죄, 미수죄와 기수죄, 상해죄와 살인죄, 위험범과 침해범에 있어서 전자는 후자에 대하여 보충관계에 있다.

(b) **침해방법의 경중**   같은 법익에 대한 가벼운 침해방법은 무거운 침해방법에 대하여 보충관계에 있다. 방조범은 교사범에 대하여, 교사범은 정범에 대하여 각각 보충관계에 있다.

작위범과 부작위범이 경합한 경우에 부작위범은 작위범에 대하여 보충관계에 있다는 견해(작위우선설)도 있다. 그러나 형법은 작위범과 부작위범을 동일하게 취급하고 있고, 작위범과 부작위범은 규범적 평가의 문제이므로 법적 평가의 중점을 기준으로 양자를 구별하는 다수설(중점설)에 의하면 침해방법이라는 외형적 사실로 보충관계를 인정할 수 없다. 택일관계라고 본다.

(3) 흡수관계

하나의 구성요건을 충족하는 불법행위가 다른 구성요건의 불법행위를 통상적으로 수반하고 있는 때에는 수반되는 형벌법규의 구성요건과 불법은 수반하는 형벌법규에 흡수되어 함께 처벌되는 경우를 흡수관계라 한다. 흡수법의 구성요건은 피흡수법의 구성요건 내용을 당연히 포함하는 것이 아니라는 점에서 특별관계와 구별되고, 다른 범죄행위에 통상적으로 결부되어 수반된다는 점에서 다른 법규의 적용이 없는 경우에 보충적으로 적용되는 보충관계와 구별된다. 흡수관계가 있으면 전부법은 부분법을 폐지한다는 원리에 따라 흡수법만 적용한다. 흡수관계는 다음 두 가지 경우에 인정된다.

　　1) 불가벌적 수반행위　　주된 범죄와 통상적으로 결부되어 수반되는 종된 범죄는 그 행위의 불법내용이 주된 범죄가 예정하는 범위 내에 있고, 주된 범죄의 불법내용보다 경미하기 때문에 처벌하지 않고 주된 범죄만 처벌한다. 이 경우 처벌되지 않는 종된 행위를 불가벌적 수반행위라 한다. 주된 범죄에 수반된 행위는 애당초 불가벌적 행위가 아니라 주된 범죄의 처벌법규에 의하여 함께 처벌된 수반행위이다. 문서를 위조할 때의 인장위조행위, 상해할 때의 폭행·협박행위가 불가벌적 수반행위이다.

　　2) 불가벌적 사후행위　　주된 사전행위의 결과를 이용 또는 유지하는 사후행위는 구성요건을 충족하는 가벌행위에 해당하지만 그 불법은 사전행위에 포함하여 포괄적으로 평가되었기 때문에 별죄를 구성하지 않는다. 이를 불가벌적 사후행위라 한다. 절취한 물건의 손괴행위, 횡령한 재물의 처분행위가 전형적인 불가벌적 사후행위이다.

　　[불가벌적 사후행위의 요건]　　① 사후행위는 구성요건에 해당하는 위법행위라야 한다(제1요건). 살인죄를 범한 후 사체를 그 자리에 방치하는 경우에는 사후행위 자체가 없으므로 불가벌적 사후행위라 할 수 없다.

　　② 불가벌적 사후행위는 그 불법 내지 위법성이 사전행위에 의하여 포괄적으로 평가된 범위 내에서만 인정된다(제2요건). 그 범위를 초과하거나 다른 사람에 대한 새로운 법익을 침해하였을 때에는 새로운 범죄가 성립한다(91도1722 판결).

　　대법원은 선행 처분행위에서 예상할 수 없는 새로운 위험이 추가되어 법익침해의 위험을 증가시킨 경우와 선행 처분행위와 무관한 방법으로 법익침해를 발생시킨 경우는 특별한 사정이 없는 한 선행 처분행위에서 평가된 위험의 범위를 벗어난 것이므로 새로운 범죄가 성립한다고 판시하였다(2014도12022 판결).

　　③ 불가벌적 사후행위는 주된 사전행위보다 법정형이 가벼워야 할 필요는 없다(제3요건). 예컨대 점유이탈물을 횡령하여 손괴한 경우에도 법정형이 더 무거운 손괴행위는 불가벌적 사후행위가 된다.

　　④ 불가벌적 사후행위는 선행행위가 구성요건에 해당하는 이상 그 선행행위가 처벌되었음을 요하지 않는다(제4요건). 선행행위가 공소시효완성 또는 소송조건의 결여로 처벌할 수 없는 경우에도 사후행위는 처벌할 수 없다. 그러나 선행행위 자체가 범죄의 증명이 없거나 정당화사유 또는 면책사유로 애당초

범죄성립이 부정되는 때에는 사후행위를 처벌할 수 있다.

　⑤ 불가벌적 사후행위는 선행행위자 또는 그 공범자 스스로 사후행위를 하거나 이에 가담한 때에만 불가벌이 되고, 제3자가 사후행위에 가담한 때에는 사후행위의 공범이 성립한다(제5요건). 예컨대 절취한 장물을 절도범인과 공동하여 손괴한 제3자는 재물손괴죄로 처벌된다.

4. 법조경합의 처리

　법조경합으로 적용이 배제된 법규는 형사처벌의 근거가 되지 않는다. 행위자는 적용된 법규에 정한 형으로 처벌되며, 배제된 법조는 판결주문과 판결이유에 기재되지 않는다. 그러나 제3자는 배제되는 범죄에 대하여 인식 또는 예견가능한 범위 내에서 공범이 성립할 수 있다.

Ⅲ. 포괄일죄

1. 포괄일죄의 의의

　포괄일죄의 의의는 학자에 따라 다르다. 보통 광의로 사용하여 포괄일죄란 개별적으로 각각 범죄가 될 수 있는 여러 개의 행위가 포괄적으로 하나의 구성요건을 충족하여 일죄로 평가되는 경우를 말한다. 각각 독립되는 여러 개의 범죄행위에 대한 이중평가가 생기지 않는다는 점에서 법조경합과 구별되며, 하나의 행위가 수죄를 구성하면서 처벌만 일죄로 하는 상상적 경합과 구별된다.

2. 포괄일죄의 유형

(1) 협의의 포괄일죄

　행위 상호간에 수단과 목적 또는 원인과 결과의 관계가 있는 여러 종류의 행위태양이 동일한 법익을 침해하는 하나의 구성요건에 포함되어 있는 경우에, 그 여러 개의 행위가 계속하여 하나의 법익을 침해하는 일련의 행위를 포괄하여 일죄로 취급하는 것을 협의의 포괄일죄라 한다. 예컨대 장물범이 동일한 장물을 운반 또는 보관하여 이를 취득하는 경우에는 포괄하여 장물취득죄(제362조 제1항)

만 성립하고, 동일인에 대하여 뇌물을 요구 또는 약속하여 이를 수수하는 경우에는 포괄하여 뇌물수수죄($^{제129조}_{제1항}$)만 성립한다.

(2) 계속범

계속되는 일련의 행위가 기수가 된 이후에도 법익침해의 계속과 함께 범죄행위도 종료하지 않고 계속되는 범죄를 계속범이라 한다. 계속범은 포괄일죄라는 것이 다수설이지만 단순일죄라는 견해($^{박상기·전지연}_{329}$)도 있다. 두 가지 경우로 나누어 검토할 필요가 있다.

범죄행위가 계속하는 동안은 위법상태도 계속되므로 같은 행위가 종료하기까지의 동일한 위법상태를 유지하기 위해 계속되는 행위는 하나의 행위로서 애당초 단순일죄가 된다(예: 감금장소를 다른 장소로 옮겨 계속 감금하는 경우). 이에 대해서 체포한 후 다시 감금한 경우에는 동일한 위법상태를 유지하고 있지만, 행위태양이 다르고, 체포는 감금을 하는 수단이라 할 수 있으므로 이 두 행위를 포괄하여 감금죄가 성립하는 포괄일죄라고 해야 한다.

(3) 결합범

개별적으로 독립된 범죄를 구성하는 여러 개의 행위가 결합하여 하나의 구성요건을 충족하는 범죄를 결합범이라 한다. 예컨대 강도살인죄는 강도죄와 살인죄의 결합범이고, 강도죄는 폭행죄 또는 협박죄와 절도죄의 결합범이다. 결합범은 여러 개의 행위의 불법내용을 함께 평가하고 있으므로 여러 개의 행위를 포괄한 포괄일죄가 된다.

결합범의 선행부분에 대한 실행의 착수와 방조는 결합범 전체에 대한 실행의 착수와 방조가 되지만 후행부분에 대한 실행의 착수는 결합범 전체에 대한 실행의 착수가 될 수 없다. 예컨대 강도강간죄의 후행부분인 강간을 먼저 실행한 자가 이후 강도의 고의가 생겨 강도를 실행하면 강도강간죄가 아니라 강간죄와 강도죄의 경합범이 된다($^{2001도6425}_{판결}$).

(4) 집합범

구성요건 자체의 성질상 개별적으로 구성요건을 충족할 수 있는 여러 개의 같은 종류의 독립된 행위가 반복하여 행해질 것을 예정하고 있는 범죄를 집합범이라 한다. 집합범은 반복되는 여러 개의 행위를 포괄하여 일죄로 평가한다.

동종범죄의 반복을 직업적으로 행하는 직업범(무면허의료행위, 변호사법 제109조 위반행위 등), 범죄습벽으로 반복하는 상습범(상습도박죄 등), 경제적 수입을 얻기 위해 행위반복을 영업적으로 행하는 영업범(음화 등 반포·판매죄, 무자격자의 약품판매행위 등)이 있다.[1] 다만 상습사기죄가 포괄일죄가 되려면 종전의 범죄도 상습사기로 기소된 경우에 한한다(2001도3206 전원합의체 판결, 2009도12627 판결, 상습절도에 관하여는 2009도13411 판결,).

상습범·영업범 등 집합범을 포괄일죄로 취급하면 범죄자에게 부당한 특혜를 준다는 이유로 경합범으로 처리해야 한다는 비판이 있다(이재상 외 38/38).[2] 그러나 ① 형법각칙상의 상습범 조항은 이미 가중된 법정형을 규정하고 있으므로 상습범에 대해서는 부당한 특혜라고 할 수 없고, ② 영업범을 경합범으로 처리하여 다수의 영업행위 중 일부만 처벌하고 나머지 행위를 별도로 처벌하게 되면 피고인이 지나치게 불리한 처벌을 받게 되게 되므로 포괄일죄로 파악함이 타당하다(통설).

(5) 접속범

개별적으로 각각 같은 구성요건을 충족하는 여러 개의 동종의 행위가 시간적·장소적으로 불가분적으로 접속하여 행해지는 범행형태를 접속범이라 한다. 예컨대 같은 기회와 장소에서 여러 사람의 재물을 절취하거나, 같은날 밤에 2시간에 걸쳐 여러 차례 재물을 절취한 경우, 같은 기회에 피해자를 여러 차례 강간한 경우이다. 접속범에 있어서는 접속되는 여러 개의 동종의 행위는 같은 구성요건을 충족하므로 이를 포괄하여 일죄로 평가한다. 구성요건 자체가 여러 개의 행위의 반복을 예정한 것이 아니며, 시간적·장소적 접속성이 있다는 점에서 집합범과 구별된다.

---

1) 대법원은, 의료기관의 시설 및 인력의 충원·관리, 개설신고, 의료업의 시행, 필요한 자금의 조달, 운영성과의 귀속 등을 비의료인이 주도적인 입장에서 처리하는 경우에는 비의료인의 의료기관 개설에 따른 의료법위반죄(제87조 제1항 제2호)의 포괄일죄가 성립하지만, 다만 운영 도중 개설자 명의를 다른 의료인 등으로 변경한 때에는 그 명의가 단일하다거나 범행방법이 종전과 동일하다고 보기 어려워 개설자 명의별로 별개의 범죄가 성립하고 각 죄는 경합범(실체적 경합)이 된다고 판시(2018도10779 판결)하였다. 같은 취지에서 동일한 피해자에 대한 여러 차례의 사기 범행이더라도 범행방법이 동일하지 않은 때에는 포괄일죄가 아니라 경합범에 해당하므로 편취한 금액의 총액이 5억원을 넘는 경우라도 특정경제범죄법상의 사기죄로 가중처벌할 수 없다고 판시(2021도15375 판결)하였다.
2) 강동욱 369는 단순히 상습성이나 영리성만을 근거로 포괄일죄로 취급하는 것은 부당하므로 집합범이라 하더라도 포괄일죄의 일반적 요건을 갖춘 경우에만 일죄로 취급해야 한다는 입장이다.

접속범이 되기 위해서는, ① 반복된 행위가 시간적·장소적으로 접속하고 있어야 하고, ② 동일한 고의로 동종의 법익침해를 지향하고 있어야 한다. 피해자가 반드시 같을 필요가 없으나 일신전속적 법익을 침해하는 경우에는 경합범이 된다.

대법원은, 피해자를 항거불능하게 한 후 1회 간음하고 200미터쯤 오다가 피해자의 항거불능의 상태를 이용하여 다시 1회 간음한 경우에 강간죄의 단순일죄를($^{70도1516}_{판결}$), 공무원이 동일인으로부터 관광호텔사업승인의 알선교제비를 3개월여 동안 3회에 걸쳐 받은 경우에 포괄일죄를($^{90도466}_{판결}$) 각 인정하였으나, 피해자를 1회 강간하여 상처를 입힌 후 약 1시간 후에 장소를 옮겨 다시 1회 강간한 경우($^{87도694}_{판결}$), 단일한 고의로 동일한 장소에서 동일한 방법으로 시간적으로 접착된 상황에서 권총으로 처와 자식들의 머리에 순차로 발사하여 살해한 경우($^{91도1637}_{판결}$)는 수죄(경합범)를 인정하였다.

(6) 연속범

단일한 의사로 행해진 연속된 여러 개의 행위가 시간적·장소적으로 접속되지 아니한 상태에서 반복적으로 동일법익을 침해하는 범행형태를 연속범이라 한다. 예컨대 절도범이 쌀 보관창고에서 여러 날에 걸쳐 매일 밤마다 쌀 1가마씩 절취하는 경우이다. 연속된 여러 개의 행위가 반드시 구성요건적으로 일치할 필요가 없고, 시간적·장소적 근접성도 긴밀하지 않다는 점에서 접속범과 구별된다.

1) 연속범의 법적 취급   연속범은 동일 법익에 대하여 동일한 의사와 동일한 방법으로 계속하여 침해하는 것이기 때문에 포괄일죄라는 견해가 다수설이다. 이에 대해서 수죄로서 경합범이라는 견해($^{정영석 282, 정성근·박광민}_{656, 김성돈 757}$)와, 고의의 단일성이 없으므로 과형상의 일죄로 취급해야 한다는 견해($^{황산덕}_{299}$)가 있다.

2) 판례의 태도   피해법익이 단일하고 범죄태양이 동일한 경우, 대법원은 일관하여 단일한 고의의 발현에 기한 행위로서 포괄일죄라고 하고 있다.[1]

---

[1] 판례는 동일 죄명에 해당하는 여러 개의 행위를 단일하고 계속된 고의로 일정 기간 계속하여 행하고 그 피해법익도 동일한 경우에는 이들 각 행위를 통틀어 포괄일죄로 처단해야 하고, 이 경우 공소시효는 최종의 범죄행위가 종료한 때로부터 진행한다고 하였다(2020도12583 판결).

판례 ① 예금주인 현금카드 소유자를 협박하여 그 카드를 갈취하였고, 하자 있는 의사표시이기는 하지만 피해자의 승낙에 의하여 현금카드를 사용할 권한을 부여받아 이를 이용하여 현금을 인출한 이상, 피해자가 그 승낙의 의사표시를 취소하기까지는 현금카드를 적법, 유효하게 사용할 수 있다. 피고인이 피해자로부터 현금카드를 사용한 예금인출의 승낙을 받고 현금카드를 교부받은 행위와 이를 사용하여 현금자동지급기에서 예금을 여러 번 인출한 행위들은 모두 피해자의 예금을 갈취하고자 하는 피고인의 단일하고 계속된 범의 아래에서 이루어진 일련의 행위로서 포괄하여 하나의 공갈죄를 구성한다고 볼 것이지, 현금지급기에서 피해자의 예금을 취득한 행위를 현금지급기 관리자의 의사에 반하여 그가 점유하고 있는 현금을 절취한 것이라 하여 이를 현금카드 갈취행위와 분리하여 따로 절도죄로 처단할 수는 없다(95도1728 판결, 같은 취지 사기죄에 관한 2005도5869 판결).
② 주식매매에 따른 시세차익을 얻을 목적으로 허수주문을 내어 주가를 상승시킨 다음 보유주식을 고가에 매도하는 방법으로 수회에 걸쳐 여러 종목의 유가증권에 관하여 시세조종행위를 한 경우, 시세조종행위금지위반죄의 포괄일죄가 성립한다(2002도1256 판결).
③ 수뢰후부정처사죄는 반드시 뇌물수수 등의 행위가 완료된 이후에 부정한 행위가 이루어져야 하는 것은 아니고, 뇌물수수 등의 행위를 하는 중에 부정한 행위를 한 경우도 포함하는 것이므로, 단일하고도 계속된 범의 아래 일정 기간 반복하여 일련의 뇌물수수 행위와 부정한 행위가 행하여졌고 그 뇌물수수 행위와 부정한 행위 사이에 인과관계가 인정되며 피해법익도 동일하다면, 최후의 부정한 행위 이후에 저질러진 뇌물수수도 최후의 부정한 행위 이전의 뇌물수수 및 부정한 행위와 함께 수뢰후부정처사죄의 포괄일죄로 처벌함이 타당하다(2020도12103 판결).
④ 사기죄에 있어서 동일한 피해자에 대하여 수회에 걸쳐 기망행위를 하여 금원을 편취한 경우, 그 범의가 단일하고 범행방법이 동일하다면 사기죄의 포괄일죄만이 성립한다. 포괄일죄는 그 중간에 별종의 범죄에 대한 확정판결이 끼어 있어도 그 때문에 포괄적 범죄가 둘로 나뉘는 것은 아니라 할 것이고, 이 경우에는 확정판결 후의 범죄로서 다루어야 한다(2002도2029 판결).

3) 연속범의 성립요건

(a) 객관적 요건

(aa) 침해법익의 동일성 개개의 행위가 같은 법익을 침해하는 것이라야 한다. 절도죄와 주거침입죄, 감금죄와 상해죄 사이에는 연속범이 될 수 없다. 다만 특가법 제5조의4 제6항의 상습절도의 죄를 범한 자가 재차 상습절도의 목적으로 주거침입하였다가 절도에 이르지 못하고 주거침입에 그친 경우에도 그

것이 절도상습성의 발현이라고 보이는 때에는 주거침입행위는 상습절도의 죄에 흡수되어 특가법위반죄(상습절도) 1죄만 성립하고 별도로 주거침입죄는 성립하지 않는다(²⁰¹⁷도⁴⁰⁴⁴ 판결).1)

법익의 주체가 반드시 동일할 필요가 없다. 그러나 일신전속적 법익의 경우에는 공격의 객체까지도 동일해야 한다. 여러 사람에 대한 살인·상해와 여러 피해자에 대한 강간·추행은 포괄일죄가 될 수 없고 경합범이 된다.2) 기수와 미수 사이에는 연속범이 가능하고 기수 또는 가중적 범죄의 일죄가 된다.

(bb) 침해행위의 유사성   연속된 개개의 행위의 범죄실행 형태가 유사해야 한다. 고의범과 과실범, 작위범과 부작위범, 정범과 공범 사이에는 연속범이 성립할 수 없다.

> **판례**   ① 신용카드를 절취한 후 이를 사용한 경우 신용카드의 부정사용행위는 새로운 법익의 침해로 보아야 하고 그 법익침해가 절도범행보다 큰 것이 대부분이므로 위와 같은 부정사용행위가 절도범행의 불가벌적 사후행위가 되는 것은 아니다. 단일하고 계속된 범의하에 동종의 범행을 동일하거나 유사한 방법으로 일정기간 반복하여 행하고 그 피해법익도 동일한 경우에는 각 범행을 통틀어 포괄일죄로 볼 것이다(96도1181 판결).
>   ② 수개의 업무상 횡령행위라도 피해법익이 단일하고, 범죄태양이 동일하며, 단일 범의의 발현에 기인하는 일련의 행위라고 인정될 때에는 포괄하여 하나의 범죄가 성립하고, 수개의 업무상 횡령행위 도중에 공범자의 변동이 있는 경우에도 그 수개의 행위가 위와 같은 기준을 충족하는 것이라면 별개의 죄가 되는 것이 아니라 포괄일죄가 된다(2006도6994 판결).
>   ③ 피해자 명의의 신용카드를 부정사용하여 현금자동인출기에서 현금을 인출하고 그 현금을 취득까지 한 행위는 신용카드업법 제25조 제1항의 부정사용죄에 해당할 뿐 아니라 그 현금을 취득함으로써 현금자동인출기 관리자의 의사에 반하여 그의 지배를 배제하고 그 현금을 자기의 지배하에 옮겨 놓는 것이 되므로 별도로 절도죄를 구성한다 할 것이고, 양죄의 관계는 보호법익이나 행위태양이 전혀 달라

---

1) 반면, 단순절도의 상습범으로 형법상의 상습절도죄를 범한 범인이 재차 상습절도의 목적으로 주간에 주거에 침입하였다가 절도에 이르지 못하고 주거침입에 그친 사안에서, 대법원은 형법 제332조의 상습절도죄는 일반적으로 주거침입을 구성요건으로 하고 있지 아니하므로 상습절도죄와는 별개로 주거침입죄가 성립한다고 판시하였다(2015도8169 판결).
2) '아동학대범죄의 처벌 등에 관한 특례법'상의 아동학대범죄는 피해아동들의 정신건강 및 발달에 해를 끼치는 정서적 학대행위가 있음과 동시에 범죄가 완성되는 즉시범이므로, 동일 피해아동에 대한 여러 차례의 학대범행은 경합범(실체적 경합)으로 의율해야 한다(2021도2808 판결).

실체적 경합관계에 있는 것으로 보아야 할 것이다(95도997 판결).

④ 다수의 피해자에 대하여 각별로 기망행위를 하여 각각 재산상 이익을 편취한 경우에는 범의가 단일하고 범행방법이 동일하더라도 각 피해자의 피해법익은 독립한 것이므로 이를 포괄일죄로 파악할 수 없고 피해자별로 독립한 사기죄가 성립된다(2014도16980 판결. 재물사기에 관하여는 2000도1899 판결).

⑤ 조세범처벌법 제10조 제3항의 각 위반행위(허위세금계산서교부 등)가 영리를 목적으로 단일하고 계속된 범의 아래 일정기간 계속하여 행해지고 그 행위들 사이에 시간적·장소적 연관성이 있으며 범행의 방법 간에도 동일성이 인정되는 등 하나의 이 사건 법률조항(특가법 제8조의2 제1항) 위반행위로 평가될 수 있고, 그 행위들에 해당하는 문서에 기재된 공급가액등을 모두 합산한 금액이 이 사건 법률조항에 정한 금액에 해당하면, 그 행위들에 대하여 포괄하여 이 사건 법률조항 위반의 1죄가 성립될 수 있다(2018도9810 판결).

(cc) 시간적·장소적 근접성　개개의 범행간에 어느 정도의 시간적·장소적 근접(계속)성이 있어야 하며, 동일한 기회를 이용하는 것이라야 한다.

판례는 범죄 사이에 기간이 3~4개월 이상된 경우 연속범을 부인하고 있다($^{2006도9042}_{판결}$).1) 또한 먼저 한 히로뽕 제조행위와 뒤의 히로뽕 제조행위 사이에 9개월의 간격이 있고, 범행장소도 다른 경우에는 고의의 단일성과 계속성을 인정하기 어렵다($^{82도2055}_{판결}$)고 하였다.

> **판례**　단일하고 계속된 범의하에 동종의 범행을 일정기간 반복하여 행하고 그 피해법익도 동일한 경우에 이를 포괄일죄로 보아야 한다. 그러나 피고인의 (반복적) 히로뽕 제조행위를 비교하여 보면 그 사이에 약 9개월의 간격이 있고 범행장소도 상이하여 범의의 단일성과 계속성을 인정하기 어려우므로 이들 두 죄를 포괄일죄라고 보기는 어려우니 결국 경합가중을 한 원심조치는 정당하다(82도2055 판결).

(b) **주관적 요건**　고의의 단일성이 있어야 한다. 고의의 단일성은 처음부터 범행방법을 계획하여 단계적으로 실현하는 전체고의가 아니라 연속적 행위

---

1) 대법원은 3일에 걸쳐 자신의 트위터 계정에 타인의 음란 사진과 음란 동영상을 리트윗한 것은 포괄일죄에 해당하지만, 4개월 뒤 자신의 사진은 왜 올리지 않느냐는 다른 사람의 댓글을 보고 자신의 음란 사진을 트위터 계정에 직접 게시한 행위는 앞의 리트윗 범행과 단일하고 계속된 고의 아래 일정기간 계속해 행해진 것이라 볼 수 없어 포괄일죄의 관계에 있다고 볼 수 없고, 경합범에 해당한다고 판시하였다(2021도262 판결).

에 대한 그때그때의 연속고의가 있으면 충분하다. 그렇지 않으면 치밀하게 사전계획한 자만 포괄일죄의 이익을 얻게 되어 부당하기 때문이다.

판례는 고의의 계속성이 있으면 포괄일죄를 인정하고 있으므로 연속고의설을 취한 것으로 보인다(99도4940 판결 [수뢰], 2005도1155 판결 [배임수재]).

판례 ① 동종의 범행을 일정한 기간 동안 반복하여 범하였다면 그 범의가 단일하고 계속된 것이라고 볼 수 있고, 그 피해법익 또한 동일하다. 이 경우에 그 돈을 준 장소나 기간이 일정하지 아니하고, 또한 그 돈을 건넨 전체의 기간이 길다 할지라도 그 범의의 계속성이나 시간적 접속성을 인정하는 데 지장이 되지는 아니한다. 그리고 그 돈을 건넬 때마다 그 부탁한 배상액결정사건 내용이 다르다 하여 피고인들의 범의의 단일성과 계속성을 부인하지는 못한다(78도2545 판결).

② 사기죄 등 재산범죄에서 동일한 피해자에 대하여 단일하고 계속된 범의하에 동종의 범행을 일정기간 반복하여 행한 경우에는 그 각 범행은 통틀어 포괄일죄가 될 수 있다. … 범의의 단일성과 계속성은 개별 범행의 방법과 태양, 범행의 동기, 각 범행 사이의 시간적 간격, 그리고 동일한 기회 내지 관계를 이용하는 상황이 지속되는 가운데 후속 범행이 있었는지 여부, 즉 범의의 단절이나 갱신이 있었다고 볼 만한 사정이 있는지 여부 등을 세밀하게 살펴 논리와 경험칙에 근거하여 합리적으로 판단하여야 한다(2016도11318 판결).

---

3. 포괄일죄의 법적 효과

포괄일죄는 실체법상 일죄이므로 하나의 죄로 처벌한다. 구성요건을 달리하는 여러 개의 행위가 포괄일죄가 되는 때에는 가장 무거운 죄의 일죄만 성립한다. 행위의 진행 중에 형의 변경이 있으면 최후의 행위시법을 적용한다(2009도321 판결).[1] 포괄일죄의 각 행위부분의 중간에 다른 종류의 죄에 대한 확정판결이 내려진 경우에도 포괄일죄를 이루는 각 행위부분은 두 개로 분리되지 않고

---

[1] 다만 대법원은 「특가법 제2조 제2항은 "형법 제129조, 제130조 또는 제132조에 규정된 죄를 범한 자는 그 죄에 대하여 정한 형에 수뢰액의 2배 이상 5배 이하의 벌금을 병과한다"고 규정하여 종전에 없던 벌금형을 필요적으로 병과하도록 하였는바, 헌법 제13조 제1항의 형법법규 불소급의 원칙과 형법 제1조 제1항의 "범죄의 성립과 처벌은 행위시의 법률에 의한다"는 규정에 비추어, 포괄일죄인 뇌물수수 범행이 위 신설된 벌금형 병과규정의 시행 전후에 걸쳐 행하여진 때에는 위 특가법 제2조 제2항에 규정된 벌금형 산정의 기준이 되는 수뢰액은 위 규정이 신설된 이후에 수수한 금액으로 한정된다고 보아야 한다」고 판시(2011도4260 판결)하여 피고인에게 불이익한 최후의 행위시법 적용을 제한하고 있다.

확정판결 후의 최종의 행위시에 완성되는 한 개의 범죄가 된다($^{2002도5341}_{판결}$). 그러나 상습성을 이유로 포괄일죄가 되는 경우 그 포괄일죄를 이루는 각 행위부분의 중간에 동종의 죄에 대한 확정판결이 있을 때에는 그 포괄일죄가 확정판결 전후로 하여 두 개로 분리된다($^{2017도3373}_{판결}$). 포괄일죄의 일부분에 대한 공범의 성립도 가능하다($^{김성돈}_{760}$).

포괄일죄는 소송법상으로도 일죄이므로 포괄일죄에 대한 공소제기의 효력과 판결의 기판력은 항소심판결선고시까지 범해진 다른 범행에까지 미친다($^{82도2829}_{판결}$). 이미 기판력이 발생한 포괄일죄의 일부분에 대하여 공소가 제기된 경우에는 일사부재리의 효력 때문에 면소판결을 해야 한다. 그러나 상습범으로 유죄(선행범죄)의 확정판결을 받은 사람이 동일한 습벽으로 죄(후행범죄)를 범한 후 유죄의 확정판결에 대하여 재심이 개시된 경우, 동일한 습벽에 의한 후행범죄가 재심대상판결에 대한 재심판결 선고 전에 범한 것이라도 선행범죄와 후행범죄는 재심대상판결의 확정에 의하여 분리되어 별개의 상습범이 된다. 이 경우 선행범죄와 후행범죄는 형법 제37조 후단 경합범에도 해당하지 않는다($^{2018도20698}_{판결}$).

[§ 45] 수죄(數罪)

Ⅰ. 상상적 경합

1. 상상적 경합의 의의

하나의 행위가 여러 개의 죄에 해당하는 경우를 상상적 경합(想像的 競合)이라 한다($^{2017도11687}_{판결}$). 하나의 행위에 대한 수죄(여러 개의 죄)의 법적 평가를 상상적 경합이라 할 수 있다. 예컨대 총알 1발을 발사하여 사람을 살해하고 또 재물을 손괴하거나, 한 개의 폭탄으로 여러 사람을 살해한 경우이다. 형법 제40조는 "한 개의 행위가 여러 개의 죄에 해당하는 경우에는 가장 무거운 죄에 대하여 정한 형으로 처벌한다"고 규정하고 있다.

2. 상상적 경합의 본질

상상적 경합이 일죄이냐 수죄이냐에 대해서 의사표준설·행위표준설에 따르면 실질상으로나 과형상으로 당연히 일죄라고 하는 데 반하여, 법익표준설·구성요건표준설에 따르면 실질상 수죄라고 한다.

수죄설은 실질상으로 수죄이지만 과형상으로만 일죄로 취급한다. 통설이며 판례의 태도이다. 판례는 하나의 문서에 여러 사람 명의를 위조한 경우에 명의자 수에 해당하는 문서위조죄의 상상적 경합을 인정하였다($\frac{87도564}{판결}$).

형법 제40조는 "여러 개의 죄"라고 명시하고 있으므로 실질상 수죄라고 해야 한다. 실질상 수죄임에도 불구하고 과형상 일죄로 취급하여 경합범보다 가벼운 단일형으로 처벌하는 이유는, "동일한 양형사유"에 대하여 이중평가를 금지함으로써 행위책임에 상응하는 책임주의 원칙을 관철하려는 데에 있다. 즉 상상적 경합은 경합범과 비교하여 불법과 책임이 감소하기 때문에 가벼운 단일형으로 처벌한다.

3. 상상적 경합의 유형

상상적 경합은 하나의 행위가 여러 개의 죄(수죄)에 해당할 때에만 인정된다. 여러 개의 죄가 같은 구성요건에 해당하는 죄인가 아닌가에 따라 두 가지로 구분된다.

(1) 동종의 상상적 경합

여러 개의 죄가 같은 구성요건에 해당하는 상상적 경합이다.

1) 비일신전속적 법익   비일신전속적 법익(재산·공공법익)에 대해서는 원칙적으로 동종의 상상적 경합을 인정하지 않는다. 예컨대 1발을 발사하여 여러 사람의 재물을 손괴한 경우에는 행위도 단일하고 법적 판단도 단일행위에 의한 일죄로 평가되므로 애당초 단순일죄이고 동종의 상상적 경합이 아니다. 이 경우는 피해자는 여러 사람이지만 단지 불법이 양적으로 증가되거나 강화되는 데 불과하기 때문이다.

다만, 재산죄 가운데 개인의 일신전속적 법익(자유)이 동시에 침해되는 범죄(강도죄·공갈죄 등)에 있어서는 동종의 상상적 경합이 가능하다.

2) 일신전속적 법익   생명·신체·자유(일신전속적 법익) 또는 국가적·사회적 법익 중 고유가치를 가진 법익에 대해서는 하나의 행위로 여러 개의 법익을 침해한 경우에 수죄가 성립하고 동종의 상상적 경합이 된다. 예컨대 1발을 발사하여 여러 사람을 살해한 경우, 여러 사람에게 동시에 위증을 교사한 경우, 하나의 고소장으로 여러 사람을 무고한 경우 등은 동종의 상상적 경합이 된다.

(2) 이종의 상상적 경합

여러 개의 죄가 서로 다른 구성요건에 해당하는 이종의 상상적 경합이 성립하는 데는 이견이 없다. 1발을 발사하여 사람을 살해하고 재물을 손괴한 경우가 이종의 상상적 경합이다.

4. 상상적 경합의 요건

(1) 1개의 행위

행위가 하나라야 한다. 하나의 행위의 의미에 대해서, 법적 평가 이전의 자연적 의미의 행위를 의미한다는 견해(자연적 관찰방법, 정영석 284, 배종대 172/4)와 법적으로 하나라고 평가할 수 있는 구성요건행위를 의미한다는 견해(구성요건관찰방법, 이재상 외 39/6, 손동권·김재윤 36/4, 강동욱 372)가 대립한다. 하나의 행위는 상상적 경합과 경합범을 구별하는 죄수문제이므로 죄수판단의 기준이 되는 구성요건행위가 형태적으로 일치하는 경우라고 해야 한다.

판례는, 무면허 음주운전으로 교통사고를 야기하여 피해자를 사망에 이르게 한 사안에서 무면허운전과 음주운전 행위를 하나의 자연적 의미의 운전행위로 보아 상상적 경합을 인정하였다(86도2731 판결. 2021오5 판결도 같은 취지).

> **판례**   상상적 경합은 1개의 행위가 수개의 죄에 해당하는 경우를 말한다(형법 제40조). 여기에서 1개의 행위라 함은 법적 평가를 떠나 사회관념상 행위가 사물자연의 상태로서 1개로 평가되는 것을 의미한다. 그리고 상상적 경합 관계의 경우에는 그 중 1죄에 대한 확정판결의 기판력은 다른 죄에 대하여도 미친다(2017도11687 판결).

1) 행위의 동일성   한 개의 행위가 있어야 하고, 한 개의 행위는 행위의 동일성이 있어야 한다.

(a) **행위의 완전동일성**   구성요건 행위가 완전히 동일하면 언제나 하나의 행위가 된다. 행위의 완전동일성은 어느 구성요건을 충족할 수 있는 행위가 동시에 다른 구성요건도 충족하는 경우에 인정된다. 행위의 완전동일성이 있으면 고의범과 과실범, 부작위범 상호간에도 상상적 경합이 가능하다.

그러나 작위범과 부작위범 사이에는 행위의 동일성이 없으므로 상상적 경합이 아니라 경합범이 된다. 다만 부작위범이 계속범이고 작위범이 그 부작위범으로 야기된 위법상태를 유지하는 경우(예: 퇴거요구에 불응하기 위해 퇴거요구자를 폭행한 경우)는 부작위범과 작위범의 상상적 경합을 인정할 수 있다.

(b) **행위의 부분적 동일성**   단일한 행위의 일부분이라도 여러 개의 구성요건을 실현하는데에 기여한 것이면 행위의 동일성이 인정되는데 이를 실행행위의 부분적 동일성이라 한다. 예컨대 강간의 수단으로 피해자를 감금한 경우, 감금은 강간죄와 감금죄의 행위의 부분적 동일성이 인정되어 두 죄는 상상적 경합이 된다. 문제되는 부분은 다음과 같다.

(aa) **결과적 가중범**   결과적 가중범은 실행행위의 일부가 같으면 상상적 경합이 된다. 예컨대 강도가 재물을 강취한 후 현주건조물에 방화하여 피해자를 살해한 경우에 현주건조물방화치사죄(살해고의가 있는 죄)와 강도살인죄의 상상적 경합이 된다($^{98도3416}_{판결}$). 이와 관련하여 판례는 결과적 가중범 이외의 범죄의 법정형이 무거운 때에 한하여 상상적 경합을 인정하는 입장이다($^{2008도7311}_{판결}$).

(bb) **목적범**   목적범에 있어서 목적 달성 이전까지 하나의 행위가 될 수 있다는 견해($^{이재상 외 39/11,}_{손동권·김재윤 36/9}$)가 있으나, 목적범에 있어서의 목적달성행위(위조문서행사)와 그 실행행위(문서위조)는 별개의 행위로 보아야 하고, 목적 달성은 실행행위 이후에 가능하므로 여러 개의 행위가 있는 경합범이라고 본다. 판례도 같다($^{91도1722}_{판결}$). 다만 기망의 목적으로 문서를 위조한 경우(문서위조 자체가 기망에도 해당하는 경우)에는 사기죄와 문서위조죄는 상상적 경합이 된다.

(cc) **계속범**   주거침입죄·감금죄와 같은 계속범의 기회에 상태범(절도·강도 등)을 범한 경우(주거침입 계속 중에 절도)에는 행위의 동일성을 인정할 수 없고 경합범이 되지만 계속범이 동시에 상태범의 수단인 경우(강취를 하기 위한 감금)에는 실행의 부분적 동일성이 인정되므로 강도죄와 감금죄의 상상적 경합($^{83도323}_{판결}$)이 된다.

2) **연결효과에 의한 상상적 경합** 두 개의 독립된 행위 상호간에는 부분적 동일성이 없으나 제3의 다른 행위와 각각 상상적 경합으로 연결되어 있을 때 그 연결된 두 개의 독립행위도 상상적 경합을 인정하는 것을 연결효과에 의한 상상적 경합이라 한다. 예컨대, 사람을 상해하면서 감금을 하고 재물을 손괴한 경우에 감금과 재물손괴는 각각 상해죄와 상상적 경합을 인정할 수 있지만 상해행위와 각각 연결된 감금과 재물손괴 사이에도 상상적 경합을 인정할 수 있느냐의 문제이다.

연결되는 두 범죄도 상상적 경합을 긍정하는 견해(정성근·박광민 663, 이형국·김혜경 573 이하, 임웅 641, 배종대 172/7)와 부정하는 견해(이재상 외 39/14, 박상기·전지연 335, 오영근 495)가 대립한다.[1]

연결효과에 의한 상상적 경합을 부정하면 연결하는 범죄(위의 예에서 상해죄)는 연결되는 범죄와 각각 상상적 경합으로 이중평가되거나 두 번 범죄가 성립하는 불합리한 결과를 초래한다. 따라서 연결하는 범죄가 연결되는 두 범죄에 비해 무겁거나 적어도 동일한 경우에 연결효과를 인정하여 상상적 경합을 인정하는 것이 타당하다.[2] 판례도 사실상 긍정설과 같은 결론을 취하고 있다(83도1378 판결).

> **판례** 형법 제131조 제1항의 수뢰후 부정처사죄에 있어서 공무원이 수뢰후 행한 부정행위가 허위공문서작성 및 동행사죄와 같이 보호법익을 달리하는 별개 범죄의 구성요건을 충족하는 경우에는 수뢰후 부정처사죄 외에 별도로 허위공문서작성 및 동행사죄가 성립하고 이들 죄와 수뢰후 부정처사죄는 각각 상상적 경합관계에 있다고 할 것인바, 이와 같이 허위공문서작성죄와 동행사죄가 수뢰후 부정처사죄와 각각 상상적 경합범관계에 있을 때에는 허위공문서작성죄와 동행사죄 상호간은 실체적 경합범관계에 있다고 할지라도 상상적 경합범관계에 있는 수뢰후 부정

---

1) 이재상 외 39/14는 부정설의 입장에서 이중평가를 피하면서 정당한 처벌을 가능하게 하기 위해서는 2개의 행위를 실체적 경합으로 가중한 형을 정한 후에 그것과 상상적 경합관계에 있는 제3의 행위와 비교하여 무거운 형으로 처벌하는 것이 타당하다고 주장한다. 그러나 이러한 해석은 연결되는 범죄 이외에 별개의 또다른 범죄가 있는 경우에 경합범 가중처리를 2차례 해야 한다는 문제가 있다. 경합범 가중은 경합범 관계에 있는 모든 범죄를 한꺼번에 가중처리해야 하는데, 위 견해와 같이 처리할 때에는 연결되는 범죄들간에 경합범 가중을 하고 상상적 경합관계에 있는 형과의 경중을 비교하여 처벌해야 할 형을 선택한 후에 다시 별개의 또다른 범죄와 경합범 가중을 해야 하기 때문이다.
2) 강동욱 375는 기본적으로 부정설을 취하면서, 제3의 범죄가 다른 2개 또는 하나의 범죄보다 무겁거나 동등한 경우에는 특별히 행위자에게 불리하지 않다는 점에서 연결효과에 의한 상상적 경합을 인정해도 무방하다는 입장이다.

처사죄와 대비하여 가장 중한 죄에 정한 형으로 처단하면 족한 것이고 따로이 경합가중을 할 필요가 없다(83도1378 판결. 수뢰후 부정처사죄와 공도화변조·변조공도와 행사죄에 관한 2000도1216 판결도 같은 취지).

(2) 여러 개의 죄에 해당

"여러 개의 죄에 해당한다"란 하나의 행위가 여러 개의 구성요건을 충족하는 범죄가 성립한다는 의미이다. 여러 개의 범죄는 모두 위법·유책할 것을 요하고, 범죄의 종류 여하는 묻지 않는다(고의범과 과실범, 정범과 교사범 등).

5. 상상적 경합의 효과

(1) 실체법적 효과

1) 무거운 죄에 대하여 정한 형   가장 무거운 죄에 대하여 정한 형으로 처벌한다(제40조). 가장 무거운 죄에 대하여 정한 형이란 여러 개의 죄의 법정형 중에서 가장 무거운 법정형으로 처벌한다는 의미이고, 가장 무거운 형을 규정한 구성요건(죄)을 적용한다는 취지가 아니다. 가장 무거운 죄에 대하여 정한 형에 몰수가 없는 경우에도 다른 죄에 몰수가 있으면 부가할 수 있다.

상상적 경합의 처벌에 있어서는 실체적 경합에 관한 형법 제38조 제2항이 적용되지 않는다($^{75도1543}_{판결}$).

2) 법정형의 비교방법   무거운 법정형을 선택하였을 경우 무거운 죄의 법정형의 하한이 가벼운 죄의 법정형의 하한보다 가벼운 경우에 가벼운 형으로 처벌할 수 있느냐가 문제된다.

예컨대 공무집행방해행위로 상해의 결과를 야기하여 공무집행방해죄(5년 이하 징역 또는 1,000만원 이하 벌금)와 상해죄(7년 이하 징역, 10년 이하 자격정지 또는 1,000만원 이하 벌금)가 상상적 경합관계에 해당하는 때에는 법정형이 무거운 상해죄에 정한 형으로 처벌하게 되는데, 이 경우 공무집행방해죄에 없는 자격정지형으로 처벌할 수 있느냐의 문제이다. 이 경우 가벼운 죄에 대하여 정한 형의 하한보다 가벼운 형으로 처벌한다면 상해를 수반하지 아니하는 공무집행방해행위보다 상해라는 무거운 결과를 수반하는 공무집행방해행위가 더 가볍게 처벌되는 불합리한 결과가 생긴다.

법정형의 경중을 비교하는 방법에는 중점적 대조주의와 전체적 대조주의가 있다. 중점적 대조주의는 무거운 상한의 형만 비교대조하는 방법이고, 전체적 대조주의는 무거운 상한뿐만 아니라 가벼운 하한의 형까지 전체를 비교대조하는 방법이다.

상상적 경합의 경우 위와 같은 불합리를 제거하기 위해서는 전체적 대조방법에 의하여 두 죄의 법정형 중 상한과 하한이 모두 무거운 형으로 처벌해야 한다. 통설이며 판례의 입장이다($^{2008도9169}_{판결}$). 따라서 위의 예에서 자격정지의 형으로 처벌할 수 없다. 다만 가벼운 죄에 병과형·부가형이 있는 때에는 이를 병과할 수 있다.

> **판례** 형법 제40조가 규정하는 1개의 행위가 수개의 죄에 해당하는 경우에 '가장 중한 죄에 정한 형으로 처벌한다'라고 함은, 수개의 죄명 중 가장 중한 형을 규정한 법조에 의하여 처단한다는 취지와 함께 다른 법조의 최하한의 형보다 가볍게 처단할 수 없다는 취지 즉, 각 법조의 상한과 하한을 모두 중한 형의 범위 내에서 처단한다는 것을 포함하는 것으로 새겨야 한다(2008도9169 판결).

(2) 소송법적 효과

상상적 경합은 하나의 행위로 인한 것이기 때문에 소송법상 하나의 죄로 처리한다(과형상의 일죄). 상상적 경합관계가 있는 여러 개의 죄 중에 어느 하나의 죄에 대하여 확정판결이 있는 때에는 그 전부에 대하여 기판력이 발생하여 일사부재리원칙이 적용된다($^{2017도11687}_{판결}$). 상상적 경합관계에 있는 죄 가운데 일부가 무죄인 때에는 판결이유에서 이를 밝히는 것으로 충분하고 주문에서 무죄를 선고할 필요는 없다(이유무죄). 그러나 주문에서 무죄를 선고했다 하더라도 판결에 영향을 미친 위법사유가 되는 것은 아니다($^{99도3003}_{판결}$).

상상적 경합관계가 있는 여러 개의 죄 중 일부에 대하여 공소제기가 있으면 다른 죄에 대해서도 공소제기의 효력이 생긴다. 그리고 친고죄와 비친고죄 사이의 상상적 경합인 경우, 친고죄에 대한 고소 및 고소취소 여부는 비친고죄에 영향을 주지 못한다($^{83도323}_{판결}$).

> **판례**   상상적 경합은 1개의 행위가 수개의 죄에 해당하는 경우에는 과형상 1
> 죄로서 처벌한다는 것이고, 또 가장 중한 죄에 정한 형으로 처벌한다는 것은 가벼
> 운 죄는 중한 죄에 정한 형으로 처단된다는 것이지, 가벼운 죄는 그 처벌을 면한
> 다는 것은 아니므로 중한 강간미수죄가 친고죄로서 고소가 취소되었더라도 가벼운
> 감금죄에 대하여는 아무런 영향을 미치지 않으므로 감금죄에 관하여 심리판단하여
> 야 할 것인데도 강간미수죄에 관한 고소의 취소가 있었다는 이유로 감금죄에 대하
> 여 무죄를 선고한 원심판결은 위법하다(83도323 판결).

상상적 경합은 실질상 수죄이므로 판결이유에는 상상적 경합관계에 있는 모든 범죄사실과 적용법조를 기재해야 하고, 일부 무죄인 때에는 그 이유를 설시해야 하며, 친고죄에 있어서 (피해자가 동일인이 아닌 경우) 고소와 공소시효($^{2006도6356}_{판결}$)도 각각 별도로 논의해야 한다.

II. 실체적 경합(경합범)

1. 경합범의 의의

여러 개의 행위로 여러 개의 구성요건을 충족하여 성립한 여러 개의 죄(수죄)가 경합한 것을 경합범(실체적 경합)이라 한다. 형법은 판결이 확정되지 아니한 여러 개의 죄(동시적 경합범) 또는 금고 이상의 형에 처한 판결이 확정된 죄와 그 판결확정 전에 범한 죄(사후적 경합범)를 경합범으로 규정하고 있다($^{제37}_조$). 그리고 형법은 같은 사람이 여러 개의 죄를 범하였을 경우에 동시에 심판할 가능성을 고려하여 형의 적용 및 집행에 관하여 특별규정을 두고 있다($^{제37조 내지}_{제39조}$).

2. 경합범의 요건

경합범이 되기 위해서는 여러 개의 행위로 여러 개의 죄를 범하였다는 사실과, 여러 개의 죄를 동일재판에서 동시에 심판할 가능성이 있어야 한다. 형법은 동시에 심판할 수 있는 동시적 경합범과 동시에 심판할 가능성이 있었던 사후적 경합범을 규정하고 있다.

(1) 동시적 경합범의 요건

판결이 확정되지 아니한 여러 개의 죄($^{제37조}_{전단}$)는 동시에 심판할 수 있는 동시적 경합범이다. 여러 개의 죄를 범하고 어느 것도 확정판결을 받지 아니한 모두가 동시적 경합범이 된다. 단, 여러 개의 죄 사이에 금고 이상의 형에 처한 판결이 확정된 죄가 있는 때에는 동시적 경합범이 되지 않는다. 이 경우 판결이 확정된 죄 이전에 범한 죄와 이후에 범한 죄로 분리되어 각각 형을 선고해야 한다.

1) 여러 개의 행위로 여러 개의 죄(수죄)를 범할 것   하나의 행위로 여러 개의 죄를 범하거나 여러 개의 행위로 하나의 죄를 범한 때에는 경합범이 될 수 없다. 여기의 "여러 개의 행위"란 행위의 단일성과 동일성이 인정되지 않는 것을 말한다.

2) 여러 개의 죄는 모두 판결이 확정되지 않았을 것   판결의 확정이란 상소기간의 경과 등으로 통상의 불복절차로 다툴 수 없는 상태가 된 것을 말한다($^{83도1200}_{판결}$). 유죄·무죄의 확정판결 이외에도 형의 면제, 형의 집행유예, 형의 선고유예와 같이 그 판결의 대상인 사건에 대하여 다시 공소를 제기할 수 없는 상태가 된 경우도 확정판결에 포함된다.

원래는 동시적 경합범의 관계에 있었으나 검사가 그 중 일죄만 기소하여 판결이 확정되거나, 경합범 중 일죄에 대한 부분만 파기환송되고 다른 죄가 확정된 때에는 동시적 경합범이 되지 않는다($^{90도1033}_{판결}$).

3) 여러 개의 죄는 동시에 판결될 것   여러 개의 죄가 모두 판결이 확정되지 아니한 죄일지라도 같은 심판의 대상이 되어 있지 않으면 동시적 경합범이 될 수 없다. 따라서 판결이 확정되지 아니한 여러 개의 죄 가운데 일부가 기소되지 아니한 때에는 경합범이 될 수 없다. 그 죄가 후에 추가기소된 때에도 병합심리가 된 경우에만 동시적 경합범이 된다($^{2019도12560}_{판결 \, 참조}$).

(2) 사후적 경합범의 요건

금고 이상의 형에 처한 판결이 확정된 죄와 그 판결 확정 전에 범한 죄($^{제37조}_{후단}$)는 사후적 경합범이 된다.[1] 판결이 확정된 죄와 판결확정 후에 새로이 범한 죄 사이에는 경합범이 되지 않는다. 단, 판결확정 후에 범한 수죄 사이에는

---

1) 이 경우 판결이 확정된 죄와 판결확정 전에 범한 죄는 누범이 될 수 없다(2019도7531 판결).

별도로 동시적 경합범이 성립할 수 있다.

A죄·B죄·C죄·D죄의 4개의 죄를 순차로 범한 후 B죄만 발각되어 B죄에 대하여 금고 이상의 확정판결이 있는 경우, A죄·C죄·D죄는 B죄와 사후적 경합범이 된다. 이 경우 A죄는 B죄 확정판결 이전에 범하였고, C죄와 D죄는 확정판결 이후에 범하였다면, A죄는 B죄와 사후적 경합범, C죄와 D죄는 별도의 동시적 경합범이 된다. 다만 B죄의 확정판결이 금고 이상의 형에 처한 판결이 아니면 A죄·C죄·D죄는 동시적 경합범이 된다.

1) **확정판결의 범위**　확정판결은 금고 이상의 형에 처한 판결에 한한다. 따라서 벌금형 판결이나 약식명령, 즉결심판이 확정된 경우에는 사후적 경합범이 성립하지 않고, 그 판결 전·후의 각 범죄에 대한 동시적 경합범만 인정할 수 있다($\frac{2017도7207}{판결 참조}$). 금고 이상의 형에 처한 판결이 확정된 경우에 확정판결이 있는 죄의 형집행종료나 형집행유예의 실효 여부는 묻지 않는다. 판결이 확정된 죄에 대하여 일반사면이 이루어진 경우에도 마찬가지이다($\frac{95도2114}{판결}$).

2) **죄를 범한 시기**　죄를 범한 시기는 범죄의 종료시를 기준으로 한다. 따라서 계속범에 있어서는 위법상태가 계속 중에 확정판결이 있는 때에는 사후적 경합범이 되지 않는다($\frac{97도1834}{판결}$). 포괄일죄의 중간에 확정판결이 있는 때에도 같다. 판례도 같은 입장이다($\frac{2002도2029}{판결}$).

판례　① 피고인이 13세대분용 다세대주택으로 건축허가를 받은 건물을 시공하던 중 위법사항이 발견되어 관할 관청으로부터 설계변경허가를 받기 전에는 공사를 계속할 수 없다는 공사중지명령을 받고도 임의로 11세대분용 다세대주택으로 건물을 완공한 후 관할 관청의 사용승인을 얻지 아니한 채 약 1년 미만의 기간 내에 11세대분 전부를 순차로 타인에게 임대하여 사용케 하였다면 동일 죄명에 해당하는 수개의 행위를 단일하고 계속된 범의하에 일정 기간 계속하여 행한 것이고 그 피해법익도 동일하다고 보아야 할 것이므로 이들 각 행위는 포괄하여 1개의 건축법위반죄를 구성하고, 그 죄는 마지막으로 임대하여 사용케 한 때에 완성된다(97도1834 판결).
② 사기죄에 있어서 동일한 피해자에 대하여 수회에 걸쳐 기망행위를 하여 금원을 편취한 경우, 그 범의가 단일하고 범행 방법이 동일하다면 사기죄의 포괄일죄만이 성립한다 할 것이고, 포괄일죄는 그 중간에 별종의 범죄에 대한 확정판결이 끼어 있어도 그 때문에 포괄적 범죄가 둘로 나뉘는 것은 아니라 할 것이고, 또 이 경우에는 그 확정판결 후의 범죄로서 다루어야 할 것이다(2002도2029 판결).

③ 재심심판절차에서는 특별한 사정이 없는 한 검사가 재심대상사건과 별개의 공소사실을 추가하는 공소장변경이 허용되지 않고 재심대상사건에 일반절차로 진행 중인 별개의 형사사건을 병합하여 심리하는 것도 허용되지 않는다. … 유죄의 확정판결을 받고 나서 별개의 후행범죄를 범한 후 유죄의 확정판결에 대하여 재심이 개시된 경우, 후행범죄가 재심대상판결에 대한 재심판결 확정 전에 범한 것이더라도 아직 판결을 받지 아니한 후행범죄와 재심판결이 확정된 선행범죄는 동시에 판결할 수 없었으므로 양죄 사이에는 후단 경합범관계가 성립하지 않는다(2018도20698 판결).

3. 경합범의 처벌

(1) 경합범의 처벌원칙

① 여러 개의 죄 중에서 가장 무거운 죄에 대하여 정한 형을 가중하는 가중주의, ② 여러 개의 죄 중에서 가벼운 죄의 형을 가장 무거운 죄에 대하여 정한 형에 흡수시키는 흡수주의, ③ 여러 개의 죄에 대하여 정한 형을 모두 합산하는 병과주의가 있다. 형법은 가중주의를 원칙으로 하고, 흡수주의와 병과주의를 예외적으로 가미하고 있다.

(2) 형법의 경합범처벌

1) 동시적 경합범의 처벌

(a) **흡수주의** 경합범 중 가장 무거운 죄에 대하여 정한 형이 사형·무기징역·무기금고인 때에는 가장 무거운 죄에 대하여 정한 형으로 처벌한다($^{제38조\ 제1항}_{제1호}$).

(b) **가중주의** 각 죄에 대하여 정한 형이 사형·무기징역·무기금고 이외의 동종의 형(각각 동종의 유기징역·유기금고·벌금)인 때에는 가장 무거운 죄에 대하여 정한 형의 장기 또는 다액의 2분의 1까지 가중하되 각 죄에 대하여 정한 형의 장기 또는 다액을 합산한 형기 또는 액수를 초과할 수 없다($^{제2}_{호}$).

징역과 금고는 동종의 형으로 간주하여 징역형으로 처벌한다($^{제2}_{항}$). 2분의 1까지 가중한다는 것은 처단형을 선택한 후 무거운 죄에 대하여 정한 형의 2분의 1까지 가중한다는 의미이다($^{71도1834}_{판결}$). 단 각 죄에 대하여 정한 형이 과료와 과료 또는 몰수와 몰수인 경우에는 제한 없이 병과할 수 있다($^{제1항 제2호}_{단서}$). 유기징역·유기금고를 가중할 때에는 50년을 초과하지 못한다($^{제42}_{조}$).

(c) **병과주의**　각 죄에 대하여 정한 형이 무기징역·무기금고 이외의 다른 종류의 형(예: 유기자유형과 벌금 또는 자격정지)인 때에는 병과한다($^{제38조 제1항}_{제3호}$).

2) 사후적 경합범의 처벌

(a) **판결을 받지 아니한 죄**　경합범 중 판결을 받지 아니한 죄는 그 죄와 판결이 확정된 죄를 동시에 판결할 경우와 형평을 고려하여 그 죄에 대하여 형을 선고한다. 이 경우 그 형을 감경 또는 면제할 수 있다($^{제39조}_{제1항}$).

확정판결을 받은 죄는 일사부재리원칙상 다시 판결할 수 없으므로 확정판결을 받지 아니한 죄에 대하여 형을 선고하되 동시적 경합범으로 처리하였을 때와 선고형의 경중을 유지하기 위해 임의적 감면규정을 둔 것이다.[1] 다만 대법원은 유기형을 감경할 때에는 그 형기의 2분의 1 미만으로 감경할 수 없다고 판시($^{2017도14609}_{전원합의체 판결}$)하였다.

(b) **금고 이상의 확정판결 전후에 범한 죄**　확정판결 전·후에 범한 죄는 사후적 경합범이 아니므로 이 경우는 두 개의 주문에 의하여 따로 형을 선고해야 한다.

이 경우는 두 개의 형이 병과되는 것이므로 두 형의 합계가 어떤가는 문제되지 않는다. 따라서 소년범에 대한 단기형의 합계가 5년 이상이 되어도 무방하다.

(c) **경합범과 형 집행**　새로 선고된 형에 대하여 형을 집행하면 족하다. 경합범으로 판결선고를 받은 자가 경합범 중 어떤 죄에 대하여 사면 또는 형의 집행이 면제된 때에는 다른 죄에 대하여 다시 형을 정한다($^{제39조}_{제3항}$). 다만 이 규정은 경합범에 대하여 하나의 형이 선고되었을 때에 적용한다. "다시 형을 정한다"란 심판을 다시 한다는 뜻이 아니라 집행될 형의 부분만 다시 정한다는 뜻이다. 이 경우 이미 집행한 형기를 통산한다($^{제4}_{항}$).

---

1) 이 규정의 감면의 성질에 관하여 판례는 재량사항으로 판시(2006도8376 판결)하고 있으나, 이 경우 법원으로서는 "동시에 판결할 경우와 형평을 고려하여 그 죄에 대하여 형을 선고"해야 하므로 재량이 아니라고 해석함이 상당하다(정준섭, 사후적 경합범과 법원의 양형재량권, 형사법연구 제23권 제3호, 한국형사법학회, 2010, 309 이하 참조).

제 3 장

형사제재론

제 1 절 형 벌 론
제 2 절 보안처분론

제1절 형벌론

[§ 46] 형벌일반론

Ⅰ. 형벌의 의의와 종류

1. 형벌의 의의

범죄에 대하여 부과되는 형사제재에는 형벌과 보안처분이 있다. 형벌은 국가가 범죄에 대한 법률상의 효과로서 범죄자에 대하여 그의 책임의 범위 내에서 부과하는 법익박탈이다. 형벌은 범죄에 대한 법률효과로서 부과되는 것이므로 범죄가 없으면 형벌도 있을 수 없지만, 형벌은 범죄에 대하여 부과하는 것이 아니라 범죄의 주체인 범죄자에 대하여 부과하는 것이다. 따라서 형벌은 범죄자의 법익을 박탈하는 것을 내용으로 한다. 형벌은 책임을 전제로 하고 과거의 범죄행위를 대상으로 한다는 점에서 장래의 범죄적 위험성을 전제로 하는 보안처분과 구별된다.

오늘날의 형벌은 범죄 예방목적을 달성하기 위한 것이므로 형벌의 내용인 법익박탈의 의미도 단순한 응보적 법익박탈이 아니라 범죄예방과 범죄자 개선에 중점을 두는 법익박탈이다. 형벌권의 주체는 국가이므로 형벌은 공형벌(公刑罰)에 한하고, 소위 사형벌(私刑罰)은 형벌의 개념에 포함되지 않는다.

[**형벌·보안처분과 구별되는 제재**]　범칙금은 경범죄처벌법과 도로교통법 위반자에 대해서 10만원 이하나 20만원 이하 또는 60만원 이하의 벌금(구류 또는 과료)을 경찰서장의 범칙금 납부통고처분으로 부과하는 제3의 형사제재이다.

이에 대해서 과태료와 과징금은 행정의무위반자나 행정의무불이행자에게 금전적 제재를 부과하는 행정질서벌이고, 과징금은 특히 경제적 이익환수에 중점을 둔 금전적 행정제재이다.

2. 형벌의 종류

형법이 규정하고 있는 형벌의 종류는 사형 · 징역 · 금고 · 자격상실 · 자격정지 · 벌금 · 구류 · 과료 · 몰수의 9종류가 있다($_조^{제41}$). 강학상으로 형벌은 생명형 · 자유형 · 명예형 · 재산형의 4종류로 크게 구분한다.

> 과거에 태형(회초리로 볼기 치는 형), 장형(곤장으로 볼기 때리는 형), 거세형(생식기
> 능을 없애는 형) 등과 같이 수형자의 신체를 훼손하는 신체형도 있었으나 근세
> 이후 대부분의 국가가 폐지하였다.

II. 생명형(사형)

1. 생명형의 의의

생명형은 생명박탈을 내용으로 하는 형벌로서 사형을 말한다. 사람의 생명을 박탈하는 가장 무거운 형벌이라 하여 극형이라고 하며, 형벌사는 사형의 역사라고 할 만큼 가장 오랜 역사를 가진 형벌이다. 근대 이전의 위하(威嚇)시대에는 형벌의 대부분이 사형이었고 그 집행방법도 극히 잔인한 방법을 사용하기도 하였으나, 오늘날에는 사형이 선고되는 수도 감소하였고 그 집행방법도 완화되어 가급적 수형자의 고통을 제거하려고 하고 있다.

사형의 집행방법은 국가에 따라 다르다. 교수형 · 총살형 · 전기살 · 가스살 · 독물주사살 등이 있는데, 우리 형법은 사형집행을 교정시설 안에서 교수하여 집행하고($_조^{제66}$), 군형법은 총살로써 집행하도록 규정하고 있다($_{제3조}^{동법}$).

형법상 절대적 법정형으로 사형만 부과할 수 있는 죄는 여적죄($_조^{제93}$)뿐이지만 정상참작감경($_조^{제53}$)을 할 때에는 사형에 처하지 않을 수 있다. 그 외에는 상대적 법정형으로 법관의 재량에 의해 사형과 자유형을 선택적으로 부과할 수 있다.

2. 사형존폐론

(1) 사형폐지론

베까리아가 1746년 "범죄와 형벌"에서 사형의 불필요성을 역설한 후 계몽사상가들에 의하여 인도주의적 견지에서 폐지론이 강력히 전개되어 왔고, 현재에도 많은 학자들이 사형폐지를 주장하고 있다.

폐지론의 중요한 논거를 요약하면 다음과 같다.

① 사형은 집행방법 여하를 불문하고 야만적이며 잔혹하여 인도주의 견지에서 허용될 수 없고 명백히 인간의 존엄성 보장요구에 반한다. 국가가 인간에게 생명을 부여할 수 없는 것과 같이 국가는 인간의 생명을 박탈할 수 없다.

② 오판에 의하여 사형이 집행되었을 경우에 다시는 만회할 수 없는 결과를 가져온다.

③ 사형은 일반인이 기대하는 것과 같은 위하적 효과도 적다. 사형을 폐지한 국가의 범죄가 증가하지 않은 것은 이를 말해 준다.

④ 사형은 형벌의 개선적 기능과 교육적 기능을 전혀 갖지 못한다.

⑤ 사형은 피해자의 손해에 대한 보상 내지 구제에 전혀 도움이 되지 못한다.

(2) 사형존치론

존치론의 중요한 논거를 요약하면 다음과 같다.

① 사형에 위하적 요소가 있음은 부인할 수 없다. 생명은 인간이 가장 애착을 느끼는 것이므로 생명을 박탈하는 사형의 예고는 범죄에 대한 최대의 억제력이 될 수 있다.

② 형벌의 본질이 응보에 있음을 완전히 부인할 수 없는 것과 마찬가지로 극악한 범죄인에게는 사형을 부과할 수밖에 없으며, 범죄로부터 사회방위목적을 달성함에 있어서 절대적 확실성을 기할 수가 있다.

③ 오판은 사형에 국한된 것이 아니며 오판에서 생기는 회복불가능은 자유형의 경우도 마찬가지이다.

④ 살인을 한 자에 대하여 그 생명을 박탈하는 것은 일반국민의 법적 확신이며, 국민이 주권자임을 부인하지 않는 한 국민의 법감정에 반하는 사형제도

의 폐지는 바람직하지 않다.

⑤ 선진문명국인 미국·일본 등 많은 국가에서도 여전히 사형제도를 유지하고 있고, 사형폐지국인 영국의 경우 사형폐지 후 살인사건 발생률이 증가하여 사형제도부활론이 비등해지고 있다.

(3) 현재의 사형존폐론 평가

사형제도의 존폐여부는 당해 국가의 정치적·문화적·사회적 실정에 따라 상대적으로 논의되어야 한다. 우리나라의 다수설은 사형의 전면적 폐지는 시기상조라는 태도를 취하고 있다. 대법원도 우리나라의 실정과 국민의 도덕적 감정을 고려하여 사형을 합헌으로 보고 있고, 헌법재판소도 우리 문화수준과 사회현실에 비추어 합헌이라고 판단하고 있다.

> **판례** ① 사형은 인간의 생명 자체를 영원히 박탈하는 냉엄한 궁극의 형벌로서 문명국가의 이성적인 사법제도가 상정할 수 있는 극히 예외적인 형벌이라는 점을 감안할 때, 사형의 선고는 범행에 대한 책임의 정도와 형벌의 목적에 비추어 그것이 정당화될 수 있는 특별한 사정이 있다고 누구라도 인정할 만한 객관적인 사정이 분명히 있는 경우에만 허용되어야 하고, … 양형의 조건이 되는 모든 사항을 철저히 심리하여 … 사형의 선택 여부를 결정하여야 할 것이다. 위 법리와 기록에 비추어 살펴보면, 특히 … 범행수단이 잔혹하고 무자비하여 온 사회를 경악하게 만든 점, 이 사건 각 범행에 이르게 된 동기에 전혀 납득할 만한 사정이 없는 점, … 개선교화의 여지도 거의 없고, 또한 동일한 범행을 반복한 점에 비추어 재범의 위험성이 매우 큰 점 등을 종합적으로 고려하여 피고인에게 사형을 선고한 조치는 정당하다(2008도9867 판결).
> ② 한 생명의 가치만을 놓고 본다면 인간존엄성의 활력적인 기초를 의미하는 생명권은 절대적 기본권으로 보아야 함이 당연하고, 현실적인 측면에서 볼 때 정당한 이유없이 타인의 생명을 부정하거나 그에 못지 아니한 중대한 공공이익을 침해한 경우에 … 비록 생명이 이념적으로 절대적 가치를 지닌 것이라 하더라도 생명에 대한 법적 평가가 예외적으로 허용될 수 있다고 할 것이므로, 생명권 역시 헌법 제37조 제2항에 의한 일반적 법률유보의 대상이 될 수밖에 없다 할 것이다. … 사형은 인간의 죽음에 대한 공포본능을 이용한 가장 냉엄한 궁극의 형벌로서 그 위하력이 강한 만큼 이를 통한 일반적 범죄예방효과도 더 클 것이라고 추정되고 소박한 국민일반의 법감정에 비추어 볼 때 결코 부당하다고 할 수 없으며 반대로 무기징역형이 사형과 대등한 혹은 오히려 더 높은 범죄억제의 효과를 가지므로 무기징역형만으로도 사형의 일반예방적 효과를 대체할 수 있다는 주장 역시 마찬가

지로 현재로서는 가설의 수준을 넘지 못한다. … 인간의 생명을 부정하는 등의 범죄행위에 대한 불법적 효과로서 지극히 한정적인 경우에만 부과되는 사형은 죽음에 대한 인간의 본능적인 공포심과 범죄에 대한 응보욕구가 서로 맞물려 고안된 "필요악"으로서 불가피하게 선택된 것이며 지금도 여전히 제 기능을 하고 있다는 점에서 정당화될 수 있다. 따라서 사형은 이러한 측면에서 헌법상의 비례의 원칙에 반하지 아니한다 할 것이고, 아직은 우리의 헌법질서에 반하는 것이라고는 판단되지 아니한다(95헌바1 결정).

③ 헌법 제110조 제4항은 법률에 의하여 사형이 형벌로서 규정되고 그 형벌조항의 적용으로 사형이 선고될 수 있음을 전제로 하여, 사법절차를 통한 불복이 보장되어야 한다는 취지의 규정으로, 우리 헌법은 문언의 해석상 사형제도를 간접적으로나마 인정하고 있다. 헌법은 절대적 기본권을 명문으로 인정하고 있지 아니하며, 헌법 제37조 제2항에서는 국민의 모든 자유와 권리는 국가안전보장·질서유지 또는 공공복리를 위하여 필요한 경우에 한하여 법률로써 제한할 수 있도록 규정하고 있어, 비록 생명이 이념적으로 절대적 가치를 지닌 것이라 하더라도 생명에 대한 법적 평가가 예외적으로 허용될 수 있다. … 사형은 일반국민에 대한 심리적 위하를 통하여 범죄의 발생을 예방하며 극악한 범죄에 대한 정당한 응보를 통하여 정의를 실현하고, 당해 범죄인의 재범 가능성을 영구히 차단함으로써 사회를 방어하려는 것으로 그 입법목적은 정당하고, … 사형은 무기징역형이나 가석방이 불가능한 종신형보다도 범죄자에 대한 법익침해의 정도가 큰 형벌로서, 무기징역형 등 자유형보다 더 큰 위하력을 발휘함으로써 가장 강력한 범죄억지력을 가지고 있다고 보아야 하고, 입법목적의 달성에 있어서 사형과 동일한 효과를 나타내면서도 사형보다 범죄자에 대한 법익침해 정도가 작은 다른 형벌이 명백히 존재한다고 보기 어려우므로 사형제도가 침해최소성원칙에 어긋난다고 할 수 없다. 한편, 오판가능성은 사법제도의 숙명적 한계이지 사형이라는 형벌제도 자체의 문제로 볼 수 없으며 심급제도, 재심제도 등의 제도적 장치 및 그에 대한 개선을 통하여 해결할 문제이지, 오판가능성을 이유로 사형이라는 형벌의 부과 자체가 위헌이라고 할 수는 없다. … 다수의 인명을 잔혹하게 살해하는 등의 극악한 범죄에 대하여 한정적으로 부과되는 사형이 그 범죄의 잔혹함에 비하여 과도한 형벌이라고 볼 수 없으므로, 사형제도는 법익균형성원칙에 위배되지 아니한다. 사형제도는 우리 헌법이 적어도 간접적으로나마 인정하고 있는 형벌의 한 종류일 뿐만 아니라, 사형제도가 생명권 제한에 있어서 헌법 제37조 제2항에 의한 헌법적 한계를 일탈하였다고 볼 수 없는 이상, 범죄자의 생명권 박탈을 내용으로 한다는 이유만으로 곧바로 인간의 존엄과 가치를 규정한 헌법 제10조에 위배된다고 할 수…다. … 사형을 선고하거나 집행하는 법관 및 교도관 등이 인간적 자책감을 가질 수 있다는 이유만으로 사형제도가 법관 및 교도관 등의 인간으로서의 존엄과 가치를 침해하는 위헌적인 형벌제도라고 할 수는 없다(2008헌가23 결정).

Ⅲ. 자 유 형

1. 자유형의 의의

자유형은 신체의 자유를 박탈하는 형벌로서 오늘날 형벌체계의 중심을 이루고 있다. 형법은 징역·금고·구류 세 종류의 자유형을 인정하고 있다.

자유형의 본래의 목적은 범죄인을 처단하기 위하여 일시적으로 구금하는 데에서 시작하여 점차 육체적 고통을 주기 위한 원시적인 목적으로 집행되었으나, 이후 그 집행방법이 점차 순화되어 오늘날의 자유형 집행은 범죄자를 격리하여 교정·교화하고 개과천선시켜 사회에 복귀하도록 하는데 목표를 두고 있다. 부수적으로 노역(교도작업)을 통하여 근로정신을 함양하고 재화를 생산하도록 하는 기능도 함께 갖고 있다.

2. 자유형의 종류

(1) 징 역

수형자를 교정시설에 수용하여 집행하며, 정해진 노역에 복무하게 하는 형벌이다($\frac{제67}{조}$). 징역은 자유형 중 가장 무거운 형벌이고, 무기와 유기로 구분된다. 무기징역은 종신형이지만 20년이 경과한 후에는 가석방이 가능하다($\frac{제72조}{제1항}$). 유기징역은 1개월 이상 30년 이하의 기간으로 부과할 수 있고, 가중하는 때에는 50년까지 할 수 있다($\frac{제42}{조}$).

(2) 금 고

수형자를 교정시설에 수용하여 집행하는 형벌이다($\frac{제68}{조}$). 노역을 부과하지 않는다는 점에서 징역과 구별된다.

역사적으로 금고는 명예구금이라 하여 비파렴치범의 명예를 존중하는 형벌로 이해하여 사상범·정치범·확신범이나 과실범 같은 비파렴치범의 노역복무를 면제하여 왔다. 우리 형법도 내란죄, 국교에 관한 죄(외국에 대한 사전죄는 절대적 금고형), 소요죄 등 정치범, 사상범과 업무상과실·중과실범에 대하여 금고형 부과를 규정한 것은 이러한 역사적 유물로 보인다.

무기와 유기로 구분되며 형기는 징역과 같다. 금고의 경우에도 수형자의 신청이 있으면 작업을 부과할 수 있다(형집행법 제67조).

(3) 구 류

구류도 수형자를 교정시설에 수용하여 집행하는 자유형이므로 그 본질에 있어서는 징역·금고와 같으나 그 기간이 1일 이상 30일 미만이라는 점이 다르다(제46조). 구류는 형법상 매우 예외적인 경우에만 적용되고(공연음란죄, 폭행죄, 과실치상죄, 협박죄, 자동차등불법사용죄, 편의시설부정이용죄) 주로 경범죄처벌법 기타 질서위반법규에 규정되어 있다. 구류의 경우에도 형을 받을 자의 신청에 의하여 작업을 부과할 수 있다(형집행법 제67조).

3. 자유형 제도상의 문제

(1) 자유형의 단일화

자유형의 단일화 문제란 광의로는 징역·금고·구류의 세 가지의 자유형을 단일화해야 한다는 논의를 의미하지만 협의로는 징역과 금고의 구별을 폐지하자는 논의를 말한다. 오늘날 세계의 입법동향은 단일화를 인정하는 방향으로 나아가고 있다. 현행 독일 형법과 오스트리아 형법은 완전히 자유형을 단일화하였고, 일본에서도 전후의 형법개정작업 과정에서 자유형의 단일화를 이의없이 받아들이고 있으며, 우리나라에서도 자유형의 단일화를 주장하는 견해가 지배적이다.

오늘날의 노역은 교도소 생활의 규율을 훈치시키는 수단으로 집단작업요법의 일종으로 이해하고 이를 통해서 일정한 기능을 부여함으로써 석방 후의 갱생을 촉진하여 재범을 예방하기 위한 수단이라고 파악하므로 노역을 부과할 것이냐의 여부는 범죄의 성격에 의해서가 아니라 수형자의 개선·갱생이라는 관점에서 결정하지 않으면 안된다. 이렇게 볼 때에 징역형과 금고형을 구별하는 기준은 그 합리성이 없으므로 노역을 부과할 수 있는 자유형으로 단일화해야 하며, 구류도 단일형에 포함시켜야 할 것이다. 법무부의 형법개정안은 징역형과 금고형을 단일화하여 금고형을 삭제하였다.

(2) 단기자유형의 폐지

단기자유형이란 형기가 짧은 자유형을 말한다. 단기의 기준에 관하여,

1949년의 국제형법 및 형무회의에서는 3월 이하설이, 1959년의 UN범죄방지회의에서는 6월 이하설이, 미국에서는 1년 이하설 등이 있으나 통설은 6월 이하설이다.

단기자유형은 비교적 가벼운 범죄를 범한 자와 특히 초범자에게 부과되는 것이 일반적이다. 이러한 자를 교도소에 수용하면 형기가 단기라서 수형자의 개선에 적합하지 않고 도리어 다른 수형자로부터 범죄적 성향에 감염될 가능성이 많으므로 형벌의 개선적 목적에 위배되는 결과를 초래할 가능성이 많다. 그러므로 단기자유형의 제도는 (일수)벌금형이나 기타 보호관찰부 집행유예·선고유예·주말구금·휴일구금·피해배상제 벌금형 등으로 대체하는 방향으로 나아가야 할 것이다.

IV. 재 산 형

재산형은 범인으로부터 일정한 재산을 박탈하는 형벌로서 벌금·과료·몰수의 세 종류가 있다. 역사적으로 벌금형은 개인적인 피해배상이나 속죄금으로 인정되어 왔으나, 점차 공형벌로 변화되었다.

1. 벌 금 형

(1) 벌금형의 의의

벌금형은 범인에 대하여 일정한 금전의 지불의무를 강제적으로 부담시키는 형벌로서 재산형 중에서 가장 무거운 형벌이다. 벌금은 5만원 이상이며, 감경하는 경우에는 5만원 미만으로 할 수 있다($^{제45}_{조}$). 형법각칙에 규정되어 있는 벌금형은 최저 200만원 이하부터 최고 3천만원 이하까지이지만, 특별법에서는 그 이상도 가능하다.[1] 벌금은 판결확정일로부터 30일 이내에 완납하지 못한 경우에는 1일 이상 3년 이하의 기간 동안 노역장에 유치하여 작업에 복무하게 한다($^{제69}_{조}$). 벌금형의 노역장유치기간은 3년을 초과할 수 없다($^{2016도6466}_{판결}$).

---

1) 특정경제범죄법 제9조 제1항은 5천만원 이하의 벌금을 선택적으로 부과할 수 있도록 규정하고 있고, 동법 제11조 제2항은 취득한 수수료액이 1억원 이상인 경우, 그 수수료액의 10/100을 벌금으로 병과할 수 있도록 규정하고 있다.

(2) 벌금형의 법적 성질

벌금형은 일신전속성을 갖기 때문에 제3자가 대신 납부하거나 국가에 대한 채권과 상계하거나 범인 이외의 자와의 공동연대책임을 부담하거나 상속이 허용되지 않는다. 다만 다음의 경우에는 예외가 인정된다.

① 몰수·조세·전매·공과에 관한 벌금형의 재판확정 후 피고인이 사망한 경우에는 그 상속재산에 대하여 벌금형을 집행할 수 있고(^{형사소송법
제478조}), ② 법인에 대한 벌금형의 재판확정 후 법인이 합병된 경우에는 존속한 법인 또는 설립된 법인의 재산에 대하여 벌금형을 집행할 수 있다(^{형사소송법
제479조}).

벌금형은 일정한 금전의 지급의무만 부과하는 데에 그치고, 몰수처럼 재산권을 일방적으로 국가에 이전시키는 물권적 효력을 수반하는 것은 아니다.

(3) 현행 벌금형제도의 장단점과 개선방안

1) 벌금형제도의 장점   ① 벌금형은 범인을 사회로부터 격리시키지 않고 사회생활을 계속하게 하여 단기자유형의 폐해를 피할 수 있고, ② 오판의 경우에 그 회복이 용이하며, ③ 집행비용도 저렴하면서 일반적인 위하력을 가질 수 있다.

2) 벌금형제도의 단점   ① 벌금형의 집행으로 가족의 생계에 지장을 주게 되어 실질적으로 일신전속적 성질을 가질 수 없고, ② 벌금을 범죄에 대한 세금으로 생각하거나 재력이 있는 자와 없는 자에 따라 형벌로서의 효과가 다르게 나타나서 재력 있는 자에 대해서는 범죄예방효과를 거두기 어려울 뿐 아니라 개선교육의 효과도 크지 않으며, ③ 특히 벌금액의 산정은 범죄인의 경제상황보다 범죄사실을 기준으로 결정하기 때문에 형벌의 효과가 불평등하게 나타나고, ④ 벌금을 납입하지 못하는 경우에 노역장에 유치하면 다시 단기자유형의 폐해가 나타난다는 단점이 지적되고 있다. 이러한 문제점 때문에 벌금형의 장점을 유지하면서 다음과 같은 개선방안이 제시되고 있다.

3) 개선방안

(a) **일수벌금제도**   일수벌금제도란 범죄의 경중에 따라 일수(日數)를 정한 다음 피고인의 수입상황을 고려하여 일수당 정액을 결정하고 일수에 일수정액을 곱하여 벌금액을 산정하는 제도를 말한다. 일수벌금제도는 범죄인의 경제상

황조사의 곤란성과 법관의 자의적인 일수정액산정의 위험이 있다.

법무부의 형법총칙개정안은 일수벌금제를 도입하지 않고 총액벌금제도를 유지하면서 양형의 고려사항으로서 범인의 재산상태를 의무적으로 고려하도록 하는 규정을 신설하였다(안 제46조 제3항).

(b) **벌금분납제도**   형법은 판결확정일로부터 30일 이내에 벌금을 일시납입하도록 규정(제69조 제1항)하고 있으므로 벌금액이 고액일 경우에는 단기간에 일시납입이 어렵고, 벌금을 납입하지 아니할 때에는 환형처분으로 노역장에 유치되어 단기자유형의 폐해가 발생할 위험도 있다. 이러한 사정을 고려하여 일시에 벌금액을 납입하기 어려운 사정이 있는 경우에는 벌금납입 가능성을 높일 수 있도록 분납하거나 납입기간을 나누어 주는 벌금분납제도를 도입하여 시행하고 있다(재산형 등에 관한 검찰 집행사무규칙 제12조).

(c) **벌금형의 집행유예제도**   2016년 형법개정으로 벌금형의 집행유예제도를 도입하였다(2018년 1월부터 시행). 벌금형보다 무거운 자유형에 대하여 집행유예를 인정하고 있고, 벌금 납부능력이 부족한 서민의 경제적 어려움을 덜어주기 위한 형사정책적 고려에 의하여 도입된 것이다. 다만, 고액 벌금형에 대한 집행유예를 인정하는 것에 대한 비판적인 법감정이 있는 점을 고려하여 500만원 이하의 벌금형을 선고하는 경우에만 집행유예를 선고할 수 있도록 하였다(제62조 제1항).

(d) **벌금형 적용대상 범죄의 확대**   벌금형이 단기자유형의 대체형으로서 그 효과를 기대하기 위해서는 징역형만 법정형으로 규정하고 있는 가벼운 범죄에 대해서도 벌금형을 선택형으로 규정하여 벌금형의 적용범위를 확대할 필요가 있다. 도주죄, 분묘발굴죄, 진화방해죄, 신체·주거수색죄, 각종 예비·음모죄 등에 대해서 벌금형을 선택형으로 추가할 필요가 있다.

2. 과   료

과료(科料)는 재산형의 일종으로서 범죄인에게 일정금액의 지불을 강제적으로 부담지우는 형벌이다. 과료는 벌금에 비하여 그 금액이 적고 또 비교적 경미한 범죄에 대해서 부과한다는 점에서 벌금과 차이가 있다. 과료는 2천원 이상 5만원 미만으로 한다(제47조). 과료도 판결확정일로부터 30일 이내에 납입해야 하고, 과료를 납입하지 아니한 자는 1일 이상 30일 미만의 기간 노역장에 유치하여 작업에 복무하게 한다($^{제69}_{조}$).

  과료에 해당하는 범죄는 형법전의 경우 예외적으로 규정되어 있고, 주로 경범죄처벌법 기타 질서위반법에 많이 규정되어 있다. 과료는 형벌의 일종이므로 행정제재인 과태료·범칙금과는 구별해야 한다.

  형법전에 과료를 선택형으로 규정한 범죄는 공연음란죄($^{제245}_{조}$), 폭행죄($^{제260조}_{제1항}$), 과실치상죄($^{제266조}_{제1항}$), 협박죄($^{제283조}_{제1항}$), 자동차등불법사용죄($^{제331조}_{의2}$), 편의시설부정이용죄($^{제348조}_{의2}$), 점유이탈물횡령죄($^{제360}_{조}$)가 있다.

3. 몰수·추징·폐기

(1) 몰 수

  1) 몰수의 의의 몰수는 범죄의 반복을 방지하거나 범죄로부터 이득을 얻지 못하게 할 목적으로 범행과 관련된 재산을 박탈하여 이를 국고에 귀속시키는 재산형이다. 다른 형벌에 부가하여 부과하는 것(부가형)을 원칙으로 한다. 다만 예외적으로 행위자에게 유죄의 재판을 하지 아니한 경우에도 몰수요건이 있는 때에는 몰수만을 선고할 수 있다($^{제49}_{조}$).

  2) 몰수의 종류 몰수는 임의적 몰수와 필요적 몰수가 있다. 몰수는 임의적 몰수가 원칙이다($^{제48조}_{제1항}$). 따라서 몰수 여부는 원칙적으로 법관의 재량에 맡겨져 있다($^{제49조}_{단서}$).

  필요적 몰수는 반드시 몰수해야 하는 경우를 말한다. 뇌물죄에 있어서 범인 또는 사정을 아는 제3자가 받은 뇌물 또는 뇌물에 제공하려고 한 금품($^{제134}_{조}$)과, 아편에 관한 죄에 있어서 아편·몰핀이나 그 화합물, 아편흡식기구($^{제206}_{조}$), 배임수증재죄에 있어 범인이 취득한 재물($^{제357조}_{제3항}$) 등이 그 대상이다.

  3) 몰수의 법적 성질 몰수의 법적 성질에 대하여 견해가 대립한다. ① 형식적으로는 형벌이지만 실질적으로는 대물적 보안처분의 성격을 가진 형사제재라는 견해(다수설), ② 형벌이라는 견해($^{배종대 176/8,}_{오영근 523}$), ③ 행위자 또는 공범의 소유물은 재산형, 제3자의 소유물은 대물적 보안처분이라는 견해($^{이재상 외}_{40/37}$) 등이 주장된다.

  몰수는 원래 자유형·벌금과 같이 범인에 대한 응보적 형벌로서의 성질을 가지고 있었다. 그러나 오늘날에 와서는 벌금형과 몰수형을 분리시켜 몰수를 부가형으로 하고 있으므로 형식적으로는 형벌로 하면서도 실질적으로는 보안처분의 성질을 지니게 하고 있다. 현행 형법도 몰수는 범인으로부터 사회적으로 위험한 물건(범죄행위에 제공된 물건)을 제거하여 범죄반복의 위험성을 예방하고, 또 범죄로 인한 부당한 이익을 박탈한다는 보안처분적 성질을 인정하고 있다. 특히 일정한 경우에 범인 이외의 자의 소유에 속하는 물건의 몰수를 인정한 것은 몰수의 보안처분적 성질을 더욱 명백히 한 것이다.

4) 몰수의 대상 몰수의 대상은 다음에 열거한 물건의 전부 또는 일부이다(제48조제1항). 여기의 물건은 민법(제98조)상의 물건과 다른 개념이고, 유체물뿐만 아니라 권리 또는 이익도 포함한다(2000도515 판결, 75도3607 판결).

> **판례** ① 피고인이 자신 소유의 토지개발채권을 구 외국환관리법 소정의 허가 없이 휴대하여 일본으로 출국하려다가 적발되어 미수에 그친 이 사건에서, 위 채권은 허가없는 수출미수행위로 인하여 비로소 취득하게 된 것에 해당한다고 할 수 없으므로 구 외국환관리법에 따라 이를 몰수하거나 그 가액을 추징할 수 없다고 할 것이나, 위 채권은 피고인의 허가없는 수출미수행위에 제공된 것에는 해당된다고 할 것이고, 따라서 형법 제48조 제1항 제1호, 제2항에 의한 몰수 또는 추징의 대상이 되는 것으로 보아야 할 것이다(2000도515 판결).
> ② 수뢰 목적이 금전소비대차계약에 의한 금융이익일 때에는 그 금융이익이 뇌물이라 할 것이고, 이 경우 소비대차의 목적인 금원 자체는 뇌물이 아니므로 대여를 받은 금원 자체는 형법 제134조에 의해 몰수 또는 추징할 수 없으나, 이는 범죄행위로 인하여 취득한 물건으로서 피고인 이외의 자의 소유에 속하지 아니하므로 형법 제48조 제1항 제2호에 의하여 몰수하여야 한다(75도3607 판결).
> ③ 형법 제134조의 규정에 의한 필요적 몰수 또는 추징은 같은 법 제129조 내지 133조를 위반한 자에게 제공되거나 공여될 금품 기타 재산상 이익을 박탈하여 그들로 하여금 부정한 이익을 보유하지 못하게 함에 그 목적이 있다. 금품의 무상 대여를 통하여 위법한 재산상 이익을 취득한 경우 범인이 받은 부정한 이익은 그로 인한 금융이익 상당액이라 할 것이므로 추징의 대상이 되는 것은 무상으로 대여받은 금품 그 자체가 아니라 위 금융이익 상당액이라고 봄이 상당하다. … 추징의 대상이 되는 금융이익 상당액은 객관적으로 산정되어야 할 것인데, 범인이 금융기관으로부터 대출받는 등 통상적인 방법으로 자금을 차용하였을 경우 부담하게 될 대출이율을 기준으로 하거나 그 대출이율을 알 수 없는 경우에는 금품을 제공받은 피고인의 지위에 따라 민법 또는 상법에서 규정하고 있는 법정이율을 기준으로 하여, 변제기나 지연손해금에 관한 약정이 가장되어 무효라고 볼 만한 사정

이 없는 한 금품수수일로부터 약정된 변제기까지 금품을 무이자로 차용하여 얻은 금융이익의 수액을 산정한 뒤 이를 추징하여야 한다. … 약정된 변제기가 없는 경우에는, 판결 선고일 전에 실제로 차용금을 변제하였다거나 대여자의 변제 요구에 의하여 변제기가 도래하였다는 등의 특별한 사정이 없는 한, 금품수수일로부터 판결 선고시까지 금품을 무이자로 차용하여 얻은 금융이익의 수액을 산정한 뒤 이를 추징하여야 할 것이다(2014도1547 판결).

(a) **범죄행위에 제공하였거나 제공하려고 한 물건** 현실적으로 범죄수행에 사용한 물건과 범죄수행에 사용하려고 준비한 물건을 말한다. 살인행위에 사용하였던 권총·칼, 범죄행위에 사용하려고 준비한 흉기·약품, 도박에 내건 금품 등이다. 사행성 게임기는 당국으로부터 적법하게 등급심사를 받은 것이라고 하더라도 본체를 포함한 그 전부가 범죄행위에 제공된 물건으로서 몰수의 대상이 된다(2006도6400 판결). 또 사기도박에 참여하도록 유인하기 위한 수단으로 사용된 고액수표도 몰수대상이다(2002도3589 판결). 그러나 피해자를 발로 걷어찰 때에 신고 있던 구두나 관세법상 물품수입신고시에 허위신고한 물건은 몰수할 수 없다. 범행에 제공할 의사없이 우연히 범행에 도움을 준 물건이거나 신고대상물에 불과할 뿐 허위신고행위에 제공된 물건이 아니기 때문이다(74도352 판결).

판례 ① 이 사건 (사행성)게임기는 기판과 본체가 서로 물리적으로 결합되어야만 비로소 그 기능을 발휘할 수 있는 기계로서, 피고인이 이 사건 게임기를 이용하여 손님들로 하여금 사행행위를 하게 한 사실을 알 수 있으므로, 이 사건 게임기는 본체를 포함한 그 전부가 범죄행위에 제공된 물건으로서 몰수의 대상이 된다(2006도6400 판결).
② 이 사건 수표는 피해자로 하여금 도박에 참여하도록 적극적으로 유인하는 수단으로 사용된 것으로서 피고인의 상습사기의 범행에 제공된 물건이라고 본 판단은 정당하고, 비록 이 사건 수표가 직접적으로 도박자금으로 사용되지 아니하였다 할지라도, 이 사건 수표가 피해자로 하여금 사기도박에 참여하도록 만들기 위한 수단으로 사용된 이상, 이를 몰수할 수 있다(2002도3589 판결).
③ 관세법 소정의 물품에 대한 수입신고를 함에 있어서 주요사항을 허위로 신고한 경우에 위 물건은 신고의 대상물에 지나지 않아 신고로서 이루어지는 허위신고죄의 범죄행위 자체에 제공되는 물건이라고 할 수 없으므로 형법 제48조 제1항 소정의 몰수요건에 해당한다고 볼 수 없다(74도352 판결).

(b) **범죄행위로 인하여 생겼거나 이로 인하여 취득한 물건** 범죄행위로 인하여 비로소 생긴 물건과 범행당시에도 이미 존재하였으나 범행으로 인하여 범인이 취득한 물건을 말한다. 문서위조행위에 의하여 작성된 위조문서와 통화위조행위에 의하여 작성된 위조통화는 전자에 해당하고, 뇌물로 받은 자기앞수표와 도박으로 취득한 금품은 후자에 해당한다. 그러나 구 외국환관리법($^{제18}_{조}$)에 의하여 등록하지 아니한 미화(美貨)는 그 행위(미등록행위) 자체에 의해 취득한 물건이 아니므로 몰수할 수 없다($^{81도2930\ 판결,\ 같은}_{취지\ 91도907\ 판결}$).

(c) **위 물건의 대가로 취득한 물건** 장물의 매각대금, 위조통화로 매입한 물건, 인신매매의 대금과 같이 범죄행위로 인하여 간접적으로 취득한 부정한 이익을 말한다. 판례는 장물을 매각하여 얻은 금전으로서 피해자에게 교부해야 할 물건이면 몰수할 수 없다고 하고 있다($^{68도1672}_{판결}$).

> **판례** 압수된 현금은 피고인이 장물의 일부를 처분하여 그 대가로 취득하였다가 압수된 것이므로 이는 몰수할 것이 아니라 형사소송법 제333조 제2항의 규정에 의하여 피해자에게 교부하여야 할 것이다(68도1672 판결).

한편, "범죄수익은닉의 규제 및 처벌 등에 관한 법률"($^{제8조\ 제1항}_{제2호}$)을 비롯하여 "공무원범죄에 관한 몰수 특례법"($^{제3조}_{제1항}$), "마약류 불법거래 방지에 관한 특례법"($^{제13조\ 제1항}_{제2호}$), "불법정치자금 등의 몰수에 관한 특례법"($^{제3조}_{제1항}$)은 범죄행위로 취득한 수익뿐만 아니라 불법수익에서 얻은 재산까지 몰수할 수 있도록 하고 있다.

> **판례** 피고인이 음란물유포 인터넷사이트를 운영하면서 정보통신망법위반(음란물유포)죄와 도박개장방조죄에 의하여 취득한 비트코인(Bitcoin)은 경제적인 가치를 디지털로 표상하여 전자적으로 이전·저장 및 거래가 가능하도록 한 '가상화폐'의 일종인 점, 피고인이 음란사이트를 운영하면서 사진과 영상을 이용하는 이용자 및 음란사이트에 광고를 원하는 광고주들로부터 비트코인을 대가로 지급받아 재산적 가치가 있는 것으로 취급한 점에 비추어 비트코인은 재산적 가치가 있는 무형의 재산이라고 보아야 하고, 피고인이 취득한 비트코인은 특정되어 있으므로 이를 몰수할 수 있다(2018도3619 판결).

5) **몰수의 요건**　　몰수를 하려면 그 대상물이 범인 이외의 자의 소유물에 속하지 아니하거나 범죄 후 범인 이외의 자가 사정을 알면서 취득한 물건[1]임을 요한다(제48조 제1항).

　(a) **범인 이외의 자의 소유에 속하지 아니하는 물건**　　범인의 소유물뿐만 아니라 무주물, 소유자 불명의 물건, 누구도 소유할 수 없는 금제품도 포함한다. 범인 이외의 자의 소유에 속하는 물건은 몰수할 수 없다. 여기의 범인은 공범도 포함하며 공범자의 소추여부를 불문하고 몰수할 수 있다(2012도11586 판결). 판례는 부실 기재된 부동산등기부(4290형상190 판결), 허위기재부분이 있는 공문서(83도808 판결), 소유자에게 교부해야 할 장물대가(68도1672 판결), 국고에 환부해야 할 국고수표(4293형상759 판결), 장물(4293비상1 판결) 등은 몰수할 수 없다고 하였다.

> **판례**　　형법 제48조 제1항의 "범인" 속에는 "공범자"도 포함되므로 범인 자신의 소유물은 물론 공범자의 소유물도 그 공범자의 소추 여부를 불문하고 몰수할 수 있다(2012도11586 판결).

　누구의 소유에 속하는 물건이냐의 판단은 공부상의 명의 여하에 불구하고 판결선고시에 권리의 실질적인 귀속관계에 따라 결정해야 한다. 따라서 판결선고 전에 상속에 의하여 소유권이 상속인에게 이전되었을 때에는 범인 이외의 자의 소유에 속한 것이 된다.

　몰수는 특정물에 한하므로 특정되지 않으면 몰수할 수 없다(2015도12838 판결).

> **판례**　　형법 제134조는 뇌물에 공할 금품을 필요적으로 몰수하고 이를 몰수하기 불가능한 때에는 그 가액을 추징하도록 규정하고 있는바, 몰수는 특정된 물건에 대한 것이고 추징은 본래 몰수할 수 있었음을 전제로 하는 것임에 비추어 뇌물에 공할 금품이 특정되지 않았던 것은 몰수할 수 없고 그 가액을 추징할 수도 없다(2015도12838 판결).

---

1) 대법원은, 은행계좌로 송금받거나 신용카드 결제방법으로 수령한 범죄수익은 물건이 아니어서 몰수의 대상이 될 수 없으므로 형법에 따른 추징을 명할 수 없고, '범죄수익은닉의 규제 및 처벌 등에 관한 법률'에 따라 추징할 수 있을 뿐이라고 판시하였다(2016도11877 판결).

(b) 범죄 후 범인 이외의 자가 사정을 알면서 취득한 물건　범인 이외의 자의 소유에 속하는 물건이라도 범죄 후 범인 이외의 자가 취득당시에 그 물건이 형법 제48조 제1항 각 호(몰수의 대상)에 해당한다는 사실을 알고 있었으면 몰수할 수 있다.

> **판례**　법원이나 수사기관은 필요한 때에는 증거물 또는 몰수할 것으로 사료하는 물건을 압수할 수 있으나, 몰수는 반드시 압수되어 있는 물건에 대해서만 하는 것이 아니므로 몰수대상 물건이 압수되어 있는가 하는 점 및 적법한 절차에 의하여 압수되었는가 하는 점은 몰수의 요건이 아니다(2003도705 판결, 2014도3263 판결도 같은 취지).

(2) 추　징

몰수의 대상인 물건을 몰수하기 불가능한 때에는 그 가액을 추징하고, 문서·도화·전자기록 등 특수매체기록 또는 유가증권의 일부가 몰수에 해당하는 때에는 그 부분을 폐기한다($\binom{제48조}{제3항}$).

추징은 몰수 대상물의 전부 또는 일부를 몰수할 수 없는 경우에 그 대가의 납부를 몰수에 갈음하여 명하는 사법처분이며 부가형의 성질을 갖는다. 판례는 추징을 형의 일종으로 보고 있다($\binom{2006도8663}{판결}$). 추징도 범죄로 인하여 취득한 부당한 이익을 범인으로부터 박탈하는 몰수의 취지를 관철하려는 것으로, 실질적으로는 몰수에 준하는 부가형의 성질을 띠고 있다.

"몰수하기 불능한 때"라 함은 소비·분실·훼손 등 사실상의 원인이나 혼동·선의취득 등 법률상의 원인으로 몰수할 수 없는 때를 의미한다. 따라서 뇌물로 받은 돈이나 자기앞수표를 소비한 후에 그 금액 상당을 반환한 때에는 몰수할 수 없으므로 그 가액을 추징해야 한다($\binom{98도3584}{판결}$).

> **판례**　① 수뢰자가 자기앞수표를 뇌물로 받아 이를 소비한 후 자기앞수표 상당액을 증뢰자에게 반환하였다 하더라도 뇌물 그 자체를 반환한 것은 아니므로 이를 몰수할 수 없고 수뢰자로부터 그 가액을 추징하여야 할 것이다(98도3584 판결).
> ② 형법 제134조의 규정에 의한 필요적 몰수 또는 추징은, 범인이 취득한 당해 재산을 범인으로부터 박탈하여 범인으로 하여금 부정한 이익을 보유하지 못하게

함에 그 목적이 있는 것으로서, 공무원의 직무에 속한 사항의 알선에 관하여 금품을 받고 그 금품 중의 일부를 받은 취지에 따라 청탁과 관련하여 관계 공무원에게 뇌물로 공여하거나 다른 알선행위자에게 청탁의 명목으로 교부한 경우에는 그 부분의 이익은 실질적으로 범인에게 귀속된 것이 아니어서 이를 제외한 나머지 금품만을 몰수하거나 그 가액을 추징하여야 할 것이다(2002도1283 판결).

1) **추징방법** 다수의 공동피고인으로부터 추징할 때에는 원칙적으로 각자 분배받을 금품만 몰수하거나 개별추징을 해야 하며, 개별액을 알 수 없으면 평균분할액을 추징해야 한다($\binom{\text{99도5294 판결, 같은}}{\text{취지 2007도635 판결}}$).

> **판례** 피고인이 증뢰자와 함께 향응을 하고 증뢰자가 이에 소요되는 금원을 지출한 경우 피고인의 수뢰액을 인정함에 있어서는 먼저 피고인의 접대에 요한 비용과 증뢰자가 소비한 비용을 가려내어 전자의 수액을 가지고 피고인의 수뢰액으로 하여야 하고 만일 각자에 요한 비용액이 불명일 때에는 이를 평등하게 분할한 액을 가지고 피고인의 수뢰액으로 인정하여야 할 것이고(76도1982 판결 참조), 피고인이 향응을 제공받는 자리에 피고인 스스로 제3자를 초대하여 함께 접대를 받은 경우에는, 그 제3자가 피고인과는 별도의 지위에서 접대를 받는 공무원이라는 등의 특별한 사정이 없는 한 그 제3자의 접대에 요한 비용도 피고인의 접대에 요한 비용에 포함시켜 피고인의 수뢰액으로 보아야 할 것이다(99도5294 판결).

판례는 외환관리법상의 몰수와 추징은 범죄사실에 대한 징벌적 제재의 성격을 띠고 있으므로 여러 사람이 공모한 범칙행위의 경우 외국환 등을 몰수할 수 없는 때에는 그 취득한 가액의 전부를 공동연대하여 추징하고 있다($\binom{\text{95도2002}}{\text{판결}}$).

> **판례** 외국환관리법상의 몰수와 추징은 일반 형사법의 경우와 달리 범죄사실에 대한 징벌적 제재의 성격을 띠고 있다고 할 것이므로, 여러 사람이 공모하여 범칙행위를 한 경우 몰수대상인 외국환 등을 몰수할 수 없을 때에는 각 범칙자 전원에 대하여 그 취득한 외국환 등의 가액 전부의 추징을 명하여야 하고, 그 중 한 사람이 추징금 전액을 납부하였을 때에는 다른 사람은 추징의 집행을 면할 것이나, 그 일부라도 납부되지 아니하였을 때에는 그 범위 내에서 각 범칙자는 추징의 집행을 면할 수 없다(95도2002 판결).

2) 가액산정방법   추징가액을 산정하는 기준에 대해서는 범행당시의 가액을 기준으로 산정해야 한다는 **범행시설**과, 판결시를 기준으로 산정해야 한다는 **판결선고시설**이 대립한다. 범죄인의 부당한 이익을 박탈하는 몰수의 취지에 비추어 판결선고시를 기준으로 함이 타당하다. 판례도 같은 취지(^{91도352} _{판결})이다.

> **판례**   몰수의 취지가 범죄에 의한 이득의 박탈을 그 목적으로 하는 것이고 추징도 이러한 몰수의 취지를 관철하기 위한 것이라는 점을 고려하면 몰수하기 불능한 때에 추징하여야 할 가액은 범인이 그 물건을 보유하고 있다가 몰수의 선고를 받았더라면 잃었을 이득상당액을 의미한다고 보아야 할 것이므로 그 가액산정은 재판선고시의 가격을 기준으로 하여야 할 것이다(91도352 판결).

(3) 폐 기

폐기는 문서·도화·전자기록 등 특수매체기록 또는 유가증권의 일부가 몰수에 해당하는 때에 사법처분으로 명해진다(^{제48조} _{제3항}). 그 전부가 몰수에 해당하는 때에는 폐기하지 않고 몰수한다.

V. 명 예 형

1. 명예형의 의의

명예형은 범인이 명예적으로 누릴 수 있는 권리 또는 일정한 자격을 박탈하거나 제한하는 형벌이며 자격형이라고 한다. 형법은 자격상실과 자격정지의 두 가지를 명예형으로 인정하고 있다.

2. 명예형의 종류

(1) 자격상실

자격상실이란 일정한 형의 선고가 있으면 그 형의 효력으로 당연히 일정한 자격이 상실되는 형벌을 말한다. 피고인이 사형·무기징역 또는 무기금고의 판결을 받은 경우에는, ① 공무원이 되는 자격, ② 공법상의 선거권과 피선거권, ③ 법률로 요건을 정한 공법상의 업무에 관한 자격, ④ 법인의 이사·감사 또는 지배인 기타 법인의 업무에 관한 검사역이나 재산관리인이 되는 자격을 당연히 상실한다(^{제43조}_{제1항}).

(2) 자격정지

자격정지란 일정기간 동안 일정한 자격의 전부 또는 일부를 정지시키는 형벌을 말한다. 자격정지는 일정한 형의 판결을 선고받은 자의 자격이 당연히 정지되는 당연정지와 판결의 선고로 자격이 정지되는 선고정지의 두 가지가 있다.

1) 당연정지   유기징역 또는 유기금고의 판결을 받은 자는 그 형의 집행이 종료하거나 면제될 때까지 위 자격상실 내용 중 ①, ②, ③의 자격이 당연히 정지된다. 다만, 다른 법률에 특별한 규정이 있는 경우에는 그 법률에 따른다(^{제43조}_{제2항}). 이 단서조항은 수형자 및 집행유예 중인 자의 공법상의 선거권을 제한하는 부분에 대해서 헌법상 과잉금지원칙에 위배된다는 헌법재판소의 위헌 및 헌법불합치결정(^{2012헌마409}_{병합 결정})에 따라 2016년 형법 개정시에 신설되었다.

2) 판결선고에 의한 정지   판결선고에 의하여 위 ①, ②, ③, ④의 자격의 전부 또는 일부를 일정기간 동안 정지시키는 것을 말한다. 죄를 범한 후 외국국적을 취득하였어도 자격정지형을 선고할 수 있다(^{88도1630}_{판결}). 자격정지 기간은 1년 이상 15년 이하로 한다(^{제44조}_{제1항}). 자격정지는 다른 형에 병과하여 부과할 수 있다.

자격정지기간의 기산점은, 유기징역 또는 유기금고에 병과한 때에는 징역 또는 금고의 형의 집행을 종료하거나 면제된 날로부터 기산하고(^{제44조}_{제2항}), 자격정지가 선택형인 때에는 판결이 확정된 날로부터 기산한다(^{제84조}_{제1항}).

[§ 47] 형의 적용

I. 형적용의 단계

범죄자에 대하여 형벌을 구체적으로 적용하는 것을 형의 적용이라 한다. 형벌법규는 일정한 범죄에 대하여 일정한 형벌을 부과하도록 규정하고 있지만, 동일한 범죄에 대하여도 형벌의 종류 및 그 범위를 상대적으로 규정하여 그 범위 내에서 법원의 재량의 여지를 주고 있다. 따라서 일정한 범죄에 대해서 구체적으로 형벌을 부과할 때에는 적용할 형벌을 구체화하는 작업이 필요하다. 여기에 형벌의 적용문제가 생긴다.

1. 법 정 형

법정형이란 형법각칙의 각 범죄에 규정되어 있는 형벌을 말한다. 형법은 법정형의 규정형식에 대해서 상대적 법정형주의를 채택하고 있다.

상대적 법정형주의란 법률에는 형벌의 종류와 범위만을 규정하고 그 범위 내에서 형벌의 적용을 법관의 재량에 일임하는 형식을 말한다. 다만 유일한 예외로서 여적죄(제93조)에 한하여 사형만을 규정하여 절대적 법정형주의를 채택하고 있다. 여적죄에 대해서도 정상참작감경의 여지는 있다.

2. 처 단 형

처단형이란 법정형에 대하여 법률상 또는 재판상의 가중 또는 감경을 한 형을 말한다. 즉 법정형에 선택할 형의 종류가 있는 경우에는 먼저 적용할 형의 종류를 선택하고, 이 선택한 형에 대해서 다시 법률상 또는 재판상 가중 또는 감경을 하여 처단의 범위가 구체화된 형을 말한다.

3. 선 고 형

선고형이란 법원이 처단형의 범위 내에서 형을 양정하여 구체적으로 피고인에게 선고하는 형을 말한다. 형의 가중 또는 감경이 없는 때에는 법정형을 기준으로 형을 양정하여 선고형이 정해진다.

[형적용 단계의 예]　형법 제333조 강도죄의 법정형은 3년 이상의 유기징역이고, 유기징역은 상한이 30년이므로 이를 감경할 때에는 형기의 2분의 1까지 감경되어(제55조 제1항 제3호), 1년 6월 이상 15년 이하의 징역이 되는데, 이것이 처단형이다. 이 처단형의 범위 내에서 형의 양정의 조건(제51조)을 참작하여 징역 4년을 피고인에게 선고하면 이것이 선고형이다.

II. 형의 경중

1. 형의 경중의 논의실익

형벌을 부과하기 위해서는 형의 경중(가볍고 무거움)을 정해야 할 필요가 있는 경우가 있다. 신법과 구법의 경중비교($^{제1조}_{제2항}$), 상상적 경합의 처벌($^{제40}_{조}$), 실체적 경합의 처벌($^{제38조}_{제1항}$)에서는 형의 경중이 먼저 확정되어야 한다. 형사소송법상 불이익변경금지의 원칙($^{형사소송법}_{제368조}$)을 적용하기 위해서도 법정형의 경중을 결정할 필요가 있다.

2. 형의 경중의 판단기준

형법 제50조가 기준이 된다.

1) 형법 제50조 제1항 형의 경중은 형법 제41조 각 호의 순서에 따른다($^{동조}_{본문}$). 무기금고와 유기징역은 무기금고를 무거운 것으로 하고, 유기금고의 장기가 유기징역의 장기를 초과하는 때에는 유기금고를 무거운 것으로 한다($^{동조}_{단서}$).

2) 형법 제50조 제2항 같은 종류의 형은 장기가 긴 것과 다액이 많은 것을 무거운 것으로 하고, 장기 또는 다액이 같은 경우에는 그 단기가 긴 것과 소액이 많은 것을 무거운 것으로 한다.

3) 형법 제50조 제3항 위의 두 가지 경우를 제외하고는 죄질과 범정(犯情)을 고려하여 경중을 정한다. 예컨대 사기죄($^{제347}_{조}$)와 공갈죄($^{제350}_{조}$) 같이 법정형이 동일한 때 적용되는 기준이다. 법정형이 동일하다는 것은 자유형에 있어서는 장기와 단기, 재산형에 있어서는 다액과 소액이 모두 동일함을 의미한다.

4) 처단형과 선고형의 경중 이상은 법정형의 경중에 관한 것이고, 처단형과 선고형에 대해서도 동일한 취지에서 그 경중을 논할 수 있다.

판례에 따르면, 징역(실형)과 집행유예된 징역 사이의 경중에 대하여, 처음에 징역기간이 짧아도 징역(실형)이 더 무겁다고 하였으나($^{65도826}_{판결}$) 그 후 집행유예된 징역형의 기간이 길면 집행유예 없는 징역형보다 더 무겁다고 판시하고 있다($^{66도1319}_{판결}$). 즉 판례는 징역 6월을 징역 8월에 집행유예 1년으로 변경하는 것도 형의 불이익변경이라고 하면서, 그 반대의 경우도 형의 불이익변경이라고 하여 단기실형과 장기 자유형의 집행유예는 그 어느 쪽으로의 변경도 불이익변경이라고 하고 있다.

> **판례** ① 징역 1년에 3년간 집행유예가 선고된 제1심 판결에 대하여 … 직권으로 제1심 판결의 형이 부당하게 중하다는 이유로 파기하고 피고인에게 대하여 징역 10월의 실형을 선고하였다. 판결에 있어서 집행유예의 선고는 중요한 요소로서 집행유예의 경우는 현실로 형의 집행을 받을 필요는 없고 선고가 취소되지 않고 유예기간을 경과한 때에는 형의 선고 그 자체가 효력을 상실하게 되는 것이므로 실질적으로 보면 집행유예라는 법률적 사회적 가치판단은 높게 평가되지 않을 수 없다고 할 것이다. 제1심의 형과 항소심의 형을 총체적으로 고찰하여 보면 항소심의 형은 제1심의 형보다 중하다고 하지 않을 수 없…다(65도826 판결 [징역 1년·집행유예 3년을 징역 10월로 변경한 사안]).
> ② 제1심에서 … 징역 6월의 선고를 받고 피고인만이 항소하였던 바, 항소심은 제1심의 선고형이 중하다 하여 제1심 판결을 파기하고 피고인에게 대하여 징역 8월에 집행유예 2년을 선고하고 있음이 분명하다. 집행유예라는 제도는 그 선고를 받은 후 그 선고가 실효되거나 취소되지 아니하고, 그 유예기간을 경과한 때에는 그 형의 선고는 효력을 잃은 것이지만 그 선고가 실효되거나 취소된 경우에는 그 형의 선고는 효력을 지니게 되므로 … 비록 항소심이 집행유예의 선고는 붙였다 할지라도 피고인만이 항소하였는데 제1심의 형보다 중하게 징역 8월을 선고한 것은 형사소송법 제368조의 이른바 불이익 변경의 금지원칙에 위반되었다고 보지 않을 수 없다(66도1319 판결 [징역 6월을 징역 8월·집행유예 2년으로 변경한 사안]).

Ⅲ. 형의 가중·감경·면제

1. 형의 가중

형법은 형의 가중에 대해서 형 감경의 경우와 다르게 죄형법정주의 원칙상 재판상의 가중은 허용하지 않고 법률상의 가중만 인정한다. 두 가지가 있다.

1) 일반적 가중사유　모든 범죄에 공통되는 일반적 가중사유를 말한다. 형법총칙은, ① 경합범가중(제38조 제1항제2호), ② 누범가중(제35조제2항), ③ 특수교사·방조의 가중(제34조제2항)의 세 가지를 규정하고 있다.

2) 특수한 가중사유　특정범죄에 대해서 인정되는 각칙상의 가중사유이

다. 상습범가중($^{제203조, 제264조, 제279조,}_{제285조, 제332조, 제351조}$)과 특수범죄의 가중($^{제144조 제1항 [특수공무집행방해죄],}_{제278조 [특수체포·감금죄]}$)이 있다.

2. 형의 감경

형의 감경에는 법률상의 감경과 재판상의 감경이 있다.

(1) 법률상의 감경

법률의 특별규정에 의하여 감경되는 경우를 말한다. 법률상의 감경에는 일정한 사유가 있으면 당연히 감경해야 하는 필요적 감경과, 일정한 사유가 있으면 이를 고려하여 법원이 재량으로 감경할 수 있는 임의적 감경이 있다.

법률상의 감경에도 모든 범죄에 공통적인 일반적 감경사유(형법총칙에 의한 감경)와, 일정한 범죄에 한하여 특별히 감경하는 특수적 감경사유(형법각칙에 의한 감경)의 두 종류가 있으나 후자는 형법각론에서 다루게 된다.[1]

형법총칙이 규정하는 법률상의 일반적 감경사유는 다음과 같다.

1) 필요적 감경사유   외국에서 집행을 받은 형의 산입에 의한 경우($^{제7조,}_{면제와}$$_{택일}$), 청각 및 언어 장애인($^{제11}_{조}$), 중지미수범($^{제26조,}_{면제와}$$_{택일}$), 방조범(종범)($^{제32조}_{제2항}$)이 있다.

2) 임의적 감경사유   심신미약자($^{제10조}_{제2항}$), 과잉방위($^{제21조 제2항,}_{면제와 택일}$), 과잉피난($^{제22조 제3항,}_{면제와 택일}$), 과잉자구행위($^{제23조 제2항,}_{면제와 택일}$), 미수범($^{제25조}_{제2항}$), 불능미수범($^{제27조 단서,}_{면제와 택일}$), 사후적 경합범($^{제39조 제1항}_{면제와 택일}$), 자수 또는 자복($^{제52조,}_{면제와 택일}$)이 있다.

임의적 감경 여부는 법원의 재량에 속한다($^{2018도5475}_{전원합의체 판결}$).[2] 따라서 피고인이 자수하였다 하더라도 법원이 자수감경을 하지 아니하거나($^{2019도12116}_{판결}$) 자수감경 주장에 대하여 판단을 하지 아니하여도($^{2011도12041}_{판결}$) 위법이라고 할 수 없다.

> **판례**   자수란 위에서 본 바와 같이 범인이 스스로 수사책임이 있는 관서에 자기의 범행을 자발적으로 신고하고 그 처분을 구하는 의사표시이므로, 수사기관의

---

[1] 형법각칙에 규정된 형의 임의적 감경사유로서 약취·유인·매매·이송된 자 또는 인질을 안전한 장소에 풀어준 경우(제295조의2, 제324조의6)가 있다.

[2] 대법원은, 임의적 감경사유가 존재하더라도 해당 감경사유에 따른 법률상 감경을 하는 것이 오히려 정의관념에 반하는 경우가 있으므로, 감경사유로 인한 행위불법이나 결과불법의 감소가 미미하거나 행위자의 책임 경감 정도가 낮은 때에는 감경하지 않은 무거운 처단형으로 처벌할 수 있도록 형법이 '형을 감경할 수 있다'고 규정하여 이에 대한 판단 내지 재량을 법관에 부여한 것이라고 판시하였다(2018도5475 전원합의체 판결).

직무상의 질문 또는 조사에 응하여 범죄사실을 진술하는 것은 자백일 뿐 자수로는 되지 아니하고, 나아가 자수는 범인이 수사기관에 의사표시를 함으로써 성립하는 것이므로 내심적 의사만으로는 부족하고 외부로 표시되어야 이를 인정할 수 있는 것이다. 또한 피고인이 자수하였다 하더라도 자수한 이에 대하여는 법원이 임의로 형을 감경할 수 있음에 불과한 것으로서 원심이 자수감경을 하지 아니하였다거나 자수감경 주장에 대하여 판단을 하지 아니하였다 하여 위법하다고 할 수 없다 (2011도12041 판결).

(a) **자 수** "자수"란 범인이 수사기관에 대하여 자발적으로 자기의 범죄사실을 신고하여 소추를 구하는 의사표시를 말한다. 자수의 시기에는 제한이 없다. 범행발각 전후나 지명수배 여부와 관계없이 체포 전에만 자수하면 자수에 해당한다(96도1167 전원합의체 판결). 자수는 제3자를 통해서도 할 수 있다.

> **판례** 형벌법규의 해석에 있어서 법규정 문언의 가능한 의미를 벗어나는 경우에는 유추해석으로서 죄형법정주의에 위반하게 된다. 그리고 유추해석금지의 원칙은 모든 형벌법규의 구성요건과 가벌성에 관한 규정에 준용되는데, 위법성 및 책임의 조각사유나 소추조건, 또는 처벌조각사유인 형면제 사유에 관하여 그 범위를 제한적으로 유추적용하게 되면 행위자의 가벌성의 범위는 확대되어 행위자에게 불리하게 되는바, 이는 가능한 문언의 의미를 넘어 범죄구성요건을 유추적용하는 것과 같은 결과가 초래되므로 죄형법정주의의 파생원칙인 유추해석금지의 원칙에 위반하여 허용될 수 없다. 한편 형법 제52조나 국가보안법 제16조 제1호에서도 공직선거법 제262조에서와 같이 모두 '범행발각 전'이라는 제한 문언 없이 "자수"라는 단어를 사용하고 있는데 형법 제52조나 국가보안법 제16조 제1호의 "자수"에는 범행이 발각되고 지명수배된 후의 자진출두도 포함되는 것으로 판례가 해석하고 있으므로 이것이 "자수"라는 단어의 관용적 용례라고 할 것인바, 공직선거법 제262조의 "자수"를 '범행발각 전에 자수한 경우'로 한정하는 풀이는 "자수"라는 단어가 통상 관용적으로 사용되는 용례에서 갖는 개념 외에 '범행발각 전'이라는 또 다른 개념을 추가하는 것으로서 결국은 '언어의 가능한 의미'를 넘어 공직선거법 제262조의 "자수"의 범위를 그 문언보다 제한함으로써 공직선거법 제230조 제1항 등의 처벌범위를 실정법 이상으로 확대한 것이 되고, 따라서 이는 단순한 목적론적 축소해석에 그치는 것이 아니라, 형면제 사유에 대한 제한적 유추를 통하여 처벌범위를 실정법 이상으로 확대한 것으로서 죄형법정주의의 파생원칙인 유추해석금지의 원칙에 위반된다(96도1167 전원합의체 판결).

(b) 자 복   "자복"이란 반의사불벌죄에 있어서 범인이 피해자에게 범죄를 고백하는 것을 말한다. 반의사불벌죄가 아닌 범죄에서 피해자에게 범죄를 고백하는 것은 자복이 아니므로($^{68도105}_{판결}$) 양형참작사유가 될 뿐이다. 헌법재판소는 "자복"감면 규정을 반의사불벌죄에 대하여만 적용하도록 규정한 형법 제52조 제2항에 대하여 합헌결정하였다($^{2016헌바270}_{결정}$).

> **판례**   ① 본건 범행은 피해자의 의사에 반하여 처벌할 수 없는 범죄가 아니므로 본건 범행 후 수사기관에 구속되기 전에 피해자의 부모를 찾아가서 사죄한 것은 형법 제52조 제2항의 자복에 해당하지 아니한다(68도105 판결).
> ② 통상의 경우 자복 그 자체만으로는, 자수와 같이 범죄자가 형사법절차 속으로 스스로 들어왔다거나 국가형벌권의 적정한 행사에 기여하였다고 단정하기 어려우므로, 형법 제52조 제2항에서 통상의 자복에 관하여 자수와 동일한 법적 효과를 부여하지 않았다고 하여 자의적이라 볼 수는 없다. … 반의사불벌죄 이외의 죄를 범하고 피해자에게 자복한 사람에 대하여 반의사불벌죄를 범하고 피해자에게 자복한 사람과 달리 임의적 감면의 혜택을 부여하지 않고 있다 하더라도 이를 자의적인 차별이라고 보기 어렵다. 따라서 형법 제52조 제2항은 평등원칙에 위반되지 아니한다(2016헌바270 결정).

(2) 재판상의 감경(정상참작감경)

법률상 특별한 감경사유가 없더라도 법원이 범죄의 정상에 참작할 만한 사유가 있는 경우에는 그 형을 감경할 수 있다($^{제53}_{조}$). 정상참작감경은 법률상 가중 또는 감경한 경우에도 다시 감경을 할 수 있다($^{제56조 제6호}_{참조}$). 정상참작감경은 법원의 재량에 속한다($^{2018도5475}_{전원합의체 판결}$). 따라서 정상참작감경을 하지 않았더라도 위법하다 할 수 없다($^{84도2732}_{참조}$).

3. 형의 면제

형의 면제란 범죄가 성립하고 형벌권도 발생하였으나 일정한 사유로 인하여 형을 부과하지 아니하는 경우를 말한다. 따라서 형의 면제판결은 유죄판결의 일종이다($^{형사소송법 제322조,}_{제323조 제2항 참조}$). 형의 면제는 확정재판 전의 사유로 인하여 판결의 선고로써 형이 면제된다는 점에서 확정재판 이후의 사유로 집행이 면제되는 형집행의 면제와 구별된다. 형법상 형의 면제는 필요적 면제(법정면제)와 임의적 면제가 있다. 형법총칙상 일반적 면제사유는 다음과 같다.

외국에서 집행을 받은 형의 산입에 의한 경우(제7조), 중지미수범(제26조), 불능미수범(제27조 단서), 과잉방위(제21조 제2항), 과잉피난(제22조 제3항), 과잉자구행위(제23조 제2항), 사후적 경합범(제39조 제1항), 자수·자복(제52조)이다. 이상의 면제사유는 모두 감경(減輕)과 택일적으로 규정되어 있으며, 외국에서 집행을 받은 형의 산입에 의한 경우와 중지미수범은 필요적 감경·면제이고, 그 이외는 모두 임의적 감경·면제이다.

형법각칙에는 근친족간의 재산범죄에 대하여 형을 필요적 면제하는 규정(제328조 제1항, 제344조, 제354조, 제365조 제1항)이 있다.

Ⅳ. 형의 가감례

형을 가중 또는 감경할 경우에 그 정도·방법 및 순서에 관한 준칙을 형의 가감례라고 한다.

1. 형의 가중·감경의 순서

한 개의 죄에 대하여 정한 형의 종류가 여러 개인 때에는 먼저 적용할 형을 정하고 그 형을 감경한다(제54조). 다만 두 종류의 형을 병과할 경우에는 쌍방을 같이 감경해야 한다.

형을 가중·감경할 사유가 경합한 때에는, ① 형법각칙 조문에 따른 가중, ② 형법 제34조 제2항(특수한 교사·방조·간접정범)에 따른 가중, ③ 누범가중, ④ 법률상 감경, ⑤ 경합범가중, ⑥ 정상참작감경의 순서에 따른다(제56조).

2. 형의 가중·감경의 정도·방법

(1) 법률상 감경의 정도와 방법

법률상 감경은 다음의 기준으로 한다.

① 사형을 감경할 때에는 무기 또는 20년 이상 50년 이하의 징역 또는 금고로 한다. ② 무기징역 또는 무기금고를 감경할 때에는 10년 이상 50년 이하의 징역 또는 금고로 한다. ③ 유기징역 또는 유기금고를 감경할 때에는 그 형기의 2분의 1로 한다. ④ 자격상실을 감경할 때에는 7년 이상의 자격정지로 한

다. ⑤ 자격정지를 감경할 때에는 그 형기의 2분의 1로 한다. ⑥ 벌금을 감경할 때에는 그 다액의 2분의 1로 한다. 여기서 "다액"이란 "금액"이라고 해석하여 그 상한과 함께 하한도 2분의 1로 내려간다(^{78도246}_{전원합의체 판결}). ⑦ 구류를 감경할 때에는 그 장기의 2분의 1로 한다. ⑧ 과료를 감경할 때에는 그 다액의 2분의 1로 한다(^{제55조}_{제1항}). 형기의 2분의 1을 감경할 때에는 그 형기의 상한과 하한까지도 2분의 1로 한다(^{2018도5475}_{전원합의체 판결}).

법률상 감경할 사유가 여러 개 있는 때에는 거듭 감경할 수 있다(^{동조}_{제2항}).

(2) 정상참작감경의 정도·방법

형법은 정상참작감경의 정도·방법에 대해서 아무런 규정을 두지 않았으나 법리상 당연히 법률상의 감경례(^{제55}_조)에 준한 것으로 해석해야 한다(^{2018도5475}_{전원합의체 판결}).[1]

법률상의 감경을 한 후에도 다시 정상참작감경을 할 수 있다(^{2018도5475 전원합의체 판결,}_{제56조 제4호·제6호 참조}). 정상참작감경은 범죄의 모든 정황을 종합적으로 관찰하여 판단하는 것이므로 정상참작감경할 사유가 여러 개 있더라도 거듭 감경할 수 없다(^{63도410}_{판결}). 하나의 죄에 대하여 징역형과 벌금형을 병과하는 경우에는 특별한 규정이 없는 한 어느 한쪽에만 정상참작감경을 할 수 없다(^{96도3466}_{판결}). 반면, 경합범의 경우 형을 병과할 때에는 어느 한쪽만을 정상참작감경을 할 수 있다(^{2006도1076}_{판결}).

판례 ① 법관은 법률상 가중·감경이 모두 이루어진 처단형에 대해 범죄의 정상에 참작할 사유가 있는 때에 그 형을 감경할 수 있다. 이는 재판상 감경, 작량감경 혹은 정상참작감경으로 불리는데, 법률상 감경을 다하고도 그 처단형보다 낮은 형을 선고하여야 할 때에 최후에 하는 감경으로서, 법정형이나 법률상 가중·감경을 마친 처단형이 지나치게 가혹한 경우 이를 시정하기 위한 장치로 기능하고 있다(2018도5475 전원합의체 판결).

② 하나의 죄에 대하여 징역형과 벌금형을 병과하여야 할 경우에 특별한 규정이 없는 한 징역형에만 작량감경을 하고 벌금형에는 작량감경을 하지 않는 것은 위법하다(2011도3161 판결).

③ 형법 제38조 제1항 제3호에 의하여 징역형과 벌금형을 병과하는 경우에는 각 형에 대한 범죄의 정상에 차이가 있을 수 있으므로 징역형에만 작량감경을 하고 벌금형에는 작량감경을 하지 아니하였다고 하여 이를 위법하다고 할 수 없다(2006도1076 판결).

---

1) 위 판결에서 대법원은 정상참작감경이든 법률상 감경이든 감경의 방법은 형종에 따라 제55조에서 정한 바에 따라야 한다고 판시하였다.

V. 형의 양정(양형)

1. 양형의 의의

형의 양정 또는 양형이란 법정형에 법률상의 가중·감경 또는 정상참작감경을 한 처단형의 범위 내에서 구체적으로 선고할 형을 정하는 것을 말한다. 형법은 형의 양정에 있어 법원의 광범위한 재량권을 인정하고 있다.

그러나 법원의 재량은 자의적으로 판단할 수 있는 자유재량이 아니라 일정한 양형기준에 따른 합리적 판단이어야 하고 적정한 양형이 되도록 구속된 재량이라 해야 한다.

2. 양형의 기준

법원의 광범위한 재량을 인정하고 있는 형의 양정은 무엇을 기준으로 하여 판단해야 하느냐에 대해서 견해가 대립한다.

1) 유일점형이론　　양형의 기초는 책임이고, 책임은 언제나 고정된 일정한 크기를 가진 것이어서 책임에 기초한 형벌도 고정된 하나의 점과 같이 표현되므로 정당한 형벌은 언제나 하나일 수밖에 없다고 한다.

2) 단계이론　　형의 적용과 양형의 단계에 따라 그 기준을 구별하여, 형의 양을 결정하는 단계에서는 불법과 책임을 기준으로 판단하고, 형종의 선택과 집행여부는 예방목적을 고려하여 판단한다는 이론이다.

3) 책임범위이론　　법정형의 상한과 하한에는 책임에 적합한 범위가 있으므로 이 범위 내에서 특별예방과 일반예방을 고려하여 형을 양정해야 한다는 이론이다. 독일과 우리나라의 통설이다.

4) 결　어　　유일점형이론은 책임과 일치하는 형벌의 정확한 점을 계산하는 것은 애당초 불가능한 하나의 가설에 지나지 않으며, 단계이론은 양형결정 단계에서 예방목적을 배제하므로 형량이 한정되어 적정한 양형을 할 수 없다.

책임주의 원칙을 부정하지 않는 한 책임은 처벌의 전제로서 양형의 기초가 되어야 한다. 다만 양형에서 책임과 정확히 일치하는 형벌을 정하는 것은 불가능하고, 범죄예방적 관점에서 형벌의 정도와 양을 조절할 필요가 있으므로 양형은 책임의 범위 내에서 특별예방과 일반예방을 고려하는 책임범위이론이 타당하다고 본다.

3. 양형의 조건

양형의 조건이란 양형시에 고려해야 할 구체적·개별적 요소를 말한다. 형법은 양형상 참작해야 할 조건으로 제51조에서 "양형조건"을 규정하고 있다. 이러한 일반적 양형자료들은 그 성질상 예시적인 것으로 보아야 한다. 따라서 법관은 이러한 모든 조건을 종합적으로 참작하여 재판과 그 집행이 현실로 어떠한 효과를 가져 올 것인가를 구체적으로 고려하여 양형을 하게 된다(99도763 판결 및 2003도924 판결 등 참조).

형법 제51조가 규정한 일반적 양형조건은 다음과 같다.

1) **범인의 연령·성행·지능과 환경**   범인의 나이·성격·소질·경력·관습·유전·지능발달과정 기타 범인의 개인적·사회적 환경 등은 사회복귀와 특별예방적 필요성을 판단하는 중요사항이며, 범인의 성행, 특히 전과는 책임가중의 요소로 작용할 수 있다.

2) **피해자에 대한 관계**   범인과 피해자의 친족·후견·사제·고용 기타 이와 유사한 관계를 남용하거나 신뢰관계를 이용하여 죄를 범하거나, 결과에 대한 피해자의 태도(고소·고발취하, 화해)와 피해자의 경솔성·무모성도 형을 가중 또는 감경하는 자료가 된다.

3) **범행의 동기·수단과 결과**   범행의 동기는 행위자의 위험성과 행위책임을 판단하는 중요한 자료이다. 계획적 범행인가 또는 충동·공포·흥분·경악·낭패·위압·군중암시·사감·유혹에 의한 것인가에 따라 책임의 정도를 달리 판단할 수 있다. 또 범죄의 수단이 잔혹하거나 교활하였는가, 그리고 범행으로 인하여 발생한 위험이나 침해정도 등 결과는 불법의 양을 판단하는 자료가 된다.

4) **범행 후의 정황**   범행 후 범인의 후회·참회여부, 피해회복이나 피해감소를 위한 노력과 피해보상 등 범행 후 범인의 태도는 형벌의 종류와 정도를 선택하는 데에 영향을 줄 수 있다. 판례는 피고인의 범행부인, 진술거부권의 행사가 진실발견을 적극적으로 숨기는 것이 아니면 가중적 조건으로 참작할 수

없다고 하였다.

> **판례** 형법 제51조 제4호에서 양형의 조건의 하나로 정하고 있는 범행 후의 정황 가운데에는 형사소송절차에서의 피고인의 태도나 행위를 들 수 있는데, 모든 국민은 형사상 자기에게 불리한 진술을 강요당하지 아니할 권리가 보장되어 있으므로(헌법 제12조 제2항), 형사소송절차에서 피고인은 방어권에 기하여 범죄사실에 대하여 진술을 거부하거나 거짓 진술을 할 수 있고, 이 경우 범죄사실을 단순히 부인하고 있는 것이 죄를 반성하거나 후회하고 있지 않다는 인격적 비난요소로 보아 가중적 양형의 조건으로 삼는 것은 결과적으로 피고인에게 자백을 강요하는 것이 되어 허용될 수 없다고 할 것이나, 그러한 태도나 행위가 피고인에게 보장된 방어권 행사의 범위를 넘어 객관적이고 명백한 증거가 있음에도 진실의 발견을 적극적으로 숨기거나 법원을 오도하려는 시도에 기인한 경우에는 가중적 양형의 조건으로 참작될 수 있다고 할 것이다(2001도192 판결).

VI. 판결선고전의 구금 · 판결의 공시

1. 판결선고전의 구금

범죄혐의를 받고 있는 자를 재판이 확정될 때까지 구금하는 것을 판결선고전 구금 또는 미결구금이라 한다. 미결구금은 형은 아니지만 자유를 구속한다는 점에서 자유형과 차이가 없다.[1] 따라서 미결구금일수는 그 전부를 유기징역 · 유기금고 · 벌금이나 과료에 관한 유치 또는 구류에 산입한다(제57조 제1항). 이 경우 구금일수의 1일은 징역 · 금고 · 벌금이나 과료에 관한 유치 또는 구류기간의 1일로 계산한다(동조 제2항).

미결구금일수를 산입하지 않거나 구금일수보다 많은 일수를 산입하는 것은 위법이다. 무기형에 대하여는 미결구금일수를 산입할 수 없지만, 항소심에서 무기징역을 선고한 1심판결을 파기하고 유기징역형을 선고할 경우에는 1심 판결선고전 구금일수의 전부를 산입해야 한다(71도1289 판결 참조).

---

[1] 다만, 대법원은 외국에서 미결구금되었다가 무죄판결을 선고받은 사람의 미결구금일수를 국내에서 같은 행위로 인하여 선고받은 형에 산입할 수는 없다고 판시(2017도5977 전원합의체 판결)하였다.

2. 판결의 공시

판결의 공시는 피해자의 이익이나 피고인의 명예회복을 위해서 판결의 선고와 동시에 관보 또는 일간신문 등을 이용하여 판결의 전부 또는 일부를 공적으로 주지시키는 제도이다. 형법은 다음의 경우에 판결공시를 인정한다.

(1) 피해자의 이익을 위하여 필요하다고 인정한 때

이 경우에는 피해자의 청구가 있는 경우에 한하여 피고인의 부담으로 판결공시의 취지를 선고할 수 있다(제58조 제1항). 피해자의 이익을 위한 제도이며 피해자의 청구가 있을 것을 요건으로 한다. 판결공시의 취지, 선고여부는 법원의 재량에 속한다.

(2) 피고사건에 대하여 무죄판결을 선고할 때

이 경우에는 무죄판결공시의 취지를 선고해야 한다(동조 제2항). 무죄판결을 선고받은 피고인의 명예회복을 위하여 무죄판결 취지의 선고를 의무화한 것이다. 다만 피고인이 동의하지 아니하거나 피고인의 동의를 받을 수 없는 경우에는 그러하지 아니하다.

(3) 피고사건에 대하여 면소의 판결을 선고할 때

이 경우에는 면소판결공시의 취지를 선고할 수 있다(동조 제3항). 이 또한 피고인의 명예회복을 위한 제도이지만, 피고인의 청구를 요건으로 하지 아니하고 법원이 재량으로 행한다.

[§ 48] 누　　범

Ⅰ. 누범일반론

1. 누범의 의의

누범이란 범죄를 누적적으로 반복하여 범하는 것을 말한다. 광의(실질적 의의)의 누범은 범죄로 인하여 확정판결을 받은 후에 다시 범한 범죄를 말한다. 이 경우 전자를 전범(前犯), 후자를 후범(後犯)이라 한다. 이에 대하여 협의(형식적 의의)의 누범은 금고 이상의 형을 선고받아 그 집행을 종료하거나 면제받은 후 3년 내에 금고 이상에 해당하는 죄를 범하여 형을 가중하는 누범(후범)을 말한다. 형법에서 누범이라고 할 때에는 일반적으로 협의의 누범을 가리킨다.

형법은 (협의의) 누범에 관하여 "금고 이상의 형을 선고받아 그 집행이 종료되거나 면제된 후 3년 내에 금고 이상에 해당하는 죄를 지은 사람은 누범으로 처벌한다"(제35조제1항), "누범의 형은 그 죄에 대하여 정한 형의 장기의 2배까지 가중한다"(동조제2항)고 규정하고 있다.

2. 누범과 경합범

누범은 여러 개의 범죄가 누적적 관계에 있는 것이고, 경합범은 여러 개의 범죄가 병행적 관계에 있다는 점에서 다르다. 누범에 있어서의 전범은 심판의 대상이 될 수 없고 양형에서 형의 가중사유가 될 뿐이지만, 경합범에 있어서의 여러 개의 죄는 모두 심판의 대상이 되며, 수죄에 적용할 처벌기준이 된다. 따라서 누범은 죄수론에서 취급할 것이 아니며, 형의 가중을 위한 양형규칙이라 해야 한다.

3. 누범과 상습범

누범은 범죄의 횟수를 바탕으로 하는 개념이고, 상습범은 행위자의 범죄습벽(범죄적 경향)을 바탕으로 하는 개념이다. 따라서 누범은 전과를 요건으로 하는데 대하여 상습범은 반드시 전과가 있을 필요가 없으며, 처벌의 근거도 누범은 행위책임의 측면에서 초범자보다 책임을 가중하는 데에 중점이 있음에 반하여 상습범은 행위자의 상습성이라는 행위자책임사상에 기초하고 있다. 상습범에 대하여는 각칙에서 개별적으로 규정하여 형을 가중하고 있다.

상습범 가중사유와 누범 가중사유가 경합한 경우에는 양자를 모두 적용하여 상습범가중 외에 누범가중도 해야 한다(2006도6886판결).

4. 누범가중의 근거

누범가중의 근거는 책임가중에 있다. 전범에 의한 형벌경고가 있었음에도 불구하고 뉘우치지 못하고 후범의 실현을 통해 범죄추진을 다시 강화하였기 때문에 책임이 가중된 것이다.

5. 누범가중의 위헌성 여부

(1) 누범가중과 일사부재리원칙

누범가중은 전범이 존재하기 때문에 형이 가중되는 것이므로 전범이 다시 처벌되는 것처럼 보여진다는 점에서 헌법상의 일사부재리원칙에 반하는 것이 아닌가 의문이 제기된다.

그러나 누범가중은 전범을 다시 처벌하는 것이 아니라 전범에 의하여 처벌되었음에도 불구하고 뉘우치지 못하고 또 다시 죄를 범하였다는 비난성이 크기 때문에 후범의 책임을 가중하는 것이고, 처벌의 대상이 되는 것은 어디까지나 후범뿐이므로 일사부재리원칙에 반한다고 할 수 없다(2014도5856 판결 참조). 전과사실은 후범의 정상을 참작하는 데 불과하다. 판례도 같은 태도이다(70도1656 판결).

(2) 누범가중과 평등의 원칙

누범가중제도는 헌법 제11조 제1항의 국민평등의 원칙에 반하는 것이 아니냐라는 문제가 제기될 수 있다.

그러나 누범의 처벌은 헌법 제11조 제1항의 성별·종교·사회적 신분에 근거한 차별대우가 아니라 책임과 특별예방 및 일반예방이라는 형벌목적에 의하여 각 범죄와 각 범죄인에 따라 타당한 처우를 하는 것이므로 개개의 경우에 그 처우를 달리하는 것은 오히려 당연하다. 따라서 누범가중이 평등의 원칙에 위반된다고 할 수 없다(2017도19862 판결).

II. 누범가중의 요건

1. 전범에 대한 요건

(1) 금고 이상의 형을 받았을 것

전범의 형은 금고 이상의 형임을 요한다. 금고 이상의 형이란 선고형이 유기징역과 유기금고에 해당하는 것을 말한다. 따라서 자격상실 · 자격정지 · 벌금 · 구류 · 과료 · 몰수에 해당하는 경우에는 애당초 누범 문제는 생기지 않는다.

사형 · 무기징역 · 무기금고도 금고 이상의 형에 해당하지만 이러한 형을 선고받은 자는 누범이 될 여지가 없다. 다만 사형 · 무기징역 · 무기금고를 받은 자가 감형으로 인하여 유기징역이나 유기금고로 되거나, 특별사면 또는 기타 사유(예컨대 형의 시효)로 인하여 형의 집행이 면제된 때에는 누범요건을 충족할 수 있다.

군사법원에서 처벌을 받은 전과도 누범의 요건을 구비하면 누범가중을 한다($^{4290형상268}_{판결}$). 다만 외국에서 받은 판결은 누범사유가 되지 않는다.

금고 이상의 형의 선고는 그 선고된 형의 효력이 유효해야 한다. 따라서 일반사면($^{64도34}_{판결}$), 집행유예기간의 경과나 형의 실효($^{2016도5032}_{판결}$)로 형선고의 효력이 상실되면 누범전과로 인정되지 않는다. 다만 복권(復權)은 형의 선고로 인하여 상실 또는 정지된 자격을 회복시킴에 불과하므로 그 전과사실은 누범가중사유에 해당한다($^{81도543}_{판결}$).

> **판례** 형의 실효 등에 관한 법률'에 따라 형이 실효된 경우에는 형의 선고에 의한 법적 효과가 장래를 향하여 소멸하므로 형이 실효된 후에는 그 전과를 폭처법 제2조 제3항에서 말하는 '징역형을 받은 경우'라고 할 수 없다. … 형법 제65조는 "집행유예의 선고를 받은 후 그 선고의 실효 또는 취소됨이 없이 유예기간을 경과한 때에는 형의 선고는 효력을 잃는다"라고 규정하고 있다. 여기서 '형의 선고가 효력을 잃는다'는 의미는 앞서 본 형의 실효와 마찬가지로 형의 선고에 의한 법적 효과가 장래를 향하여 소멸한다는 취지이다. 따라서 형법 제65조에 따라 형의 선고가 효력을 잃는 경우에도 그 전과는 폭처법 제2조 제3항에서 말하는 '징역형을 받은 경우'라고 할 수 없다(2016도5032 판결).

(2) 형의 집행이 종료되거나 면제될 것

선고된 금고 이상의 형은 집행이 종료되거나 면제될 것을 요한다. 형의 집행이 종료되었다는 것은 형기가 만료된 경우를 말하며, 형의 집행이 면제되었다는 것은 형의 시효가 완성된 때($\substack{제77 \\ 조}$), 특별사면으로 형의 집행이 면제된 때($\substack{사면법 \\ 제5조}$), 외국에서 형의 집행을 받았을 때($\substack{제7 \\ 조}$)[1]를 말한다.

2. 후범에 대한 요건

(1) 금고 이상에 형에 해당하는 죄

후범도 금고 이상의 형에 해당하는 죄임을 요한다. 여기의 금고 이상의 형도 선고형을 의미한다. 따라서 법정형으로 금고 이상의 형이 규정되어 있어도 벌금형을 선택한 때에는 누범가중을 할 수 없다($\substack{82도1702 \\ 판결}$). 후범이 고의범인가 과실범인가도 문제되지 않는다($\substack{김성돈 \\ 842}$). 입법론으로 고의범에 한정하는 것이 타당하다.

(2) 전범의 형집행종료 또는 면제 후 3년 이내에 범한 죄

전범의 형의 집행이 종료되거나 면제된 후 3년 이내에 후범이 있을 때에만 누범이 된다. 이를 누범시효라 한다. 3년 이내의 기간은 형의 집행이 종료된 날 또는 형의 집행이 면제된 날부터 기산한다는 것이 통설이다.[2]

3년의 기간 내에 후범인 죄를 범하였는가는 후범의 실행의 착수시를 기준으로 하여 정해야 한다($\substack{2005도9858 \\ 판결}$). 따라서 3년 이내에 실행의 착수가 있으면 족하고, 후범에 대한 재판이 3년 이내에 선고되어 그것이 확정되어 있을 필요가 없다.

전범의 형의 집행 전 또는 집행 중에 범한 죄에 대하여는 누범관계가 인정되지 않는다($\substack{66도1430 \\ 판결}$). 따라서 전범의 집행유예기간 중($\substack{83도1600 \\ 판결}$)이나 형집행정지

---

1) 외국에서 집행받은 형기가 대한민국에서 선고받은 형기를 초과하는 때에는 형법 제7조에 따라 선고받은 형에 산입한 후 더 이상 집행할 형이 없게 되므로 형의 집행이 종료된 때에 해당한다고 볼 수 있다.

2) 대법원은 형법 제37조 후단 경합범에 해당하여 2개 이상의 금고형 또는 징역형을 선고받고 그 중 하나의 형의 집행을 마치고 다른 형의 집행을 받던 중 먼저 집행받은 형의 종료일로부터 3년 내에 다시 금고 이상에 해당하는 죄를 범한 때에는 먼저 집행받은 형에 대한 관계에서 누범에 해당한다고 판시하였다(2021도8764 판결). 이에 대하여 징역형과 벌금형의 병과를 선고받고 징역형을 복역 중인 수형자가 검사의 형집행 순서변경 지휘에 따라 벌금형 미납에 따른 노역장유치를 먼저 이행하고 징역형의 잔여형기를 복역하고 출소한 때에는, 누범 결격사유가 되는 형기종료 후 3년이라는 기간의 기산점은 '검사의 형집행 순서변경 지휘 전 집행종료 예정일'로 보아야 한다는 하급심 판결도 있다(부산지방법원 2020노2029 판결 [상고]).

($^{4290형상438}_{판결}$) 중 또는 가석방기간 중($^{76도2071}_{판결}$)에 다시 죄를 범하여도 누범이 성립하지 않는다. 교도소 복역 중 도주하여 범한 죄나 교도소 안에서 범한 죄도 전범과 누범이 되지 않는다. 일반사면에 의하여 전범의 형 선고의 효력이 상실된 경우에도 마찬가지이다. 반면 전범이 특별사면($^{86도2004}_{판결}$)이나 복권($^{76도2071}_{판결}$)된 경우에는 누범에 해당한다.

포괄일죄의 일부가 누범기간 중 행하여졌다면 나머지 일부는 누범기간 경과 후 행하여졌더라도 포괄일죄의 전부가 누범에 해당한다($^{2011도14135}_{판결}$).

III. 누범의 취급

1. 누범의 처벌

누범의 형은 그 죄에 정한 형의 장기의 2배까지 가중한다($^{제35조}_{제2항}$). 누범에 가중하는 형은 장기이고 단기는 변경이 없다($^{69도1129}_{판결}$). 따라서 법원은 누범가중을 하여도 형법각칙에서 정한 단기까지의 범위에서 선고형을 정할 수 있고, 누범이라 해서 법정형을 초과하여 선고해야 한다는 취지는 아니다. 다만 전범과 후범이 특정강력범죄법 적용대상 범죄인 경우에는 장기와 단기 모두 2배까지 가중한다($^{동법 제3조. 2009도1947}_{등 판결}$).

누범이 수죄인 경우에는 각 죄에 대한 누범가중을 한 후에 경합범으로 처단하며, 각 죄가 상상적 경합인 경우에는 각 죄별로 누범가중을 한 후 가장 무거운 죄에 대하여 정한 형으로 처벌해야 한다($^{김성돈 843;}_{강동욱 420}$).

2. 판결선고 후 누범 발각

판결선고 후 누범이라는 것이 발각된 때에는 선고한 형을 통산하여 다시 형을 정할 수 있다($^{제36조}_{본문}$). 이 규정의 취지는 재판 당시 범죄자(피고인)가 거짓 이름 기타 연령·본적지 등을 사칭하는 등 사술(詐術)을 사용하여 전과사실을 은폐하고 누범가중을 면한 후 판결을 선고받고 나서 누범임이 발각되는 경우가 적지 않기 때문에 재판확정 후에 누범임이 발각되었을 때에도 다시 누범가중의 원칙에 따라 먼저 선고한 형을 가중할 수 있도록 한 것이다. 그러나 이러한 가중은 동일한 범죄에 대하여 거듭 처벌받지 아니한다는 헌법 제13조 제1항 후단의 일사부재리원칙에 위배되지 않느냐의 의문이 생긴다.

확정판결 후에 누범사실이 발각되어 새로운 사정에 기하여 단지 가중형만 추가하는 것은 반드시 일사부재리원칙에 저촉된다고 단정할 수 없다(2006도1427 판결)고 하더라도 적어도 동일한 행위에 대하여 이중심리의 위험은 있으므로 인권보장과 확정판결을 존중한다는 취지(법적 안정성)에서 이 규정은 입법론적으로 재고의 여지가 있다. 다만 후범에 대해서 선고한 형의 집행을 종료하거나 그 집행이 면제된 이후에 누범임이 발각된 때에는 형을 가중하지 않는다(제36조 단서).

[§ 49] 형의 유예제도

Ⅰ. 형의 선고유예

1. 선고유예의 의의

형의 선고유예란 범정(犯情)이 경미한 범죄인에 대하여 일정기간 동안 형의 선고를 유예하고 그 유예기간을 특정한 사고없이 무사히 경과하면 면소된 것으로 간주하는 제도를 말한다(제59조; 제60조). 이 제도는 유죄판결을 받은 피고인에게 형의 선고를 유예하여 처벌을 받았다는 인상을 주지 않고 사회복귀를 용이하게 하려는 특별예방목적에 그 취지가 있다.

선고유예는 선고할 형의 종류와 범위가 정해져 있어야 하고 형 선고만 하지 않는 것이므로 형집행의 변형은 아니며, 특별예방목적을 고려한 고유한 제재라고 본다.

2. 선고유예의 요건

(1) 1년 이하의 징역 · 금고 · 자격정지 또는 벌금의 형을 선고할 경우일 것

사형, 무기형, 1년이 넘는 징역이나 금고와 구류, 과료, 몰수에 대해서는 선고유예가 인정되지 않는다(93오1 판결). 선고유예를 할 수 있는 형이란 주형과 부가형을 포함한 처단형 전부를 의미하므로 주형을 선고유예하는 경우에는 몰수 또는 추징에 대해서도 선고유예할 수 있다($^{89도2291}_{판결 참조}$). 그러나 주형에 대하여 선고유예를 하지 않으면서 부가형에 대해서만 선고를 유예할 수 없다($^{88도551}_{판결}$). 반대로 주형을 선고유예하면서 부가형만 선고할 수 있느냐에 대해서 판례는 처음에는 부정하였다가 긍정설로 변경하였다($^{73도1133 \ 전원합의체 판결,}_{88도2291 판결도 같은 취지}$).

형을 병과하는 경우에는 그 일부 또는 전부에 대해서 선고를 유예할 수 있으므로($^{제59조}_{제2항}$) 징역형과 벌금형을 병과한 때에는 어느 한쪽에 대해서만 선고유예를 할 수 있으며($^{73도649}_{판결}$), 징역형에 대해서는 집행유예를 하고 벌금형에 대해서는 선고유예를 할 수 있다($^{74도1266}_{판결}$). 양벌규정의 경우 종업원에 대한 형은 선고유예하고 법인에 대한 형은 선고유예를 하지 않아도 무방하다($^{95도1893}_{판결}$).

(2) 양형의 조건($^{제51}_{조}$)을 참작하여 뉘우치는 정상이 뚜렷할 것

뉘우치는 정상이 뚜렷하다는 것은 판결선고시를 기준으로 행위자에게 형을 선고하지 않아도 재범의 위험이 거의 없다고 인정되는 경우를 의미한다. 이에 대한 판단의 기초는 형법 제51조에 규정된 양형의 조건이며, 재범위험성의 판단은 법원의 재량사항에 속한다($^{2001도6138}_{전원합의체 판결}$).

> **판례**   형법 제51조의 사항과 개전의 정상이 현저한지 여부에 관한 사항은 형의 양정에 관한 법원의 재량사항에 속한다고 해석되므로, 상고심으로서는 형사소송법 제383조 제4호에 의하여 사형·무기 또는 10년 이상의 징역·금고가 선고된 사건에서 형의 양정의 당부에 관한 상고이유를 심판하는 경우가 아닌 이상, 선고유예에 관하여 형법 제51조의 사항과 개전의 정상이 현저한지 여부에 대한 원심판단의 당부를 심판할 수 없다(2015도14375 판결. 2001도6138 전원합의체 판결도 같은 취지).

피고인이 범행을 부인하는 경우에도 다른 정상을 참작하여 선고유예를 할 수 있느냐에 관해서 판례는 종래의 태도($^{99도3140}_{판결}$)를 변경하여 이를 긍정하고 있다($^{2001도6138}_{전원합의체 판결}$).

(3) 자격정지 이상의 형을 받은 전과가 없을 것

재범의 위험성이 가장 적은 초범자에 대해서 인정할 수 있다는 취지이다.

형의 집행유예를 선고한 판결이 집행유예기간의 경과 등으로 형의 선고가 효력을 잃은 경우에도 선고유예를 할 수 있느냐의 문제가 있다.

이에 관하여 판례는 "자격정지 이상의 형을 받은 전과"라 함은 자격정지 이상의 형을 선고받은 범죄경력 자체를 의미하고 그 형의 효력이 상실되었는지 여부는 묻지 않는 것이므로 형의 집행유예를 선고한 판결이 정해진 유예기간의 경과로 형의 선고가 효력을 상실한 경우에도 "자격정지 이상의 형을 받은 전과"에 해당한다고 하여 선고유예를 할 수 없다(2007도9405 판결)고 하였다(2010도931 판결도 같은 취지, 사후적 경합범에 관한).

그러나 이와 같이 선고유예의 요건을 엄격하게 해석하는 것은 특별예방목적이라는 선고유예제도와 선고유예에 보호관찰을 받을 수 있도록 한 형법의 취지에 부합하지 않는다는 비판도 제기되고 있다.

자격정지 이상의 형을 선고받은 후 "형의 실효 등에 관한 법률"에 의하여 그 형이 실효된 경우(2004도4869 판결)와 사후적 경합범에 대해서는 선고유예를 할 수 없다(2017도10577 판결).

3. 선고유예와 보호관찰

형의 선고를 유예하는 경우에 재범방지를 위하여 지도 및 원호가 필요한 때에는 보호관찰을 받을 것을 명할 수 있다. 보호관찰기간은 1년으로 한다(제59조의2).

보호관찰이란 사회복귀를 위하여 사회내처우가 필요하다고 인정되는 경우, 유죄판결을 선고받은 자를 특정인에게 위탁하여 그 행상을 지도 및 원호하게 하는 보안처분의 일종이다.

4. 선고유예의 효과

선고유예의 판결을 할 것인가의 여부는 법원의 재량에 속한다(제59조). 선고유예도 유죄판결의 일종이므로 선고유예 판결을 하는 경우에는 범죄사실과 선고할 형을 결정해야 한다. 형의 선고유예를 받은 날로부터 2년을 경과한 때에는 면소된 것으로 간주한다(제60조).[1]

---

1) 다만, 어린이집원장 또는 보육교사자격을 취소에 관한 구 영유아보육법 제48조 제1항 제3호 소정의 "아동복지법 제3조 제7호의2에 따른 아동학대관련범죄로 처벌을 받은 경우"에 있어서의

5. 선고유예의 실효

형의 선고유예를 받은 자가 유예기간 중 자격정지 이상의 형에 처한 판결이 확정되거나 자격정지 이상의 형에 처한 전과가 발견된 때에는 유예한 형을 선고한다(제61조). 이 경우 선고유예의 실효는 필요적이다.

한편, 형의 선고유예를 받은 자가 보호관찰 기간 중에 준수사항을 위반하고, 그 정도가 무거운 때에는 유예한 형을 선고할 수 있다(동조). 이 경우 선고유예의 실효는 임의적이다.

II. 형의 집행유예

1. 집행유예의 의의와 법적 성질

(1) 집행유예의 의의

형의 집행유예란 유죄를 인정하여 형을 선고하면서 일정기간 동안 그 형의 집행을 유예하고, 그 집행의 유예가 실효 또는 취소되지 않고 유예기간을 경과한 때에는 형 선고의 효력을 상실시키는 제도를 말한다(제62조).

집행유예제도는 단기자유형에 대한 대용제도로서 단기자유형의 폐해를 방지하고, 나아가 선행유지를 조건으로 그 위반시 소정의 형을 받아야 한다는 심리강제를 담보로 하여 재범을 방지함과 아울러 범죄자의 자발적 갱생의 실현을 촉진하려는 데에 그 의의가 있다.

(2) 집행유예의 법적 성질

집행유예의 법적 성질에 대하여는, ① 형벌과 보안처분의 성질을 함께 가지고 있는 고유한 제재라는 견해(예쉐 등), ② 일반예방적 관점에서는 형집행의 필요가 없고, 특별예방적 관점에서는 형벌완화가 필요한 때에 형집행을 변용하는 제재수단이므로 형벌 및 보안처분과 구별되는 제3의 독립된 제재라는 견해 (김일수·서보학 597, 오영근 548은 단순 집행유예와 보호관찰부 집행유예를 나누어 전자는 변형된 형집행으로, 후자는 제3의 형사제재로 파악한다), ③ 사회내처우를 위한 형집행방법의

'처벌'은 과벌(課罰)에 해당하는 형의 선고가 있음을 당연한 전제로 하는 것이므로 단순히 검사의 약식명령 청구가 있었다거나 선고유예의 확정판결이 있었다는 사정만으로는 이러한 '처벌'에 해당한다고 볼 수 없다(2016두64371 판결).

변형이라는 견해가 있는데, ③설이 통설이다.

연혁적으로 유죄판결만 하고 보호관찰을 하는 영국의 보호관찰(Probation) 제도는 형벌과 보안처분의 성질을 가졌다고 할 수 있으나, 조건부 유죄판결제도를 채택하고 있는 우리나라의 집행유예는 자유형을 선고하고 그 집행만 유예하는 것이므로 사회내처우를 위한 집행방법의 변형으로 보아야 한다.

2. 집행유예의 요건

법원은 다음의 요건이 구비되면 형의 선고와 동시에 그 형의 집행을 유예할 수 있다(제62조 제1항). 유예 여부는 법원의 재량이다.

하나의 형의 일부에 대한 집행유예는 허용되지 않는다(2006도8555 판결).[1] 다만, 형을 병과하는 경우에는 그 형의 일부에 대해서도 집행을 유예할 수 있다(동조 제2항).

(1) 3년 이하의 징역이나 금고 또는 500만원 이하의 벌금의 형을 선고할 경우

"3년 이하의 징역이나 금고 또는 500만원 이하의 벌금의 형"을 선고할 경우에만 집행유예를 할 수 있다(2020오1 판결). 본형에 산입된 미결구금기간(제57조)이 징역 또는 금고의 본형기간을 초과하는 경우(예: 8개월의 미결구금기간을 산입한 후 징역 6월을 선고하는 경우)에도 집행유예를 할 수 있다(2007도9137 판결).[2] 500만원 이하의 벌금형에 대한 집행유예는 2016년 형법개정(2018. 1. 시행)으로 도입되었다.

벌금형은 징역형·금고형보다 가벼운 형이며, 벌금을 납입할 수 없는 경우에 노역장유치를 하면 단기자유형의 폐해가 생길 뿐만 아니라 집행유예가 인정되는 자유형보다 불리한 처벌이 된다는 점을 감안하여 벌금형에 대한 집행유예를 입법화한 것이다.

(2) 정상에 참작할 만한 사유

정상에 참작할 만한 사유가 있어야 한다. 정상에 참작할만한 사유란 형의 선고 그 자체만으로도 위하적 기능을 다하여 이를 집행하지 않아도 장래에 재범의 위험이 없다고 사료되는 경우를 말한다. 그 판단의 기준은 형법 제51조의

---

1) 형의 일부에 대한 집행유예 긍정설도 유력하게 주장되고 있다. 이에 관하여는, 정준섭, "형의 일부에 대한 집행유예", 법학논총 제21집 제1호, 조선대학교 법학연구원, 2014, 383 이하 참조.
2) 나아가 이러한 경우 대법원은 미결구금기간이 징역 또는 금고의 본형기간을 초과하더라도 위법하다고 할 수는 없다고 판시하였다.

양형의 조건이다. 범인의 연령·성행·지능과 환경, 피해자에 대한 관계, 범행의 동기·수단과 결과, 범행 후의 정황 등 모든 사정을 종합하여 판단해야 하며, 판단의 기준시기는 판결선고시이다.

(3) 금고 이상의 형을 선고한 판결이 확정된 때부터 그 집행을 종료하거나 면제된 후 3년까지의 기간에 범한 죄의 형 선고가 아닐 것

금고 이상의 형을 선고한 판결이 확정된 때부터 그 형의 집행이 종료되거나 면제된 후 3년까지의 기간 내에 범한 죄에 대해서는 집행유예를 할 수 없다. 집행유예 결격사유이다. 금고 이상의 판결확정 이전에 범한 죄에 대해서는 집행유예를 할 수 있다.

"금고 이상의 형을 선고한 판결"이란 실형의 선고만을 의미하느냐 형의 집행유예를 선고받은 때도 포함하느냐에 관하여 견해가 대립하고 있다. 즉 집행유예기간 중에 범한 범죄에 대해서도 집행유예를 선고할 수 있느냐의 문제이다.

1) 부정설 집행유예기간 중에 새로이 범한 죄에 대하여 다시 집행유예를 선고할 수 없다는 견해이다. "금고 이상의 형의 선고"는 실형선고뿐만 아니라 형의 집행유예 선고도 포함한다는 것이 그 이유이다. 종래의 판례의 기본입장이다(88도1155 판결).

2) 긍정설 집행유예기간 중에 범한 죄에 대해서 다시 집행유예를 선고할 수 있다는 견해로, "금고 이상의 형의 선고"는 실형만을 의미하고 집행유예는 포함되지 않는다는 것이 그 이유이다. 현재의 통설이라 할 수 있다.

3) 판례의 태도 대법원은 종래까지 부정설의 입장에서 동시에 재판을 받았더라면 한꺼번에 집행유예를 선고받을 가능성이 있는 경우에 한하여 제한적으로 집행유예를 허용하였다(87도2365 전원합의체 판결). 그 후 2005년 형법개정으로 개정 전의 집행유예 결격사유였던 "형을 선고받아" 집행종료나 집행면제된 후로부터 "5년을 경과"하지 아니한 자 모두가 결격요건에 해당하지 않게 되었으므로 형이 확정되기 전의 집행유예기간 중에 범한 범죄도 집행유예선고가 가능하다는 것으로 그 태도를 변경하였다(2006도6196 판결).

<판례>

집행유예의 결격사유를 정하는 형법 제62조 제1항 단서 소정의 요건에 해당하는 경우란, 이미 집행유예가 실효 또는 취소된 경우와 그 선고 시점에 미처 유예기간이 경과하지 아니하여 형선고의 효력이 실효되지 아니한 채로 남아 있는 경우로 국한되고, 집행유예가 실효 또는 취소됨이 없이 유예기간을 경과한 때에는 형의 선고가 이미 그 효력을 잃게 되어 "금고 이상의 형을 선고"한 경우에 해당한다고 보기 어려울 뿐 아니라 집행의 가능성이 더 이상 존재하지 아니하여 집행종료나 집행면제의 개념도 상정하기 어려우므로 위 단서 소정의 요건에 해당하지 않는다고 할 것이므로, 집행유예 기간 중에 범한 범죄라고 할지라도 집행유예가 실효됨이 없이 그 유예기간이 경과한 경우에는 이에 대해 다시 집행유예의 선고가 가능하다(2006도6196 판결).

4) 결 어 ① 집행유예가 실효 또는 취소됨이 없이 유예기간이 경과하면 형선고의 효력이 상실되어 형선고가 없었던 상태로 돌아가고, ② 집행유예의 결격사유를 규정한 제62조 제1항 단서의 "그 집행을 종료하거나 면제된 후"라는 요건은 실형선고를 전제로 한 표현이며, ③ 집행유예의 실효사유를 규정한 제63조도 고의로 범한 죄로 금고 이상의 "실형"의 선고를 요구하고 있다는 점 등을 종합하여 보면 "금고 이상의 형의 선고"에는 집행유예가 포함되지 않는다고 해석된다. 따라서 집행유예기간 중의 범죄행위에 대해서도 다시 집행유예판결을 선고할 수 있다는 통설이 타당하다.

(4) 집행유예기간은 1년 이상 5년 이하이다

보통 판결주문에 1년 이상 5년 이하의 범위 내에서 선고된 형의 기간보다 장기간으로 선고되며, 법원의 재량으로 결정한다. 집행유예 기간의 시기(始期)는 집행유예를 선고한 판결 확정일이다(2018도13382 판결).

3. 집행유예와 보호관찰·사회봉사명령·수강명령

형의 집행을 유예하는 경우에는 보호관찰을 받을 것을 명하거나 사회봉사 또는 수강을 명할 수 있다(제62조의2 제1항). 집행유예제도 그 본래의 목적인 사회복귀의 실효를 거두기 위하여 1995년 개정형법에서 신설한 조건부 부담처분이다.

(1) 보호관찰

사회복귀를 위하여 사회내처우가 필요하다고 인정되는 경우, 유죄판결을 선고받은 자를 특정인에게 위탁하여 그 행상을 지도 및 원호하게 하는 일종의 보안처분이다. 보호관찰 기간은 집행을 유예한 기간으로 한다. 다만 법원은 유예기간의 범위 내에서 보호관찰 기간을 정할 수 있다(^{제62조의2} ^{제2항}).

(2) 사회봉사명령

1) 사회봉사명령의 의의　사회봉사명령이란 유죄판결을 받은 범죄인에 대하여 자유형 집행에 대신하여 사회에 유용한 근로활동을 제공하도록 의무지우는 제재를 말한다. 범죄자에게 낙인을 찍지 않고 사회에 속죄한다는 심리적 보상감을 주며, 근로정신의 함양과 여가선용의 기회가 되어 교화·개선에 효과적이라는 장점을 가진 것으로 여겨진다.

2) 사회봉사명령의 기간　사회봉사명령은 집행유예기간 내에 이를 집행한다(^{제62조의2} ^{제3항}). 500시간의 범위 내에서 시간단위로 부과할 수 있는 일 또는 근로활동의 기간을 정한다(^{보호관찰법 제59조 제1항,} ^{2007도8116 판결}). 일정한 금원의 출연이나 자신의 범행에 관련된 어떤 말이나 글을 공개적으로 발표하라는 사회봉사명령은 할 수 없다(^{2007도8373} ^{판결}).

> **판례**　법원이 형법 제62조의2의 규정에 의한 사회봉사명령으로 피고인에게 일정한 금원을 출연하거나 이와 동일시 할 수 있는 행위를 명하는 것은 허용될 수 없다고 본다. 법원이 피고인에게 유죄로 인정된 범죄행위를 뉘우치거나 그 범죄행위를 공개하는 취지의 말이나 글을 발표하도록 하는 내용의 사회봉사를 명하고 이를 위반할 경우 형법 제64조 제2항에 의하여 집행유예의 선고를 취소할 수 있도록 함으로써 그 이행을 강제하는 것은, 헌법이 보호하는 피고인의 양심의 자유, 명예 및 인격에 대한 심각하고 중대한 침해에 해당하므로, 이는 허용될 수 없다(2007도8373 판결. 2001헌바43 결정 참조).

우리나라에서 실시하고 있는 사회봉사활동은 자연보호활동, 공공시설에서 근로봉사(공원·동물원·식물원 등), 교통정리, 공공의료·공공도서관·양로원·고아원·장애복지시설 등 요양시설이나 고궁 등에서의 봉사활동 등이다.

(3) 수강명령

1) 수강명령의 의의　　수강명령이란 유죄판결을 받는 범죄인이 자유형 집행에 대신하여 지정된 사회교육·교화시설에서 일정시간 이상의 교육 또는 학습을 받도록 명하는 것을 말한다.

경미한 범죄자에 대하여 교정시설에 수용하지 않고 정상적인 사회생활을 영위하도록 하면서 일과 후나 주말에 수강센터에서 교화프로그램을 수강하게 함으로써 심성을 개발하고 올바른 가치관을 심어주며, 성행을 교정하여 사회에 정상적으로 복귀할 수 있도록 촉진하는 데에 주된 목적이 있다.

2) 수강명령의 기간　　수강명령도 사회봉사명령과 같이 집행유예기간 내에 이를 집행한다(제62조의2 제3항). 200시간의 범위 내에서 기간을 정한다(보호관찰법 제59조 제1항).

4. 집행유예의 효과

집행유예의 선고를 받은 후 그 선고가 실효 또는 취소됨이 없이 유예기간을 경과한 때에는 형의 선고는 효력을 잃는다(제65조). 따라서 선고된 형의 집행을 하지 아니할 뿐만 아니라 처음부터 형의 선고가 없었던 상태로 돌아간다.

이와 관련하여, 대법원은 형의 선고가 효력을 잃는다는 것은 "형의 선고의 법률적 효과"가 없어진다는 것을 의미할 뿐이며, 형의 선고가 있었다는 기왕의 사실 자체까지 없어지는 것은 아니라고 판시(2007도9405 판결)하여 형의 선고에 의하여 이미 발생한 법률효과에는 영향을 미치지 않는다고 하고, 다른 한편으로 집행유예 결격사유(2006도6196 판결) 및 누범가중사유(2016도5032 판결)와 관련해서는 전과에 대해서 형선고의 법률적 효력 모두(즉, 전과사실도) 소멸한다고 판시하여 그 일관성을 잃고 있다는 문제점이 제기된다.[1]

---

1) 이러한 문제점을 해소하기 위한 방법으로 형선고의 법률적 효력 중 형집행을 전제로 한 형선고의 효력은 소멸(형선고 없는 상태)되지만, 형집행을 전제로 하지 않고 과거의 전과사실과 같이 형선고를 받았다는 사실자체에 대한 효력은 소멸하지 않는다는 견해도 주장된다. 정준섭, 집행유예기간경과의 효과로서의 "형의 선고는 효력을 잃는다"의 의미, 비교형사법연구 제9권 제1호, 2007, 158 이하 참조.

> **판례** 형법 제65조는 "집행유예의 선고를 받은 후 그 선고의 실효 또는 취소 됨이 없이 유예기간을 경과한 때에는 형의 선고는 효력을 잃는다."라고 규정하고 있다. 여기서 '형의 선고가 효력을 잃는다'는 의미는 앞서 본 형의 실효와 마찬가 지로 형의 선고에 의한 법적 효과가 장래를 향하여 소멸한다는 취지이다. 따라서 형법 제65조에 따라 형의 선고가 효력을 잃는 경우에도 그 전과는 폭처법 제2조 제3항에서 말하는 '징역형을 받은 경우'라고 할 수 없다(2016도5032 판결).

5. 집행유예의 실효와 취소

(1) 집행유예의 실효

집행유예의 선고를 받은 자가 "유예기간 중" "고의로 범한 죄"로 금고 이상 의 "실형"을 선고받아 그 판결이 확정된 때에는 집행유예의 선고는 그 효력을 잃는다(제63조). 새로이 재판받는 범죄가 과실범이거나 집행유예만 선고된 경우에는 기존의 집행유예가 실효되지 않는다. 집행유예선고의 효력이 상실되면 선고된 형을 집행한다.

(2) 집행유예의 취소

1) **필요적 취소** 집행유예의 선고를 받은 후 "금고 이상의 형을 선고한 판결이 확정된 때부터 그 집행을 종료하거나 면제된 후 3년까지의 기간에 범한 죄"라는 것이 발각된 때에는 집행유예의 선고를 취소한다(제64조). 이 취소사유를 집행유예 결격사유라 하고, 이 경우의 취소는 필요적이다. 금고 이상의 형을 선 고한 판결은 집행유예의 선고도 포함한다(96모118 결정).[1]

"집행유예의 선고를 받은 후"란 집행유예를 선고한 판결이 확정된 후를 의 미한다. 이러한 사실은 집행유예의 선고를 받은 후에 발각되어야 하므로 그 판

---

1) 다만, 대법원은 "경합범관계에 있는 수죄가 전후로 기소되어 각각 별개의 절차에서 재판을 받게 된 결과 어느 하나의 사건에서 먼저 집행유예가 선고되어 그 형이 확정된 후 그 유예기간 중 여 죄에 대한 다른 사건의 판결에서 집행유예가 선고되는 경우, 먼저 선고된 집행유예의 선고가 효 력을 잃게 된다고 한다면 위 수죄가 같은 절차에서 동시에 재판을 받아 한꺼번에 집행유예를 선 고받을 수 있었던 경우와 비교하여 볼 때 현저히 균형을 잃게 되어 불합리한 결과가 되므로, 집 행유예기간 중 여죄에 대하여 금고 이상의 실형이 선고된 것이 아니고 금고 이상의 형의 집행유 예가 선고된 경우는 예외적으로 위 규정의 '금고 이상의 형의 선고'를 받은 것에 포함되지 아니 한다"고 판시(96모118 결정)하였다.

결확정전에 발각된 때에는 집행유예를 취소할 수 없다(2001모135 결정. 98모151 결정은 유예기간 경과후 확정판결이 발각된 때에도 집행유예를 취소할 수 없다고 판시).

> **판례** ① 집행유예를 선고받은 후 금고 이상의 형을 선고받아 집행을 종료한 후 또는 집행이 면제된 후로부터 5년을 경과하지 아니한 자인 것이 발각된 때라 함은 집행유예 선고의 판결이 확정된 후에 비로소 위와 같은 사유가 발각된 경우를 말하고 그 판결확정 전에 결격사유가 발각된 경우에는 이를 취소할 수 없으며, 이때 판결확정 전에 발각되었다고 함은 검사가 명확하게 그 결격사유를 안 경우만을 말하는 것이 아니라 당연히 그 결격사유를 알 수 있는 객관적 상황이 존재함에도 부주의로 알지 못한 경우도 포함된다(2001모135 결정).
> ② 집행유예의 선고를 받은 후 그 선고의 실효 또는 취소됨이 없이 유예기간을 경과한 때에는 형법 제65조가 정하는 바에 따라 형의 선고는 효력을 잃는 것이고, 그와 같이 유예기간이 경과함으로써 형의 선고가 효력을 잃은 후에는 형법 제62조 단행의 사유가 발각되었다고 하더라도 그와 같은 이유로 집행유예를 취소할 수 없고 그대로 유예기간경과의 효과가 발생한다(98모151 결정).

2) 임의적 취소   형집행을 유예하는 경우 보호관찰이나 사회봉사 또는 수강명령을 받은 자가 준수사항이나 명령을 위반하고 그 정도가 무거운 때에는 법원의 재량으로 집행유예의 선고를 취소할 수 있다. 이 경우의 취소는 임의적이다. 집행유예가 취소되면 유예되었던 형을 집행한다.

[§ 50] 형의 집행

I. 형의 집행일반

형의 집행이란 특정 범죄자에 대하여 선고된 형의 내용을 구체적으로 실현하는 것을 말한다. 형법은 제66조 이하에 형의 집행에 관한 기본적인 방법만을 규정하고 있을 뿐이고, 형의 집행절차 기타 이에 따른 상세한 내용은 형사소송법(제459조 이하)과 형집행법에 위임하고 있다.

1. 사형의 집행

사형의 집행방법은 교수(絞首)이고($^{제66}_{조}$), 집행장소는 교정시설의 사형장이다($^{형집행법}_{제91조 제1항}$).

사형의 집행시기는 법무부장관의 집행명령일로부터 5일 이내이며($^{형사소송법}_{제466조}$), 사형집행명령은 판결확정 후 6월 이내에 해야 한다($^{형사소송법}_{제465조}$). 다만 소년범의 경우에는 죄를 범할 당시 18세 미만인 소년에 대하여 사형 또는 무기형으로 처할 경우에는 15년의 유기징역으로 한다($^{소년법}_{제59조}$).

사형의 선고를 받은 자는 그 집행시까지 교정시설에 수용되고($^{형집행법}_{제2조 제4호}$), 공휴일과 토요일에는 사형을 집행하지 않으며($^{형집행법}_{제91조 제2항}$), 심신상실자와 임부에 대하여는 법무부장관의 명령으로 사형의 집행을 정지하고 장애의 회복 또는 출산 후에 법무부장관의 명령에 의하여 집행한다($^{형사소송법}_{제469조}$).

2. 자유형의 집행

징역·금고·구류는 모두 교정시설에 수용하여 집행한다. 다만 징역은 정해진 노역에 복무하게 하고($^{제67}_{조}$), 금고 및 구류는 노역에 복무하지 않는다($^{제68}_{조}$). 그러나 금고형이나 구류형 집행 중인 사람도 신청에 의해 작업을 부과할 수 있다($^{형집행법}_{제67조}$). 교정시설에서 자유형의 집행(벌금·과료에 대한 노역장유치명령을 받은 자 포함)을 받고 있는 자를 수형자라 한다($^{형집행법}_{제2조 제2호}$).

판결선고전의 구금(미결구금)은 본래 형의 집행이 아니고 소송법상 인정된 구금에 불과하다. 그러나 미결구금은 범인의 자유를 박탈한다는 점에서 자유형과 차이가 없으므로 형평의 원칙에 따라 형집행의 일부로 인정되고 있다. 헌법재판소는 제57조 제1항의 미결구금일수 일부산입에 대해 위헌결정을 내린 바 있다($^{2007헌바25}_{결정}$).

3. 명예형의 집행

자격상실 또는 자격정지의 선고를 받은 자에 대하여는 이를 수형자원부에 기재하고 지체없이 그 등본을 형의 선고를 받은 자의 등록기준지와 주거지의 시·구·읍·면장에게 송부해야 한다($^{형사소송법}_{제476조}$).

4. 재산형의 집행

벌금과 과료는 판결확정일로부터 30일 이내에 납입해야 한다. 단, 벌금을 선고할 때에는 동시에 그 금액을 완납할 때까지 노역장에 유치할 것을 명할 수 있다(제69조 제1항). 벌금을 납입하지 아니한 자는 1일 이상 3년 이하, 과료를 납입하지 아니한 자는 1일 이상 30일 미만의 기간 동안 노역장에 유치하여 작업에 복무하게 한다(동조 제2항).

벌금이나 과료를 선고할 때에는 납입하지 아니하는 경우의 노역장유치기간을 정하여 동시에 선고해야 한다(제70조 제1항). 선고하는 벌금이 1억원 이상 5억원 미만인 경우에는 300일 이상, 5억원 이상 50억원 미만인 경우에는 500일 이상, 50억원 이상인 경우에는 1,000일 이상의 유치기간을 정하여야 한다(동조 제2항). 3년을 초과하는 기간을 벌금을 납입하지 아니하는 경우의 유치기간으로 정할 수 없다(2016도6466 판결).

재산형의 집행방법에 대해서 형사소송법 제477조 내지 제481조에 규정되어 있다.

II. 가 석 방

1. 가석방의 의의와 법적 성질

(1) 가석방의 의의

가석방이란 징역형이나 금고형의 집행 중에 있는 사람이 행상이 양호하여 뉘우침이 뚜렷하다고 인정되는 경우에 형기만료 전에 조건부로 석방하고 그 석방이 실효 또는 취소되지 않고 일정한 기간을 경과한 때에는 형의 집행을 종료한 것으로 간주하는 제도를 말한다(제72조 제76조).

뉘우침이 뚜렷한 사람의 형 집행기간을 단축시켜 줌으로써 형집행에 있어 수형자의 자발적이고 적극적인 노력을 촉진하도록 하여 사회복귀를 용이하게 하며, 개과천선 등 수형자의 개별사정을 전혀 고려하지 않고 일괄적으로 형을 집행하는 정기형제도의 결함을 보완하여 구체적으로 타당성 있는 형집행을 실현하려는 데에 그 존재의의가 있다.

(2) 가석방의 법적 성질

가석방은 범죄자의 사회복귀라는 형사정책 목적에서는 형의 집행유예와 그 취지가 동일하나, 법무부장관의 행정처분으로 수형자를 석방하는 것이므로 그 법적 성질은 형집행작용에 해당한다.

2. 가석방의 요건

가석방은 다음의 요건을 구비한 경우에 가석방심사위원회의 신청에 의하여 법무부장관이 허가한다(제72조, 형집행법 제119조, 제122조).

(1) 징역이나 금고의 집행 중에 있는 사람이 무기는 20년, 유기는 형기의 3분의 1을 경과한 후일 것

가석방은 징역이나 금고의 집행 중에 있는 사람에 대해서 인정한다. 따라서 자유형 이외의 형벌에는 가석방이 인정될 여지가 없다.

벌금을 납입하지 않아서 노역장유치가 된 경우도 가석방을 할 수 있느냐에 대해서 논의가 있을 수 있으나 노역장유치는 대체자유형에 지나지 않는 것이며, 자유형을 선고받은 자에 비하여 가벼운 벌금형을 선고받은 자를 더 불리하게 처우해야 할 이유가 없으므로 이 경우에도 가석방을 허용하는 것이 타당하다.

여기의 무기 또는 유기의 형기는 선고형을 의미하며, 사면 등으로 감형된 때에는 감형된 형을 기준으로 한다. 형기를 계산함에 있어서는 형기에 산입된 미결구금일수는 집행을 경과한 기간에 산입한다.

여러 개의 독립된 자유형이 선고되어 있는 경우에 형기의 3분의 1을 경과하였느냐를 판단함에 있어서는 가석방제도의 형사정책 목적에 비추어 모든 형을 종합하여 집행기간을 판단하는 것이 타당하다.

소년범에 대한 가석방에 대해서는 무기형의 경우는 5년, 15년 유기형의 경우는 3년, 부정기형의 경우는 단기의 3분의 1을 경과하면 가석방할 수 있다(소년법 제65조).

(2) 행상(行狀)이 양호하여 뉘우침이 뚜렷할 것

수형자에 대하여 나머지 형을 집행하지 아니하여도 재범의 위험이 없다는 예측이 가능한 정도의 참작할 정상이 있어야 한다.

(3) 벌금이나 과료가 병과되어 있는 때에는 그 금액을 완납할 것

다만, 벌금이나 과료에 관한 노역장유치기간에 산입된 판결선고전 구금일수는 그에 해당하는 금액이 납입된 것으로 간주한다.

3. 가석방기간과 보호관찰

가석방의 기간은 무기형에 있어서는 10년, 유기형에 있어서는 남은 형기로 하되 그 기간은 10년을 초과할 수 없다(제73조의2 제1항).

가석방된 자는 가석방 기간 중 보호관찰을 받는다(동조 제2항 본문). 가석방자의 재범방지와 사회복귀를 위해서 1995년 개정형법에서 신설한 사회내처우이다.

4. 가석방의 효과

가석방의 처분을 받은 후 그 처분이 실효 또는 취소되지 아니하고 가석방 기간을 경과한 때에는 형의 집행을 종료한 것으로 본다(제76조 제1항).

가석방 기간 중에는 아직 형의 집행이 종료된 것이 아니므로 가석방 기간 중에 다시 죄를 범하여도 누범에 해당하지 않는다(76도2071 판결). 형의 집행을 종료한 것으로 보는 데에 그치며(75도3434 판결) 집행유예와 같이 형 선고의 효력이 없어지는 것은 아니다.

5. 가석방의 실효와 취소

1) 가석방의 실효   가석방 기간 중 고의로 지은 죄로 금고 이상의 형 선고를 받아 그 판결이 확정된 경우에 가석방 처분은 그 효력을 잃는다(제74조).

2) 가석방의 취소   가석방 처분을 받은 자가 감시에 관한 규칙을 위배하거나, 보호관찰의 준수사항을 위반하고 그 정도가 무거운 때에는 가석방처분을 취소할 수 있다(제75조). 이 때의 가석방 취소여부는 법무부장관의 재량에 속한다.

3) 실효 및 취소의 효과   가석방이 실효되거나 취소되었을 때에는 가석방

중의 일수(日數)는 형기에 산입하지 아니한다(제76조제2항). 따라서 가석방이 실효 또는 취소되면 가석방 당시의 잔여형기(무기인 때는 무기)의 형을 집행한다.

[§ 51] 형의 시효·소멸·기간

I. 형의 시효

1. 형의 시효의 의의

형의 시효란 형의 선고를 받은 자가 재판이 확정된 후 그 형의 집행을 받지 않고 일정한 기간이 경과한 때에 형의 집행이 면제되는 것을 말한다. 현행법상 형사시효는 형법상의 형의 시효와 형사소송법상의 공소시효의 두 종류가 있다.

형의 시효는 일정한 기간이 경과하면 이미 확정된 형벌의 집행권을 소멸시키는 제도임에 반해, 공소시효는 일정한 기간이 경과하면 미확정 상태의 형벌권(즉, 공소권)을 소멸시키는 제도라는 점에 차이가 있다.

형의 시효를 인정하는 근거는, ① 오랜 시일의 경과로 인하여 범인의 반성과 뉘우침을 추측할 수 있고, 범죄의 입증도 곤란하며, 범인이 장기에 걸친 도피로 인하여 형벌에 대체할 만한 충분한 가책을 받았고, ② 시일의 경과로 인하여 형의 선고와 그 집행에 대한 사회적 의식이 감소되고, 일정한 기간 동안 계속된 평온한 상태를 존중·유지시킨다는 데에 있다.

2. 시효의 기간

형의 시효는 형을 선고하는 재판이 확정된 후 그 집행을 받지 아니하고, ① 사형은 30년, ② 무기의 징역 또는 금고는 20년, ③ 10년 이상의 징역 또는 금고는 15년, ④ 3년 이상의 징역이나 금고 또는 10년 이상의 자격정지는 10년, ⑤ 3년 미만의 징역이나 금고 또는 5년 이상의 자격정지는 7년, ⑥ 5년 미만의 자격정지, 벌금, 몰수 또는 추징은 5년, ⑦ 구류 또는 과료는 1년의 기간이 지나면 완성된다(제78조).

3. 시효의 효과

형을 선고받은 사람에 대해서는 시효가 완성되면 형의 집행이 면제된다(제77조). 그러나 형 선고 자체는 실효되지 않는다.

4. 시효의 정지 · 중단

1) 시효의 정지　　시효는 형의 집행의 유예나 정지 또는 가석방 기타 집행할 수 없는 기간은 진행되지 아니하며(제79조 제1항), 형이 확정된 후 그 형의 집행을 받지 아니한 자가 형의 집행을 면할 목적으로 국외에 있는 기간 동안에도 진행되지 아니한다(동조 제2항). 시효정지의 특색은 정지사유가 소멸한 때로부터 잔여 시효기간이 진행하는 데에 있다(형사소송법 제253조 참조).

기타 집행할 수 없는 기간이라 함은 천재지변 그 밖의 사변으로 인하여 형을 집행할 수 없는 기간을 말하고, 형의 선고를 받은 자의 도주 또는 소재불명의 기간은 이에 포함하지 않는다(김성돈 865). 이 경우를 포함시킨다면 시효제도는 사실상 무의미하기 때문이다.

2) 시효의 중단　　시효는 사형 · 징역 · 금고와 구류에 있어서는 수형자를 체포함으로써, 벌금 · 과료 · 몰수와 추징에 있어서는 강제처분을 개시함으로써 중단된다(제80조).

시효중단의 특색은 이미 경과한 시효기간의 효과가 모두 상실되는 데 있다. 따라서 한 번 시효가 중단된 때에는 새로이 시효의 전 기간이 경과되어야만 시효가 완성된다.

II. 형의 소멸

1. 형 소멸의 의의

형의 소멸이란 유죄판결의 확정으로 발생한 국가의 형집행권을 소멸시키는 것을 말하며, 검사의 형벌청구권을 소멸시키는 공소권의 소멸과 구별된다.

형의 소멸원인은 형 집행의 종료, 형 집행의 면제, 형의 선고유예와 집행유예 기간의 경과, 가석방 기간의 만료, 시효의 완성, 범인의 사망 등이 있다.

형집행권의 소멸 이외의 형 소멸 사유는 사면·형의 실효·복권 등이 있다.

2. 범인의 사망

형벌의 일신전속성에 비추어 범인이 사망한 때에는 그에 대한 형의 집행권은 소멸한다. 다만, 몰수는 보안 및 경제적 가치의 부당한 귀속을 저지시키는 데에 그 목적이 있으며, 또 조세·전매 기타 공과에 관한 법령에 의한 벌금 또는 추징은 이를 징수하는 데에 주목적이 있으므로 재판을 받은 자가 재판확정 후 사망한 경우에도 그 상속재산에 대하여 집행할 수 있다(형사소송법 제478조).

법인에 대한 벌금·과료·몰수·추징은 판결확정 후에 그 법인이 합병에 의하여 소멸한 때에도 합병 후 존속하는 법인 또는 합병에 의하여 설립된 법인에 대하여 이를 집행할 수 있다(형사소송법 제479조).

3. 사　면

사면이란 국가원수의 특권에 의하여 형사소추와 확정판결에 의한 처벌을 소멸시키는 제도이다. 대통령은 사면법이 정하는 바에 의하여 사면·감형·복권을 명할 수 있다(헌법 제79조 제1항).

사면에는 일반사면과 특별사면이 있다. 일반사면은 죄를 범한 자에 대하여 미리 죄 또는 형의 종류를 정하여 공소권과 형 선고의 효력을 소멸시키는 제도이고(사면법 제3조 제1호, 제8조), 국회의 동의를 얻어야 한다(헌법 제79조 제2항). 특별사면은 확정판결을 받은 특정인에 대하여 형집행을 소멸시키는 제도이다(사면법 제3조 제2호, 제9조).

일반사면의 효력은 형 선고의 효력이 상실되며, 형 선고를 받지 않은 자에 대하여는 공소권이 상실된다(사면법 제5조 제1항 제1호). 특별사면은 원칙적으로 형 집행이 면제된다. 다만 특별한 사정이 있는 때에는 장래에 향하여 형 선고의 효력을 상실하게 할 수 있다(사면법 제5조 제1항 제2호).

4. 형의 실효와 복권

형벌권은 형 집행의 종료, 형 집행의 면제, 기타 일정한 원인으로 소멸되어도 형 선고의 법률상 효과, 즉 전과사실은 그대로 남게 된다.

이러한 전과사실로 인하여 공무원이 되는 자격($\frac{국가공무원법}{제33조 참조}$), 일정한 직업(예컨대 의사·변호사·교원 등)에 종사하는 자격, 기타 필요한 자격에 제한을 받게 되어 불리한 입장에 놓이게 되므로 전과사실을 말소시켜 전과자의 자격을 회복시키고, 그로 하여금 사회복귀를 용이하게 하도록 하는 것이 형사정책상 요청된다. 이를 위하여 형법과 "형의 실효 등에 관한 법률"은 형의 실효 및 복권에 관한 규정을 두고 있다.

(1) 형의 실효

1) **재판상의 실효**   징역 또는 금고의 집행을 종료하거나 집행이 면제된 자가 피해자의 손해를 보상하고 자격정지 이상의 형을 받음이 없이 7년을 경과한 때에는 본인 또는 검사의 신청에 의하여 그 재판의 실효를 선고할 수 있다($\frac{제81}{조}$).

2) **당연실효**   수형인이 자격정지 이상의 형을 받지 아니하고 형의 집행을 종료하거나 그 집행이 면제된 날로부터 다음의 기간이 경과된 때에는 그 형은 실효된다($\frac{"형의 실효 등에 관한}{법률" 제7조}$).

① 3년을 초과하는 징역 또는 금고는 10년, ② 3년 이하의 징역 또는 금고는 5년, ③ 벌금은 2년, ④ 구류와 과료는 형 집행을 종료하거나 그 집행이 면제된 때에 그 형이 실효된다.

3) **효 력**   형이 실효되면 형 선고에 의한 법적 효과는 장래에 향하여 소멸된다. 그러나 형 선고가 있었다는 기왕의 사실 그 자체까지 없어지는 것은 아니다 ($\frac{2007누9405}{판결}$).

(2) 복 권

자격정지의 선고를 받은 자가 피해자의 손해를 보상하고 자격정지 이상의 형을 받음이 없이 정지기간의 2분의 1을 경과한 때에는 본인 또는 검사의 신청에 의하여 자격의 회복을 선고할 수 있다($\frac{제82}{조}$).

복권은 자격정지의 선고를 받은 자가 자격정지 기간이 만료되지 않았더라도 일정한 조건하에 자격을 회복시켜 사회복귀의 장애를 제거시키려는 데에 그 취지가 있다. 복권이 되더라도 형 선고의 효력은 소멸되지 아니하므로 그 전과사실은 누범가중사유에 해당한다($\frac{81도543}{판결}$). 집행유예와 벌금($\frac{96모33}{결정}$)·추징($\frac{96모14}{결정}$)을 선고받은 경우는 징역형이 복권되더라도 벌금·추징의 형선고 효력은 상실되지 않는다.

Ⅲ. 형의 기간

1. 기간의 계산

연 또는 월로 정한 기간은 연 또는 월 단위로 계산한다($^{제83}_{조}$). 일 · 시 · 분을 정산하지 않고 역에 따라 연 · 월을 단위로 계산하는 것을 역수(曆數)계산방법이라 한다. 예컨대 징역 6월의 기간을 4월 5일부터 기산하면 10월 4일에 만료한다.

2. 형기의 기산

형기는 판결이 확정된 날로부터 기산(起算)한다($^{제84조}_{제1항}$). 형기라 함은 자유형의 기간을 말하며, 판결의 확정이란 판결의 효력이 변경될 수 없는 상태에 이른 것을 말한다. 징역 · 금고 · 구류와 노역장유치에 있어서는 실제로 구속되지 아니한 일수는 형기에 산입하지 않는다($^{제84조}_{제2항}$).

형의 집행과 시효기간의 첫날(初日)은 시간을 계산함이 없이 1일로 산정하며($^{제85}_{조}$), 석방은 형기종료일에 해야 한다($^{제86}_{조}$).

제 2 절   보안처분론

[§ 52] 보안처분일반론

Ⅰ. 보안처분의 의의와 성질

1. 보안처분의 의의

보안처분이란 형벌로서는 행위자의 사회복귀와 범죄예방이 곤란하거나 행위자의 범죄적 위험성 때문에 형벌의 목적을 달성할 수 없는 경우에 행위자를 개선·치료하고 그 위험으로부터 사회를 방위하기 위하여 형벌을 대체하거나 보충하기 위한 국가의 예방적 제재를 말한다.

보안처분은 행위자의 범죄적 위험성에 기초하여 부과되는 장래적 범죄에 대한 예방적 성질을 가진 제재라는 점에서 행위책임을 기초로 책임의 범위 내에서 부과되는 과거의 행위에 대한 제재인 형벌과 구별된다.

2. 형벌과 보안처분의 관계

종래까지 고전학파는 범죄에 대한 응보로서 책임에 상응해서 부과하는 형벌과 범죄예방을 목적으로 범죄적 위험성을 대상으로 부과하는 보안처분은 본질적인 차이가 있다는 이원론을 주장하는 반면, 근대학파는 형벌과 보안처분 모두 범인을 개선·교정하고 사회방위를 위해서 범죄를 예방하려고 한다는 점에서 본질적으로 동일하다는 일원론을 주장하여 왔다.

그러나 두 학파의 논쟁은 학설사적으로 의미가 있을 뿐이고, 보안처분의 필요성을 인정한다는 점에서는 차이가 없다. 형벌은 책임을 기초로 과거의 범행에 대한 법적 비난을 대상으로 하는 제재이므로 범죄적 위험성을 기초로 장래의 범행에 대한 순수예방적 성격을 가진 보안처분과 구별해야 한다. 양자의 성격이 다르다고 하면 이원주의가 타당할 수밖에 없다. 판례도 전자장치부착법에 따른 성폭력범죄자에 대한 전자감시제도(전자발찌)는 보안처분의 일종으로서 형벌과 그 성질을 달리하는 형사제재라고 판시하였다(2011도5813 등 판결, 2011헌마28 등 결정).

> **판례** ① '특정 범죄자에 대한 위치추적 전자장치 부착 등에 관한 법률'에 의한 성폭력범죄자에 대한 전자감시제도는, 성폭력범죄자의 재범방지와 성행교정을 통한 재사회화를 위하여 그의 행적을 추적하여 위치를 확인할 수 있는 전자장치를 신체에 부착하게 하는 부가적인 조치를 취함으로써 성폭력범죄로부터 국민을 보호함을 목적으로 하는 일종의 보안처분이다. 이러한 전자감시제도의 목적과 성격, 그 운영에 관한 위 법률의 규정 내용 및 취지 등을 종합해 보면, 전자감시제도는 범죄행위를 한 자에 대한 응보를 주된 목적으로 그 책임을 추궁하는 사후적 처분인 형벌과 구별되어 그 본질을 달리한다. 따라서 성폭력범죄를 다시 범할 위험성이 있는 사람에 대한 전자장치 부착명령의 청구 요건의 하나로 위 법률 제5조 제1항 제4호에서 규정한 '16세 미만의 사람에 대하여 성폭력범죄를 저지른 때'란 피부착명령청구자가 저지른 성폭력범죄의 피해자가 16세 미만의 사람인 것을 말하고, 더 나아가 피부착명령청구자가 자신이 저지른 성폭력범죄의 피해자가 16세 미만이라는 점까지 인식하여야 하는 것은 아니라고 할 것이다(2011도5813 등 판결).
> ② 형사제재에 관한 종래의 일반론에 따르면, 형벌은 본질적으로 행위자가 저지른 과거의 불법에 대한 책임을 전제로 부과되는 제재를 뜻함에 반하여, 보안처분은 행위자의 장래 위험성에 근거하여 범죄자의 개선을 통해 범죄를 예방하고 장래의 위험을 방지하여 사회를 보호하기 위해서 형벌에 대신하여 또는 형벌을 보충하여 부과되는 자유의 박탈과 제한 등의 처분을 뜻하는 것으로서 양자는 그 근거와 목적을 달리하는 형사제재이다. 즉, 형벌은 책임의 한계 안에서 과거 불법에 대한 응보를 주된 목적으로 하는 제재이고, 보안처분은 장래 재범 위험성을 전제로 범죄를 예방하기 위한 제재이다. … 디엔에이신원확인정보를 취득하기 위하여 대상자로부터 디엔에이감식시료를 채취하는 행위는 대상자의 동의 또는 영장에 의하여 이루어지고, … 채취 행위에 필연적으로 뒤따르는 채취된 시료의 감식을 통한 디엔에이신원확인정보의 수집·수록·검색·회보라는 일련의 행위는 형의 선고 이외에 부과되는 것으로 … 수형인 등에게 심리적 압박에서 나오는 위하효과로 인한 범죄의 예방효과를 가진다는 점에서 행위자의 장래 위험성에 근거하여 범죄자의 개선을 통해 범죄를 예방하고 장래의 위험을 방지하여 사회를 보호하기 위해서 부과되는 보안처분으로서의 성격을 지닌다고 볼 수 있다(2011헌마28 등 결정).

3. 보안처분의 전제조건

보안처분은 형벌 못지 않게 개인의 자유를 박탈·제한하는 것이므로 이것이 형사제재로서 정당화되기 위해서는 "보안처분법정주의"를 채택함과 아울러 다음의 몇 가지 전제조건을 갖추어야 한다.

(1) 비례성의 원칙

비례성의 원칙은 국가의 공익목적 달성을 위한 공권력 행사를 제한하는 헌법상의 원리이다(헌법 제37조 제2항의 기본권 제한은 "필요한 경우에 한하여"). 과잉금지원칙이라고도 한다. 보안처분은 범죄를 범할 위험성을 전제로 부과하는 제재이므로 형벌처럼 책임원칙에 상응하는 객관적인 기준이 없다. 따라서 보안처분은 행위자가 과거에 범하였거나 장래 예상되는 범죄와 범죄적 위험성의 정도가 균형이 유지되는 한도에서 부과되어야 하고, 예방목적에 적합하고 필요한 수단을 사용할 경우에만 정당성을 인정할 수 있다. 즉 보안처분도 이러한 비례성의 원칙에 부합해야 한다.

(2) 재범의 위험성 존재

보안처분은 범죄적 위험성이 있는 자로부터 사회방위를 하고 예방목적을 달성하기 위한 수단이므로 재범의 위험성이 있는 때에만 부과할 수 있다. 재범의 위험성은 단순한 가능성만으로 인정할 수 없으며, 행위에서 비롯되는 결과적 위험성뿐만 아니라 행위자의 인격에서 도출되는 위험성과 개인적 사정을 종합적으로 고려한 개연성 있는 정도의 위험성이라야 한다. 개연성 정도의 위험성이 없는 경우에는 "의심스러운 때에는 피고인의 이익으로(in dubio pro reo) 원칙"을 적용해야 한다.

(3) 행위의 법적 요건

범죄적 위험성이 있는 자라도 아직 범죄행위(소위 단서범죄)로도 나아가지 않은 잠재적 범죄인에 대하여는 보안처분을 부과할 수 없다. 적어도 잠재적 범죄인의 구성요건에 해당하는 위험성이 있는 행위가 있는 경우에 한하여 보안처분을 부과해야 한다.

4. 병과주의와 대체주의

책임무능력자에 대해서는 보안처분만 부과할 수 있지만, 한정책임능력자에 대해서는 형벌과 보안처분을 함께 부과할 수 있다. 형벌과 보안처분을 함께 부과할 경우 형벌에 대체하여 보안처분을 집행할 수 있느냐, 또는 형벌과 보안처분을 순차적으로 모두 집행해야 하느냐에 대해서 전자를 채택하는 대체주의와 후자를 채택하는 병과주의가 있다.

병과주의는 형벌을 보안처분보다 먼저 집행하는 것이 일반적이고, 보안처분은 형벌을 보충한다고 보고 있다. 독일의 보안감호와 우리나라 구 사회보호법상의 보호감호가 병과주의를 채택하고 있다.

대체주의는 형벌보다 보안처분을 먼저 집행하고, 보안처분 집행기간은 형기에 산입하며, 보안처분 집행후에 형벌집행을 유예할 수 있다. 우리나라 치료감호법 제18조와 독일 형법 제67조(보안감호 제외)가 대체주의를 채택하고 있다.

보안처분은 그 종류에 따라 보안처분 부과 목적 · 효과 · 대상이 다르므로 집행방법에도 차이가 생길 수밖에 없다. 치료감호의 경우에는 대체주의가 합리적인 집행방법이고, 형벌집행 후에도 재범의 위험성을 고려해야 하는 보호감호는 병과주의가 타당한 것으로 보인다.

II. 보안처분의 종류

1. 대인적 보안처분

(1) 자유박탈을 수반하는 보안처분

1) **치료감호처분**　　정신병자, 신경쇠약자, 히스테리 환자, 청각 및 언어 장애인과 같은 책임무능력자 내지 한정책임능력자 등 심신장애로 인하여 범행을 한 자에 대하여 불기소 · 무죄선고 또는 형의 집행 전에 치료 · 감호를 위하여 일정기간 동안 수용하는 처분이다. 우리나라 치료감호법 제2조 제1항 제1호, 독일 형법 제63조, 스위스 형법 제57조 등이 있다.

2) **교정소 또는 금단시설수용처분**　　알코올 또는 마약의 중독자에 대하여

그 습벽제거를 위하여 일정기간 교정소 또는 금단시설에 수용하는 처분이다. 독일 형법 제64조, 오스트리아 형법 제22조 등이 있다. 우리나라 치료감호법 제16조는 치료감호시설에서 치료하는 치료감호처분을 규정하고 있다.

3) **노동시설수용처분**　부랑자 · 걸인 등 노동혐기로 인하여 상습적으로 범죄를 행하는 자에 대하여 형을 선고하는 경우에 그 재판과 함께 선고하는 노동개선처분으로, 일정한 작업에 종사하게 함으로써 근면하고 규율있는 습관을 훈치시키는 처분이다. 덴마크 형법 제62조, 그리스 형법 제72조 등이 있다.

4) **보안감호처분**　사상범 · 상습범 · 누범의 위험성이 있는 강력범 등 재범의 위험성이 있는 자에 대하여 자유형 집행종료 후 예방소 또는 보안감호시설에 수용하는 처분을 말하며, 예방구금이라고도 한다. 이 제도를 최초로 인정한 법률은 1908년 영국의 범죄예방법이고, 폐지된 우리나라 구 사회보호법 제5조, 독일 형법 제66조, 오스트리아 형법 제23조 등이 있다.

5) **사회치료처분**　인격장애가 있는 누범자 · 성적 충동범 등 범죄성 정신병질자에 대하여 인격의 장애를 제거하기 위하여 일정기간 동안 각종의 사회치료시설에 수용하는 처분이다. 덴마크 형법 제17조, 네덜란드 형법 제37조 등이 있다.

(2) 자유박탈을 제한하는 보안처분

1) **보호관찰**　범인에 대하여 형벌을 집행하지 아니하고 일상의 사회생활을 영위하게 하면서 보호관찰기관의 지도 · 감독이나 원호를 받도록 함으로써 그 개선과 사회복귀를 도모하는 처분이다.

우리 형법(제59조의2, 제62조의2, 제73조의2)과 보호관찰법(제3조)은 형의 선고유예 · 집행유예 · 가석방을 받거나 임시 퇴원한 자, 보호처분을 받은 소년에 대하여 보호관찰을 받을 수 있도록 규정하고 있고, 치료감호법(제32조)에도 규정이 있다.

2) **선행보증**　형의 집행유예를 선고하거나 가석방을 하는 경우에 상당한 금액 기타 유가증권을 보증금으로 제공하거나 보증인을 세워 보증금의 몰수라는 심리적 압박을 통하여 범죄를 예방하는 제도이다. 형의 집행유예 또는 가석방이 취소된 경우에는 그 제공된 금액 또는 유가증권은 몰수한다. 스위스 형법 제66조가 이를 인정하고 있다.

3) **단종 · 거세**　단종은 사람의 생식능력을 상실시켜 생식을 불가능하게

하는 보안처분이다. 여기서 생식을 불가능하게 하는 것은 성생활을 불가능하게 하는 것이 아니므로 거세와 다르다.

거세는 고환 또는 난소를 제거하는 처분이므로 생식을 불가능하게 할 뿐만 아니라 성생활을 불가능하게 한다. 거세는 독일 나치스에서 단종의 방법으로 채용하였으나 전후에 인도주의 입장에서 인정할 수 없다는 이유로 1946년에 삭제되었다.

단종은 현재 범죄대책이라는 형사정책상의 문제 외에도 국민우생의 입장에서 단종입법을 두고 있는 예가 많다. 덴마크·핀란드·멕시코·일본의 우생보호법 등이 있다.

4) 기타의 보안처분   이 이외에 자유박탈을 수반하는 보안처분으로는 직업금지, 거주제한, 음식점 출입금지, 운전면허박탈, 외국인의 외국추방 등이 있다.

2. 대물적 보안처분

대물적 보안처분의 대표적인 예로 몰수, 영업소폐쇄, 법인의 해산·업무(영업)정지·주식공모(증자)정지, 법인활동 제한 등의 처분이 있다.

[§ 53] 우리나라의 보안처분

1953년 우리 형법 제정 당시에는 보안처분제도의 채택 여부에 관해 논의는 있었으나 미비된 법률체제와 보안처분을 빙자한 인권침해의 가능성 등 당시의 복잡한 사회여건 때문에 당분간 이 제도의 채택을 유보하였다. 1995년 개정 전까지도 형법은 보안처분 채택을 고려하지 않고 단지 몇 개의 특별법에서 이에 관한 규정을 두고 있을 뿐이었다.

1995년의 형법 개정시에 형의 선고유예와 가석방시에 보호관찰을 실시하고, 형의 집행유예 선고시에 보호관찰과 사회봉사 및 수강명령을 할 수 있도록 보안처분을 도입하였다. 현재 보안처분을 규정하고 시행되고 있는 중요한 특별법은 아래와 같다.

Ⅰ. 치료감호법상의 보안처분

1. 치료감호

1) 의 의   치료감호는 심신장애 상태, 마약류나 알코올 그 밖의 약물중독 상태, 정신성적(精神性的) 장애가 있는 상태 등에서 범죄행위를 한 자로서 재범의 위험성이 있고 특수한 교육·개선 및 치료가 필요하다고 인정되는 자에 대하여 적절한 보호와 치료를 함으로써 재범을 방지하고 사회복귀를 촉진하는 것을 목적으로 하는 보안처분이다(동법 제1조). 법원의 판단에 의하여 재범의 위험성이 있다고 인정되는 때 치료감호에 처하므로 임의적 치료감호라 할 수 있다.

2) 요 건   치료감호는 다음 하나에 해당하고 치료감호시설에서 치료를 받을 필요가 있으며 재범의 위험성이 있는 때 행해진다(동법 제2조 제1항). ① 심신장애인으로서 형법 제10조 제1항의 규정에 따라 처벌할 수 없거나(심신상실자), 동조 제2항의 규정에 따라 형이 감경될 수 있는 자(심신미약자)가 금고 이상의 형에 해당하는 죄를 범한 경우, ② 마약·향정신성의약품·대마 그 밖에 남용되거나 해독작용을 일으킬 우려가 있는 물질이나 알코올을 식음·섭취·흡입·흡연 또는 주입받는 습벽이 있거나 그에 중독된 자가 금고 이상의 형에 해당하는 죄를 범한 경우, ③ 소아성기호증, 성적 가학증 등 성적 성벽(性癖)이 있는 정신성적 장애인으로서 금고 이상의 형에 해당하는 성폭력범죄를 범한 경우이다.

3) 치료감호청구   치료감호의 청구는 검사가 관할법원에 청구할 수 있으나(동법 제4조 제1항), 공소제기된 사건의 심리결과 치료감호를 할 필요가 있다고 인정할 때에는 법원이 검사에게 치료감호청구를 요구할 수 있다(동조 제7항).

4) 치료감호대상자의 보호구속   치료감호대상자에 대하여 치료감호를 할 필요가 있다고 인정되고, 일정한 주거가 없거나 증거인멸·도망우려가 있는 때에는 검사는 관할 지방법원판사에게 청구하여 치료감호영장을 발부받아 치료감호대상자를 보호구속(보호구금과 보호구인을 포함)할 수 있다(동법 제6조 제1항). 보호구속된 보호대상자에게 형사소송법상의 구속적부심사청구권 등이 인정된다(동조 제3항).

5) 치료감호의 선고   법원은 치료감호청구가 이유 있다고 인정할 때에는 판결로써 치료감호를 선고해야 하고, 이유 없다고 인정할 때 또는 피고사건에

대하여 심신상실 이외의 사유로 무죄를 선고하거나 사형을 선고할 때에는 판결로써 청구기각을 선고해야 한다(^{동법 제12조}_{제1항}). 치료감호사건의 판결은 피고사건의 판결과 동시에 선고해야 한다(^{동조}_{제2항}).

6) 치료감호의 집행　치료감호의 선고를 받은 자(피치료감호자)에 대하여는 치료감호시설에 수용하여 치료를 위한 조치를 한다(^{동법 제16조}_{제1항}).

치료감호시설에의 수용은 15년을 초과할 수 없다. 다만 약물중독의 피치료감호자를 치료감호시설에 수용하는 때에는 2년을 초과할 수 없다(^{동조}_{제2항}). 치료감호와 형이 병과된 경우에는 치료감호를 먼저 집행하고, 그 집행기간은 형기에 산입한다(^{동법}_{제18조}).

2. 보호관찰

1) 의 의　치료감호법상의 보호관찰은 치료위탁된 피치료감호자를 감호시설 밖에서 지도·감독하는 것을 내용으로 하는 보안처분이다. 보호관찰은 상당기간 시설감호에 의해 단절되었던 피감호자의 사회복귀를 사회내처우를 통해 도와주기 위한 조치로 치료감호에 대한 보충수단으로서 의의가 있다.

2) 요 건　치료감호법상의 보호관찰은, ① 피치료감호자에 대한 치료감호가 가종료된 때, ② 피치료감호자가 치료감호시설 밖에서의 치료를 위하여 법정대리인등에게 위탁된 때에 개시된다(^{동법 제32조}_{제1항}).

3) 주요내용　보호관찰기간은 3년이다(^{동법 제32조}_{제2항}). 보호관찰이 개시된 자(피보호관찰자)가 ① 보호관찰기간이 끝났을 때, ② 보호관찰기간이 끝나기 전이라도 치료감호심의위원회의 치료감호의 종료결정이 있는 때, ③ 보호관찰기간이 끝나기 전이라도 피보호관찰자가 다시 치료감호의 집행을 받게 되어 재수용된 때 보호관찰이 종료된다(^{동조}_{제3항}). 그러나, 피보호관찰자가 보호관찰기간 중 새로운 범죄로 금고 이상의 형의 집행을 받게 된 때에는 보호관찰은 종료되지 아니하며, 해당 형의 집행기간 동안 피보호관찰자에 대한 보호관찰기간은 계속 진행된다(^{동조}_{제4항}). 보호관찰기간이 끝난 때에는 피보호관찰자에 대하여 치료감호가 종료된다(^{동법 제35조}_{제1항}).

3. 치료명령

1) 의 의 치료감호법상의 치료명령은 금고 이상의 형에 해당하는 죄를 지은 심신장애인·알코올중독자·마약류중독자 등에 대하여 형의 선고유예와 집행유예를 하는 경우에 치료기간을 정하여 사회내에서 치료를 받게 하는 보안 처분으로 2015년 동법 개정시에 새로 마련한 제도이다.

2) 요 건 치료명령대상자는 통원치료의 필요가 있고 재범의 위험성이 있는, ① 형법 제10조 제2항에 따라 형을 감경할 수 있는 심신장애인, ② 알코 올을 식음하는 습벽이 있거나 그에 중독된 자, ③ 마약·향정신성의약품·대마, 그 밖에 남용되거나 해독을 끼칠 우려가 있는 물질을 식음·섭취·흡입·흡연 또는 주입받는 습벽이 있거나 그에 중독된 자로서 금고 이상의 형에 해당하는 죄를 범한 자이다(^{동법}제2조의3).

3) 주요내용 법원은 형의 선고유예·집행유예를 하는 경우에는 치료기 간을 정하여 치료받을 것을 명할 수 있고(^{동법 제44조의2}제1항), 치료를 명할 경우에는 보호 관찰을 병과해야 한다(^{동조}제2항). 보호관찰기간은 선고유예의 경우에는 1년, 집행유 예의 경우에는 유예기간 범위 내에서 정한다(^{동조}제3항).

이 명령을 위해 필요하다고 인정한 경우 법원은 피고인의 주거지 또는 그 법원의 소재지를 관할하는 보호관찰소장에게 피고인에 관한 사항(범죄의 동기, 피고인의 신체적·심리적 특성 및 상태, 가정환경, 직업, 생활환경, 병력, 치료비용 부담 능력, 재범위험성 등)의 조사를 요구할 수 있고(^{동법 제44조의3}제1항), 정신건강의학과 전문의 에게 피고인의 정신상태·알코올 의존도 등에 대한 진단을 요구할 수 있다 (^{동법}제44조의4). 치료명령을 받은 자는 보호관찰관의 지시에 따라 성실히 치료에 응해 야 하고, 인지행동 치료 등 심리치료 프로그램을 이수해야 하며(^{동법}제44조의5), 정당한 사유없이 준수사항을 위반하고 그 정도가 무거운 때에는 선고유예의 경우는 유 예한 형을 선고할 수 있고, 집행유예의 경우는 이를 취소할 수 있다(^{동법}제44조의8). 치 료명령은 검사의 지휘에 따라 보호관찰관이 집행하고(^{동법 제44조의6}제1항), 치료비용은 자 비부담이 원칙이다(^{동법}제44조의9).

II. 보호관찰법상의 보호관찰

보호관찰법은 범죄인에 대한 사회내처우를 확대적용하여 범죄인의 건전한 사회복귀를 촉진하고 재범방지와 공공의 복지를 증진시키고 사회를 보호하기 위하여 보호관찰을 규정하고 있다(^{동법 제1조}_{참조}).

이 법률의 보호관찰 대상자는, ① 형법에 의하여 보호관찰조건부 선고유예(^{제59조}_{의2})를 받거나 집행유예(^{제62조}_{의2})를 선고받은 사람 또는 가석방된 사람(^{제73조}_{의2}) 및 보호관찰법 제25조에 의하여 가석방·퇴원·임시퇴원된 사람(^{보호관찰법 제3조 제1항}_{제1호·제2호·제3호}), ② 소년법 제32조 제1항 제4호 및 제5호의 보호처분을 받은 소년(^{보호관찰법 제3조}_{제1항 제4호}), ③ 다른 법률에 의하여 보호관찰법에 따른 보호관찰을 받도록 규정된 사람(^{보호관찰법 제3조}_{제1항 제5호})이다. 여기의 다른 법률에는 ① 아동·청소년 대상의 범죄를 범하고 재범의 위험성이 있는 자(^{아동·청소년성보호법 제61조, 2년 이상}_{5년 이하 범위 내에서 정한 기간 동안}), ② 성충동약물치료를 선고받은 자(^{보성충동약물치료법 제8조. 15년의}_{범위 내에서 정한 치료기간 동안}),1) ③ 살인·강도·성폭력범죄·유괴범죄를 다시 범할 위험이 있는 자(^{전자장치부착법 제21조의2, 제21조의3.}_{2년 이상 5년 이하 범위 내에서 정한 기간 동안})에게 보호관찰을 부과하는 경우 등을 들 수 있다.

보호관찰기간은, ① 선고유예의 경우는 1년, ② 집행유예의 경우는 집행유예기간(법원이 기간을 따로 정한 경우에는 그 기간), ③ 가석방자는 형법 제73조의2(무기형은 10년, 유기형은 남은 형기) 또는 소년법 제66조(가석방 전에 집행받은 기간)에 정한 기간, ④ 보호소년으로서 임시퇴원 결정을 받은 자는 퇴원일로부터 6월 이상 2년 이하의 범위 내에서 보호관찰 심사위원회가 결정한 기간이다(^{보호관찰법}_{제30조}). ⑤ 소년법 제32조 제1항 제4호의 단기보호관찰을 받게 된 자는 1년, 동항 제5호의 장기보호관찰을 받게 된 자는 2년의 기간 동안 보호관찰을 받게 하되 소년부 판사의 결정으로 1년의 범위에서 1차에 한하여 연장할 수 있다(^{소년법}_{제33조}).

---

1) 성충동 약물치료대상자에게 장기형이 선고되는 경우 치료명령의 선고시점과 집행시점 사이에 상당한 시간적 간극이 있어 집행시점에서 발생할 수 있는 불필요한 치료와 관련한 부분에 대해서는 침해의 최소성과 법익균형성을 인정하기 어려움에도 불구하고 성충동약물치료법에는 이를 막을 수 있는 절차가 마련되어 있지 아니하여 과잉금지원칙에 위배된다는 이유로 헌법재판소가 동법 제8조 제1항에 대하여 헌법불합치결정(2013헌가9 결정)을 선고함에 따라 2017년 동법 개정시에 징역형과 함께 치료명령을 받은 사람과 그 법정대리인은 치료명령이 집행될 필요가 없을 정도로 개선된 때에 성폭력범죄를 다시 범할 위험성이 없음을 이유로 치료명령의 집행면제를 신청할 수 있도록 하는 규정이 신설되었다(동법 제8조의2).

보호관찰에 관한 사항은 법무부장관 소속하에 있는 보호관찰 심사위원회에서 심사·결정하며(보호관찰법 제5조, 제6조), 보호관찰의 실시에 관한 사무는 보호관찰소(보호관찰지소 포함)에서 관장하고, 보호관찰관이 그 사무를 처리한다(동법 제14조 내지 제16조).

> **판례** "보호관찰, 사회봉사명령·수강명령은 당해 대상자의 교화·개선 및 범죄예방을 위하여 필요하고도 상당한 한도 내에서 이루어져야 하고, 당해 대상자의 연령·경력·심신상태·가정환경·교우관계 기타 모든 사정을 충분히 고려하여 가장 적합한 방법으로 실시되어야 하므로, 법원은 특별준수사항을 부과하는 경우 대상자의 생활력, 심신의 상태, 범죄 또는 비행의 동기, 거주지의 환경 등 대상자의 특성을 고려하여 대상자가 준수할 수 있다고 인정되고 자유를 부당하게 제한하지 아니하는 범위 내에서 개별화하여 부과하여야 한다는 점, 보호관찰의 기간은 집행을 유예한 기간으로 하고 다만 법원은 유예기간의 범위 내에서 보호관찰기간을 정할 수 있는 반면, 사회봉사명령·수강명령은 집행유예기간 내에 이를 집행하되 일정한 시간의 범위 내에서 그 기간을 정하여야 하는 점, 보호관찰명령이 보호관찰기간 동안 바른 생활을 영위할 것을 요구하는 추상적 조건의 부과이거나 악행을 하지 말 것을 요구하는 소극적인 부작위조건의 부과인 반면, 사회봉사명령·수강명령은 특정시간 동안의 적극적인 작위의무를 부과하는 데 그 특징이 있다는 점 등에 비추어 보면, 사회봉사명령·수강명령 대상자에 대한 특별준수사항은 보호관찰 대상자에 대한 것과 같을 수 없고, 따라서 보호관찰 대상자에 대한 특별준수사항을 사회봉사명령·수강명령 대상자에게 그대로 적용하는 것은 적합하지 않다. … 보호관찰법 제32조 제3항이 보호관찰 대상자에게 과할 수 있는 특별준수사항으로 정한 "범죄행위로 인한 손해를 회복하기 위하여 노력할 것(제4호)" 등 …의 사항은 보호관찰 대상자에 한해 부과할 수 있을 뿐, 사회봉사명령·수강명령 대상자에 대해서는 부과할 수 없다(2017도18291 판결).

Ⅲ. 전자장치부착법상의 전자감시제도

1. 전자감시제도의 의의

전자감시제도란 일정한 조건으로 석방·가석방된 범죄자가 지정된 시간과 장소에 있는지 여부를 확인하기 위하여 범죄자의 신체에 전자감응장치를 부착시키고 GPS 또는 이동통신망을 이용하여 원격 감시하는 새로운 사회내처우 프로그램으로서 2008년 성폭력범죄자에 대하여 처음 도입된 후 여러 차례의 개정을 거치면서 미성년자 유괴범죄, 살인범죄 및 강도범죄에까지 확대·시행되고 있는 제도이다. 이 제도는 교정시설의 과밀화 내지 시설내 구금의 심각한 폐해를 방지하고 일정한 조건하에서 정상적인 사회생활을 유지하면서 국가기관의 지도·감독·원호를 받음으로써 범죄자의 사회복귀를 돕고 재범을 방지한다는 점에 그 존재의의가 있다.

전자장치부착법은 유기징역의 전부 또는 일부의 집행을 종료하거나 집행이 면제된 후에도 전자장치를 부착(명령)하도록 규정(동법 제5조·제13조)하고 있으며, 특정범죄자의 장래의 위험성을 기준으로 전자장치 부착(명령)여부가 결정된다는 점에서 보안처분과 동일한 성격을 가진다. 판례도 같은 입장이다(2010도11996 판결).

> **판례** '특정 범죄자에 대한 위치추적 전자장치 부착 등에 관한 법률'에 의한 전자감시제도는, 성폭력범죄자의 재범방지와 성행교정을 통한 재사회화를 위하여 그의 행적을 추적하여 위치를 확인할 수 있는 전자장치를 신체에 부착하게 하는 부가적인 조치를 취함으로써 성폭력범죄로부터 국민을 보호함을 목적으로 하는 일종의 보안처분이다. 이러한 전자감시제도는 범죄행위를 한 자에 대한 응보를 주된 목적으로 그 책임을 추궁하는 사후적 처분인 형벌과 구별되어 그 본질을 달리하는 것으로서 형벌에 관한 소급입법금지의 원칙이 그대로 적용되지 않으므로, 위 법률이 개정되어 부착명령 기간을 연장하도록 규정하고 있더라도 그것이 소급입법금지의 원칙에 반한다고 볼 수 없다(2010도11996 판결).

2. 주요내용

전자장치부착법상의 특정범죄는 성폭력범죄·미성년자대상 유괴범죄·살인범죄·강도범죄이고(동법 제2조 제1호), 형집행 종료 후의 전자장치 부착대상자는 동법 제5조와 제21조의2에 상세히 규정하고 있다. 전자장치부착기간은 특정범죄의 법정형에 따라, ① 상한이 사형 또는 무기징역인 경우에는 10년 이상 30년 이하, ② 징역형의 하한이 3년 이상의 유기징역인 경우에는 3년 이상 20년 이하, ③ 징역형의 하한이 3년 미만의 유기징역인 경우에는 1년 이상 10년 이하로 세분하여 상한은 최장 30년으로, 하한은 1년으로 규정하고(동법 제9조 제1항), 전자장치부착기간 동안 필요적 보호관찰을 받도록 하였다(동조 제3항).

전자장치가 부착된 자가 부착기간 중 임의로 분리·손상·전파방해 또는 수신자료 변조, 그 밖의 방법으로 그 효용을 해한 때에는 7년 이하의 징역 또는 2천만원 이하의 벌금에 처한다(동법 제38조). 여기서 "효용을 해하는 행위"란 전자장치 자체의 기능을 직접적으로 해하는 행위뿐 아니라 전자장치의 효용이 정상적으로 발휘될 수 없도록 하는 행위도 포함되고, 고의적으로 그 효용이 정상적으로 발휘될 수 없도록 한 경우라면 부작위로도 가능하며, 특히 휴대용 추적장치를 휴대하지 아니한 채 자신의 주거공간을 떠남으로써 부착장치의 전자파를 추적하지 못하게 하는 경우도 "그 밖의 방법으로 전자장치의 효용을 해한" 경우에 해당한다(2016도17719 판결).

Ⅳ. 소년법상의 보호처분

소년법상의 보호처분이란 반사회성이 있는 소년(19세 미만자)에 대하여 형사처벌 대신에 그 환경을 조정하고 품행을 교정하는 특별조치를 말하고(동법 제1조 참조), 형벌을 대체하는 보안처분의 일종이다. 소년법은 소년범에 대한 교화·개선의 조치로서 다음과 같은 보호처분을 규정하고 있다(동법 제32조).

① 보호자 또는 보호자를 대신하여 소년을 보호할 수 있는 자에게 감호위탁, ② 수강명령, ③ 사회봉사명령, ④ 보호관찰관의 단기 보호관찰, ⑤ 보호관찰관의 장기 보호관찰, ⑥ 아동복지법에 따른 아동복지시설 그 밖의 소년보호시설에 감호위탁, ⑦ 병원·요양소 또는 "보호소년 등의 처우에 관한 법률"에 따른 의료재활소년원에 위탁, ⑧ 1개월 이내의 소년원 송치, ⑨ 단기 소년원 송치, ⑩ 장기 소년원 송치 등이다. 위 ①, ②, ③과 ④ 또는 ⑤의 처분, ④ 또는 ⑤와 ⑥의 처분, ⑤와 ⑧의 처분은 처분 상호간 그 전부 또는 일부를 병합할 수 있다.

사회봉사명령(위 ③의 처분)은 14세 이상의 소년에게만 할 수 있고(소년법 제32조 제3항), 수강명령과 장기 소년원 송치(위 ②와 ⑩의 처분)는 12세 이상의 소년에게만 할 수 있다(동조 제4항).

보호처분기간은, 위 ①, ⑥, ⑦의 처분의 위탁기간은 6월로 하되 소년부 판사의 결정으로 6월의 범위 내에서 1차에 한하여 연장할 수 있으며, 단기 보호관찰기간(위 ④의 처분)은 1년, 장기 보호관찰기간(위 ⑤의 처분)은 2년으로 하고, 후

자의 경우에는 보호관찰관의 신청에 따라 소년부 판사의 결정으로 1년의 범위 내에서 1차에 한하여 연장할 수 있다. 수강명령(위 ②의 처분)은 100시간, 사회봉사명령(위 ③의 처분)은 200시간을 초과할 수 없으며, 단기로 소년원에 송치(위 ⑨의 처분)된 소년의 보호기간은 6월을 초과하지 못하고, 장기로 소년원에 송치(위 ⑩의 처분)된 소년의 보호기간은 2년을 초과하지 못한다(동법 제33조).

보호처분 계속 중에 징역·금고·구류의 선고를 받은 소년에 대하여는 먼저 그 형을 집행한다(동법 제64조).

V. 보안관찰법상의 보안관찰처분

보안관찰법에 따르면 보안관찰 해당범죄(내란목적살인죄, 외환의 죄, 군형법상의 반란의 죄·이적의 죄, 국가보안법상의 목적수행죄·자진지원·금품수수죄·잠입·탈출죄·총포 등 무기제공죄 등) 또는 이와 경합된 범죄로 금고 이상의 형의 선고를 받고 그 형기합계가 3년 이상인 자로서 형의 전부 또는 일부의 집행을 받은 사실이 있는 자를 보안관찰처분 대상자로 하고(동법 제2조, 제3조), 보안관찰처분 대상자 중 보안관찰 해당범죄를 다시 범할 위험성이 있다고 인정할 충분한 이유가 있고, 재범방지를 위한 관찰이 필요한 자에게 보안관찰처분을 하며, 이 처분을 받은 자는 주거지 관할경찰서장의 지시에 따라 2년간 보안관찰을 받도록 되어 있다(동법 제4조, 제5조). 보안관찰은 재범의 위험성을 예방하고 사회복귀를 촉진하는 특별예방목적을 가진 형벌보충적 보안처분이라 본다(92헌바28 결정 참조).

보안관찰처분은 검사가 법무부장관에게 처분청구를 하고, 법무부 소속의 보안관찰처분 심의위원회의 의결을 거쳐 법무부장관이 결정하는 행정처분이며(동법 제7조, 제8조, 제12조, 제14조), 검사가 처분집행을 지휘한다(동법 제17조 제1항). 보안관찰처분을 받은 자는 보안관찰처분결정고지를 받은 날부터 7일 이내에 등록기준지, 주거, 성명, 주민등록번호, 가족 및 동거인 상황과 교우관계, 직업, 월수, 본인 및 가족의 재산상황, 학력, 경력, 종교 및 가입한 단체, 직장소재지 및 연락처 등을 관할경찰서장에게 신고해야 하고, 매 3개월마다 주요활동사항, 통신회합한 다른 보안관찰처분대상자의 인적사항·회합일시·장소와 내용 등을 관할경찰서장에게 신고해야 한다(동법 제18조 제1항, 제2항).

보안관찰처분기간은 2년이지만 법무부장관은 검사의 청구가 있는 때에는 보안관찰처분심의위원회의 의결을 거쳐 그 기간을 총기간에 상관없이 갱신할 수 있다(동법제5조). 법무부장관의 결정에 이의가 있는 때에는 그 결정이 집행된 날로부터 60일 이내에 서울고등법원에 행정소송을 제기할 수 있다(동법제23조).

VI. 신상정보공개제도

1. 신상정보공개의 의의와 성격

신상정보공개제도는 성폭력범죄를 범한 자의 신상정보를 등록하고 이를 인터넷을 통해 공개하거나 우편 또는 게시판을 통해 고지하는 형사제재이다. 이 제도의 성격에 대해서 헌법재판소는 보안처분이 아니라 새로운 형태의 범죄예방수단(2002헌가14 결정) 또는 범죄예방조치(2011헌바106 등 병합 결정)라고 하였으나, 대법원은 일종의 보안처분이라 하였다(2012도2763 판결).

이 제도는 성범죄자로부터 피해자가 되지 않도록 정보를 제공하여 아동 · 청소년의 안전을 위태롭게 하는 행위를 방지하고 사회안전을 유지하려는 보안 목적이 있으므로 보안처분이라 해도 무방할 것이다.

2. 신상정보등록 · 공개의 내용

1) **신상정보등록대상자**   성폭력특례법상의 범죄와 아동 · 청소년 대상 성범죄로 유죄판결이나 약식명령이 확정된 자 또는 위 범죄를 범한 책임무능력자로서 재범의 위험성이 있다고 인정되어 신상정보공개명령이 확정된 자이다 (아동 · 청소년성보호법 제49조 제1항).

2) **등록기간**   신상정보등록의 원인이 된 성범죄로, ① 사형, 무기징역 · 금고나 10년 초과의 징역 · 금고형을 선고받은 사람은 30년, ② 3년 초과 10년 이하의 징역 · 금고형을 선고받은 사람은 20년, ③ 3년 이하의 징역 · 금고형을 선고받은 사람 또는 아동 · 청소년성보호법 제49조 제1항 제4호에 따라 신상정보공개명령이 확정된 사람은 15년, ④ 벌금형을 선고받은 사람은 10년이고(성폭력특례법제45조 제1항), 교정시설이나 치료감호시설에 수용된 기간은 포함되지 않는다(성폭력특례법제45조의2 제2항).

3) **공개기간**   신상정보 공개기간은 신상정보 등록의 원인이 된 성범죄로 ① 사형, 무기징역·무기금고형 또는 10년 초과의 징역·금고형을 선고받은 사람은 30년, ② 3년 초과 10년 이하의 징역·금고형을 선고받은 사람은 20년, ③ 3년 이하의 징역·금고형을 선고받은 사람 또는 아동·청소년성보호법 제49조 제1항 제4호에 따라 공개명령이 확정된 사람은 15년, ④ 벌금형을 선고받은 사람은 10년이다(^{아동·청소년성보호법 제49조 제1항,}
^{성폭력특례법 제45조 제1항}).

4) **신상정보의 고지**   법원이 공개대상자 중 피고인이 아동·청소년인 경우(^{아동·청소년성보호법}
^{제49조 제1항 제3호})를 제외한 나머지 자에 대하여는 사건의 판결과 동시에 선고해야 한다(^{아동·청소년성보호법}
^{제50조 제1항}). 고지정보는 성명, 나이, 주소 및 실제거주지, 신체정보(키·몸무게), 사진, 등록대상 성범죄 요지(판결일자·죄명·선고형량 포함), 성폭력범죄 전과사실(죄명·횟수), 전자장치 부착 여부 등 공개정보와 그 대상자의 전출정보이며(^{아동·청소년성보호법}
^{제50조 제4항, 제49조 제4항}), 고지대상자가 거주하는 읍·면·동의 아동·청소년의 친권자 또는 법정대리인이 있는 가구, 어린이집의 원장, 유치원의 장, 초·중등학교의 장, 읍·면사무소와 동 주민자치센터의 장, 학교교과교습학원의 장, 지역아동센터 및 청소년수련시설의 장에게 우편으로 송부하고, 주민자치센터 게시판에 30일간 게시한다(^{아동·청소년성보호법}
^{제51조 제4항}).

5) **신상정보공개제도의 문제점**   이 제도는 범죄인에게 수치심이라는 불명예를 부과하는 명예형의 성격을 지니고 있고, 사회복귀를 위한 특별예방적 목적과는 거리가 먼 제재수단이다. 또 아동·청소년성보호법 제49조 제1항 제3호의 공개대상자와 동법 제50조 제1항 제3호의 고지대상을 제외하고는 재범의 위험성을 요구하지 아니하므로 재범의 위험성 판단도 없이 법률규정에 의하여 자동적으로 부여되어 피등록자의 재판청구권을 침해한다는 비판을 받는다.

Ⅶ. 디엔에이(DNA)신원확인정보이용보호법

"디엔에이(DNA) 신원확인 정보의 이용 및 보호에 관한 법률"은 범죄수사 및 범죄예방을 위하여 특정범죄의 수형인이나 구속피의자 또는 범죄현장에서 DNA 감식시료를 채취하여 그 대상자가 사망할 때까지 관리하도록 규정하고, 재범의 위험성이 높은 범죄를 범한 피의자·수형자 등은 심리적 압박으로 범죄를 예방하려는 보안처분의 성격을 가지고 있다(^{2011헌마28}_{등 병합 결정}).

이 법은 특정대상범죄(별도규정)로 형이 확정된 수형인 및 수사로 구속된 피의자나 범죄현장에서 DNA 감식시료를 채취할 수 있도록 규정하고 있다(^{동법 제5조,}_{제6조, 제7조}). 채취대상자의 동의가 없으면 영장을 발부받아야 하고, 동의가 있으면 채취를 거부할 수 있음을 고지하고 서면으로 동의를 받아야 한다(^{동법 제8조}_{제3항}). DNA 감식시료는 사람의 혈액, 타액, 모발, 구강점막 등이고, 채취할 때에는 채취대상자의 신체나 명예에 대한 침해를 최소화하는 방법을 사용해야 한다(^{동법 제9조}_{제1항}). 채취된 시료는 감식을 거쳐 데이터베이스에 신원확인정보로 수록하여 관리하고(^{동법 제10조}_{제1항}), 채취된 감식시료와 그로부터 추출한 DNA는 지체없이 폐기해야 한다(^{동법}_{제12조}).

이 법은 ① 재범의 위험성에 대한 아무런 규정이 없고, ② 채취대상자가 재범없이 상당기간을 경과하여도 사망할 때까지 정보를 보관하게 하는 것(^{동법 제13조}_{제4항 참조})은 성폭력범죄자 신상정보등록기간(최장기간 30년)과 비교하여 지나치게 과도한 제한이며, ③ 감식시료 채취대상범죄로 실형이 확정된 수형자에 대하여 소급적용을 허용한 부칙규정(^{제2}_조) 등은 위헌의 소지가 있다는 비판이 있다.

헌법재판소는 감식시료 채취·보관은 비형벌적 보안처분이라는 점에서 소급효금지원칙이 적용되지 않을 뿐만 아니라, 법 시행 당시 이미 출소한 사람은 범행으로부터 상당 기간이 경과하여 재범의 위험성 또한 현재 수용 중인 사람보다 낮다고 볼 수 있고, 출소 후 평온하게 사회생활을 영위하고 있는 사람에게까지 소급하여 적용하는 것은 지나치다고 볼 수 있다는 점에서 이미 출소한 자를 제외하고 수용중인 자에 대해서만 적용하는 것 또한 평등권을 침해하지 않는다고 판시하였다(^{2011헌마28}_{등 결정}).

찾아보기

ㄱ

가감적 신분　350
가능미수(범)　253
가석방　485
가정적 인과관계　83
가중적 공동정범설　306
가중적 미수　251
가중주의　433
간접교사　316
간접방조　328
간접적 안락사　161
간접적 착오　205
간접정범　329
감수설　101
강요된 행위　223
강제적 폭력　223
개괄고의설　113
개괄적 고의　98
개방적 구성요건　75
개별적 작위가능성　392
개별행위설　295
개별화기능　72
개연성설　100
객관적 가벌요건　45

객관적 귀속론　87
객관적 귀속설　113
객관적 상당인과관계설　85
객관적 예견가능성　88
객관적 위법성설　117
객관적 주의의무　365
객관적 행위자적 요소　81
객관주의　20
객체의 착오　103
거동범　48
거동종범　323
거증책임전환설　270
격리범　240
결과반가치　80
결과범　48
결과야기범　400
결과예견의무　365
결과적 가중범　374
결과적 가중범의 미수　382
결과회피의무　365
결정　175
결정규범　4
결정론　175
결합범　416

경합론   406

경합범   430

경합적 인과관계   83

경향범   79

계속범   50, 416

계속적 위난   138

고시의 변경   34

고의공동설   285

고의규제기능   72

고의설   200

고의의 결과적 가중범   378

고의의 과잉방위   131

고전적 범죄론체계   59

공동교사   310

공동방조   325

공동실행의 의사   287

공동의사주체설   297

공동정범   284

공모공동정범   297

공모공동정범설   306

공범과 신분   347

공범독립성설   277

공범의 경합   329

공범의 종속성   276

공범종속성설   277

공소시효   488

공적설   243

과료   446

과실   361

과실범의 공범   370

과실범의 미수   369

과실에 의한 교사   310

과실에 의한 부진정부작위범   405

과실의 결과적 가중범   378

과실의 공동정범   301

과실의 과잉방위   132

과실책임설   57

과잉방위   130

과잉자구행위   153

과잉피난   142

과태료   438

관습형법금지의 원칙   7

광의의 공범   261

교사의 미수   314

교사의 착오   317

교사행위   309

구류   443

구성요건   44

구성요건부합설   106

구성요건착오   102

구성요건착오의 태양   103

구성요건표준설   407

구성요건해당성   44

구성요건 흠결   253

구성적 신분   350

구체적 부합설   105, 109

구체적 사실의 착오   103

구체적 위험범   49

구체적 위험설   257

국가긴급구조   126

국민보호주의   37

국제형법   35

권리남용설   129
규범설   246
규범의 보호목적   89
규범적 구성요건요소   78
규범적 책임론   178
극단종속형식   279
기국주의   36
기능적 행위지배   266
기대가능성   215
기도된 교사   314
기본적 구성요건   75
기본적 인과관계   82
기수   227
기술적 구성요건요소   77
기회증대이론   326
긴급구조   126
긴급피난   135

ㄴ

논리적 충돌   144
누범   467
누적적(중첩적) 인과관계   82

ㄷ

단계이론   464
단기자유형   443
단순일죄   409
단절된 결과범   79
단절적 인과관계   83
대물방위   124
대물적 보안처분   498

대상의 착오   255
대인적 보안처분   496
대체주의   496
대향범   272
도구이론   329
도구이론원용설   190
도의적 책임론   175
동기설   30, 246
동시범   268
동시적 경합범   431
등가설   84
디엔에이(DNA)신원확인정보이용보호법
      508

ㅁ

망각범   387
명시적 보충관계   412
명예형   454
명확성의 원칙   16
목적범   78
목적적 범죄론체계   60
목적적 행위론   66
목적적 행위지배설   265
목적형주의   21
몰수   447
무과실책임설   57
묵시적 보충관계   412
묵인설   101
물체의 인식   96
미결구금   466
미수   227, 233

미수범   233

미수의 교사   311

미수의 방조   322

미필적 고의   99

ㅂ

반격방어   127

반의사불벌죄   47

반전된 구성요건착오   255

반전된 위법성의 착오   253

방법의 착오   104

방위의사   127

방조범   320

방조의 교사   317

벌금형   444

벌금형의 집행유예제도   446

범죄경합론   406

범죄공동설   285

범죄구성요건   71

범죄의 객체   58

범죄의 결심   225

범죄의 주체   52

범죄이론   20

범칙금 납부통고처분   437

범행의 종료   228

법과실준고의설   202

법규(법률)의 부지   203

법률상의 감경   459

법배반성설   202

법의 적정성의 원리   18

법익   5

법익표준설   407

법인의 범죄능력   52

법인처벌의 근거   57

법정적 부합설   106, 110

법정형   456

법확증의 원리   123

법효과전환책임설   212

베버의 개괄적 고의   98

병과주의   496

보상설   243

보안감호처분   497

보안처분   493

보장적 구성요건   71

보장적 기능   5

보증인지위   396

보충관계   412

보충규범   33

보충성의 원칙   5

보호관찰   497

보호방어   127

보호적 기능   4

보호주의   37

보호처분   505

복권   491

복합적 책임론   178

봉쇄적 구성요건   75

부분적 범죄공동설   285

부작위   385

부작위범의 미수   403

부작위에 대한 공범   405

부작위에 의한 공범   404

부작위에 의한 교사   310

부작위의 동치성   394

부작위(감독)책임설   57

부진정결과적 가중범   376

부진정목적범   79

부진정부작위범   390

부진정소급효   14

부진정신분범   51, 350

불가벌적 사전행위   413

불가벌적 사후행위   414

불가벌적 수반행위   414

불능미수(범)   252

불능미수의 중지   250

불능범   252

불법   115

불법유형설   73

불완전한 두 행위범   79

비결정론   175

비난가능성   174

비유형적 인과관계   83

ㅅ

사면   490

사물변별능력   186

사실공동설   286

사실의 흠결   253

사형존폐론   439

사회봉사명령   480

사회상규   170

사회상규에 위배되지 아니하는 행위
    169

사회적 책임론   175

사후적 경합범   431

사후종범   324

상당인과관계설   84

상대적 부정기형   18

상대적 자유의사론   177

상대적 최소피난의 원칙   141

상대적 친고죄   47

상상적 경합   423

상습범   417, 468

상태범   51

상해의 동시범   270

생명형   438

선고유예   473

선고형   456

선별기능   71

선의의 도구   342

선행행위   399

세계주의   37

소극적 구성요건표지이론   73

소극적 신분   350

소극적 안락사   161

소급효금지의 원칙   11

소년범   484, 486

소추요건   46

속인주의   36

속지주의   35

수강명령   481

수단의 착오   255

수반인식   97

수반적 종범   324

수정 구성요건   75

수정된 심리적 책임론   178

순수 규범적 책임론   179

순수야기설   281

승계적 공동정범   289

승계적 종범   324

승낙   156

시제형법   25

시효의 정지   489

시효의 중단   489

신고전적 범죄론체계   60

신뢰의 원칙   370

신복합적 책임론   179

신분   348

신분범   51

신상정보공개제도   507

실질범   48

실질적 위법성설   116

실질적 충돌   144

실체적 경합   430

실패한 교사   314

실행고의설   229

실행미수   241

실행의 착수   237

실행종속   277

실행중지   249

실행지배   266

실행행위와 책임능력의 동시존재의 원칙
    189

실행행위의 동가치성   400

실행행위의 정형성의 원칙   190

심리강제설   21

심리적 책임론   177

심신미약자   187

심신상실자   186

ㅇ

악의의 도구   342

안락사   160

양벌규정   56

양심적 심사   160

양적 과잉방위   131

양해   155

양형   464

언어종범   323

엄격고의설   201

엄격책임설   213

업무   167

업무상 과실   364

에너지 투입설   388

연결효과에 의한 상상적 경합   427

연속범   418

연쇄교사   317

영업범   417

예견가능성   365

예모공동정범   289

예방구금   497

예방적 방위   124

예비   225

예비고의설   229

예비적 종범   324

예비죄   228

예비죄의 공동정범   232
예비죄의 방조범   232
예비죄의 중지   231
예상외의 병발사례   111
오상과잉방위   133
오상방위   132
오상자구행위   153
우연적 공동정범   289
우연적 방위   127
우연적 종범   324
우연적 피난   140
원인에 있어서 자유로운 행위   189
위난   138
위법경고기능   72
위법배제신분   350
위법성   45, 115
위법성배제사유의 전제사실에 대한 착오
    205, 209
위법성배제사유의 존재에 대한 착오
    205
위법성배제사유의 한계에 대한 착오
    205
위법성의 소극적 착오   203
위법성의 인식   197
위법성의 인식가능성   198
위법성의 인식의 분리가능성원칙   199
위법성의 착오   203
위법신분   349
위법징표설   73
위험강화   88
위험범   49

위험창출   88
유일점형이론   464
유책행위능력   183
유추해석금지의 원칙   9
음모   226
응보형주의   21
의도적 고의   98
의무의 충돌   143
의미의 인식   96
의사결정능력   186
의사설   91
의사지배   266
의사표준설   407
이중신분범   359
이중적(택일적) 인과관계   82
이중평가금지원칙   410
인격적 책임론   176
인격적 행위론   68
인격형성책임론   176
인과관계   81
인과관계의 착오   104, 112
인과관계착오설   114
인과적 행위론   65
인상설   258
인식 없는 과실   364
인식 있는 과실   364
인식설   91
인용설   100
인적 처벌배제사유   46
일반사면   490
일반예방기능   4

일반예방주의   21

일반적 행위론   64

일부실행·전부책임의 법리   294

일수벌금제도   445

일죄   409

임의미수   242

임의적 공범   262

ㅈ

자격상실   454

자격정지   455

자구의사   151

자구행위   147

자기보호의 원리   122

자기예비   230

자복   461

자수   460

자수범   343

자유의사   175

자유형   442

자유형의 단일화   443

자의성   245

자초위난   138

자초침해   129

작량감경   461

작위   385

작위우선설   387

작위의무   395

장애미수(범)   235

재산형   444

재판규범   3

재판시법주의   26

적극적 안락사   161

적극적 일반예방론   182

적법한 대체행위   89

전자감시제도   503

전체행위설   295

절대적 부정기형   18

절대적 제약공식   84

절대적 친고죄   47

절대적 폭력   223

절충적 상당인과관계설   85

절충적 예방적 책임론   181

접속범   417

정당방위   122

정당행위   163

정당화사유   118

정범   261

정범개념의 우위성   262

정범배후의 정범이론   338

정지조건부 범죄   46

제한고의설   201

제한적 정범개념   263

제한종속형식   279

제한책임설   133

조건설   84

조직적 위험업무   374

존엄사   162

종범   320

종속야기설   282

좌절미수   252

죄수론   406

죄질부합설   107

죄형법정주의   6

주관적 상당인과관계설   85

주관적 위법성설   117

주관적 정당화요소   120

주관주의   20

주체의 착오   255

중과실   364

중요설   86

중점설   388

중점적 대조주의   429

중지미수(범)   242

즉시범   50

지시기능   71

직업범   417

직접성의 원칙   375

진정결과적 가중범   376

진정목적범   79

진정부작위범   389

진정소급효   14

진정신분범   51, 350

진정안락사   161

질적 과잉방위   131

집단범   272

집합범   416

집행유예   476

징표기능   72

ㅊ

착수미수   241

착수중지   248

책임   45, 173

책임능력   183

책임배제신분   350

책임범위이론   464

책임설   202

책임신분   349

책임주의   174

처단형   456

처벌배제신분   350

청각 및 언어 장애인   189

초법규적 책임배제사유   217

최극단종속형식   279

최소종속형식   279

추급효긍정설   30

추급효부정설   30

추상적 부합설   107

추상적 사실의 착오   104

추상적 위험범   50

추상적 위험설   257

추월적 인과관계   83

추정적 승낙   158

추징   452

축소해석   10

치료감호처분   496

치료명령   501

치료형안락사   161

친고죄   46

침해범   49

ㅌ

타인예비   230

타행위가능성　215

택일적 고의　98

특별관계　411

특별사면　490

특별예방기능　4

특별예방주의　21

특별한 주관적 불법요소　78

특수간접정범　346

특수교사범　346

특수방조범　346

ㅍ

파생적 구성요건　75

편면적 공동정범　288

편면적 교사　313

편면적 대향범　272

편면적 방조　325

평가규범　4

폐기　454

포섭의 착오　204

표현범　79

프랑크 공식　246

피난의사　140

피난행위　140

필요적 공범　271

ㅎ

한시법　29

한정책임능력자　187

함정교사　312

함정수사　312

합동범　304

합동범의 공동정범　306

합법칙조건설　86

합일태적 범죄론체계　61

해제조건부 범죄　47

행위객체　58

행위공동설　285

행위관련표지　348

행위규범　3

행위론　63

행위론의 거부　65

행위반가치　80

행위상황　77

행위의 부분적 동일성　426

행위의 완전동일성　426

행위의존적 결과범　400

행위자관련표지　348

행위지배설　266

행위표준설　406

허용구성요건의 착오　205

허용규범의 착오　205

허용된 위험　370

허용된 위험의 법리　370

허용한계의 착오　205

현장(성)설　306

현장적 공동정범설　307

현재적 인식　97

협의의 공범　261

형벌　437

형벌근거적 기능　174

형벌이론　20

형벌적응능력   183

형벌제한적 기능   175

형벌축소사유   263

형사미성년자   185

형식범   48

형식적 위법성설   116

형의 가중   458

형의 감경   459

형의 경중   457

형의 면제   461

형의 소멸   489

형의 시효   488

형의 양정   464

형의 집행   483

혼합야기설   282

확신범   201

확장적 정범개념   263

확장해석   10

확정적 고의   98

환각범   203, 253

회피가능성   208

효과 없는 교사   315

효력의 착오   204

흡수관계   413

흡수주의   433

저자약력

정성근(鄭盛根)

성균관대학교 법과대학 졸업
성균관대학교 대학원 법학박사
성균관대학교 법과대학 교수 · 법과대학장
독일 퀼른대학 형사법연구소 초빙교수
한국형사법학회 회장
사법시험위원회 위원
사법시험 · 행정고시 · 입법고시 출제위원
현재　성균관대학교 법과대학 명예교수

공동정범의 이론
형법강의 각론(공저)
형법총론(공저)
형법각론(공저)
형법연습
공모공동정범에 관한 연구
위법성조각사유의 전제사실에 대한 착오
형법상의 신분개념 외 논문 다수

정준섭(鄭畯燮)

성균관대학교 법과대학 졸업
성균관대학교 대학원 법학박사
변호사
University of Washington Visiting Scholar
한국형사법학회 이사
한국포렌식학회 편집이사
대한변호사협회 법학전문대학원 평가특별위원회 위원
사법시험 · 변호사시험 · 공무원시험 출제위원
현재　숙명여자대학교 법과대학 교수

형법강의 각론(공저)
성폭력범죄의 처벌규정 분석과 개선방안(공저)
형벌법규에 대한 위헌 · 불합치결정의 효력
형법규정의 법정형 불균형 문제와 해소방안
형의 일부에 대한 집행유예
판례의 소급변경
정당한 이유와 위법성조각 가부
사후적 경합범과 법원의 양형재량권 외 논문 다수

형법강의 총론

초판 발행	2016년 7월 30일
제2판 발행	2019년 8월 10일
제3판 발행	2022년 9월 1일
중판 발행	2023년 7월 25일

지은이	정성근 · 정준섭
펴낸이	안종만 · 안상준

편 집	한두희
기획/마케팅	장규식
표지디자인	이수빈
제 작	고철민 · 조영환

펴낸곳	(주) **박영사**
	서울특별시 금천구 가산디지털2로 53, 210호(가산동, 한라시그마밸리)
	등록 1959. 3. 11. 제300-1959-1호(倫)
전 화	02)733-6771
f a x	02)736-4818
e-mail	pys@pybook.co.kr
homepage	www.pybook.co.kr
ISBN	979-11-303-4248-1 93360

* 파본은 구입하신 곳에서 교환해 드립니다. 본서의 무단복제행위를 금합니다.

정 가   34,000원